要得到，必须要有付出；

付出了，还要学会坚持。

坚定一个方向，走下去，终会达到目标！

徐川涛

中华会计网校
www.chinaacc.com
正保远程教育旗下品牌网站
美国纽交所上市公司（代码:DL）
梦想成真®
系列辅导丛书

2020年 注册会计师全国统一考试

审 计

应试指南 上册

■ 徐永涛 主编 ■ 中华会计网校 编

感恩20年相伴 助你梦想成真

人民出版社

责任编辑：薛岸杨
特邀编辑：李琳琳

图书在版编目(CIP)数据

审计应试指南：全2册.2019/中华会计网校编；徐永涛主编.—北京：人民出版社，2019.4(2020.3重印)
ISBN 978-7-01-020306-5

Ⅰ.①审… Ⅱ.①中… ②徐… Ⅲ.①审计-资格考试-自学参考资料 Ⅳ.①F239

中国版本图书馆CIP数据核字（2019）第005404号

审计应试指南（上下册）
SHENJI YINGSHI ZHINAN

中华会计网校 编

人民出版社出版发行
（100706 北京市东城区隆福寺街99号）

河北东方欲晓印务有限公司印刷 新华书店经销

2019年4月第1版 2020年3月第2次印刷
开本：787×1092 1/16 印张：35.5
字数：931千字

ISBN 978-7-01-020306-5 定价：82.00元（全2册）

邮购地址 100706 北京市东城区隆福寺街99号
人民东方图书销售中心 电话：010－65250042 65289539
中华会计网校财会书店 电话：010－82318888

前　言

正保远程教育 

发展：2000—2020年：感恩20年相伴，助你梦想成真

理念：学员利益至上，一切为学员服务

成果：18个不同类型的品牌网站，涵盖13个行业

奋斗目标：构建完善的“终身教育体系”和“完全教育体系”

中华会计网校 

发展：正保远程教育旗下的第一品牌网站

理念：精耕细作，锲而不舍

成果：每年为我国财经领域培养数百万名专业人才

奋斗目标：成为所有会计人的“网上家园”

“梦想成真”书系 

发展：正保远程教育主打的品牌系列辅导丛书

理念：你的梦想由我们来保驾护航

成果：图书品类涵盖会计职称、注册会计师、税务师、经济师、财税、实务等多个专业领域

奋斗目标：成为所有会计人实现梦想路上的启明灯

图书特色

1 考情分析及应试方法

解读考试整体情况，
了解大纲总体框架

一、辅导教材内容体系

注册会计师证书是会计行业最具含金量的证书，其社会认可度高、业界认同感强，是多少会计工作者的追求和梦想。但注会考试科目多、难度大、通过率低，对考生要求甚高，因此了解考试的特点，掌握好的学习方法，选择有针对性的复习资料就显得尤为重要。在《经济法》科目备考过程中，考生应当熟知考核内容，熟悉命题规律，熟练掌握应试技巧，达到理解到位、记忆精准、运用自如的程度，从而胸有成竹地走进考场。为了帮助考生达到这一目标，本

二、考核特点分析

对《经济法》科目的考试，很多考生存在以下两大误区：

误区之一：经济法是注会考试中最容易的一个科目。很多考生误认为，经济法在注会考试六大科目中是最简单的，所以我们少花点时间没问题的。实际情况是，经济法科目不是最难的科目，但也并非是最简单的科目。仅就通过率而言，根据中注协已经公布的注册会计师各科目

2 应试指导及同步训练

考情解密

历年考情概况

本章可谓经济法科目基础之基础，内容较少，在考试中一直处于"弱势"地位，属于"丐中丐"级别。从近几年考试情况来看，本章所占的分值较小，平均在2.5分左右，一般以客观题形式进行考核。

——深入解读本章考点及考试变化内容

考点详解及精选例题

一、法律基本概念

扫我解疑难

(一)法的概念与特征★①

1. 法的特征

(3)法是国家强制力保证实施的(法实施主要依赖于社会主体自觉遵守，只有不遵守时，才由国家机器保证实施)；

(4)法是调整人的行为和社会关系的行为规范；

——全方位透析考试，钻研考点

真题精练

一、单项选择题

1. (2018年)下列关于法律主体权利能力的表述中，正确的是( )。

A. 权利能力是指权利主体能够通过自己

B. 作为法律关系主体的自然人不包括外国人

C. 分公司具有法人地位

D. 法律关系主体既包括权利人，也包括

——了解命题方向和易错点

同步训练 限时10分钟

一、单项选择题

1. 下列规范性文件中，属于行政法规的是( )。

A. 全国人民代表大会常务委员会制定的

D. 10年后，小明属于限制民事行为能力人

5. 甲公司与乙公司签订一份运输货物的合同，下列关于该法律关系的说法中，不正

——夯实基础，快速掌握答题技巧

本章知识串联

法律基本概念★

法的概念与特征

法律体系：宪法及宪法相关法、刑法、行政法、民商法、经济法、社会法、诉讼与非诉讼程序法

宪法：全国人大制定，效力最高

法律

效力仅次于宪法

——本章知识体系全呈现

4 考前预测试题

名师精心预测，模拟演练，
助力通关

一、单项选择题(本题型共24小题，每小题1分，共24分。)

1. 下列关于我国的法律渊源说法正确的是( )。

A. 全国人大常委会负责解释法律，其作出的法律解释与法律具有同等效力

B. 中国证监会发布的《上市公司信息披露

4. 刘某谎称是甲企业推销员，向乙推销甲企业产品，并用伪造的甲公司公章与不知情的乙签订了买卖合同。则下列说法中正确的是( )。

A. 刘某的行为属于表见代理

B. 乙可以催告甲在1个月内予以追认，如果甲未作表示，则视为追认

D. 沉默也可以作为意思表示

一、单项选择题(本题型共24小题，每小题1分，共24分。)

1. 根据法律规范是否允许当事人进行自主调整，及按照自己的意愿设定权利和义务的标准进行区分，可以将法律规范分为强行性规范和任意性规范。《合同法》规定"违反法律、行政法规的强制性规定的合同无

4. 下列关于诉讼时效起算的说法中，不正确的是( )。

A. 当事人约定同一债务分期履行的，诉讼时效期间自最后一期履行期限届满之日起计算

B. 无民事行为能力人或者限制民事行为能

3 易错易混知识点辨析

避开设题陷阱　　快速查漏补缺

一、无效民事法律行为VS可撤销民事法律行为VS效力待定民事法律行为

扫我解疑难

这是三种不同的民事法律行为效力状况，各自包含的行为类型是特定的，不存在交叉的

实战演练

【例题1·单选题】下列行为中属于无效民事法律行为的是( )。

A. 甲误以为李大为李二而与之订立的合同

司独自生活。在其成长过程中，发生以下事项：6岁时，爷爷赠其一把小提琴；10岁时，舅舅赠其风琴一台；15岁时，郭某用压岁钱购买价值10万余元的古董钢琴一架。对郭某及其行为的效力说法正确的有( )。

实战演练

【例题1·单选题】甲公司业务员李某经公司授权到乙公司购买台式电脑若干，李某到乙公司后与乙公司销售经理相谈甚欢，于是表

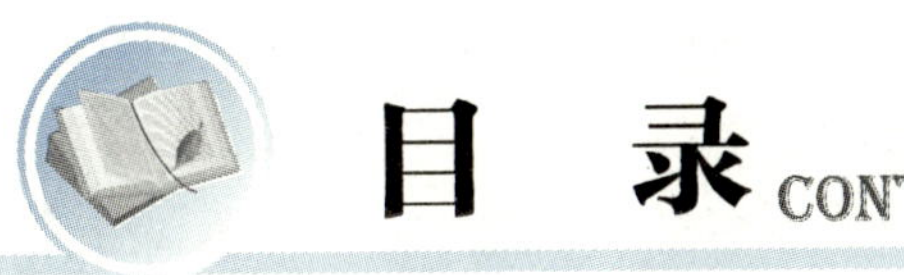

目 录 CONTENTS

上 册

第 1 部分 考情分析及应试方法

第 2 部分 应试指导及同步训练

下　册

正保文化官微

关注正保文化官微，
回复“勘误表”，
获取本书勘误内容。

考情分析及应试方法

智慧启航

世界上最快乐的事，莫过于为理想而奋斗。

——苏格拉底

2020年考情分析及应试方法

一、考试总体情况

审计是一门理论性和操作性都很强的专业，但由于该学科在我国形成时间不长，大多数考生没有接受过系统的审计理论教育，亦较少接触审计实务，而审计试题主要是测试考生对审计理论与实务的掌握和运用，这是导致审计通过率不高的一个主要原因。

审计科目考核得十分灵活，因为理论仅为实务操作提供一个方向性的指导，在实际运用过程中，很多地方要用到注册会计师的专业判断，这也致使大多数考生在考试时机械答题，难以取得满意的分数。实际上，各知识点在教材或审计准则中都有介绍，只是在命题时采用实务化的描述或融会贯通得将各知识点综合考查，就增加了考试的难度。因此考生在学习时应注意掌握学习要领，体会其精髓，全面掌握，经过适当的训练，通过考试是没有问题的！

二、考试内容体系

编	章节	近五年考题分值所占比重
第一编　审计基本原理	第1章　审计概述	11.48%
	第2章　审计计划	5.16%
	第3章　审计证据	6.16%
	第4章　审计抽样方法	5.30%
	第5章　信息技术对审计的影响	0.57%
	第6章　审计工作底稿	2.10%
第二编　审计测试流程	第7章　风险评估	4.97%
	第8章　风险应对	5.68%
第三编　各类交易和账户余额的审计	第9章　销售与收款循环的审计	4.25%
	第10章　采购与付款循环的审计	1.15%
	第11章　生产与存货循环的审计	4.34%
	第12章　货币资金的审计	1.34%
第四编　对特殊事项的考虑	第13章　对舞弊和法律法规的考虑	5.01%
	第14章　审计沟通	3.18%
	第15章　注册会计师利用他人的工作	2.77%
	第16章　对集团财务报表审计的特殊考虑	4.40%
	第17章　其他特殊项目的审计	8.30%

续表

编	章节	近五年考题分值所占比重
第五编　完成审计工作与出具审计报告	第 18 章　完成审计工作	3.06%
	第 19 章　审计报告	5.09%
第六编　企业内部控制审计	第 20 章　企业内部控制审计	3.06%
第七编　质量控制	第 21 章　会计师事务所业务质量控制	6.89%
第八编　职业道德	第 22 章　职业道德基本原则和概念框架	0.23%
	第 23 章　审计业务对独立性的要求	5.51%

三、命题规律及应试方法

（一）试题特点

从近几年《审计》试卷的题型及题量来看，题型分为单项选择题、多项选择题、简答题和综合题，题量及分值如下：

题型	题量	分值
单项选择题	25	25
多项选择题	10	20
简答题	6	36
综合题	1	19

客观题有覆盖面广、考核细致、命题灵活的特点。客观题部分考核范围广、难度适中，部分题目需要一定分析才可以准确得出正确答案。客观题对第 1~4 章、第 7 章、第 15 章、第 17 章和第 20 章的相关内容考核相对较多。在备考过程中一定要注意，历年客观题的重要考点重复考核的概率比较高，在学习时应将审计的基本理论知识的基础打扎实，客观题还是比较容易得分的。

主观题部分重点突出，重者恒重，且与审计实务结合紧密，题目非常灵活，教材中并无明确答案。涉及的考点主要有函证、期初余额审计、集团审计、质量控制、职业道德（独立性）等。尤其是职业道德（独立性）和会计师事务所的质量控制制度，是每年的必考考点。综合题与会计、财务知识有一定的联系，题目有一定的模式，主要是对审计基本原理的运用进行考核。以下章节为主观题的常考章节，需要重点关注：第 9~12 章、第 16~19 章、第 21~23 章。在复习备考过程中，需要注重培养审计思维，学会合理地运用职业判断，坚持刷题，注重梳理解题的思路和套路。

（二）命题规律

从近几年的考题来看，呈现出以下几个方面的规律：

1. 注重实务操作和注册会计师的职业判断能力

审计考试强调审计理论结合实务操作，要求考生对理论和实务做到融会贯通，这主要体现在简答题及综合题上。特别是综合题，涉及多个知识点，并且各个知识点的关联起来可谓构成了基本完整的审计流程。通过这类题的考核，可以了解考生在掌握每一知识点的同时，是否还具有综合分析问题和综合运用程序的能力。

2. 体现准则和法规的变化，关注考试方向和重点

审计准则是注册会计师审计的依据，它规范了注册会计师在审计中应做什么，应该怎么做，这符合注重考查实务操作的要求。本年实务中发生过的一些案例往往被改编为综合题的一个事项进行考核，我们可以从证券市场领域寻找一些重点、热点问题的材料作为参考，预测命题的方向。另外，有些内容是每年必考的，如体现风险导向审计理念的综合题，在2009~2019年均以综合题的形式来重点考核；事务所质量控制、其他特殊项目的审计、应收账款的函证、存货的监盘、职业道德等知识点基本成了每年必考的内容。

3. 注重考生运用知识的熟练程度和综合分析能力

在近几年客观题中细致入微的考查了大量的审计基础理论性知识，要求考生熟练、准确、全面的掌握各个知识点。部分客观题需要考生在充分理解相关知识点的基础上适当结合实务，进行正确的判断和选择。注册会计师执业过程中，需要用到大量职业判断，现在的《审计》考试也越来越注重考查考生是否具有注册会计师职业判断能力，这种考查，主要放在主观题中，例如：2011~2019年的风险评估综合题，将理论与实务相结合，同时涉及供、产、销三大循环审计，甚至有些知识点是跨科目的，主要考核考生是否具备综合分析问题、综合运用程序、筛选有用信息以及评价等职业判断能力。

（三）应试方法

1. 合理安排复习时间

注会复习的关键是要根据自身的时间、精力和学习的状况，制定好学习规划，做好时间安排。《审计》教材至少要看三遍，首先快速将教材通读一遍，这阶段最好不要中断学习，一气呵成。不要急于做练习，否则会降低学习效率，没有成就感，且会挫伤对《审计》学习的积极性。如果以前未曾接触过审计，看第一遍的感觉——云里雾里，不知教材所云；第二遍开始精读，参加培训班或做练习，复习时要了解各章的基本内容和知识框架，细心领会老师的讲解，要做到对审计有一个全面了解，在审计教材中能够理清一根主线来贯通；第三遍是对重点、难点内容仔细研究和掌握，要抠细节、抓难点，把时间花在重点内容上，对自身薄弱环节进行强化，做一些综合性强、水平较高的题目，特别是高质量的模拟题、历年考题；临考前一周，主要看看教材和历年考题。考前一天，将教材基本内容过一遍。实际上，在考前看书不止三遍，这里所说的三遍实际上是指学《审计》的三个阶段或层次。

2. 不要死记硬背，要融会贯通

审计不是背出来的，而是在于理解，有的考生能够把教材中的重点内容倒背如流，但却无法通过考试，这是这些考生对审计存在的一个认识上的误区。学审计，应抓住审计脉络，以风险导向为主线是非常重要的，它与审计实务有紧密联系，包括认定、目标、计划、程序、证据、意见等。每一部分都需要理解清楚，做到思路清晰，再适当记忆。例如，近年试题中均涉及集团审计这个知识点的考查，就应当清楚重要组成部分的分类，对不同的重要组成部分及不重要组成部分分别需要执行哪一类的程序做到心中有数，如果在平时学习时就跟着老师进行归纳，再加上适当记忆，答题的准确率就会高得多。当然，近几年的考试中，也有在简答题或综合题中直接考记忆的内容，一般简答题的要点不会超过3点，所以太长的内容就不要死记了。

3. 突出重点，对理论与实务的学习应合理安排

根据《审计》教材的内容与考试的特点，我们可以将《审计》的章节按“重要性”原则划分为非常重要、比较重要、一般重要三个层次。

重要程度	章节	平均分值
非常重要	第1章、第2章、第3章、第4章、第7章、第8章、第9章、第11章、第13章、第16章、第17章、第19章、第21章、第23章	5分及以上
比较重要	第6章、第14章、第15章、第18章、第20章	2分-4分
一般重要	第5章、第10章、第12章、第22章	2分以下

虽然教材的各类交易和账户余额的审计与审计实务联系较紧密，占总体分数的比重较大，但不是说要花同比例的时间来复习，因为实务总是建立在理论基础之上的，审计实务部分的考试可能会用到会计方面的知识或审计的经验技巧，这方面难以在短时间内提高，但有时可能凭借审计的理论知识和相关的会计知识即可答题。所以在复习审计时，可花60%的时间在基础理论的学习上，掌握各业务循环和各账户交易的特点，了解重要的项目和重点程序。

各章节有联系的部分应结合起来看，风险评估和风险应对的内容不可分割；审计目标、审计程序、审计证据分别和财务报表审计实务章节都有紧密的联系，这些都是全书的重点，在历年考试中均有所体现，必须把它们贯穿起来学习。

4. 了解会计准则的变化及与注册会计师有关的热点问题，有的放矢地复习

复习审计时不能忽视对会计的复习，会计中的热点问题、上市公司审计案例暴露出的问题、近年国家出台的有关会计处理方面的新规定等，这些问题往往会在考题里出现，近年的考题中就多次出现过根据上市公司的案例改编的考题。

5. 多看多做以前的考题

如果认为以前考过的内容就不会考了，那就大错特错了。一方面，考题重复的机会是比较大的。如历年的风险评估综合题，从形式和内容上都比较相似，这基本成了一种命题的模式，即使自2012年开始采用了机考模式，考查风险评估的综合题也保持了一贯的风格，所以这些对重大错报风险的分析思路可以借鉴以前考题的解答。另外，关于职业道德和质量控制的题目也在近几年考题中连续考查。有许多题目在以前年度以单选题形式出现，而以后年度却又以多选题形式出现，反之亦然，毕竟教材中的重要考点是有限的，考试内容重复的可能性较大，这一点在客观题上表现较明显，几乎每年都有几道和以往较类似的题目出现。主观题中也有较多的题会重复出现，如从2009年至2019年，每年都有质量控制准则的简答题，多年测试的主要内容和观点就基本一致，多做这些历年考题，就会做到胸中有数。另一方面，通过做以前的试题，可以了解其命题的风格，知晓其答题思路，明确考试的重点，理解出题和解题思路，对获取好的成绩很有帮助。

6. 善于归纳比较，从教材中看题

由于《审计》教材内容记忆点较多，要善于归纳，把不需要的信息删除，即要把书读薄，同时教材中有些小的举例往往是考试命题的素材，要多留意。从历年试题来看，教材中一些有共性的东西、不同章节有关联的内容可适当归纳。如哪些因素与审计证据的数量成反向变动关系；哪些情况下会发表保留意见或无法表示意见等。自己要做有心人，善于归纳知识。有些审计处理看似相近但实际上是有区别的，应挑出来理解记忆，如财务报表审计与内部控制审计的区别，应收账款函证和银行存款函证的区别等。

在学习时还要从教材中估计相关题型，如在教材中涉及主要、应实施、应划入、可靠性最强的、主要目的等具有排他性的词语是单项选择题的极好素材；教材中涉及"第一、第二、第三"，"首先、其次、再次"等"分类性"词语的内容，是多项选择题的命题点；另外，还需特别关

注一些关键判断点如“应……”，有些未直接出现“应……”的语句，也多以“一定……”“因此……”“均……”等可以正向转换为“应……”的词语出现。所以在复习教材时，要密切关注其中涉及“应”“应当”等字眼所表述的内容，一定要牢记并加以区分，因为在《审计》中，“应”意味着“必须”“一定”，具有排他性。另外，教材中比较重要的概念和理论，且有简洁明了的结论部分容易以简答题的形式进行考查。

亲爱的考生们，只要我们注意对审计知识的全面掌握和融会贯通，注重理论结合实务，注重对历年考试内容的分析、归纳和整理，扎实地掌握审计的重点和难点，就一定能顺利地通过今年注册会计师审计科目的考试。祝您在今年**梦想成真**！

关于左侧二维码，你需要知道——

2020年考试变化讲解

亲爱的读者，无论你是新学员还是老考生，本着“逢变必考”的原则，今年考试的变动内容你都需要重点掌握。扫描左侧二维码，网校名师为你带来2020年本科目考试变动解读，助你第一时间掌握重要考点。

应试指导及同步训练

智慧启航

执着追求并从中得到最大快乐的人，才是成功者。

——梭罗

第一编 审计基本原理

注册会计师审计是接受委托人的委托对财务报表发表审计意见。为了能够实现该审计目的（目标），注册会计师必须编制审计计划，来合理安排审计程序，以便获取充分、适当的证据，为发表审计意见（审计报告）奠定基础。在实施审计程序的过程中，注册会计师可以利用信息技术和审计抽样方法。注册会计师应当将在审计过程中拟定的计划、实施的程序以及获取的证据记录下来，这就形成了审计工作底稿。审计完成后，这些工作记录（审计工作底稿）应当上交给会计师事务所作为审计档案进行保存。

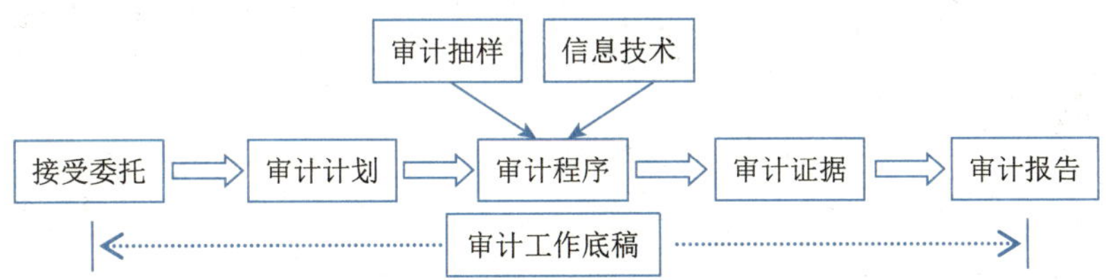

本编属于审计的基本理论，介绍了审计基本原理与概念。我们先来看一下本编各章主要讲解的内容。

第一章，审计概述。本章首先介绍了审计产生的过程及原因、审计的定义及保证程度、注册会计师审计和政府审计等；然后介绍了审计构成的要素以及审计的目标；最后讲解了整个审计流程以及在审计过程中我们需要遵守哪些基本要求和存在哪些风险。

第二章，审计计划。本章主要介绍了如何去承接审计业务，首先开展初步业务活动去了解客户（被审计的单位）是否存在诚信问题，以及我们自己是否有足够的能力等来执行该项审计业务。如果承接该项业务，就要与客户签订业务合同（审计业务约定书）。签约之后，这才是真正审计业务的开始，为了能够顺利进行审计工作，前期项目经理会带着高级审计员去了解客户，包括了解客户的生产经营情况、对财务报表做整体分析等，以此来制定总体审计策略（比如作战的指挥部在战斗打响前，先去摸清敌情，制定作战方案），包括确定重要性水平。然后项目组进驻客户，按照总体审计策略的安排，高级审计员制定具体审计计划（比如指挥部要求某连队去攻克某一个堡垒，应当安排谁去放炸药包、放在哪里合适、威力有多大等等，是一个具体的行动计划），安排每一个助理人员的工作。总体审计策略起到一个原则、方向性的指引，影响着具体审计计划。

第三章，审计证据。审计的核心工作就是收集证据。本章主要介绍了审计证据的性质、审计程序的种类，以及如何执行审计程序来获取审计证据。本章对函证程序和分析程序的运用做了详细的讲解。

第四章，审计抽样方法。随着企业规模的发展，会计记录的信息量也庞大起来，注册会计师不可能对所有的业务一笔一笔的去检查。由于以重要性的原则为基础，注册会计师可以容忍财务报表有一定的错报，只要错报不超过一个限度即可，那么注册会计师就可以利用样本来推断总体错报，进而判断总体错报是否超过了这个限度(重要性水平)。注册会计师可以在审计过程中利用审计抽样来提高审计效率。本章主要讲述了审计抽样的基本原理，以及如何在控制测试和细节测试中运用审计抽样方法来获取审计证据。

第五章，信息技术对审计的影响。随着信息化的发展，会计信息已基本实现计算机处理，同时会计信息和企业的其他信息交织在一起，形成了业财合一的信息系统，这给我们的审计增加了难度。本章主要介绍了信息技术对内部控制的影响，以及在信息技术中内部控制的分类，然后讲述了如何利用信息技术审计，如采用电子表格、计算机辅助审计技术以及数据分析等。

第六章，审计工作底稿。注册会计师编制的审计工作底稿，犹如医生书写的病历，包括问诊、治疗方案、病程记录、病理资料、医嘱等内容，全面反映了整个治疗过程和治疗效果。如果出现医疗纠纷，病历能够证明当时的治疗是规范的。同样在出现审计责任等问题时，审计工作底稿能够证明执行的审计工作是符合审计准则的要求的。本章主要介绍了如何编制工作底稿，包括工作底稿的编制要素以及记录的要求。在完成了某项目审计工作后，审计项目组应将该项目的工作底稿交给会计师事务所存档，本章也阐述了整理工作底稿的要求以及归档之后底稿的保管要求，包括工作底稿的变动以及保存的期限等。

由于大部分考生都没有从事过具体的审计工作，对审计业务的流程不太熟悉，本应试指南在编写时，尽量站在实务工作的角度，让大家去理解这些枯燥的审计理论，从而达到事半功倍的效果。为了了解审计实务的分工，我们来介绍一下会计师事务所审计人员的构成及审计业务的一般流程。

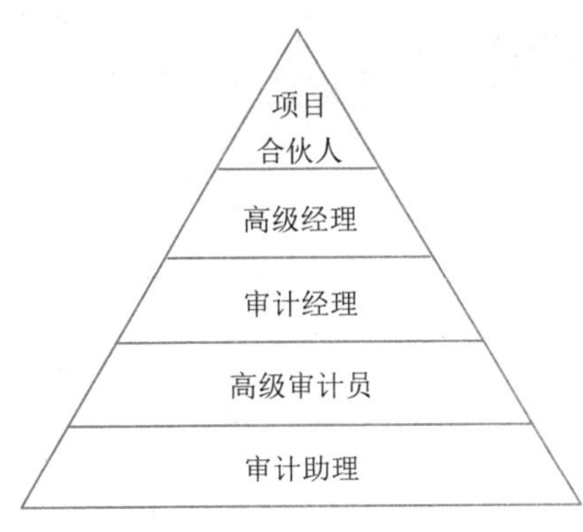

审计业务的一般流程：

1. 主管合伙人或高级经理(部门负责人)与客户洽谈(初步业务活动)，签约；

2. 审计经理(项目经理)及高级审计员初步了解客户(含分析财务报表)，为总体审计策略做准备；

3. 审计小组进驻，审计经理介绍审计概况、重点关注领域、审计主要安排等(总体审计策略)；

4. 高级审计员，安排审计助理需要从事的审计工作(具体审计计划)；

5. 高级审计员与审计助理实施审计程序、获取审计证据，并记录于工作底稿。高级审计员复核审计助理的工作底稿；

6. 审计经理和高级审计员根据发现的错报及客户更正后的结果，拟定审计报告；

7. 项目合伙人复核工作底稿，与客户沟通拟出具的审计报告；

8. 客户签署财务报表，事务所的质量标准部门对项目质量做最后的总体复核；

9. 项目合伙人及审计经理签署审计报告；

10. 项目组整理审计工作底稿并上交会计师事务所归档保存。

本编内容主要是基础理论知识，由于大部分考生对审计实务不太了解，因此在学习本编时，需要记忆的内容较多，对基本审计理论的理解有一定的难度，加上教材的阐述较为枯燥，语言晦涩难懂，因此，在学习本编时不要急于求成。我们要求考生先熟悉教材，多听老师的讲解，多做练习。对于基本的概念和理论也要理解并记忆。

第1章 审计概述

考情解密

历年考情概况

本章属于重点章节。主要以客观题形式考核审计五要素、审计风险模型、认定与具体审计目标、职业怀疑、职业判断等知识点；还可能在综合题中考核风险评估(认定层次风险)及循环审计章节的业务活动(内部控制)会影响哪些认定等，因此应给予足够的重视，但相关知识都不难，很好理解，所以不用惧怕，学好本章可以为后面章节打好基础。预计今年考核分值在12分左右。

近年考点直击

考点	主要考查题型	考频指数	考查角度
审计的概念与保证程度	选择题	★★	合理保证和有限保证的区别
审计要素	选择题	★★	五要素的灵活掌握
财务报表审计总体目标	选择题	★	财务报表审计总体目标的内容及理解、运用
认定与具体审计目标	选择题、简答题、综合题	★★★	(1)被审计单位管理层的认定与注册会计师的审计目标的内涵；(2)管理层认定、审计目标和审计程序之间的关系
审计基本要求	选择题	★★★	(1)职业怀疑态度的理解及运用；(2)关注“合理运用职业判断”的考查
审计风险	选择题、简答题	★★	(1)审计的固有限制；(2)审计风险模型的运用；(3)重大错报风险与检查风险、重要性、审计证据之间的关系

学习方法与应试技巧

针对本章内容，要求与“审计测试流程”“各类交易和账户余额的审计”结合进行学习，并在理解的基础上给予适当的记忆。重点掌握审计的定义，熟悉认定与目标的内涵，理解审计风险模型的实质。同时对审计的基本要求，如保持职业怀疑、合理运用职业判断等内容，应加强记忆。

本章2020年考试主要变化

本章在审计目标的表述中，强调了对财务报表相关披露审计的要求，如，完整性目标增加了“所有应包括在财务报表中的相关披露均已包括”；准确性目标增加了“相关披露已得到恰当的计量和描述”。将注册会计师执行的相关服务业务中“税务代理”业务调整为“税务咨询和管理咨询”业务。另外增加了注册会计师审计和政府审计都是国家治理体系和治理能力现代化建设的重要方面的相关表述。

考点详解及精选例题

考点一 审计的概念

扫我解疑难

一、审计的产生

1. 审计产生的条件

注册会计师制度**源于企业所有权和经营权的分离(简称两权分离)**。

股份公司的产生，一方面财产的所有者将财产委托给经营者经营，所有者一般不参与财产经营管理，另一方面，财产的经营者必须对财产的所有者承担一定的经济责任。由此产生了监督和控制的问题，为独立的第三方审计的产生奠定了基础。

所有权与经营权分离，见下图1-1：

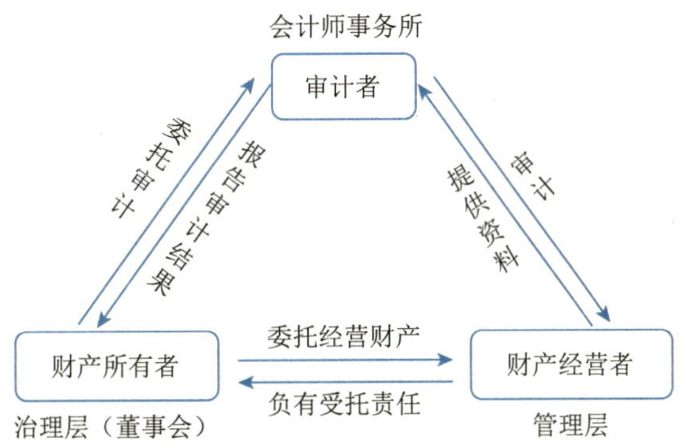

图1-1 所有权与经营权分离

2. 审计的发展

账项基础审计→制度基础审计→**风险导向**审计

二、审计的定义★★*

公司管理层编制的财务报表，一般可信度较低，必须通过注册会计师的审计，来增强预期使用者(除管理层之外的)对财务报表信赖的程度，有效满足财务报表预期使用者的需求。

1. 审计用户——财务报表的预期使用者(包括管理层和管理层之外的预期使用者)

2. 审计目的——改善财务报表的质量和

关于“扫我解疑难”，你需要知道——

亲爱的读者，下载并安装“中华会计网校”APP，扫描对应二维码，即可获赠知识点概述分析及知识点讲解视频（前10次试听免费），帮助您夯实相关考点内容。若想获取更多的视频课程，建议选购中华会计网校辅导课程。

* 本书用“★”来表示各个知识点内容的重要程度。★一般重要；★★比较重要；★★★非常重要。

内涵，增强预期使用者对财务报表的信赖程度（**不涉及为如何利用信息提供建议**）

3. 合理保证——审计应当提供合理保证，不提供绝对保证（因审计证据是说服性而非结论性）

4. 审计基础——**独立性和专业性**

5. 审计产品——审计报告

考点二　鉴证业务保证程度★★

一、注册会计师的业务范围

注册会计师的业务包括**鉴证业务**和**非鉴证业务（相关服务）**两大类，具体分类如下图1-2：

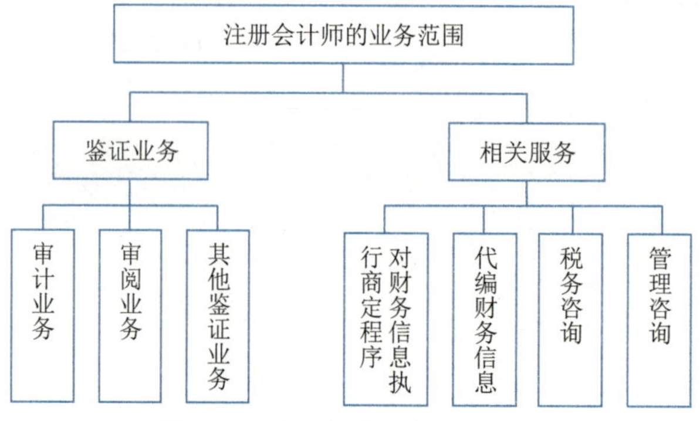

图1-2　注册会计师的业务范围

（一）鉴证业务

1. 审计业务（Audit engagements）

审查企业财务报表，出具审计报告。

2. 审阅业务（Review engagements）

一般是对中期财务报表进行审阅。

3. 其他鉴证业务（Other assurance engagements）

对非历史的财务信息（如预测性财务信息）、非财务信息（如信息系统）等进行鉴证。

（二）非鉴证业务（相关服务）

相关服务包括对财务信息执行商定程序、代编财务信息、税务咨询、管理咨询等。

二、合理保证与有限保证

鉴证业务的保证程度分为合理保证和有限保证。

审计——以积极方式提出结论——合理保证

> 审计报告
>
> ABC股份有限公司全体股东：
>
> ……
>
> 我们认为，ABC公司财务报表在所有重大方面按照企业会计准则的规定编制，公允反映了ABC公司2017年12月31日的财务状况以及2017年度的经营成果和现金流量。
>
> ……

审阅——以消极方式提出结论——有限保证

> 审阅报告
>
> ABC股份有限公司全体股东：
>
> ……
>
> 根据我们的审阅，我们没有注意到任何事项使我们相信，ABC公司财务报表没有按照企业会计准则的规定编制，未能在所有重大方面公允反映被审阅单位的财务状况、经营成果和现金流量。
>
> ……

合理保证与有限保证的区别，见表1-1：

表1-1　合理保证与有限保证的区别

项目	“合理”保证的鉴证业务(如：审计业务)	“有限”保证的鉴证业务(如：审阅业务)
目标	在可接受的“低”审计风险下，以“**积极**”方式对财务报表整体发表审计意见，提供高水平的保证	在可接受的审阅风险下，以“**消极**”方式对财务报表整体发表审阅意见，提供有意义水平的保证(该保证水平低于审计业务的保证水平)
证据收集程序	检查(记录或文件、有形资产)、观察、询问、函证、重新计算、重新执行、分析程序等	询问、分析程序
所需证据数量	较多	较少
检查风险	较低	较高
财务报表的可信性	较高	较低
提出结论的方式	以“积极”方式提出结论	以“消极”方式提出结论

【例题1·单选题】下列与注册会计师业务有关的说法中，正确的是(　)。

A. 鉴证业务提供高水平的保证

B. 审阅业务提供低水平的保证

C. 对财务信息执行商定程序应以积极方式提出结论

D. 审计是为了增强除管理层之外的预期使用者对财务报表信赖的程度

解析▶ 选项AB，鉴证业务包括审计业务、审阅业务和其他鉴证业务，审计业务属于高水平的保证业务，审阅业务提供的是有限保证，低于审计业务提供的保证水平，是一种有意义水平的保证；选项C，对财务信息执行商定程序不属于鉴证业务，不提供任何程度的保证。

答案▶ D

考点三　注册会计师审计和政府审计★

扫我解疑难

审计按不同主体划分为政府审计、注册会计师审计和内部审计，共同构成审计监督体系，既相互联系又各自独立，各司其责。

注册会计师审计和政府审计都是国家治理体系和治理能力现代化建设的重要方面，但也存在区别，见下表1-2：

表1-2　注册会计师审计和政府审计的区别

区别点	政府审计	注册会计师审计
审计目的和对象	对政府的财政收支或者国有金融机构和企事业组织财务收支进行审计，确定其是否真实、合法和具有效益	依法对企业财务报表进行审计，确定其是否符合会计准则和相关会计制度，是否公允反映了财务状况、经营成果和现金流量
审计的标准	《中华人民共和国审计法》和审计署制定的国家审计准则	《中华人民共和国注册会计师法》和财政部批准发布的注册会计师审计准则
经费或收入来源	行政行为，所必须的经费由**同级人民政府**予以保证	**市场行为**，有偿服务，费用由注册会计师和审计客户**协商**确定
取证权限	具有更大的强制力	受市场行为的局限，在获取审计证据时，很大程度上有赖于企业的配合和协助，**没有行政强制力**

续表

区别点	政府审计	注册会计师审计
对发现问题的处理方式	可在职权范围内作出**审计决定**或者向有关主管机关提出处理、处罚意见	发现的问题只能**提请**企业调整有关数据或进行披露，若企业拒绝，则需根据具体情况予以反映，比如出具保留或否定意见的审计报告

考点四　审计要素★★

注册会计师将管理层（责任方）编制的财务报表（审计对象的载体）与会计准则（标准）进行比较，判断其是否相符，据此获取证据（审计证据），形成审计意见（审计报告），供管理层、股东、债权人以及监管机构使用（预期使用者）。

注册会计师通过收集充分、适当的审计证据来评价财务报表是否在所有重大方面具有合法性和公允性，并出具审计报告，从而提高财务报表的可信性。

对于财务报表审计而言，审计业务要素包括**审计业务的三方关系人、财务报表（审计对象的载体）、财务报表编制基础（标准）、审计证据和审计报告**。审计要素之间的关系见图1-3：

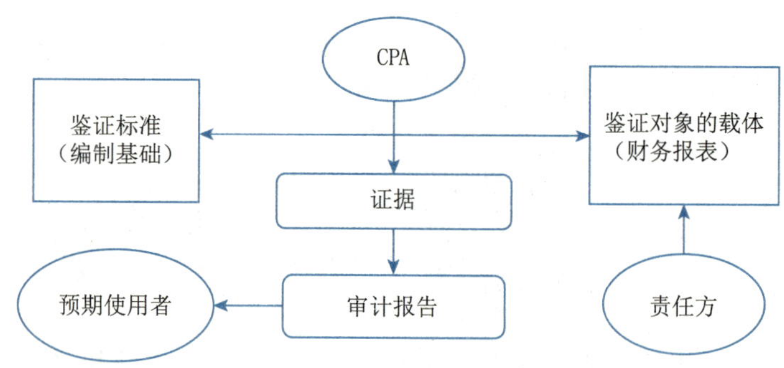

图1-3　审计要素关系图

一、审计业务的三方关系人

注册会计师对由被审计单位管理层负责的财务报表发表审计意见，以增强除管理层之外的预期使用者对财务报表的信赖程度。

审计业务三方关系人：**被审计单位管理层（责任方）、注册会计师、财务报表预期使用者**。

是否存在三方关系是判断某项业务是否属于审计业务的**重要标准之一**。

1. 注册会计师

对财务报表发表审计意见是注册会计师的责任。注册会计师通过签署审计报告，确认其责任。

注册会计师可以利用专家协助执行审计业务，注册会计师应当确信包括专家在内的项目组整体已具备执行该项审计业务所需的知识和技能，并充分参与该项审计业务和了解专家所承担的工作。

2. 被审计单位管理层（责任方）

管理层和治理层（如适用）的责任：

（1）按照适用的财务报告编制基础编制财务报表，并使其实现公允反映（如适用）；

（2）设计、执行和维护必要的内部控制，以使财务报表不存在由于舞弊或错误导致的重大错报；

（3）向注册会计师提供必要的工作条件，包括允许注册会计师接触与编制财务报表相关的所有信息（如记录、文件和其他事项），向注册会计师提供审计所需的其他信息，允许注册会计师在获取审计证据时不受限制地接触其认为必要的内部人员和其他相关人员。

财务报表审计并不减轻管理层或治理层的责任。

3. 预期使用者

预期使用者是指预期使用审计报告和财务报表的组织或人员。

(1)预期使用者可能是指与财务报表有重要和共同利益的主要利益相关者，如，在上市公司财务报表审计中，预期使用者主要是指上市公司的股东。

(2)预期使用者可能是特定的使用者，如银行。

审计报告的收件人应当尽可能地明确为所有的预期使用者。如，为上市公司提供财务报表审计业务，审计报告的收件人为“××股份有限公司全体股东”，但除股东之外，审计报告的预期使用者还包括公司的债权人、证券监管机构等。

(3)预期使用者可分为管理层和除管理层之外的预期使用者。

管理层和预期使用者可能来自同一企业。由于注册会计师的审计意见，主要向除管理层之外的预期使用者提供，但客观上也可能对管理层有用，因此管理层也会成为预期使用者，但**不是唯一**的预期使用者。

【例题2·单选题】下列有关财务报表审计业务三方关系的说法中，错误的是(　)。

A. 审计业务的三方关系人分别是注册会计师、被审计单位管理层和财务报表预期使用者

B. 如果注册会计师无法识别出使用审计报告的所有组织或人员，则预期使用者主要是指那些与财务报表有重要和共同利益的主要利益相关者

C. 委托人通常是财务报表预期使用者之一，也可能由责任方担任

D. 如果责任方和财务报表预期使用者来自于同一企业，则两者是同一方

解析 管理层(责任方)和预期使用者可能来自同一企业，但并不意味着两者就是同一方。审计业务具有三方关系人是审计业务的要素之一，如果责任方和财务报表预期使用者为同一方，则该业务就不构成审计业务。

答案 D

二、财务报表(审计对象的载体)

在财务报表审计中，审计对象是历史的财务状况、经营业绩和现金流量，审计对象的载体是财务报表。

三、财务报表编制基础(标准)

注册会计师在运用职业判断对审计对象作出合理一致的评价或计量时，需要有**适当的标准**。在财务报表审计中，财务报告编制基础即是**标准**。

通用目的编制基础，旨在满足广大财务报表使用者共同的财务信息需求的财务报告编制基础，主要是指企业会计准则和相关会计制度。

特殊目的编制基础，旨在满足财务报表特定使用者对财务信息需求的财务报告编制基础，包括计税核算基础、监管机构的报告要求和合同的约定等。

针对中国境内上市实体的财务报告，编制基础可理解为企业会计准则。

四、审计证据

注册会计师利用“企业会计准则”这把“尺子”，来衡量被审计单位编制的财务报表是否符合“企业会计准则”，从而获取财务报表是否不存在重大错报的审计证据。

五、审计报告

注册会计师应当针对财务报表在所有重大方面是否符合适当的财务报表编制基础，以书面报告的形式发表能够提供合理保证程度的意见。审计报告的意见类型见图1-4。

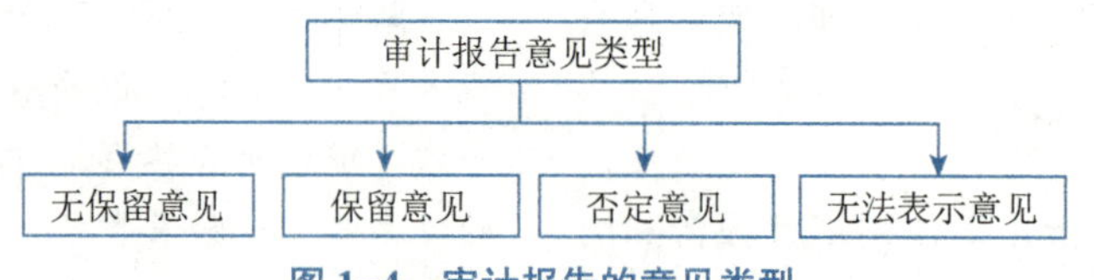

图 1-4　审计报告的意见类型

考点五　审计目标

审计目标包括财务报表审计目标(**审计总目标**)以及与各类交易、账户余额和披露相关的审计目标(**具体审计目标**)两个层次。具体如图 1-5 所示：

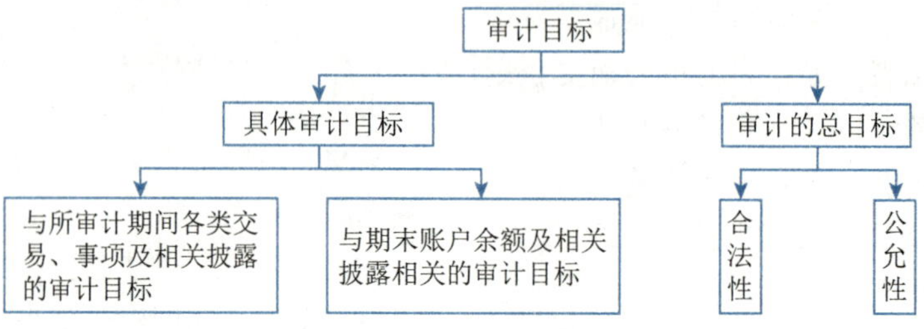

图 1-5　审计目标

一、审计的总体目标★

注册会计师接受委托对财务报表进行审计，其总体目标是：

(1)对财务报表整体是否"**不**"存在由于舞弊或错误导致的重大错报获取"**合理**"保证，使得注册会计师能够对财务报表是否在**所有**"**重大**"方面按照适用的财务报告编制基础发表审计意见；

(2)按照审计准则的规定，根据审计结果对财务报表出具审计报告，并与管理层和治理层沟通。

为实现上述审计目标，首先管理层必须将其编制的财务报表提交给注册会计师，这就意味着，管理层对财务报表作出了认定。然后注册会计师针对报表的每一项目确定具体的审计目标，根据审计目标实施相应的审计程序，获取审计证据，得出审计结论。最后注册会计师将各报表项目的审计结论汇总分析，形成对财务报表的整体审计意见(合法性和公允性)，出具审计报告。审计报告中清楚地表达对财务报表的合法性和公允性发表意见。形成一个审计目标循环，如下图 1-6 所示：

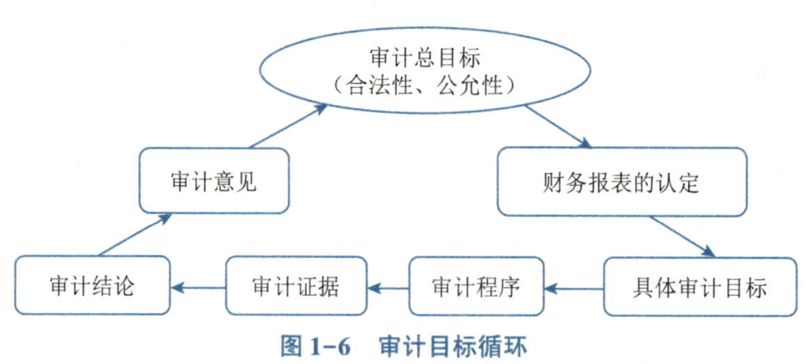

图 1-6　审计目标循环

【相关链接】请结合教材中标准审计报告的实例理解。

二、认定与具体审计目标★★★

认定是指管理层在财务报表中作出的明确或隐含的表达，注册会计师将其用于考虑可能发生的不同类型的潜在错报。

【知识点拨】(1)认定，是指管理层的认定；目标，是指注册会计师的审计目标。

(2)认定是管理层在财务报表中对财务报表各要素作出的表达和披露。

(3)管理层的表达有明确的也有隐含的。

认定与具体审计目标密切相关，注册会计师的审计目标是对管理层"认定"的"**再认定**"。

【学习要求】请根据下表复述其相应的内涵，对考试会有较大帮助。

(1)关于所审计期间各类交易、事项及相关披露的认定和具体审计目标，见表1-3：

表1-3 关于所审计期间各类交易、事项及相关披露的认定和具体审计目标

认定	认定的含义	对应的具体审计目标
发生	记录或披露的交易或事项**已发生**，且与被审计单位有关	确认已记录的交易是真实的(没有**多记**)
完整性	所有应当记录的交易和事项**均已**记录，所有应当包括在财务报表中的相关披露均已包括	确认已发生的交易确实已经记录，所有应包括在财务报表中的相关**披露**均已包括(没有**少记**)
准确性	与交易和事项有关的**金额**及其他数据已恰当记录，相关披露已得到恰当计量和描述	确认已记录的交易是按正确金额反映的，相关**披露**已得到恰当计量和描述(记录**金额准确**)
截止	交易和事项已记录于**正确的会计期间**	确认接近于资产负债表日的交易记录于恰当的期间(入账**日期恰当**)
分类	交易和事项已记录于**恰当的账户**	确认被审计单位记录的交易经过恰当分类(记录**科目正确**)
列报	交易和事项已被恰当地**汇总或分解且表述清楚**，相关披露是**相关的、可理解的**	确认交易和事项已被恰当地汇总或分解且表述清楚，相关披露在适用的财务报告编制基础下是相关的、可理解的

【例题3·单选题】对于下列销售收入认定，通过比较资产负债表日前后几天的发货单日期与记账日期，注册会计师认为最可能证实的是( )。

A. 发生　　B. 完整性

C. 截止　　D. 分类

解析▶通过比较资产负债表日前后几天的发货单日期与记账日期，可以发现是否存在推迟或提前入账的情况，即最可能证实的是截止认定。

答案▶C

(2)关于期末账户余额及相关披露的认定和具体审计目标，见表1-4：

表1-4 关于期末账户余额及相关披露的认定和具体审计目标

认定	认定的含义	对应的具体审计目标
存在	记录的资产、负债和所有者权益是**存在**的	确认记录的金额确实存在(没有**多记**)
权利和义务	记录的资产由被审计单位拥有或控制，记录的负债是被审计单位应当履行的偿还义务	确认资产**归属**于被审计单位，负债属于被审计单位的义务
完整性	所有应当记录的资产、负债和所有者权益**均已**记录，所有应当包括在财务报表中的相关披露均已包括	确认已存在的金额均已记录，所有应包括在财务报表中的相关**披露**均已包括(没有**漏记**)

续表

认定	认定的含义	对应的具体审计目标
准确性、计价和分摊	资产、负债和所有者权益以恰当的**金额**包括在财务报表中，与之相关的计价或分摊调整已恰当记录，相关披露已得到恰当计量和描述	确认资产、负债和所有者权益以恰当的**金额**包括在财务报表中，与之相关的计价或分摊调整已恰当记录，相关**披露**已得到恰当计量和描述（**金额记录准确**）
分类	资产、负债和所有者权益已记录于**恰当的账户**	确认已将资产、负债和所有者权益记录于恰当的账户（记录的**科目正确**）
列报	资产、负债和所有者权益已被恰当地**汇总或分解且表述清楚**，相关披露是**相关的、可理解的**	确认资产、负债和所有者权益已被恰当地汇总或分解且表述清楚，相关披露在适用的财务报告编制基础下是相关的、可理解的

【例题4·单选题】 甲公司2018年12月31日“长期借款”总账账户余额为800万元，其中“长期借款-A公司”明细账余额为300万元，该借款将于2019年6月5日到期。资产负债表中“长期借款”项目余额为800万元。则与“长期借款”账户或项目有关的认定存在问题的是（　）。

A. 存在　　B. 列报

C. 分类　　D. 完整性

解析 一年内到期的长期负债应分类到“一年内到期的非流动负债”中。　**答案** B

【例题5·单选题】 下列相关认定中，通过对应收账款实施函证程序，注册会计师认为最可能证实的是（　）。

A. 计价和分摊　　B. 分类

C. 存在　　D. 完整性

解析 函证应收账款的目的在于证实应收账款账户余额是否真实准确。通过函证应收账款，可以比较有效地证明被询证者（即债务人）的存在和被审计单位记录的可靠性。

答案 C

考点六　职业责任与审计基本要求

一、职业责任和期望差距★

财务报表使用人期望注册会计师评价被审计单位管理层的会计确认、计量与披露，判断财务报表是否不存在重大错报（而无论这种错报是否出于故意）。而注册会计师职业界认可的责任，是通过审计以发现财务报表中存在的**重大非故意错报**。社会公众与注册会计师职业界在对职业责任的认识上存在的差距便形成了“期望差距”。

二、审计报告和信息差距★

审计报告的核心是对财务报表的**合法性**和**公允性**发表意见。

财务报表使用人期望审计报告提供为投资和信托等决策需要的信息。

缩小差距：改革审计报告模式（增加关键审计事项的披露）。

三、遵守审计准则与职业道德★

1. 遵守审计准则

审计准则是衡量注册会计师执行财务报表审计业务的权威性标准，涵盖从接受业务委托到出具审计报告的整个过程，注册会计师在执业过程中应当遵守审计准则的要求。

2. 相关的职业道德要求

通常是指中国注册会计师职业道德守则中与财务报表审计相关的规定。根据职业道德守则，注册会计师应当遵循的基本原则包括：（1）诚信；（2）独立性；（3）客观和公正；（4）专业胜任能力和应有的关注；（5）保密；（6）良好职业行为。

四、保持职业怀疑★★★

职业怀疑，是指注册会计师执行审计业务的一种态度，包括采取质疑的思维方式，对可能表明由于舞弊或错误导致错报的情况保持警觉，以及对审计证据进行审慎评价。

1. 要求秉持一种质疑的理念(**摒弃“存在即合理”的逻辑思维**)

职业怀疑是保证审计质量的关键要素。职业怀疑与**客观和公正、独立性**两项职业道德基本原则密切相关。保持独立性可以增强注册会计师在审计中保持客观和公正、职业怀疑的能力。

2. 要求保持警觉的情形

(1)存在相互矛盾的审计证据；

(2)引起对文件记录、对询问的答复的可靠性产生怀疑的信息；

(3)表明可能存在舞弊的情况；

(4)表明需要实施除审计准则规定外的其他审计程序的情形。

3. 要求审慎评价审计证据

审计证据包括支持和印证管理层认定的信息，也包括与管理层认定相互矛盾的信息。

审计中的**困难、时间或成本**等事项本身，不能作为**省略不可替代的审计程序**或**满足于说服力不足的审计证据**的**理由**。

4. 要求客观评价管理层和治理层

(1)即使以前正直、诚信的管理层和治理层也可能发生变化，注册会计师**不应依赖以往**对管理层和治理层诚信形成的判断。

(2)即使注册会计师认为管理层和治理层是正直、诚实的，也不能降低保持职业怀疑的要求，不允许在获取合理保证的过程中满足于说服力不足的审计证据。

5. 职业怀疑**贯穿于审计全过程**

(1)针对识别和评估重大错报风险：

在识别和评估重大错报风险时，保持职业怀疑有助于注册会计师设计恰当的风险评估程序，有针对性地了解被审计单位及其环境；有助于使注册会计师对引起疑虑的情形保持警觉，充分考虑错报发生的可能性和重大程度，有效识别和评估重大错报风险。

(2)针对进一步审计程序：

在设计和实施进一步审计程序应对重大错报风险时，保持职业怀疑有助于注册会计师针对评估出的重大错报风险，恰当设计进一步审计程序的性质、时间安排和范围，降低选取不适当的审计程序的风险；有助于注册会计师对已获取的事实及证据表明可能存在未识别的重大错报风险的情形保持警觉，并作出进一步调查。

(3)针对评价审计证据：

在评价审计证据时，保持职业怀疑有助于注册会计师评价是否已获取充分、适当的审计证据以及是否还需执行更多的工作；有助于注册会计师审慎评价审计证据，纠正仅获取最容易获取的审计证据，忽视存在相互矛盾的审计证据的偏向。

(4)针对评价舞弊：

保持职业怀疑对于注册会计师发现舞弊、防止审计失败至关重要。

【相关链接】结合《中国注册会计师审计准则问题解答第1号——职业怀疑》进行学习。

【例题6·多选题】注册会计师在审计工作中保持职业怀疑，有利于以下方面(　)。

A. 发现舞弊

B. 降低审计成本

C. 提高审计程序设计及执行的有效性

D. 评价已获取的审计证据的充分性和适当性

解析▶ 保持职业怀疑有助于注册会计师恰当运用职业判断，设计恰当的风险评估程序和进一步审计程序，以降低审计风险，但不会降低审计成本，相反这种质疑的思维方式，可能会增加审计成本。　**答案**▶ ACD

五、合理运用职业判断★★

注册会计师合理运用职业判断，需要从以下6个方面进行理解，具体见表1-5：

表 1-5　对注册会计师合理运用职业判断的理解

项目	内　容
含义	是指在审计准则、财务报告编制基础和职业道德要求的框架下，注册会计师综合运用相关知识、技能和经验，作出适合审计业务具体情况、有根据的行动决策
意义	**职业判断贯穿于注册会计师执业的始终**，涉及注册会计师执业中的各类决策：①确定重要性，识别和评估重大错报风险；②为满足审计准则的要求和收集审计证据的需要，确定所需实施的审计程序的性质、时间安排和范围；③为实现审计准则规定的目标和注册会计师的总体目标，评价是否已获取充分、适当的审计证据以及是否还需执行更多的工作；④评价管理层在运用适用的财务报告编制基础时作出的判断；⑤根据已获取的审计证据得出结论，如评价管理层在编制财务报表时作出的会计估计的合理性；⑥运用职业道德概念框架识别、评估和应对对职业道德基本原则不利的影响
判断依据	注册会计师职业判断需要在相关法律法规、职业标准的框架下作出，并以具体事实和情况为依据。如果有关决策不被该业务的具体事实和情况所支持或者缺乏充分、适当的审计证据，职业判断并不能作为不恰当决策的理由
决策过程	①确定职业判断的问题和目标；②收集和评价相关信息；③识别可能采取的解决方案；④评价可供选择的方案；⑤得出职业判断结论并作出书面记录
评价职业判断质量的标准	衡量职业判断质量可以基于下列三个方面：①准确性或意见一致性，即职业判断结论与特定标准或客观事实的相符程度，或者不同职业判断主体针对同一职业判断问题所作判断彼此认同的程度。②决策一贯性和稳定性，即同一注册会计师针对同一项目的不同判断问题，所作出的判断之间是否符合应有的内在逻辑，以及同一注册会计师针对相同的职业判断问题，在不同时点所作出的判断是否结论相同或相似。③可辩护性，即注册会计师是否能够证明自己的工作，通常，理由的充分性、思维的逻辑性和程序的合规性是可辩护性的基础
书面记录作用	注册会计师对下列事项进行书面记录，有利于提高职业判断的可辩护性：①对职业判断问题和目标的描述；②解决职业判断相关问题的思路；③收集到的相关信息；④得出的结论以及得出结论的理由；⑤就决策结论与被审计单位进行沟通的方式和时间

【例题7·单选题】（2016年）下列有关职业判断的说法中，错误的是（　）。

A. 注册会计师恰当记录与被审计单位就相关决策结论进行沟通的方式和时间，有利于提高职业判断的可辩护性

B. 如果有关决策不被该业务的具体事实的情况所支持，职业判断并不能作为注册会计师作出不恰当决策的理由

C. 职业判断涉及与具体会计处理和审计程序相关的决策，但不涉及与遵守职业道德要求相关的决策

D. 保持职业怀疑有助于注册会计师提高职业判断质量

解析 职业判断涉及注册会计师执业中的各类决策，包括与具体会计处理相关的决策、与审计程序相关的决策，以及与遵守职业道德要求相关的决策。

答案 C

考点七　审计风险

一、审计风险的含义★

审计风险是指当财务报表存在重大错报时，注册会计师发表不恰当审计意见的可能性。财务报表中存在重大错报未被查出，导致审计意见错误的可能性既有客户方面的原因，也有审计人员方面的原因，见图1-7：

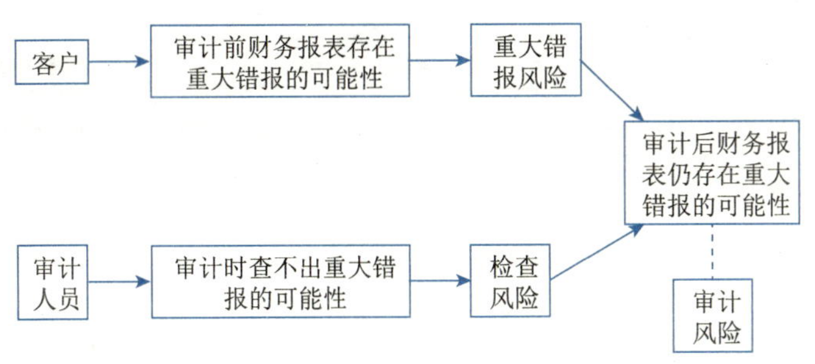

图 1-7　审计风险的形成

审计风险取决于重大错报风险和检查风险，即：

审计风险=重大错报风险×检查风险

二、重大错报风险和检查风险★★

两个层次的重大错报风险：财务报表层次的重大错报风险和认定层次的重大错报风险。其中**认定层次**的重大错报风险由**固有风险和控制风险**构成。审计风险的形成见图1-8：

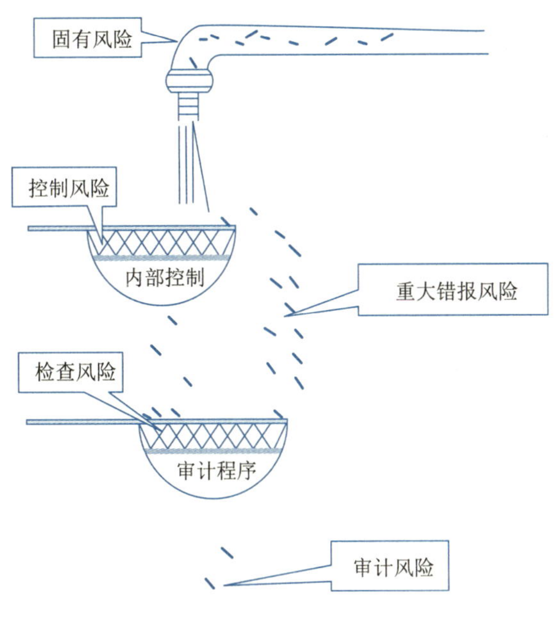

图 1-8　审计风险的构成

对固有风险、控制风险和检查风险的理解，见表1-6：

表 1-6　固有风险、控制风险和检查风险

类别	固有风险	控制风险	检查风险
概念	固有风险是指在考虑相关的**内部控制之前**，某类交易、账户余额或披露的某一认定易于发生错报的可能性	控制风险是指某类交易、账户余额或披露的某一认定发生错报，该错报单独或连同其他错报是重大的，但没有被内部控制及时防止或发现并纠正的可能性	检查风险是指如果存在某一错报，该错报单独或连同其他错报可能是重大的，注册会计师为将审计风险降至可接受的低水平而实施程序后没有发现这种错报的风险

续表

类别	固有风险	控制风险	检查风险
特性	注册会计师**无法控制**，但可以**评估**		注册会计师**可以控制**
证据量	评估的固有风险越高，则所需的审计证据越多，反之越少	评估的控制风险越高，则所需的审计证据越多，反之越少	可接受的检查风险越高，则所需的审计证据越少，反之越多

三、检查风险与重大错报风险的反向关系★★

重大错报风险和检查风险的相互关系可以从**定性**和**定量**两个方面加以考查：

(1)从定量的角度看，**检查风险与重大错报风险的反向关系**用数学模型表示如下：

$$(可接受的)检查风险=\frac{(可接受的)审计风险}{(评估的)重大错报风险}$$

(2)从定性的角度看，审计风险(可接受)既定的情况下，重大错报风险越高，注册会计师可接受的检查风险水平越低，反之亦然。换言之，当重大错报风险较高时，注册会计师必须扩大审计范围，尽量将检查风险降低，以便将整个审计风险降低至可接受的水平。

【知识点拨】审计风险模型中的审计风险是指可接受的审计风险水平，这一风险水平在制定审计计划时就应确定。

100%-审计风险=审计意见的可信赖程度

『举例』注册会计师对一上市公司的财务报表和对一普通公司的年度财务报表进行审计，注册会计师对审计风险的要求不一样。对上市公司报表的审计风险可能确定为1%，这意味着注册会计师对审计结论要求有99%把握是正确的，只有1%出错的可能性，注册会计师在审计过程中必须执行较多的测试，获取较多的证据，以使审计风险降低到1%(可接受水平)；而对普通公司年报的审计，注册会计师可能确定其审计风险为20%，即最终审计结论只要有80%正确就可以，注册会计师以较少审计程序就可使审计风险降低到可接受的20%的水平。所以，审计风险与审计证据之间成反向变动关系。这里所说的审计风险，是注册会计师在审计之前对自己的要求，它是一种“要求的风险”。有时我们也可看到这样一句话：“审计风险越高，所需的审计证据就越多”，这又如何解释呢？这里的审计风险是指“存在的风险”，通常仅包括重大错报风险。

重大错报风险是注册会计师在**审计之前**，财务报表中**已经存在**，如公司出现财务危机、财务主管更替、销售与收款业务内部控制不完善，可能导致货币资金、应收账款、营业收入、存货等有关项目或交易的错报增加，这些重大错报风险的增大，使得注册会计师在审计过程中就必须执行较多的测试，获取较多的证据，以降低审计风险，故重大错报风险与审计证据之间成**正向变动**关系。检查风险确定的步骤，见图1-9：

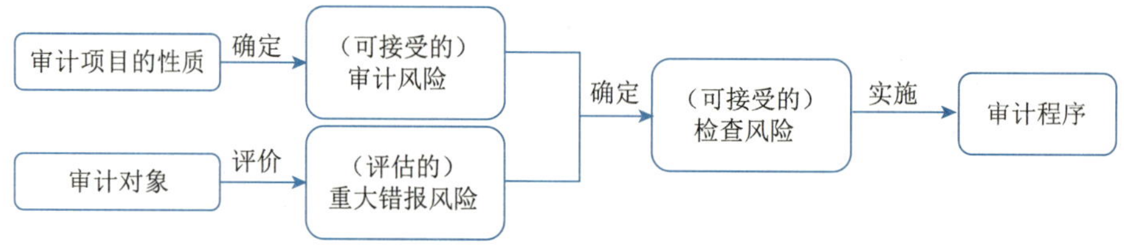

图1-9 检查风险确定的步骤

从图1-9可以看出，如果重大错报风险较高，表明会计数据出现错报的可能性较大，则注册会计师在审计过程中就必须执行较多的测试，获取较多的证据。而根据检查风险模型的公式，审计风险(分子)一定，重大错报风险水平(分母)高，则检查风险较低。所以，(可接受的)检查风险与审计证据之间成反向变动关系。这一关系，也可按下面的介绍来理解。

审计风险(可接受的水平)是在审计计划时就已确定，重大错报风险都是已存在的事实，计算出来的检查风险，就是给注册会计师实施审计程序提出的要求，即要求达到的检查风险，这一检查风险也是一种"可接受的风险"。如果重大错报风险较高，表明会计数据出现错报的可能性较大，则对注册会计师进行审计测试的可靠性要求较高，即要求的检查风险降低(至可接受程度)，就必须获取较多的证据来降低检查风险到可接受的程度，从而将审计风险水平降低至可接受的水平。

四、审计的固有限制★★

由于审计的固有限制，导致注册会计师据以得出结论和形成审计意见的大多数审计证据是说服性而非结论性的。即使注册会计师严格按照审计准则的要求计划和执行审计工作，也不可能将审计风险降为零。注册会计师不能对财务报表不存在由于舞弊或错误导致重大错报获取绝对保证。

完成审计工作后发现由于舞弊或错误导致的财务报表重大错报，其本身并不表明注册会计师没有按照审计准则的规定执行审计工作。

审计的固有限制源于以下因素，具体如表1-7所示：

表1-7 影响审计固有限制的因素

影响因素	具体内容或举例
财务报告的性质	管理层编制财务报表需要作出判断，许多财务报表项目涉及主观决策、评估或一定程度的不确定性，并且可能存在一系列可接受的解释或判断
审计程序的性质	注册会计师获取审计证据的能力受到实务和法律上的限制。例如： (1)管理层或其他人员可能有意或无意地不提供与财务报表编制相关的或注册会计师要求的全部信息(不能保证信息的完整性)； (2)舞弊可能涉及精心策划和蓄意实施以进行隐瞒。因此，用以收集审计证据的审计程序可能对于发现舞弊是无效的(舞弊)； (3)审计不是对涉嫌违法行为的官方调查(取证权限)
财务报告的及时性和成本效益的权衡	为了在合理的时间内以合理的成本对财务报表形成审计意见，注册会计师有必要： (1)计划审计工作，使审计工作以有效的方式得到执行； (2)将审计资源投向最可能存在重大错报风险的领域，并相应地在其他领域减少审计资源； (3)运用测试和其他方法检查总体中存在的错报

考点八 审计过程★

扫我解疑难

审计过程大致可以分为以下几个阶段，见图1-10：

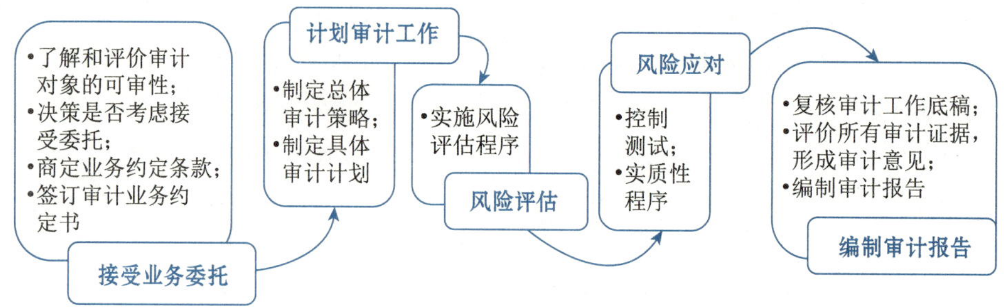

图 1-10　审计过程

『提示』本图对每一流程只是列举了其主要的工作程序，审计流程之间没有严格的界限区分。

真题精练

一、单项选择题

1.（2019 年）*下列有关财务报表审计的说法中，错误的是（　）。

A. 审计不涉及为如何利用信息提供建议

B. 审计的目的是增强预期使用者对财务报告的信赖程度

C. 审计只提供合理保证，不提供绝对保证

D. 审计的最终产品是审计报告和已审计财务报表

2.（2019 年）下列有关重大错报风险的说法中，错误的是（　）。

A. 注册会计师应当从财务报表层次和各类交易、账户余额和披露认定层次考虑重大错报风险

B. 重大错报风险指财务报表在审计前存在重大错报的可能性

C. 重大错报风险可进一步区分为固有风险和检查风险

D. 注册会计师可以定性或定量评估重大错报风险

3.（2018 年）下列有关财务报表审计的说法中，错误的是（　）。

A. 财务报表审计的目的是改善财务报表的质量或内涵

B. 财务报表审计的基础是独立性和专业性

C. 财务报表审计可以有效满足财务报表预期使用者的需求

D. 财务报表审计提供的合理保证意味着注册会计师可以通过获取充分、适当的审计证据消除审计风险

4.（2018 年）下列各项中，通常不属于财务报表预期使用者的是（　）。

A. 被审计单位的管理层

B. 被审计单位的股东

C. 为被审计单位提供贷款的银行

D. 对被审计单位财务报表执行审计的注册会计师

5.（2018 年）下列有关职业怀疑的说法中，错误的是（　）。

A. 注册会计师应当在整个审计过程中保持职业怀疑

B. 保持职业怀疑是注册会计师的必备技能

C. 保持职业怀疑可以使注册会计师发现所有由于舞弊导致的错报

D. 保持职业怀疑是保持审计质量的关键要素

6.（2018 年）下列有关固有风险和控制风险的说法中，正确的是（　）。

---

* 本书所涉及的历年考题均为考生回忆，特此注明。

A. 固有风险和控制风险与被审计单位的风险相关，独立于财务报表审计而存在
B. 财务报表层次和认定层次的重大错报风险可以细分为固有风险和控制风险
C. 注册会计师无法单独对固有风险和控制风险进行评估
D. 固有风险始终存在，而运行有效的内部控制可以消除控制风险

7. (2017 年)下列关于财务报表审计和财务报表审阅的区别的说法中，错误的是(　)。
A. 财务报表审计所需的审计证据的数量多于财务报表审阅
B. 财务报表审计采用的证据收集程序少于财务报表审阅
C. 财务报表审计提供的保证水平高于财务报表审阅
D. 财务报表审计提出结论的方式与财务报表审阅不同

8. (2017 年)下列关于检查风险的说法中，错误的是(　)。
A. 检查风险是指注册会计师未能通过审计程序发现错报，因而发表不恰当审计意见的风险
B. 检查风险通常不可能降低为零
C. 保持职业怀疑有助于降低检查风险
D. 检查风险的高低取决于审计程序设计的合理性和执行的有效性

9. (2017 年)下列关于职业判断的相关说法中，错误的是(　)。
A. 职业判断能力是注册会计师胜任能力的核心
B. 保持适当的职业怀疑有助于提高职业判断质量
C. 注册会计师工作的可辩护性是衡量职业判断质量的重要方面
D. 注册会计师应当记录在审计过程中作出的所有职业判断

10. (2017 年)下列有关职业怀疑的说法中，错误的是(　)。
A. 职业怀疑要求注册会计师摒弃“存在即合理”的逻辑思维
B. 职业怀疑要求注册会计师审慎评价审计证据
C. 职业怀疑要求注册会计师假定管理层和治理层不诚信，并以此为前提计划审计工作
D. 职业怀疑要求注册会计师对引起疑虑的情形保持警觉

二、多项选择题

1. (2019 年)不属于鉴证业务的有(　)。
A. 财务报表审阅
B. 财务报表审计
C. 对财务信息执行商定程序
D. 代编财务信息

2. (2018 年)下列有关鉴证业务保证程度的说法中，正确的有(　)。
A. 合理保证是高水平的保证，有限保证是中等水平的保证
B. 审计提供合理保证，审阅和其他鉴证业务提供有限保证
C. 合理保证所需证据的数量较多，有限保证所需证据的数量较少
D. 合理保证以积极方式提出结论，有限保证以消极方式提出结论

3. (2018 年)下列选项中，属于审计基本要求的有(　)。
A. 遵守审计准则
B. 遵守职业道德守则
C. 保持职业怀疑
D. 合理运用职业判断

4. (2018 年)注册会计师要对职业判断做出适当的书面记录，下列各项记录内容中，有利于提高职业判断的可辩护性的有(　)。
A. 注册会计师解决职业判断相关问题的思路
B. 注册会计师得出的结论及理由
C. 注册会计师就决策结论与被审计单位进行沟通的方式和时间
D. 注册会计师收集到的相关信息

5. (2018 年)下列选项中，属于审计的固有限

制的有(　)。

A. 许多财务报表项目涉及主观决策、评估或一定程度的不确定性，并且可能存在一系列可接受的解释或判断

B. 被审计单位管理层可能拒绝提供注册会计师要求的某些信息，即使注册会计师实施了旨在保证所获取所有的相关信息的审计程序，也不能保证信息的完整性

C. 注册会计师没有被授予调查被审计单位涉嫌违法行为所必要的特定法律权力

D. 注册会计师将审计资源投向最可能存在重大错报风险的领域，并且应减少其他领域的审计资源

6. (2016年)下列关于重大错报风险的说法中，正确的有(　)。

A. 重大错报风险包括固有风险和检查风险

B. 注册会计师应当将重大错报风险与特定的交易、账户余额和披露的认定相联系

C. 在评估一项重大错报是否为特别风险时，注册会计师不应考虑控制对风险的抵销作用

D. 注册会计师对重大错报风险的评估，可能随着审计过程中不断获取审计证据而做出相应的变化

真题精练答案及解析

一、单项选择题

1. D 【解析】审计的最终产品是审计报告。
2. C 【解析】认定层次的重大错报风险可以进一步细分为固有风险和控制风险，选项C错误。
3. D 【解析】审计风险不可能消除，只能从一定程度上降低。
4. D 【解析】管理层、股东以及为被审计单位提供贷款的银行，都属于财务报表的预期使用者。
5. C 【解析】保持职业怀疑，有利于注册会计师发现错报，但是并非能够发现所有的错报。
6. A 【解析】固有风险和控制风险是认定层次的重大错报风险，选项B错误；注册会计师既可以对固有风险和控制风险进行单独评估，也可以进行合并评估，选项C错误；由于控制的固有局限性，某种程度的控制风险始终存在，选项D错误。
7. B 【解析】财务报表审计采用的证据收集程序包括检查、观察、询问、函证、重新计算、分析程序等。财务报表审阅采用的证据收集程序受到有意识的限制，主要采用询问和分析程序获取证据，因此财务报表审计证据收集程序多于财务报表审阅。
8. A 【解析】检查风险是指如果存在某一错报，该错报单独或连同其他错报可能是重大的，注册会计师为将审计风险降至可接受的低水平而实施程序后没有发现这种错报的风险。
9. D 【解析】注册会计师需要对职业判断作出适当的书面记录，但是并非其在审计过程中作出的所有职业判断均进行书面记录。
10. C 【解析】所谓职业怀疑，并不是要求注册会计师假设管理层是不诚信的，而是指注册会计师应当以质疑的思维方式评价所获取证据的有效性，并对相互矛盾的证据，以及引起对文件记录或责任方提供的信用的可靠性产生怀疑的证据保持警觉。

二、多项选择题

1. CD 【解析】鉴证业务包括审计业务、审阅业务和其他鉴证业务。选项CD属于相关服务业务。
2. CD 【解析】选项A，有限保证提供的是有意义水平的保证；选项B，其他鉴证业务的保证程度分为合理保证和有限保证。

3. ABCD 【解析】审计基本要求包括：遵守审计准则、遵守职业道德守则、保持职业怀疑、合理运用职业判断。

4. ABCD 【解析】为提高职业判断的可辩护性，注册会计师需要对职业判断作出适当的书面记录，除以上四项外，还应当记录“对职业判断问题和目标的描述”。

5. ABCD 【解析】以上四项都属于审计固有限制的来源。其中选项 A 属于财务报告的性质，选项 BC 属于审计程序的性质，选项 D 属于财务报告的及时性和成本效益的权衡。

6. CD 【解析】认定层次的重大错报风险包括固有风险和控制风险，选项 A 错误；识别的重大错报风险不仅可能与特定的某类交易、账户余额和披露的认定相关，还可能与财务报表整体广泛相关，选项 B 错误。

同步训练 限时60分钟

一、单项选择题

1. 下列有关财务报表审计的说法中，错误的是(　)。

A. 审计可以有效满足财务报表预期使用者的需求

B. 审计的目的是增强财务报表预期使用者对财务报表的信赖程度

C. 审计涉及为财务报表预期使用者如何利用相关信息提供建议

D. 财务报表审计的基础是注册会计师的独立性和专业性

2. 下列关于鉴证业务的保证程度的说法中，正确的是(　)。

A. 审阅业务属于合理保证业务

B. 审计业务主要采用询问和分析程序获取证据

C. 审计业务的检查风险高于审阅业务

D. 审计业务要求注册会计师以积极方式提出结论

3. 下列关于注册会计师审计和政府审计的说法中，不正确的是(　)。

A. 注册会计师审计和政府审计都是国家治理体系和治理能力现代化建设的重要方面

B. 注册会计师审计的费用可与审计客户协商确定

C. 政府审计和注册会计师审计都需要取得审计证据，各有关单位都有责任配合

D. 在审计过程中发现的问题，注册会计师审计和政府审计均应在其职权范围内作出审计决定

4. 在确定审计业务的三方关系时，下列有关说法中，注册会计师认为错误的是(　)。

A. 责任方可能是预期使用者，但不是唯一的预期使用者

B. 责任方可能是审计业务委托人，也可能不是委托人

C. 注册会计师的审计意见只能向除管理层之外的预期使用者提供

D. 如果某项业务不存在除责任方之外的其他预期使用者，那么该业务不构成一项审计业务

5. 下列关于审计要素的说法中，错误的是(　)。

A. 鉴证对象是历史的财务状况、经营业绩和现金流量，鉴证对象的载体即财务报表

B. 审计要素之一的标准是指财务报告编制基础

C. 审计证据在性质上具有累积性，只能在审计过程中通过实施审计程序来获取

D. 审计业务的三方关系人分别是注册会计师、被审计单位管理层、财务报表预期使用者

6. 关于注册会计师执行财务报表审计工作的总体目标，下列说法中，不正确的是(　)。

A. 对财务报表整体是否不存在由于错误

或舞弊导致的重大错报获取合理保证

B. 对财务报表是否在所有重大方面按照适用的财务报告编制基础发表审计意见

C. 对内部控制的有效性发表意见

D. 按照审计准则的规定，根据审计结果对财务报表出具审计报告，并与管理层和治理层沟通

7. 下列各项中，为获取适当审计证据所实施的审计程序与审计目标最相关的是(　)。

A. 从被审计单位销售发票中选取样本，追查至对应的发货单，以确定销售记录的完整性

B. 实地检查被审计单位固定资产，以确定固定资产的所有权

C. 对已盘点的被审计单位存货进行检查，将检查结果与盘点记录相核对，以确定存货的计价正确性

D. 复核被审计单位编制的银行存款余额调节表，以确定银行存款余额的正确性

8. A注册会计师负责审计甲公司2019年度财务报表，下列审计程序中，能证实应收账款存在认定的最佳的审计程序是(　)。

A. 检查销售文件以确定是否采用连续编号的销售单

B. 从应收账款明细账追查至销售合同、销售发票、出库单等原始凭证

C. 抽取发运凭证、销售合同等凭证追查至应收账款明细账

D. 向销售客户进行函证

9. 下列与销售收入相关的认定中，通过比较资产负债表日前后几天的发货单日期与记账日期，注册会计师认为最可能证实的是(　)。

A. 发生　　B. 完整性

C. 截止　　D. 分类

10. 下列与存货相关的认定，通过向生产和销售人员询问是否存在过时或周转缓慢的存货，注册会计师认为最可能证实的是(　)。

A. 计价和分摊　　B. 权利和义务

C. 存在　　D. 完整性

11. 在判断注册会计师是否按照审计准则的规定执行工作以应对舞弊风险时，下列各项中，不需要考虑的是(　)。

A. 注册会计师是否根据具体情况实施了审计程序，并获取了充分、适当的审计证据

B. 注册会计师在审计过程中是否保持了职业怀疑

C. 注册会计师是否识别出所有舞弊导致的财务报表重大错报

D. 注册会计师是否根据审计证据评价结果出具了恰当的审计报告

12. 下列有关职业怀疑的说法中，错误的是(　)。

A. 职业怀疑与所有职业道德基本原则均密切相关

B. 职业怀疑是保证审计质量的关键要素

C. 保持职业怀疑可以提高审计程序设计和执行的有效性

D. 职业怀疑要求注册会计师质疑相互矛盾的审计证据的可靠性

13. 下列有关职业判断的相关说法中，错误的是(　)。

A. 职业判断贯穿于注册会计师执业的始终

B. 职业判断能力是注册会计师胜任能力的核心

C. 注册会计师运用职业判断是主观能动的作用结果，并不需要记录于审计工作底稿

D. 决策一贯性和稳定性，是衡量职业判断质量的考虑因素之一

14. 审计风险取决于重大错报风险和检查风险，下列表述正确的是(　)。

A. 在既定的审计风险水平下，注册会计师应当实施审计程序，将重大错报风险降至可接受的低水平

B. 注册会计师应当合理设计审计程序的性质、时间安排和范围，并有效执行审

计程序，以控制重大错报风险

C. 注册会计师应当合理设计审计程序的性质、时间安排和范围，并有效执行审计程序，以消除检查风险

D. 检查风险取决于审计程序设计的合理性和执行的有效性，包括审慎评价审计证据，加强对已执行审计工作的监督和复核等

15. 下列关于重大错报风险的说法中，错误的是(　)。

A. 重大错报风险是指如果存在某一错报，该错报单独或连同其他错报可能是重大的，注册会计师为将审计风险降至可接受的低水平而实施程序后没有发现这种错报的风险

B. 重大错报风险包括财务报表层次和各类交易、账户余额以及披露认定层次的重大错报风险

C. 财务报表层次的重大错报风险可能影响多项认定，此类风险通常与控制环境有关，但也可能与其他因素有关

D. 认定层次的重大错报风险可以进一步细分为固有风险和控制风险

16. 下列关于审计固有限制的说法中，正确的是(　)。

A. 只要注册会计师执行足够的审计程序，就可以将审计风险降低为零

B. 即使按照审计准则的规定适当地计划和执行审计工作，也不可避免地存在财务报表的某些重大错报可能未被发现的风险

C. 完成审计工作后发现由于舞弊或错误导致的财务报表重大错报，表明注册会计师没有按照审计准则的规定执行审计工作

D. 由于审计的时间限制，注册会计师可以省略不可替代的审计程序

17. 下列关于审计过程的说法中不正确的是(　)。

A. 在风险导向审计模式中，以重大错报风险的识别、评估和应对作为工作主线

B. 风险评估程序不是审计过程中必须执行的审计程序

C. 控制测试不是审计过程中必须执行的审计程序

D. 进一步审计程序包括控制测试和实质性程序

二、多项选择题

1. 下列有关财务报表审计和审阅的说法中，错误的有(　)。

A. 审计可以改善财务报表的质量或内涵，为预期使用者利用财务信息提供建议

B. 由于审计获取的证据是结论性的，审计能够提供一种高水平的绝对保证

C. 由于审阅获取的证据是说服性的，审阅只能提供一种有意义的合理保证

D. 注册会计师的独立性和专业胜任能力是财务报表审计的基础

2. 关于注册会计师执行财务报表审计工作的总体目标，下列说法中，正确的有(　)。

A. 对财务报表整体是否不存在重大错报获取合理保证，使得注册会计师能够对财务报表是否在所有重大方面按照适用的财务报告编制基础编制发表审计意见

B. 对被审计单位是否具有持续经营能力提供合理保证

C. 对被审计单位内部控制是否存在值得关注的缺陷提供合理保证

D. 按照审计准则的规定，根据审计结果对财务报表出具审计报告，并与管理层和治理层沟通

3. 关于期末账户余额及相关披露的认定包括(　)。

A. 存在　　B. 截止

C. 权利和义务　　D. 列报

4. 下列有关内部控制与认定的表述中，正确的有(　)。

A. 销售单连续编号与销售交易的发生认定或完整性认定相关

B. 检查销售记录是否附有销售单，主要是

防止销售交易的完整性错报

C. 定期核对发运凭证，并追查至主营业务收入明细账，防止漏记收入

D. 检查销售发票编制时所依据的价格清单，与销售记录的完整性相关

5. 下列关于注册会计师保持职业怀疑的表述中正确的有(　)。

A. 注册会计师仅在审计业务实施阶段保持职业怀疑

B. 保持独立性可以增强注册会计师在审计中保持客观和公正、职业怀疑的能力

C. 注册会计师应对相互矛盾的审计证据保持警觉

D. 由于存货监盘程序成本高，注册会计师通过执行替代审计程序来获取审计证据

6. 关于注册会计师在计划和执行审计工作时保持职业怀疑的作用，下列说法中，正确的有(　)。

A. 降低检查风险

B. 降低审计成本

C. 避免过度依赖管理层提供的书面声明

D. 恰当识别、评估和应对重大错报风险

7. 阻碍注册会计师保持职业怀疑的情形包括(　)。

A. 出具满足被审计单位要求的审计报告

B. 随着审计业务关系的延续，对管理层产生不恰当的信任

C. 审计时间安排紧张

D. 安排资深注册会计师执行审计业务

8. 下列有关审计风险的说法中，不正确的有(　)。

A. 审计风险是指当财务报表存在重大错报时，注册会计师发表不恰当审计意见的可能性，是注册会计师执行业务的法律后果

B. 审计风险取决于重大错报风险和检查风险

C. 在既定的审计风险水平下，可接受的检查风险水平与财务报表层次重大错报风险的评估结果成反向关系

D. 可接受的审计风险越大，重要性水平越低

9. 在向被审计单位管理层解释审计的固有限制时，下列有关审计固有限制的说法中，注册会计师认为正确的有(　)。

A. 审计工作可能因高级管理人员的舞弊行为而受到限制

B. 审计工作可能因审计收费过低而受到限制

C. 审计工作可能因项目组成员素质和能力的不足而受到限制

D. 审计工作可能因财务报表项目涉及主观决策而受到限制

三、简答题

注册会计师在对财务报表进行审计时，了解到被审计单位将发出商品作为销售收入确认的时点，注册会计师执行的销售与收款循环相关的审计程序摘录如下：

(1)检查被审计单位是否定期向客户寄送对账单；

(2)检查登记入账的销售业务所附的发运凭证、销售发票等；

(3)检查销售发票、发运单是否连续编号；

(4)赊销及现金折扣是否由专人进行审批；

(5)对大额应收账款进行函证。

要求：针对上述第(1)至(5)项所执行的审计程序，逐项指出与销售收入和应收账款的哪项认定直接相关。

同步训练答案及解析

一、单项选择题

1. C 【解析】审计的目的是对财务报表的合法性和公允性发表意见，并不包括为财务报表预期使用者如何利用相关信息提供建议。

2. D 【解析】选项 A，审阅业务属于有限保

证的鉴证业务；选项 B，有限保证的审阅业务在证据收集程序的性质、时间安排和范围等方面有意识加以限制，主要采用询问和分析程序获取证据；选项 C，审阅业务的检查风险高于审计业务。

3. D 【解析】政府审计对审计中发现的问题可在职权范围内作出审计决定或者向有关主管机关提出处理、处罚意见。注册会计师对审计过程中发现的问题只能提请企业调整有关数据或进行披露，没有行政强制力，不能作出审计决定。

4. C 【解析】注册会计师的审计意见"主要"是向除管理层之外的预期使用者提供，但同时也可以向管理层提供。

5. C 【解析】审计证据主要是在审计过程中通过实施审计程序获取的，但审计证据还可能包括从其他来源获取的信息。

6. C 【解析】财务报表审计过程中，注册会计师需要考虑与财务报表编制和公允列报相关的内部控制，以设计恰当审计程序，但目的并非对内部控制的有效性发表意见。

7. D 【解析】选项 A 属于原始凭证之间的核对，与销售业务的完整性无关；选项 B 检查主要证实固定资产的存在，对证实所有权作用不大；选项 C 主要与存在和完整性认定相关。

8. D 【解析】选项 AC 有助于证实完整性；选项 BD 有助于证实存在认定，由外部获取的审计证据的证明力强于内部获取的审计证据，因此选项 D 是最佳审计程序。

9. C 【解析】通过比较资产负债表日前后几天的发货单日期与记账日期，可以发现是否存在推迟或提前入账的情况，即最可能证实的是截止。

10. A 【解析】存货的状况是被审计单位管理层对存货计价认定的一部分。注册会计师应当把所有过时、毁损或陈旧存货的详细情况记录下来，这既便于进一步追查这些存货的处置情况，也能为测试被审计单位存货跌价准备计提的准确性提供证据。

11. C 【解析】由于审计的固有限制，即使注册会计师按照审计准则的规定恰当计划和执行了审计工作，也不可避免地存在财务报表中的某些重大错报未被发现的风险。完成审计工作后发现由于舞弊导致的财务报表重大错报，其本身并不表明注册会计师没有按照审计准则的规定执行审计工作。

12. A 【解析】职业怀疑与保持客观和公正、独立性两项职业道德基本原则密切相关。

13. C 【解析】注册会计师需要对职业判断作出适当的书面记录，对下列事项进行书面记录，有利于提高职业判断的可辩护性：对职业判断问题和目标的描述；解决职业判断相关问题的思路；收集到的相关信息；得出的结论以及得出结论的理由；就决策结论与被审计单位进行沟通的方式和时间。

14. D 【解析】重大错报风险是实际存在的，实施审计程序无法将其降低，选项 A 错误；注册会计师应当合理设计审计程序的性质、时间安排和范围，并有效实施审计程序，可以控制的是检查风险，不是重大错报风险，选项 B 错误；检查风险只能控制不能消除，选项 C 错误。

15. A 【解析】重大错报风险是指财务报表在审计前存在重大错报的可能性，与被审计单位的风险相关，且独立存在于财务报表的审计。选项 A 描述的是检查风险。

16. B 【解析】选项 A，由于审计的固有限制，不应期望注册会计师将审计风险降低为零；选项 C，完成审计工作后发现由于舞弊或错误导致的财务报表重大错报，其本身并不表明注册会计师没有按照审计准则的规定执行审计工作；选项 D，审计中的困难、时间或成本等事项本身，不能作为注册会计师省略不可替代的审计程序或满足于说服力不足的审计证据的正当理由。

17. B 【解析】风险评估是评估重大错报风险的过程，是必须进行的审计程序。

二、多项选择题

1. ABC 【解析】由于审计存在固有限制，注册会计师据以得出结论和形成审计意见的大多数审计证据是说服性而非结论性的，因此，审计只能提供合理保证，不能提供绝对保证，用以有效满足财务报表预期使用者的需求，但不涉及为如何利用信息提供建议。审阅提供的有限保证是仅次于合理保证的一种保证，是一种有意义的保证水平。
2. AD 【解析】执行财务报表审计工作时，注册会计师的总体目标是：一是对财务报表整体是否不存在由于舞弊或错误导致的重大错报获取合理保证，使得注册会计师能够对财务报表是否在所有重大方面按照适用的财务报告编制基础发表审计意见；二是按照审计准则的规定，根据审计结果对财务报表出具审计报告，并与管理层和治理层沟通。
3. ACD 【解析】选项B属于关于所审计期间各类交易、事项及相关披露的认定。
4. AC 【解析】选项B与销售交易的发生有关；选项D与销售交易的准确性有关。
5. BC 【解析】选项A，注册会计师应当在整个审计过程中保持职业怀疑；选项D，审计中的困难、时间或成本等事项本身，不能作为省略不可替代的审计程序或满足于说服力不足的审计证据的理由。
6. ACD 【解析】保持职业怀疑与降低审计成本之间并没有关联。
7. ABC 【解析】安排资深注册会计师执行审计业务，有利于注册会计师保持职业怀疑，所以选项D不选。阻碍注册会计师保持职业怀疑的情形参考《中国注册会计师审计准则问题解答第1号——职业怀疑》的内容。
8. ACD 【解析】选项A，审计风险是一个与审计过程相关的技术术语，并不是指注册会计师执行业务的法律后果，如因诉讼、负面宣传或其他与财务报表审计相关的事项而导致损失的可能性；选项C，审计风险=重大错报风险×检查风险，该审计风险模型中的重大错报风险是指认定层次的重大错报风险，因此在既定的审计风险水平下，可接受的检查风险水平与认定层次重大错报风险的评估结果成反向关系；选项D，可接受的审计风险越大，重要性水平越高。
9. AD 【解析】对某些认定或审计事项而言，固有限制对注册会计师发现重大错报能力的潜在影响尤为重要，其中包括舞弊，特别是涉及高级管理人员的舞弊或串通舞弊，选项A正确。审计收费过低不能作为注册会计师省略不可替代的审计程序或满足于说服力不足的审计证据的正当理由，不属于固有限制，选项B错误。具备专业胜任能力是注册会计师承接审计项目的前提条件，审计工作不能因为项目组成员素质和能力的不足而受到限制，选项C错误。许多财务报表项目涉及主观决策、评估或一定程度的不确定性，并且可能存在一系列可接受的解释或判断。因此，某些财务报表项目的金额本身就存在一定的变动幅度，这种变动幅度不能通过实施追加的审计程序来消除，选项D正确。

三、简答题

【答案】

第(1)项与销售收入的完整性、发生、准确性认定相关。与应收账款的存在、完整性、计价和分摊认定相关。

第(2)项与销售收入的发生认定相关。与应收账款的存在认定相关。

第(3)项与销售收入的完整性认定相关。与应收账款的完整性认定相关。

第(4)项与应收账款的计价和分摊认定相关。

第(5)项与应收账款的存在认定相关。

本章知识串联

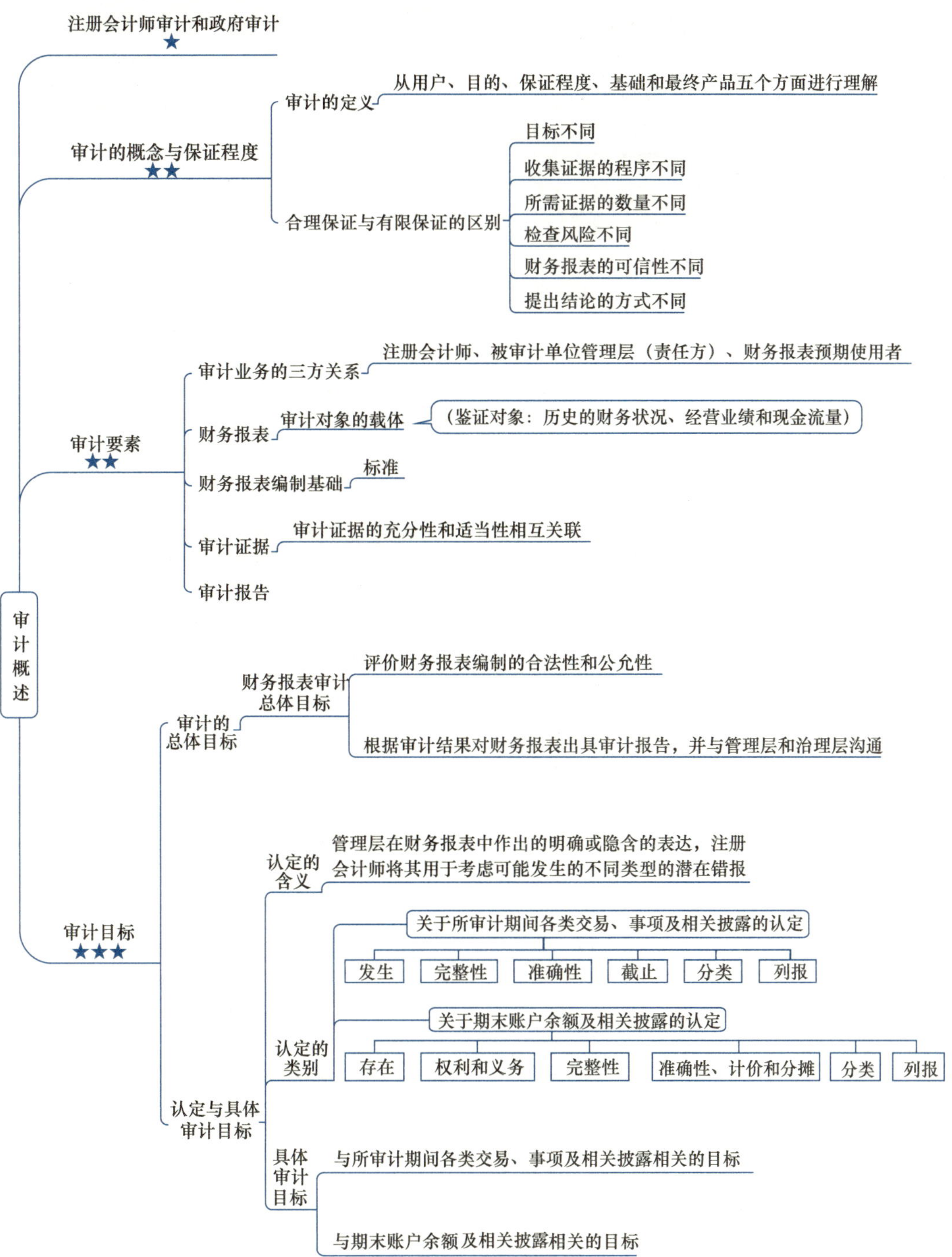

审计概述
注册会计师审计和政府审计 ★
审计的概念与保证程度 ★★
审计的定义
从用户、目的、保证程度、基础和最终产品五个方面进行理解
合理保证与有限保证的区别
目标不同
收集证据的程序不同
所需证据的数量不同
检查风险不同
财务报表的可信性不同
提出结论的方式不同
审计要素 ★★
审计业务的三方关系
注册会计师、被审计单位管理层（责任方）、财务报表预期使用者
财务报表
审计对象的载体
（鉴证对象：历史的财务状况、经营业绩和现金流量）
财务报表编制基础
标准
审计证据
审计证据的充分性和适当性相互关联
审计报告
审计目标 ★★★
审计的总体目标
财务报表审计总体目标
评价财务报表编制的合法性和公允性
根据审计结果对财务报表出具审计报告，并与管理层和治理层沟通
认定与具体审计目标
认定的含义
管理层在财务报表中作出的明确或隐含的表达，注册会计师将其用于考虑可能发生的不同类型的潜在错报
认定的类别
关于所审计期间各类交易、事项及相关披露的认定
发生
完整性
准确性
截止
分类
列报
关于期末账户余额及相关披露的认定
存在
权利和义务
完整性
准确性、计价和分摊
分类
列报
具体审计目标
与所审计期间各类交易、事项及相关披露相关的目标
与期末账户余额及相关披露相关的目标

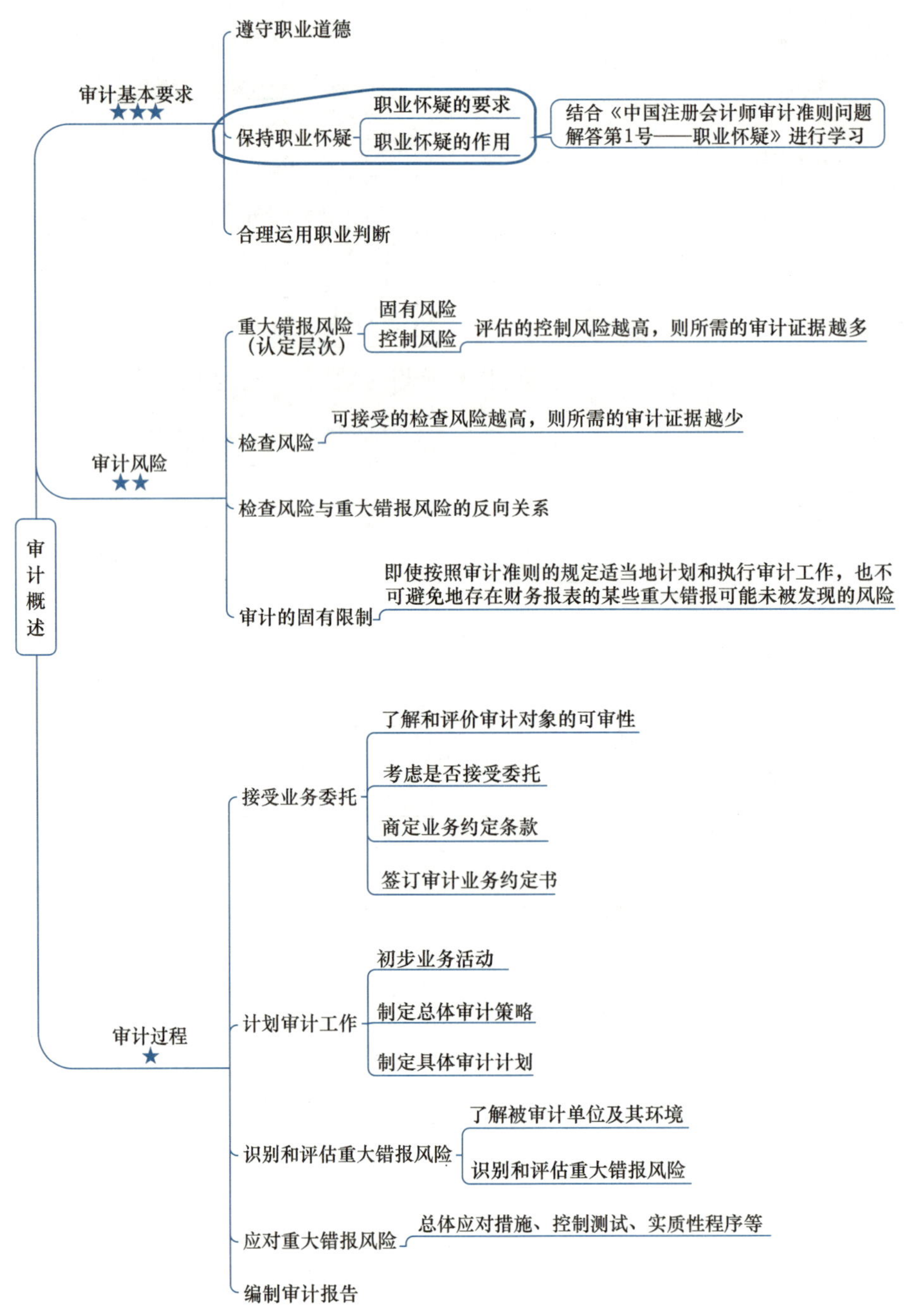
审计概述
审计基本要求
★★★
遵守职业道德
保持职业怀疑
职业怀疑的要求
职业怀疑的作用
结合《中国注册会计师审计准则问题解答第1号——职业怀疑》进行学习
合理运用职业判断
审计风险
★★
重大错报风险（认定层次）
固有风险
控制风险
评估的控制风险越高，则所需的审计证据越多
检查风险
可接受的检查风险越高，则所需的审计证据越少
检查风险与重大错报风险的反向关系
审计的固有限制
即使按照审计准则的规定适当地计划和执行审计工作，也不可避免地存在财务报表的某些重大错报可能未被发现的风险
审计过程
★
接受业务委托
了解和评价审计对象的可审性
考虑是否接受委托
商定业务约定条款
签订审计业务约定书
计划审计工作
初步业务活动
制定总体审计策略
制定具体审计计划
识别和评估重大错报风险
了解被审计单位及其环境
识别和评估重大错报风险
应对重大错报风险
总体应对措施、控制测试、实质性程序等
编制审计报告

第2章 审计计划

考情解密

历年考情概况

本章属于重点章节，主要以客观题形式考核初步业务活动的目的和内容、总体审计策略和具体审计计划的制定、各类重要性的确定和运用(结合明显微小错报临界值)、错报的分类与界定等知识点；还可能在主观题中考核重要性(往往结合集团审计一并考查)与错报。“重要性”是本章的重要知识点，应加强对此的理解。预计今年考核分值在3-5分之间。

近年考点直击

考点	主要考查题型	考频指数	考查角度
初步业务活动	选择题、简答题	★★	(1)初步业务活动的目的和内容；(2)审计的前提条件
总体审计策略和具体审计计划	选择题、简答题	★★	(1)审计计划的内容；(2)审计过程中对计划的更改与监督
审计重要性	选择题、简答题、综合题	★★★	(1)重要性的概念；(2)重要性水平的确定；(3)实际执行的重要性；(4)重要性的修正；(5)评价审计过程中识别出的错报

学习方法与应试技巧

在本章中，与重要性相关的理论是考试经常涉及的内容，如对重要性概念的理解、确定重要性水平的目的、重要性水平常用的判断基准、重要性水平的确定、实际执行的重要性、尚未更正错报汇总数及明显微小错报临界值等。同时，初步业务活动、审计的前提条件以及业务约定书也可能会在考试中考查到。

本章内容理论性较强，在学习时，注意理解审计业务流程(初步业务活动和审计计划)，掌握重要性在审计中的具体运用。

本章2020年考试主要变化

本章根据现行准则指南对审计业务约定书、审计计划、重要性等内容做了部分文字表述的调整。

考点详解及精选例题

考点一　初步业务活动

承接业务与审计计划一般流程：

1. 项目合伙人或高级经理与客户洽谈(初步业务活动)，签约；

2. 审计经理及高级审计员初步了解客户(含分析财务报表)，为总体审计策略做准备；

3. 审计小组进驻，审计经理介绍审计概况、重点关注领域、审计主要安排等(总体审计策略)；

4. 高级审计员，安排审计助理需要从事的审计工作(具体审计计划)。

审计计划过程见图 2-1：

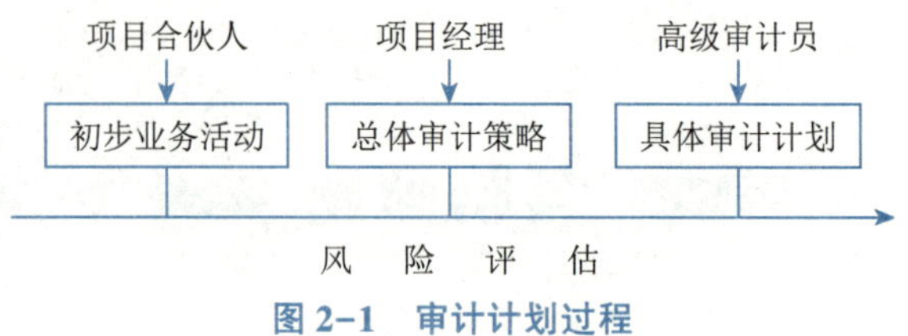

图 2-1 审计计划过程

一、初步业务活动的目的、内容和程序★★

初步业务活动的目的、内容和程序，见表 2-1：

表 2-1 初步业务活动的目的、内容和程序

目的	内容	程序(以首次接受审计委托为例)
①具备执行业务所需的独立性和能力(注册会计师角度)； ②不存在因管理层诚信问题而可能影响注册会计师保持该项业务意愿的事项(管理层角度)； ③与被审计单位之间不存在对业务约定条款的误解(注册会计师与管理层之间)	①针对保持客户关系和具体审计业务实施相应的**质量控制程序**； ②评价遵守相关**职业道德**要求的情况； ③就审计业务约定条款**达成一致意见**	①与客户面谈。包括讨论审计目标；审计报告的用途；管理层的责任；审计收费等。 ②初步了解被审计单位及其环境。包括企业规模、生产经营状况、财务状况等。 ③与前任注册会计师沟通(应征得被审计单位书面同意)。 ④评价是否具备执行该项审计业务所需要的独立性和专业胜任能力。 ⑤完成业务承接评价表或业务保持评价表。 ⑥签订审计业务约定书

【知识点拨】初步业务活动包含了“与治理层的沟通”“前后任注册会计师的沟通”及“接受和保持客户关系”的活动。请大家一并学习，以前后贯通。

【例题 1 · 多选题】下列各项中，不属于审计项目初步业务活动的是(　)。

A. 查阅前任注册会计师的审计工作底稿

B. 确定项目组成员及拟利用的专家

C. 评价遵守相关职业道德要求的情况

D. 就审计业务约定条款达成一致意见

解析▶ 选项 A，初步业务活动的目的是确定是否接受委托，应当向前任注册会计师询问，考虑是否存在不应承接该业务的事由。但查阅前任注册会计师的审计工作底稿是在接受委托后，当后任注册会计师拟利用前任注册会计师的工作时才会与前任注册会计师沟通查阅。选项 B，确定项目组成员及拟利用的专家是在承接业务之后才需考虑的。

答案▶ AB

二、审计的前提条件★★

审计的前提条件，见表 2-2：

表 2-2 审计的前提条件

前提条件	内容	具体考虑
财务报告**编制基础适当**	确定财务报告编制基础的**可接受性**	应考虑的因素： (1)**被审计单位**的**性质**(商业企业、公共部门实体还是非营利组织)； (2)财务报表的**目的**(通用目的还是特殊目的)； (3)财务**报表**的**性质**(整套财务报表还是单一财务报表)； (4)**法律法规是否规定了**适用的财务报告编制基础

续表

前提条件	内容	具体考虑
就管理层的责任达成一致意见（确认形式：管理层提供**书面声明**）	管理层**已认可并理解**其承担的责任（如果不认可其责任或不同意提供书面声明，注册会计师承接业务是不恰当的）	管理层的责任： （1）按照适用的财务报告编制基础编制**财务报表**，并使其实现公允反映； （2）设计、执行和维护必要的**内部控制**，以使财务报表不存在由于舞弊或错误导致的重大错报； （3）向注册会计师提供必要的**工作条件**

【例题2·多选题】为确定审计的前提条件是否存在，下列各项中，注册会计师应当执行的工作有（ ）。

A. 确定管理层在编制财务报表时采用的财务报告编制基础是否是可接受的

B. 确定管理层是否认可并理解其与财务报表相关的责任

C. 确定被审计单位的内部控制是否有效

D. 确定被审计单位是否存在违反法律法规的行为

答案 ➠ AB

三、审计业务约定书★

会计师事务所承接任何审计业务，都应与被审计单位签订审计业务约定书。

1. 审计业务约定书基本内容

（1）财务报表审计的**目标与范围**；

（2）**注册会计师的责任**；

（3）**管理层的责任**；

（4）指出用于编制财务报表所**适用的**财务报告**编制基础**；

（5）提及注册会计师拟出具的审计报告的**预期形式和内容**，以及对在特定情况下出具的审计报告可能不同于预期形式和内容的说明。

2. 审计业务约定书的特殊考虑

（1）考虑特定需要。

如需要利用其他专家工作的安排；与内部审计人员的协调；在首次接受审计委托时，与前任注册会计师（如存在）沟通的安排等事项应特别约定，便于审计工作的开展。

（2）组成部分的审计。

如果母公司的注册会计师同时也是组成部分注册会计师，需要考虑下列因素，决定是否向组成部分单独致送审计业务约定书：

①组成部分注册会计师的委托人；（委托人不同，可能会单独签约）

②是否对组成部分**单独**出具审计报告；（如果单独出报告，可能需要单独签约）

③与审计委托相关的法律法规的规定；

④母公司占组成部分的**所有权份额**；（份额不高，一般说明组成部分的独立性高，应单独签约）

⑤组成部分管理层相对于母公司的**独立程度**。（独立程度越高，越应单独签约）

（3）连续审计。

注册会计师可以决定不在每期都致送新的审计业务约定书或其他书面协议。注册会计师应当根据具体情况评估是否需要对审计业务约定条款作出修改，以及是否需要提醒被审计单位注意现有的条款。

例如：当被审计单位业务性质、规模、所有权或高管发生重大变动，或财务报告编制基础等发生变更，或有迹象表明被审计单位误解审计目标和范围，需要修改约定条款或增加特别条款时，可能修改约定条款。

（4）审计业务约定条款的变更。

在完成审计业务前，如果被审计单位或委托人要求将审计业务变更为保证程度较低的业务，注册会计师应当确定理由合理与否，如果没有合理的理由，注册会计师不应同意变更业务。

如果有迹象表明该变更要求与错误的、不完整的或者不能令人满意的信息相关，注册会计师不应认为该变更是合理的。

业务的变更的原因：

①**环境变化对审计服务的需求**产生影响；

②对原来要求的审计业务的性质**存在误解**；

③无论是管理层施加的还是其他情况引起的**审计范围受到限制**。

第①和第②项通常被认为是变更业务的**合理**理由。

【例题3·多选题】 在完成审计业务前，如果甲公司要求将审计业务变更为保证程度较低的鉴证业务，注册会计师认为理由合理的有(　)。

A. 甲公司因贷款需要审计，现在已经不需要了

B. 甲公司认为注册会计师实施的审计程序不能获取充分、适当的审计证据

C. 甲公司提出大幅度削减审计费用

D. 甲公司对原来要求的审计业务的性质存在误解

解析 选项A属于环境变化对审计服务的需求产生的影响，所以是合理的理由；选项B属于审计范围受到了限制，通常不被认为是变更业务的合理理由。 **答案** AD

【知识点拨】 对审计业务约定书的内容（要素），可以用经济合同的观点来加强理解和记忆。

考点二　计划审计工作

一、审计计划★★

审计计划包含两个层次：总体审计策略和具体审计计划，总体审计策略用以指导具体审计计划的制定，具体审计计划比总体审计策略更加详细。

1. 总体审计策略

总体审计策略的内容见图2-2：

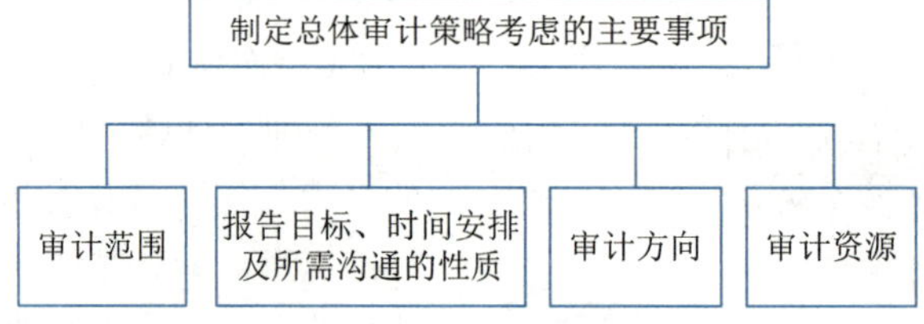

图2-2　总体审计策略的内容

2. 具体审计计划

具体审计计划的内容见图2-3：

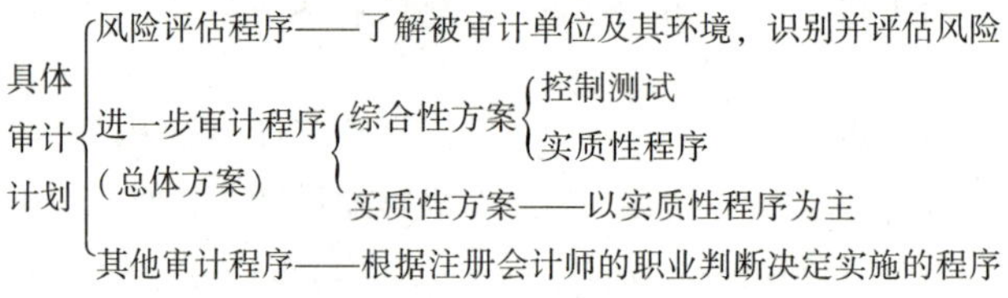

具体审计计划：
- 风险评估程序——了解被审计单位及其环境，识别并评估风险
- 进一步审计程序（总体方案）
  - 综合性方案
    - 控制测试
    - 实质性程序
  - 实质性方案——以实质性程序为主
- 其他审计程序——根据注册会计师的职业判断决定实施的程序

图2-3　具体审计计划的内容

【知识点拨】 虽然编制总体审计策略的过程通常在具体审计计划之前并指导具体审计计划的制定，但是两项计划活动并不是孤立、不连续的过程，而是内在紧密联系的，对其中一项的决定可能会影响甚至改变对另外一项的决定（**具体审计计划的变化也会影响总体审计策略的调整**）。

【例题4·单选题】（2015年）下列有关审计计划的说法中，正确的是(　)。

A. 制定总体审计策略的过程通常在具体审计计划之前

B. 总体审计策略不受具体审计计划的影响

C. 制定审计计划的工作应当在实施进一步审计程序之前完成

D. 具体审计计划的核心是确定审计的范

围和审计方案

解析 总体审计策略通常在具体审计计划之前制定，但这两项计划具有内在联系，相互影响，选项 B 错误；审计计划随着对被审计单位进一步的了解和审计程序的深入，会进行调整，选项 C 错误；选项 D 是总体审计策略的核心。 **答案** A

二、审计过程中对计划的更改与监督★

1. 审计过程中对计划的更改

(1)修改：计划审计工作**并非**审计业务的一个**孤立阶段**，而是一个**持续的、不断修正**的过程，**贯穿于整个审计业务的始终**。

(2)记录：如果注册会计师在审计过程中对总体审计策略或具体审计计划**作出重大修改**，应当在审计工作底稿中**记录**作出的重大修改及其理由。

2. 指导、监督与复核

注册会计师应当就对项目组成员工作的指导、监督与复核的性质、时间安排和范围制定计划。

对项目组成员指导、监督与复核的性质、时间安排和范围的影响因素：

(1)被审计单位的规模和复杂程度；

(2)审计领域；

(3)评估的重大错报风险；

(4)执行审计工作的项目组成员的专业素质和胜任能力。

考点三　审计重要性

一、重要性★★★

1. 重要性的概念

重要性是指财务报表中**错报的重要性**，错报是否重要的判断标准是该错报(**包括漏报**)单独或汇总起来是否可能影响财务报表使用者的经济决策。重要性可以从以下三方面理解：

(1)如果合理预期错报(包括漏报)单独或汇总起来可能影响财务报表使用者依据财务报表作出的经济决策，则通常认为错报是重大的；

(2)对重要性的判断是根据具体环境作出的，并受错报的金额或性质的影响，或受两者共同作用的影响；

(3)判断某事项对财务报表使用者是否重大，是在考虑财务报表使用者整体共同的财务信息需求的基础上作出的。

【知识点拨】

(1)重要性就是注册会计师对财务报表总体能够容忍的最大错报。(注册会计师角度)

(2)会计信息漏报或错报的严重程度，在特定环境下很可能改变或影响任何一位理性决策者依赖这些信息所作出的判断。(投资者角度)

2. 重要性水平的确定

在计划审计工作(总体审计策略)时，注册会计师**应当**针对财务报表整体确定一个可接受的**重要性水平**，以发现在**金额(数量)**上重大的错报。

注册会计师在确定计划的重要性水平时，需要考虑：

(1)对被审计单位及其环境的了解；

(2)审计的目标；

(3)财务报表各项目的性质及其相互关系；

(4)财务报表项目的金额及其波动幅度。

二、重要性的类别

由于审计的总体目标是对财务报表整体是否不存在重大错报发表审计意见，因此注册会计师必须确定财务报表整体的重要性。同时，注册会计师也应当为执行审计程序确定实际执行的重要性。重要性的类别与确定见图 2-4：

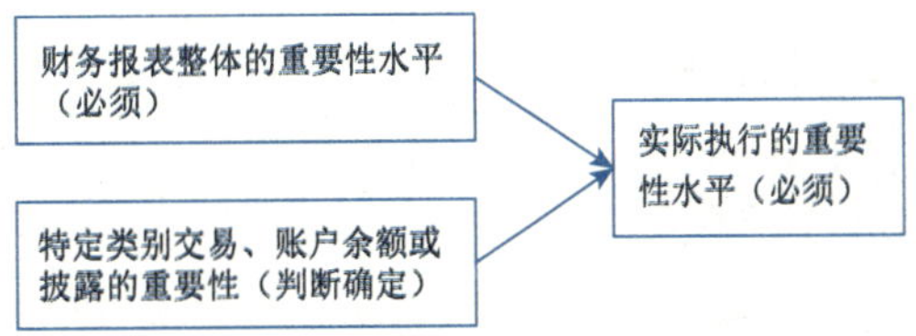

图 2-4　重要性的类别与确定

1. 财务报表整体的重要性水平★★

财务报表整体的重要性水平的确定(经验法则):

财务报表的重要性(从数量方面考虑重要性)=恰当的基准×适当的百分比

(1)恰当的基准

在选择基准时应考虑的因素有:

①财务报表要素(如资产、负债、所有者权益、收入和费用);

②是否存在特定会计主体的财务报表使用者特别关注的项目;

③被审计单位的性质、所处的生命周期阶段以及所处行业和经济环境;

例如:在进入经营成熟期后,注册会计师可能采用经常性业务的税前利润作为基准。

④被审计单位的所有权结构和融资方式;

⑤基准的相对波动性。

如果被审计单位的经营规模较上年度没有重大变化,通常使用替代性基准确定的重要性**不宜超过上年度的重要性**。

常用的基准选择见表2-3:

表2-3 常用的基准

被审计单位的情况	可能选择的基准
企业的盈利水平保持稳定	经常性业务的税前利润
企业近年来经营状况大幅度波动,盈利和亏损交替发生	过去3~5年经常性业务的税前利润/亏损(取绝对值)的平均值,或其他基准
新设企业,处于开办期	总资产
新兴行业,目前侧重于抢占市场份额、扩大企业知名度和影响力	营业收入

(2)适当的百分比

在确定百分比时,除了**考虑被审计单位是否为上市公司或公众利益实体外**,还应考虑:

①财务报表使用者的范围;

②被审计单位是否由集团内部关联方提供融资或是否有大额对外融资(如债券或银行贷款);

③财务报表使用者是否**对基准数据特别敏感**(如具有特殊目的的财务报表的使用者)

④考虑百分比与基准之间的关联性(**税前利润对应的百分比通常比营业收入对应的百分比要高**);

⑤不需考虑与具体项目**计量相关的固有不确定性**。

【例题5·多选题】下列情形中,注册会计师在确定财务报表整体重要性水平时,选用的基准恰当的有(　)。

A. 盈利水平稳定的企业,通常选用经常性业务的税前利润

B. 公益性基金会,通常选用捐赠收入或捐赠支出总额

C. 侧重于抢占市场份额的新兴行业的企业,通常选用已发生的资本支出

D. 经营状况大幅波动的企业,通常选用过去三到五年的经常性业务的税前利润或亏损的平均值

解析 选项C,企业处于新兴行业,目前侧重于抢占市场份额、扩大企业知名度和影响力,通常选用营业收入为基准。

答案 ABD

2. 特定类别交易、账户余额或披露的重要性水平★★

根据被审计单位的特定情况,如果存在一个或多个特定类别的交易、账户余额或披露,其发生的错报金额虽然低于财务报表整体的重要性,但合理预期可能影响财务报表使用者依据财务报表作出的经济决策,注册会计师还应当确定适用于这些交易、账户余额或披露的一个或多个重要性水平。

（1）不是每次审计都应确定特定类别交易、账户余额或披露的重要性水平。是否确定，注册会计师应考虑下列因素：

①会计准则、法律法规是否影响财务报表使用者对特定项目计量和披露的预期；（如关联方交易、管理层及治理层的报酬）；

②与被审计单位所处行业及其环境相关的关键性披露；（如制药业的研究与开发成本）；

③财务报表使用者是否特别关注财务报表中单独披露的特定业务部分。

（2）注册会计师可确定一个或多个特定类别交易、账户余额或披露的重要性水平；

（3）特定类别交易、账户余额或披露的重要性水平一定低于财务报表整体的重要性水平，但多个特定类别交易、账户余额或披露的重要性水平之和可能高于财务报表整体的重要性水平；

（4）某些错报虽低于整体的重要性水平但高于特定类别交易、账户余额或披露的重要性水平，也会影响报表使用者的经济决策，因此该错报也会影响审计意见。

3. 实际执行的重要性★★★

实际执行的重要性，是指注册会计师确定的低于财务报表整体的重要性的一个或多个金额，旨在将未更正和未发现错报的汇总数超过财务报表整体的重要性的可能性降至适当的低水平。如果适用，实际执行的重要性还指注册会计师确定的低于特定类别的交易、账户余额或披露的重要性水平的一个或多个金额。

（1）影响实际执行的重要性的因素：

①对被审计单位的了解（这些了解在实施风险评估程序的过程中得到更新）；

②前期审计工作中识别出的错报的性质和范围；

③根据前期识别出的错报对本期错报作出的预期。

实际执行的重要性通常为财务报表整体重要性的50%~75%。以上因素对实际执行的重要性影响见表2-4：

表2-4 定量确定实际执行的重要性应考虑的因素

项目	适用的情形
选择较低百分比的情况	（1）首次审计； （2）连续审计，以前年度审计调整较多； （3）项目总体风险较高； （4）存在或预期存在值得关注的内部控制缺陷
选择较高百分比的情况	（1）连续审计，以前年度审计调整较少； （2）项目总体风险为低到中等； （3）以前期间的审计经验表明内部控制运行有效

三、重要性的运用

重要性的计划、运用与修改贯穿于整个审计过程，详见图2-5：

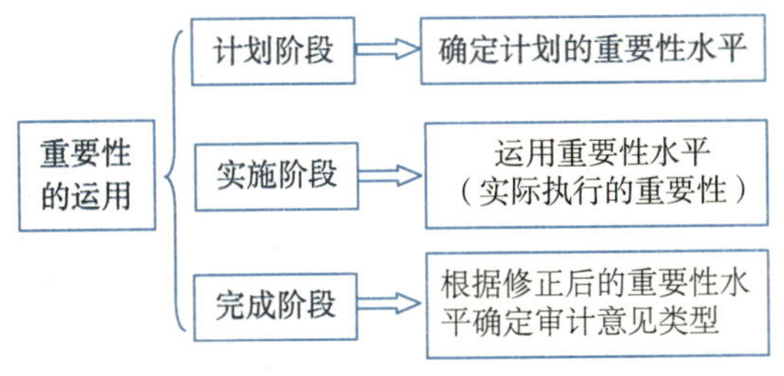

图2-5 重要性的运用

1. 财务报表整体的重要性水平的运用

每次审计时，注册会计师必须将财务报表作为整体为其制定财务报表整体的重要性水平。使用整体重要性水平的目的有：

（1）决定风险评估程序的性质、时间安排和范围；

（2）识别和评估重大错报风险；

（3）确定进一步审计程序的性质、时间安排和范围；

（4）在形成审计结论阶段，使用财务报表整体的重要性水平和为特定交易类别、账户余额和披露而制定的较低金额的重要性水平来评价已识别的错报对财务报表的影响和对审计报告中审计意见的影响。

【例题6·单选题】（2019年）下列各项中，不属于注册会计师使用财务报表整体重要性的目的的是（ ）。

A. 识别和评估重大错报风险

B. 决定风险评估程序的性质、时间安排和范围

C. 确定审计中识别出的错报是否需要累积

D. 评价已识别的错报对审计意见的影响

解析 选项C，根据明显微小错报临界值来确定审计中识别出的错报是否需要累积。

答案 C

2. 实际执行的重要性的运用

（1）对进一步审计程序范围的考虑

通常，注册会计师在制定审计计划时，会将金额超过实际执行的重要性的账户纳入审计范围，因为这些账户有可能导致财务报表出现重大错报；但这不代表注册会计师可以对所有金额低于实际执行的重要性的财务报表项目不实施进一步审计程序。注册会计师在计划审计工作时可以根据实际执行的重要性确定需要对**哪些类型的交易、账户余额和披露实施进一步审计程序**：

①汇总影响：单个金额低于实际执行的重要性的财务报表项目汇总起来可能金额重大（可能远远超过财务报表整体的重要性），注册会计师需要考虑汇总后的潜在错报风险；

②低估风险：对于存在低估风险的财务报表项目，不能仅仅因为其金额低于实际执行的重要性而不实施进一步审计程序；

③舞弊风险：对于识别出存在舞弊风险的财务报表项目，不能因为其金额低于实际执行的重要性而不实施进一步审计程序。

（2）具体运用

①在**实施分析程序**时，运用实际执行的重要性确定**可接受的差异额**；

②在**实施审计抽样**时，运用实际执行的重要性确定**可容忍错报**。

3. 重要性水平的修改

（1）导致修改的情形

导致在审计过程中修改重要性水平的因素：

①审计过程中情况发生重大变化（如决定处置被审计单位的一个重要组成部分）；

②获取新信息；

③通过实施进一步审计程序，注册会计师对被审计单位及其经营的了解发生变化。

（2）修改后对进一步审计程序的影响

如果认为运用低于最初确定的财务报表整体的重要性水平和特定类别的交易、账户余额或披露的一个或多个重要性水平（如适用）是适当的，注册会计师应当确定是否有必要修改实际执行的重要性，并确定进一步审计程序的性质、时间安排和范围是否仍然适当。

【知识点拨】 重要性水平越低，所需获取的审计证据就越多。

四、错报（累积与评价）★★

1. 错报的定义

错报，是指某一财务报表项目的金额、分类、或列报，与按照适用的财务报告编制基础应当列示的金额、分类、或列报之间存在的差异；或根据注册会计师的判断，为使财务报表在所有重大方面实现公允反映，需要对金额、分类、或列报作出的必要调整。识别出的错报类型，见图2-6：

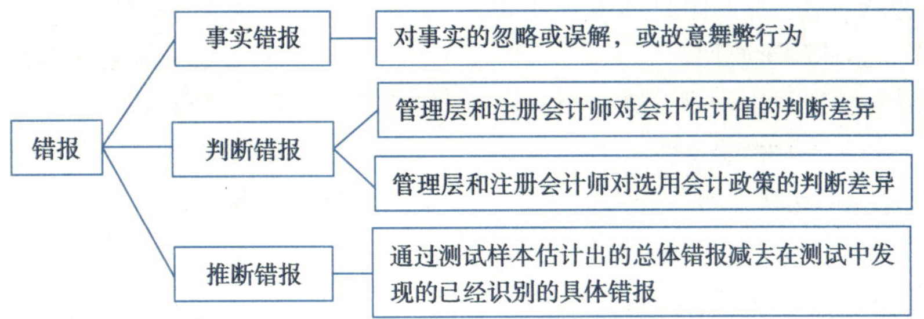

图 2-6　识别出的错报类型

2. 明显微小错报的临界值

(1)定义：注册会计师需要在制定审计计划时，确定一个明显微小错报的临界值。明显微小错报金额的数量级与确定的重要性的数量级完全不同(明显微小错报的数量级更小)，或其性质完全不同。对低于该临界值的错报，可以**不累积**。

(2)定量：实务中的通常做法是将明显微小错报的临界值定为财务报表整体重要性的3%~5%，最高不超过10%，除非注册会计师认为有必要**单独为重分类错报**确定一个更高的临界值。

如果注册会计师预期被审计单位存在数量较多金额较小的错报，可能考虑采用较低的临界值，以免大量低于临界值的错报积少成多构成重大错报。

确定明显微小错报的临界值时应考虑的因素：

在确定明显微小错报的临界值时，注册会计师可能考虑以下因素：

①以前年度审计中识别出的错报(包括已更正和未更正错报)的数量和金额；

②重大错报风险的评估结果；

③被审计单位治理层和管理层对注册会计师与其沟通错报的期望；

④被审计单位的财务指标是否勉强达到监管机构的要求或投资者的期望。

【例题7·单选题】(2016年)下列各项因素中，注册会计师在确定明显微小错报临界值时，通常无需考虑的是(　)。

A. 以前年度审计中识别出的错报

B. 重大错报风险的评估结果

C. 被审计单位治理层和管理层对注册会计师与其沟通错报的期望

D. 被审计单位的财务报表是否分发给广大范围的使用者

答案 D

3. 累积识别出的错报

注册会计师应当**累积**审计过程中**识别出的错报**，除非错报明显微小。注册会计师可能将低于某一金额的错报界定为明显微小的错报，对这类错报不需要积累。

累积的错报=已识别的具体错报(事实错报+判断错报)+推断错报

对审计过程识别出的错报的考虑

①错报可能不会孤立发生，一项错报的发生还可能表明存在其他错报；

②抽样风险和非抽样风险可能导致某些错报未被发现；

③注册会计师可能要求管理层检查某类交易、账户余额或披露，以使管理层了解错报的产生原因，并要求管理层采取措施以确定这些交易、账户余额或披露实际发生错报的金额，以及对财务报表作出适当的调整。

【知识点拨】

(1)注册会计师应当在**总体审计策略**中制定如下几类重要性：财务报表整体的重要性，特定类别交易、账户余额或披露认定层次的重要性(如适用)，实际执行的重要性，明显微小错报的临界值。

(2)如果不确定一个或多个错报是否明显微小，就不能认为这些错报是明显微小的。

【例题8·单选题】下列有关重要性的说法中，错误的是(　)。

A. 注册会计师应当在制定具体审计计划时确定财务报表整体的重要性

B. 超过针对特定类别交易、账户余额和披露而制定的较低金额的重要性水平的错报会影响对审计意见的判断

C. 注册会计师应当在每个审计项目中确定财务报表整体的重要性、实际执行的重要性和明显微小错报的临界值

D. 注册会计师在确定实际执行的重要性时需要考虑重大错报风险

解析 注册会计师应当在制定总体审计策略时确定财务报表整体的重要性，而不是在具体审计计划时确定。 **答案** A

真题精练

一、单项选择题

1. (2019 年) 确定项目组内部的复核的性质、时间安排和范围时，注册会计师不应当考虑的是(　)。
   A. 被审计单位的规模
   B. 评估的重大错报风险
   C. 项目质量控制复核人员的经验和能力
   D. 项目组成员的专业素质和胜任能力
2. (2018 年) 下列选项中，不属于财务报表审计的前提条件的是(　)。
   A. 管理层设计、执行和维护必要的内部控制，以使财务报表不存在由于舞弊或错误导致的重大错报
   B. 管理层向注册会计师提供必要的工作条件
   C. 管理层按照适用的财务报表编制基础编制财务报表，并使其实现公允反映
   D. 管理层承诺将更正注册会计师在审计过程中识别出的所有重大错报
3. (2018 年) 下列情形中注册会计师通常采用较高的百分比确定实际执行的重要性的是(　)。
   A. 以前期间的审计经验表明被审计单位的内部控制运行有效
   B. 被审计单位面临较大的市场竞争压力
   C. 注册会计师首次接受委托
   D. 被审计单位管理层能力欠缺
4. (2018 年) 下列有关明显微小错报的说法中，错误的是(　)。
   A. 明显微小错报是指对财务报表整体没有重大影响的错报
   B. 注册会计师无需累积明显微小的错报
   C. 如果无法确定某错报是否明显微小，则不能认定为明显微小
   D. 金额低于明显微小错报临界值的错报是明显微小错报
5. (2017 年) 下列情形中，注册会计师通常考虑采用较高的百分比来确定实际执行的重要性的是(　)。
   A. 首次接受委托的审计项目
   B. 以前年度调整较少的项目
   C. 处于高风险行业、面临较大市场竞争压力
   D. 存在值得关注的内部控制缺陷
6. (2016 年) 下列有关审计业务约定书的说法中，错误的是(　)。
   A. 审计业务约定书应当包括注册会计师的责任和管理层的责任
   B. 如果集团公司的注册会计师同时也是组成部分注册会计师，则无需向组成部分单独致送审计业务约定书
   C. 对于连续审计，注册会计师可能不需要每期都向被审计单位致送新的审计业务约定书
   D. 注册会计师应当在签订审计业务约定书之前确定审计的前提条件是否存在

二、多项选择题

1. (2019 年) 下列各项中，属于注册会计师应当进行的初步业务活动的有(　)。
   A. 评价遵守相关职业道德要求的情况

B. 确定审计范围和项目组成员

C. 就审计业务约定条款与被审计单位达成一致

D. 针对接受或保持客户关系实施相应质量控制程序

2. (2019 年)下列各项因素中，注册会计师在确定财务报表整体重要性时通常需考虑的有( )。

A. 被审计单位所处行业和经济环境

B. 被审计单位所处的生命周期

C. 以前年度是否存在审计难度

D. 财务报表预期使用者的范围

3. (2018 年)下列各项工作中，注册会计师通常需要运用实际执行的重要性的有( )。

A. 确定需要对哪些类型的交易、账户余额或披露实施进一步审计程序

B. 运用实质性分析程序时，确定已记录金额与预期值之间的可接受差异额

C. 确定未更正错报对财务报表整体的影响是否重大

D. 运用审计抽样实施细节测试时，确定可容忍错报

4. (2017 年)下列各项中，注册会计师在执行一项财务报表审计业务时可以对其确定多个金额的有( )。

A. 财务报表整体的重要性

B. 特定交易类别、账户余额或披露的重要性水平

C. 实际执行的重要性

D. 明显微小错报的临界值

5. (2016 年)下列各项中，属于具体审计计划活动的有( )。

A. 确定重要性

B. 确定风险评估程序的性质、时间安排和范围

C. 确定进一步审计程序的性质、时间安排和范围

D. 确定是否需要实施项目质量控制复核

6. (2016 年)下列因素中，注册会计师在评价财务报告编制基础的可接受性时，需要考虑的有( )。

A. 被审计单位的性质

B. 财务报表的目的

C. 法律法规是否规定了适用的财务报告编制基础

D. 财务报表的性质

三、简答题

1. (2015 年)ABC 会计师事务所首次接受委托，审计甲公司 2014 年度财务报表，甲公司处于新兴行业，面临较大竞争压力，目前侧重于抢占市场份额，审计工作底稿中与重要性和错报评价相关的部分内容摘录如下：

(1)考虑到甲公司所处市场环境，财务报表使用者最为关注收入指标，审计项目组将营业收入作为确定财务报表整体重要性的基准。

(2)经与前任注册会计师沟通，审计项目组了解到甲公司以前年度内部控制运行良好、审计调整较少，因此，将实际执行的重要性确定为财务报表整体重要性的 75%。

(3)审计项目组将明显微小错报的临界值确定为财务报表整体重要性的 3%，该临界值也适用于重分类错报。

(4)审计项目组认为无需对金额低于实际执行的重要性的财务报表项目实施进一步审计程序。

(5)在运用审计抽样实施细节测试时，考虑到评估的重大错报风险水平为低，审计项目组将可容忍错报的金额设定为实际执行的重要性的 120%。

(6)甲公司某项应付账款被误计入其他应付款，其金额高于财务报表整体的重要性，因此项错报不影响甲公司的经营业绩和关键财务指标，审计项目组同意管理层不予调整。

要求：针对上述第(1)至(6)项，逐项指出审计项目组的做法是否恰当，如不恰当，简要说明理由。

2. (2014年)上市公司甲公司是ABC会计师事务所的常年审计客户，A注册会计师负责审计甲公司2013年度财务报表。审计工作底稿中与确定重要性和评估错报相关的部分内容摘录如下：

金额单位：万元

项目	2013年	2012年	备注
营业收入	16000(未审数)	15000(已审数)	2013年，竞争对手推出新产品抢占市场，甲公司通过降价和增加广告投放促销
税前利润	50(未审数)	2000(已审数)	2013年，降价及销售费用增长导致盈利大幅下降
财务报表整体的重要性	80	100	
实际执行的重要性	60	75	
明显微小错报的临界值	0	5	

(1)2012年度财务报表整体的重要性以税前利润的5%计算。2013年，由于甲公司处于盈亏临界点，A注册会计师以过去三年税前利润的平均值作为基准确定财务报表整体的重要性。

(2)由于2012年度审计中提出的多项审计调整建议金额均不重大，A注册会计师确定2013年度实际执行的重要性为财务报表整体重要性的75%，与2012年度保持一致。

(3)2013年，治理层提出希望知悉审计过程中发现的所有错报，因此，A注册会计师确定2013年度明显微小错报的临界值为0。

(4)甲公司2013年末非流动负债余额中包括一年内到期的长期借款2500万元，占非流动负债总额的50%。A注册会计师认为，该错报对利润表没有影响，不属于重大错报，同意管理层不予调整。

(5)A注册会计师仅发现一笔影响利润表的错报，即管理费用少计60万元。A注册会计师认为，该错报金额小于财务报表整体的重要性，不属于重大错报，同意管理层不予调整。

要求：针对上述第(1)至(5)项，假定不考虑其他条件，逐项指出A注册会计师的做法是否恰当。如不恰当，简要说明理由。

真题精练答案及解析

一、单项选择题

1. C 【解析】对项目组成员指导、监督和复核时应当考虑的因素主要包括：(1)被审计单位的规模和复杂程度；(2)审计领域；(3)评估的重大错报风险；(4)执行审计工作的项目组成员的专业素质和胜任能力。

2. D 【解析】审计的前提条件包括管理层在编制财务报表时采用可接受的财务报告编制基础，以及已认可并理解其承担的责任(包括意识到需要提供必要的书面声明)。选项D不属于其中的条件。

3. A 【解析】如果存在下列情况，注册会计师可能考虑选择较高的百分比来确定实际执行的重要性：(1)连续审计项目，以前年度审计调整较少；(2)项目总体风险为低到中等，例如处于非高风险行业、管理层有足够能力、面临较低的市场竞争压力和业绩压力等；(3)以前期间的审计经验表明内部控制运行有效。

4. A 【解析】明显微小错报的汇总数是明显

不会对财务报表整体产生重大影响的，选项 A 的描述过于宽泛。

5. B 【解析】如果存在下列情况，注册会计师可能考虑选择较高的百分比来确定实际执行的重要性：(1)连续审计项目，以前年度审计调整较少；(2)项目总体风险为低到中等，例如处于非高风险行业、管理层有足够能力、面临较低的市场竞争压力和业绩压力等；(3)以前期间的审计经验表明内部控制运行有效。

6. B 【解析】如果母公司的注册会计师同时也是组成部分注册会计师，需要考虑下列因素，决定是否向组成部分单独致送审计业务约定书：(1)组成部分注册会计师的委托人；(2)是否对组成部分单独出具审计报告；(3)与审计委托相关的法律法规的规定；(4)母公司占组成部分的所有权份额；(5)组成部分管理层相对于母公司的独立程度。选项 B 表述错误。

二、多项选择题

1. ACD 【解析】注册会计师应当开展下列价遵守相关职业道德要求的：(1)针对保持客户关系和具体审计业务实施相应的质量控制程序；(2)评价遵守相关职业道德要求的情况；(3)就审计业务约定条款达成一致意见。

2. ABD 【解析】注册会计师在确定财务报表整体重要性时主要考虑错报对报表使用者决策的影响程度，一般无需考虑重大错报风险、以前年度的审计情况等因素。注册会计师在选择基准时，会考虑被审计单位的性质、所处的生命周期以及所处行业和经济环境；在为选定的基准确定百分比时，要考虑财务报表使用者的范围。

3. ABD 【解析】确定未更正错报对财务报表整体的影响是否重大，运用的是财务报表整体的重要性。

4. BCD 【解析】财务报表整体重要性水平，必须制定且只有一个；特定类别交易、账户余额或披露的重要性水平可能制定，如有，可以制定多个；实际执行的重要性水平，必须制定且可以制定多个；明显微小错报临界值，必须制定，且可以制定多个。注册会计师可能将明显微小错报的临界值确定为财务报表整体重要性的 3%-5%，也可能单独为重分类错报确定一个更高的临界值。

5. BC 【解析】具体审计计划应当包括风险评估程序、计划实施的进一步审计程序和其他审计程序；重要性水平是在总体审计策略确定的；选项 AD 属于在总体审计策略中需要考虑的内容。

6. ABCD 【解析】在确定编制财务报表所采用的财务报告编制基础的可接受性时，注册会计师需要考虑下列相关因素：第一，被审计单位的性质；第二，财务报表的目的；第三，财务报表的性质；第四，法律法规是否规定了适用的财务报告编制基础。

三、简答题

1. 【答案】

(1)恰当。

(2)不恰当。因为 ABC 会计师事务所首次接受委托，甲公司处于新兴行业，属于高风险行业，且面临较大的竞争压力，应考虑选择较低的百分比来确定实际执行的重要性，如 50%。

(3)恰当。

(4)不恰当。可能需要对金额低于实际执行的重要性的财务报表项目实施进一步审计程序，比如单个低于实际执行的重要性项目汇总起来可能金额重大、对于存在低估风险的财务报表项目，或者识别出存在舞弊风险的财务报表项目。

(5)不恰当。在运用审计抽样实施细节测试时，注册会计师可以将可容忍错报的金额设定为等于或低于实际执行的重要性。

(6)恰当。

【解析】针对事项(6)，确定一项分类错报是否重大，需要进行定性评估。例如，注册会计师识别出某项应付账款误计入其他应付款的错报，金额虽超过财务报表整体的重要性，但由于该错报不影响经营业绩和关键财务指标，注册会计师也可能认为该项错报不重大。

2.【答案】

(1)恰当。

(2)不恰当。2012年度有多项审计调整，甲公司在2013年面临较大市场压力，显示项目总体风险较高，将实际执行的重要性确定为财务报表整体重要性的75%不恰当。

(3)恰当。

(4)不恰当。该分类错报对其所影响的账户重大/很可能影响关键财务指标(如营运资金)，应作为重大错报。

(5)不恰当。该错报虽然小于财务报表整体的重要性，但会使甲公司税前利润由盈利转为亏损，属于重大错报。

同步训练 限时70分钟

一、单项选择题

1. 注册会计师在本期计划审计工作前，开展了初步业务活动，执行这一程序的目的不包括(　)。

   A. 确保与被审计单位不存在对业务约定条款的误解

   B. 确保注册会计师已具备执行业务所需要的独立性和专业胜任能力

   C. 评价遵守职业道德要求的情况

   D. 确定不存在因管理层诚信问题而影响注册会计师保持该项业务意愿的情况

2. 下列各项工作中，属于注册会计师在签订业务约定书之前应做的是(　)。

   A. 了解被审计单位具体的生产情况、内部控制等

   B. 针对保持客户关系和具体审计业务实施相应的质量控制程序

   C. 商谈审计收费，约定按审计后资产的3‰收取

   D. 明确被审计单位应协助的工作，包括审计结束后与客户管理人员在某名胜风景区召开审计工作总结交流会的议程和游览行程

3. 被审计单位提出将财务报表的审计业务变更为审阅业务，下列理由中，注册会计师通常认为合理的有(　)。

   A. 注册会计师不能获取完整和令人满意的信息

   B. 注册会计师不能获取充分、适当的审计证据

   C. 管理层对审计范围施加限制

   D. 管理层原本只需要对财务报表进行审阅

4. 下列关于审计前提条件的说法中，不正确的是(　)。

   A. 如果不存在可接受的财务报告编制基础，管理层就不具有编制财务报表的恰当基础，注册会计师也不具有对财务报表进行审计的适当标准

   B. 按照审计准则的规定执行审计的前提是管理层已认可并理解其承担的责任

   C. 如果管理层不认可其责任，或不同意提供书面声明，通常情况下，也能够承接此类审计业务

   D. 注册会计师需要就管理层认可并理解其与内部控制有关的责任与管理层达成共识

5. 下列关于审计业务约定书的说法中，不正确的是(　)。

   A. 审计业务约定书的具体内容和格式可能因被审计单位的不同而不同

   B. 在首次审计的情况下，注册会计师可能需要在约定书中列明与前任注册会计师(如存在)沟通的安排

C. 如果母公司的注册会计师与组成部分注册会计师相同，则不需要向组成部分单独致送审计业务约定书

D. 连续审计的情况下，注册会计师可以不在每期都致送新的审计业务约定书

6. 下列各项中，应当在制定具体审计计划时考虑的是（ ）。

A. 审计范围

B. 报告目标、时间安排和所需沟通的性质

C. 审计资源

D. 风险评估程序

7. 下列有关重要性的说法中，错误的是（ ）。

A. 注册会计师在制定总体审计策略时就应当确定财务报表整体的重要性

B. 如果合理预期错报（包括漏报）单独或汇总起来可能影响财务报表使用者依据财务报表作出的经济决策，通常认为错报是重大的

C. 判断某事项对财务报表使用者是否重大，是在考虑财务报表使用者整体共同的财务信息需求的基础上作出的

D. 对金额小于明显微小错报临界值的错报，注册会计师不需要累积

8. 在审计计划阶段，注册会计师对重要性的判断正确的是（ ）。

A. 在计划审计工作时，注册会计师应当首先为财务报表层次确定重要性水平，以发现在金额上重大的错报

B. 注册会计师应当运用职业判断，选定一个基准，再乘以某一百分比作为财务报表整体的重要性，同一企业不同期间报表应选择同一基准，但百分比应随具体情况调整

C. 在制定总体审计策略时，注册会计师应当确定财务报表整体的重要性，并分配到各交易、账户余额或披露

D. 在确定重要性水平时，注册会计师应当考虑与具体项目计量相关的固有不确定性

9. 关于特定类别交易、账户余额或披露的重要性水平，下列说法中，错误的是（ ）。

A. 只有在适用的情况下，才需确定特定类别交易、账户余额或披露的重要性水平

B. 确定特定类别交易、账户余额或披露的重要性水平时，可将与被审计单位所处行业相关的关键性披露作为一项考虑因素

C. 特定类别交易、账户余额或披露的重要性水平应低于财务报表整体的重要性

D. 不需确定特定类别交易、账户余额或披露的实际执行的重要性

10. 下列关于实际执行的重要性的说法中，错误的是（ ）。

A. 实际执行的重要性是指注册会计师确定的低于财务报表整体重要性的一个或多个金额

B. 注册会计师应当确定实际执行的重要性，以评估重大错报风险并确定进一步审计程序的性质、时间安排和范围

C. 确定实际执行的重要性，旨在将未更正和未发现错报的汇总数超过财务报表整体重要性的可能性降至适当的低水平

D. 以前年度审计调整越多，评估的项目总体风险越高，实际执行的重要性越接近财务报表整体的重要性

11. 下列关于错报的说法中，错误的是（ ）。

A. 明显微小的错报不需要累积

B. 错报可能是由于错误或舞弊导致的

C. 错报仅指某一财务报表项目金额与按照企业会计准则应当列示的金额之间的差异

D. 判断错报是指由于管理层对会计估计作出不合理的判断或不恰当地选择和运用会计政策而导致的差异

12. 对于审计过程中累积的错报，下列做法中，正确的是（ ）。

A. 如果错报单独或汇总起来未超过财务报表整体的重要性，注册会计师可以不要求管理层更正

B. 注册会计师应当要求管理层更正审计

过程中累积的所有错报

C. 如果错报不影响确定财务报表整体的重要性时选定的基准，注册会计师可以不要求管理层更正

D. 如果错报单独或汇总起来未超过实际执行的重要性，注册会计师可以不要求管理层更正

13. 下列有关重要性和错报的相关说法中，错误的是(　)。

A. 单个金额低于实际执行的重要性的财务报表项目汇总起来可能金额重大(可能远远超过财务报表整体的重要性)，注册会计师需要考虑汇总后的潜在错报风险

B. 对于存在低估风险的财务报表项目，不能仅仅因为其金额低于实际执行的重要性而不实施进一步审计程序

C. 在运用审计抽样实施细节测试时，注册会计师可以将可容忍错报的金额设定为等于或低于实际执行的重要性

D. 如果注册会计师不确定一个或多个错报是否明显微小，即可以推断这些错报是明显微小的

二、多项选择题

1. 在计划审计工作前，注册会计师开展的初步业务活动应包括(　)。

A. 查阅前任注册会计师的工作底稿以了解被审计单位的情况

B. 确定项目组成员及拟利用的专家

C. 评价执行业务所需要的独立性

D. 就审计业务约定条款达成一致意见

2. 下列各项中，注册会计师承接相关的审计业务需具备的前提条件有(　)。

A. 管理层编制的财务报表选用的基础恰当，且能够为预期使用者获取

B. 管理层已认可并理解其承担的责任

C. 治理层已认可注册会计师的审计计划

D. 管理层已经有效地履行了内部控制的职责

3. 下列各项中，在确定财务报表所采用的财务报告编制基础的可接受性时，注册会计师需要考虑的有(　)。

A. 财务报表是单一财务报表还是整套财务报表

B. 被审计单位是商业企业还是非营利组织

C. 法律法规是否规定了适用的财务报告编制基础

D. 财务报表是满足广大财务报表使用者的需求还是满足于特定使用者的财务信息需求

4. 为了确定审计的前提条件是否存在，注册会计师应当就管理层认可并理解其责任与管理层达成一致意见。下列有关管理层责任的说法中，正确的有(　)。

A. 管理层应当按照适用的财务报告编制基础编制财务报表，并使其实现公允反映

B. 管理层应当设计、执行和维护必要的内部控制，以使财务报表不存在由于舞弊或错误导致的重大错报

C. 管理层应当向注册会计师提供必要的工作条件，包括允许注册会计师接触与编制财务报表相关的所有信息

D. 管理层应当允许注册会计师在获取审计证据时不受限制地接触其认为必要的内部人员和其他相关人员

5. 如果是连续审计业务，在下列情况中，不需要注册会计师提醒被审计单位管理层关注或修改现有业务约定条款的有(　)。

A. 注册会计师对上期财务报表出具了非标准审计报告

B. 注册会计师更换两名审计助理人员

C. 被审计单位对上期财务报表作出重述

D. 被审计单位高级管理人员近期发生变动

6. 在完成审计业务前，如果甲公司要求将审计业务变更为保证程度较低的鉴证业务，注册会计师认为合理的理由有(　)。

A. 甲公司因贷款需要审计，现在已经不需要了

B. 甲公司无法提供审计业务需要的所有信息

C. 甲公司提出大幅度削减审计费用

D. 甲公司对原来要求的审计业务的性质存在误解

7. 在制定总体审计策略时，注册会计师应当考虑的因素有(　)。

A. 项目组会议的性质和时间安排

B. 存货的监盘人员数量的安排

C. 会计准则及会计制度的变化

D. 审计报告提交的时间

8. 下列有关计划审计工作的说法中，正确的有(　)。

A. 总体审计策略指导具体审计计划的制定

B. 计划审计工作并非审计业务的一个孤立阶段，而是一个持续的、不断修正的过程

C. 总体审计策略的核心是确定审计程序的性质、时间安排和范围

D. 制定总体审计策略的过程通常在具体审计计划之前，但是两项计划具有内在紧密联系，对其中一项的决定可能会影响甚至改变对另一项的决定

9. 确定计划的重要性水平时应考虑的因素有(　)。

A. 对被审计单位及其环境的了解

B. 审计的目标

C. 财务报表各项目的性质及其相互关系

D. 财务报表项目的金额及其波动幅度

10. 下列各项中，属于在制定总体审计策略时应当考虑确定的有(　)。

A. 财务报表整体的重要性

B. 实际执行的重要性

C. 特定类别交易、账户余额或披露的重要性

D. 明显微小错报的临界值

11. 注册会计师在确定重要性时通常选定一个基准。下列因素中，注册会计师在选择基准时不需要考虑的是(　)。

A. 以前年度审计调整的金额

B. 基准的重大错报风险

C. 基准的相对波动性

D. 是否存在财务报表使用者特别关注的项目

12. 注册会计师确定重要性通常先选定一个基准，再乘以某一百分比作为财务报表整体的重要性。在确定百分比时，注册会计师考虑的因素包括(　)。

A. 财务报表使用者的范围

B. 被审计单位是否由集团内部关联方提供融资

C. 财务报表使用者是否对基准数据特别敏感

D. 被审计单位是否为上市公司或公众利益实体

13. 在下列因素中，可能会影响注册会计师确定特定类别的交易、账户余额或披露认定层次的重要性水平的有(　)。

A. 相关法规可能会影响财务报表使用者对管理层和治理层的薪酬计量或披露的预期

B. 制药企业的研究与开发成本的关键性披露

C. 财务报表使用者特别关注的重大企业合并的披露

D. 被审计单位所处的生命周期阶段以及所处行业和经济环境

14. 在确定实际执行的重要性时，下列各项因素中，注册会计师认为应当考虑的有(　)。

A. 财务报表整体的重要性

B. 前期审计工作中识别出的错报的性质和范围

C. 实施风险评估程序的结果

D. 被审计单位管理层和治理层的期望值

15. 下列情况下，注册会计师可能考虑选择较低的百分比来确定实际执行的重要性的有(　)。

A. 存在或预期存在值得关注的内部控制缺陷

B. 项目总体风险为低到中等

C. 连续审计项目，以前年度审计调整较少

D. 首次接受委托的审计项目

16. 下列情形中，注册会计师可能认为需要在审计过程中修改财务报表整体的重要性的有(　)。

A. 被审计单位情况发生重大变化

B. 注册会计师获取新的信息

C. 通过实施进一步审计程序，注册会计师对被审计单位及其经营情况的了解发生变化

D. 审计过程中累积错报的汇总数接近财务报表整体的重要性

17. 注册会计师在编制审计计划时，对重要性水平的初步判断为100万元，而在评价审计结果时运用的重要性水平为200万元，则下列说法中正确的有(　)。

A. 这有可能表明注册会计师所执行的审计程序不充分

B. 这种做法通常可以减少未被发现的错报的可能性

C. 这有可能表明审计结果差错率较低，并令注册会计师满意

D. 这有可能表明注册会计师的审计风险相应增加，需要收集更多的审计证据

18. 如果注册会计师在审计过程中调低了最初确定的财务报表整体的重要性，下列各项中正确的有(　)。

A. 注册会计师应当调高可接受的检查风险

B. 注册会计师在评估未更正错报对财务报表的影响时应当使用调整后的财务报表整体的重要性

C. 注册会计师应当确定进一步审计程序的性质、时间安排和范围是否仍然适当

D. 注册会计师应当修改实际执行的重要性

19. 下列有关重要性的说法中，正确的有(　)。

A. 注册会计师在计划阶段确定的重要性水平可能不同于审计结束阶段评价审计结果时使用的重要性水平

B. 如果某一客户的规模未发生较大变化，在连续的财务报表审计中，为了保持审计的连续性和审计结果的可比性，注册会计师应使用相同的重要性水平

C. 无须通过将财务报表整体的重要性平均分配或按比例分配至各个报表项目的方法来确定实际执行的重要性

D. 判断一项错报对财务报表是否重大，应当考虑对个别特定财务报表使用者产生的影响

20. 在评价未更正错报的影响时，下列说法中，注册会计师认为正确的有(　)。

A. 未更正错报的金额不得超过明显微小错报的临界值

B. 注册会计师应当从金额和性质两方面确定未更正错报是否重大

C. 注册会计师应当要求被审计单位更正未更正错报

D. 注册会计师应当考虑与以前期间相关的未更正错报对相关类别的交易、账户余额或披露以及财务报表整体的影响

21. 关于评价审计过程中发现的错报，下列说法中正确的有(　)。

A. 如果错报超过重要性水平，一定构成重大错报

B. 某些错报低于重要性水平，注册会计师仍可能将其评价为重大错报

C. 如果注册会计师认为某一单项错报是重大的，则该项错报不大可能被其他错报抵销

D. 确定一项分类错报是否重大，需要进行定性评估

三、简答题

ABC会计师事务所承接甲公司2019年度财务报表审计业务，其业务的性质和经营规模与其常年审计客户乙公司相类似，ABC会计师事务所在制定总体审计策略和具体审计计划时，作出下列判断：

(1)由于甲公司与常年审计客户乙公司业务性质和规模相似，因此确定的重要性水

平与乙公司相同。
(2)制定完成审计计划后，应按照计划执行审计程序，不能够改变计划。
(3)因对甲公司内部控制存在疑虑，拟不执行控制测试，而直接执行实质性程序。
(4)因甲公司存货存放于外省市，监盘成本较高，拟不进行监盘，直接实施替代审计程序。
(5)注册会计师应当合理设计审计程序的性质、时间安排和范围，并有效执行审计程序，以控制检查风险。
要求：针对上述第(1)至(5)项，逐项指出注册会计师的做法是否恰当。如不恰当，简要说明理由。

同步训练答案及解析

一、单项选择题

1. C 【解析】评价遵守相关职业道德要求的情况属于初步业务活动的内容，而不是目的。
2. B 【解析】选项 A，是在接受委托后应了解的内容，不属于在签订业务约定书之前注册会计师应做的工作；选项 CD，均违反了职业道德的相关规定。
3. D 【解析】如果需要将审计业务变更为保证程度较低的业务，通常是由于环境变化对审计服务的需求产生影响或对原来要求的审计业务的性质存在误解(选项 D 正确)。选项 ABC 中，属于审计范围受到了限制，这种限制无论是管理层施加的，还是其他情况引起的，都不被认为是变更业务的合理理由。
4. C 【解析】如果管理层不认可其承担的责任，或不同意提供书面声明，注册会计师将不能获取充分、适当的审计证据。在这种情况下，注册会计师不应承接此类审计业务，除非法律法规另有规定。
5. C 【解析】如果母公司的注册会计师同时也是组成部分注册会计师，需要考虑下列因素，决定是否向组成部分单独致送审计业务约定书：(1)组成部分注册会计师的委托人；(2)是否对组成部分单独出具审计报告；(3)与审计委托相关的法律法规的规定；(4)母公司占组成部分的所有权份额；(5)组成部分管理层相对于母公司的独立程度。所以选项 C 的表述太绝对。
6. D 【解析】具体审计计划比总体审计策略更加详细，应当包括风险评估程序、计划实施的进一步审计程序和其他审计程序。选项 ABC 属于制定总体审计策略时应当考虑的事项。
7. D 【解析】在确定是否属于明显微小错报时，也应考虑错报的性质。
8. A 【解析】选项 B，同一企业不同期间选择的基准不一定相同；选项 C，财务报表整体的重要性与各交易、账户余额或披露的重要性并不存在必然的等式关系；选项 D，注册会计师在确定重要性水平时，不需考虑与具体项目计量相关的固有不确定性。
9. D 【解析】与确定特定类别的交易、账户余额或披露的重要性水平相关的实际执行的重要性，旨在将这些交易、账户余额或披露中未更正与未发现错报的汇总数超过这些交易、账户余额或披露的重要性水平的可能性降至适当的低水平。所以选项 D 错误。
10. D 【解析】实际执行的重要性通常为财务报表整体重要性的 50%~75%。选择较低的百分比的情况：①首次接受委托的审计项目；②连续审计项目，以前年度审计调整较多；③项目总体风险较高；④存在或预期存在值得关注的内部控制缺陷。选项 D 应选择较低的百分比，即距离财务报表整体重要性较远。
11. C 【解析】错报，是指某一财务报表项目的金额、分类或列报，与按照适用的财务报告编制基础应当列示的金额、分类或列报之间存在的差异；或根据注册会计师的判断，为使财务报表在所有重大方面实现公允反映，需要对金额、分类或列报作出的必要调整。不仅仅指金额之间的差异，还有分类或列报之间的差异，选项 C 错误。

12. B 【解析】除非错报金额微小且性质不重要，否则注册会计师均应当提请管理层调整。参考审计准则第 1251 号第 9 条。

13. D 【解析】如果注册会计师不确定一个或多个错报是否明显微小，就不能认为这些错报是明显微小的。

二、多项选择题

1. CD 【解析】初步业务活动的内容包括：针对保持客户关系和具体审计业务实施相应的质量控制程序；评价遵守相关职业道德要求的情况；就审计业务约定条款达成一致意见。

2. AB 【解析】审计的前提条件包括管理层在编制财务报表时采用可接受的财务报告编制基础，以及已认可并理解其承担的责任(包括意识到需要提供必要的书面声明)。选项 D，应该是管理层认可并理解其与内部控制有关的责任。

3. ABCD 【解析】注册会计师需要从(1)被审计单位的性质；(2)财务报表的目的；(3)财务报表的性质；(4)法律法规是否规定了适用的财务报告编制基础四个方面考虑财务报告编制基础的适当性。其中，选项 A 考虑的是“财务报表的性质”；选项 B 考虑的是“被审计单位的性质”；选项 D 考虑的是“财务报表的目的”。

4. ABCD

5. ABC 【解析】在连续审计中，下列因素可能导致注册会计师修改审计业务约定条款或提醒被审计单位注意现有的业务约定条款：有迹象表明被审计单位误解审计目标和范围；需要修改约定条款或增加特别条款；被审计单位高级管理人员近期发生变动；被审计单位所有权发生重大变动；被审计单位业务的性质或规模发生重大变化；法律法规的规定发生变化；编制财务报表采用的财务报告编制基础发生变更；其他报告要求发生变化。

6. AD 【解析】可以认定为合理的变更理由只有两种：①环境变化对审计服务的需求产生影响；②对原来要求的审计业务的性质存在误解。如果有迹象表明该变更要求与错误的、不完整的或者不能令人满意的信息有关，注册会计师不应认为该变更是合理的。

7. ABCD 【解析】在制定总体审计策略时，注册会计师应当考虑以下主要事项：(1)审计范围；(2)报告目标、时间安排及所需沟通的性质；(3)审计方向；(4)审计资源。选项 AD 属于对报告目标、时间安排及所需沟通的性质的考虑，选项 B 属于对审计资源的考虑，选项 C 属于对审计方向的考虑。

8. ABD 【解析】选项 C，为获取充分、适当的审计证据而确定审计程序的性质、时间安排和范围是具体审计计划的核心。

9. ABCD

10. ABCD

11. AB 【解析】在选择适当的基准时，需要考虑的因素包括：(1)财务报表的要素；(2)是否存在特定会计主体的财务报表使用者特别关注的财务报表项目；(3)被审计单位的性质、所处的生命周期阶段以及所处行业和经济环境；(4)被审计单位的所有权结构和融资方式；(5)基准的相对波动性。选项 AB 不是要考虑的因素。

12. ABCD

13. ABC 【解析】选项 D 一般不直接影响认定层次的错报。

14. ABC 【解析】确定实际执行的重要性并非简单机械的计算，需要注册会计师运用职业判断，并考虑下列因素的影响：

(1)对被审计单位的了解(这些了解在实施风险评估程序的过程中得到更新)；(2)前期审计工作中识别出的错报的性质和范围；(3)根据前期识别出的错报对本期错报作出的预期。选项 D 是注册会计师在确定明显微小错报临界值时可能考虑的因素。

15. AD 【解析】实际执行的重要性通常为财务报表整体重要性的 50%~75%，注册会计师可能考虑选择较低的百分比来确定实际执行的重要性的情况：(1)首次接受委托的审计项目；(2)连续审计项目，以前年度审计调整较多；(3)项目总体风险较高(例如处于高风险行业、管理层能力欠缺、面临较大市场竞争压力或业绩压力等)；(4)存在或预期存在值得关注的内部控制缺陷。注册会计师可能考虑选择较高的百分比来确定实际执行的重要性的情况：(1)连续审计项目，以前年度审计调整较少；(2)项目总体风险为低到中等(例如处于非高风险行业、管理层有足够能力、面临较低的市场竞争压力和业绩压力等)；(3)以前期间的审计经验表明内部控制运行有效。

16. ABC 【解析】由于存在下列原因，注册会计师可能需要修改财务报表整体的重要性和特定类别的交易、账户余额或披露的重要性水平(如适用)：(1)审计过程中情况发生重大变化；(2)获取新信息；(3)通过实施进一步审计程序，注册会计师对被审计单位及其经营的所了解的情况发生变化。

17. BC 【解析】编制审计计划时运用重要性水平低于评价审计结果时运用的重要性水平，表明注册会计师执行的审计程序充分，也表明注册会计师的审计风险降低，所以选项 AD 不正确。

18. BC 【解析】选项 A，此时可接受的检查风险为低水平；当财务报表整体的重要性修改后，注册会计师应当确定是否有必要修改实际执行的重要性，在某些情况下也可能不做修改。

19. AC 【解析】重要性水平的确定，应当考虑对被审计单位及其环境的了解、审计目标、财务报表各项目的性质及其相互关系、财务报表项目的金额及其波动幅度，并不能为了使各个年度有可比性，而将各年度的重要性水平确定为相同的金额，选项 B 不正确；判断一个事项对财务报表使用者是否重大，是将使用者作为一个群体对共同性的财务信息的需求来考虑的，选项 D 不正确。

20. BCD 【解析】选项 A，未更正错报是注册会计师在审计过程中累积的且被审计单位未予更正的错报。所以其金额的大小有可能超过明显微小错报的临界值。

21. BCD 【解析】选项 A，即使分类错报超过了在评价其他错报时运用的重要性水平，注册会计师可能仍然认为该分类错报对财务报表不产生重大影响。

三、简答题

【答案】

第(1)项不恰当。重要性的确定是根据具体环境作出的，不能仅根据两个公司的业务性质和规模相似，而使用相同的重要性水平。

第(2)项不恰当。计划审计工作不是一个孤立的阶段，而是一个持续、不断修正的过程，贯穿于审计业务的始终。

第(3)项恰当。

第(4)项不恰当。除非监盘程序不可行，否则注册会计师应对存货实施监盘程序。不能由于时间、成本等原因，减少必要的审计程序。

第(5)项恰当。

本章知识串联

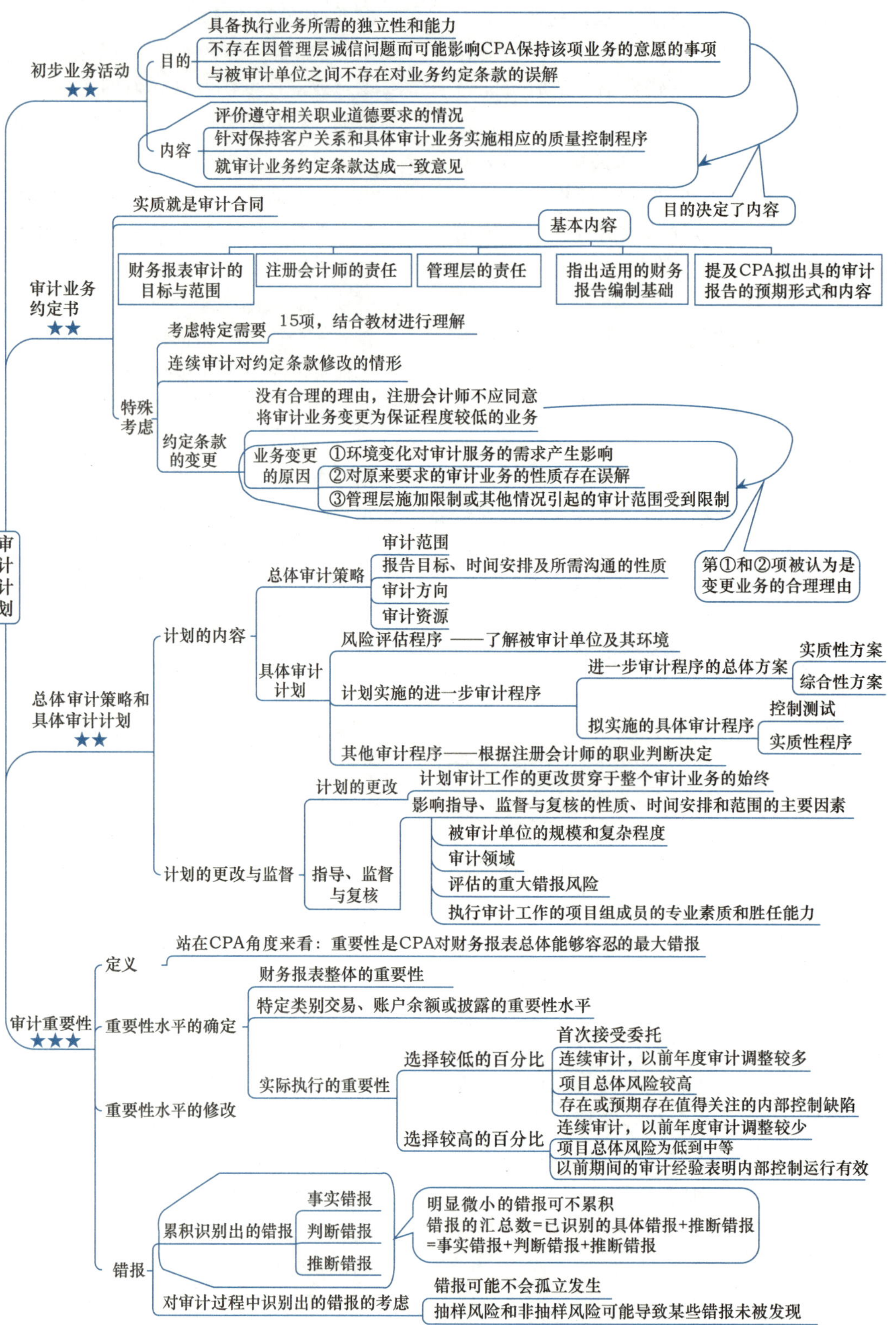

审计计划
初步业务活动 ★★
目的
具备执行业务所需的独立性和能力
不存在因管理层诚信问题而可能影响CPA保持该项业务的意愿的事项
与被审计单位之间不存在对业务约定条款的误解
内容
评价遵守相关职业道德要求的情况
针对保持客户关系和具体审计业务实施相应的质量控制程序
就审计业务约定条款达成一致意见
目的决定了内容
审计业务约定书 ★★
实质就是审计合同
基本内容
财务报表审计的目标与范围
注册会计师的责任
管理层的责任
指出适用的财务报告编制基础
提及CPA拟出具的审计报告的预期形式和内容
特殊考虑
考虑特定需要
15项，结合教材进行理解
连续审计对约定条款修改的情形
约定条款的变更
没有合理的理由，注册会计师不应同意将审计业务变更为保证程度较低的业务
业务变更的原因
①环境变化对审计服务的需求产生影响
②对原来要求的审计业务的性质存在误解
③管理层施加限制或其他情况引起的审计范围受到限制
第①和②项被认为是变更业务的合理理由
总体审计策略和具体审计计划 ★★
计划的内容
总体审计策略
审计范围
报告目标、时间安排及所需沟通的性质
审计方向
审计资源
具体审计计划
风险评估程序——了解被审计单位及其环境
计划实施的进一步审计程序
进一步审计程序的总体方案
实质性方案
综合性方案
拟实施的具体审计程序
控制测试
实质性程序
其他审计程序——根据注册会计师的职业判断决定
计划的更改与监督
计划的更改
计划审计工作的更改贯穿于整个审计业务的始终
指导、监督与复核
影响指导、监督与复核的性质、时间安排和范围的主要因素
被审计单位的规模和复杂程度
审计领域
评估的重大错报风险
执行审计工作的项目组成员的专业素质和胜任能力
审计重要性 ★★★
定义
站在CPA角度来看：重要性是CPA对财务报表总体能够容忍的最大错报
重要性水平的确定
财务报表整体的重要性
特定类别交易、账户余额或披露的重要性水平
实际执行的重要性
选择较低的百分比
首次接受委托
连续审计，以前年度审计调整较多
项目总体风险较高
存在或预期存在值得关注的内部控制缺陷
选择较高的百分比
连续审计，以前年度审计调整较少
项目总体风险为低到中等
以前期间的审计经验表明内部控制运行有效
重要性水平的修改
错报
累积识别出的错报
事实错报
判断错报
推断错报
明显微小的错报可不累积
错报的汇总数=已识别的具体错报+推断错报
=事实错报+判断错报+推断错报
对审计过程中识别出的错报的考虑
错报可能不会孤立发生
抽样风险和非抽样风险可能导致某些错报未被发现

第3章 审计证据

考情解密

历年考情概况

本章属于重要的章节。主要以客观题形式考查审计证据的含义和性质、分析程序在不同阶段的运用等知识点。同时可能与实务结合在主观题中考查“函证”和“分析程序”，例如，函证程序经常结合“应收账款、应付账款、银行存款”等项目以简答题形式进行考查；在每年的综合题中，分析程序作为风险评估程序是常考的考点，还会与业务循环审计部分结合出题。预计今年考核分值在10分左右。

近年考点直击

考点	主要考查题型	考频指数	考查角度
审计证据的性质	选择题	★★★	(1)审计证据的充分性和适当性及其关系；(2)获取审计证据时的特殊考虑
获取审计证据的审计程序	选择题、简答题	★★★	(1)函证；(2)重新计算；(3)重新执行；(4)分析程序
函证	选择题、简答题、综合题	★★★	(1)影响函证决策的因素；(2)函证的内容与时间；(3)管理层要求不实施函证时的处理；(4)询证函的设计应考虑的因素；(5)函证的实施与评价
分析程序	选择题、简答题、综合题(主要考查运用)	★★	(1)分析程序在不同阶段的运用；(2)利用题目中给出的已知条件，分析可能存在的重大错报风险

学习方法与应试技巧

在学习时，应特别注意以下考点，并在理解的基础上加强记忆：

(1)影响审计证据充分性和适当性的因素；(2)函证程序的要点；(3)分析程序的特点及不同阶段的运用要求。

同时需要结合《中国注册会计师审计准则问题解答第2号——函证》学习本章内容，能够做到理论与实务紧密结合，轻松应对各类考题。

本章2020年考试主要变化

本章只调整了一处原不恰当的表述，其他无变动。

考点详解及精选例题

考点一　审计证据的含义

一、审计证据的分类

审计证据是指注册会计师为了得出审计结论、形成审计意见而使用的所有信息，包括构成财务报表基础的会计记录所含有的信息和其他的信息。审计证据的范围很广，既有内部的，也有外部的，既包括承接业务前获取的，也包括以前年度审计所获取的信息等。信息的缺乏(如管理层拒绝提供注册会计师要求的声明)本身也构成审计证据。审计证据的构成，如下图3-1所示：

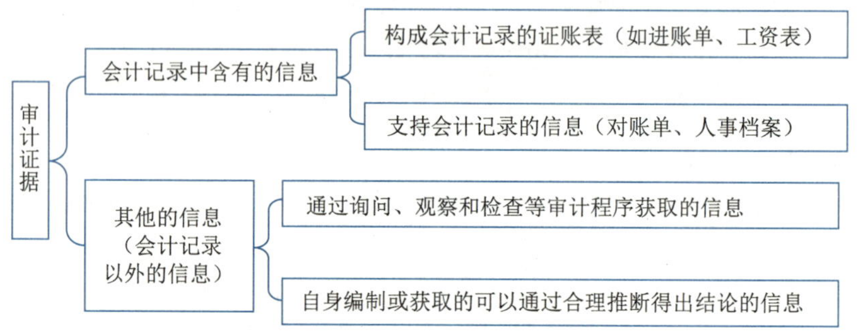

图3-1　审计证据的构成

注册会计师所获取的证据一般属于说服性证据，也称形式证据。注册会计师将不同来源和不同性质的审计证据综合起来考虑，这样能够反映出结果的一致性，从而佐证会计记录中记录的信息。

二、审计证据的性质★★★

注册会计师应当保持职业怀疑态度，运用职业判断，评价审计证据的充分性和适当性。审计证据的充分性是对证据数量的衡量；审计证据的适当性是对证据质量的衡量。

1. 审计证据的充分性(数量特性)

注册会计师获取审计证据的数量主要受下列因素影响：

(1)重大错报风险。注册会计师需要获取的审计证据的数量受其对重大错报风险评估的影响(评估的重大错报风险越高，需要获取的审计证据可能越多)。

(2)证据的质量。审计证据质量越高(相关性越强，可靠程度越高)，需要的审计证据可能越少。

2. 审计证据的适当性(质量特性)

(1)审计证据的相关性

确定“相关性”时应当考虑的因素-与审计目标相关联。

①特定的审计程序可能只为某些认定提供相关的审计证据，而与其他认定无关；

②针对同一项认定可以从不同来源获取审计证据或获取不同性质的审计证据；

③只与特定认定相关的审计证据并不能替代与其他认定相关的审计证据。

【例题1·单选题】在确定审计证据的相关性时，下列表述中错误的是(　)。

A. 特定的审计程序可能只为某些认定提供相关的审计证据，而与其他认定无关

B. 针对某项认定从不同来源获取的审计证据存在矛盾，表明审计证据不存在说服力

C. 只与特定认定相关的审计证据并不能替代与其他认定相关的审计证据

D. 针对同一项认定可以从不同来源获取

审计证据或获取不同性质的审计证据

解析 ▶ 如果从不同来源获取的审计证据或获取的不同性质的审计证据不一致，表明某项审计证据可能不可靠，注册会计师应当追加必要的审计程序。 **答案** ▶ B

(2)审计证据的可靠性

确定“可靠性”时应当考虑的因素-**来源和性质**。

①从**外部独立**来源获取的审计证据比从其他来源获取的审计证据更可靠；

②内部控制**有效**时内部生成的审计证据比内部控制**薄弱**时内部生成的审计证据更可靠；

③**直接**获取的审计证据比间接获取或推论得出的审计证据更可靠；

④以**文件、记录形式**(无论是纸质、电子或其他介质)存在的审计证据比**口头形式**的审计证据更可靠；

⑤从**原件**获取的审计证据比从**传真件或复印件**获取的审计证据更可靠。

三、对审计证据的评价★

审计人员应当对获取的审计证据进行分类、筛选和汇总，保证审计证据的**相关性、可靠性和充分性**。审计证据的收集、鉴定和评价如下图3-2所示：

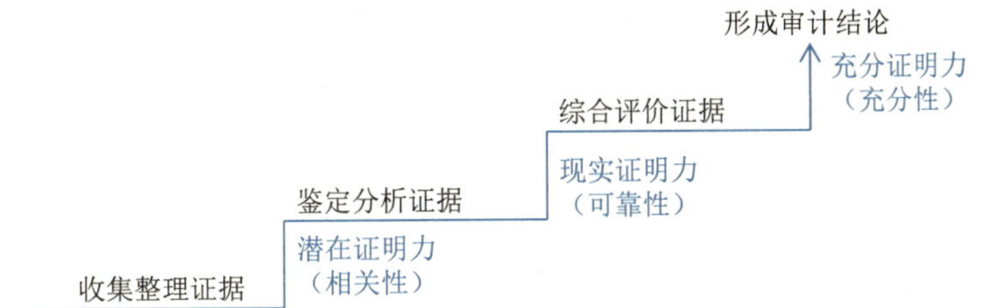

图3-2 审计证据的收集、鉴定和评价

1. 充分性和适当性的关系

审计证据的数量不是越多越好，足够就行。

(1)审计证据的数量受“审计证据质量”影响，审计证据质量越高，需要的审计证据数量可能越少，即**适当性“会”影响充分性**。

(2)审计证据的质量存在缺陷，仅靠提高数量可能难以弥补，即**充分性“不会”影响适当性**。

2. 评价充分性和适当性时的特殊考虑★★

(1)对文件记录可靠性的考虑

审计工作通常**不涉及鉴定文件记录的真伪**，但应考虑用作审计证据的信息的可靠性，若有信息表明可能是伪造，则应作出进一步调查。

(2)使用被审计单位生成信息时的考虑

如果在实施审计程序时使用被审计单位生成的信息，注册会计师应当评价这些信息的**完整性**和**准确性**。

(3)证据相互矛盾时的考虑

若证据能够相互印证，则说服力强；若证据相互矛盾，则应**追加程序**。

(4)获取审计证据时对成本的考虑

注册会计师**可以考虑获取审计证据的成本**，但“不应以获取审计证据的**困难**和**成本**为由减少**不可替代**的审计程序”。

【例题2·单选题】下列与审计证据相关的表述中，正确的是(　)。

A. 审计证据的充分性会影响审计证据的适当性

B. 无需鉴定作为审计证据的文件记录的真伪

C. 不应考虑获取审计证据的成本与获取信息的有用性之间的关系

D. 会计记录中含有的信息本身不足以提供充分的审计证据作为对财务报表发表审计

意见的基础

解析 ▶ 审计证据质量方面的缺陷，无法由审计证据的数量弥补，选项A错误；审计工作通常不涉及鉴定审计证据的真伪，但若有信息表明可能是伪造，则应作出进一步调查，选项B错误；审计工作可以在保证审计质量的基础上考虑成本效益原则，并不能一味的追求审计质量，而使成本过高，选项C错误。

答案 ▶ D

考点二　审计程序

扫我解疑难

一、审计程序的分类

注册会计师通过实施审计程序，获取充分、适当的审计证据，以满足对财务报表发表意见。审计程序按照审计目的可以分为风险评估程序、控制测试和实质性程序三大类。如表3-1所示：

表3-1　审计程序的分类

按审计目的分类	执行的必要性	适用的具体审计程序
风险评估程序	必须	观察、检查、询问、分析程序
控制测试	非必须	观察、检查、询问、重新执行
实质性程序	必须	观察、检查、询问、函证、重新计算、分析程序

风险评估程序旨在通过了解被审计单位及其环境**识别并评估重大错报风险**。

控制测试旨在评价内部控制在防止或发现并纠正认定层次重大错报方面的**运行有效性**。

实质性程序旨在**发现认定层次重大错报**，包括细节测试和实质性分析程序。

二、具体审计程序★

1. 检查

(1)检查记录或文件。证据的可靠性取决于记录或文件的**性质**和**来源**，而当记录或文件来自被审计单位内部时，其可靠性则取决于生成该记录或文件的内部控制的有效性。

(2)检查有形资产。可为其**存在**提供可靠的审计证据，但**不一定能够为权利和义务**或**计价**等认定提供可靠的审计证据。

2. 观察

观察是指注册会计师察看**相关人员**正在从事的活动或实施的程序。

3. 询问

询问可以采用书面或口头方式。询问获取的证据**可靠程度较低**，通常作为其他审计程序的补充。

4. 函证

函证是指注册会计师直接从第三方(被询证者)获取**书面答复**以作为审计证据的过程，书面答复可以采用纸质、电子或其他介质等形式。

5. 重新计算

重新计算是指注册会计师对记录或文件中的数据计算的**准确性**进行核对。重新计算可通过手工方式或电子方式进行。

6. 重新执行

重新执行是指**注册会计师独立执行**原本作为被审计单位内部控制组成部分的程序或控制。

7. 分析程序

分析程序是指注册会计师通过分析不同**财务数据**之间以及**财务数据**与**非财务数据**之间的**内在关系**，对财务信息作出评价。必要时对识别出的、与其他相关信息不一致或与预期值差异重大的波动或关系进行调查。

【例题3·单选题】(2019年)下列审计程序中，不适用于细节测试的是(　)。

A. 函证

B. 检查

C. 询问

D. 重新执行

解析 重新执行适用于控制测试。

答案 D

考点三 函证

一、影响函证决策的因素★★

决定是否有必要函证时应考虑的因素，见表3-2：

表3-2 影响函证决策的因素

因素	内容
①评估的认定层次重大错报风险	评估的认定层次重大错报风险水平越高，获取的审计证据的相关性和可靠性的要求越高
②函证程序所针对的认定	针对不同的认定，函证的证明力不同。函证可以为**存在、权利和义务**等认定提供证据
③实施其他审计程序获取的审计证据的可靠性	**内控**设计良好并有效运行或采用函证以外的**审计程序**能获取其他有效的审计证据，可适当减少函证量
④被询证者对函证事项的了解	被询证者对函证的信息具有必要的了解，其提供的回复可靠性更高
⑤被询证者回函的能力或意愿	被询证者因责任、成本等不愿意回复或随意回复
⑥预期被询证者的客观性	如果被询证者是被审计单位的关联方，则其回复的可靠性会降低

二、函证的内容★★★

函证的内容，见表3-3：

表3-3 函证的内容

函证对象	函证要求	不函证的情形	不函证的处理
银行存款、借款及与金融机构往来的其他重要信息	**应当**函证，包括零余额和本期内注销的账户	有充分证据表明相关信息对财务报表不重要**且**与之相关的重大错报风险很低（例如被审计单位的税收专用账户、社保专用账户等）	如果不对这些项目实施函证，应当在审计工作底稿中说明理由。如果认为函证很可能无效，注册会计师应实施替代程序
应收账款	**应当**函证	有充分证据表明应收账款对财务报表不重要**或**注册会计师认为函证很可能无效	
其他内容	非强制要求，注册会计师可以根据具体情况和实际需要对下列内容（包括但并不限于）实施函证：如投资；应收票据；往来款项；保证、抵押或质押；由他人代管的存货；或有事项；重大或异常的交易等		

【知识点拨】替代程序包括：检查业务发生的凭证（合同、发票等）、期后收款、与交易相关的其他信息（函电等）。

三、函证的时间★★

1. 注册会计师通常以"**资产负债表日**"为截止日，在"资产负债表**日后**适当时间内"实施函证。

2. 如果重大错报风险评估为**低**水平，注册会计师可选择资产负债表**日前**适当日期为截止日实施函证，但必须对所函证项目自该截止日起至资产负债表日止**发生的变动**实施实质性程序。

四、函证的方式-积极式和消极式★★★

积极式函证与消极式函证的比较，见

表 3-4：

表 3-4　积极式函证与消极式函证的比较

项目	积极式函证	消极式函证
回函要求	**必须回函**，用以确认询证函所列示信息是否正确，或填列询证函要求的信息	只要求被询证者仅在**不同意**询证函列示信息的情况下才予以回函
函证条件	下列情况，注册会计师可考虑采用积极的函证方式： ①金额较大； ②重大错报风险评估为高水平； ③有理由相信欠款有争议或差错的	当**同时**存在下列情况时，注册会计师可考虑采用消极的函证方式： ①重大错报风险评估为低水平； ②涉及大量余额较小的账户； ③预期不存在大量的错误； ④没有理由相信被询证者不认真对待函证
回函结论	在采用积极的函证方式时，只有注册会计师收到回函，才能为财务报表认定提供审计证据。 如果在合理的时间内没有收到询证函回函时，注册会计师应当考虑必要时再次向被询证者寄发询证函。如果未能得到被询证者的回应，注册会计师应当实施替代审计程序	如果收到回函，能够为财务报表相关认定提供说服力强的审计证据。 **未收到回函**并**不能明确表明**预期的被询证者已经收到询证函或已经核实了询证函中包含的**信息的准确性**
结合使用	对大额应收账款采用积极的函证方式，对小额应收账款采用消极的函证方式	

五、询证函的控制★★★

注册会计师应对询证函的发送和回收保持控制。

在发函前，应**核实**询证函中填列的被询证者的信息(包括名称、地址等)真实性，对发送和回收的控制，具体见表 3-5：

表 3-5　询证函的控制

	发送	回收
邮寄	为避免被拦截或修改，应亲自寄发，不使用被审计单位的邮寄设施	回函应直接寄给注册会计师，验证回函是否为原件，核实发件方名称、地址、邮戳的一致性等
跟函	在整个过程中保持对询证函的控制，对被审计单位和被询证者之间串通舞弊的风险保持警觉	了解被询证者处理函证的通常流程和处理人员；确认处理询证函人员的身份和处理权限，如索要名片、观察员工卡或姓名牌等；观察其是否按照正常流程认真处理询证函
电子	采用一定的程序(如加密技术、电子数据签名技术、网页真实性认证程序等)为电子形式的回函创造安全环境	当注册会计师存有疑虑时，与被询证者联系(如电话联系)以核实回函的来源及内容，必要时可要求被询证者提供回函原件

六、函证过程中特殊情况的处理★★

1. 管理层要求不实施函证(见图 3-3)

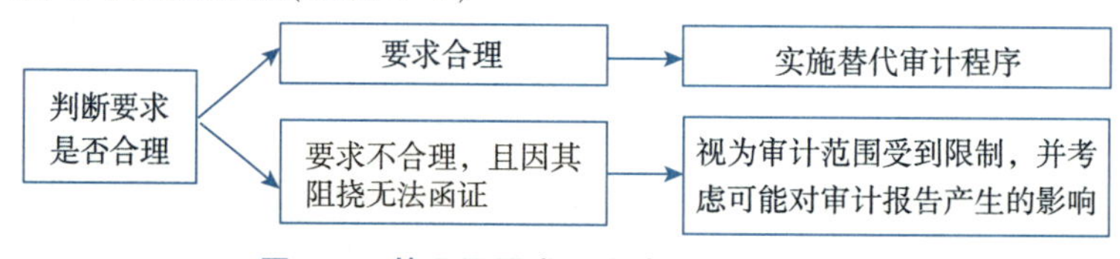

图 3-3　管理层要求不实施函证时的处理

分析管理层要求不实施函证的原因时，注册会计师应当保持职业怀疑，并考虑：

(1)管理层是否诚信；

(2)是否可能存在重大的舞弊或错误；

(3)替代审计程序能否提供与这些账户余额或其他信息相关的充分、适当的审计证据。

2. 对询证函的口头回复

口头回复不能作为可靠的审计证据，注册会计师可以要求被询证者提供直接书面回复。如果仍未收到书面回函，注册会计师需要实施替代程序。

3. 积极式函证未收到回函

如果在合理的时间内未收到回函，注册会计师应当考虑必要时再次寄发询证函，如果仍未能得到被询证者的回应，注册会计师应当实施替代审计程序。

4. 回函存在不符事项的处理

(1)注册会计师应当调查不符事项，以确定是否表明存在错报；

(2)某些不符事项并不表明存在错报。

5. 回函中含有免责或限制性条款

在实务中，回函中可能包括以下免责或其他限制条款：

(1)不影响可靠性：只是涉及到双方的责任，如"仅用于审计""不承担义务"等相关的表述，一般不影响回函的可靠性；

(2)影响可靠性：条款限制了回函信息作为可靠审计证据的程度，如"不包括全部""不保证准确""不能依赖回函"等表述则会影响回函的可靠性。

【例题4·简答题】 ABC会计师事务所负责审计甲公司2019年度财务报表。审计项目组确定财务报表整体的重要性为100万元，明显微小错报的临界值为5万元。审计工作底稿中与函证程序相关的部分内容摘录如下：

(1)审计项目组在寄发询证函前，将部分被询证方的名称、地址与甲公司持有的合同及发票中的对应信息进行了核对。

(2)甲公司应付账款年末余额为550万元。审计项目组认为应付账款存在低估风险，选取了年末余额合计为480万元的两家主要供应商实施函证，未发现差异。

(3)审计项目组成员跟随甲公司出纳到乙银行实施函证。出纳到柜台办理相关事宜，审计项目组成员在等候区等候。

(4)客户丙公司年末应收账款余额100万元，回函金额90万元。因差异金额高于明显微小错报的临界值，审计项目组据此提出了审计调整建议。

(5)客户丁公司回函邮戳显示发函地址与甲公司提供的地址不一致。甲公司财务人员解释是由于丁公司有多处办公地址所致。审计项目组认为该解释合理，在审计工作底稿中记录了这一情况。

(6)客户戊公司为海外公司。审计项目组收到戊公司境内关联公司代为寄发的询证函回函，未发现差异，结果满意。

要求：针对上述第(1)至第(6)项，逐项指出审计项目组的做法是否恰当。如不恰当，简要说明理由。

答案

(1)恰当。

(2)不恰当。仅选取大金额主要供应商实施函证不能应对低估风险/还应选取小额或零余额账户。

(3)不恰当。审计项目组成员应当观察函证的处理过程/审计项目组成员需要在整个过程中保持对询证函的控制。

(4)不恰当。审计项目组应当调查不符事项，以确定是否表明存在错报。

(5)不恰当。审计项目组应当对该情况进行核实/口头解释证据不充分，还应实施其他审计程序/直接与丁公司联系核实/前往丁公司办公地点进行验证。

(6)不恰当。未直接取得回函影响回函的可靠性/应取得戊公司直接寄发的询证函。

考点四　分析程序

扫我解疑难

分析程序在应用时，一般是相对数的比较，但多大比率的变动属于异常情况应当根据具体的情况和经验值确定。分析程序的运用，见表3-6：

表3-6　分析程序的运用

运用阶段	用途	要求
风险评估程序	了解被审计单位及其环境，识别并评估财务报表层次和认定层次的重大错报风险	必须运用
实质性程序	当使用分析程序比细节测试能更有效地将认定层次的检查风险降至可接受的水平时，可以使用。此时的分析程序称为实质性分析程序	有需要时运用
完成审计工作	对财务报表进行总体复核。最终证实财务报表整体是否与注册会计师对被审计单位的了解一致及与所取得的证据一致	必须运用

一、用作实施风险评估程序★★

1. 必要性

注册会计师在实施风险评估程序时，**应当**运用分析程序，以了解被审计单位及其环境，但**无须**在了解被审计单位及其环境的每一方面(**如了解内部控制**)时都实施。

2. 特点

(1)使用汇总的数据。分析对象主要是财务报表中账户余额及其相互之间的关系；

(2)分析程序通常包括对账户余额变化的分析，并辅之以趋势分析和比率分析；

(3)与实质性分析程序相比，风险评估使用的分析程序并不足以提供充分适当的审计证据。

二、用作实质性程序★★

1. 可以用作实质性程序的情形

(1)当使用分析程序比细节测试能**更有效地**将认定层次的检查风险降至可接受的水平时，注册会计师可以考虑单独或结合细节测试，运用实质性分析程序。

(2)如果重大错报风险较低且数据之间具有稳定的预期关系，注册会计师可以单独使用实质性分析程序获取充分、适当的审计证据。从审计过程整体来看，注册会计师不能仅依赖实质性分析程序，而忽略对细节测试的运用。

(3)如果针对特别风险仅实施实质性程序，注册会计师应当使用细节测试，或将细节测试和实质性分析程序结合使用。

2. 运用实质性分析程序应考虑的因素

实质性分析程序是指用作实质性程序的分析程序，以识别认定层次的重大错报。实质性分析程序不是必须运用的，其运用时应考虑的因素见表3-7：

表3-7　运用实质性分析程序应考虑的因素

考虑的因素	具体考虑
(1)实质性分析程序对认定的适用性	是否存在预期关系的大量交易
	认定的性质
	重大错报风险评估的结果
	其他实质性程序所获取的证据

续表

考虑的因素	具体考虑
(2)考虑可获得数据信息的可靠性	信息的来源
	信息的可比性
	信息的性质和相关性
	与信息编制相关的控制
(3)评价预期值是否精确以识别重大错报	对预期结果作出预测的准确性
	信息可分解的程度
	财务和非财务信息的可获得性
(4)确定已记录金额与预期值之间可接受的差异额	重要性
	计划的保证水平
	一项错报单独或连同其他错报导致报表发生重大错报的风险

【例题5·多选题】(2016年)如果在期中实施了实质性程序，在确定对剩余期间实施实质性分析程序是否可以获取充分、适当的审计证据时，注册会计师通常考虑的因素有(　)。

A. 数据的可靠性

B. 预期的准确程度

C. 可接受的差异额

D. 分析程序对特定认定的适用性

解析▶ 注册会计师在单独或与细节测试结合使用实质性分析程序时，都应当考虑实质性分析程序对特定认定的适用性、数据的可靠性、做出预期的准确程度以及可接受的差异额，并评估这些因素如何影响针对剩余期间获取充分、适当的审计证据的能力。注册会计师还应考虑某类交易的期末累计发生额或账户期末余额在金额、相对重要性及构成方面能否被合理预期。 **答案**▶ ABCD

(三)用作总体复核★★

在审计结束或临近结束时，注册会计师**应当**运用分析程序，此时的分析程序与风险评估阶段的分析程序相比，两者使用的**比较和分析的手段基本相同**，但**目的不同**，实施分析程序的时间和重点也不同，以及所取得的数据的数量和质量也不同。

【例题6·单选题】 在审计结束或临近结束时，使用分析程序对财务报表进行总体复核的目的是(　)。

A. 确定实质性分析程序对特定认定的适用性

B. 再次测试认为有效的内部控制，评估控制风险

C. 针对自上年以来尚未发生变化的账户余额收集证据

D. 确定财务报表整体是否与注册会计师对被审计单位的了解一致

解析▶ 在审计结束或临近结束时，注册会计师应当运用分析程序，在已收集的审计证据的基础上，对财务报表整体的合理性做最终把握，评价报表仍然存在重大错报风险而未被发现的可能性，考虑是否需要追加审计程序，以便为发表审计意见提供合理基础。其最终目的是用以确定财务报表整体是否与其对被审计单位的了解一致，故选项D正确。

答案▶ D

真题精练

一、单项选择题

1. (2019年)下列各项中，不影响审计证据可靠性的是( )。
A. 被审计单位内部控制是否有效
B. 用作审计证据的信息与相关认定之间的关系
C. 审计证据的来源
D. 审计证据的存在形式

2. (2019年)下列有关审计证据的充分性和适当性的说法中，错误的是( )。
A. 审计证据的充分性和适当性分别是对审计证据的数量和质量的衡量
B. 只有充分且适当的审计证据才有证明力
C. 审计证据的充分性会影响审计证据的适当性
D. 审计证据的适当性会影响审计证据的充分性

3. (2018年)下列有关询问程序的说法中，错误的是( )。
A. 询问适用于风险评估、控制测试和实质性程序
B. 询问可以以口头或书面方式进行
C. 注册会计师应当就管理层对询问作出的口头答复获取书面声明
D. 询问是指注册会计师向被审计单位内部或外部的知情人员获取财务信息和非财务信息，并对答复进行评价的过程

4. (2018年)下列有关审计证据适当性的说法中，错误的是( )。
A. 审计证据的适当性不受审计证据充分性的影响
B. 审计证据的适当性包括相关性和可靠性
C. 审计证据的适当性影响审计证据的充分性
D. 审计证据的适当性是对审计证据的质量和数量的衡量

5. (2018年)下列有关用作风险评估程序的分析程序的说法中，错误的是( )。
A. 此类分析程序的主要目的在于发现财务报表存在重大错报风险的异常变化
B. 此类分析程序所使用的数据汇总性较强
C. 此类分析程序通常包括对账户余额、趋势和财务比率的变化分析
D. 此类分析程序通常不需要确定预期值

6. (2017年)下列有关审计证据质量的说法中，错误的是( )。
A. 审计证据的适当性是对审计证据质量的衡量
B. 注册会计师可以通过获取更多的审计证据弥补证据质量的缺陷
C. 在既定的重大错报风险水平下，需要获取的审计证据的数量受审计证据质量的影响
D. 审计证据的质量与审计证据的相关性和可靠性有关

7. (2017年)下列有关实质性分析程序的适用性的说法中，错误的是( )。
A. 实质性分析程序通常更适用于在一段时间内存在预期关系的大量交易
B. 实质性分析程序不适用于识别出特别风险的认定
C. 对特定实质性分析程序适用性的确定，受到认定的性质和注册会计师对重大错报风险评估的影响
D. 注册会计师无需在所有审计业务中运用实质性分析程序

8. (2017年)下列关于注册会计师在临近审计结束时运用分析程序的说法中，错误的是( )。
A. 总体复核阶段分析程序针对的重大错报风险通常集中在财务报表层次
B. 在结束阶段执行分析程序使用的手段与风险评估程序中使用的分析程序基本相同
C. 在结束阶段实施的分析程序并非为了对

特定账户余额和披露提供实质性的保证水平

D. 在结束阶段实施分析程序是为了识别可能表明财务报表存在重大错报风险的异常变化

二、多项选择题

1. (2019年)下列审计程序中，注册会计师在所有审计业务中均应当实施的有( )。

   A. 了解被审计单位的内部控制

   B. 实施用作风险评估的分析程序

   C. 在临近审计结束时，运用分析程序对财务报表进行总体复核

   D. 将财务报表与会计记录进行核对

2. (2017年)下列各项因素中，通常影响注册会计师是否实施函证决策的有( )。

   A. 评估的认定层次重大错报风险

   B. 被审计单位管理层的配合程度

   C. 函证信息与特定认定的相关性

   D. 被询证者的客观性

3. (2016年)下列情形中，可能影响询证函回函可靠性的有( )。

   A. 回函为传真件

   B. 回函中包括限制性条款

   C. 回函信封上寄出方邮戳显示发出城市与被询证者地址不一致

   D. 以电子形式发出并收到回函

4. (2016年)下列有关询证函回函可靠性的说法中，错误的有( )。

   A. 被询证者对于函证信息的口头回复是可靠的审计证据

   B. 由被审计单位转交注册会计师的回函不是可靠的审计证据

   C. 以电子形式收到的回函不是可靠的审计证据

   D. 询证函回函中的免责条款削弱了回函的可靠性

5. (2016年)下列各项因素中，注册会计师在确定实质性分析程序的可接受差异额时需要考虑的是( )。

   A. 重要性

   B. 计划的保证水平

   C. 一项错报单独或连同其他错误导致财务报表发生重大错误的可能性

   D. 预期值的准确程度

三、简答题

1. (2019年)ABC会计师事务所的A注册会计师负责审计甲公司2018年度财务报表。审计工作底稿中与函证相关的部分内容摘录如下：

   (1)A注册会计师对甲公司年内已注销的某人民币银行账户实施函证，银行表示无法就已注销账户回函。A注册会计师检查了该账户的注销证明原件，核对了亲自从中国人民银行获取的《已开立银行结算账户清单》中的相关信息，结果满意。

   (2)在实施应收账款函证程序时，A注册会计师将财务人员在发函信封上填写客户地址与销售部门提供的客户清单中的地址进行核对后，亲自将询证函交予快递公司发出。

   (3)甲公司根据销售合同在发出商品时确认收入。客户乙公司回函确认金额小于函证金额，甲公司管理层解释系期末发出商品在途所致。A注册会计师检查了合同、出库单以及签收单等支持性文件，并与乙公司财务人员电话确认了相关信息，结果满意。

   (4)A注册会计师对应收账款余额实施了函证程序，有15家客户回函。A注册会计师对其中14家实施了替代程序，结果满意；对剩余一家的应收账款余额，因其小于明显微小错报的临界值，A注册会计不再实施替代程序。

   (5)甲公司未对货到票未到的原材料进行暂估。A注册会计师从应付账款明细账中选取90%的供应商实施函证程序，要求供应商在询证函中填列余额信息。

   要求：针对上述第(1)至(5)项，逐项指出A注册会计师的做法是否恰当。如不恰当，简要说明理由。

2. (2015年)甲公司是ABC会计师事务所的常年审计客户。A注册会计师负责审计甲公司2014年度财务报表。审计工作底稿中与分析程序相关的部分内容摘录如下：

(1)甲公司所处行业2014年度市场需求显著下降。A注册会计师在实施风险评估分析程序时，以2013年财务报表已审数为预期值，将2014年财务报表中波动较大的项目评估为存在重大错报风险的领域。

(2)A注册会计师对营业收入实施实质性分析程序，将实际执行的重要性作为已记录金额与预期值之间可接受的差异额。

(3)甲公司的产量与生产工人工资之间存在稳定的预期关系。A注册会计师认为产量的信息来自非财务部门，具有可靠性，在实施实质性分析程序时据以测算直接人工成本。

(4)A注册会计师对运输费用实施实质性分析程序，确定已记录金额与预期值之间可接受的差异额为150万元，实际差异为350万元。A注册会计师就超出可接受差异额的200万元询问了管理层，并对其答复获取了充分、适当的审计证据。

(5)A注册会计师在审计过程中未提出审计调整建议，已审财务报表与未审财务报表一致，因此认为无需在临近审计结束时运用分析程序对财务报表进行总体复核。

要求：针对上述第(1)至第(5)项，逐项指出A注册会计师的做法是否恰当。如不恰当，提出改进建议。

真题精练答案及解析

一、单项选择题

1. B 【解析】选项B，用作审计证据的信息与相关认定之间的关系，指的是审计证据的相关性，不影响可靠性。

2. C

3. C 【解析】选项C，针对某些事项，注册会计师可能认为有必要向管理层和治理层(如适用)获取书面声明，以证实对口头询问的答复。

4. D 【解析】审计证据的适当性是对审计证据质量的衡量，审计证据的充分性是对审计证据数量的衡量。

5. D 【解析】分析程序用于风险评估程序，应当确定预期值。选项D说法错误。

6. B 【解析】注册会计师需要获取的审计证据的数量受其对重大错报风险评估的影响(评估的重大错报风险越高，需要的审计证据可能越多)，并受审计证据质量的影响(审计证据质量越高，需要的审计证据可能越少)。然而，注册会计师仅靠获取更多的审计证据可能无法弥补其质量上的缺陷。

7. B 【解析】即使是针对识别出的特别风险的认定，当使用分析程序比细节测试能更有效地将认定层次的检查风险降至可接受的水平时，注册会计师可以考虑单独或结合细节测试，运用实质性分析程序。

8. D 【解析】在总体复核阶段实施的分析程序主要在于强调并解释财务报表项目自上个会计期间以来发生的重大变化，以证实财务报表中列报的所有信息与注册会计师对被审单位及其环境的了解一致，与注册会计师取得的审计证据一致。风险评估中运用分析程序的主要目的在于识别那些可能表明财务报表存在重大错报风险的异常变化。

二、多项选择题

1. ABCD 【解析】以上四项均属于在所有审计业务中应当实施的事项。

2. ACD 【解析】注册会计师应当确定是否有必要实施函证以获取认定层次的充分、适当的审计证据。在作出决策时，注册会计师应当考虑以下三个因素：(1)评估的认定层次重大错报风险；(2)函证程序针对的认定；(3)实施除函证以外的其他审计程序。除上述三个因素外，注册会计师还可以考虑下列因素以确定是否选择函证程序作为实质性程序：(1)被询证者对函证事项的了解；(2)预期被询证者回复询证函的能力或意愿；(3)预期被询证者的客观性。

3. ABCD 【解析】以上四项均可能会影响询证函回函的可靠性。

4. ACD 【解析】选项A，只对询证函进行口头回复不是对注册会计师的直接书面回复，不符合函证的要求，因此，不能作为可靠的审计证据；选项C，只要注册会计师和回函者采用一定的程序为电子形式的回函创造安全环境，是可以获取可靠的审计证据；选项D，回函中存在免责或其他限制条款是影响外部函证可靠性的因素之一，但这种限制不一定使回函失去可靠性，注册会计师能否依赖回函信息以及依赖的程度取决于免责或限制条款的性质和实质。

5. ABC 【解析】选项D预期值的准确程度，是与“可接受的差异额”并列的因素。

三、简答题

1.【答案】

(1)恰当。

(2)不恰当。客户清单属于内部信息，对其核对无法提供充分、适当的审计证据。注册会计师可以应当通过合同、网站等核对地址，或通过拨打公共查询电话核实被询证者的名称和地址等审计程序来确定客户地址是否真实性。

(3)恰当。

(4)不恰当。注册会计师应对所有未回函客户实施替代程序。

(5)不恰当。注册会计师应当获取完整的供应商清单，并从中选取项目进行函证。从应付账款明细账中选取函证对象不足以应对低估风险。

2.【答案】

(1)不恰当。应根据2014年度的变化情况设定预期值。

(2)恰当。

(3)不恰当。测试与产量信息编制相关的内部控制/测试产量信息/应测试内部信息的可靠性。

(4)不恰当。应当针对350万元的差异进行调查。

(5)不恰当。在临近审计结束时，应当运用分析程序对财务报表进行总体复核/总体复核时运用分析程序是必要程序。

同步训练 限时70分钟

一、单项选择题

1. 下列关于审计证据的说法中，错误的是(　)。

A. 审计证据主要是在审计过程中通过实施审计程序获取的

B. 审计证据不包括会计师事务所接受与保持客户时实施质量控制程序获取的信息

C. 审计证据包括支持和佐证管理层认定的信息，也包括与这些认定相矛盾的信息

D. 在某些情况下，信息的缺乏(如管理层拒绝提供注册会计师要求的声明)本身也构成审计证据

2. 下列有关审计证据充分性的说法中，错误的是(　)。

A. 初步评估的控制风险越低，需要通过控制测试获取的审计证据可能越少

B. 计划从实质性程序中获取的保证程度越高，需要的审计证据可能越多

C. 审计证据质量越高，需要的审计证据可能越少

D. 评估的重大错报风险越高，需要的审计证据可能越多

3. 注册会计师在对A公司的短期借款实施相关审计程序后，需对所取得的审计证据进行评价。以下有关短期借款审计证据可靠性的说法中，错误的是( )。

A. 从第三方获取的有关短期借款的证据比直接从A公司获得的相关证据更可靠

B. 短期借款的控制风险为低水平时产生的会计数据比控制风险为高水平时产生的会计数据更为可靠

C. 在对账簿记录的短期借款进行函证后未发现错报，则可认为A公司的短期借款数据可靠

D. A公司提供的短期借款合同尽管有借贷双方的签章，但如果没有其他证据佐证，也不可靠

4. 下列有关审计证据的说法中，正确的是( )。

A. 外部证据与内部证据矛盾时，注册会计师应当采用外部证据

B. 审计证据不包括会计师事务所接受与保持客户或业务时实施质量控制程序获取的信息

C. 注册会计师可以考虑获取审计证据的成本与所获取信息的有用性之间的关系

D. 为保持职业谨慎，注册会计师应当鉴定作为审计证据的文件记录的真伪

5. 关于审计证据，下列说法中错误的是( )。

A. 审计证据包括支持和佐证管理层认定的信息，也包括与这些认定相矛盾的信息

B. 从被审计单位外部独立来源获取的审计证据比其他来源获取的审计证据更相关

C. 注册会计师可以考虑获取审计证据的成本与所获取信息的有用性之间的关系

D. 特定的审计程序可能只为某些认定提供相关的审计证据，而与其他认定无关

6. 注册会计师在对甲公司的应收账款账户实施函证程序，下列各方面中，通常难以获取有效审计证据的是( )。

A. 应收账款的存在性

B. 应收账款的可收回性

C. 应收账款金额的准确性

D. 应收账款是否归属于甲公司

7. 下列有关积极式函证方式的说法中，不正确的是( )。

A. 可以在询证函中不列明账户余额或其他信息，而要求被询证者填写有关信息或提供进一步信息

B. 可以在询证函中列明拟函证的账户余额或其他信息，要求被询证者确认所函证的款项是否正确

C. 只有注册会计师收到回函，才能为财务报表认定提供审计证据

D. 只要求被询证者仅在不同意询证函列示信息的情况下才予以回函

8. 注册会计师对分析程序所作的下列判断中，不恰当的是( )。

A. 由于与固定资产相关的重大错报风险很低，注册会计师可以考虑在实质性程序中运用分析程序

B. 通过对主营业务收入进行分析未发现异常，因此判断主营业务收入不存在重大错报

C. 由于被审计单位调整产品结构，因此，在对主营业务收入审计时，不应过多的依赖分析程序的结果

D. 尽管对应付账款的分析程序未发现异常，但在执行其他审计程序时，发现有未入账的应付账款，此时，注册会计师不应过多的信赖分析程序的结果

9. 下列有关在实施实质性分析程序时确定可接受的差异额的说法中错误的是( )。

A. 评估的重大错报风险越高，可接受的差异额越低

B. 重要性影响可接受的差异额

C. 确定可接受的差异额时，需要考虑一项错报单独或连同其他错报导致财务报表发生重大错报的可能性

D. 需要从实质性分析程序中获取的保证程度越高，可接受的差异额越高

10. 在确定已记录金额和预期值之间可接受的差异额时，通常不需要考虑的因素是( )。

A. 各类交易、账户余额和披露及相关认定的重要性和计划的保证水平

B. 通过降低可接受的差异额应对重大错报风险的可能性

C. 财务信息和非财务信息的可分解程度

D. 可接受的差异额的临界值是否超过实际执行的重要性水平

11. 下列有关注册会计师在临近审计结束时实施分析程序的说法中，错误的是( )。

A. 实施分析程序的目的是确定财务报表是否与注册会计师对被审计单位的了解一致

B. 实施分析程序所使用的手段与风险评估程序中使用的分析程序基本相同

C. 实施分析程序应当达到与实质性分析程序相同的保证水平

D. 如果通过实施分析程序识别出以前未识别的重大错报风险，注册会计师应当修改原计划实施的进一步审计程序

二、多项选择题

1. 下列各项中，影响审计证据充分性的有( )。

A. 审计证据的质量

B. 确定的样本量

C. 评估的重大错报风险水平

D. 获取审计证据的来源

2. 注册会计师在获取和评价审计证据的充分性和适当性时，下列各项中，特别要考虑的因素有( )。

A. 考虑文件记录的可靠性

B. 考虑使用被审计单位生成信息的可靠性

C. 当证据相互矛盾时应认定证据不可靠

D. 考虑获取审计证据时的成本

3. 下列有关审计证据的说法中，不正确的有( )。

A. 审计工作中通常不涉及鉴定文件记录的真伪，但是应当考虑用作审计证据的信息的可靠性

B. 检查有形资产既可以证实存在，也可以为权利和义务认定提供可靠的审计证据

C. 在某些情况下，存货监盘是证实存货存在认定不可替代的审计程序，但是注册会计师在审计中可以以检查成本高或难以实施为由而不执行该程序

D. 审计证据的适当性是对审计证据数量的衡量，主要与注册会计师确定的样本量有关

4. 注册会计师应当确定是否有必要实施函证以获取认定层次的充分、适当的审计证据。在作出决策时，下列各项因素中，注册会计师应当考虑的有( )。

A. 评估的认定层次重大错报风险

B. 通过实施其他审计程序获取的审计证据如何将检查风险降至可接受的低水平

C. 被函证者对函证事项的了解

D. 预期被函证者回复询证函的能力或意愿

5. 下列各项中，属于函证程序在发现应付账款账户余额的低估方面远不如其在发现高估方面有效的主要原因的有( )。

A. 函证是以账户记录为依据的，如账中无记录，就很难向相应的客户发函

B. 被审计单位登记入账的业务中，入账的余额可能小于实际的余额

C. 不仅被审计单位可从低估中获益，其债权人亦然，所以不愿意配合函证

D. 被审计单位对账户余额的低估，常常采用不入账的手法

6. 下列各项中，为获取适当审计证据所实施的审计程序与审计目标相关的有( )。

A. 对应收账款进行函证，以确定资产负债表日应收账款是真实存在的

B. 重新计算被审计单位固定资产累计折旧，以确定固定资产的计价正确性

C. 对存货进行监盘，以确定存货的计价正确性

D. 对非零余额的应付账款进行函证，以

确定应付账款的完整性

7. 下列有关函证控制的说法中，正确的有(　)。

A. 将询证函中列示的账户余额或其他信息与被审计单位有关资料核对

B. 在询证函中指明直接向接受审计业务委托的会计师事务所回函

C. 询证函经被审计单位盖章后由其直接发出

D. 将发出询证函的情况形成审计工作记录

8. 被询证者的回函中可能包括免责或其他限制条款。下列属于可能对回函的可靠性产生影响的限制条款的有(　)。

A. “提供的本信息仅出于礼貌，我方没有义务必须提供，我方不因此承担任何明示或暗示的责任、义务和担保”

B. “本信息是从电子数据库取得，可能不包括被询证方所拥有的全部信息”

C. “本信息不保证是最新的，其他方可能会持有不同意见”

D. “接收人不能依赖函证中的信息”

9. 在函证过程中，注册会计师需要始终保持职业怀疑，对舞弊风险迹象保持警觉。与函证程序有关的舞弊风险迹象包括(　)。

A. 管理层不允许寄发询证函

B. 管理层试图拦截、篡改询证函或回函，如坚持以特定的方式发送询证函

C. 被询证者将回函寄至被审计单位，被审计单位将其转交注册会计师

D. 从私人电子信箱发送的回函

10. 在下列各项中，注册会计师通常认为适合运用实质性分析程序的有(　)。

A. 存款利息收入

B. 借款利息支出

C. 营业外收入

D. 房屋租赁收入

11. 确定数据的可靠性是否能够满足实质性分析程序的需要时，注册会计师无须考虑的因素是(　)。

A. 数据的来源

B. 数据的可分解程度

C. 财务和非财务信息的可获得性

D. 与数据编制相关的控制

12. 注册会计师在对财务报表总体的合理性实施分析程序时，如果识别出以前未识别的重大错报风险，注册会计师应当(　)。

A. 重新考虑全部或部分认定的风险评估是否恰当

B. 重新评价之前计划的审计程序是否充分

C. 重新考虑是否解除业务约定

D. 考虑是否有必要追加审计程序

13. 下列关于分析程序的说法中，正确的有(　)。

A. 风险评估程序中运用分析程序的主要目的在于识别那些可能表明财务报表存在重大错报风险的异常变化

B. 风险评估程序中运用的分析程序，所使用的数据汇总性比较强，其对象主要是财务报表中账户余额及其相互之间的关系

C. 相对于细节测试而言，实质性分析程序能够达到的精确度可能受到种种限制，证明力相对较弱，不能单独使用

D. 在审计结束或临近结束时，注册会计师运用分析程序的目的是确定财务报表整体是否与其对被审计单位的了解一致

三、简答题

1. A注册会计师负责审计甲公司2019年度财务报表。甲公司2019年12月31日应收账款余额为3000万元。A注册会计师认为应收账款存在重大错报风险，决定选取金额较大以及风险较高的应收账款明细账户实施函证程序，选取的应收账款明细账户余额合计为1800万元。相关事项如下：

(1)审计项目组成员要求被询证的甲公司客户将回函直接寄至会计师事务所，但甲公司客户X公司将回函寄至甲公司财务

部，审计项目组成员取得了该回函，将其归入审计工作底稿，结果满意。

(2)对于审计项目组以传真件方式收到的回函，审计项目组成员与被询证方取得了电话联系，确认回函信息，并在审计工作底稿中记录了电话内容与时间、对方姓名与职位，以及实施该程序的审计项目组成员姓名。

(3)审计项目组成员根据甲公司财务人员提供的电子邮箱地址，向甲公司境外客户Y公司发送了电子邮件，询证应收账款余额，并收到了电子邮件回复。Y公司确认余额准确无误。审计项目组成员将电子邮件打印后归入审计工作底稿。

(4)甲公司客户Z公司的回函确认金额比甲公司账面余额少150万元。甲公司销售部人员解释，甲公司于2019年12月末销售给Z公司的一批产品，在2019年末尚未开具销售发票，Z公司因此未入账。A注册会计师认为该解释合理，未实施其他审计程序。

(5)实施函证的1800万元应收账款余额中，审计项目组未收到回函的余额合计950万元，审计项目组对此实施了替代程序：对其中的500万元查看了期后收款凭证；对没有期后收款记录的450万元，检查了与这些余额相关的销售合同和发票，未发现例外事项。

(6)鉴于对60%应收账款余额实施函证程序未发现错报，A注册会计师推断其余40%的应收账款余额也不存在错报，无须实施进一步审计程序。

要求：针对上述第(1)至(6)项，逐项指出甲公司审计项目组的做法是否恰当。如不恰当，简要说明理由。

2. 甲会计师事务所指派X注册会计师对Y股份有限公司(以下简称Y公司)2019年度财务报表进行审计，X注册会计师于2020年初对Y公司2019年度财务报表进行审计时初步了解到，Y公司2019年度的经营形势、管理及组织架构与2018年度相比未发生重大变化，且未发生重大重组行为，相关资料如下：

资料一：

Y公司2019年度利润表和2018年度利润表中部分数据如下(金额单位：人民币万元)：

项　目	2019年度(未审数)	2018年度(审定数)
一、营业收入	58000	41000
减：营业成本	40000	33000
税金及附加	1000	900
销售费用	4000	3200
管理费用	(5000)	2000
财务费用	1000	900
资产减值损失	—	—
加：投资收益	5000	2000
公允价值变动收益	—	—
二、营业利润	22000	3000
加：营业外收入	1000	1500
减：营业外支出	2000	2000
三、利润总额	21000	2500
减：所得税费用(税率25%)	3000	700
四、净利润	18000	1800

资料二：

Y 公司 2019 年度及 2018 年度销售费用明细如下(金额单位：人民币万元)：

项目	2019 年度（未审数）	2018 年度（审定数）
广告费用	1400	1200
产品质量保证	500	—
运输费用	1100	1000
工资	1000	1000
合计	4000	3200

要求：

(1)为确定重点审计领域，X 注册会计师拟实施分析程序，请对资料一进行分析，指出利润表中的异常波动项目，并写出分析过程(不考虑递延所得税的影响)；

(2)对资料二进行分析后，指出需重点审计的销售费用项目，并写出分析过程。(计算结果小数点后保留两位)

同步训练答案及解析

一、单项选择题

1. B 【解析】审计证据包括会计师事务所接受与保持客户时实施质量控制程序获取的信息。

2. A 【解析】选项 A，评估的控制风险越低，说明预期信赖内部控制，则通过实施控制测试获取的审计证据可能越多。

3. C 【解析】选项 C，对账簿记录的短期借款进行函证不能发现未记录的短期借款的错报，还应当实施其他程序来验证其数据的可靠性；选项 A 属于外部证据比内部证据可靠；选项 B 属于内部控制良好产生的证据比内部控制较差产生的证据可靠；选项 D 属于内部证据，一般其可靠程度较低，所以需其他证据的佐证。

4. C 【解析】选项 A，如果从不同来源获取的审计证据或获取的不同性质的审计证据不一致，表明某项审计证据可能不可靠，注册会计师应当追加必要的审计程序来确定其可靠性；选项 B，审计证据包括会计师事务所接受与保持客户或业务时实施质量控制程序获取的信息；选项 D，审计工作通常不涉及鉴定文件记录的真伪，注册会计师也不是鉴定文件记录真伪的专家，但应当考虑用作审计证据的信息的可靠性。

5. B 【解析】从被审计单位外部独立来源获取的审计证据比其他来源获取的审计证据更可靠。

6. B 【解析】针对应收账款的可收回性的判断，函证难以获取该方面的证据。

7. D 【解析】当采用消极式函证时，注册会计师只要求被询证者仅在不同意询证函列示信息的情况下才予以回函。

8. B 【解析】选项 B，对于每个企业来说，收入均是存在重大错报风险较高的领域，分析程序仅仅是一个趋势的分析，并不足以提供充分适当的审计证据，因此执行后未发现异常，并不代表不存在重大错报。

9. D 【解析】需要从实质性分析程序中获取的保证程度越高，可接受的差异额越低。

10. C 【解析】注册会计师利用分析程序得出的预期值，需要与已记录金额进行比较，比较的结果就是差异额。可接受的差异额的临界值不能超过实际执行的重要性水平，如果差异额可以接受则无须进一步的调查，如果不可以接受，则需要进一步的调查，对于可接受差额的确定，并不需要考虑财务信息与非财务信息的可分解程度，在评价预期值的准确程度时需要考虑信息的可分解程度。

11. C 【解析】在总体复核阶段实施的分析

程序达不到对特定账户余额和披露提供的实质性的保证水平。

二、多项选择题

1. ABC 【解析】审计证据的充分性与注册会计师确定的样本量有关，并且受其对重大错报风险评估的影响和审计证据质量的影响。选项 D，影响审计证据的可靠性。

2. ABD 【解析】选项 AB 都是职业怀疑的要求；当证据相互矛盾时应追加审计程序，而不应直接认定证据是不可靠的，选项 C 错误；选项 D，注册会计师可以考虑获取审计证据的成本与所获取信息的有用性之间的关系，但不应以获取审计证据的困难和成本为由减少不可替代的审计程序。

3. BCD 【解析】选项 B，检查有形资产可为其存在提供可靠的审计证据，但不一定能够为权利和义务认定提供可靠的审计证据；选项 C，在某些情况下，存货监盘是证实存货存在认定的不可替代的审计程序，注册会计师在审计中不得以检查成本高或难以实施为由而不执行该程序；选项 D，审计证据的充分性是对审计证据数量的衡量，主要与注册会计师确定的样本量有关，审计证据的适当性是对审计证据质量的衡量。

4. ABCD 【解析】除此之外，还要考虑函证程序针对的认定、预期被询证者的客观性。相关内容参考《中国注册会计师审计准则问题解答第 2 号-函证》。

5. AD 【解析】选项 B，函证也可能发现已入账业务的低估错误，但不符合题干要求；对应付账款的低估虽使被审计单位获益，但损害了其债权人的利益，选项 C 的说法错误。本题题干表述的意思是函证程序相比完整性认定而言，更容易实现存在和发生认定，选项 AD 体现的就是更容易实现存在和发生认定的原因。

6. AB 【解析】监盘程序主要与存货的存在认定相关，选项 C 不正确；函证程序主要与存在认定相关，选项 D 不正确。

7. ABD 【解析】询证函经被审计单位盖章后，由注册会计师直接发出。

8. BCD 【解析】选项 A 通常不会影响回函中确认信息的准确性，通常也不会对回函的可靠性产生影响。相关内容参考《中国注册会计师审计准则问题解答第 2 号-函证》。

9. ABCD 【解析】上述四项均属于与函证程序有关的舞弊风险迹象。

10. ABD 【解析】营业外收入不具有稳定的预期关系，不适宜使用分析程序。

11. BC 【解析】数据的可分解程度、财务和非财务信息的可获得性是在评价预期值精确度，即评价预期值是否能够精确识别重大错报时应考虑因素。容易与考虑数据信息的可靠性的因素产生混淆。

12. ABD 【解析】在终结审计前，如果通过分析程序发现未识别出的重大错报风险，注册会计师一般不会考虑解除业务约定，而是考虑修改审计计划、追加审计程序来降低审计风险。

13. ABD 【解析】在某些审计领域，如果重大错报风险较低且数据之间具有稳定的预期关系，注册会计师可以单独使用实质性分析程序获取充分、适当的审计证据。

三、简答题

1. 【答案】

(1)不恰当。注册会计师应当对函证的全过程保持控制/回函的可靠性不足。

(2)恰当。

(3)不恰当。注册会计师应当核实被询证者的信息/电子回函的可靠性存在风险，注册会计师和回函者要采用一定的程序创造安全环境。

(4)不恰当。函证的差异不能仅以口头解释为证据/应实施其他审计程序核实不符事项。

(5)不恰当。获取的销售合同和发票为内部证据/应检查能够证明交易实际发生的证据。

(6)不恰当。选取特定项目的方法不能以样本的测试结果推断至总体/仍然可能存在重大错报风险。

2.【答案】

(1)利润表中的异常波动项目：营业收入、营业外收入、营业外支出、营业成本、管理费用、投资收益、所得税费用。

报表显示，营业收入比上年增加了17000(58000-41000)万元，增幅为17000/41000=41.46%；营业成本增加了7000(40000-33000)万元，增幅为7000/33000=21.21%；2019年毛利率=18000/58000=31.03%；2018年毛利率=8000/41000=19.51%；所以营业收入和营业成本异常。收入在增加，而管理费用在2019年冲销过多，是最异常的项目；投资收益比上年增加了3000万元，增幅为150%；所得税费用比上年增加了2300万元，增幅为328.57%，且计算的所得税税率为3000/21000=14.29%，与给出的所得税税率25%相差较大。营业外收支项目，由于是企业不常发生的业务，不管金额的变化大小，一般情况下每年都会作为审计的重点项目来进行测试，而注册会计师了解到，Y公司2019年度的经营形势、管理及组织架构与上年度比较未发生重大变化(与收入费用等有关)，且未发生重大重组行为(与投资收益有关)，这些项目波动的幅度较大，应认为异常。

(2)需重点审计的销售费用项目：产品质量保证费用。

由于产品质量保证费用一般按销售额的百分比提取，2018年的营业收入为41000万元，没有质量保证费用，而2019年的营业收入为58000万元，却增加了质量保证费用500万元，应重点审计，检查是否存在人为调节费用的情况。

本章知识串联

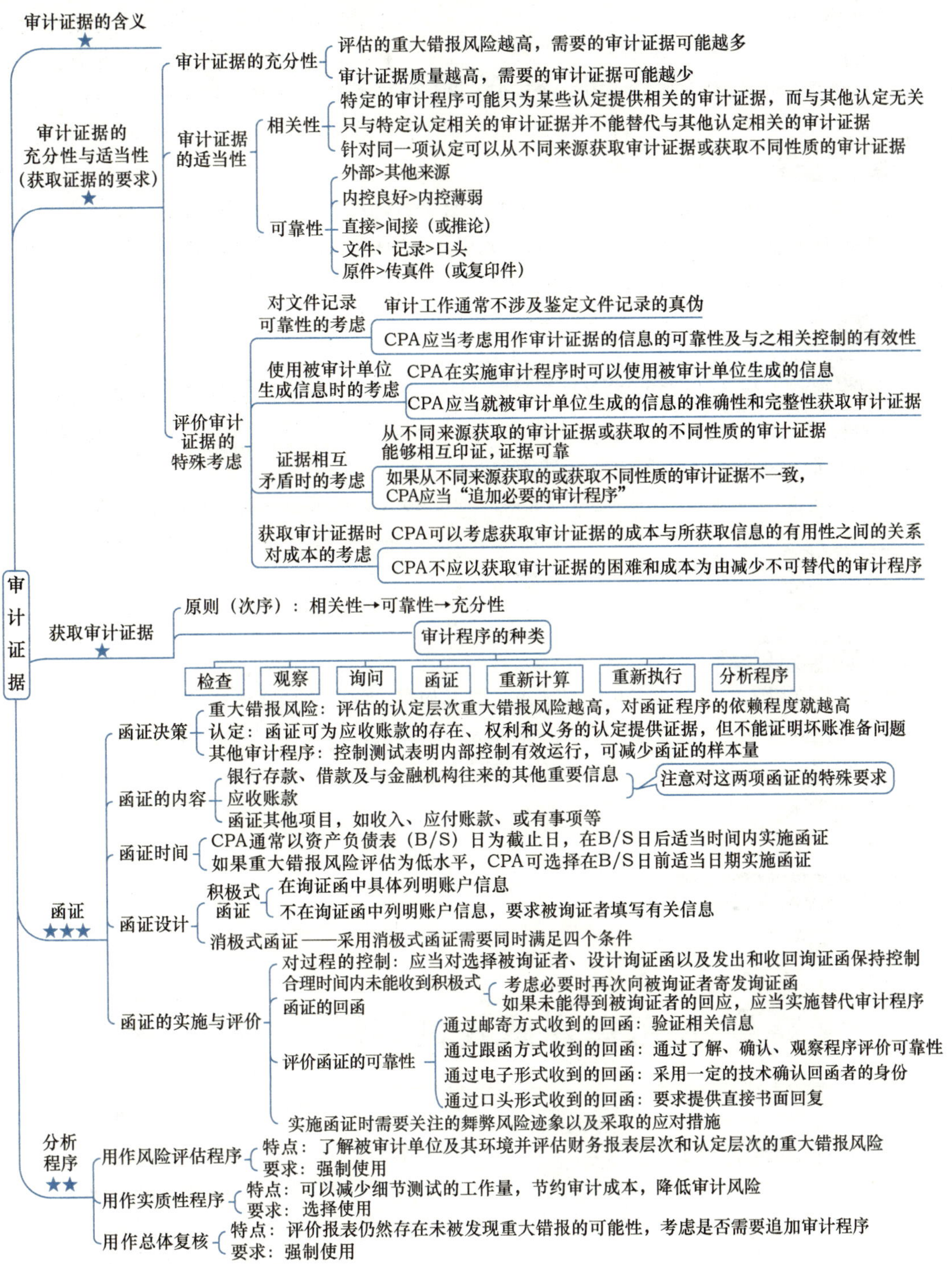
审计证据
审计证据的含义
★
审计证据的充分性与适当性（获取证据的要求）
★
审计证据的充分性
评估的重大错报风险越高，需要的审计证据可能越多
审计证据质量越高，需要的审计证据可能越少
审计证据的适当性
相关性
特定的审计程序可能只为某些认定提供相关的审计证据，而与其他认定无关
只与特定认定相关的审计证据并不能替代与其他认定相关的审计证据
针对同一项认定可以从不同来源获取审计证据或获取不同性质的审计证据
可靠性
外部>其他来源
内控良好>内控薄弱
直接>间接（或推论）
文件、记录>口头
原件>传真件（或复印件）
评价审计证据的特殊考虑
对文件记录可靠性的考虑
审计工作通常不涉及鉴定文件记录的真伪
CPA应当考虑用作审计证据的信息的可靠性及与之相关控制的有效性
使用被审计单位生成信息时的考虑
CPA在实施审计程序时可以使用被审计单位生成的信息
CPA应当就被审计单位生成的信息的准确性和完整性获取审计证据
证据相互矛盾时的考虑
从不同来源获取的审计证据或获取的不同性质的审计证据能够相互印证，证据可靠
如果从不同来源获取的或获取不同性质的审计证据不一致，CPA应当“追加必要的审计程序”
获取审计证据时对成本的考虑
CPA可以考虑获取审计证据的成本与所获取信息的有用性之间的关系
CPA不应以获取审计证据的困难和成本为由减少不可替代的审计程序
获取审计证据
★
原则（次序）：相关性→可靠性→充分性
审计程序的种类
检查
观察
询问
函证
重新计算
重新执行
分析程序
函证
★★★
函证决策
重大错报风险：评估的认定层次重大错报风险越高，对函证程序的依赖程度就越高
认定：函证可为应收账款的存在、权利和义务的认定提供证据，但不能证明坏账准备问题
其他审计程序：控制测试表明内部控制有效运行，可减少函证的样本量
函证的内容
银行存款、借款及与金融机构往来的其他重要信息
应收账款
注意对这两项函证的特殊要求
函证其他项目，如收入、应付账款、或有事项等
函证时间
CPA通常以资产负债表（B/S）日为截止日，在B/S日后适当时间内实施函证
如果重大错报风险评估为低水平，CPA可选择在B/S日前适当日期实施函证
函证设计
积极式函证
在询证函中具体列明账户信息
不在询证函中列明账户信息，要求被询证者填写有关信息
消极式函证——采用消极式函证需要同时满足四个条件
函证的实施与评价
对过程的控制：应当对选择被询证者、设计询证函以及发出和收回询证函保持控制
合理时间内未能收到积极式函证的回函
考虑必要时再次向被询证者寄发询证函
如果未能得到被询证者的回应，应当实施替代审计程序
评价函证的可靠性
通过邮寄方式收到的回函：验证相关信息
通过跟函方式收到的回函：通过了解、确认、观察程序评价可靠性
通过电子形式收到的回函：采用一定的技术确认回函者的身份
通过口头形式收到的回函：要求提供直接书面回复
实施函证时需要关注的舞弊风险迹象以及采取的应对措施
分析程序
★★
用作风险评估程序
特点：了解被审计单位及其环境并评估财务报表层次和认定层次的重大错报风险
要求：强制使用
用作实质性程序
特点：可以减少细节测试的工作量，节约审计成本，降低审计风险
要求：选择使用
用作总体复核
特点：评价报表仍然存在未被发现重大错报的可能性，考虑是否需要追加审计程序
要求：强制使用

第4章 审计抽样方法

考情解密

历年考情概况

本章属于比较重要的章节。主要以客观题形式考查抽样风险与非抽样风险、统计抽样与非统计抽样、确定抽样方法、样本规模的确定和影响因素、货币单元抽样等知识点。从近几年考题来看，预计在主观题和客观题中均会有考核，主要涉及对审计抽样概念的理解。

近年考点直击

考点	主要考查题型	考频指数	考查角度
抽样的相关概念	选择题、简答题	★★	(1)审计抽样三个基本特征；(2)抽样风险与非抽样风险；(3)统计抽样和非统计抽样；(4)统计抽样方法
审计抽样在控制测试中的应用	选择题、简答题	★★	(1)影响样本规模的因素；(2)样本的选择(含替代样本)
审计抽样在细节测试中的应用	选择题、简答题	★★	(1)样本量的确定；(2)推断总体错报；(3)货币单元抽样的优缺点

学习方法与应试技巧

本章内容在学习时，很多考生纠结于公式是如何得出的？为什么会这样计算？以及题目已知条件中给出的各个量代表什么含义？比如风险系数、保证系数等，其实这些都是按照统计学原理总结出来的，考生在备考过程中没有必要深究理论渊源，只需要记住公式并掌握教材中的例题即可。实际上在近几年考题中，主要是对审计抽样的理论进行的考核，并未涉及到抽样计算的简答题。

本章2020年考试主要变化

本章内容无变动。

考点详解及精选例题

考点一 审计抽样的相关概念

注册会计师选取项目进行测试时，可以采用**选取全部项目**、**选取特定项目**和**审计抽样**的方法，其中，审计抽样能根据样本项目的测试结果**推断**出有关抽样**总体**的结论。

一、审计抽样的含义与特征★

1. 审计抽样的含义

审计抽样是指注册会计师对具有审计相关性的总体中**低于百分之百**的项目实施审计程序，使**所有**抽样单元**都有被选取的机会**。

注册会计师抽样的目的并不是评价样本，而是对整个总体得出结论。

2. 审计抽样的特征

(1)对具有审计相关性的总体中**低于百分之百**的项目实施审计程序；

(2)**所有**抽样单元**都有被选取的机会**(不存有偏向)；

(3)可以根据样本项目的测试结果**推断**出有关抽样**总体**的结论。

只有所有项目都有被选取的机会，这样样本才具有代表性，注册会计师才能根据样本项目的测试结果推断出有关抽样总体的结论。

代表性——是指在既定的风险水平下，注册会计师根据样本得出的结论，与对整个总体实施与样本相同的审计程序得出的结论类似(不是相同)。

代表性与整个样本而非样本中的单个项目相关，**与样本规模无关**，而**与如何选取样本相关**；

代表性通常只与错报的发生率而非错报的特定性质相关，比如，异常情况(如舞弊)导致的样本错报就不具有代表性。

【例题1·多选题】(2017年)下列各项中，属于审计抽样基本特征的有(　)。

A. 对具有审计相关性的总体中低于百分之百的项目实施审计程序

B. 可以根据样本项目的测试结果推断出有关抽样总体的结论

C. 所有抽样单元都有被选取的机会

D. 可以基于某一特征从总体中选出特定项目实施审计程序

解析 ➠ 选项D属于选取特定项目。

答案 ➠ ABC

二、审计抽样方法

抽样方法通常**不影响**对选取的样本项目实施的**审计程序**。

1. 统计抽样与非统计抽样★★

统计抽样能够客观地计量抽样风险，并通过调整样本规模精确地控制风险，这是与非统计抽样最重要的区别。两者的联系与区别见表4-1：

表4-1　统计抽样与非统计抽样

项目	统计抽样	非统计抽样
特征	**随机**选取样本并运用**概率论**评价样本结果	主要**依赖职业判断**选取样本和评价样本结果
优点	高效设计样本(计量证据的充分性)；**精确量化抽样风险**(评价样本结果)	成本低；若设计适当，也能提供与统计抽样同样有效的结果
缺点	需要专门技术	无法量化抽样风险
联系	(1)选择统计抽样或非统计抽样，主要考虑成本效益； (2)非统计抽样的样本也可采用统计抽样方法进行量化； (3)在设计、实施和评价样本时均需要**运用职业判断**； (4)均能通过扩大样本量来降低抽样风险	

【例题2·单选题】下列有关审计抽样的说法中正确的是(　)。

A. 统计抽样和非统计抽样都可以利用概率论来量化、控制抽样风险

B. 统计抽样的样本量可以量化，非统计抽样的样本量只能靠注册会计师的判断

C. 使用的抽样方法不影响对选取的样本项目所实施的审计程序

D. 在统计抽样中不涉及注册会计师的职业判断

解析 ➠ 选项A，非统计抽样不可以量化抽样风险；选项B，统计抽样和非统计抽样的根本区别在于是否利用概率论来量化、控制抽样风险。非统计抽样的样本量也可以通过计算量化；选项C，对选取的样本项目实施的审计程序通常与使用的抽样方法无关；选项D，不管统计抽样还是非统计抽样，两种方法都要求注册会计师在设计、实施和评价样本时运用职业判断。

答案 ➠ C

2. 属性抽样和变量抽样(见表4-2)

表 4-2　属性抽样和变量抽样

项目	属性抽样	变量抽样
适用的程序	控制测试	细节测试
测试的特征	对总体中某一事件**发生率**(控制的偏差率)得出结论	对总体**金额**(错报金额)得出结论
测试的目的	判断内部控制运行的有效性	确定记录的金额是否正确

【知识点拨】 变量抽样中的**货币单元抽样**，是运用**属性抽样的原理**得出以金额表示的结论。

【例题3·单选题】 下列抽样方法中，适用于控制测试的是(　)。

A. 变量抽样

B. 货币单元抽样

C. 属性抽样

D. 差额法抽样

答案 ▶ C

三、审计抽样的适用范围★

审计抽样的适用范围，见表4-3：

表 4-3　审计抽样的适用范围

审计程序	适用	不适用
风险评估程序	——	风险评估程序通常**不涉及审计抽样**
控制测试	已留下运行轨迹的控制	**未留下运行轨迹**的控制 信息技术的应用控制
实质性程序	细节测试	实质性分析程序

【例题4·多选题】 下列各项审计程序中，通常不采用审计抽样的有(　)。

A. 风险评估程序

B. 控制测试

C. 实质性分析程序

D. 细节测试

解析 ▶ 选项A，风险评估程序即了解被审计单位及其环境，在这一过程中通常不采用审计抽样；选项C，实质性分析程序不适用审计抽样。

答案 ▶ AC

四、抽样风险与非抽样风险★★

审计抽样的基本模型，见图4-1：

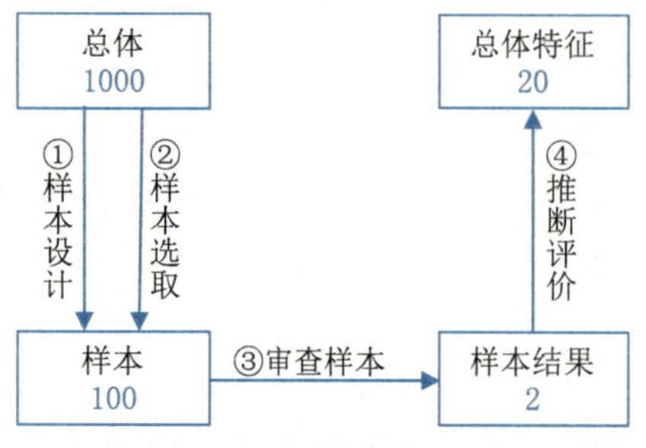

图 4-1　审计抽样的基本模型

图示说明：注册会计师检查一项"业务是否经过审批"的内部控制，抽样总体是1000笔业务，选取样本100笔。通过对样本的检查发现有2笔业务没有经过审批，则可以推断总体中有20笔业务没有经过审批，同时应考虑抽样风险对审计结论的影响。

1. 抽样风险

抽样风险是由于抽样引起的风险，**只要有抽样就存在抽样风险**。抽样风险与**样本量**成**反向**关系，即样本量越大，抽样风险越低。**扩大样本规模**是控制抽样风险的一种有效方法。抽样风险的种类，见表4-4：

表 4-4　抽样风险

测试种类	影响审计效率的风险	影响审计效果的风险
控制测试	信赖不足风险	信赖过度风险
细节测试	误拒风险	误受风险

2. 非抽样风险

(1)含义：非抽样风险是指注册会计师由于**任何与抽样风险无关的原因**而得出错误结论的风险。

『举例』对存货项目进行审计，存货项目总金额为1000万元，选取100万元的样本进行审查，发现样本中多记了1万元，则推断总体中多记10万元。而实际上在选取的100万元中多记了2万元，其中有1万元因注册会计师的经验不足等原因未被发现，导致总体中的错报少推断了10万元，形成了非抽样风险，见图4-2：

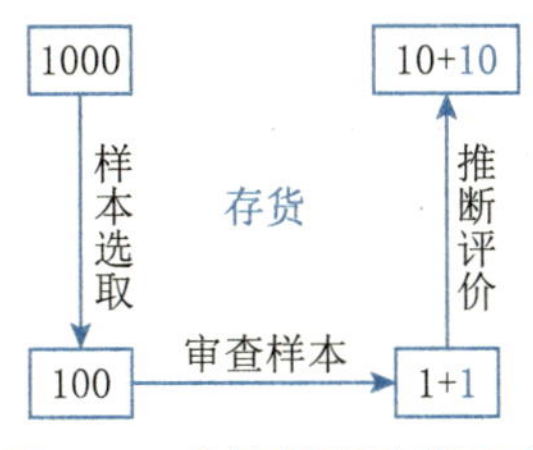

图4-2 非抽样风险的形成

(2)风险控制：非抽样风险是由**人为错误**造成的(形成非抽样风险的具体原因见例题5)，虽然**难以量化**，但注册会计师可通过采取适当的质量控制政策和程序，对审计工作进行适当的指导、监督和复核，以及对注册会计师实务的适当改进(如通过仔细设计其审计程序)，可以将非抽样风险**降至可接受的水平**。

【例题5·多选题】下列情况中，可能导致注册会计师在抽样时产生非抽样风险的有(　)。

A. 选择的总体不适合于测试目标

B. 未能适当地定义误差

C. 选择了不适于实现特定目标的审计程序

D. 未能适当地评价审计发现的情况

解析 ▶ 这些情况都是与注册会计师实施的程序及其职业判断或工作态度与状况相关，均是产生非抽样风险的原因。 答案 ▶ ABCD

【知识点拨】抽样风险的产生与抽样的样本量、样本的随机性相关；非抽样风险与选取样本无关，与对样本的审计相关。

考点二 审计抽样在控制测试中的应用

审计抽样一般会经历样本设计→选取样本→评价样本结果三个阶段(环节)。见表4-5：

表4-5 审计抽样在控制测试中的应用涉及的环节及步骤

环节	具体步骤			
样本设计	确定测试目标	定义总体	定义抽样单元	定义偏差构成条件
选取样本	确定抽样方法	确定样本规模	选样并对样本实施程序	
评价样本结果	计算偏差率	考虑抽样风险	考虑偏差的性质和原因	得出总体结论

一、样本设计阶段★★

1. 确定测试目标

注册会计师实施控制测试的目标是提供关于控制运行有效性的审计证据，以支持计划的重大错报风险评估水平。

2. 定义总体

注册会计师在界定总体时，应当确保总体的**适当性**和**完整性**。同时，注册会计师还必须考虑总体的同质性。

注册会计师通常在期中实施控制测试。由于期中测试获取的证据只与控制截至期中测试时点的运行有关，注册会计师可以采用以下两种方法以确定如何获取关于剩余期间的证据：

(1)将测试扩展至在剩余期间发生的交易，以获取额外的证据(将总体定义为整个被审计期间的交易)。

(2)不将测试扩展至在剩余期间发生的交易(将总体定义为从年初到期中测试日为止的交易)。

3. 定义抽样单元

抽样单元应与审计测试目标相适应。抽样单元通常是能够提供控制运行证据的一份文件资料、一个记录或其中一行。

对抽样单元的定义过于宽泛可能导致缺乏效率。例如：

如果注册会计师将发票作为抽样单元，就必须对发票上的所有项目进行测试。

如果注册会计师将发票上的每一行作为抽样单元，则只需对被选取的行所代表的项目进行测试。

4. 定义偏差构成条件

在控制测试中，偏差是指偏离对设定控制的预期执行。如下图 4-3 所示：

设定的控制要求	每笔支付都应附有发票、收据、验收报告和订货单等证明文件，且均盖上“已付”戳记
控制的适当运行证据	盖上“已付”戳记的发票和验收报告
误差	缺乏盖有“已付”戳记的发票和验收报告等证明文件的款项支付

图 4-3 定义偏差构成条件

二、选取样本

1. 确定选样方法

(1)简单随机选样

注册会计师可以使用计算机或随机数表获得所需的随机数，选取匹配的随机样本。**简单随机选样**在统计抽样和非统计抽样中**均适用**。

(2)系统选样(等距选样)

『举例』假设注册会计师拟从编号为 001 ~100 发票中抽取 10 张进行控制测试，若选取的第一张发票(起点 i)为 007 号，则注册会计师所选的 10 张发票号码为：007、017、027、037、047、057、067、077、087、097。这就是系统选样，每两个样本间相隔都为 10，所以系统选样也称等距选样，采用这种方法的基本步骤如下：

①计算抽样区间：间距(j)= 总体规模÷样本规模；

②确定随机起点 i；

③等距抽取样本。

注册会计师所选取的第 n 个样本的编号为：i+(n-1)×j。上例中所选的第 5 张发票号码为：047 号，即 007+(5-1)×10=047。

【例题 6 · 单选题】 注册会计师采用系统选样法从 10000 张凭证中选取 200 张作为样本，确定随机起点为凭证编号的第 35 号，则抽取的第 5 张凭证的编号为(　)。

A. 155　　B. 195

C. 200　　D. 235

解析 抽样间隔(区间)为 10000÷200=50，抽取的前 5 张凭证的编号应为：35、85、135、185、235，即抽取的第 5 张凭证的编号应为 235 号。也可带入公式计算第 5 张凭证的编号=35+(5-1)×50=235 号。　**答案** D

(3)随意选样

使用这种方法并不意味着注册会计师可以漫不经心地选择样本。随意选样**仅适用于非统计抽样**。

(4)整群选样

使用这种方法，注册会计师从总体中选取一群(或多群)连续的项目。整群选样**通常不能**在审计抽样中使用。

【例题 7 · 多选题】(2014 年)下列选取样本的方法中，可以在统计抽样中使用的有(　)。

A. 使用随机数表选样

B. 随意选样

C. 使用计算机辅助审计技术选样

D. 系统选样

解析 随意选样属于非随机基础选样方法，不能在统计抽样中使用，只能在非统计抽样中使用。　**答案** ACD

2. 确定样本规模

(1)影响样本规模的因素，见表4-6：

表4-6 控制测试中影响样本规模的因素

影响因素	与样本规模的关系
可接受的信赖过度风险	反向变动
可容忍偏差率	反向变动
预计总体偏差率	同向变动
总体规模	影响很小
其他因素	控制运行的相关期间越长(年或季度)，需要测试的样本越多； 控制程序越复杂，测试的样本越多； 对人工控制实施的测试要多于自动化控制

(2)确定样本量

非统计抽样：注册会计师可以只对影响样本规模的因素进行定性的估计，并运用职业判断确定样本规模。

统计抽样：注册会计师必须对影响样本规模的因素进行量化，并利用统计公式或专门的样本量表来确定样本规模。

(3)针对运行频率较低的内部控制的考虑

①一般情况下，样本规模接近下表4-7中样本数量区间的下限是适当的。

②如果控制发生变化，或曾经发现控制缺陷，样本规模更可能接近甚至超过下表4-7中样本数量区间的上限。

③如果拟测试的控制是针对相关认定的唯一控制，注册会计师往往可能需要测试比表中所列更多的样本。

表4-7 运行频率较低的内部控制的样本量确定

控制执行频率	控制运行总规模	选取的样本数量
1次/季度	4次	2
1次/月度	12次	2~5
1次/半月	24次	3~8
1次/每周	52次	5~15

3. 选取样本并对样本实施审计程序

在对选取的样本项目实施审计程序时可能出现以下几种情况。

(1)无效单据。

如果注册会计师能够合理确信该收据的无效是正常的且不构成对设定控制的偏差，就要用另外的收据替代。而且，如果使用了随机选样，注册会计师要用一个**替代**的随机数与新的收据样本对应。

(2)未使用或不适用的单据。

注册会计师对未使用或不适用单据的考虑**与无效单据类似**。

(3)对总体的估计出现错误。

如果注册会计师高估了总体规模和编号范围，选取的样本中超出实际编号的所有数字都被**视为未使用单据**。在这种情况下，注册会计师要用额外的随机数代替这些数字，以确定对应的适当单据。

(4)无法对选取的项目实施检查。

如果注册会计师无法对选取的项目实施计划的审计程序或适当的替代程序，就要考虑在评价样本时将该样本项目视为控制偏差。

【例题8·单选题】(2017年)在使用审计抽样实施控制测试时，下列情形中，注册会计师不能另外选取替代样本的是( )。

A. 单据丢失　　B. 单据无效

C. 单据未使用　　D. 单据不适用

解析▶ 如果找不到丢失的单据，或者由于其他原因注册会计师无法对选取的项目实施检查，注册会计师考虑在评价样本时将该样本项目视为控制偏差。　**答案**▶ A

(5)在结束之前停止测试。

如果在对样本的第一部分进行测试时发现大量偏差，注册会计师可能认为，即使在剩余样本中没有发现更多的偏差，样本的结果也不支持计划的重大错报风险评估水平。

在这种情况下，注册会计师要重估重大错报风险并考虑是否有必要继续进行测试。

三、评价样本结果阶段★★

1. 计算偏差率

$$样本偏差率=\frac{发现的样本偏差数}{样本规模}$$

样本偏差率就是注册会计师对总体偏差率的**最佳估计**。

在控制测试中**无须另外推断**总体偏差率，但注册会计师还必须考虑抽样风险。

如果样本未出现控制偏差，注册会计师通常认为控制能有效运行，拟信赖内部控制。

2. 考虑抽样风险

(1)使用统计抽样方法

总体偏差率上限=风险系数/样本量

(2)使用非统计抽样方法

在非统计抽样中，抽样风险无法直接计量，注册会计师通常将**估计的**总体偏差率(即样本偏差率)与可容忍偏差率相比较。

3. 评价样本结果

(1)在控制测试中使用统计抽样评价样本结果，见表4-8：

表4-8 在控制测试中使用统计抽样评价样本结果

项目	内容	
计算总体偏差率	总体偏差率=样本偏差率=样本偏差数量÷样本规模	
考虑抽样风险	公式法：总体偏差率上限=风险系数÷样本规模=总体偏差率+抽样风险允许限度	
	查表法：使用样本结果评价表	
统计抽样结果评价与结论	评价	结果
	总体偏差率上限“**低于**”可容忍偏差率	总体“**可以接受**”
	总体偏差率上限“**低于但接近**”可容忍偏差率	“**考虑是否接受**”总体，并考虑是否需要扩大测试范围
	总体偏差率上限“**大于或等于**”可容忍偏差率	总体“**不能接受**”，修正重大错报风险评估水平，并增加实质性程序的数量；或对其他控制进行测试，以支持计划的重大错报风险评估水平

『举例』注册会计师确定的可接受信赖过度风险为10%，可容忍偏差率为7%，预计总体偏差率为1.75%，根据控制测试统计抽样样本规模表，确定的样本规模为55。注册会计师对55个项目实施了既定的审计程序，且未发现偏差，根据样本结果计算总体最大偏差率如下：

总体偏差率上限(MDR)=R/n=风险系数/样本量=2.3÷55=4.18%

其中的风险系数，根据风险系数表，按照可接受的信赖过度风险为10%，且偏差数量为0，查表得2.3。

注册会计师对样本量为55且无一例偏差得出结论：总体实际偏差率超过4.18%的风险为10%，即有90%的把握保证总体实际偏差率不超过4.18%。由于注册会计师确定的可容忍偏差率为7%，因此注册会计师认为，总体的实际偏差率超过可容忍偏差率的风险很小，总体可以接受。即样本结果证实注册会计师对控制运行有效性的估计和评估的重大错报风险水平是适当的。

如果在55个样本中有两个偏差，按照公式计算的总体偏差率上限如下(查表得风险系数为5.3)：

总体偏差率上限(MDR)=R/n=风险系数/样本量=5.3÷55=9.64%

这意味着，如果样本量为55且有两个偏差，总体实际偏差率超过9.64%的风险为10%。在可容忍偏差率为7%的情况下，注册会计师可以作出结论，总体的实际偏差率超过可容忍偏差率的风险很大，因而不能接受总体。也就是说，样本结果不支持注册会计师对控制运行有效性的估计和评估的重大错报风险水平。注册会计师应当扩大控制测试范围，以证实初步评估结果，或提高重大错报风险评估水平，并增加实质性程序的数量，或者对影响重大错报风险评估水平的其他控制进行测试，以支持计划的重大错报风险评估水平。

(2)非统计抽样中评价样本结果

在非统计抽样中，注册会计师同样将样本的偏差率作为总体偏差率的最佳估计。但在非统计抽样中，抽样风险无法直接计量。注册会计师通常将样本偏差率(即估计的总体偏差率)与可容忍偏差率相比较，运用职业判断确定总体是否可以接受。

在控制测试中使用非统计抽样评价样本结果，见表4-9：

表4-9 在控制测试中使用非统计抽样评价样本结果

项目	内容	
计算总体偏差率	总体偏差率=样本偏差率=样本偏差数量÷样本规模	
非统计抽样的结果评价与结论（非统计抽样无法量化抽样风险）	评价	结果
	样本偏差率"**大于**"可容忍偏差率	总体"**不能接受**"
	样本偏差率"**大大低于**"可容忍偏差率	总体"**可以接受**"
	样本偏差率"**低于但接近**"可容忍偏差率	总体"**不可接受**"
	样本偏差率"**低于**"可容忍偏差率，其差额"**不大不小**"	"**考虑是否接受**"总体，考虑扩大样本规模以进一步收集证据

考点三 审计抽样在细节测试中的运用

扫我解疑难

一、样本设计阶段★★

1. 确定测试目标

在细节测试中，审计抽样通常用来测试有关财务报表金额的一项或多项认定的合理性。

2. 定义总体

确定抽样总体的范围，确保总体的**适当性**和**完整性**。

(1)适当性：抽样总体应适合于特定的审计目标。

例如，注册会计师可能对期后的现金支付进行抽样，以测试由隐瞒采购所导致的应付账款账面金额的低估；或者对装运单据进行抽样，以发现由已装运但未确认为销售的交易所导致的低估销售收入问题。

(2)完整性：总体的完整性包括代表总体的实物的完整性。

例如，注册会计师可将发票金额总数与已记入总账的销售收入金额总数进行核对。

(3)单个重大项目：

某一项目可能由于金额较大或存在较高的重大错报风险而被视为单个重大项目。

对单个重大项目逐一实施检查，所有**单个重大项目**都**不构成**抽样**总体**。

在审计抽样时，销售收入和销售成本通常被视为两个独立的总体。

3. 定义抽样单元

抽样单元可能是一个账户余额、一笔交易或交易中的一个记录(如销售发票中的单个项目)，甚至是每个货币单元。

4. 界定错报

注册会计师应根据审计目标界定错报。

例外：

(1)被审计单位在不同客户之间误登明细账，不影响应收账款总账余额，不构成错报；

(2)注册会计师还可能将被审计单位自己发现并已在适当期间予以更正的错报排除在外。

二、样本选取阶段★★

1. 确定抽样方法

在细节测试中进行审计抽样，可能使用统计抽样，也可能使用非统计抽样。注册会计师在细节测试中常用的统计抽样方法包括货币单元抽样和传统变量抽样。传统变量抽样方法分为三种：**均值法、差额法、比率法**，各自的计算方式见表4-10：

表4-10 传统变量抽样计算方式

传统变量抽样方法	计算方式
均值法	样本审定金额的平均值=样本审定金额÷样本规模 估计的总体金额=样本审定金额的平均值×总体规模 推断的总体错报=总体账面金额-估计的总体金额
差额法	样本平均错报=(样本账面金额-样本审定金额)÷样本规模 推断的总体错报=样本平均错报×总体规模 估计的总体金额=总体账面金额-推断的总体错报
比率法	比率=样本审定金额÷样本账面金额 估计的总体金额=总体账面金额×比率 推断的总体错报=总体账面金额-估计的总体金额

传统变量抽样的优点：

(1)如果账面金额与审定金额之间存在较多差异，传统变量抽样可能只需**较小**的样本规模就能满足审计目标；

(2)注册会计师关注总体的**低估**时，使用传统变量抽样比货币单元抽样更合适；

(3)需要在每一层追加选取额外的样本项目时，传统变量抽样更**易于扩大样本规模**；

(4)对**零余额或负余额**项目的选取，传统变量抽样**不需要**在设计时予以**特别考虑**。

传统变量抽样的缺点：

(1)传统变量抽样比货币单元抽样更复杂，注册会计师通常需要借助计算机程序；

(2)在传统变量抽样中确定样本规模时，注册会计师需要估计总体特征的标准差；

(3)如果存在非常大的项目，或者在总体的账面金额与审定金额之间存在非常大的差异，而且样本规模比较小，正态分布理论可能不适用，注册会计师更可能得出错误的结论；

(4)如果**几乎不存在错报**，传统变量抽样中的**差异法和比率法将无法使用**。

适用范围：

(1)如果**未对总体进行分层**，注册会计师通常**不使用均值法**，因为此时所需的样本规模可能太大，以至于对一般的审计而言不符合成本效益原则。

(2)**比率法和差额法**都要求样本项目**存在错报**。如果样本项目的审定金额和账面金额之间没有差异，这两种方法使用的公式所隐含的机理就会导致错误的结论(即不存在抽样风险，从而使注册会计师在评价样本结果时得出错误结论)。

(3)如果注册会计师决定使用统计抽样，且**预计只发现少量差异**，就**不应使用比率法**和**差额法**，而考虑使用其他的替代方法，如**均值法**或**货币单元抽样**。

【例题9·简答题】(2012年)A注册会计师负责审计甲公司2011年度财务报表。在针对存货实施细节测试时，A注册会计师决定采用传统变量抽样方法实施统计抽样。甲公司2011年12月31日存货账面余额合计为150000000元。A注册会计师确定的总体规模为3000，样本规模为200，样本账面余额合计为12000000元，样本审定金额合计为8000000元。

要求：代A注册会计师分别采用均值法、差额法和比率法计算推断的总体错报金额。

答案

(1)均值法

样本项目的平均审定金额=8000000÷200=40000(元)

总体的审定金额=40000×3000=120000000(元)

第4章 审计抽样方法

推断的总体错报 = 150000000 - 120000000 = 30000000(元)

(2)差额法

样本平均错报 = (12000000 - 8000000) ÷ 200 = 20000(元)

推断的总体错报 = 20000×3000 = 60000000(元)

(3)比率法

比率 = 8000000÷12000000 = 2/3

估计的总体实际金额 = 150000000×2÷3 = 100000000(元)

推断的总体错报 = 150000000 - 100000000 = 50000000(元)

2. 确定样本规模

无论使用统计抽样还是非统计抽样方法，注册会计师都应当综合考虑影响样本规模的因素，运用职业判断和经验确定样本规模。影响样本规模的因素，见表4-11：

表4-11 影响样本规模的因素

影响因素	与样本规模的关系
可接受的误受风险	反向变动
可容忍错报	反向变动
预计总体错报	同向变动
总体规模	影响很小
总体的变异性	同向变动

【例题10·单选题】 下列有关细节测试样本规模的说法中，错误的是(　)。

A. 总体项目的变异性越低，通常样本规模越小

B. 当总体被适当分层时，各层样本规模的汇总数通常等于在对总体不分层的情况下确定的样本规模

C. 当误受风险一定时，可容忍错报越低，所需的样本规模越大

D. 对于大规模总体，总体的实际规模对样本规模几乎没有影响

解析 分层可以降低每一层中项目的变异性，从而在抽样风险没有成比例增加的前提下减少样本规模，提高审计效率。　**答案** B

注册会计师可以利用“细节测试货币单元抽样样本规模”表查询确定样本量。例如，注册会计师确定的误受风险为10%，可容忍错报与总体账面金额之比为8%，预计总体错报与可容忍错报之比为0.20，注册会计师查表确定的样本规模为43。

注册会计师也可采用以下公式确定样本规模：

$$样本规模=\frac{总体账面金额}{可容忍错报}\times 保证系数$$

例如，与上例同条件，注册会计师确定的误受风险为10%，可容忍错报与总体账面金额之比为8%，预计总体错报与可容忍错报之比为0.20，通过查“货币单元抽样确定样本规模时的保证系数”表得保证系数为3.41，则注册会计师确定样本规模为3.41÷8% = 42.63 ≈43。

3. 选取样本并对其实施审计程序

在非统计抽样方法中，注册会计师可以使用简单随机选样或计算机辅助审计技术选样、系统选样，也可以使用随意选样。

在选取样本之前，注册会计师通常先识别单个重大项目。然后，从剩余项目中选取样本，或者对剩余项目分层，并将样本规模相应分配给各层。

对总体分层进行评估的步骤：

第一步：剔除——单个重大项目；

第二步：按金额分层——根据职业判断；

第三步：分配样本量——根据各层账面金额在总体账面金额中的占比大致分配样本。

三、评价样本结果阶段★★

推断总体的错报→考虑抽样风险→分析错报的性质与原因→得出总体结论

1. 推断总体的错报

注册会计师可以使用比率法、差额法及货币单元抽样法等，将样本中发现的错报金额用来估计总体的错报金额。

【知识点拨】(1)比率法，在错报金额与抽样单元金额相关时最为适用。

(2)差额法，在错报金额与抽样单元数量

相关时最为适当。

2. 考虑抽样风险

(1)在统计抽样中，注册会计师利用推断的总体错报再结合抽样风险，计算出总体错报上限并与可容忍错报进行比较来评价抽样结果。细节测试中使用统计抽样的样本评价结果，见表4-12：

表4-12　细节测试中使用统计抽样的样本评价结果

	评价	结果
推断的总体错报上限和可容忍错报的比较	大于或等于	总体不能接受
	低于	总体可以接受

(2)在非统计抽样中，注册会计师将推断的总体错报和可容忍错报进行比较，运用职业判断和经验考虑抽样风险。细节测试中使用非统计抽样的样本评价结果，见表4-13：

表4-13　细节测试中使用非统计抽样的样本评价结果

	评价	结果
推断的总体错报和可容忍错报的**比较**	远远低于	接受
	低于但接近、等于或超过	通常不接受
	低于但差距既不很小又不很大	考虑是否接受

【知识点拨】在细节测试时，总体可以接受，表明所测试的交易或账户余额不存在重大错报；当总体不能接受时，表明所测试的交易或账户余额存在重大错报。注册会计师应建议被审计单位对错报进行调查，且在必要时调整账面记录。

3. 考虑错报的性质和原因

除了评价错报的金额和频率以及抽样风险之外，注册会计师还应当考虑：(1)错报的性质和原因；(2)错报与审计工作其他阶段之间可能存在的关系。

四、货币单元抽样★★

1. 定义

货币单元抽样是一种运用属性抽样原理对货币金额而不是对发生率得出结论的统计抽样方法。该方法适用于发现少量的大金额的高估错报。货币单元抽样的优缺点，见表4-14：

表4-14　货币单元抽样的优缺点

项目	内容
优点	①通常比传统变量抽样更易于使用； ②在确定所需的样本规模时无需直接考虑总体的特征； ③无需通过分层减少变异性； ④使用系统选样法选取样本时，如果项目金额等于或大于选样间距，货币单元抽样将自动识别所有单个重大项目； ⑤如果预计不存在错报，货币单元抽样的样本规模通常比传统变量抽样方法更小； ⑥样本更容易设计，且可在能够获得完整的最终总体之前开始选取样本
缺点	①不适用于测试总体的低估； ②对**零余额或负余额**的选取需要在设计时予以特别考虑； ③如果风险水平一定，当发现错报时，导致注册会计师更可能拒绝一个可接受的总体账面金额； ④通常需要逐个累计总体金额，以确定总体是否完整并与财务报表一致； ⑤当预计总体错报的金额增加时，货币单元抽样所需的样本规模可能会大于传统变量抽样所需的规模

2. 选取样本阶段

注册会计师可采用货币单元抽样样本规模表或公式法来确定样本规模，然后采用系统选样等方法选取样本。

3. 推断错报

『举例』注册会计师拟通过函证测试XYZ公司应收账款，应收账款账户共有602个，其中：借方账户有600个，账面金额为2300000元；贷方账户有2个，账面金额为3000元。注册会计师单独测试了2个贷方账户，另有6个借方账户被视为单个重大项目（单个账户的账面金额大于25000元，账面金额共计300000元），需要实施100%的检查。注册会计师一共对177个账户（采用系统选样法选取了171个样本加上6个单个重大项目）逐一实施函证程序，收到了155个询证函回函，4个账户存在高估。注册会计师确定的可容忍错报为40000元。

（1）当账面金额≥选样间隔时：

样本错报＝事实错报

（2）当账面金额<选样间隔时：

①错报比例（若存在多个错报，错报比例按从高到低排序）

t＝错报金额÷项目账面金额

②推断错报

推断错报＝t×选样间隔

（3）推断总体错报

总体错报＝事实错报＋第1个错报推断的区间错报＋第2个错报推断的区间错报＋…

$=$事实错报$+(t_1+t_2+\cdots)\times$选样间隔

推断错报汇总如表4-15所示：

表4-15　推断错报汇总

账户	账面金额（元）	审定金额（元）	错报金额（元）	错报比例（元）	推断错报（元）
A1	50	40	10	20%	2339（20%×11695）
A2	3000	2700	300	10%	1170（10%×11695）
A3	200	190	10	5%	585（5%×11695）
A4	16000	15000	1000	--	1000
汇总					5094

4. 推断总体错报上限

（1）当样本中无错报时：

总体错报的上限＝保证系数×选样间隔

＝基本精确度

（2）当账面金额≥选样间隔时：

总体错报的上限＝事实错报＋基本精确度

（3）当排除“账面金额≥选样间隔”后发现错报百分比为100%的错报时：

总体错报的上限＝保证系数×选样间隔

即总体错报的上限＝推断错报×保证系数

＝错报比例×选样间隔×保证系数

由于错报比例为100%，所以总体错报的上限＝选样间隔×保证系数

（4）当排除“账面金额≥选样间隔”后发现低于错报百分比为100%的错报时：

总体错报的上限＝推断错报×保证系数的增量＋基本精确度

总体错报上限$=[MF_0+(MF_1-MF_0)\times t_1+(MF_2-MF_1)\times t_2+\cdots]\times$选样间隔（错报比例即t从高到低排序）

【知识点拨】保证系数用MF表示，本例中：$MF_0=2.31$，$MF_1=3.89$，$MF_2=5.33$，$MF_3=6.69$，$MF_4=8.00$

总体错报上限＝事实错报$+[MF_0+(MF_1-MF_0)\times t_1+(MF_2-MF_1)\times t_2+\cdots]\times$选样间隔

$=1000+(2.31+1.58\times20\%+1.44\times10\%+1.36\times5\%)\times11695=34190$（元）

本例中，由于总体错报上限小于可容忍错报，注册会计师得出结论，样本结果支持应收账款账面金额。

【例题11·多选题】下列有关货币单元抽样的说法中，不正确的有(　)。

A. 在货币单元抽样法下每个抽样单元被选中的机会相同

B. 货币单元抽样有助于注册会计师将审计重点放在较大的余额或交易上

C. 当总体错报数量增加时，样本规模可能小于传统变量抽样的规模

D. 被审计项目金额的变异性越高，则货币单元抽样中确定的样本规模越大

解析 选项C，货币单元抽样中，项目被选取的概率与其货币金额大小成比例，不需要考虑货币金额的标准差。而使用传统变量抽样，注册会计师通常需要对总体进行分层，并考虑标准差，以减小样本规模。所以当总体错报数量增加时，货币单元抽样的样本规模可能大于传统变量抽样的相应规模。选项D，货币单元抽样的样本规模无需考虑被审计金额的预计变异性。 **答案** CD

真题精练

一、单项选择题

1. (2019年)在运用审计抽样实施细节测试时，下列情形中，对总体进行分层可以提高抽样效率的是(　)。

 A. 总体规模较大

 B. 总体变异性较大

 C. 预计总体错报较高

 D. 误拒风险较高

2. (2018年)下列有关非抽样风险的说法中，错误的是(　)。

 A. 非抽样风险不能量化

 B. 非抽样风险影响审计风险

 C. 注册会计师可以通过扩大样本规模降低非抽样风险

 D. 注册会计师可以通过采取适当的质量控制政策和程序降低非抽样风险

3. (2018年)下列关于审计抽样的样本代表性的说法中，错误的是(　)。

 A. 样本的代表性是指根据样本测试结果推断的错报与总体中的错报完全相同

 B. 如果样本的选取是无偏向的，该样本通常就具有了代表性

 C. 样本代表性与样本规模无关

 D. 样本代表性通常只与错报的发生率而非错报的特定性质相关

4. (2018年)下列有关细节测试的样本规模的说法中，错误的是(　)。

 A. 可容忍错报与样本规模反向变动

 B. 总体的变异性与样本规模同向变动

 C. 可接受的误受风险与样本规模同向变动

 D. 总体规模对样本规模的影响很小

5. (2017年)下列有关控制测试的样本规模的说法中，错误的是(　)。

 A. 可接受的信赖过度风险与样本规模反向变动

 B. 总体规模与样本规模反向变动

 C. 可容忍偏差率与样本规模反向变动

 D. 预计总体偏差率与样本规模同向变动

6. (2017年)下列有关细节测试的样本规模的说法中，错误的是(　)。

 A. 误受风险与样本规模反向变动

 B. 误拒风险与样本规模同向变动

 C. 可容忍错报与样本规模反向变动

 D. 总体项目的变异性越低，通常样本规模越小

二、多项选择题

1. (2019年)注册会计师运用审计抽样实施细节测试时，下列各项中，可以作为抽样单元的有(　)。

 A. 一个账户余额

 B. 一笔交易

 C. 交易中的一个记录

 D. 每个货币单元

2. (2018年)下列抽样方法中，通常可用于统计抽样的有(　)。

A. 随机选样　　B. 系统选样

C. 整群选样　　D. 随意选样

3. (2017年)下列各项中，属于统计抽样特征的有(　)。

A. 随机选取样本项目

B. 评价非抽样风险

C. 运用概率论评价样本结果

D. 运用概率论计量抽样风险

真题精练答案及解析

一、单项选择题

1. B 【解析】如果总体变异性较大，通过分层可以降低每一层中项目的变异性，从而在抽样风险没有成比例增加的前提下减少样本规模，提高审计效率。

2. C 【解析】选项C，非抽样风险是指注册会计师由于任何与抽样风险无关的原因而得出错误结论的风险，扩大样本规模降低的是抽样风险，而不是非抽样风险。

3. A 【解析】样本具有代表性并不意味着根据样本测试结果推断的错报一定与总体中的错报完全相同。

4. C 【解析】可接受的误受风险越低，需要获取的审计证据就越多，两者成反向变动。

5. B 【解析】总体规模对样本规模的影响很小。

6. B 【解析】误拒风险与样本规模反向变动。

二、多项选择题

1. ABCD 【解析】在细节测试中，注册会计师应根据审计目标和所实施审计程序的性质定义抽样单元。抽样单元可能是一个账户余额、一笔交易或交易中的一个记录(如销售发票中的单个项目)，甚至是每个货币单元。

2. AB 【解析】选项C，通常不能在审计抽样中使用；选项D，随意选样仅适用于非统计抽样。

3. ACD 【解析】统计抽样，是指同时具备下列特征的抽样方法：①随机选取样本项目；②运用概率论评价样本结果，包括计量抽样风险。

同步训练 限时80分钟

一、单项选择题

1. 下列有关选取测试项目的方法的说法中，正确的是(　)。

A. 从某类交易中选取特定项目进行检查构成审计抽样

B. 从总体中选取特定项目进行测试时，应当使总体中每个项目都有被选取的机会

C. 对全部项目进行检查，通常更适用于细节测试

D. 审计抽样更适用于控制测试

2. 下列有关抽样风险的说法中，正确的是(　)。

A. 除非注册会计师对总体中所有的项目都实施检查，否则必定存在抽样风险

B. 在使用非统计抽样时，注册会计师无法控制抽样风险

C. 注册会计师可以通过扩大样本规模降低非抽样风险

D. 控制测试中的抽样风险包括误受风险和误拒风险

3. 下列有关抽样风险的说法中，不正确的是(　)。

A. 在使用统计抽样时，注册会计师可以准确地计量和控制抽样风险

B. 无论是控制测试还是细节测试，注册会计师都可以通过扩大样本规模降低抽样风险

C. 如果对总体中的所有项目都实施检查，就不存在审计风险

D. 注册会计师错误解读审计证据可能导非抽样风险

4. 下列有关统计抽样和非统计抽样的说法中，错误的是( )。

A. 注册会计师应当根据具体情况并运用职业判断，确定使用统计抽样或非统计抽样方法

B. 无论采用统计抽样还是非统计抽样，选取的样本均应当足以代表总体

C. 非统计抽样如果设计适当，也能提供与统计抽样方法同样有效的结果

D. 在非统计抽样中，不要求总体中的每个抽样单元都有被选取的机会

5. 下列关于审计抽样的说法中，不正确的是( )。

A. 总体可以包括构成某类交易或账户余额的所有项目，也可以只包括某类交易或账户余额中的部分项目

B. 系统选样和随意选样在统计抽样和非统计抽样中都可以使用

C. 在实施细节测试时，注册会计师应当根据样本中发现的错报金额推断总体错报金额

D. 如果在测试付款授权时选取了一张作废的支票，并确信支票已经按照适当程序作废因而不构成偏差，注册会计师需要适当选择一个替代项目进行检查

6. 如果注册会计师拟定在审计抽样中对总体进行分层，其主要目的是( )。

A. 减少样本的非抽样风险

B. 有效计量抽样风险

C. 减少样本规模

D. 遵循随机原则选取样本

7. 在控制测试中，注册会计师遇到下列与审计抽样相关的事项，其中正确的是( )。

A. 在采用询问的方式进行控制测试时，采用统计抽样比采用非统计抽样更为有效

B. 如果抽样结果有 95% 的可信赖程度，则抽样结果有 5%的可容忍误差

C. 对控制测试的结果分析时，应以样本的误差率推断总体误差率，并考虑推断误差对特定审计目标及审计其他方面的影响

D. 计划评估的控制有效性越高，注册会计师确定的可容忍偏差率通常越低，所需的样本规模就越大

8. 甲公司财务人员每月与前 35 名主要客户对账，如有差异进行调查。A 注册会计师以与各主要客户的每次对账为抽样单元，采用非统计抽样测试该控制，确定最低样本数量时可以参照的控制执行频率是( )。

A. 每月 1 次

B. 每周 1 次

C. 每日 1 次

D. 每日数次

9. 如果使用审计抽样实施控制测试没有为得出有关测试总体的结论提供合理的基础，下列有关注册会计师采取的措施中，错误的是( )。

A. 修正重大错报风险评估水平

B. 测试替代控制

C. 修改相关实质性程序

D. 提高可容忍偏差率

10. 下列有关货币单元抽样的表述中，正确的是( )。

A. 为降低变异性，减少样本量，应当对抽样总体进行分层

B. 与低估的账户相比，高估的账户被抽取的可能性更小

C. 每个账户被选中的机会相同

D. 余额为零的账户没有被选中的机会

11. 注册会计师准备对应收账款采用货币单元抽样进行选取样本实施程序，下列表述中正确的是( )。

A. 选取的样本可用来测试应收账款的存在、计价和分摊、完整性

B. 应收账款金额越大，被选中的概率就越大，每个明细账户的业务被选中的机会相同

C. 注册会计师可能需要将贷方余额和余额为零的账户分离出去

D. 如果在样本中没有发现错报，总体错报的上限等于事实错报和基本精确度之和

12. 有关抽样方法的选择，下列说法中正确的是(　)。

A. 在不进行分层的情况下，通常采用均值法推断总体错报

B. 抽样发现少量错报，可以采用比率法推断总体错报

C. 抽样未发现错报，可以采用差额法推断总体错报

D. 预计只发现少量大金额差异的情况下，可以使用货币单元抽样

13. 下列有关细节测试中影响样本规模因素的说法中，不正确的是(　)。

A. 在既定的可容忍错报下，当预计总体错报增加时，所需的样本规模更大

B. 可容忍错报越小，为实现同样的保证程度所需的样本规模越大

C. 总体规模对样本规模的影响为零

D. 注册会计师愿意接受的抽样风险越低，样本规模通常越大

14. 注册会计师在细节测试中运用非统计抽样时，下列有关评价样本结果的说法中正确的是(　)。

A. 如果推断的错报总额等于可容忍错报，则总体可以接受

B. 如果推断的错报总额低于但接近可容忍错报，则总体可以接受

C. 如果推断的错报总额低于可容忍错报但差距既不很小又不很大时，注册会计师应当仔细考虑，总体实际错报超过可容忍错报的风险是否高得无法接受

D. 如果推断的错报总额远远小于可容忍错报，则总体不可以接受

15. 注册会计师负责对甲公司 2019 年度财务报表进行审计。在统计抽样中，从总体规模为 1000 个、账面价值为 300000 元的存货项目中选取 200 个项目(账面价值 50000 元)进行检查，确定其审定金额为 49500 元。如果采用比率法，注册会计师推断的存货总体错报为(　)。

A. 500 元

B. 2500 元

C. 3000 元

D. 47500 元

二、多项选择题

1. 下列有关审计抽样的说法中，正确的有(　)。

A. 审计抽样是对具有审计相关性的总体中低于百分之百的项目实施审计程序

B. 注册会计师的专业胜任能力与抽样风险成反向变动关系，即较高的专业胜任能力有助于降低抽样风险，反之，较低的专业胜任能力将使抽样风险增加

C. 审计抽样中，所有抽样单元都有被选取的机会

D. 风险评估程序中通常不涉及审计抽样

2. 下列审计程序中，可以采用审计抽样的有(　)。

A. 应收账款函证

B. 实质性分析程序

C. 存货计价测试

D. 风险评估程序

3. 注册会计师在测试下列相关内部控制运行情况时，适宜采用抽样方法的有(　)。

A. 验收材料时验收人员是否认真核实所收材料的规格及数量，是否与购货发票写明的规格及数量一致并在验证材料的品质符合规定后才填制验收单

B. 销售发票是否附有发货单和经批准的销售单

C. 仓库职员发出材料时是否核实在领料单

上签字的领料人员姓名与实际持单领料的人员的一致性

D. 请购单是否有专职审批人员的签字

4. 下列各项中，会导致非抽样风险的有(　)。

A. 注册会计师选择的总体不适合于测试目标

B. 注册会计师未能适当地定义误差

C. 注册会计师未对总体中的所有项目进行测试

D. 注册会计师未能适当地评价审计发现的情况

5. 下列有关审计抽样的表述中，正确的有(　)。

A. 只要使用了审计抽样，抽样风险总会存在

B. 审计抽样适用于实质性程序中的所有审计程序

C. 风险评估程序通常不涉及审计抽样

D. 统计抽样方法优于非统计抽样，非统计抽样存在的风险较高

6. 下列关于属性抽样和变量抽样的说法中错误的有(　)。

A. 变量抽样得出的结论与总体发生率有关，而属性抽样得出的结论与总体的金额有关

B. 货币单元抽样是运用变量抽样的原理得出的与总体发生率有关的结论

C. 在属性抽样中，设定控制的每一次发生或偏离都被赋予同样的权重，而不管交易的金额大小

D. 变量抽样用来测试某一设定控制的偏差率，以支持注册会计师评估的控制有效性，用于控制测试

7. 下列各项中，直接影响控制测试样本规模的因素有(　)。

A. 可容忍偏差率

B. 拟测试总体的预期偏差率

C. 控制所影响账户的可容忍错报

D. 注册会计师在评估风险时对相关控制的依赖程度

8. 关于审计抽样的下列说法中，正确的有(　)。

A. 在预期总体误差一定的情况下，如果可容忍误差为10%时的样本量为46项，则当可容忍误差为5%时，应选择的样本量有可能是23项

B. 如果样本量为46项时，抽样风险为10%，则样本量为23项时，抽样风险可能为5%

C. 如果注册会计师对可信赖程度的要求是95%时，所需要的样本量为93项，则当注册会计师对可信赖程度的要求是96%时，其样本量可能为156项

D. 采用系统选样法选取样本时，在确定了选样间隔及选样顺序后，如果选中的样本为第542、562和582号凭证，此时，注册会计师也有可能根据职业判断，重点关注563号凭证

9. 下列有关审计抽样的说法中，错误的有(　)。

A. 注册会计师应当根据具体情况并运用职业判断，确定使用统计抽样或非统计抽样方法，以最有效率地获取审计证据

B. 审计抽样适用于控制测试中的所有审计程序

C. 统计抽样和非统计抽样方法的选用，在于对样本实施的审计程序

D. 注册会计师选择了不适当的审计程序可能导致抽样风险

10. 注册会计师使用统计抽样测试相关内部控制，在对控制测试抽样结果进行评价时，如果总体偏差率上限大于或等于可容忍偏差率，则注册会计师的下列做法中，恰当的有(　)。

A. 不能接受总体

B. 考虑是否需要扩大测试范围

C. 对影响重大错报风险评估水平的其他控制进行测试

D. 修正重大错报风险评估水平，并增加

实质性程序的数量

11. 注册会计师在确定被审计单位应收账款函证对象时，下列选取样本规模的做法中正确的有(　)。

A. 根据内部控制的有效性预计总体错报

B. 如果不同客户的欠款余额、性质差异较大，应先对总体进行适当的分层

C. 各账户余额间差异不大时，无须分层，直接在总体内进行随机抽样

D. 分层情况下，全部审查余额超过某一标准的业务，对其余业务随机抽样

12. 在实质性程序中运用审计抽样时，下列因素中，注册会计师在确定可接受的误受风险水平时应考虑的有(　)。

A. 注册会计师愿意接受的审计风险水平

B. 评估的重大错报风险水平

C. 针对同一审计目标(财务报表认定)的分析程序的检查风险

D. 可接受的误拒风险水平

13. 下列关于货币单元抽样中考虑抽样风险，计算总体错报上限的说法中，正确的有(　)。

A. 如果在样本中没有发现错报，总体错报的上限=保证系数×选样间隔

B. 如果在样本(排除账面金额大于或等于选样间隔的逻辑单元)中发现了错报百分比为100%的错报，总体错报的上限=保证系数×选样间隔

C. 如果在账面金额大于或等于选样间隔的逻辑单元中发现了错报，无论该错报的百分比是否为100%，总体错报的上限=事实错报+基本精确度

D. 如果在样本(排除账面金额大于或等于选样间隔的逻辑单元)中发现了错报百分比低于100%的错报，总体错报的上限=推断错报×保证系数的增量

三、简答题

1. 注册会计师在对甲公司的产成品成本运用统计抽样进行细节测试，获得如下资料：全年共生产2000批产品，入账成本为5900000元，审计人员抽取其中的200批产品作为样本，其账面总价值为600000元，审查时发现在200批产品中有52批产品成本不实，样本的审定价值为582000元。

要求：请分别运用传统变量抽样方法中的均值法、比率法和差额法，估计本年度产品的总成本并推断总体错报。

2. A注册会计师负责对甲公司2019年度财务报表进行审计，在对与应收账款(总体规模为8000)相关的内部控制实施控制测试时，A注册会计师决定采用统计抽样方法，注册会计师的观点如下：

(1)在所有的控制测试过程中注册会计师均可采用审计抽样。

(2)由于总体变异性较大，A注册会计师将总体分为三层。

(3)使用不同的抽样方法影响对选取的样本实施审计程序的性质。

(4)总体规模越大，选取的样本规模越多。

(5)愿意接受的抽样风险越低，需要的样本规模越大。

(6)当总体偏差率上限低于但接近可容忍偏差率时，总体可以接受。

要求：针对上述(1)至(6)项，逐项指出A注册会计师的观点是否恰当。如不恰当，简要说明理由。

3. A注册会计师负责对甲公司2019年度财务报表进行审计。在针对应收账款项目实施细节测试时，A注册会计师采用了货币单元抽样方法。相关事项如下：

资料一：

(1)注册会计师以每一个账户作为一个抽样单元。

(2)注册会计师拟通过分层的方式减少总体变异性，以减少样本规模。

资料二：

(1)应收账款总体账面金额为6408000元。经检查，账户金额在200000元以上的共有12个，总金额为4800000元，注册会计师

拟全部进行函证；账户金额在200000元以下的应收账款账户共有300个，采用适当的选样方法选取样本进行函证。

(2)A注册会计师确定的可接受的误受险为5%，可容忍错报为100000元，预计的总体错报为10000元。

(3)注册会计师在全部进行函证的项目中发现了156800元错报，在选取的样本中发现4个账户存在高估，如下表所示：

账户	账面金额(元)	审定金额(元)
1	90000	89200
2	14000	10000
3	2000	0
4	6000	5800

货币单元抽样确定样本规模时的保证系数、评价样本结果时的保证系数分别如下表所示：

货币单元抽样确定样本规模时的保证系数

预计总体错报与可容忍错报之比	误受险					
	5%	10%	15%	20%	25%	30%
0	3	2. 31	1. 9	1. 61	1. 39	1. 21
0. 05	3. 31	2. 52	2. 06	1. 74	1. 49	1. 29
0. 1	3. 68	2. 77	2. 25	1. 89	1. 61	1. 39
0. 15	4. 11	3. 07	2. 47	2. 06	1. 74	1. 49
0. 2	4. 63	3. 41	2. 73	2. 26	1. 9	1. 62

货币单元抽样评价样本结果时的保证系数

高估错报的数量	误受险								
	5%	10%	15%	20%	25%	30%	35%	37%	50%
0	3	2. 31	1. 9	1. 61	1. 39	1. 21	1. 05	1	0. 7
1	4. 75	3. 89	3. 38	3	2. 7	2. 44	2. 22	2. 14	1. 68
2	6. 3	5. 33	4. 73	4. 28	3. 93	3. 62	3. 35	3. 25	2. 68
3	7. 46	6. 69	6. 02	5. 52	5. 11	4. 77	4. 46	4. 35	3. 68
4	9. 16	8	7. 27	6. 73	6. 28	5. 9	5. 55	5. 43	4. 68
5	10. 52	9. 28	8. 5	7. 91	7. 43	7. 01	6. 64	6. 5	5. 68

要求：

(1)根据资料一第(1)~(2)项，逐项指出注册会计师的做法是否恰当，如不恰当，简要说明理由。

(2)根据资料二，利用公式计算样本规模并计算总体错报金额(计算结果大于两位小数的，保留两位小数即可)。

同步训练答案及解析

一、单项选择题

1. C 【解析】选项A，选取特定项目与审计抽样属于两种不同的选取测试项目的方法；选项B，选取特定项目不能保证每个项目都有被选取的机会；选项D，审计抽样更适用于细节测试，针对“没有留下轨迹的控制”实施的控制测试，不适宜使用审计抽样。

2. A 【解析】选项B，在使用非统计抽样时，注册会计师虽无法计量抽样风险，但可以通过扩大样本规模等方法控制抽样风险；选项C，扩大样本规模可以降低抽样风险，一般通过加强项目的管理如安排有经验的人员等来降低非抽样风险；选项D，控制测试中的抽样风险包括信赖过度风险和信赖不足风险。

3. C 【解析】选项C，此时不存在抽样风险，但是仍存在审计风险。此时的审计风险完全由非抽样风险产生。

4. D 【解析】不管使用统计抽样还是非统计抽样，在选取样本项目时，注册会计师均应当使总体中的每个抽样单元都有被选取的机会。

5. B 【解析】在使用统计抽样时，运用随意选样是不恰当的，因为注册会计师无法量化选取样本的概率。

6. C 【解析】分层是将一个总体划分为多个子总体的过程，目的是降低总体项目的变异性，在抽样风险没有成比例增加的前提下减小样本规模。

7. D 【解析】询问不宜采用抽样的方法，选项A不正确；可信赖程度与信赖过度风险是互补关系，即可信赖程度+信赖过度风险=1，选项B不正确；在实施控制测试时，由于样本的误差率就是整个总体的推断误差率，注册会计师无需推断总体误差率，选项C不正确。

8. D 【解析】该项控制发生的总次数为35×12=420(次)。应当按照“每日数次”来确定样本规模。

9. D 【解析】如果使用审计抽样实施控制测试没有为得出有关测试总体的结论提供合理的基础，注册会计师应当修正重大错报风险评估水平，并增加实质性程序的数量，注册会计师也可以对影响重大错报风险评估水平的其他控制进行测试，以支持计划的重大错报风险评估水平。可容忍偏差率不能为了满足得出合理的结论而随意提高。

10. D 【解析】选项A，货币单元抽样自动分层，无需再进行分层；选项B，货币单元抽样中，低估的账户被抽取的可能性更小；选项C，货币单元抽样中，每个货币单位被选中的机会相同，而不是每个账户。

11. C 【解析】选项A，货币单元抽样对低估的样本被选中的几率较低，所以对应收账款的完整性认定无法测试；选项B，每个货币单元被选中的机会相同，所以项目金额越大，被选中的概率就越大，但并不是每个明细账户的业务被选中的机会相同；选项D，如果在样本中没有发现错报，总体错报的上限就是基本精确度。如果在账面金额大于或等于选样间隔的逻辑单元中发现了错报，总体错报的上限=事实错报+基本精确度。

12. D 【解析】均值法在未分层的情况下不宜使用。样本没有发现错报或仅发现少量错报时，不宜使用差额法或比率法推断总体错报。

13. C 【解析】除非总体非常小，一般而言总体规模对样本规模的影响几乎为零，选项C的说法太绝对。

14. C 【解析】选项A，如果推断的错报总额等于可容忍错报，则总体不能接受；选项B，如果推断的错报总额低于但接近可容忍错报，注册会计师通常得出总体实际错报超过可容忍错报的结论，总体不能接受；选项D，如果推断的错报总额远远小于可容忍错报，则总体可以接受。

15. C 【解析】比率=49500÷50000=0.99，估计的总体金额=300000×0.99=297000(元)，推断的总体错报=300000-297000=3000(元)。

二、多项选择题

1. ACD 【解析】选项B，专业胜任能力引起的差错与抽样风险无关，这方面的风险属于非抽样风险。
2. AC 【解析】在风险评估程序、针对未留下运行轨迹的控制实施的控制测试、实施实质性分析程序中，注册会计师不适宜使用审计抽样。
3. BD 【解析】选项AC所关心的是执行制度的过程或态度，并未留下轨迹，不适宜采用抽样；选项BD的运行情况留有轨迹，注册会计师可以通过签字、是否附有凭证等痕迹证实相关运行情况。
4. ABD 【解析】选项C导致的是抽样风险。
5. AC 【解析】在实质性分析程序中，不适用审计抽样，选项B不正确；无论统计抽样还是非统计抽样，只要运用得当就能控制好风险，选项D不正确。
6. ABD 【解析】选项A，属性抽样得出的结论与总体发生率有关，而变量抽样得出的结论与总体的金额有关；选项B，货币单元抽样是一种运用属性抽样原理对货币金额而不是对发生率得出结论的统计抽样方法；选项D，属性抽样用来测试某一设定控制的偏差率，以支持注册会计师评估的控制有效性，用于控制测试。
7. ABD 【解析】可容忍错报影响的是细节测试的样本规模。
8. CD 【解析】因为可容忍误差越小，需要选取的样本量应越大，选项A不正确；因为样本量与抽样风险成反向关系，选项B不正确；可信赖程度与样本量是同向关系，选项C正确；注册会计师无论采用什么样的抽样方法，都离不开专业判断，选项D正确。
9. BCD 【解析】统计抽样和非统计抽样方法的选用，在于注册会计师根据具体情况进行的职业判断，以最有效率地获取审计证据，所以选项A正确。只有当控制的运行留下轨迹时，才可考虑使用审计抽样的方法实施控制测试，选项B不正确。对选取的样本项目实施的审计程序通常与使用的抽样方法无关，选项C不正确。注册会计师选择了不适当的审计程序，导致的是非抽样风险，而不是抽样风险，选项D不正确。
10. ACD 【解析】当总体偏差率上限“低于但接近”可容忍偏差率时，注册会计师应当结合其他审计程序的结果，考虑是否接受总体，并考虑是否需要扩大测试范围。
11. ABCD 【解析】在抽样理论中，若总体内部各单位特征值差异较大，应进行分层，并在不同层中使用不同的抽样比率，当总体内部各单位的特征值相差不大时，就没有必要分层。
12. ABC 【解析】审计风险=重大错报风险×检查风险，注册会计师需要确定可接受的误受风险时，首先要考虑注册会计师愿意接受的审计风险水平，在既定的审计风险水平下，要考虑评估的重大错报风险水平，评估的高低决定着如何实施实质性程序，进而需要考虑相应的检查风险。选项ABC的内容其实就是审计风险模型里面的三个要素。
13. ABC 【解析】如果在样本(排除账面金额大于或等于选样间隔的逻辑单元)中发现了错报百分比低于100%的错报，总体错报的上限=推断错报×保证系数的增量+基本精确度。

三、简答题

1.【答案】

(1)均值法:

样本审定金额的平均值

=582000/200=2910(元)

估计的总成本=2910×2000=5820000(元)

推断的总体错报

=5900000-5820000=80000(元)

(2)比率法:

比率=582000/600000=0.97

估计的总成本=5900000×0.97=5723000(元)

推断的总体错报

=5900000-5723000=177000(元)

(3)差额法:

样本平均错报

=(600000-582000)/200=90(元)

推断的总体错报=90×2000=180000(元)

估计的总成本=5900000-180000=5720000(元)

2.【答案】

第(1)项,不恰当。只有当控制运行留下轨迹时注册会计师才采用审计抽样测试内部控制。

第(2)项,不恰当。在进行控制测试时无需对总体进行分层。

第(3)项,不恰当。对选取的样本项目实施的审计程序与使用的抽样方法无关。

第(4)项,不恰当。对于大规模总体而言,总体规模对样本规模几乎没有影响。

第(5)项,恰当。

第(6)项,不恰当。当总体偏差率上限低于但接近可容忍偏差率时,应考虑总体是否可以接受,并考虑是否需要扩大测试范围。

3.【答案】

(1)事项(1)不恰当。货币单元抽样以每一货币单元作为一个抽样单元。

事项(2)不恰当。在货币单元抽样中,项目被选中的概率与其货币金额大小成比例,因而无需通过分层减少变异性。

(2)样本规模=总体账面金额/可容忍错报×保证系数=(6408000-4800000)/100000×3.68=60

选样间隔=总体账面金额/样本量=(6408000-4800000)/60=26800(元)

针对抽样的部分:

推断错报如下:

第一个错报的推断错报为800元

第二个错报的推断错报=(14000-10000)/14000×100%×26800=7657.14(元)

第三个错报的推断错报=(2000-0)/2000×100%×26800=26800(元)

第四个错报的推断错报=(6000-5800)/6000×100%×26800=893.33(元)

计算总体错报上限:

总体错报上限=800+26800×1.75+7657.14×1.55+893.33×1.16+3×26800=141004.83(元)

总体错报=156800+141004.83=297804.83(元)

本章知识串联

- 审计抽样方法
  - 基本概念★★
    - 定义与特征
      - 对具有审计相关性的总体中低于百分之百的项目实施审计程序
      - 所有抽样单元都有被选取的机会
      - 可以根据样本项目的测试结果推断出有关抽样总体的结论
    - 适用范围
      - 风险评估程序：通常不涉及审计抽样
      - 控制测试
        - 适用：当控制的运行留下轨迹时
        - 不适用：未留下运行轨迹的控制
      - 实质性程序
        - 适用：细节测试
        - 不适用：实质性分析程序
    - 抽样风险
      - 控制测试中的抽样风险
        - 信赖过度风险
        - 信赖不足风险
      - 实质性程序中的抽样风险
        - 误受风险
        - 误拒风险
      - 信赖过度风险、误受风险：影响审计效果的风险
      - 信赖不足风险、误拒风险：影响审计效率的风险
    - 非统计抽样
      - 抽样基础：CPA的职业判断
      - 优点：如果设计适当，也能提供与统计抽样方法同样的效果
      - 缺点：不能精确地测定出抽样风险
    - 统计抽样
      - 抽样基础：概率论和数理统计的方法
      - 优点：客观计量抽样风险，并通过调整样本规模精确地控制风险
      - 缺点：需要特殊的专业技能，要求单个样本项目符合统计要求而支出额外的费用
  - 审计抽样在控制测试中的应用★★
    - 统计抽样方法
      - 使用统计公式评价样本结果：总体偏差率上限＝风险系数/样本量
      - 使用样本结果评价表（查表法）评价样本结果
    - 非统计抽样方法
      - 运用职业判断确定样本规模
      - 只要求选出的样本具有代表性，并不要求必须是随机样本
      - 对发现的偏差进行定性分析
    - 确定抽样方法：简单随机选样、系统选样、随意选样
    - 影响样本规模的因素
  - 审计抽样在细节测试中的应用★★
    - 非统计抽样方法
      - 样本规模的确定：样本规模=（总体账面金额/可容忍错报）×保证系数
      - 一般采用比率法或差异法推断总体错报
    - 确定抽样方法
      - 传统变量抽样
        - 比率法：总体错报金额=（样本审定金额÷样本账面金额）×总体账面金额－总体账面金额
        - 差额法：总体错报金额=[（样本审定金额－样本账面金额）÷样本规模]×总体规模
        - 均值法：总体错报金额=（样本审定金额÷样本规模）×总体规模－总体账面金额
      - 货币单元抽样
        - 计算总体错报上限
        - 优缺点（6点、5点）

第5章 信息技术对审计的影响

考情解密

历年考情概况

本章属于非重点章节。在历年考试中，本章内容主要以客观题形式考查基本概念，有时在风险评估和风险应对的简答题和综合题中也会涉及到信息技术审计的范围等内容。预计今年考核分值在1分左右。

近年考点直击

考点	主要考查题型	考频指数	考查角度
信息技术对内部控制的影响	选择题	★	信息技术对内部控制的影响
信息技术中的一般控制和应用控制测试	选择题	★★	(1)一般控制审计；(2)应用控制审计；(3)一般控制、应用控制和公司层面控制的关系
信息技术对审计过程的影响	选择题	★★	(1)信息系统审计关联范围；(2)一般控制对控制风险的影响；(3)IT控制的影响
计算机辅助审计技术和电子表格的运用	选择题	★	(1)计算机辅助审计技术的分类；(2)电子表格控制的考虑

学习方法与应试技巧

本章内容较少，且相互之间关联性较小，考生可以利用自己平时相对零散的时间学习本章内容。

本章2020年考试主要变化

本章内容无实质性变动。

考点详解及精选例题

考点一　信息技术对企业财务报告和内部控制的影响

一、信息技术对企业财务报告的影响★

如果依赖相关信息系统所形成的财务信息和报告作为审计工作的依据，则必须考虑相关信息和报告的质量。

注册会计师需要在整个过程中考虑信息的准确性、完整性、授权体系及访问限制四个方面。

二、信息技术对企业内部控制的影响★

随着信息技术的发展，传统的人工控制越来越多地被自动控制所替代，信息系统对控制的影响，取决于被审计单位对信息系统的依赖程度，但自动控制并不能完全取代人工控制。在信息化环境下，内部控制虽然在形式及内涵方面发生了变化，但内部控制的目标并没有发生改变。信息技术在改进被审计单位内部控制的同时，也产生了特定的风险。如表 5-1 所示：

表 5-1 自动化控制的优点及其产生的风险

自动化控制的优点	自动化控制产生的风险
(1)有效处理大流量交易及数据； (2)不容易被绕过； (3)自动信息系统、数据库及操作系统的相关安全控制可以实现有效的职责分离； (4)提高信息的及时性、准确性，并使信息变得更易获取； (5)提高管理层对企业业务活动及相关政策的监督水平	(1)可能会对数据进行错误处理，也可能会去处理那些本身就错误的数据； (2)如果相关安全控制无效，会增加对数据信息非授权访问的风险； (3)数据丢失风险或数据无法访问风险； (4)不适当的人工干预，或人为绕过自动控制

【例题 1 · 多选题】（2010 年）下列情形中，A 注册会计师认为通常适合采用信息技术控制的有(　)。

A. 存在大量、重复发生的交易

B. 存在大额、异常的交易

C. 存在难以定义、防范的错误

D. 存在事先确定并一贯运用的业务规则

解析 自动控制能够有效处理大流量交易及数据，因为自动信息系统可以提供与业务规则一致的系统处理方法，所以选项 AD 均正确。

答案 AD

考点二　信息技术中的内部控制

扫我解疑难

一、信息技术一般控制★★

信息技术一般控制，如表 5-2 所示：

表 5-2 信息技术一般控制

项目	内容
一般控制的内容	程序开发、程序变更、程序和数据访问以及计算机运行(重点关注各自对应的目标和要素)
对应用控制的影响	有效的信息技术一般控制确保了应用系统控制和依赖计算机处理的自动会计程序得以持续有效地运行
对财务报表认定的影响	信息技术一般控制通常会对实现部分或全部财务报表认定作出间接贡献，在有些情况下，信息技术一般控制也可能对实现信息处理目标和财务报表认定作出直接贡献
对审计的影响	如果注册会计师计划**依赖**自动应用控制、自动会计程序或依赖系统生成信息的控制时，则需要对相关的信息技术一般控制进行验证

【例题 2 · 单选题】（2012 年）下列情形中，注册会计师应当测试信息技术一般控制和信息技术应用控制的是(　)。

A. 不信赖人工控制或自动化控制，采用实质性方案

B. 仅信赖人工控制，此类人工控制不依赖系统所生成的信息或报告

C. 仅信赖人工控制，此类人工控制依赖系统所生成的信息或报告，注册会计师通过实质性程序测试系统生成的信息或报告

D. 信赖自动化控制

解析 既然信赖自动化控制，就要对信息技术的一般控制和应用控制进行测试。

答案 D

二、信息技术应用控制★★

信息技术应用控制一般要经过**输入、处理及输出**等环节。和人工控制类似，系统自动控制关注的要素包括：**完整性、准确性、存在和发生**等。

针对系统自动控制的信息技术应用控制审计需要在理解业务流程的基础之上进行识别和定义，常见的系统自动控制以及信息技

术应用控制包括：**系统自动生成报告、系统配置和科目映射、接口控制及访问和权限的控制**等。

三、公司层面信息技术控制★

目前审计机构针对公司层面信息技术控制往往会执行**单独**的审计，以评估企业信息技术的整体控制环境，来决定信息技术一般控制和应用控制的审计重点、风险等级、审计测试方法等。

四、信息技术一般控制、应用控制与公司层面控制三者之间的关系★★

信息技术一般控制、应用控制与公司层面控制三者之间的关系，如图 5-1 所示：

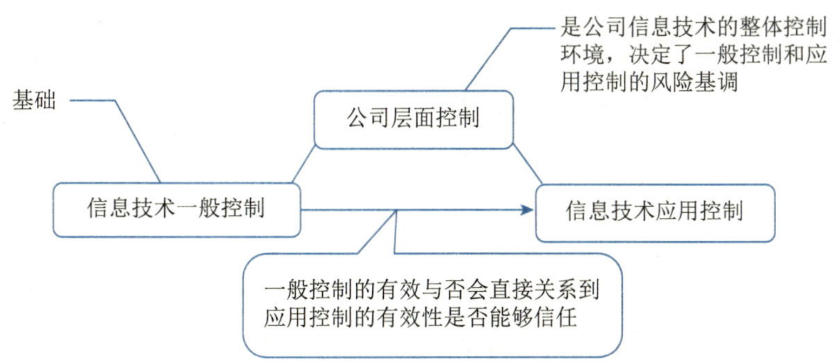

图 5-1　信息技术一般控制、应用控制与公司层面控制三者之间的关系

考点三　信息技术对审计过程的影响

一、信息技术审计范围的确定★★

如果注册会计师计划依赖自动应用控制或依赖自动信息系统生的成信息，那么就需要扩大信息技术的审计范围。在确定审计策略时，注册会计师需要结合被审计单位的这**五个**方面考虑：被审计单位业务流程复杂度、信息系统复杂度、系统生成的交易数量、信息和复杂计算的数量、信息技术环境规模和复杂度。

二、信息技术一般控制对控制风险的影响★

注册会计师通常**优先评估公司层面**信息技术控制和信息技术**一般控制**的有效性。

信息技术**一般控制**对应用控制的有效性具有**普遍性影响**。注册会计师通常不将一般控制与具体的审计目标相联系。

无效的一般控制增加了应用控制不能防止或发现并纠正认定层次重大错报的可能性，即使这些应用控制本身得到了有效设计。

如果一般控制有效，注册会计师可以更多地信赖应用控制，测试这些控制的运行有效性，并将控制风险评估为低于“最高”水平。

三、信息技术应用控制对控制风险和实质性程序的影响★

在评估应用控制对控制风险和实质性程序的影响时，注册会计师需要将控制与具体的审计目标相联系。如果针对某一具体审计目标，注册会计师能够识别出有效的应用控制，在通过测试确定其运行有效后，注册会计师能够减少实质性程序。

【例题 3 · 单选题】在信息技术环境下，注册会计师对信息技术的审计范围确定恰当的是(　　)。

A. 注册会计师信息技术的专业程度越高，审计范围就越大

B. 如果被审计单位运用信息技术的程度较低，则无需了解信息技术的一般控制和应用控制

C. 如果一般控制有效，则无需测试信息技术的应用控制

D. 针对某一目标的应用控制有效，则可

减少相应的实质性程序

解析 选项 A，信息技术审计的范围不受注册会计师对信息技术专业程度的影响；选项 B，无论被审计单位运用信息技术的程度如何，注册会计师均需了解与审计相关的信息技术一般控制和应用控制；选项 C，如果一般控制有效，注册会计师可以更多地信赖应用控制，测试这些控制的运行有效性，并将控制风险评估为低于“最高”水平。

答案 D

四、在不太复杂 IT 环境下的审计★

当面临**不太复杂**的 IT 环境时，注册会计师可采取传统方式进行审计，即“**绕过**计算机进行审计”。

在此情形下，注册会计师虽然仍需要了解信息技术一般控制和应用控制，但不测试其运行有效性，即不依赖其降低评估的控制风险水平，更多的审计工作将依赖非信息技术类审计方法。

五、在较为复杂 IT 环境下的审计★

当面临**较为复杂**的 IT 环境时，“绕过计算机进行审计”就不可行，而需要“**穿过**计算机进行审计”。这时，注册会计师可能需要更多运用各项审计技术和审计工具开展具体的审计工作。

考点四　计算机辅助审计技术和电子表格的运用

一、计算机辅助审计技术★

计算机辅助审计技术可以使审计工作更富效率和效果。

计算机辅助审计技术主要运用于实质性程序，特别是在与分析程序相关的方面。除此之外，计算机辅助审计技术还能被用于细节测试(包括目标测试)，并且使得选取全部项目进行测试成为可能。当然，在审计抽样和测试控制的有效性(可对每一笔交易对应的内部控制进行测试)时也可利用计算机辅助审计技术。

二、电子表格★

注册会计师在进行系统审计时，需要谨慎地考虑电子表格中的控制，以及类似于信息系统一般控制的设计与执行(在相关时)有效性，从而确保这些内嵌控制持续的完整性。由于电子表格非常容易被修改，并可能缺少控制活动，因此，电子表格往往面临重大固有风险和错误。

考点五　数据分析

一、数据分析的作用★

1. 运用。数据分析是通过基础数据结构中的字段来提取数据，通过对内部或外部数据进行分析、建模或可视化处理(不是通过数据记录的格式分析数据)，以发现其中隐藏的模式、偏差或不一致，从而揭示出对审计有用的信息的方法。数据分析工具可用于风险分析、交易和控制测试、分析性程序。

2. 作用。数据分析有助于以快速、低成本的方式实现对被审计单位整套完整数据(而非运用抽样技术得出的样本数据)进行检查，提高审计的效率和效果：

(1)常规分析工具可以提供审计证据，为会计估计的计算方法是否适当的判断提供支持。(2)数据分析的价值不在于数据转换，而在于从分析产生的交谈和询问中提取的审计证据，为判断提供支撑并提供见解，以提高审计质量。

二、数据分析面临的挑战★

大型事务所都面临了一个基本技术问题——通过一个可使用的格式从系统中提取数据。为了开发一个可用的接口，注册会计师不得不为每一个大客户的每一系统、按照每一个排列去映射所有编码。注册会计师正在开发多种策略，以使他们能够接入各种各样的系统。

真题精练

单项选择题

1. (2019年)下列有关信息技术对审计的影响的说法中，错误的是(　)。

A. 被审计单位对信息技术的运用不改变注册会计师制定审计目标、进行风险评估和了解内部控制的原则性要求

B. 被审计单位对信息技术的运用影响审计内容

C. 被审计单位对信息技术的运用影响注册会计师需要获取的审计证据的性质

D. 被审计单位对信息技术的运用不影响注册会计师需要获取的审计证据的数量

2. (2018年)下列有关信息技术一般控制的说法中，错误的是(　)。

A. 信息技术一般控制只能对实现部分或全部财务报表认定做出间接贡献

B. 信息技术一般控制对所有应用控制具有普遍影响

C. 信息技术一般控制包括程序开发、程序变更、程序和数据访问以及计算机运行四个方面

D. 信息技术一般控制在于保证信息系统的安全

3. (2016年)下列有关注册会计师评估被审计单位信息系统复杂度说法中，错误的是(　)。

A. 评估信息系统的复杂度，需要考虑系统生成的交易数量

B. 信息技术环境复杂，意味着信息系统也是复杂的

C. 对信息系统复杂度的评估，受被审计单位所使用的系统类型的影响

D. 评估信息系统的复杂度，需要考虑系统中进行的复杂计算数量

真题精练答案及解析

单项选择题

1. D 【解析】如果注册会计师计划依赖自动控制或自动信息系统生成的信息，那么就需要适当扩大信息技术审计的范围。因此被审计单位对信息技术的运用影响注册会计师需要获取的审计证据的数量。

2. A 【解析】选项A，信息技术一般控制是指为了保证信息系统的安全，对整个信息系统以及外部各环境要素实施的、对所有应用控制或模块具有普遍影响对控制措施。信息技术一般控制通常会对实现部分或全部财务报表认定作出间接贡献。在有些情况下，信息技术一般控制也可能对实现信息处理目标和财务报表认定作出直接贡献。

3. B 【解析】信息技术环境复杂并不一定意味着信息系统复杂，两者没有必然联系。

同步训练 限时40分钟

一、单项选择题

1. 下列各项中属于信息系统应用控制的是(　)。

A. 程序开发控制

B. 处理控制

C. 数据访问控制

D. 程序变更控制

2. 下列有关一般控制和应用控制的描述中，不正确的是(　)。

A. 应用控制是设计在计算机应用系统中

的、有助于达到信息处理目标的控制

B. 信息技术一般控制只会对实现部分或全部财务报告认定做出间接贡献

C. 如果注册会计师计划依赖自动应用控制、自动会计程序或依赖系统生成信息的控制时，就需要对相关的信息技术一般控制进行测试

D. 信息技术一般控制包括程序开发、程序变更、程序和数据访问以及计算机运行四个方面

3. 关于信息技术一般控制、应用控制与公司层面控制三者之间的关系，下列说法中不正确的是(　)。

A. 公司层面信息技术控制情况会影响信息技术一般控制和信息技术应用控制的部署和落实

B. 公司层面信息技术控制是公司信息技术整体控制环境，决定了信息技术一般控制和信息技术应用控制的风险基调

C. 注册会计师会首先执行配套的公司层面信息技术控制审计，并基于此识别信息技术一般控制和应用控制的主要风险点和审计重点

D. 信息技术一般控制和应用控制分别有各自的控制目标，一般控制的有效与否并不影响应用控制的有效性

4. 下列有关确定信息技术审计范围的说法中，不正确的是(　)。

A. 业务流程越复杂，信息系统的审计范围应越大

B. 涉及复杂计算的数量越多，信息系统的审计范围应越大

C. 信息系统经常运行出错，应相应缩小信息系统的审计范围

D. 信息系统越复杂，信息系统的审计范围应越大

5. 如果注册会计师仅依赖人工控制，此类人工控制依赖系统所生成的信息或报告，需要通过控制测试来验证控制有效性，则下列说法中正确的是(　)。

A. 不需要验证人工控制

B. 需要了解与评估系统环境

C. 需要验证自动化应用控制

D. 不需要了解、验证信息技术一般控制

6. 下列有关在不太复杂的 IT 环境下进行审计的说法中，不正确的是(　)。

A. 需要了解信息技术一般控制和应用控制

B. 需要测试一般控制和应用控制运行的有效性

C. 不依赖测试一般控制和应用控制运行的有效性降低评估的控制风险水平

D. 更多的审计工作将依赖非信息技术类审计方法

7. 下列关于数据分析的表述中，不正确的是(　)。

A. 数据分析能让注册会计师处理一个完整的数据集(总体中的全部交易)，可让非专业人士以图形化的方式方便快速查看结果

B. 数据分析通过数据记录的格式来提取数据

C. 数据分析工具不仅可以用于分析性程序，还可用于风险分析、交易和控制测试

D. 数据分析工具可以提高审计质量

二、多项选择题

1. 信息技术在改进被审计单位内部控制的同时，也产生了特定的风险，具体包括(　)。

A. 人为绕过自动控制

B. 信息系统可能会对数据进行错误处理

C. 信息系统或相关系统程序可能会去处理那些本身就错误的数据

D. 数据丢失风险或数据无法访问风险

2. 注册会计师在了解被审计单位时，应当关注的因为被审计单位对自动控制的依赖所可能导致的风险有(　)。

A. 数据丢失风险

B. 数据无法访问风险

C. 对数据进行错误处理的风险

D. 计算机过度工作产生的风险

3. 下列有关公司层面信息技术的说法中，正确的有(　)。

A. 信息技术规划的制定，属于公司层面信息技术控制

B. 信息安全和风险管理，属于公司层面信息技术控制

C. 信息技术应急预案的制定，属于公司层面信息技术控制

D. 信息技术一般控制是公司信息技术整体控制的环境，决定了公司层面信息技术控制和信息技术应用控制的风险基调

4. 在下列情况中，注册会计师需要对信息技术相关控制进行评估的有(　)。

A. 企业的业务流程可能包含有信息技术关键风险，并且注册会计师的实质性程序可能无法完全控制该风险

B. 注册会计师计划依赖自动系统的控制

C. 注册会计师计划依赖以自动系统生成信息为基础的手工控制

D. 企业的业务流程包含有自动系统的控制，但注册会计师并不拟依赖该控制

5. 下列有关信息技术对审计过程的影响的相关表述中，正确的有(　)。

A. 信息技术一般控制对应用控制的有效性具有普遍性影响

B. 如果一般控制有效，注册会计师可以更多地信赖应用控制，测试这些控制的运行有效性，并将控制风险评估为低于“最高”水平

C. 考虑到公司层面信息技术控制是公司的整体控制环境，决定了信息技术的风险基准，因此，注册会计师通常优先评估公司层面信息技术控制和信息技术一般控制的有效性

D. 对于一般控制而言，由于其影响广泛，注册会计师通常不将控制与具体的审计目标相联系

6. 在信息技术环境下，下列项目中不会改变的有(　)。

A. 审计目标

B. 审计程序

C. 审计时间

D. 对内部控制了解的原则性要求

7. 下列审计程序中，可以使用数据分析的有(　)。

A. 分析性程序

B. 控制测试

C. 风险评估

D. 重新执行

三、简答题

ABC会计师事务所接受委托审计上市公司甲公司2018年财务报表，A注册会计师在审计工作底稿中记录了审计计划，部分内容摘录如下：

(1)2018年，甲公司使用新的存货管理系统，A注册会计师拟依赖与存货相关的自动化应用控制，确定信息系统审计的范围为：了解和评估系统环境和信息技术一般控制，测试自动化应用控制。

(2)甲公司收入交易高度依赖信息系统。A注册会计师拟利用ABC会计师事务所的信息技术专家对甲公司的信息技术一般控制和与收入相关的信息技术应用控制进行测试。

(3)甲公司采用账龄分析法对部分应收账款计提坏账准备，财务人员根据信息系统生成的账龄信息计算坏账准备金额，由财务经理复核并报财务总监批准。A注册会计师拟询问财务经理和财务总监，检查复核与批准记录，以测试该控制的运行有效性。

要求：针对资料中的(1)至(3)项审计计划，假定不考虑其他条件，逐项指出A注册会计师的做法是否恰当，并简要说明理由。

同步训练答案及解析

一、单项选择题

1. B 【解析】选项ACD属于一般控制。
2. B 【解析】选项B，信息技术一般控制通常会对实现部分或全部财务报告认定做出间接贡献，有些情况下，信息技术一般控制也可能对实现信息处理目标和财务报告认定做出直接贡献。
3. D 【解析】信息技术一般控制是基础，信息技术一般控制的有效与否会直接关系到信息技术应用控制的有效性是否能够信任。
4. C 【解析】信息系统经常运行出错，注册会计师应保持谨慎的态度，应该扩大对信息系统的审计范围。
5. B 【解析】此时需要对系统环境进行了解与评估、验证人工控制以及了解、验证信息技术一般控制，但不需要验证自动化应用控制。
6. B 【解析】此时采用的是“绕过计算机进行审计”，不需要测试一般控制和应用控制的运行有效性。
7. B 【解析】数据分析是通过基础数据结构中的字段来提取数据，而不是通过数据记录的格式。

二、多项选择题

1. ABCD 【解析】除上述表述的风险外，还包括下列风险：自动信息系统、数据库及操作系统的相关安全控制如果无效，会增加对数据信息非授权访问的风险，这种风险可能导致系统对非授权交易及虚假交易请求的拒绝处理功能遭到破坏，系统程序、系统内的数据遭到不适当的改变，系统对交易进行不适当的记录，以及信息技术人员获得超过其职责范围的过大系统权限等。
2. ABC 【解析】计算机不会受到过度工作的影响，这是计算机辅助审计技术的优势。
3. ABC 【解析】公司层面信息技术控制是公司信息技术整体控制环境，决定了信息技术一般控制和信息技术应用控制的风险基调；信息技术一般控制是基础，信息技术一般控制的有效与否会直接关系到信息技术应用控制的有效性是否能够信任。
4. ABC 【解析】在对企业的流程、信息系统和相关风险进行充分了解之后，注册会计师应判断企业中是否包含信息技术关键风险，并且实质性程序是否无法完全控制该风险。如果注册会计师计划依赖自动系统控制，或依赖以自动系统生成信息为基础的人工控制或业务流程审阅结果，注册会计师同样需要对信息技术相关控制进行评估。
5. ABCD
6. AD 【解析】信息技术在企业中的应用并不改变审计人员制定审计目标、进行风险评估和了解内部控制的原则性要求。
7. ABC 【解析】数据分析工具可用于风险分析、交易和控制测试、分析性程序，用于为判断提供支撑并提供见解。

三、简答题

(1)不恰当。注册会计师拟依赖自动化系统，就应当得了解信息系统的一般控制和应用控制并进行控制测试。不能仅了解和评估系统环境和信息技术一般控制而不测试，不了解自动化应用控制而仅测试。

(2)恰当。注册会计师可以利用专家测试信息系统的控制，并对其工作进行评价利用。

(3)不恰当。由于该人工控制依赖信息系统生成的信息，注册会计师还应当验证相关的信息系统控制/注册会计师还应当验证账龄信息的准确性。

本章知识串联

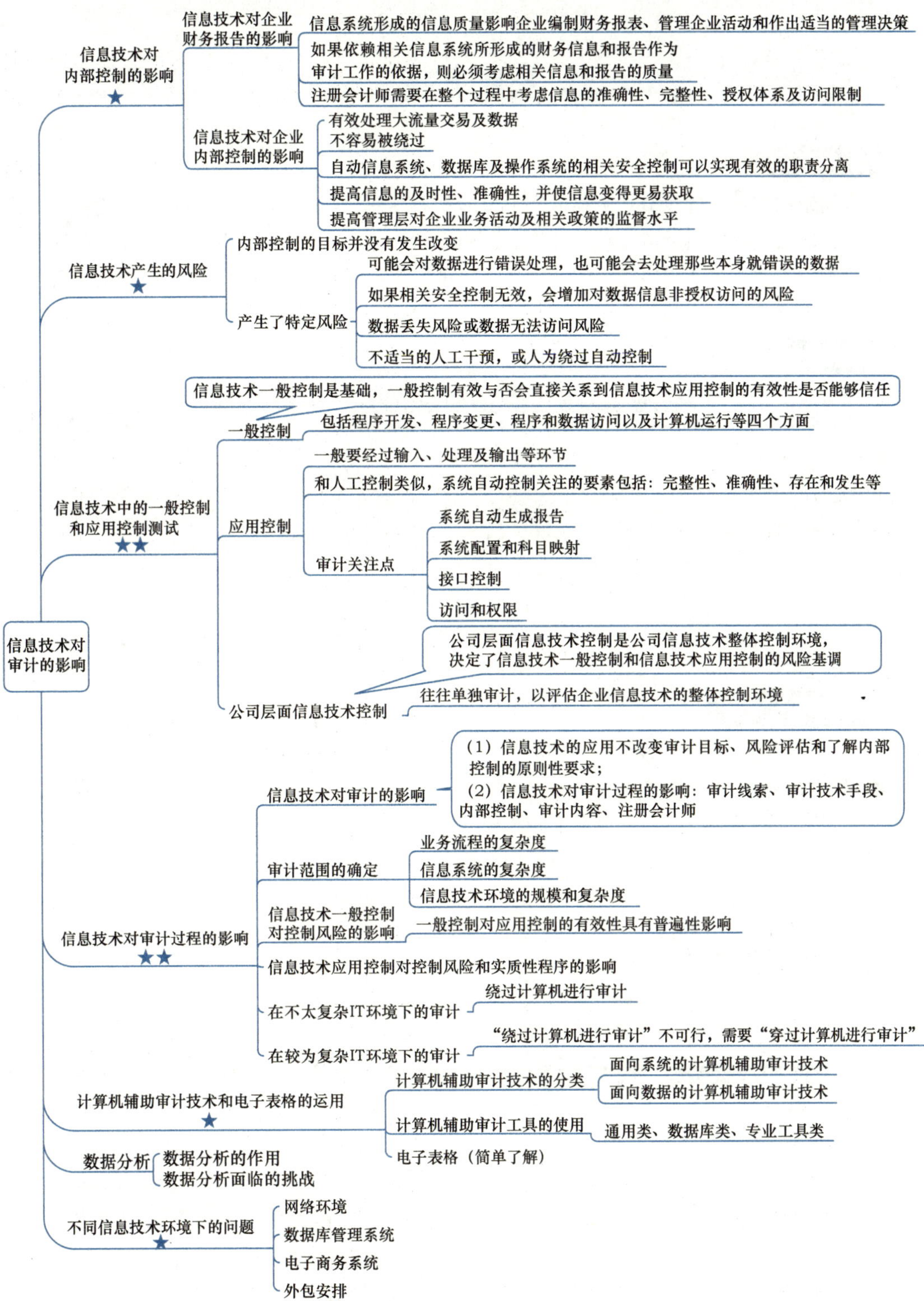

信息技术对审计的影响
信息技术对内部控制的影响 ★
信息技术对企业财务报告的影响
信息系统形成的信息质量影响企业编制财务报表、管理企业活动和作出适当的管理决策
如果依赖相关信息系统所形成的财务信息和报告作为审计工作的依据，则必须考虑相关信息和报告的质量
注册会计师需要在整个过程中考虑信息的准确性、完整性、授权体系及访问限制
信息技术对企业内部控制的影响
有效处理大流量交易及数据
不容易被绕过
自动信息系统、数据库及操作系统的相关安全控制可以实现有效的职责分离
提高信息的及时性、准确性，并使信息变得更易获取
提高管理层对企业业务活动及相关政策的监督水平
信息技术产生的风险 ★
内部控制的目标并没有发生改变
产生了特定风险
可能会对数据进行错误处理，也可能会去处理那些本身就错误的数据
如果相关安全控制无效，会增加对数据信息非授权访问的风险
数据丢失风险或数据无法访问风险
不适当的人工干预，或人为绕过自动控制
信息技术中的一般控制和应用控制测试 ★★
信息技术一般控制是基础，一般控制有效与否会直接关系到信息技术应用控制的有效性是否能够信任
一般控制
包括程序开发、程序变更、程序和数据访问以及计算机运行等四个方面
应用控制
一般要经过输入、处理及输出等环节
和人工控制类似，系统自动控制关注的要素包括：完整性、准确性、存在和发生等
审计关注点
系统自动生成报告
系统配置和科目映射
接口控制
访问和权限
公司层面信息技术控制
公司层面信息技术控制是公司信息技术整体控制环境，决定了信息技术一般控制和信息技术应用控制的风险基调
往往单独审计，以评估企业信息技术的整体控制环境
信息技术对审计过程的影响 ★★
信息技术对审计的影响
(1) 信息技术的应用不改变审计目标、风险评估和了解内部控制的原则性要求；
(2) 信息技术对审计过程的影响：审计线索、审计技术手段、内部控制、审计内容、注册会计师
审计范围的确定
业务流程的复杂度
信息系统的复杂度
信息技术环境的规模和复杂度
信息技术一般控制对控制风险的影响
一般控制对应用控制的有效性具有普遍性影响
信息技术应用控制对控制风险和实质性程序的影响
在不太复杂IT环境下的审计
绕过计算机进行审计
在较为复杂IT环境下的审计
“绕过计算机进行审计”不可行，需要“穿过计算机进行审计”
计算机辅助审计技术和电子表格的运用 ★
计算机辅助审计技术的分类
面向系统的计算机辅助审计技术
面向数据的计算机辅助审计技术
计算机辅助审计工具的使用
通用类、数据库类、专业工具类
电子表格（简单了解）
数据分析
数据分析的作用
数据分析面临的挑战
不同信息技术环境下的问题 ★
网络环境
数据库管理系统
电子商务系统
外包安排

第6章 审计工作底稿

考情解密

历年考情概况

本章属于比较重要的章节。主要以客观题形式考查编制审计工作底稿的目的与内容、归档期限和保存期限、归档前后的变动等知识点；还可能结合事务所质量控制考查审计工作底稿复核、保管等简答题，或者与监盘、函证等具体程序相联系的纠错类题目，所以考查的范围比较广，多注意理解和记忆。预计今年考核分值在3分左右。

近年考点直击

考点	主要考查题型	考频指数	考查角度
审计工作底稿概述	选择题	★	(1)审计工作底稿的编制要求；(2)审计工作底稿的内容
审计工作底稿的格式、要素和范围	选择题、简答题	★	(1)确定审计工作底稿的格式、要素和范围时考虑的因素；(2)识别特征；(3)重大事项及相关重大职业判断
审计工作底稿的归档	选择题、简答题	★★	(1)审计工作底稿的所有权、归档期限与保存期限；(2)审计工作底稿的变动

学习方法与应试技巧

本章中“审计工作底稿的归档”“审计工作底稿的保存期限”等是选择题的高频考点。简答题经常以审计工作底稿为载体，考查记录在工作底稿中的监盘、函证等具体程序是否适当，以及有关工作底稿的编制目的、存在形式、底稿的复核等知识点。

在学习本章时，重点关注以下考点：(1)审计工作底稿编制目的和要求；(2)审计工作底稿的格式、要素和范围；(3)审计工作底稿的保管期限、修改变动。

本章2020年考试主要变化

本章内容无变动。

考点详解及精选例题

考点一　审计工作底稿概述

一、审计工作底稿的含义★

审计工作底稿，是指注册会计师对制定的审计计划、实施的审计程序、获取的相关审计证据，以及得出的审计结论作出的记录。

审计工作底稿是**审计证据的载体**，是注册会计师在审计过程中形成的审计工作记录和获取的资料。审计工作底稿的形成如图6-1所示：

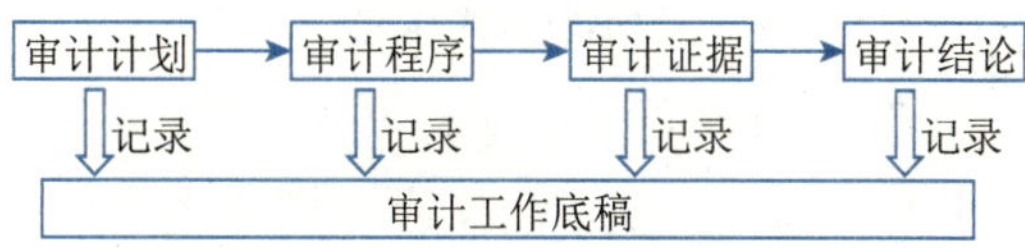

图 6-1　审计工作底稿的形成

【知识点拨】审计工作底稿归档之后就成为了审计档案。

二、审计工作底稿的编制目的★

注册会计师应当及时编制审计工作底稿，以实现下列目的：

(1)提供充分、适当的记录，作为出具审计报告的基础；(对内)

(2)提供证据，证明注册会计师已按照审计准则和相关法律法规的规定计划和执行了审计工作。(对外)

除上述目的外，编制审计工作底稿还可以实现下列目的：

(1)有助于项目组计划和实施审计工作；

(2)有助于负责督导的项目组成员按照审计准则的要求，履行其指导、监督与复核审计工作的责任；

(3)便于项目组说明其执行审计工作的情况；

(4)保留对未来审计工作持续产生重大影响的事项的记录；

(5)便于会计师事务所按照质量控制准则的规定，实施质量控制复核与检查；

(6)便于监管机构和注册会计师协会根据相关法律法规或其他相关要求，对会计师事务所实施执业质量检查。

【例题1·多选题】(2016年)下列各项中，属于注册会计师编制审计工作底稿的目的的有(　)。

A. 有助于审计项目组计划和执行审计工作

B. 便于后任注册会计师查阅

C. 便于监管机构对会计师事务所实施执业质量检查

D. 保留对未来审计工作连续产生重大影响的事项的记录

解析▶后任注册会计师根据需要可以查阅前任注册会计师的工作底稿，但前任注册会计师编制工作底稿不是为了便于后任注册会计师查阅。　**答案**▶ACD

三、审计工作底稿的编制要求★

注册会计师编制的审计工作底稿，应当使“**未曾接触**该项审计工作”的“**有经验**的专业人士”清楚地了解审计过程(程序→证据→结论)：

(1)程序：按照审计准则的规定实施的审计程序的性质、时间安排和范围；

(2)证据：实施审计程序的结果和获取的审计证据；

(3)结论：就重大事项得出的结论。

四、审计工作底稿的性质★

1. 审计工作底稿的存在形式

审计工作底稿可以以**纸质、电子或其他介质**形式存在。

电子或其他介质形式的可以通过打印等方式，转换成纸质形式的审计工作底稿，并与其他纸质形式的审计工作底稿一并归档，同时，**单独保存**这些以电子或其他介质形式存在的审计工作底稿。

2. 审计工作底稿的内容★

审计工作底稿的内容，见表6-1：

表 6-1　审计工作底稿的内容

包括的内容(了解)	不包括的内容(记忆)
业务类：总体审计策略、具体审计计划、分析表、问题备忘录、重大事项概要、询证函回函和声明、核对表、有关重大事项的往来函件(包括电子邮件)、被审计单位文件记录的摘要或复印件 管理类：业务约定书、管理建议书、项目组内部或项目组与被审计单位举行的会议记录、与其他人士的沟通文件及错报汇总表等	**①已被取代的审计工作底稿的草稿或财务报表的草稿；** **②反映不全面或初步思考的记录；** **③存在印刷错误或其他错误而作废的文本；** **④重复**的文件记录等

考点二　审计工作底稿的格式、要素和范围

一、确定审计工作底稿的格式、要素和范围时考虑的因素★

审计工作底稿的格式、要素和范围取决于诸多因素，例如：

1. 被审计单位的**规模**和**复杂程度**；
2. 拟实施审计程序的**性质**；
3. 识别出的**重大错报风险**；
4. 已获取的审计证据的**重要程度**；
5. 识别出的例外事项的**性质和范围**；
6. 当从已执行审计工作或获取审计证据的记录中不易确定结论或结论的基础时，记录结论或结论基础的**必要性**；
7. **审计方法和使用的工具**。

二、审计工作底稿的要素★

1. 审计工作底稿的标题

每张底稿应当包括被审计单位的名称、审计项目的名称以及资产负债表日或底稿覆盖的会计期间(如果与交易相关)。

2. 审计过程记录

在记录审计过程时，应特别关注以下几方面的要求：

(1)记录具体项目或事项的识别特征

识别特征，是指被测试的项目或事项表现出的征象或标志。对某一个具体项目或事项而言，其识别特征通常具有"**唯一性**"，这种特性可以使其他人员根据识别特征在总体中识别该项目或事项并重新执行该测试。审计工作底稿的识别特征，见表6-2：

表6-2　审计工作底稿的识别特征

特定项目或事项	记录的识别特征
对**订购单**进行细节测试	以订购单的**日期**和其**唯一编号**作为测试订购单的识别特征
对于需要选取或复核既定总体内**一定金额以上**的所有项目的审计程序	以**金额**作为识别特征
对于需要**系统化抽样**的审计程序	通过记录样本的**来源**、抽样的**起点**及抽样**间隔**来识别已选取的样本
对于需要**询问**被审计单位中特定人员的审计程序	以询问的时间、被询问人的姓名及职位作为识别特征
对于**观察**程序	以观察的**对象**或观察**过程**、相关**被观察人员**及其各自的**责任**、观察的**地点和时间**作为识别特征

【例题2·单选题】在记录审计工作底稿时，应记录具体项目或事项的识别特征，下列有关识别特征的说法中，正确的是(　)。

A. 对询问程序，将询问人的姓名作为主要识别特征

B. 对运用系统化抽样的审计程序，将抽样的起点作为识别特征

C. 对运用系统化抽样的审计程序，将样本的来源作为主要识别特征

D. 对被审计单位编制的订购单进行测试，将订购单的日期和唯一编号作为识别特征

解析▶ 选项A，对于询问程序，应以询问的时间、被询问人的姓名及职位作为识别特征；选项BC，对运用系统化抽样的审计程序，应以样本的来源、抽样的起点及抽样间隔作为识别特征。　**答案**▶ D

(2)重大事项及相关重大职业判断

当涉及重大事项和重大职业判断时，注册会计师需要编制与运用职业判断相关的审计工作底稿。

重大事项：注册会计师应当及时记录与管理层、治理层和其他人员对重大事项的讨论，包括所讨论重大事项的性质以及讨论的时间、地点和参加人员。重大事项通常包括：

①引起特别风险的事项；

②实施鉴证程序的结果，该结果表明鉴

证对象信息可能存在重大错报，或需要修正以前对重大错报风险的评估和针对这些风险拟采取的应对措施；

③导致注册会计师难以实施必要程序的情形；

④导致出具非无保留意见或带强调事项段“与持续经营相关的重大不确定性”等段落的审计报告的事项。

重大职业判断：在审计工作底稿中对重大职业判断进行记录，能够解释注册会计师得出的结论并提高职业判断的质量。如：

①审计准则要求注册会计师“应当考虑”某些信息或因素，记录注册会计师得出结论的理由(如函证的必要性)；

②记录注册会计师对某些方面主观判断的合理性(如重大会计估计的合理性)得出结论的基础；

③对某些文件记录的真实性产生怀疑的情况实施了进一步调查(如评价专家工作的恰当性)，以及记录针对重大事项如何处理矛盾或不一致的情况。

3. 审计结论

在记录审计结论时需注意，在审计工作底稿中记录的审计程序和审计证据是否足以支持所得出的审计结论。

4. 审计标识及其说明

审计工作底稿中可使用各种审计标识，但应说明其含义，并保持前后一致。

5. 索引号及编号

通常，审计工作底稿需要注明索引号及顺序编号，以使相关审计工作底稿之间保持清晰的勾稽关系。

在实务中，注册会计师可以按照所记录的审计工作的内容层次进行编号。

6. 编制人员和复核人员及执行日期

通常，需要在每一张审计工作底稿上注明执行审计工作的人员和复核人员、完成该项审计工作的日期以及完成复核的日期，以明确责任。

在审计工作底稿中注册会计师应当记录：

(1)测试的具体项目或事项的识别特征；

(2)审计工作的执行人员及完成审计工作的日期；

(3)审计工作的复核人员及复核的日期和范围；

(4)在需要**项目质量控制复核**的情况下，还需要注明项目质量控制**复核人员及复核的日期**。

【知识点拨】上面所提到的每一张审计工作底稿，不是指每一页审计工作底稿。如果同一性质的审计程序或事项，一般编制在同一索引号中，可以仅在审计工作底稿第一页上签名和记录时间。

考点三　审计工作底稿的归档★★

一、审计工作底稿归档工作的性质

在审计报告日后将审计工作底稿归整为最终审计档案是一项**事务性**的工作，主要包括：

(1)**删除或废弃被取代的**审计工作底稿；

(2)对审计工作底稿进行**分类、整理和交叉索引**；

(3)完成核对表**签字认可**；

(4)记录在审计报告**日前获取的**、与项目组相关成员进行讨论**并达成一致意见**的审计证据。

【知识点拨】这些“事务性”的变动一般“不涉及”实施新的审计程序或得出新的结论。

二、会计师事务所对审计工作底稿的控制

1. 所有权

审计档案的所有权属于承接审计业务的**会计师事务所**。

2. 会计师事务所对审计工作底稿控制的目的

(1)使审计工作底稿清晰地显示其生成、修改及复核的时间和人员；

(2)在审计业务的所有阶段，尤其是在

项目组成员共享信息或通过互联网将信息传递给其他人员时，保护信息的完整性和安全性；

（3）防止未经授权改动审计工作底稿；

（4）允许项目组和其他经授权的人员为适当履行职责而接触审计工作底稿。

3. 审计工作底稿归档和保存期限（见表 6-3）

表 6-3 审计工作底稿归档和保存期限

情况	归档期限	保存期限
完成了审计工作	**自审计报告日后 60 天内**	自审计报告**日起**至少保存**10 年**
未能完成审计业务	**自审计业务中止日后的 60 天内**	自审计业务**中止日起**至少保存**10 年**

【知识点拨】 会计师事务所可根据审计工作底稿记录的具体内容选择长期保存或其他期限，但**最短保存期限应符合以上 10 年的要求**。

【例题 3 · 多选题】 下列有关审计工作底稿归档和保存期限的说法中，正确的有（　）。

A. 如果完成审计业务，归档期限为审计报告日后 60 天内

B. 如果未能完成审计业务，归档期限为审计业务中止日后的 2 个月内

C. 如果完成审计业务，审计工作底稿应当自归档之日起至少保存 10 年

D. 如果未能完成审计业务，审计工作底稿应当自审计业务中止日起至少保存 10 年

解析 审计工作底稿归档和保存期限的起始日分别以审计报告日（完成了审计工作）和中止日（未能完成审计业务）为准，归档期限为审计报告日后或中止日后 60 天内（不是 2 个月），保存期限为审计报告日起或中止日起至少保存 10 年。 **答案** AD

三、归档之后的变动★★

在完成最终审计档案的归整工作后，注册会计师不应在规定的保存期限届满前删除或废弃任何性质的审计工作底稿。

1. 需要变动审计工作底稿的情形

注册会计师发现有必要修改现有审计工作底稿或增加新的审计工作底稿的情形主要有以下两种：

（1）注册会计师已实施了必要的审计程序，取得了充分、适当的审计证据并得出了恰当的审计结论，但审计工作底稿的**记录不够充分**；

（2）审计报告日后，发现**例外情况**（如期后事项）要求注册会计师**实施新的或追加审计程序**，或导致注册会计师**得出新的结论**。

2. 变动审计工作底稿时的记录要求

与归档前的修改不同的是，归档后的变动均应当：

（1）记录修改或增加审计工作底稿的**理由**；

（2）记录修改或增加审计工作底稿的**时间和人员**，以及**复核**的**时间和人员**。

【知识点拨】 审计档案应当保存原审计信息（程序、证据和结论）。只能**修改或增加**，**不得删除或废弃任何性质的审计工作底稿**。

【例题 4 · 单选题】 在某些例外情况下，如果在审计报告日后实施了新的或追加的审计程序，或者得出新的结论，应当形成相应的审计工作底稿。下列各项中，无需包括在审计工作底稿中的是（　）。

A. 有关例外情况的记录

B. 实施的新的或追加的审计程序、获取的审计证据、得出的结论及对审计报告的影响

C. 对审计工作底稿作出相应变动的时间和人员以及复核的时间和人员

D. 修改后的被审计单位财务报表草稿

解析 审计工作底稿通常不包括已被取代的审计工作底稿的草稿或财务报表的草稿、反映不全面或初步思考的记录、存在印刷错误或其他错误而作废的文本，以及重复的文件记录等。 **答案** D

真题精练

一、单项选择题

(2019年)下列各项中，不属于在审计工作底稿归档期间的事务性变动的是(　)。

A. 对审计工作底稿进行分类和整理

B. 删除被取代的审计工作底稿

C. 将在审计报告日后获取的管理层书面声明放入审计工作底稿

D. 将在审计报告日前获取的、与项目组相关成员进行讨论后达成一致意见的审计证据列入审计工作底稿

二、多项选择题

(2018年)注册会计师在审计工作底稿归档期间作出的下列变动中，属于事务性变动的有(　)。

A. 删除管理层书面声明的草稿

B. 将审计报告日前已收回的询证函进行编号和交叉索引

C. 获取估值专家的评估报告最终版本并归入审计工作底稿

D. 对审计档案归整工作的完成核对表签字认可

三、简答题

(2017年)ABC会计师事务所的A注册会计师负责审计多家被审计单位2016年度财务报表。与审计工作底稿相关的部分事项如下：

(1)因无法获取充分、适当的审计证据，A注册会计师在2017年2月28日中止了甲公司2016年度财务报表审计业务。考虑到该业务可能重新启动，A注册会计师未将审计工作底稿归档。

(2)A注册会计师在出具乙公司2016年度审计报告日次日收到一份应收账款询证函回函，确认金额无误后将其归入审计工作底稿，未删除记录替代程序的原审计工作底稿。

(3)在将丙公司2016年度财务报表审计工作底稿归档后，A注册会计师知悉丙公司已于2017年4月清算并注销，认为无须保留与丙公司相关的审计档案，决定销毁。

(4)A注册会计师在丁公司2016年度审计工作底稿归档后，收到管理层寄回的书面声明原件，与已归档的传真件核对一致后，直接将其归入审计档案。

(5)A注册会计师获取了丁公司2016年年度报告的最终版本，阅读和考虑年度报告中的其他信息后，通过在年度报告封面上注明“已阅读”作为已执行工作的记录。

要求：针对上述第(1)至(5)项，逐项指出A注册会计师的做法是否恰当。如不恰当，简要说明理由。

真题精练答案及解析

一、单项选择题

C 【解析】审计报告日后获取的管理层书面声明属于新获取的审计证据，不属于事务性变动。

二、多项选择题

ABD 【解析】选项C，估值专家的评估报告最终版本，属于最新获取的审计证据，不属于事务性变动。

三、简答题

【答案】

(1)不恰当。应在业务中止后的60天内归档/业务中止也应归档。

(2)恰当。

(3)不恰当。会计师事务所应当自审计报告日起对审计工作底稿至少保存10年。/在规定保存期届满前，不应删除或废止任

何性质的审计工作底稿。

(4)不恰当。注册会计师应当记录对已归档审计工作底稿的修改或增加/应当记录修改或增加审计工作底稿的理由/应当记录修改或增加审计工作底稿的时间和人员/应当记录复核的时间和人员。

(5)不恰当。应当记录实施的具体程序/应当记录阅读和考虑的程序。

同步训练 限时40分钟

一、单项选择题

1. 注册会计师编制的审计工作底稿，应当使未曾接触该项审计工作的有经验的专业人士清楚了解相关事项。下列各项中，不属于有经验的专业人士需要满足的条件的是(　)。

A. 了解审计过程

B. 在会计师事务所专职执业5年以上

C. 了解被审计单位所处的经营环境

D. 了解审计准则和相关法律法规的规定

2. 有关审计工作底稿，下列说法中不正确的是(　)。

A. 审计工作底稿可以以纸质、电子或其他介质形式存在

B. 以电子形式存在的审计工作底稿转换成纸质存档后可以不再保存电子版本

C. 审计工作底稿是审计证据的载体

D. 编制审计工作底稿的文字应当使用中文

3. 下列关于审计工作底稿的说法中，不正确的是(　)。

A. 在审计过程记录中，若初步的判断意见是基于不完整的资料或数据，则注册会计师也应保留这些初步的判断意见，以完整反映审计过程

B. 审计工作底稿的要素包括复核者姓名及复核日期

C. 审计证据的重要程度会影响审计工作底稿的格式、内容和范围

D. 拟实施审计程序的性质会导致注册会计师编制不同的审计工作底稿

4. 在编制审计工作底稿时，下列各项中，注册会计师通常认为不必形成最终审计工作底稿的是(　)。

A. 注册会计师与管理层对重大事项进行讨论的结果

B. 注册会计师不能实现相关审计准则规定的目标的情形

C. 注册会计师识别出的信息与针对重大事项得出的最终结论不一致的情形

D. 注册会计师取得的已被取代的财务报表草稿

5. 注册会计师在记录审计过程时需要记录特定事项或项目的识别特征。下列做法中错误的是(　)。

A. 对被审计单位生成的订购单进行控制测试，将是否经过适当的审批作为主要识别特征

B. 在系统抽样时，需要以抽样起点、抽样间隔及样本来源作为识别特征

C. 在询问被审计单位中特定人员时，应以询问的时间、被询问人的姓名及职位作为识别特征

D. 在对被审计单位生成的订单进行细节测试时，可以将订单的唯一编号作为识别特征

6. 下列各情形中，注册会计师认为不属于在归档期间对审计工作底稿作出事务性变动的是(　)。

A. 删除被取代的审计工作底稿

B. 对审计工作底稿进行分类、整理和交叉索引

C. 对审计档案归整工作的完成核对表签字认可

D. 记录在审计报告日后实施补充审计程序获取的审计证据

7. 甲会计师事务所于2019年5月5日完成了A公司2018年度财务报表审计业务的所有审计工作底稿的归档。下列事项中，不会导致注册会计师变动审计工作底稿的是(　)。

A. 注册会计师对库存现金进行监盘，但归档后发现对盘点的结果记录不充分

B. 注册会计师对应收账款实施了函证程序，但归档后发现对函证的结果记录不充分

C. 注册会计师在审计报告日后获知2018年度接受捐赠的一项大额固定资产没有入账

D. 2019年5月10日得知被审计单位于2019年2月15日销售的部分货物被退回

8. 组成部分注册会计师为集团审计而出具审计报告的日期是2019年2月15日，集团项目组出具的日期为2019年3月5日。下列有关组成部分与注册会计师集团审计工作底稿保存期间的说法中，正确的是(　)。

A. 应当自2019年1月1日起至少保存十年

B. 应当自2019年2月15日起至少保存十年

C. 应当自2019年3月5日起至少保存十年

D. 应当自2019年4月16日起至少保存十年

二、多项选择题

1. 注册会计师应当及时编制审计工作底稿，实现的目的有(　)。

A. 有助于项目组计划和执行审计工作

B. 提供充分、适当的记录作为审计报告的基础

C. 既有利于项目组内部复核，同时也有利于项目质量控制复核

D. 提供证据证明其按照审计准则的规定执行了审计工作

2. 甲注册会计师负责审计A公司2017年度财务报表，下列各项中，通常作为审计工作底稿保存的文件有(　)。

A. 记录A公司本年各月收入与上一年度的同期数据进行比较情况的分析表

B. 该项审计工作的完成情况核对表

C. 重大的销售合同复印件

D. 对A公司收入项目的初步判断结论

3. 下列关于注册会计师在设计审计工作底稿的格式、要素和范围时需要考虑的因素中，说法正确的有(　)。

A. 对大型被审计单位进行审计形成的工作底稿通常比小型被审计单位多

B. 识别和评估的重大错报风险越高，需要实施的审计程序并形成的审计工作底稿越多

C. 注册会计师实施不同的审计程序可以编制相同的审计工作底稿

D. 使用不同的审计方法和工具，影响工作底稿的编制

4. 注册会计师应当根据具体情况判断某一事项是否属于重大事项，下列各项中，属于重大事项的有(　)。

A. 引起特别风险的事项

B. 导致注册会计师难以实施必要审计程序的情形

C. 导致出具带“与持续经营相关的重大不确定性”段落的审计报告的事项

D. 实施审计程序的结果，该结果表明财务信息可能存在重大错报，或需要修正以前对重大错报风险的评估和针对这些风险拟采取的应对措施

5. 下列各项中，通常应纳入审计工作底稿的有(　)。

A. 管理建议书

B. 被审计单位的试算平衡表

C. 主审注册会计师的指示

D. 预备会会议纪要

6. 下列有关注册会计师在审计报告日后对审计工作底稿作出变动的做法中，正确的有(　)。

A. 在归档期间删除或废弃被取代的审计工作底稿

B. 在归档期间记录在审计报告日前获取的、与项目组相关成员进行讨论并达成一致意见的审计证据

C. 以归档期间收到的询证函回函替换审计报告日前已实施的替代程序审计工作底稿

D. 在归档后由于实施追加的审计程序而修改审计工作底稿，并记录修改的理由、时间和人员，以及复核的时间和人员

7. 下列有关审计工作底稿的归档期限的要求中，注册会计师认为正确的有(　)。

A. 在财务报表日后 60 天内归档

B. 在审计报告日后 60 天内归档

C. 在审计报告报出日后 60 天内归档

D. 如果注册会计师未能完成审计业务，审计工作底稿的归档期限为审计业务中止日后 60 天内

8. 在归整或保存审计工作底稿时，下列表述中正确的有(　)。

A. 如果未能完成审计业务，审计工作底稿的归档期限为审计业务中止日后的 60 天内

B. 在审计报告日后将审计工作底稿归整为最终审计工作档案是审计工作的组成部分，可能涉及实施新的审计程序或得出新的审计结论

C. 在完成最终审计档案的归整工作后，不得修改现有审计工作底稿或增加新的审计工作底稿

D. 如果注册会计师未能完成审计业务，会计师事务所应当自审计业务中止日起，对审计工作底稿至少保存 10 年

三、简答题

A 注册会计师负责对甲公司 2019 年度财务报表进行审计。与审计工作底稿相关的部分事项如下：

(1)由于在审计过程中识别出重大错报并提出审计调整建议，A 注册会计师重新评估并修改了重要性，并将记录计划阶段评估的重要性的工作底稿删除，代之以记录重新评估的重要性的工作底稿。

(2)对于询问被审计单位特定人员的程序，A 注册会计师在形成审计工作底稿时，以询问的时间、被询问人的姓名和职位为识别特征。

(3)A 注册会计师在审计过程中无法就关联方关系及交易获取充分、适当的审计证据，并因此出具了保留意见审计报告。A 注册会计师将该事项作为重大事项记录在审计工作底稿中。

(4)审计报告日期为 2020 年 4 月 18 日。A 注册会计师于 2020 年 4 月 20 日将审计报告提交给甲公司管理层，并于 2020 年 6 月 19 日完成审计工作底稿的归档工作。

(5)在对审计工作底稿进行归档的过程中，A 注册会计师对审计工作底稿进行了分类、整理和交叉索引，并签署了审计档案归整工作核对表。

(6)A 注册会计师在审计工作底稿归档之后收到了一份银行询证函回函原件，于是用原件替换了审计档案中的回函传真件。

要求：针对上述第(1)至(6)项，逐项指出 A 注册会计师的做法是否恰当。如不恰当，简要说明理由。

同步训练答案及解析

一、单项选择题

1. B 【解析】有经验的专业人士，是指会计师事务所内部或外部具有审计实务经验，并且对下列方面有合理了解的人士：(1)审计过程；(2)审计准则和相关法律法规的规定；(3)被审计单位所处的经营环境；(4)与被审计单位所处行业相关的会计和审计问题。由此可见，并没有对有经验的

专业人士在会计师事务所从业年限作出规定。

2. B 【解析】电子或其他介质形式存在的审计工作底稿通过打印等方式，转换成纸质形式的审计工作底稿，并与其他纸质形式的审计工作底稿一并存档，同时单独保存这些以电子或其他介质形式存在的审计工作底稿。

3. A 【解析】审计工作底稿通常不包括反映不全面或初步思考的记录。

4. D 【解析】审计工作底稿通常不包括已被取代的审计工作底稿的草稿或财务报表的草稿、反映不全面或初步思考的记录、存在印刷错误或其他错误而作废的文本，以及重复的文件记录等。

5. A 【解析】选项A，订购单是否经过审批是测试的内容，并不是识别特征。

6. D 【解析】在审计报告日前获取的、与项目组相关成员进行讨论并达成一致意见的审计证据，可以在归档前变动。选项D，是在审计报告日后发现例外情况(如期后事项)，属于实施了新的审计程序，获取了新的审计证据，不属于事务性的变动。

7. D 【解析】选项D作为当期事项处理，不会引起审计工作底稿的变动。

8. C 【解析】集团项目组针对集团财务报表出具审计报告的日期为2019年3月5日，其中包括对组成部分注册会计师审计工作结果的利用，因此应当一并自2019年3月5日起至少保存10年。

二、多项选择题

1. ABCD 【解析】审计工作底稿的主要目的体现在作为审计报告的基础和提供证据，选项BD正确；同时审计工作底稿有利于有经验的注册会计师根据相关规定实施质量控制复核与检查，选项C正确；另外，审计工作底稿还有助于项目组计划和执行审计工作，选项A正确。

2. ABC 【解析】审计工作底稿通常包括总体审计策略、具体审计计划、分析表、核对表、被审计单位文件记录等，不包括反映不全面或初步思考的记录。

3. ABD 【解析】不同审计程序使得注册会计师获取不同性质的审计证据，编制不同的审计工作底稿，选项C不正确。

4. ABCD

5. ABCD 【解析】上述四项均应纳入审计工作底稿并进行归档。

6. ABD 【解析】选项C，不同程序获取的不同的工作底稿不能替换。这两份底稿均需要保存，能相互印证，保证审计质量。

7. BD 【解析】审计工作底稿的归档期限为审计报告日后六十天内。如果注册会计师未能完成审计业务，审计工作底稿的归档期限为审计业务中止后的六十天内。

8. AD 【解析】审计工作底稿归整为审计档案属于事务性的工作，不涉及实施新的审计程序或得出新的结论，选项B错误；审计档案归整工作完成后，如果出现需要修改审计工作底稿的情形，也有必要对工作底稿进行修改和增加，选项C错误。

三、简答题

【答案】

(1)不恰当。应当记录对重要性做出的修改以及理由，因此应当保留原重要性和重新评估的重要性之间的修改痕迹。

(2)恰当。

(3)恰当。

(4)不恰当。应当在审计报告日后六十天内将工作底稿归档，即2020年6月17日前。

(5)恰当。

(6)不恰当。在完成归档后，不应在规定的保管期限届满前删除或废弃任何性质的审计工作底稿。

本章知识串联

- 审计工作底稿
  - 概述★
    - 编制要求
      - 编制的审计工作底稿，应当使未曾接触该项审计工作的有经验的专业人士清楚地了解：
        - 按照审计准则和相关法律法规的规定实施的审计程序的性质、时间安排和范围
        - 实施审计程序的结果和获取的审计证据
        - 审计中遇到的重大事项和得出的结论，以及在得出结论时作出的重大职业判断
    - 工作底稿的存在形式
      - 可以以纸质、电子或其他介质形式存在
    - 工作底稿的内容
      - 包含
        - 审计业务约定书、总体审计策略、审计报告副本、
        - 分析表、询证函回函、问题备忘录、
        - 营业执照、章程、重要的法律文件等
      - 不包含（重点记忆）
        - 已被取代的审计工作底稿的草稿或财务报表的草稿
        - 反映不全面或初步思考的记录
        - 存在印刷错误或其他错误而作废的文本
        - 重复的文件记录
  - 要素★
    - 审计工作底稿的标题
    - 审计过程记录
      - 具体项目或事项的识别特征（记录识别特征的目的主要是为了复核人员在复核审计工作底稿时，能够通过识别特征找出执行业务的CPA在实施审计时对哪些项目实施了审计程序）
      - 重大事项及相关重大职业判断
      - 针对重大事项如何处理不一致的情况
    - 审计结论
    - 审计标识及其说明
    - 索引号及编号
    - 编制者姓名及编制日期
    - 复核者姓名及复核日期
    - 其他应说明事项
  - 归档★★
    - 归档的性质：事务性的工作，不涉及实施新的审计程序或得出新的审计结论
    - 在归档期间可以对审计工作底稿做出的变动：
      - 删除或废弃被取代的审计工作底稿
      - 对审计工作底稿进行分类、整理和交叉索引
      - 对审计档案归整工作的完成核对表签字认可
      - 记录在审计报告日前获取的、与项目组相关成员进行讨论并达成一致意见的审计证据
    - 归档期限
      - 已完成审计工作：审计报告日后60天内
      - 未完成审计工作：业务中止后的60天内
  - 保存期限★★
    - 已完成审计工作：自审计报告日起至少保存10年
    - 未完成审计工作：自审计业务中止日起至少保存10年
    - 在保存期届满前不得删除或废弃任何性质的工作底稿
  - 归档后的变动★★
    - 需要变动的情形
      - 注册会计师已实施了必要的审计程序，取得了充分、适当的审计证据并得出了恰当的审计结论，但审计工作底稿的记录不够充分
      - 审计报告日后，发现例外情况要求注册会计师实施新的或追加审计程序，或导致注册会计师得出新的审计结论（结合期后事项的审计学习）
    - 变动时的记录要求
      - 修改或增加审计工作底稿的理由
      - 修改或增加审计工作底稿的时间和人员，以及复核的时间和人员

第二编

审计测试流程

现代审计是以风险为导向的审计，了解被审计单位及其环境贯穿于整个审计过程，审计计划的修订也随之贯穿于整个审计过程。

从开展初步活动承接业务开始，注册会计师就通过询问、观察、分析报表、与前任注册会计师沟通等初步评估风险(报表层次风险)，制定总体审计策略，在审计过程中，注册会计师对某一项目进行审计，也应当实施询问、观察等程序了解业务活动(包括内部控制)，评估风险(认定层次风险)，结合报表层次的风险，确定总体审计策略，制定具体的审计计划。通过实施进一步审计程序(控制测试和实质性程序)，进一步进行风险评估，不断地修改审计计划，实施审计程序，获取审计证据，以降低检查风险。从而使审计风险降低到注册会计师可接受的水平。

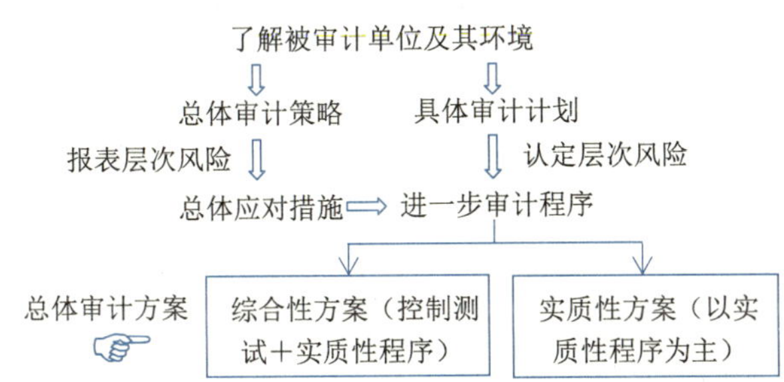

本编是风险导向审计的核心内容，内容庞杂且难度较大，需要理解和记忆的内容也较多，考生应特别关注本编对应章节的重点、难点介绍，将两章内容结合学习，达到融会贯通的目的。

在考试中，本编也是绝对重点内容，无论考查客观题，还是与其他章节结合出主观题，概率均非常大，应该引起足够的重视。而且近几年来连续在综合题中对本编知识点进行考查，考生还应着重对历年考题进行研究，把握命题人的思路。

第7章 风险评估

考情解密

历年考情概况

本章属于重点章节。主要以客观题形式考查了解被审计单位的内部控制、重大错报风险的评估等知识点；同时每年都会结合会计知识、审计计划、审计程序、审计工作底稿、风险应对等知识点，以综合题形式进行命题。预计今年考核分值在6分左右。

近年考点直击

考点	主要考查题型	考频指数	考查角度
风险识别和评估概述	选择题	★	(1)风险识别和评估的概念；(2)风险识别和评估的作用
风险评估程序、信息来源以及项目组内部的讨论	选择题	★★	(1)可用于风险评估的程序类型；(2)项目组内部的讨论(目标、内容、参与讨论的人员、讨论的时间与方式)
了解被审计单位及其环境	选择题、简答题	★★★	通过描述被审计单位的内部因素和外部环境，要求运用分析程序等评估重大错报风险
了解被审计单位的内部控制	选择题、简答题	★★★	(1)了解内部控制的范围；(2)了解内部控制的程序；(3)了解内部控制与控制测试的区别(控制测试见“风险应对”一章)；(4)通过描述被审计单位内部控制的设置，要求指出设置上存在的缺陷以及影响的认定
评估重大错报风险	简答题、综合题	★★★	(1)识别报表层次和认定层次的重大错报风险(指出具体的账户和认定)；(2)识别特别风险应考虑的事项

学习方法与应试技巧

本章内容比较多，大家在学习时要注意体会思路，围绕一个主线学习，即通过各种途径从各个角度了解被审计单位及其环境。本章的基本知识点会以客观题形式进行考查，而主观题考查的则比较灵活，建议大家加强对做综合题的训练，务必要对历年考题进行研究，掌握做题规律，以便轻松应对此类综合题。

本章2020年考试主要变化

本章主要是对一些细节表述的完善，另外，在项目组内部讨论中增加了对披露要求的考虑，将“当管理层未能实施控制以恰当应对特别风险时”对缺陷的界定由“重大缺陷”调整为“值得关注的内部控制缺陷”，其他无实质性变动。

考点详解及精选例题

考点一　风险识别和评估概述

一、风险导向审计的基本步骤与特点★

1. 风险导向审计的基本步骤

首先通过了解被审计单位及其环境(包括内部控制)，识别和评估报表层次和认定层次的重大错报风险，然后根据评估的重大错报风险采取进一步审计程序(**控制测试、实质性程序**)。

风险导向审计的基本步骤，见图7-1：

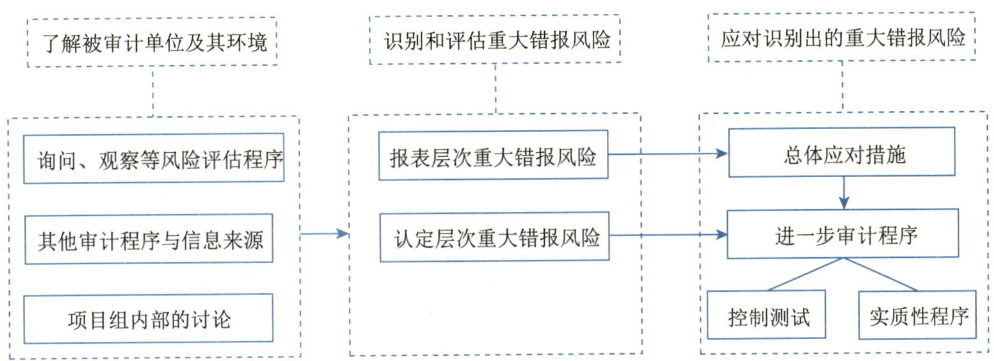

图7-1　风险导向审计的基本步骤

2. 风险导向审计的要求

(1)在审计的“**所有阶段**”都要实施风险评估程序。不得**未经**过风险**评估**，**直接**将风险设定为**高水平**。

(2)**了解被审计单位及其环境**，目的是为了识别和评估报表层次和认定层次的重大错报风险，是“**必须**”实施的审计程序。

(3)实施的审计程序应当与识别和评估的风险相“挂钩”。

①**控制测试**是通过测试内部控制在防止、发现和纠正认定层次重大错报方面的有效性，并据此重新评估认定层次的重大错报风险，是**非必须要执行的程序**；

②**实质性程序**是通过检查会计记录来识别认定层次重大错报，以降低检查风险，是**必须要执行的程序**。

无论评估的重大错报风险结果如何，注册会计师都应当针对**重大**的各类交易、账户余额和披露实施实质性程序。

(4)注册会计师应当将识别、评估和应对风险的关键程序形成审计工作记录，以保证执业质量，明确执业责任。

二、风险评估的作用★

风险识别和评估，是指注册会计师通过实施风险评估程序，识别和评估财务报表层次和认定层次的重大错报风险。

风险识别是指找出财务报表层次和认定层次的重大错报风险；(有没有?)

风险评估是指对重大错报发生的**可能性**和后果的**严重程度**进行评估。(影响程度?)

风险评估的目的及作用，见表7-1：

表 7-1　风险评估的目的及作用

风险评估的目的	风险评估的作用
注册会计师实施风险评估程序，以充分**识别**和**评估**财务报表重大错报风险，并针对评估的重大错报风险设计和实施进一步审计程序（控制测试、实质性程序）	了解被审计单位及其环境为注册会计师在下列关键环节作出职业判断提供重要基础： (1)确定重要性水平，并随着审计工作的进程评估对重要性水平的判断是否仍然适当； (2)考虑会计政策的选择和运用是否恰当，以及财务报表的列报是否适当； (3)识别与财务报表中金额或披露相关的需要特别考虑的领域，包括关联方交易、管理层运用持续经营假设的合理性，或交易是否具有合理的商业目的等； (4)确定在实施分析程序时所使用的预期值； (5)设计和实施进一步审计程序，以将审计风险降至可接受的低水平； (6)评价所获取审计证据的充分性和适当性

三、风险评估程序★★

为达到风险评估的目的，实现其作用，注册会计师应实施风险评估程序，以识别和评估财务报表重大错报风险。见图 7-2：

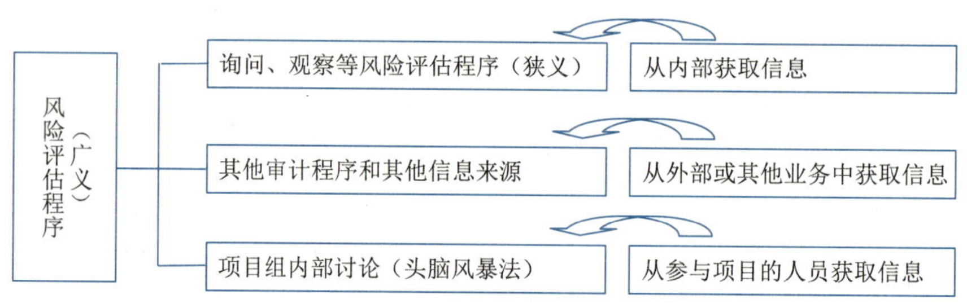

图 7-2　风险评估程序

1. 风险评估程序。狭义的风险评估程序是指实施询问（管理层和相关人员）、观察（经营活动）、检查（文件记录）和分析程序（财务数据异常或波动）等，从被审计单位内部获取信息来识别和评估重大错报风险。

2. 其他审计程序。注册会计师从被审计单位外部（如银行、供应商）获取信息以识别重大错报风险。

3. 其他信息来源。注册会计师在承接客户或续约过程中或在提供其他服务所时获得信息来识别重大错报风险。

4. 项目组内部的讨论。项目组一般通过不定期的召开会议，通过内部讨论来获取信息以评估重大错报风险，在项目组内部讨论中考虑适用的财务报告编制基础中的披露要求，有助于注册会计师在审计工作的早期识别可能存在的与披露相关的重大错报风险领域。具体要求见表 7-2：

表 7-2　项目组内部讨论的要求

目标	(1)了解舞弊或错误导致财务报表**重大错报的可能性**； (2)了解实施审计**程序的结果如何影响审计的其他方面**
内容	(1)面临的经营风险； (2)易发生错报的领域和方式； (3)舞弊导致重大错报的可能性
人员	(1)项目组的关键成员（应当参加）； (2)其他方面的专家（根据需要）； (3)跨地区审计中，重要区域项目组的关键成员（应当参加，但不要求所有成员每次都参与）
时间	在整个审计过程中持续交换信息

考点二　了解被审计单位及其环境★★★

注册会计师应当从下列方面了解被审计单位及其环境：

1. 行业状况、法律环境和监管环境及其他外部因素

主要了解：市场需求、生产经营的季节性、行业的关键指标、会计原则和行业特定惯例、受管制行业的法规框架(包括披露要求)、税收政策、货币政策与汇率、关税或贸易限制政策、环保要求等。

2. 被审计单位的性质

可以从以下几个方面了解被审计单位的性质，见表7-3：

表7-3　了解被审计单位的性质

三大结构	所有权结构	识别关联方及其交易
	治理结构	董事会、监事会等监督是否有效
	组织结构	复杂的组织结构可能导致特定的风险
三大活动	经营活动	识别主要交易类别与重要账户
	投资活动	关注经营策略和方向上的重大变化
	筹资活动	评估融资压力，考虑持续经营能力
一个报告	财务报告	会计政策与核算、报告等要求

3. 被审计单位对会计政策的选择和运用

(1)重大和异常交易的会计处理方法；

(2)在缺乏权威性标准或有争议的或新兴领域采用重要会计政策的影响；

(3)会计政策的变更；

(4)何时采用及如何采用新准则、法规。

【例题1·单选题】(2019年)下列有关注册会计师了解被审计单位对会计政策的选择和运用的说法中，错误的是(　)。

A. 如果被审计单位变更了重要的会计政策，注册会计师应当考虑会计政策的变更是否能够提供更可靠、更相关的会计信息

B. 当新的会计准则颁布施行时，注册会计师应当考虑被审计单位是否应采用新的会计准则

C. 在缺乏权威性标准或共识的领域，注册会计师应当协助被审计单位选用适当的会计政策

D. 注册会计师应当关注被审计单位是否采用激进的会计政策

解析▶ 选项C，在缺乏权威性标准或共识的领域，注册会计师应当关注被审计单位选用了哪些会计政策、为什么选用这些会计政策以及选用这些会计政策产生的影响。

答案▶ C

4. 被审计单位的目标、战略以及相关经营风险

(1)了解不当的目标、战略会引发的经营风险；

(2)了解经营风险有助于识别财务报表重大错报风险。

【例题2·单选题】(2017年)下列关于经营风险对重大错报风险的影响的说法中，错误的是(　)。

A. 多数经营风险最终都会产生财务后果，从而可能导致重大错报风险

B. 经营风险通常不会对财务报表层次重大错报风险产生直接影响

C. 经营风险可能对认定层次重大错报风险产生直接影响

D. 注册会计师在评估重大错报风险时，没有责任识别或评估对财务报表没有重大影响的经营风险

解析▶ 经营风险可能对某类交易、账户

余额和披露的认定层次重大错报风险或财务报表层次重大错报风险产生直接影响。

答案 B

5. 对被审计单位财务业绩的衡量和评价

考虑管理层是否面临因经营业绩或财务指标导致舞弊的风险。

【例题3·多选题】 在了解被审计单位财务业绩的衡量和评价时，下列各项中，注册会计师可以考虑的信息有(　)。

A. 经营统计数据

B. 信用评级机构报告

C. 证券研究机构的分析报告

D. 员工业绩考核与激励性报酬政策

答案 ABCD

6. 被审计单位的内部控制(见下面知识点的讲解)

考点三　了解被审计单位的内部控制

一、内部控制的含义和要素★

内部控制的目标与要素的关系，见图7-3：

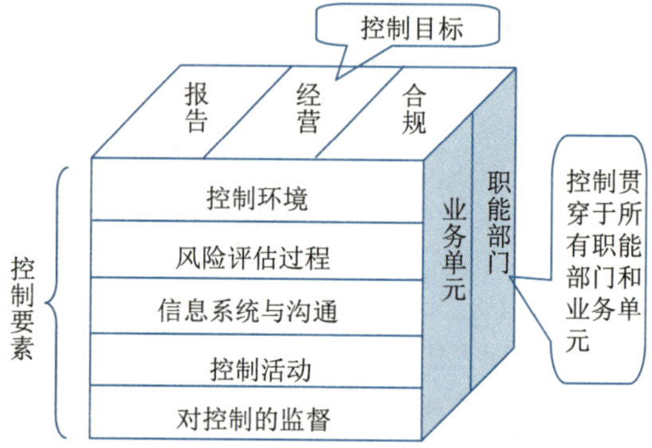

图7-3　内部控制的内涵框架

(1)内部控制的目标是合理保证：财务报告的可靠性；经营的效率和效果；遵守适用的法律法规的要求。

(2)设计和实施内部控制的责任主体是治理层、管理层和其他人员，组织中的每一个人都对内部控制负有责任。

(3)实现内部控制目标的手段是设计和执行控制政策及程序。

(4)内部控制包括下列要素：控制环境、风险评估过程、与财务报告相关的信息系统和沟通、控制活动和对控制的监督。

二、识别和了解相关控制★★

(1)了解的范围：注册会计师需要了解和评价的内部控制只是与**财务报表审计相关**的内部控制，并非被审计单位**所有的内部控制**。

(2)了解的深度：注册会计师对内部控制的了解，包括评价控制的"设计"，并确定其是否"得到执行"，但**不包括**对控制是否"**得到一贯执行**的测试"(控制测试)。

(3)了解控制采用的主要方法：**询问、观察、检查和穿行测试**。

(4)了解的要求：如果**不打算信赖**控制，注册会计师仍需要执行适当的审计程序，以确认以前对业务流程及可能发生错报环节的了解的**准确性和完整性**。

【例题4·单选题】 (2014年)下列有关与审计相关的内部控制的说法中，正确的是(　)。

A. 与财务报告相关的内部控制与审计相关

B. 与审计相关的内部控制并非均与财务报告相关

C. 与经营目标相关的内部控制与审计无关

D. 与合规目标相关的内部控制与审计

无关

解析 选项A，用以防止未经授权购买、使用或处置资产的内部控制，可能包括与财务报告和经营目标相关的控制。注册会计师对这些控制的考虑通常仅限于与财务报告可靠性相关的控制。选项CD，如果与经营和合规目标相关的控制与注册会计师实施审计程序时评价或使用的数据相关，则这些控制控制也可能与审计相关。 **答案** B

三、内部控制的局限性★

内部控制无论如何有效，都只能为被审计单位实现财务报告目标提供合理保证。内部控制存在的固有局限性包括：

(1)在决策时人为判断可能出现错误和因人为失误而导致内部控制失效；

(2)控制可能由于两个或更多的人员进行串通或管理层凌驾于内部控制之上而被规避；

(3)被审计单位内部行使控制职能的人员素质不适应岗位要求；

(4)控制的成本大于控制效果，没有必要设置控制环节或控制措施；

(5)对不经常发生或未预计到的业务，原有的控制可能不适用等。

四、控制环境★★★

控制环境是企业实施内部控制的基础，一般包括治理结构、机构设置及权责分配、内部审计、人力资源政策、企业文化等。

控制环境设定了一个组织的基调，影响着员工的控制意识，营造着有利于内部控制有效运行的氛围，它是内部控制其他构成要素的基础。

控制环境的内容包括：

(1)对诚信和道德价值观念的沟通与落实；

(2)对胜任能力的重视；

(3)治理层的参与程度；

(4)管理层的理念和经营风格；

(5)组织结构及职权与责任的分配；

(6)人力资源政策与实务。

【知识点拨】控制环境**本身并不能**防止或发现并纠正各类交易、账户余额和披露认定层次的重大错报，注册会计师在评估重大错报风险时，应当将控制环境连同其他内部控制要素产生的影响一并考虑。

五、信息系统与沟通

与财务报告相关的信息系统应当与业务流程相适应。

了解与财务报告相关的信息系统应当包括了解信息系统中与财务报表所披露信息相关的方面，无论这些信息是从总账和明细账中获取，还是从总账和明细账之外的其他途径获取。

自动化程序和控制可能降低了发生无意错误的风险，但是并没有消除个人凌驾于控制之上的风险。

六、控制活动★★

控制活动是指有助于确保管理层的指令得以执行的政策和程序。包括与授权、业绩评价、信息处理、实物控制和职责分离等相关的活动。注册会计师对被审计单位整体层面的控制活动进行的了解和评估，主要是针对被审计单位的一般控制活动，特别是信息技术的一般控制。

注册会计师应重点关注重大错报更高的领域的控制活动，如果多项控制活动能够实现同一目标，注册会计师不必了解与该目标相关的每项控制活动。

七、在业务流程层面了解内部控制★★★

了解和评估业务流程层面的内部控制，见表7-4：

表7-4 了解和评估业务流程层面的内部控制

项目	内容
了解的时间	在**初步计划审计工作**时，注册会计师需要确定在被审计单位财务报表中可能存在重大错报风险的重大账户及其相关认定

项目	内容
了解的步骤	①确定被审计单位的重要业务流程和重要交易类别； ②了解重要交易流程，并记录获得的了解； ③确定可能发生错报的环节； ④识别和了解相关控制； ⑤执行穿行测试，证实对交易流程和相关控制的了解； ⑥进行初步评价和风险评估
了解方法	对交易流程的了解程序：①检查被审计单位的手册和其他书面指引；②询问被审计单位的适当人员；③观察所运用的处理方法和程序；④穿行测试

【例题5·多选题】在对被审计单位及其环境进行了解时，下列途径可以为注册会计师提供相关信息的有(　)。

A. 询问被审计单位聘请的外部法律顾问

B. 阅读民间组织发布的行业报告

C. 询问参与生成、处理或记录复杂或异常交易的员工

D. 实地察看被审计单位的生产经营场所和厂房设备

解析 选项AB，通过询问和检查从被审计单位外部获取的信息；选项C，通过询问被审计单位内部除管理层之外的其他人员获取的信息；选项D，通过观察获取的信息。

答案 ABCD

八、预防性控制与检查性控制★★

1. 预防性控制

预防性控制通常用于正常业务流程的每一项交易，以防止错报的发生。(事前控制)

预防性控制示例表如表7-5所示：

表7-5　预防性控制示例表

对控制的描述	控制用来防止的错报
计算机程序自动生成收货报告，同时也更新采购档案	防止出现购货漏记账的情况
在更新采购档案之前必须先有收货报告	防止记录了未收到购货的情况
销货发票上的价格根据价格清单上的信息确定	防止销货计价错误
计算机将各凭证上的账户号码与会计科目表对比，然后进行一系列的逻辑测试	防止出现分类错报

2. 检查性控制(事后控制)

建立检查性控制的目的是发现流程中可能发生的错报。检查性控制通常并不适用于业务流程中的所有交易。(尽管有预防性控制还是会发生的错报)。

检查性控制示例表如表7-6所示：

表7-6　检查性控制示例表

对控制的描述	控制预期查出的错报
定期编制银行存款余额调节表，跟踪调查挂账的项目	在对其他项目进行审核的同时，查找存入银行但没有记入日记账的现金收入，未记录的银行现金支付或虚构入账的不真实的银行现金收入或支付，未及时入账或未正确汇总分类的银行现金收入或支付

续表

对控制的描述	控制预期查出的错报
将预算与实际费用间的差异列入计算机编制的报告中并由部门经理复核。记录所有超过预算2%的差异情况和解决措施	在对其他项目进行审核的同时，查找本月发生的重大分类错报或没有记录及没有发生的大笔收入、支出以及相关联的资产和负债项目
计算机每天比较运出货物的数量和开票数量。如果发现差异，产生报告，由开票主管复核和追查	查找没有开票和记录的出库货物，以及与真实发货无关的发票
每季度复核应收账款贷方余额并找出原因	查找未予入账的发票和销售与现金收入中的分类错误

【例题6·多选题】下列控制活动中，属于预防性控制的有（ ）。

A. 每季度复核应收账款贷方余额并找出原因

B. 信用部根据人事部提供的员工岗位职责表在系统中设定权限

C. 定期编制银行存款余额调节表，跟踪调查挂账的项目

D. 计算机程序自动生成收货报告，同时也更新采购档案

解析 选项AC均为检查性控制。

答案 BD

九、穿行测试★★

穿行测试的目的和程序，见表7-7：

表7-7 穿行测试的目的和程序

项目	内容
程序	选择一两笔交易，从业务的开始到结束做一个系统的了解（采用询问、观察、检查等方法），然后与之前对内部控制的了解（记录）比较，评价之前对业务流程的了解和记录是否正确、完整等
目的	证实对交易流程和相关控制的了解，具体来说可获取以下方面的证据： ①确认对业务流程的了解； ②确认对重要交易的了解是完整的； ③确认所获取的有关流程中的预防性控制和检查性控制信息的准确性； ④评估控制设计的有效性； ⑤确认控制是否得到执行； ⑥确认之前所作的书面记录的准确性

【知识点拨】为了解各类重要交易在业务流程中发生、处理和记录的过程，注册会计师通常会每年执行穿行测试。

十、初步评价和评价决策★

1. 对控制的初步评价

在识别和了解控制后，根据执行上述程序及获取的审计证据，注册会计师需要评价控制设计的合理性并确定其是否得到执行。

2. 评价决策

评价决策，见表7-8：

表7-8 评价决策

初步评价	影响决策
设计合理并得到执行	进行控制测试，减少实质性程序
设计合理但并未执行	不进行控制测试，直接实施实质性程序
设计不合理	

考点四　评估重大错报风险

一、识别和评估重大错报风险的审计程序★★★

识别和评估重大错报风险的审计程序，见表 7-9：

表 7-9　识别和评估重大错报风险的审计程序

流程	目的	评估重大错报风险的审计程序
了解	熟悉被审计单位	在了解被审计单位及其环境(包括与风险相关的控制)的整个过程中，结合对财务报表中各类交易、账户余额和披露(包括定量披露和定性披露)的考虑，识别风险
识别	识别认定层次错报	结合对拟测试的相关控制的考虑，将识别出的风险与认定层次可能发生错报的领域相联系
	识别报表层次错报	评估识别出的风险，并评价其是否更广泛地与财务报表整体相关，进而潜在地影响多项认定
评估	评估重大性和可能性	考虑发生错报的可能性(包括发生多项错报的可能性)，以及潜在错报的重大程度是否足以导致重大错报

【知识点拨】注册会计师应当根据风险评估结果，确定实施进一步审计程序的性质、时间安排和范围。

二、识别两个层次的重大错报风险★★★

(1)控制环境对评估财务报表层次重大错报风险的影响：

财务报表层次的重大错报风险很可能源于薄弱的控制环境。财务报表层次的重大错报风险与财务报表整体广泛相关，进而影响多项认定，注册会计师应当采取总体应对措施。

(2)控制活动对评估认定层次重大错报风险的影响：

认定层次重大错报风险与特定的某类交易、账户余额和披露的认定相关，在评估重大错报风险时，注册会计师应当将所了解的控制与特定认定相联系。

三、特别风险★★

特别风险，是指注册会计师识别和评估的，根据职业判断认为需要特别考虑的重大错报风险。特别风险通常与重大的非常规交易和判断事项有关，如舞弊风险；高度不确定性的会计估计；复杂的、异常的、重大的交易；涉及重大关联方的交易；经济环境、会计处理方法的重大变化等。

(1)针对特别风险，注册会计师应当评价相关控制的设计情况，并确定其是否已经得到执行。

如果管理层未能实施控制以恰当应对特别风险，注册会计师应当认为内部控制存在值得关注的内部控制缺陷，并考虑其对风险评估的影响。在此情况下，注册会计师应当就此类事项与治理层沟通。

(2)如果计划测试旨在减轻特别风险的控制运行的有效性，注册会计师不应依赖以前审计获取的关于内部控制运行有效性的审计证据。

(3)如果针对特别风险实施的程序仅为实质性程序，注册会计师应当专门针对识别的特别风险实施细节测试，或将实质性分析程序与细节测试相结合。

【知识点拨】在判断哪些风险是特别风险时，注册会计师不应考虑识别出的控制对相关风险的抵销效果。

【例题 7 · 多选题】(2019 年)下列各项

中，注册会计师在判断重大错报风险是否为特别风险时应当考虑的有(　)。

A. 风险是否涉及重大的关联方交易

B. 风险是否与近期经济环境的重大变化相关

C. 财务信息计量的主观程度

D. 风险是否属于舞弊风险

解析 在判断哪些风险是特别风险时，注册会计师应当至少考虑下列事项：(1)风险是否属于舞弊风险；(2)风险是否与近期经济环境、会计处理方法或其他方面的重大变化相关，因而需要特别关注；(3)交易的复杂程度；(4)风险是否涉及重大的关联方交易；(5)财务信息计量的主观程度，特别是计量结果是否具有高度不确定性；(6)风险是否涉及异常或超出正常经营过程的重大交易。 **答案** ABCD

四、仅通过实质性程序无法应对的重大错报风险

如果认为仅通过实质性程序获取的审计证据无法应对认定层次的重大错报风险(将认定层次的重大错报风险降至可接受的低水平)，注册会计师应当评价被审计单位针对这些风险设计的**控制**，并确定其执行情况。

即：如果认为仅通过实质性程序无法获取充分、适当的审计证据时，注册会计师应当重新了解被审计单位的内部控制。

五、对风险评估的修正

评估重大错报风险是一个连续和动态地收集、更新与分析信息的过程，**贯穿于整个审计过程的始终**。

如果通过实施进一步审计程序获取的审计证据与初始评估获取的审计证据相矛盾，注册会计师应当修正风险评估结果，并相应修改原计划实施的进一步审计程序。

真题精练

一、单项选择题

1. (2018年)下列各项控制中，属于检查性控制的是(　)

A. 财务总监复核并批准财务经理提出撤销银行账号的申请

B. 出纳不能兼任收入或支出的记账工作

C. 财务经理复核会计编制的银行存款余额调节表

D. 财务经理根据其权限复核并批准相关付款

2. (2018年)下列各项中，注册会计师在确定某项重大错报风险是否为特别风险时，通常无需考虑的是(　)。

A. 交易的复杂程度

B. 风险是否涉及重大的关联方交易

C. 被审计单位财务人员的胜任能力

D. 财务信息计量的主观程度

3. (2017年)下列有关了解被审计单位及其环境的说法中，正确的是(　)。

A. 注册会计师无需在审计完成阶段了解被审计单位及其环境

B. 对小型被审计单位，注册会计师可以不了解被审计单位及其环境

C. 注册会计师对被审计单位及其环境了解的程度，取决于会计师事务所的质量控制政策

D. 注册会计师对被审计单位及其环境了解的程度，低于管理层为经营管理企业而对被审计单位及其环境需要了解的程度

4. (2016年)下列情形中，通常表明存在财务报表层次的重大错报风险的是(　)。

A. 被审计单位从事复杂的金融工具投资

B. 被审计单位的竞争者开发的新产品上市

C. 被审计单位存在重大关联方交易

D. 被审计单位资产的流动性出现问题

5. (2016年)下列情形中，注册会计师应当将其评估为存在特别风险的是(　)。

A. 被审计单位对母公司销量占总销量

的 50%

B. 被审计单位将重要子公司转让给实际控制人控制的企业并取得大额转让收益

C. 被审计单位销售产品给子公司的价格低于销售给第三方的价格

D. 被审计单位与收购交易的对方签订了对赌协议

6. (2016 年)下列各项，不属于控制环境要素的是(　)。

A. 对诚信和道德价值观的沟通与落实

B. 治理层的参与

C. 内部审计的职能范围

D. 人力资源政策与实务

7. (2015 年)下列有关特别风险的说法中，正确的是(　)。

A. 注册会计师在判断重大错报风险是否为特别风险时，应当考虑识别出的控制对于相关风险的抵销效果

B. 注册会计师应当将管理层凌驾于控制之上的风险评估为特别风险

C. 注册会计师应当对特别风险实施细节测试

D. 注册会计师应当了解并测试与特别风险相关的控制

8. (2014 年)下列各项，通常属于业务流程层面控制的是(　)。

A. 应对管理层凌驾于控制之上控制

B. 信息技术的一般控制

C. 信息技术应用控制

D. 对期末财务报告流程的控制

9. (2014 年)下列控制活动中，属于检查性控制的是(　)。

A. 信息技术部根据人事部提供的员工岗位职责表在系统中设定权限

B. 仓库管理员根据经批准的发货单办理出库

C. 采购部对新增供应商执行背景调查

D. 财务人员每月末与客户对账，并调查差异

二、多项选择题

1. (2019 年)下列有关注册会计师了解被审计单位的风险评估过程的说法中，正确的有(　)。

A. 如果被审计单位的风险评估过程符合其具体情况，了解风险评估过程有助于注册会计师识别财务报表重大错报风险

B. 在评价被审计单位的风险评估过程的设计和执行时，注册会计师应当了解管理层如何估计风险的重要性

C. 注册会计师可以通过了解被审计单位及其环境的其他方面获取的信息，评价被审计单位风险评估过程的有效性

D. 如果注册会计师识别出管理层未能识别出的重大错报风险，应当将与风险评估过程相关的内部控制评估为存在值得关注的内部控制缺陷

2. (2019 年)下列各项中，属于注册会计师通过实施穿行测试可以实现的目的的有(　)。

A. 确认对业务流程的了解

B. 评价控制设计的有效性

C. 确认控制是否得到执行

D. 确认对重要交易的了解是否完整

3. (2019 年)下列有关与特别风险相关的控制的说法中，正确的有(　)。

A. 注册会计师应当了解和评价与特别风险相关的控制的设计情况，并确定其是否得到执行

B. 如果被审计单位未能实施控制以恰当应对特别风险，注册会计师针对特别风险实施的审计程序应当包括细节测试

C. 如果注册会计师实施控制测试后认为与特别风险相关的控制运行有效，对特别风险实施的实质性程序可以仅为实质性分析程序

D. 对于与特别风险相关的控制，注册会计师不能利用以前审计获取的有关控制运行有效性的审计证据

4. (2017 年)下列各项中，属于被审计单位设计和实施内部控制的责任主体的有(　)。

A. 被审计单位的治理层

B. 被审计单位的管理层

C. 被审计单位的普通员工

D. 负责被审计单位内部控制审计的注册会计师

5. (2017 年)下列有关注册会计师了解内部控制的说法中，正确的有( )。

A. 注册会计师在了解被审计单位内部控制时，应当确定其是否得到一贯执行

B. 注册会计师不需要了解被审计单位所有的内部控制

C. 注册会计师对内部控制的了解通常不足以测试控制运行的有效性

D. 注册会计师询问被审计单位人员不足以评价内部控制设计的有效性

6. (2017 年)下列要素中，注册会计师在评价被审计单位控制环境时应当考虑的有( )。

A. 对诚信和道德价值观念的沟通与落实

B. 管理层的理念和经营风格

C. 人力资源政策与实务

D. 对胜任能力的重视

7. (2017 年)下列各项中，注册会计师在评估特别风险时应当考虑的有( )。

A. 交易的复杂程度

B. 风险是否涉及重大关联方交易

C. 风险是否属于舞弊风险

D. 与交易相关的控制对风险的抵销效果

8. (2016 年)下列各项程序中，通常用作风险评估程序的有( )。

A. 检查　　B. 重新执行

C. 观察　　D. 分析程序

三、综合题

(2014 年)甲公司是 ABC 会计师事务所的常年审计客户。A 注册会计师负责审计甲公司 2013 年度财务报表，确定财务报表整体的重要性为 240 万元。

资料一：

A 注册会计师在审计工作底稿中记录了所了解的甲公司情况及其环境，部分内容摘录如下：

(1)甲公司原租用的办公楼月租金为 50 万元。自 2013 年 10 月 1 日起，甲公司租用新办公楼，租期一年，月租金 80 万元，免租期 3 个月。

(2)2012 年度，甲公司直销了 100 件 a 产品。2013 年，甲公司引入经销商买断销售模式，对经销商的售价是直销价的 90%，直销价较 2012 年基本没有变化。2013 年度，甲公司共销售 150 件 a 产品，其中 20%销售给经销商。

(3)2013 年 10 月，甲公司推出新产品 b 产品，单价 60 万元。合同约定，客户在购买产品一个月后付款；如果在购买产品三个月内发现质量问题，客户有权退货。截至 2013 年 12 月 31 日，甲公司售出 10 件 b 产品。因上市时间较短，管理层无法合理估计退货率。

(4)2013 年 10 月，甲公司与乙公司签订销售合同，按每件 150 万元的价格为其定制 20 件 c 产品，约定 2014 年 3 月交货，如不能按期交货，甲公司需支付总价款的 20%作为违约金。签订合同后，原材料价格上涨导致 c 产品成本上升。截至 2013 年 12 月 31 日，甲公司已生产 10 件 c 产品，单位成本为 175 万元。

(5)2013 年 12 月，甲公司首次获得 200 万元政府补助。相关文件规定，该补助用于补偿历年累计发生的污水处理支出。

(6)甲公司自 2011 年起研发一项新产品技术，于 2013 年 12 月末完成技术开发工作，并确认无形资产 300 万元。甲公司拟将其出售，因受国家产业政策的影响，市场对该类新产品尚无需求。

资料二：

A 注册会计师在审计工作底稿中记录了甲公司的财务数据，部分内容摘录如下：

金额单位：万元

项目	2013 年(未审数)			2012 年(已审数)
营业收入	a 产品	b 产品	c 产品	a 产品
	11750	600	0	8000
管理费用—污水处理	150			100
管理费用—租赁费	450			600
管理费用—研发费	0			200
营业外收入—政府补助	200			0
税前利润	180			100
应收账款	500	260	0	400
存货—产成品	900	80	1750	800
存货—存货跌价准备	0	0	(250)	0
无形资产—非专利技术	300			0

资料三：

A 注册会计师在审计工作底稿中记录了审计计划，部分内容摘录如下：

(1) A 注册会计师认为，如果发生与关联方及其交易相关的财务报表项目和披露错报，即使其金额低于财务报表整体重要性，仍可能影响财务报表使用者依据财务报表作出的经济决策，因此，确定与关联方及其交易相关的财务报表项目和披露的重要性水平为 150 万元。

(2) 2013 年，甲公司以 8000 万元的价格向关联方购买一条生产线。A 注册会计师认为该交易超出甲公司正常经营过程，很可能不存在相关的内部控制，拟直接实施实质性程序。

(3) 甲公司 2013 年度销售费用为 900 万元。A 注册会计师认为重大错报风险较低，拟仅实施控制测试。

资料四：

A 注册会计师在审计工作底稿中记录了实施的控制测试，部分内容摘录如下：

序号	控制	控制测试
(1)	财务总监负责审批金额超过 50 万元的付款申请单，并在系统中进行电子签署	A 注册会计师从系统中导出已经财务总监审批的付款申请单，抽取样本进行检查
(2)	超过赊销额度的赊销由销售总监和财务经理审批。自 2013 年 11 月 1 日起，改为由销售总监和财务总监审批	A 注册会计师测试了 2013 年 1 月至 10 月的该项控制，并于 2014 年 1 月询问了销售总监和财务总监控制在剩余期间的运行情况，未发现偏差。A 注册会计师认为控制在 2013 年度运行有效
(3)	财务人员将原材料订购单、供应商发票和入库单核对一致后，编制记账凭证(附上述单据)并签字确认	A 注册会计师抽取了若干记账凭证及附件，检查是否经财务人员签字

资料五：

A 注册会计师在审计工作底稿中记录了实施的实质性程序，部分内容摘录如下：

(1) 甲公司年末应付账款余额为 1000 万元。A 注册会计师选取前 10 大供货商实施函证，均收到回函。回函显示一笔 5 万元的差异，管理层同意调整。因回函总额占应付账款余额的 70%，错报明显微小且已更正，A注册会计师没有对剩余总体实施其他审计程序。

(2)2013年底，甲公司存在重大未决诉讼，内部法律顾问和外聘律师均认为败诉可能性较低，因此，管理层没有确认预计负债。A注册会计师认为该事项存在重大错报风险，检查了相关文件，并获取了管理层和内部法律顾问的书面声明，据此认可管理层的判断。

(3)甲公司财务人员手工编制了应收账款账龄分析表。A注册会计师了解了相关控制，认为控制设计有效，并就账龄分析表中账龄结构变化较大的项目询问了相关人员。A注册会计师基于该账龄分析表测试了坏账准备中按账龄法计提的部分。

资料六：

A注册会计师在审计过程中识别并累积了3笔错报，并认为这些错报均不重大，同意管理层不予调整。甲公司2013年度未更正错报列示如下(不考虑税务影响)：

金额单位：万元

序号	错报说明	借方项目	贷方项目	金额
(1)	2014年的管理费用计入2013年度	其他应付款	管理费用	50
(2)	2013年末提前确认a产品销售收入	营业收入	应收账款	1000
		存货	营业成本	900
(3)	少计提固定资产减值准备	资产减值损失	固定资产	150

要求：

(1)针对资料一第(1)至(6)项，结合资料二，假定不考虑其他条件，逐项指出资料一所列事项是否可能表明存在重大错报风险。如果认为可能表明存在重大错报风险，简要说明理由，并说明该风险主要与哪些财务报表项目的哪些认定相关(不考虑税务影响)。

(2)针对资料三第(1)至(3)项，假定不考虑其他条件，逐项指出资料三所列审计计划是否恰当。如不恰当，简要说明理由。

(3)针对资料四第(1)至(3)项，假定不考虑其他条件，逐项指出资料四所列控制测试是否恰当。如不恰当，指出改进建议。

(4)针对资料五第(1)至(3)项，假定不考虑其他条件，逐项指出资料五所列实质性程序是否恰当。如不恰当，简要说明理由。

(5)针对资料六，结合资料二，指出资料六中注册会计师的判断是否存在不当之处，并简要说明理由。

真题精练答案及解析

一、单项选择题

1. C 【解析】选项ABD属于预防性控制。

2. C 【解析】在判断哪些风险是特别风险时，注册会计师应当至少考虑下列事项：(1)风险是否属于舞弊风险；(2)风险是否与近期经济环境、会计处理方法或其他方面的重大变化相关，因而需要特别关注；(3)交易的复杂程度；(4)风险是否涉及重大的关联方交易；(5)财务信息计量的主观程度，特别是计量结果是否具有高度不确定性；(6)风险是否涉及异常或超出正常经营过程的重大交易。

3. D 【解析】选项A，了解被审计单位及其环境是一个连续和动态地收集、更新与分析信息的过程，贯穿于整个审计过程的始终；选项B，对小型被审计单位，注册会计师也是要了解被审计单位及其环境的；选项 C，评价对被审计单位及其环境了解的程度是否恰当，关键是看注册会计师对被审计单位及其环境的了解是否足以识别和评估财务报表的重大错报风险。

4. D 【解析】通常与财务报表层次的重大错报风险有关的迹象：控制环境薄弱；在不稳定的国家和地区开展业务；资产的流动性出现问题；重要客户流失；融资能力受到限制；采用新的会计准则或启用新的会计信息系统；资不抵债、无法偿还到期债务等导致对持续经营能力产生重大疑虑的事项。选项 ABC 通常表明存在认定层次的重大错报风险。

5. B 【解析】特别风险通常与重大的非常规交易和判断事项有关，非常规交易是指由于金额或性质异常而不经常发生的交易。例如，企业购并、债务重组、重大或有事项等。选项 B 属于企业合并取得大额的转让收益，应当引起对该事项的特别关注，评估为特别风险。

6. C 【解析】控制环境要素包括：对诚信和道德价值观的沟通与落实、对胜任能力的重视、治理层的参与程度、管理层的理念和经营风格、组织结构及职权与责任的分配以及人力资源政策与实务。选项 C 属于控制要素中控制监督的内容。

7. B 【解析】选项 A，在确定哪些风险是特别风险时，注册会计师应当在考虑识别出的控制对相关风险的抵销效果前，根据风险的性质、潜在错报的重要程度(包括该风险是否可能导致多项错报)和发生的可能性，判断风险是否属于特别风险；选项 C，注册会计师针对特别风险可以实施实质性程序，也可以实施控制测试，在实施实质性程序时，可以仅实施细节测试，也可以将细节测试和实质性分析程序结合使用；选项 D，如果注册会计师不信赖针对特别风险的控制，则无需测试与特别风险相关的控制。

8. C 【解析】选项 ABD 均为整体层面控制。

9. D 【解析】选项 ABC 均为预防性控制。

二、多项选择题

1. ABC 【解析】选项 D，如果识别出管理层未能识别的重大错报风险，注册会计师应当考虑被审计单位的风险评估过程为何没有识别出这些风险，以及评估过程是否适合于具体环境，或者确定与风险评估过程相关的内部控制是否存在值得关注的内部控制缺陷。

2. ABCD 【解析】实施穿行测试可以实现的目的还包括：确认所获取的有关流程中的预防性控制和检查性控制信息的准确性；确认之前所做的书面记录的准确性。

3. ABCD 【解析】如果针对特别风险实施的程序仅为实质性程序，这些程序应当包括细节测试，或将细节测试和实质性分析程序结合使用，以获取充分、适当的审计证据。

4. ABC 【解析】设计和实施内部控制的责任主体是治理层、管理层和其他人员，组织中的每一个人都对内部控制负有责任。

5. BCD 【解析】了解内部控制包含两层含义：一是评价控制的设计；二是确定控制是否得到执行，不包括测试控制运行的有效性。

6. ABCD 【解析】控制环境还应包括：治理层的参与程度和组织结构及职权与责任的分配等。

7. ABC 【解析】在判断哪些风险是特别风险时，除考虑以上事项外，还应当考虑：风险是否与近期经济环境、会计处理方法或其他方面的重大变化相关，因而需要特别关注；财务信息计量的主观程度，特别是计量结果是否具有高度不确定性；风险是否涉及异常或超出正常经营过程的重大交易等。

8. ACD 【解析】重新执行专属于控制测试，不用于风险评估程序。

三、综合题

【答案】(1)

事项序号	是否可能表明存在重大错报风险(是/否)	理由	财务报表项目名称及认定
(1)	是	应在免租期内确认租金费用和负债，存在少计管理费用和负债的风险	管理费用(完整性) 其他应付款(完整性)
(2)	否	—	—
(3)	是	b产品附有销售退回条件，且不能合理估计退货可能性，不满足收入确认条件，可能存在多计营业收入和成本的风险	营业收入(发生) 应收账款(存在) 营业成本(发生) 存货(完整性)
(4)	是	该合同为亏损合同，且满足预计负债的确认条件，但是甲公司没有对预计损失超过已计提准备部分确认预计负债，存在少确认预计负债的风险	营业外支出(完整性) 预计负债(完整性)
(5)	否	—	—
(6)	是	甲公司无法证明该无形资产能够给企业带来经济利益，可能存在多计无形资产的风险	管理费用(完整性) 无形资产(存在)

(2)

事项序号	审计计划是否恰当(是/否)	理由
(1)	是	—
(2)	否	超出正常经营过程的重大关联方交易应确定为特别风险，应了解相关的内部控制
(3)	否	针对重大类别的交易仅实施控制测试不足够/应针对重大类别的交易实施实质性程序

(3)

序号	控制测试是否恰当(是/否)	改进建议
(1)	否	控制测试的总体应为所有金额超过50万元的付款申请单
(2)	否	应实施询问以外的其他测试程序
(3)	否	应当对记账凭证后附的原材料订购单、供应商发票和入库单进行检查

(4)

序号	实质性程序是否恰当(是/否)	理由
(1)	否	选取特定项目的测试不能为剩余总体提供审计证据/剩余总体可能存在重大错报
(2)	否	没有与外部法律顾问直接沟通/没有向外部法律顾问寄发询证函/没有向外部法律顾问寄发询问函
(3)	否	没有测试账龄分析表信息的准确性和完整性

(5)①对第 2 笔未更正错报的判断不当。注册会计师需要考虑每一单项错报，以评价其对相关类别交易、账户余额或披露的影响/不能以抵销后的影响评估错报是否重大/营业收入和营业成本的错报金额重大。

②对 3 笔未更正错报汇总影响的判断不当。汇总错报将导致甲公司由盈转亏/掩盖了损益变化的趋势。

【思路点拨】 风险评估题解题技巧：要先看要求，然后在资料中寻找对应的项目和数据，进行分析，不要把题目所有资料都看完再作答，这样考试时间不够，并且容易遗漏。把所有的文字资料用完之后，再检查一下，是否存在还没有用到的数据，若未用数据没有找到其对应的风险，再在文字资料中找，看是否还存在没有注意到的地方。

同步训练 限时70分钟

一、单项选择题

1. 下列关于风险评估的说法中，不正确的是(　)。

A. 了解被审计单位及其环境贯穿于整个审计过程的始终

B. 注册会计师应当运用职业判断确定需要了解被审计单位及其环境的程度

C. 注册会计师应当了解被审计单位及其环境，以充分识别和评估财务报表重大错报风险，设计和实施进一步审计程序

D. 风险评估程序并不是必须实施的，注册会计师可以根据职业判断作出选择

2. 关于风险识别和评估的作用，下列说法中，错误的是(　)。

A. 风险评估有助于注册会计师确定重要性水平，并随着审计工作的进程评估对重要性水平的判断是否仍然适当

B. 风险评估有助于注册会计师识别需要特别考虑的领域，比如关联方交易

C. 了解被审计单位及其环境是必要程序

D. 注册会计师通过了解被审计单位及其环境，仅有助于识别和评估认定层次的重大错报风险

3. 下列有关项目组内部讨论的说法中，不正确的是(　)。

A. 项目组应当根据审计的具体情况，持续交换有关被审计单位财务报表发生重大错报可能性的信息

B. 项目组应当讨论被审计单位面临的经营风险、财务报表容易发生错报的领域以及发生错报的方式，特别是由于舞弊导致重大错报的可能性

C. 如果项目组需要拥有信息技术或其他特殊技能的专家，这些专家不用参与讨论

D. 参与讨论人员的范围受项目组成员的职责经验和信息需要的影响

4. 注册会计师了解被审计单位及其环境的几个方面中，既有外部因素也有内部因素的是(　)。

A. 被审计单位的性质

B. 对被审计单位财务业绩的衡量和评价

C. 被审计单位的目标、战略以及可能导致重大错报风险的相关经营风险

D. 相关行业状况、法律环境和监管环境

5. 在财务报表审计中，注册会计师没有义务实施的程序是(　)。

A. 查找被审计单位内部控制运行中的所有重大缺陷

B. 了解被审计单位及其环境

C. 实施审计程序，以了解被审计单位内部控制的设计

D. 实施穿行测试，以确定被审计单位相关控制活动是否得到执行

6. 在了解被审计单位内部控制时，注册会计师最应当关注的是(　)。

A. 内部控制是否按照管理层的意图，实

现了经营效率

B. 内部控制是否能够防止或发现并纠正错误或舞弊

C. 内部控制是否明确区分控制要素

D. 内部控制是否没有因串通而失效

7. 下列有关控制环境的说法中，错误的是（　）。

A. 在审计业务承接阶段，注册会计师无需了解和评价控制环境

B. 在实施风险评估程序时，注册会计师需要对控制环境构成要素获取足够了解，并考虑内部控制的实质及其综合效果

C. 在进行风险评估时，如果注册会计师认为被审计单位的控制环境薄弱，则很难认定某一流程的控制是有效的

D. 在评估重大错报风险时，注册会计师应当将控制环境连同其他内部控制要素产生的影响一并考虑

8. 下列关于风险评估的说法中，不正确的是（　）。

A. 评估重大错报风险是一个连续和动态地收集、更新与分析信息的过程，贯穿于整个审计过程的始终

B. 对于连续审计，如果被审计单位未发生重大变动，风险评估程序可不实施

C. 了解被审计单位及其环境的目的是识别和评估财务报表重大错报风险

D. 注册会计师可实施询问、观察、检查和分析程序

9. 下列与评估被审计单位财务报表层次重大错报风险最相关的是（　）。

A. 应收账款周转率呈明显下降趋势

B. 被审计单位持有大量高价值且易被盗窃的资产

C. 被审计单位的生产成本计算过程相当复杂

D. 被审计单位的控制环境薄弱

10. 下列关于特别风险的说法中，错误的是（　）。

A. 确定哪些风险是特别风险时，应当在考虑识别出的控制对相关风险的抵销效果前，根据风险的性质、潜在错报的重要程度和发生的可能性进行判断

B. 特别风险通常与重大的非常规交易和判断事项相关

C. 管理层未能实施控制以恰当应对特别风险，并不表明内部控制存在值得关注的内部控制缺陷

D. 如果针对特别风险实施的程序仅为实质性程序，这些程序应当包括细节测试

11. 下列关于内部控制的说法中，不正确的是（　）。

A. 如果并不打算依赖内部控制，注册会计师仍需进一步了解业务流程层面的控制，以评估重大错报风险

B. 如果认为仅通过实质性程序无法将认定层次的检查风险降至可接受的水平，注册会计师应当了解和评估相关的控制活动

C. 内部控制的人工成分在处理涉及主观判断的状况或交易事项时可能比自动化成分更为适当

D. 与审计相关的控制，包括被审计单位为实现财务报告可靠性目标设计和实施的控制

二、多项选择题

1. 在了解内部控制时，注册会计师通常采用的程序有（　）。

A. 查阅内部控制手册

B. 追踪交易在财务报告信息系统中的处理过程

C. 重新执行某项控制

D. 现场观察某项控制的运行

2. 下列有关内部控制与控制测试的表述中，正确的有（　）。

A. 内部控制只能对财务报告的可靠性提供合理的保证，而非绝对的保证

B. 在了解被审计单位的内部控制时，可实施重新执行程序

C. 建立健全内部控制是被审计单位管理层

的责任

D. 控制测试通常被安排在被审计期间的期中执行

3. 在对被审计单位进行风险评估时，注册会计师的下列做法中，不正确的有(　)。

A. 由于各种条件的限制，无法对 A 公司及其环境进行了解，为收集更充分的审计证据，注册会计师直接将重大错报风险设定为高水平

B. 注册会计师无需了解 B 公司的所有内部控制，只需了解与审计相关的内部控制

C. 由于 C 公司(小型企业)可能没有正式的风险评估过程，注册会计师应当直接将其风险评估为最高水平

D. 考虑到 D 公司的规模小、业务少，注册会计师认为风险评估的成本高于由评估而减少的实质性程序的量，决定不对相关的内部控制进行了解而直接执行实质性程序

4. 下列选项中，属于控制活动的有(　)。

A. 风险评估　　B. 信息处理

C. 业绩评价　　D. 职责分离

5. 下列各项控制活动中，属于预防性控制的有(　)。

A. 系统将各凭证上的账号号码与会计科目表对比，然后进行一系列的逻辑测试

B. 对接触计算机程序和数据文档设置访问和修改权限

C. 销售发票上的价格根据价格清单上的信息确定

D. 财务总监复核月度毛利率的合理性

6. 下列关于评估重大错报风险的表述中正确的有(　)。

A. 注册会计师应当在了解被审计单位及其环境的整个过程中识别风险

B. 注册会计师在评估重大错报风险时，可以不考虑相关内部控制

C. 注册会计师应当确定识别的重大错报风险是与财务报表整体相关，进而影响多项认定，还是与特定的各类交易、账户余额和披露的认定相关

D. 在评估重大错报风险时，注册会计师应当将所了解的控制与特定认定相联系

7. 下列可能导致财务报表层次重大错报风险的有(　)。

A. 重要客户流失

B. 融资能力受到限制

C. 管理层的诚信受到质疑

D. 被审计单位存在复杂的联营或合资关系

三、简答题

1. 公开发行股票的 X 股份有限公司(以下简称 X 公司)系 ABC 会计师事务所的审计客户。甲和乙注册会计师负责对 X 公司 2018 年度财务报表进行审计，经初步了解，X 公司 2018 年度的经营形势、管理和经营结构与 2017 年度比较未发生重大变化，且未发生重大重组行为。原材料、劳动力的市场价格未发生较大变动，X 公司销售的产品不受季节性影响。甲和乙注册会计师获取的其他相关资料如下：

X 公司营业收入、营业成本相关数据

单位：人民币万元

产品	营业收入		营业成本	
	2017 年	2018 年	2017 年	2018 年
A 产品	5000	6000	4000	3500
B 产品	2400	2500	1800	1850
合计	7400	8500	5800	5350

会计期间：2018 年度　　　　　　　　　　　　　　　　　　　　　　　单位：人民币万元

项目	1 季度	2 季度	3 季度	4 季度
A 产品营业收入	1250	1200	1200	2350
B 产品营业收入	600	550	580	770

要求：针对上述资料，运用分析程序，指出 X 公司可能存在的重大错报风险。

2. 雪缤纷冷饮有限责任公司(以下简称雪缤纷公司)主要从事冷饮的生产及销售。雪缤纷公司聘请 ABC 会计师事务所为其审计 2018 年度财务报表。按照税前利润的 5% 确定财务报表整体的重要性水平为 60 万元。

资料一：

(1)2018 年 9 月信息技术部门在 ERP 系统中开发了存货账龄分析子模块，自 2018 年 10 月起利用 ERP 系统核算生产成本，于每月末自动生成存货账龄报告。在以前年度，利用 G 软件手工输入相关数据后进行存货账龄的统计和分析。雪缤纷公司的会计政策规定，应当结合存货账龄等因素确定存货期末可变现净值，计提存货跌价准备。

(2)2018 年度，雪缤纷公司主要原材料奶油价格有所上涨。为稳定采购价格，雪缤纷公司适当增加部分新供应商，供应商数量由 2017 年末的 40 家增加到 2018 年末的 45 家。经审核批准后，所有新增供应商的信息被输入采购系统的供应商信息主文档。以前年度审计中对与供应商数据维护相关的控制测试未发现控制缺陷。

(3)2018 年夏季气温较往年偏低，且随着各种渠道宣传健康讲座等，市民的健康意识逐步提升，认为水果比冰饮更为健康。

(4)雪缤纷公司举办的各类产品促销活动为期三个月到六个月。财务部根据市场部上报的经批准的促销活动预算按月预提促销费。雪缤纷公司的市场营销管理制度规定，市场部应当在每一项促销活动结束后一个月内统计该促销活动的实际支出，并办理核算手续，财务部据此补提或冲转预提费用。

(5)2018 年 5 月至 9 月的直接人工成本总额较其他月份有明显增加，单位人工成本没有明显变化，销售部、生产部和人力资源部经理均解释由于产品有季节性生产的特点，需要雇用大量临时工。这与注册会计师在以前年度了解的情况一致。

(6)与以前年度相比，雪缤纷公司 2018 年度固定资产未大幅变动，与折旧相关的会计政策和会计估计未发生变更。

资料二：

明细项目	2018 年未审数	2017 年已审数
主营业务收入	3500000	2000000
其他应付款—促销活动费	500000	350000
折旧费用	120000	100000

要求：针对资料一第(1)至(6)项，结合资料二，假定不考虑其他条件，逐项指出资料一所列事项是否可能表明存在重大错报风险。如果认为存在重大错报风险，简要说明理由，并说明该风险主要与哪些财务报表项目(仅限于营业收入、营业成本、销售费用、资产减值损失、应收账款、存货、固定资产和其他应付款)的哪些认定相关。

3. ABC 会计师事务所承接了甲公司 2018 年度财务报表审计业务，并委派 A 注册会计师担任项目合伙人。在了解甲公司及其环境的过程中，遇到如下事项：

(1)了解被审计单位及其环境是必要程序，可以为确定在实施实质性分析程序时所使用的预期值提供重要基础。

(2)分析程序可以用于风险评估程序，用于了解被审计单位及其环境，包括了解内部控制。

(3)注册会计师通过风险评估程序，评估财务报表层次和认定层次的重大错报风险，以采取恰当的应对措施用来防止或发现并纠正财务报表中存在的舞弊和错误。

(4)如果注册会计师并不打算信赖针对特别风险的内部控制，这时注册会计师没有必要进一步了解在业务流程层面的控制。

(5)了解内部控制和控制测试是不同的审计程序，各自实现不同的审计目的，任何情况下对控制的了解和评价都不能够代替对控制运行有效性的测试。

要求：根据上述第(1)至(5)项，逐项指出各事项的表述是否恰当。如不恰当，简要说明理由。

同步训练答案及解析

一、单项选择题

1. D 【解析】风险评估程序是必须实施的程序。
2. D 【解析】注册会计师通过了解被审计单位及其环境，识别和评估的重大错报风险包括财务报表层次和认定层次的重大错报风险。
3. C 【解析】如果项目组需要拥有信息技术或其他特殊技能的专家(包括会计师事务所内外)，项目组讨论时，这些专家也可根据需要参与讨论。
4. B 【解析】选项AC属于内部因素，选项D属于外部因素。
5. A 【解析】注册会计师的目的不是查找被审计单位内部控制运行中的所有重大缺陷。财务报表审计业务并不是内部控制审计业务，对于内部控制的了解和评价是为了财务报表审计而进行的，所以在财务报表审计中，检查和发现内部控制运行中的所有重大缺陷，并不属于注册会计师的义务。
6. B 【解析】注册会计师应当重点考虑被审计单位的某项控制，是否能够以及如何防止或发现并纠正各类交易、账户余额和披露存在的重大错报。
7. A 【解析】在审计业务承接阶段，注册会计师需要对控制环境作出初步了解和评价。
8. B 【解析】选项B，了解被审计单位及其环境是必要程序。
9. D 【解析】财务报表层次的重大错报风险很可能源于薄弱的控制环境。而选项ABC所影响的都是相对具体的财务报表项目，主要与认定层次的重大错报风险相关。
10. C 【解析】如果管理层未能实施控制以恰当应对特别风险，注册会计师应当认为内部控制存在值得关注的内部控制缺陷，并考虑其对风险评估的影响，在此情况下，注册会计师应当就此类事项与治理层沟通。
11. A 【解析】如果并不打算依赖内部控制，注册会计师就没有必要进一步了解业务流程层面的控制，所以选项A不正确。

二、多项选择题

1. ABD 【解析】注册会计师还可以通过询问被审计单位的人员来了解内部控制。重新执行用于控制测试，不用于了解内部控制。

2. ACD 【解析】重新执行是控制测试中执行的审计程序，不用于了解内部控制。

3. ACD 【解析】选项 A，不得未经过风险评估，直接将风险设定为高水平；选项 C，针对小型被审计单位，注册会计师应当与管理层讨论其如何识别经营风险以及如何应对这些风险，而不是直接将其风险评估为最高水平；选项 D，了解被审计单位的内部控制是注册会计师必须执行的程序。

4. BCD 【解析】控制活动包括与授权、业绩评价、信息处理、实物控制和职责分离等相关的活动。

5. ABC 【解析】选项 D 属于检查性控制。

6. ACD 【解析】注册会计师在评估重大错报风险时，必须要考虑相关内部控制，即在风险评估阶段，了解内部控制是必须执行的程序。

7. ABC 【解析】选项 D 表明长期股权投资账户的认定可能存在重大错报风险，与特定的某类交易、账户余额和披露的认定相关。

三、简答题

1. 【答案】

营业收入和营业成本分析如下：

①2018 年营业收入 8500 万元，比 2017 年增加了 1100 万元，增幅 14.86%，在经营形式、管理和经营结构均未发生重大变化的情况下，营业收入增幅 14.86%可能存在不合理。营业收入存在虚增的重大错报风险。

②A 产品 2018 年毛利率(6000-3500)÷6000=41.67%，相比较于 2017 年的(5000-4000)÷5000=20%上升了 21.67%，在 2018 年与 2017 年产销形势相当时，销售毛利率变化幅度不应发生巨大变化，营业收入存在虚增、营业成本存在低估的重大错报风险；同时，B 产品 2018 年的销售毛利率 26%比 2017 年的 25%只略有上升，较合理。

③第 4 季度 A、B 产品营业收入均大幅上升，因为不存在季节性销售的原因，可能是 X 公司虚构交易或提前确认营业收入。所以营业收入存在发生、截止认定的重大错报风险。

2. 【答案】

事项序号	是否可能表明存在重大错报风险（是/否）	理由	财务报表项目名称及认定
(1)	是	存在信息技术控制薄弱导致账龄分析不准确的风险，影响存货跌价准备计提的准确性	存货(计价和分摊) 资产减值损失(准确性)
(2)	否	—	—
(3)	是	气温不高，且市民健康意识提升，均会影响冷饮的销售量，而主营业务收入不降反升，可能存在虚构收入的风险	营业收入(发生) 应收账款(存在) 营业成本(发生) 存货(完整性)
(4)	是	按预算计提可能导致费用计量不准确。年末预提余额比上年末增加 42%，可能存在多预提促销活动费的重大错报风险	销售费用(发生) 其他应付款(存在)
(5)	否	—	—
(6)	是	在其他因素没有明显变化的情况下，折旧费明显上升表明可能存在错报	固定资产(计价和分摊) 存货(计价和分摊) 营业成本(准确性)

3.【答案】

(1)恰当。

(2)不恰当。分析程序不用于了解内部控制。

(3)不恰当。防止或发现并纠正舞弊和错误是被审计单位治理层和管理层的责任,而不是注册会计师的责任。

(4)不恰当。针对特别风险,注册会计师应当了解和评估相关的控制活动。

(5)不恰当。如果存在某些可以使控制得到一贯运行的自动化控制,通过对控制的了解和评价可以获取有关控制运行有效性的审计证据。

本章知识串联

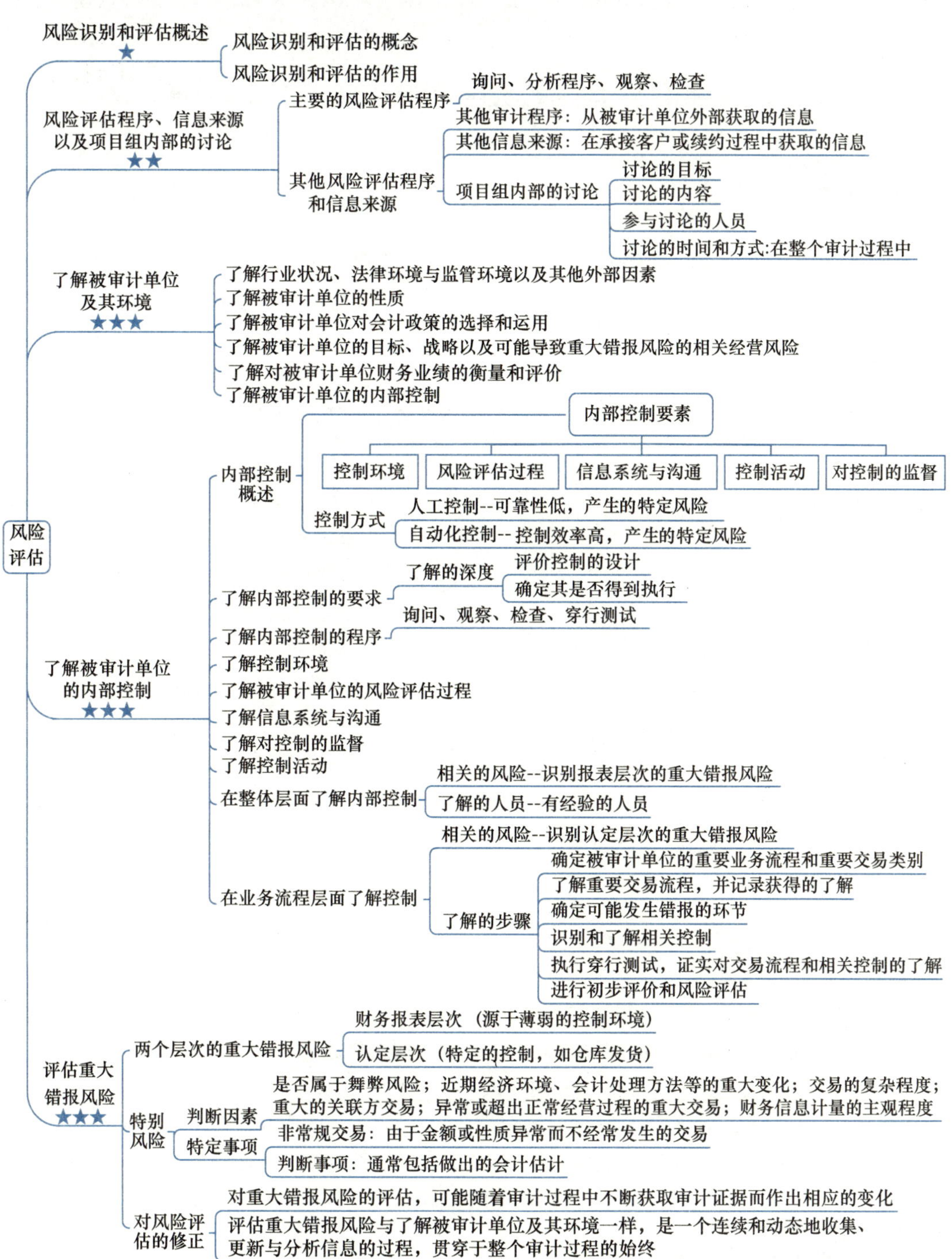

风险评估
风险识别和评估概述 ★
风险识别和评估的概念
风险识别和评估的作用
风险评估程序、信息来源以及项目组内部的讨论 ★★
主要的风险评估程序
询问、分析程序、观察、检查
其他风险评估程序和信息来源
其他审计程序：从被审计单位外部获取的信息
其他信息来源：在承接客户或续约过程中获取的信息
项目组内部的讨论
讨论的目标
讨论的内容
参与讨论的人员
讨论的时间和方式:在整个审计过程中
了解被审计单位及其环境 ★★★
了解行业状况、法律环境与监管环境以及其他外部因素
了解被审计单位的性质
了解被审计单位对会计政策的选择和运用
了解被审计单位的目标、战略以及可能导致重大错报风险的相关经营风险
了解对被审计单位财务业绩的衡量和评价
了解被审计单位的内部控制
了解被审计单位的内部控制 ★★★
内部控制概述
内部控制要素
控制环境
风险评估过程
信息系统与沟通
控制活动
对控制的监督
控制方式
人工控制--可靠性低，产生的特定风险
自动化控制--控制效率高，产生的特定风险
了解内部控制的要求
了解的深度
评价控制的设计
确定其是否得到执行
了解内部控制的程序
询问、观察、检查、穿行测试
了解控制环境
了解被审计单位的风险评估过程
了解信息系统与沟通
了解对控制的监督
了解控制活动
在整体层面了解内部控制
相关的风险--识别报表层次的重大错报风险
了解的人员--有经验的人员
在业务流程层面了解控制
相关的风险--识别认定层次的重大错报风险
了解的步骤
确定被审计单位的重要业务流程和重要交易类别
了解重要交易流程，并记录获得的了解
确定可能发生错报的环节
识别和了解相关控制
执行穿行测试，证实对交易流程和相关控制的了解
进行初步评价和风险评估
评估重大错报风险 ★★★
两个层次的重大错报风险
财务报表层次（源于薄弱的控制环境）
认定层次（特定的控制，如仓库发货）
特别风险
判断因素
是否属于舞弊风险；近期经济环境、会计处理方法等的重大变化；交易的复杂程度；重大的关联方交易；异常或超出正常经营过程的重大交易；财务信息计量的主观程度
特定事项
非常规交易：由于金额或性质异常而不经常发生的交易
判断事项：通常包括做出的会计估计
对风险评估的修正
对重大错报风险的评估，可能随着审计过程中不断获取审计证据而作出相应的变化
评估重大错报风险与了解被审计单位及其环境一样，是一个连续和动态地收集、更新与分析信息的过程，贯穿于整个审计过程的始终

第8章 风险应对

考情解密

历年考情概况

本章属于比较重要的章节，与风险评估一章有紧密的逻辑关系。本章主要在理论上介绍有关控制测试和实质性程序的相关内容，具体的应用集中在财务报表循环审计章节。在考试中主要以客观题的考查为主，也可能以简答题或综合题的方式考查对相关理论知识的理解。预计今年考核分值在5分左右。

近年考点直击

考点	主要考查题型	考频指数	考查角度
针对财务报表层次重大错报风险的总体应对措施	选择题	★	(1)针对财务报表层次重大错报风险的总体应对措施；(2)当控制环境存在缺陷时的考虑；(3)增加审计程序不可预见性的方法；(4)总体应对措施对拟实施进一步审计程序的总体方案的影响
针对认定层次重大错报风险的进一步审计程序	选择题、综合题	★	(1)进一步审计程序的含义和要求；(2)进一步审计程序的性质、时间安排和范围
控制测试	选择题、综合题	★★	(1)控制测试的含义和要求；(2)控制测试的性质；(3)如何考虑期中审计证据；(4)如何考虑以前审计获取的审计证据；(5)确定控制测试范围的考虑因素
实质性程序	选择题、综合题	★★	(1)针对特别风险实施的实质性程序；(2)设计实质性程序时考虑的因素；(3)如何考虑是否在期中实施实质性程序；(4)如何考虑期中审计证据；(5)如何考虑以前审计获取的审计证据

学习方法与应试技巧

记忆“财务报表层次重大错报风险的总体应对措施”，包括增加审计程序不可预见性的方法，以及控制环境存在缺陷时的应对措施，这些经常在选择题中进行考查；掌握“针对认定层次重大错报风险的进一步审计程序”“控制测试”“实质性程序”的性质、时间安排和范围；控制测试也是本章的重点，理解控制测试的性质、时间安排和范围的内涵，熟悉适用于控制测试的程序，如何考虑期中或以前审计所获取的审计证据，掌握控制测试的范围与哪些因素相关；理解“实质性程序”的性质、时间安排和范围的内涵，掌握特别风险的应对措施。

本章2020年考试主要变化

本章新增1条在确定何时实施审计程序时应当考虑的因素，另外对与财务报表编制完成阶段相关的实质性程序的表述进行了完善，其他无实质性变动。

考点详解及精选例题

考点一 针对财务报表层次重大错报风险的总体应对措施

一、总体应对措施（针对财务报表层次重大错报风险）★

（1）向项目组强调保持**职业怀疑**的必要性。

（2）指派**更有经验**或具有**特殊技能**的审计人员，或利用**专家**的工作。

（3）提供**更多的督导**。

（4）在选择拟实施的进一步审计程序时融入更多的**不可预见**的因素。

（5）对拟实施审计程序的性质、时间安排或范围做出**总体修改**。

二、增加审计程序不可预见性的方法★

1. 增加审计程序不可预见性的思路

（1）**范围**：对某些以前未测试的低于设定的重要性水平或风险较小的账户余额和认定实施实质性程序；

（2）**时间**：调整实施审计程序的时间，使其超出被审计单位的预期；

（3）**选样**：采取不同的审计抽样方法，使当年抽取的测试样本与以前有所不同；

（4）**地点**：选取不同的地点实施审计程序，或预先不告知被审计单位所选定的测试地点。

2. 增加审计程序不可预见性的实施要点

（1）实施具有不可预见性的审计程序，可与管理层沟通但不能告知其具体内容；

（2）可根据对舞弊风险的评估等确定具有不可预见性的审计程序；

（3）实施不可预见性的审计程序时要避免使项目组成员处于困难境地。

『**提示**』掌握教材表8-1审计程序的不可预见性示例表。

三、总体应对措施对拟实施进一步审计程序的总体方案的影响★

注册会计师针对各类交易、账户余额和披露实施进一步审计程序时采用的总体方案包括实质性方案（以**实质性程序为主**）和综合性方案（**控制测试+实质性程序**）。

当评估的**财务报表层次**重大错报风险属于“**高风险水平**”时，拟实施进一步审计程序的总体方案往往**更倾向于“实质性方案”**。

考点二 针对认定层次重大错报风险的进一步审计程序

一、进一步审计程序的含义★

进一步审计程序包括：控制测试、实质性程序（包括细节测试、实质性分析程序）。

注册会计师设计和实施的进一步审计程序的性质、时间安排和范围，应当与评估的认定层次重大错报风险具备“明确的对应关系”。

二、设计进一步审计程序时考虑的因素★

（1）**风险的重要性**（如舞弊风险）；

（2）**重大错报**发生的可能性；

（3）涉及的各类交易、账户余额和披露的特征；

（4）被审计单位采用的特定控制的性质（人工控制或自动化控制）；

（5）注册会计师是否拟获取审计证据，以确定内部控制在防止或发现并纠正重大错报方面的有效性。

三、进一步审计程序方案的选择★

（1）注册会计师出于**成本效益**的考虑可以采用**综合性方案**设计进一步审计程序，即将测试控制运行的有效性与实质性程序结合使用；

（2）如果风险评估程序**未能识别**出与认定

相关的任何控制，或注册会计师认为执行控制测试很可能不符合成本效益原则，注册会计师可能认为仅实施实质性程序就是适当的；

(3)小型被审计单位可能不存在能够被注册会计师识别的控制活动，注册会计师实施的进一步审计程序可能主要是实质性程序；

(4)如仅通过实质性程序无法应对重大错报风险，注册会计师必须通过实施控制测试，才可能有效应对评估出的某一认定的重大错报风险；

(5)无论选择何种方案，注册会计师都应当对所有重大的各类交易、账户余额和披露设计和实施实质性程序。

【例题1·单选题】下列有关注册会计师在对进一步审计程序设计时采取的总体审计方案的说法中，正确的是(　)。

A. 针对不同认定可以采用不同的审计方案

B. 应当根据成本效益的原则选择总体审计方案

C. 针对特别风险应当采用实质性方案

D. 采用的审计方案应当与前期审计一致，除非评估的重大错报风险发生重大变化

解析▶选项B，选择综合性方案还是实质性方案，主要依据所评估的财务报表层次的重大错报风险；选项C，为应对特别风险，注册会计师应主要依赖实质性方案，也可以采用综合性方案。但无论采用何种方案，都应当专门针对该风险实施实质性程序；选项D，注册会计师应依据对被审计单位重大错报风险的评估结果来确定审计方案，无须与前期审计保持一致。 **答案**▶A

四、进一步审计程序的性质

1. 含义

进一步审计程序的性质是指进一步审计程序的目的和类型，如表8-1所示：

表8-1　进一步审计程序的目的和类型

审计程序	目的	类型
控制测试	确定内部控制运行的有效性	观察、询问、检查、重新执行等
实质性程序	发现认定层次的重大错报	询问、观察、检查、函证、重新计算和分析程序等

不同的审计程序应对特定认定错报风险的效力不同：

(1)对于与收入完整性认定相关的重大错报风险，控制测试通常更能有效应对。

(2)对于与收入发生认定相关的重大错报风险，实质性程序通常更能有效应对。

实施应收账款的函证程序可以为应收账款在某一时点存在的认定提供审计证据，但通常不能为应收账款的计价认定提供充分的审计证据。对应收账款的计价认定，注册会计师通常需要实施其他更为有效的审计程序，如审查应收账款账龄和期后收款情况，了解欠款客户的信用情况等。

2. 影响因素

(1)首先需要考虑的是认定层次重大错报风险的评估结果；

(2)其次应当考虑评估的认定层次重大错报风险产生的原因，包括考虑各类交易、账户余额和披露的具体特征以及内部控制。

评估的认定层次重大错报风险越高，对通过实质性程序获取的审计证据的相关性和可靠性的要求越高，从而可能影响进一步审计程序的类型及其综合运用。

五、进一步审计程序的时间

1. 含义

(1)注册会计师何时实施进一步审计程序(在何时实施进一步审计程序)；

(2)注册会计师获取的审计证据适用的期间或时点(获取什么期间或时点的审计证据)。

2. 影响因素

(1)控制环境；(2)何时能得到相关信息；(3)错报风险的性质；(4)审计证据适用的期间或时点；(5)编制财务报表的时间，尤其是编制某些披露的时间。

六、进一步审计程序的范围

1. 含义

进一步审计程序的范围是指实施进一步审计程序的数量，包括抽取的样本量，对某项控制活动的观察次数等。

2. 影响因素

(1)确定的**重要性水平**：确定的重要性水平越低，注册会计师实施进一步审计程序的范围越广。

(2)评估的**重大错报风险**：评估的重大错报风险越高，注册会计师实施的进一步审计程序的范围也越广。

(3)**计划获取的保证程度**：计划获取的保证程度越高，对测试结果可靠性要求越高，注册会计师实施的进一步审计程序的范围越广。(与可接受的审计风险互补)

考点三　控制测试

扫我解疑难

一、控制测试的含义★

在理解控制测试含义时要注意与了解内部控制以及实质性程序之间的区别，见图8-1：

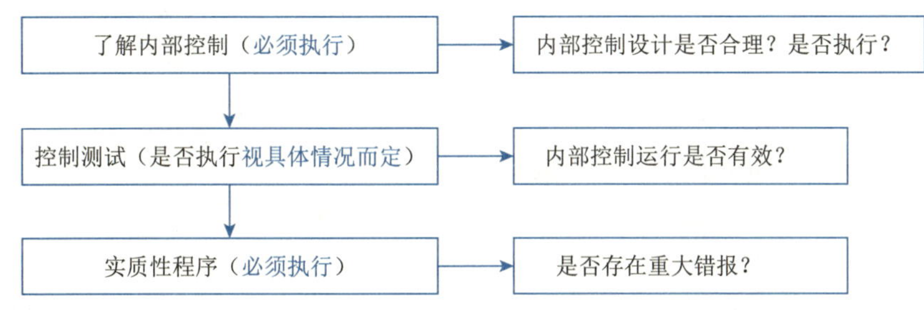

图8-1　了解内控、控制测试与实质性程序之间的区别

二、需要进行控制测试的情形★★

控制测试并非在任何情况下都需要实施，但存在下列情形之一时，注册会计师**应当**实施控制测试：

(1)如果在评估认定层次重大错报风险时**预期**控制的运行是**有效**的，注册会计师应当实施控制测试，就控制在相关期间或时点的运行有效性获取充分、适当的审计证据。

(2)如果认为**仅实施实质性程序**获取的审计证据无法将认定层次重大错报风险降至可接受的低水平，注册会计师应当实施相关的控制测试，以获取控制运行有效性的审计证据。

三、控制测试的性质★

在计划和实施控制测试时，对控制有效性的拟信赖程度越高，注册会计师应当获取越有说服力的审计证据。

控制测试采用的审计程序的类型包括询问、观察、检查和重新执行。

控制测试与了解内部控制所实施的程序虽然有部分相同，但运用的目的不同。见图8-2：

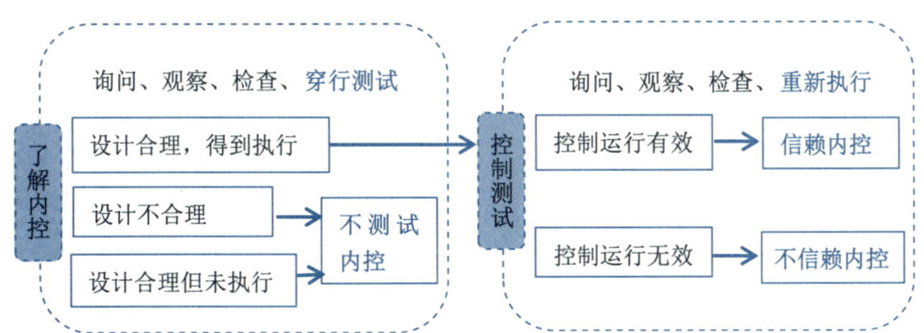

图8-2　了解内部控制与控制测试程序的比较

四、控制测试的时间★★

1. 控制测试的时间包含两层含义

控制测试的时间要从两个方面考虑：一是何时实施控制测试；二是测试所针对的控制适用的时点或期间。

2. 如何考虑期中审计证据

注册会计师一般在**期中**进行控制测试。如果拟利用该证据，注册会计师首先应考虑控制在剩余期间是否发生变化：

(1)控制发生变化——重新了解并测试剩余期间的控制；

(2)控制未发生变化——应当实施程序将期中的审计证据合理延伸至期末。

针对期中证据以外的、剩余期间的补充证据，注册会计师应当考虑下列因素：

①评估的认定层次重大错报风险的重要程度；

②特定控制自期中测试后发生的重大变动；

③在期中对有关控制运行有效性获取的审计证据的程度；

④剩余期间的长度；

⑤在信赖控制的基础上拟缩小实质性程序的范围(信赖程度)；

⑥控制环境越薄弱(或把握程度越低)，补充证据越多。

⑦对控制的监督越强，补充证据越少。

3. 如何考虑以前审计获取的审计证据

是否利用以前期间控制测试所获取的审计证据，决策思路见图 8-3：

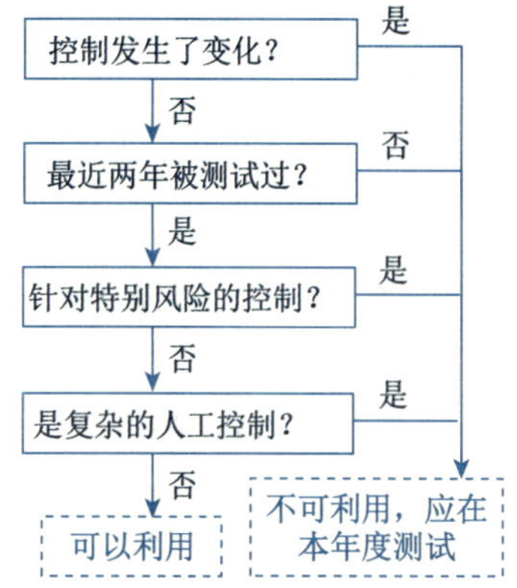

图 8-3　本年度审计期间控制测试决策

如果拟信赖以前审计获取的某些控制运行有效性的审计证据，注册会计师应当在每次审计时从中选取足够数量的控制，测试其运行有效性。

【例题 2 · 多选题】(2017 年)下列情形中，注册会计师不应利用以前年度获取的有关控制运行有效的审计证据的有(　)。

A. 注册会计师拟信赖旨在减轻特别风险的控制

B. 控制在过去两年审计中未经测试

C. 控制在本年发生重大变化

D. 被审计单位的控制环境薄弱

解析 ➨ 当被审计单位控制环境薄弱或对控制的监督薄弱时，注册会师应当缩短再次测试控制的时间间隔或完全不信赖以前审计获取的审计证据，选项 D 错误。**答案** ➨ ABC

五、控制测试的范围★

控制测试的范围，主要是指某项控制活动的测试次数。注册会计师应当设计控制测试，以获取控制在整个拟信赖的期间有效运行的充分、适当的审计证据。

除考虑**对控制的信赖程度**外，确定控制测试范围时还应考虑以下因素：

(1)控制执行的频率越高，控制测试的范围越大。

(2)拟信赖期间越长，控制测试的范围越大。

(3)对审计证据的相关性和可靠性要求越高，控制测试的范围越大。

(4)当针对其他控制获取审计证据的充分性和适当性较高时，测试该控制的范围可适当缩小。

(5)预期偏差率越高，需要实施控制测试的范围越大。

六、自动化控制与控制测试★

1. 自动化控制风险的评估

内部控制采用自动化系统，并**未改变控制的目标**，但影响了交易生成、记录、处理和报告的方式，同时对内部控制**产生特定风**

险（见第五章“信息技术产生的风险”）。

控制风险的程度和性质取决于信息系统的性质和特征，注册会计师需要了解与审计相关的信息技术的一般控制和应用控制。

注册会计师通常优先评价一般控制，如果一般控制有效，注册会计师可以更多地信赖应用控制。

2. 对自动化控制的测试范围的特别考虑

由于信息技术处理过程的内在一贯性，一旦确定某应用控制正在执行，注册会计师通常无需扩大控制测试的范围，但需要考虑执行下列测试以确定该控制持续有效运行：

(1)测试与该应用控制有关的一般控制的运行有效性；

(2)确定系统是否发生变动，如果发生变动，是否存在适当的系统变动控制；

(3)确定对交易的处理是否使用授权批准的软件版本。

考点四　实质性程序★★

一、实质性程序的性质

实质性程序是指用于发现认定层次重大错报的审计程序，包括对各类交易、账户余额和披露的细节测试以及实质性分析程序。

如果认为评估的认定层次重大错报风险是特别风险，注册会计师应当专门针对该风险实施实质性程序。

1. 细节测试和实质性分析程序的适用性

(1)细节测试适用于对各类交易、账户余额和披露认定的测试，尤其是对存在或发生、计价认定的测试；

(2)对在一段时期内存在可预期关系的大量交易，注册会计师可以考虑实施实质性分析程序。

2. 细节测试的方向

注册会计师需要根据评估的不同的认定层次的重大错报风险设计有针对性的细节测试。

(1)针对存在或发生认定的细节测试，从财务报表记录追踪至原始业务凭证；

(2)针对完整性认定的细节测试，从原始业务凭证追踪至财务报表记录，确定该业务是否包含在财务报表金额中。

二、实质性程序的时间

1. 如何考虑是否在期中实施实质性程序

注册会计师可能在期中实施实质性程序。

注册会计师在考虑是否在期中实施实质性程序时应当考虑以下因素：

(1)控制环境和其他相关的控制。控制环境和其他相关的控制越薄弱，注册会计师越不宜在期中实施实质性程序。

(2)实施审计程序所需信息在期中之后的可获得性。如果实施实质性程序所需信息在期中之后的获取并不存在明显困难，该因素不应成为注册会计师在期中实施实质性程序的重要影响因素。

(3)实质性程序的目标。如果针对某项认定实施实质性程序的目标就包括获取该认定的期中审计证据（从而与期末比较），注册会计师应在期中实施实质性程序。

(4)评估的重大错报风险。注册会计师评估的某项认定的重大错报风险越高，针对该认定所需获取的审计证据的相关性和可靠性要求也就越高，注册会计师应当考虑将实质性程序集中于期末（或接近期末）实施。

(5)特定类别交易或账户余额以及相关认定的性质。例如，某些交易或账户余额以及相关认定的特殊性质（如收入截止认定、未决诉讼）决定了注册会计师必须在期末（或接近期末）实施实质性程序。

(6)针对剩余期间，能否通过实施实质性程序或将实质性程序与控制测试相结合，降低期末存在错报而未被发现的风险。

2. 如何考虑期中审计证据

如果在期中实施了实质性程序，注册会计师有两种选择：

(1)针对剩余期间实施进一步的实质性程序；

(2)将实质性程序和控制测试结合使用。

如何考虑期中审计证据应注意:

(1)注册会计师更应慎重考虑能否将期中测试得出的结论延伸至期末。

(2)对于**舞弊**导致的重大错报风险(**特别风险**),为将期中得出的结论延伸至期末而实施的审计程序**通常是无效的**,注册会计师应当考虑在期末或者接近期末实施实质性程序。

3. 如何考虑以前审计获取的审计证据

在以前审计中实施实质性程序获取的审计证据,通常对本期**只有很弱**的证据效力或没有证据效力,不足以应对本期的重大错报风险。

三、实质性程序的范围

评估的认定层次重大错报风险和实施控制测试的结果是注册会计师在确定实质性程序的范围时的重要考虑因素。

注册会计师评估的认定层次的重大错报风险越高,需要实施实质性程序的范围越广。

如果对控制测试结果满意,注册会计师应当考虑缩小实质性程序的范围。

【例题3·多选题】 下列有关实质性程序的表述中,正确的有( )。

A. 当使用分析程序比细节测试能更有效地将认定层次的检查风险降低至可接受的水平时,分析程序可以用作实质性程序

B. 如果以前审计中实施实质性程序获取的审计证据及其相关事项未发生重大变动时,注册会计师可以直接利用

C. 如果风险评估程序未能识别出与认定相关的任何控制,注册会计师可能认为仅实施实质性程序就是适当的

D. 注册会计师认为执行控制测试很可能不符合成本效益原则,则可能认为仅实施实质性程序就是适当的

解析 ▶ 选项B,如果拟利用以前审计中实施实质性程序获取的审计证据,注册会计师应当在本期实施审计程序,以确定这些审计证据是否具有持续相关性,因此"直接利用"的说法不恰当。 **答案** ▶ ACD

四、实施实质性程序的结果对控制测试结果的影响

(1)如果通过实施实质性程序发现某项认定存在错报,注册会计师应当评价该错报对相关控制的运行有效性的影响:

①降低对相关控制的信赖程度;

②调整实质性程序的性质;

③扩大实质性程序的范围。

(2)如果实施实质性程序发现被审计单位没有识别出的重大错报,通常表明**内部控制存在重大缺陷**,注册会计师应当就这些缺陷与管理层和治理层进行沟通。

(3)如果通过实施实质性程序未发现某项认定存在错报,这**本身并不能说明**与该认定有关的控制是有效运行的。

真题精练

一、单项选择题

1. (2019年)对于财务报表审计业务,在决定是否信赖以前审计获取的有关控制运行有效性的审计证据时,下列选项中,注册会计师无需考虑的是( )。

A. 控制是否是自动化控制

B. 控制发生的频率

C. 控制是否是复杂的人工控制

D. 控制在本年是否发生变化

2. (2018年)如果注册会计师已获取有关控制在期中运行有效的审计证据,下列有关剩余期间补充证据的说法中,错误的是( )。

A. 如果控制在剩余期间发生了变化,注册会计师可以通过实施穿行测试,将期中获取的审计证据合理延伸至期末

B. 注册会计师可以通过测试被审计单位对控制的监督,将控制在期中运行有效的审

计证据合理延伸至期末

C. 被审计单位的控制环境越有效，注册会计师需要获取的剩余期间的补充证据越少

D. 注册会计师在信赖控制的基础上拟减少的实质性程序的范围越大，注册会计师需要获取的剩余期间的补充证据越多

3. (2017 年)下列各项审计程序中，注册会计师在实施控制测试和实质性程序时均可以采用的是(　)。

A. 检查　　B. 分析程序

C. 函证　　D. 重新执行

4. (2016 年)下列各项措施中，不能应对财务报表层次重大错报风险的是(　)。

A. 扩大控制测试的范围

B. 在期末而非期中实施更多的审计程序

C. 增加审计程序的不可预见性

D. 增加拟纳入审计范围的经营地点数量

5. (2016 年)下列有关实质性程序的说法中，正确的是(　)。

A. 注册会计师对认定层次的特别风险实施的实质性程序应当包括实质性分析程序

B. 注册会计师应当针对所有类别的交易、账户余额和披露实施实质性程序

C. 注册会计师实施的实质性程序应当包括财务报表与其所依据的会计记录进行核对或调节

D. 如果在期中实施了实质性程序，注册会计师应当对剩余期间实施控制测试和实质性程序

6. (2015 年)下列有关注册会计师实施进一步审计程序的时间的说法中，错误的是(　)。

A. 如果被审计单位的控制环境良好，注册会计师可以更多地在期中实施进一步审计程序

B. 注册会计师在确定何时实施进一步审计程序时需要考虑能够获取相关信息的时间

C. 如果评估的重大错报风险为低水平，注册会计师可以选择资产负债表日前适当日期为截止日实施函证

D. 对于被审计单位发生的重大交易，注册会计师应当在期末或期末以后实施实质性程序

二、多项选择题

1. (2017 年)下列各项中，注册会计师在确定进一步审计程序的范围时，应当考虑的有(　)。

A. 确定的重要性水平

B. 评估的重大错报风险

C. 审计证据适用的期间或时点

D. 计划获取的保证程度

2. (2016 年)下列有关利用以前年度审计获取的有关控制运行有效性的审计证据的说法中，错误的有(　)。

A. 如果拟信赖以前年度审计获取的有关控制运行有效性的审计证据，注册会计师应当通过询问程序获取这些控制是否已经发生变化的审计证据

B. 如果拟信赖的控制在本期未发生变化，注册会计师可以运用职业判断决定不在本期测试其运行的有效性

C. 如果拟信赖的控制在本期未发生变化，控制应对的重大错报风险越高，本次控制测试与上次控制测试的时间间隔越短

D. 如果拟信赖的控制在本期发生变化，注册会计师应当考虑以前年度审计获取的有关控制运行有效性的审计证据是否与本期审计相关

3. (2015 年)下列有关审计程序不可预见性的说法中，正确的有(　)。

A. 注册会计师需要与被审计单位管理层事先沟通拟实施具有不可预见性的审计程序的要求，但不能告知其具体审计程序

B. 注册会计师应当在签订审计业务约定书时明确提出拟在审计过程中实施具有不可预见性的审计程序，但不能明确具体审计程序

C. 注册会计师采取不同的抽样方法使当年抽取的测试样本与以前有所不同，可以增加审计程序的不可预见性

D. 注册会计师通过调整实施审计程序的时间，可以增加审计程序的不可预见性

三、简答题

(2015年)ABC会计师事务所负责审计甲公司2014年度财务报表，审计工作底稿中与内部控制相关的部分内容摘录如下：

(1)甲公司营业收入的发生认定存在特别风险。相关控制在2013年度审计中经测试运行有效。因这些控制本年未发生变化，审计项目组拟继续予以信赖，并依赖了上年审计获取的有关这些控制运行有效的审计证据。

(2)考虑到甲公司2014年固定资产的采购主要发生在下半年，审计项目组从下半年固定资产采购中选取样本实施控制测试。

(3)甲公司与原材料采购批准相关的控制每日运行数次，审计项目组确定样本规模25个。考虑到该控制自2014年7月1日起发生重大变化，审计项目组从上半年和下半年的交易中分别选取12个和13个样本实施控制测试。

(4)审计项目组对银行存款实施了实质性程序，未发现错报，因此认为甲公司与银行存款相关的内部控制运行有效。

(5)甲公司内部控制制度规定，财务经理每月应复核销售返利计算表，检查销售收入金额和返利比例是否准确，如有异常进行调查并处理，复核完成后签字存档。审计项目组选取了3个月的销售返利计算表，检查了财务经理的签字，认为该控制运行有效。

(6)审计项目组拟信赖与固定资产折旧计提相关的自动化应用控制。因该控制在2013年度审计中测试结果满意，且在2014年未发生变化，审计项目组仅对信息技术一般控制实施测试。

要求：针对上述第(1)至第(6)项，逐项指出审计项目组的做法是否恰当。如不恰当，简要说明理由。

真题精练答案及解析

一、单项选择题

1. B 【解析】关于如何考虑以前审计获取的有关控制运行有效性的审计证据，基本思路是考虑拟信赖的以前审计中测试的控制在本期是否发生变化，选项D应当考虑。在确定利用以前审计获取的有关控制运行有效性的审计证据是否适当以及再次测试控制的时间间隔时，注册会计师应当考虑的因素或情况包括控制特征(是人工控制还是自动化控制)产生的风险，当相关控制中人工控制的成分较大时，考虑到人工控制一般稳定性较差，注册会计师可能决定在本期审计中继续测试该控制的运行有效性，选项AC应当考虑。控制发生的频率影响控制测试的范围。
2. A 【解析】穿行测试用于了解内部控制，不用于控制测试，不能通过实施穿行测试，将期中获取的审计证据合理延伸至期末。
3. A 【解析】控制测试采用审计程序有询问、观察、检查和重新执行。实质性程序采用的审计程序有观察、检查、询问、重新计算、函证、分析程序。
4. A 【解析】选项A属于进一步审计程序，应对的是认定层次重大错报风险。
5. C 【解析】选项A，针对特别风险可以仅实施细节测试，也可以将细节测试与实质性分析程序结合实施，不一定包括实质性分析程序；选项B，无论评估的重大错报风险结果如何，注册会计师都应当针对所有“重大”类别的交易、账户余额和披露实施实质性程序；选项D，针对剩余期间可以仅实施进一步实质性程序，也可以将实质性程序与控制测试结合使用。

6. D 【解析】对于被审计单位发生的重大交易，注册会计师应当在期末或接近期末实施实质性程序。

二、多项选择题

1. ABD 【解析】在确定进一步审计程序的范围时，注册会计师应当考虑下列因素：①确定的重要性水平；②评估的重大错报风险；③计划获取的保证程度。
2. AB 【解析】选项A，如果拟信赖以前审计获取的有关控制运行有效性的审计证据，注册会计师应当通过实施询问并结合观察或检查程序，获取这些控制是否已经发生变化的审计证据；选项B，如果拟信赖的控制自上次测试后未发生变化，且不属于旨在减轻特别风险的控制，注册会计师应当运用职业判断确定是否在本期审计中测试其运行有效性，以及本次测试与上次测试的时间间隔，但每三年至少对控制测试一次。
3. ACD 【解析】审计业务约定书没有强制要求明确提出拟在审计过程中实施具有不可预见性的审计程序。

三、简答题

【答案】

(1)不恰当。因相关控制是应对特别风险的，应当在当年测试相关控制的运行有效性/不能利用以前审计中获取的审计证据。

(2)不恰当。控制测试的样本应当涵盖整个期间。

(3)不恰当。因为控制发生重大变化，应当分别测试/2014年上半年和下半年与原材料采购批准相关的内部控制活动不同，应当分别测试25个。

(4)不恰当。通过实质性程序未发现错报，并不能证明与所测试认定相关的内部控制是有效的/注册会计师不能以实质性程序的结果推断内部控制的有效性。

(5)不恰当。只检查财务经理的签字不足够/应当检查财务经理是否按规定完整实施该控制。

(6)恰当。

同步训练 限时60分钟

一、单项选择题

1. 注册会计师针对评估的财务报表层次重大错报风险确定的下列总体应对措施中，不正确的是(　)。

   A. 向项目组强调在收集和评价审计证据过程中保持职业怀疑态度的必要性

   B. 分派更有经验或具有特殊技能的审计人员，或利用专家的工作

   C. 在选择进一步审计程序时，应当注意使某些程序不被管理层预见或事先了解

   D. 发表保留或否定审计意见

2. 以下各项程序中，不能提高审计程序的不可预见性的是(　)。

   A. 以往通常是对收入直接进行比率分析，现决定对收入按细类进行分析

   B. 对以前由于低于设定的重要性水平而未曾测试过的项目进行细节测试

   C. 有大量银行账户的，改变以前的抽样方法

   D. 对销售和销售退回进行截止测试

3. 下列关于进一步审计程序的性质、时间安排和范围的说法中，不正确的是(　)。

   A. 在确定进一步审计程序的性质时，注册会计师首先需要考虑的是认定层次重大错报风险的评估结果

   B. 进一步审计程序的性质是指进一步审计程序的类型

   C. 确定的重要性水平越低，注册会计师实施进一步审计程序的范围越广

   D. 注册会计师既可以在期中实施控制测试，也可以在期末实施控制测试

4. 下列有关识别、评估和应对重大错报风险

的说法中，错误的是(　)。

A. 注册会计师应当将识别的重大错报风险与特定的某类交易、账户余额和披露的认定相联系

B. 在识别和评估重大错报风险时，注册会计师应当考虑发生错报的可能性以及潜在错报的重大程度

C. 对于某些重大错报风险，注册会计师可能认为仅通过实质性程序无法获取充分、适当的审计证据

D. 在实施进一步审计程序的过程中，注册会计师可能需要修正对认定层次重大错报风险的评估结果

5. 下列有关控制测试目的的说法中，正确的是(　)。

A. 控制测试旨在评价内部控制在防止或发现并纠正认定层次重大错报方面的运行有效性

B. 控制测试旨在发现认定层次发生错报的金额

C. 控制测试旨在验证实质性程序结果的可靠性

D. 控制测试旨在确定控制是否得到执行

6. 如果注册会计师在期中执行了控制测试，并获取了控制在期中运行有效性的审计证据，下列说法中，正确的是(　)。

A. 如果在期末实施实质性程序未发现某项认定存在错报，说明与该项认定相关的控制是有效的，不需要再对相关控制进行测试

B. 如果某一控制在剩余期间内发生变动，在评价整个期间的控制运行有效性时，无需考虑期中测试的结果

C. 对某些自动化运行的控制，可以通过测试信息系统一般控制的有效性获取控制在剩余期间运行有效的审计证据

D. 如果某一控制在剩余期间内未发生变动，不需要补充剩余期间控制运行有效性的审计证据

7. 在利用以前年度获取的审计证据时，下列说法中，错误的是(　)。

A. 对于不属于旨在减轻特别风险的控制，如果在本年未发生变化，且上年经测试运行有效，本次审计中无需测试

B. 对于旨在减轻特别风险的控制，如果在本年未发生变化，可以依赖上年的测试结果

C. 如果相关事项未发生重大变化，则上年通过实质性程序获取的审计证据可能作为本年的有效审计证据

D. 一般而言，上年通过实质性程序获取的审计证据对本年只有很弱的证据效力或没有证据效力

8. 下列有关针对重大账户余额实施审计程序的说法中，正确的是(　)。

A. 注册会计师应当实施实质性程序

B. 注册会计师应当实施细节测试

C. 注册会计师应当实施控制测试

D. 注册会计师应当实施控制测试和实质性程序

9. 下列有关实质性程序的时间安排的说法中，正确的是(　)。

A. 实质性程序应当在控制测试完成后实施

B. 实质性程序的时间安排受被审计单位控制环境的影响

C. 针对账户余额的实质性程序应当在接近资产负债表日实施

D. 应对舞弊风险的实质性程序应当在资产负债表日后实施

10. 在下列情况中，注册会计师需要扩大实质性程序的执行范围的是(　)。

A. 分析程序的结果表明客户的财务状况一直良好，并保持稳定

B. 在评估认定层次重大错报风险时，预期被审计单位内部控制的运行是有效的

C. 以前年度审计中发现的问题较少

D. 在完成审计工作阶段，评估结果的重要性水平在金额上小于初步评估的重要性水平

11. 在识别出被审计单位的特别风险后，注册会计师采取的下列应对措施中，不正确的是(　)。

A. 将特别风险所影响的财务报表项目与具体认定相联系

B. 对于管理层应对特别风险的控制，无论是否信赖，都需要进行了解

C. 应当专门针对识别的特别风险实施实质性程序

D. 对于管理层应对特别风险的控制，无论是否信赖，都需要进行测试

二、多项选择题

1. 下列审计程序中，可以达到提高审计程序不可预见性的目的的有(　)。

A. 本期采用不同于上期的抽样方法，使当期选取的测试样本与以前有所不同

B. 对大额应收账款进行函证

C. 对销售交易的具体条款进行函证

D. 在监盘时对账面金额较小的存货实施检查程序

2. 以下关于进一步审计程序的说法中，正确的有(　)。

A. 风险的后果越严重，就越需要注册会计师关注和重视，越需要精心设计有针对性的进一步审计程序

B. 重大错报发生的可能性越大，越需要注册会计师精心设计进一步审计程序

C. 计划获取的保证程度越高，注册会计师实施的进一步审计程序的范围越广

D. 不同的交易、账户余额和披露产生的认定层次的重大错报风险的差异越大，适用的审计程序的性质的差别越大

3. 下列关于进一步审计程序范围的说法中，正确的有(　)。

A. 进一步审计程序的范围是指实施进一步审计程序的数量，包括抽取的样本量、对某项控制活动的观察次数等

B. 重要性水平与进一步审计程序的范围呈反向变动关系

C. 评估的重大错报风险与进一步审计程序的范围呈正向变动关系

D. 可容忍错报不影响进一步审计程序范围的确定

4. 被审计单位下列情况中，注册会计师可以不实施控制测试的有(　)。

A. 被审计单位属于小规模企业，缺乏健全的内部控制

B. 注册会计师通过了解被审计单位的内部控制发现其设计上有明显缺陷

C. 注册会计师仅实施实质性程序不足以提供认定层次充分、适当的审计证据

D. 注册会计师预期被审计单位内部控制未能有效运行

5. 如果选择在期中实施控制测试，注册会计师的以下考虑中恰当的有(　)。

A. 控制环境越薄弱，注册会计师需要获取的剩余期间的补充证据越多

B. 剩余时间越长，注册会计师需要获取的剩余期间的补充证据越少

C. 如果期中对有关控制运行有效性获取的审计证据比较充分，可以考虑适当减少需要获取的剩余期间的补充证据

D. 对相关控制的信赖程度越高，注册会计师需要获取的剩余期间的补充证据越少

6. 关于与特别风险相关的内部控制，注册会计师的下列做法正确的有(　)。

A. 注册会计师应当评价相关控制的设计情况，并确定其是否已经得到执行

B. 如果管理层未能实施控制以恰当应对特别风险，注册会计师应当认为内部控制存在值得关注的内部控制缺陷

C. 如果拟信赖相关控制，且相关控制自上次测试后未发生变化，每三年至少测试一次控制运行的有效性

D. 如果相关控制不能恰当应对特别风险，应当就该事项与被审计单位治理层沟通

7. 关于注册会计师是否需要在本期测试某项控制，下列说法中正确的有(　)。

A. 如果注册会计师不信赖针对特别风险的控制，则无需在本年度测试该控制

B. 如果该控制不是针对特别风险的，且在最近两年被测试过，则无需在本年度测试该控制

C. 如果该控制不是针对特别风险的，且在最近两年没有被测试过，则在本年度测试该控制

D. 对旨在减轻特别风险的控制，如果控制未发生变化且注册会计师拟信赖该控制，则无需在本年度测试该控制

8. 下列与控制测试范围存在正向变动关系的因素有（ ）。

A. 注册会计师拟信赖控制运行有效性的时间长度

B. 控制执行的频率

C. 控制的预期偏差

D. 对同一认定执行其他控制所获取审计证据的充分性和适当性

9. 下列关于控制测试的说法正确的有（ ）。

A. 控制测试与了解内部控制的目的不同，但二者有时可以采用相同的审计程序类型

B. 控制测试与细节测试的目的不同，但注册会计师可以考虑针对同一交易同时实施控制测试和细节测试，以实现双重目的

C. 在期中对相关控制获取的审计证据越充分，针对剩余期间获取的补充证据就应该越多

D. 注册会计师可以考虑在评价控制设计和获取其得到执行的审计证据的同时测试控制运行有效性，以提高审计效率

10. 下列有关实质性程序的时间选择的说法中，正确的有（ ）。

A. 注册会计师可以考虑在期中实施实质性程序

B. 在期中实施实质性程序时更需要考虑其成本效益的权衡

C. 相对于控制测试而言，实质性程序对以前审计中获取的审计证据，采取了更加慎重的态度和更严格的限制

D. 期中实施实质性程序获取的审计证据可以直接作为期末财务报表认定的审计证据

三、简答题

1. ABC 会计师事务所在 2018 年的年度财务报表审计工作中，指派 A 注册会计师作为甲公司审计业务的项目合伙人。在制定具体审计计划时，A 注册会计师作出如下安排：

(1)针对特别风险，拟仅实施实质性程序，只要收集大量的数据，单独通过实质性分析程序即可揭示重大错报。

(2)为应对应收账款项目计价和分摊认定的重大错报风险，应收账款全部采用积极式函证，同时扩大函证程序的范围。

(3)在获取关于管理层意图的审计证据时，由于获取支持管理层意图的信息有限，因此仅限于执行询问程序，不再做其他审计程序。

(4)甲公司 2018 年度多次向银行抵押借款。为应对与财务报表披露的完整性相关的重大错报风险，扩大对实物资产的检查范围。

(5)在实施存货监盘程序时，由于甲公司部分产品涉及军事机密，在存货盘点现场实施存货监盘不可行。因此本次审计计划中拟不执行存货监盘程序以及其他审计程序。

要求：针对上述第(1)至(5)项，逐项指出 A 注册会计师的做法是否恰当。如不恰当，简要说明理由。

2. 甲公司是 ABC 会计师事务所的常年审计客户。A 注册会计师是甲公司 2018 年度财务报表审计业务的项目合伙人。在应对评估的认定层次的重大错报风险时采用综合性方案。审计工作底稿记录的相关事项如下：

(1)甲公司的一项内部控制是由复核人员核对销售发票上的价格与统计价格单上的价格是否一致。A 注册会计师检查了复核人员在相关文件上的签字，据此认为该内部控制设计合理且运行有效。

(2)考虑到甲公司存货种类繁多，为提高

工作效率，A注册会计师根据存货账面记录事先选取了拟在存货监盘过程中抽盘的若干存货项目，并在存货盘点日前一天将拟抽盘的存货项目清单提供给了甲公司财务人员。

(3)在对甲公司2017年的财务报表进行审计时，A注册会计师对与收入确认相关的舞弊风险有关的内部控制进行了测试，获取到控制运行有效性的审计证据。2018年相关控制未发生变化，A注册会计师根据职业判断确定本期审计中不再对其进行测试，直接利用上年获取的控制运行有效性的审计证据。

(4)甲公司存货成本核算采用高度自动化的内部控制，A注册会计师在2017年对该自动化控制进行了测试，2018年产品销售大幅增加，成本核算系统除运行频率增加外无其他变动，A注册会计师测试了一般控制的运行有效性，未扩大控制测试的范围。

(5)甲公司运用审计抽样对现金支付授权控制运行的有效性进行测试，将45个已支付的现金项目作为初始样本量，发现了1笔超过限额的现金支付业务，财务经理解释是因为信息管理员在信息系统中不小心输错了限额从而导致出现这种情况。针对此情况，A注册会计师拟扩大样本规模。

(6)在对甲公司截至2018年12月31日应收某关联方款项余额实施函证时，考虑到该关联方与甲公司某下属子公司在同一办公楼办公，A注册会计师将询证函交由该子公司财务人员传送至关联方，并由该子公司财务人员取回回函。A注册会计师注意到回函结果显示无差异，据此得出“2018年12月31日，甲公司应收该关联方款项余额不存在错报”的结论。

要求：针对上述第(1)至(6)项，逐项指出A注册会计师的做法是否恰当。如不恰当，简要说明理由。

同步训练答案及解析

一、单项选择题

1. D 【解析】发表审计意见属于终结审计阶段的内容，不属于风险应对措施，选项D不正确。
2. D 【解析】截止测试是一项常规的审计程序，如果注册会计师考虑提高审计程序的不可预见性，可以针对销售和销售退回延长截止测试期间。
3. B 【解析】进一步审计程序的性质是指进一步审计程序的目的和类型，其中，进一步审计程序的目的包括通过实施控制测试以确定内部控制运行的有效性，通过实施实质性程序以发现认定层次的重大错报；进一步审计程序的类型包括观察、检查、询问、函证、重新计算、重新执行和分析程序。
4. A 【解析】识别的重大错报风险不仅可能与特定的某类交易、账户余额和披露的认定相关，还可能与财务报表整体广泛相关。
5. A 【解析】控制测试是指用于评价内部控制在防止或发现并纠正认定层次重大错报方面的运行有效性的审计程序，所以无法发现认定层次发生的错报金额(实质性程序是用来发现认定层次发生的错报金额)，也无法验证实质性程序结果的可靠性，选项BC均不正确；选项D为了解内部控制的目的。
6. C 【解析】选项A，如果通过实施实质性程序未发现某项认定存在错报，这本身不能说明与该认定有关的控制是有效运行的；选项B，如果控制在剩余期间发生了变化(如信息系统、业务流程或人事管理等方面发生变动)，注册会计师需要了解并测试控制的变化对期中审计证据的影响；选项D，如果某一控制在剩余期间内未发生变动，还需要考虑其他因素确定针对期中证据以外的、剩余期间的补充证据。

7. B 【解析】对于旨在减轻特别风险的控制，不论该控制在本期是否发生变化，注册会计师都不应依赖以前审计获取的证据。

8. A 【解析】细节测试是实质性程序的一部分；控制测试不是必须的审计程序。

9. B 【解析】选项A，控制测试与实质性程序之间并没有必然的先后顺序；选项C，针对账户余额的实质性程序可以在日前实施，也可以在日后实施；选项D，应对舞弊风险的实质性程序应当在资产负债表日或接近资产负债表日执行。

10. D 【解析】完成阶段的重要性水平在金额上小于初步评估的重要性水平，注册会计师应增加审计证据的数量。选项ABC表明内部控制较好，重大错报风险较低，可以缩小实质性程序的范围。

11. D 【解析】选项D错误，控制测试不是必须的。

二、多项选择题

1. ACD 【解析】选项A具有不可预见性；选项B属于常规程序，通常情况下注册会计师会选择大额应收账款实施函证；选项C具有不可预见性，通常情况下函证内容不包括销售交易的具体条款；选项D，通常情况下注册会计师愿意选择金额较大的存货实施监盘，此时选择了金额较小的存货实施检查，具有不可预见性。

2. ABC 【解析】不同认定的风险差异越大，审计程序实施范围的差异越大，所实施的审计程序的性质不一定有大的差异。例如，如果存货的错报风险很高而现金的错报风险很低，注册会计师应当在对存货项目审计时收集更多的证据，而在对现金项目审计时收集的证据可能比正常情况下少，但对这两个项目实施的审计程序都是监盘，性质上并无差异。

3. ABC 【解析】可容忍错报影响审计抽样中样本规模的确定，因此也是影响进一步审计程序范围应考虑的因素。

4. ABD 【解析】存在下列情形之一时，注册会计师应当实施控制测试：①在评估认定层次重大错报风险时，预期控制的运行是有效的；②仅实施实质性程序并不能够提供认定层次充分、适当的审计证据。

5. AC 【解析】选项B，剩余时间越长，注册会计师需要获取的剩余期间的补充证据越多；选项D，注册会计师对相关控制的信赖程度越高，注册会计师需要获取的剩余期间的补充证据越多。

6. ABD 【解析】如果注册会计师拟信赖针对特别风险的控制，那么所有关于该控制运行有效性的审计证据必须来自当年的控制测试，相应地，注册会计师应当在每次审计中都测试这类控制，选项C不正确。

7. AC 【解析】选项B，对不属于旨在减轻特别风险的控制，虽然在最近两年被测试过，还应当考虑控制是否有变化、是否有需要测试的因素(如复杂的人工控制)或为满足每年测试一部分控制的要求来决定是否测试该控制，而不能直接作出无需测试的决策；选项D，对旨在减轻特别风险的控制，无论该控制在本期是否发生变化，注册会计师都不应依赖以前审计获取的证据，而应在本期审计中测试这些控制的运行有效性。

8. ABC 【解析】当针对其他控制获取审计证据的充分性和适当性较高时，测试该控制的范围可适当缩小。所以两者是反向关系，选项D不正确。

9. ABD 【解析】在期中对相关控制获取的审计证据比较充分，可以考虑适当减少需要获取的剩余期间的补充证据。

10. ABC 【解析】选项D，期中实施实质性程序获取的审计证据不能直接作为期末财务报表认定的审计证据，注册会计师仍然需要消耗进一步审计资源，使期中审计证据能够合理延伸至期末。

三、简答题

1.【答案】

(1)不恰当。实质性分析程序单独并不足以应对特别风险，注册会计师应当实施细节测试，或将实质性分析程序与细节测试结合使用。

(2)不恰当。函证通常不能为应收账款的计价和分摊认定提供充分适当的审计证据。有针对性的审计程序为检查应收账款账龄、期后收款情况、了解被审计单位的信用政策和欠款客户信用额度等。

(3)不恰当。在询问管理层意图时，获取的支持管理层意图的信息可能是有限的。在这种情况下，了解管理层过去所声称意图的实现情况、选择某项特别措施时声称的原因以及实施某项具体措施的能力，可以为佐证通过询问获取的证据提供相关信息。因此仅实施询问程序不充分。

(4)不恰当。应对抵押借款披露的完整性的重大错报风险，应实施的审计程序为对借款协议进行检查、向银行函证等程序。

(5)不恰当。如果在存货盘点现场实施存货监盘不可行，注册会计师应当实施替代审计程序，如检查盘点日后出售盘点日之前取得或购买的特定存货的文件记录，以获取有关存货存在和状况的充分适当的审计证据。

2.【答案】

(1)不恰当。仅检查签字无法证实复核人员进行了认真核对。

(2)不恰当。A注册会计师应当尽可能避免让被审计单位事先了解将要抽盘的存货项目。

(3)不恰当。舞弊风险属于特别风险，A注册会计师不应依赖以前审计获取的证据。

(4)恰当。

(5)不恰当。该偏差属于系统偏差，扩大样本规模通常无效。

(6)不恰当。A注册会计师未对函证的全过程保持控制，询证函应由注册会计师亲自发出，回函直接寄回会计师事务所，不应由被审计单位转交或收回。

本章知识串联

- 风险应对
  - 针对财务报表层次重大错报风险的总体应对措施★
    - 总体应对措施
      - 向项目组强调保持职业怀疑的必要性
      - 指派更有经验或具有特殊技能的审计人员，或利用专家的工作
      - 提供更多的督导
      - 在选择拟实施的进一步审计程序时融入更多的不可预见的因素
      - 对拟实施审计程序的性质、时间安排和范围做出总体修改
    - 增加审计程序不可预见性的方法
      - 范围：对低于设定的重要性水平或风险较小的账户余额和认定实施实质性程序
      - 时间：调整实施审计程序的时间，使其超出被审计单位的预期
      - 选样：采取不同的审计抽样方法，使当年抽取的测试样本与以前有所不同
      - 地点：选取不同的地点实施审计程序，或预先不告知被审计单位所选定的测试地点
    - 总体应对措施对总体审计方案的影响
      - 评估的财务报表层次重大错报风险水平属于高风险水平时，倾向于实质性方案
  - 针对认定层次重大错报风险的进一步审计程序★
    - 进一步审计程序包括
      - 控制测试
      - 实质性程序
        - 细节测试；实质性分析程序
    - 总体方案（拟实施进一步审计程序）
      - 实质性方案（以实质性程序为主）
      - 综合性方案（控制测试+实质性程序）
  - 控制测试★★
    - 含义：评价内部控制在防止或发现并纠正认定层次重大错报方面的运行有效性
    - 要求：并非任何情况下均需实施
    - 应当实施控制测试的情形
      - 在评估认定层次重大错报风险时，预期控制的运行是有效的
      - 仅实施实质性程序并不能够提供认定层次充分、适当的审计证据
    - 内容
      - 控制在所审计期间的相关时点是如何运行的
      - 控制是否得到一贯执行
      - 控制由谁或以何种方式执行
    - 性质
      - 询问、观察、检查、重新执行
    - 实施控制测试时间：一般安排在期中进行
    - 时间
      - 剩余期间补充证据的考虑
      - 以前获取的审计证据的考虑
        - 控制在本期发生实质性变化，以致影响以前审计所获取证据的相关性，应当在本期审计中再测试
        - 控制在本期未发生变化且不属于旨在减轻特别风险的控制：每三年至少测试一次
    - 范围
      - 确定范围应考虑的因素
        - 控制执行的频率越高，控制测试的范围越大
        - 拟信赖期间越长，控制测试的范围越大
        - 对审计证据的相关性和可靠性要求越高，控制测试的范围越大
        - 预期偏差率越高，需要实施控制测试的范围越大
        - 与认定相关的其他控制获取的审计证据的充分性和适当性较高，控制测试的范围可适当缩小
  - 实质性程序★★
    - 含义：用于发现认定层次重大错报
    - 要求：针对重大交易、账户余额和披露，必须实施
    - 性质
      - 细节测试：如函证、重新计算等
      - 实质性分析程序
    - 时间
      - 一般考虑
        - 控制越薄弱，越不宜在期中实施
        - 评估的某认定的重大错报风险越高，越应当考虑在期末（或接近期末）实施
        - 特定认定的特殊性质，如收入截止认定、未决诉讼则必须在期末（或接近期末）实施
      - 期中审计证据的考虑
        - 针对剩余期间实施进一步的实质性程序
        - 将实质性程序和控制测试结合使用
      - 以前获取的审计证据的考虑：不足以应对本期的重大错报风险
    - 范围：评估的认定层次的重大错报风险越高，实质性程序的范围就越大

第三编 各类交易和账户余额的审计

本编主要介绍审计实务的知识。将企业业务划分为多个循环，分别介绍了销售与收款循环的审计、采购与付款循环的审计、生产与存货循环的审计，另外还介绍了货币资金的审计。教材在对每一循环编写时，遵循了以下风险导向审计的逻辑：

了解业务循环的基本流程(环节)→识别认定层次的重大错报风险(包括了解内部控制)→应对：设计和实施进一步审计程序(控制测试 & 实质性程序)

在学习本编的内容时，理解每一循环业务审计的流程：

第一步：了解循环业务活动

包括主要业务活动、业务特点、相关凭证以及内部控制。

第二步：识别和评估重大错报风险

识别业务循环中的重大错报风险，设计进一步审计程序总体方案。

第三步：控制测试

对拟信赖的控制进行测试。

第四步：实质性程序

对主要报表项目实施实质性分析程序或细节测试。

从难度分析，本编内容难度不大，重点掌握各循环中涉及的重要报表项目的审计，如应收账款、存货、营业收入、应付账款的审计等，同时要注意掌握对应的会计知识，可以结合注册会计师《会计》教材中的收入、存货、固定资产、无形资产、长期股权投资、应付职工薪酬、非货币性资产交换、资产负债表日后事项等章节内容进行学习，要求具有在审计中灵活运用相关会计知识的能力。

预计在今年的考试中，本编内容在客观题和主观题中均有可能涉及，尤其要关注主观题中对审计目标、风险评估与应对、相关会计知识的考核，以及客观题中关于恰当控制测试和实质性程序的选择。

第9章 销售与收款循环的审计

考情解密

历年考情概况

本章属于重点章节，常与审计目标、其他业务循环、风险评估、审计报告等知识点结合命题，而且考查角度多样，命题灵活，在综合题中体现的尤为明显。预计今年考核分值在4分左右。

近年考点直击

考点	主要考查题型	考频指数	考查角度
销售业务的相关认定	选择题、综合题	★★	与销售业务相关的重大错报风险的评估、与之相关的审计程序及影响的认定
销售业务的内部控制与控制测试	选择题、简答题、综合题	★★	(1)以"控制目标、关键内部控制与审计测试一览表"为基础的填表题；(2)关注重大错报风险的评估
应收账款的审计	简答题	★★★	指出应收账款函证的不当之处和发现问题后的处理程序
分析程序	综合题	★★	以毛利率、应收账款周转率等为基础的分析程序

学习方法与应试技巧

针对本章的学习，应注意以下考点：

(1)应了解销售与收款循环涉及的主要业务活动和可能涉及的认定。

(2)理解针对登记入账的销售交易确系已经发货给真实的客户(发生)和针对已发生的销售交易均已登记入账(完整性)的实质性程序；熟练掌握应收账款函证的范围、时间的选择、发送与收回的控制、差异原因分析的要点，以及对应收账款函证回函的处理要求，包括以电子形式回函的、替代程序、函证结果的分析和评价等，这些内容容易在简答题中出现。

(3)在综合题中出现销售环节的风险评估与应对、应收账款贷方余额的重分类、坏账准备的计提、销售退回的审计调整等。

本章2020年考试主要变化

本章主要根据《中国注册会计师审计准则问题解答第4号——收入确认》对"常用的收入确认舞弊手段""表明被审计单位在收入确认方面可能存在舞弊风险的迹象""对收入确认实施分析程序"以及"营业收入的实质性程序"等内容进行了全部或部分的改写。

考点详解及精选例题

考点一 了解销售与收款循环的业务活动

一、销售与收款循环的主要业务活动

销售业务从接受客户订购单开始，经过信用部门赊销审批、发货、装运、开票、记账、收款等过程如图9-1所示：

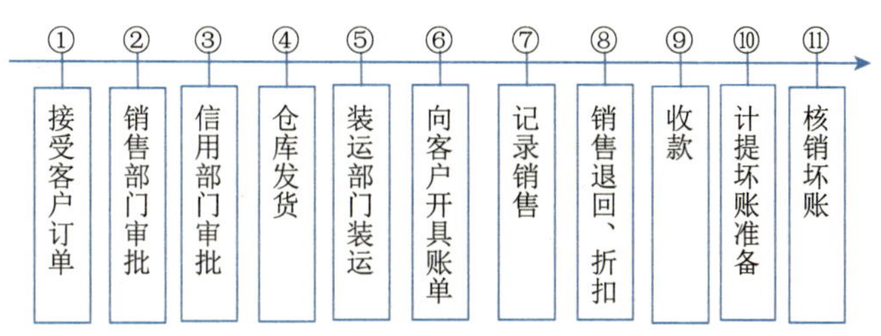

图9-1 销售与收款循环涉及的主要业务活动环节

销售与收款循环涉及的主要业务活动详细内容见表9-1：

表9-1 销售与收款循环涉及的主要业务活动及认定

流程	主要业务活动	相关认定
接受客户订购单	首先由客户提出订货要求。销售单管理部门根据以前列出已批准销售的客户名单决定是否同意接受某客户的订单。如果该客户未被列入，则通常需要由销售单管理部门的主管来决定是否同意销售。如果同意并确定销售，应编制一式多联的销售单	销售单与销售交易的“**发生**”认定相关
批准赊销信用	如果是赊销业务，销售单应由信用管理部门(**非销售部门**)根据管理层的赊销政策在每个客户的已授权的信用额度内进行。无论是否批准赊销，都要求被授权的信用管理部门人员在销售单上签署意见	信用审批降低了坏账风险，与应收账款账面余额的“**计价和分摊**”认定有关
根据销售单编制发运凭证并发货	经过信用审批后的销售单送回销售部门后，第一联直接送仓库作为按销售单供货和发货给装运部门的授权依据，第二联交开具账单部门，第三联由销售部门留存。仓库开具预先连续编号的发货单，并在销售的产品装运后，将相关副联分送开具账单部门、运输单位和客户	销售单流转控制与销售交易的“**完整性**”认定有关
按销售单装运货物	装运部门在装运之前，应将从仓库提取的商品与销售单进行核对，以确定从仓库提取的商品都附有经批准的销售单，且所提取商品的内容与销售单及发运凭证一致	核对销售单与销售的交易“**发生**”“**准确性**”认定相关
向客户开具账单	开具账单部门职员在开具每张销售发票之前，**独立检查**是否存在装运凭证和相应的经批准的销售单。将装运凭证上的商品总数与相对应的销售发票上的商品总数核对，依据已授权批准的商品价目表编制销售发票，检查销售发票计价和计算的正确性	检查装运凭证及复核与销售交易的“**发生**”“**准确性**”认定相关

流程	主要业务活动	相关认定
记录销售	依据附有有效装运凭证和销售单的销售发票记录销售。检查销售发票编号的连续性、装运凭证和销售单的日期，以及销售发票上的销售金额同会计记录金额的一致性。定期独立检查应收账款的明细账与总账的一致性。定期向客户寄送对账单，并要求客户将任何例外情况直接向指定的未执行或记录销售交易的会计主管报告	检查销售发票编号的连续性，装运凭证和销售单的日期等，与销售交易“**发生**”“**完整性**”“**准确性**”等认定相关

二、销售与收款循环的内部控制

销售与收款循环业务通常从以下几个方面设计和执行内部控制，见表 9-2：

表 9-2　销售与收款循环的内部控制

适当的职责分离	(1)办理销售、发货、收款三项业务的部门(或岗位)分别设立。在订立销售合同前，应当指定专人(**至少两人以上**)与客户谈判，并与订立合同的人员相分离。**赊销批准**职能与**销售**职能应**分离**； (2)销售人员应当避免接触销货现款； (3)**编制销售发票通知单**的人员与**开具销售发票**的人员应相互分离； (4)主营业务收入和应收账款记账的职员不得经手货币资金(出纳)；**主营业务收入账**由记录**应收账款之外**的职员独立登记，并由另一位不负责账簿记录的职员**定期**调节总账和明细账； (5)企业应收票据的**取得**和**贴现**必须经由保管票据以外的**主管人员**的**书面批准**
恰当的授权审批	审批人应当在**授权范围内**进行审批，以防审批人失误而造成严重损失： (1)价格审批：销售价格、销售条件、运费、折扣等必须经过审批； (2)赊销审批：在销售发生之前，赊销已经正确审批； (3)发货审批：非经正当审批，不得发出货物
充分的凭证和记录	(1)在收到客户订购单后，就立即编制**预先编号**的**一式多联**的销售单，分别用于批准赊销、审批发货、记录发货数量以及向客户开具发票等；**定期清点**销售单和销售发票，以免**漏开发票**或**漏记销售**； (2)在记录销售交易之前，对**销售单**、**发运凭证**和**销售发票**上的信息进行核对(**三单核对**)，以确保入账的营业收入是真实发生的、准确的
凭证的预先编号	(1)对凭证预先进行**编号**，旨在防止销售以后**遗漏**向客户开具账单或登记入账(**完整**)，也可防止**重复**开具账单或重复记账(**发生**)； (2)定期检查全部凭证的编号，并调查凭证缺号或重号的原因，是实施这项控制的关键点
按月寄出对账单	(1)由不负责**现金出纳**和**销售**及**应收账款记账**的人员按月向客户**寄发对账单**； (2)对于所有核对不符的账项，指定一位既不掌管货币资金也不记录主营业务收入和应收账款的**主管人员处理**，并由独立人员按月编制对账情况汇总报告并交管理层审阅
收款交易的控制	(1)及时办理销售收款业务，建立应收账款信用风险分析制度和逾期应收账款催收制度； (2)**销售部门**应当负责应收账款的**催收**，**财会部门**应当**督促**销售部门加紧催收，定期与客户通过函证等方式核对往来款项； (3)按客户设置应收账款台账，及时登记每一客户应收账款余额增减变动情况和信用额度使用情况，对可能成为坏账的应收账款应当报告有关决策机构，由其进行审查，确定是否确认为坏账； (4)注销的坏账应做到**账销案存**。已注销的坏账又收回时应当及时入账，防止形成账外资金
内部核查	由内审人员或其他独立人员核查销售与收款交易的内部控制

考点二　风险评估与控制测试

一、评估销售与收款循环的重大错报风险★★

注册会计师在识别和评估与收入确认相关的重大错报风险时，应当基于收入确认存在舞弊风险的假定，评价哪些类型的收入、收入交易或认定导致舞弊风险（链接“对舞弊和法律法规的考虑”一章中的收入舞弊假设）。

1. 通过实施风险评估程序识别与收入确认相关的舞弊风险

注册会计师应当评价通过实施风险评估程序和执行其他相关活动获取的信息是否表明存在舞弊风险因素。

2. 常用的收入确认舞弊手段

（1）为了达到粉饰财务报表的目的而虚增收入或提前确认收入；

（2）为了达到报告期内降低税负或转移利润等目的而少计收入或延后确认收入。

3. 舞弊风险的迹象

存在舞弊风险迹象并不必然表明发生了舞弊，但了解舞弊风险迹象，有助于注册会计师对审计过程中发现的异常情况产生警觉，从而更有针对性地采取应对措施。

4. 对收入确认实施分析程序

分析程序是一种识别收入确认舞弊风险的较为有效的方法，注册会计师通过实施分析程序，可能识别出未注意到的异常关系，或通过其他程序难以发现的变动趋势，从而有目的、有针对性地关注可能发生重大错报风险的领域，有助于评估重大错报风险，为设计和实施应对措施提供基础。

二、根据重大错报风险评估结果设计进一步审计程序

注册会计师基于销售与收款循环的重大错报风险评估结果，制定实施进一步审计程序的总体方案（包括综合性方案和实质性方案），继而实施控制测试和实质性程序，以应对识别出的认定层次的重大错报风险（见表9-3）。

表 9-3　销售与收款循环的重大错报风险和进一步审计程序总体方案

重大错报风险描述	相关财务报表项目及认定	风险程度	是否信赖控制	进一步审计程序的总体方案	拟从控制测试中获取的保证程度	拟从实质性程序中获取的保证程度
销售收入可能未真实发生	收入：发生 应收账款：存在	特别	是	综合性方案	高	中
销售收入记录可能不完整	收入/应收账款：完整性	一般	否	实质性方案	无	低
期末收入交易可能未计入正确的期间	收入：截止 应收账款：存在/完整性	特别	否	实质性方案	无	高
发生的收入交易未能得到准确记录	收入：准确性 应收账款：计价和分摊	一般	是	综合性方案	部分	低
应收账款坏账准备的计提不准确	应收账款：计价和分摊	一般	否	实质性方案	无	中

【知识点拨】审计方案选择

（1）拟信赖内部控制，采用综合性方案；不拟信赖内部控制，采用实质性方案，不进行控制测试。

（2）采用综合性方案，拟从控制测试中获取的保证程度不能低（中或高）；针对特别风

险，拟从实质性程序中获取的保证程度不能低(中或高)；针对一般风险，拟从实质性程序中获取的保证程度要求不高。

(3)采用实质性方案，针对特别风险，拟从实质性程序中获取的保证程度要求应当高，而针对一般风险不确定。

三、测试销售与收款循环的内部控制

控制测试按测试的起点不同，可分为以目标为起点的控制测试和以风险为起点的控制测试两种，以风险为起点的控制测试举例见表9-4：

表9-4　销售与收款循环的风险、存在的控制及控制测试程序

可能发生错报的环节	相关的财务报表项目及认定	存在的内部控制(自动)	存在的内部控制(人工)	内部控制测试程序
订单处理和赊销的信用控制				
可能向没有获得赊销授权或超出了其信用额度的客户赊销	收入：发生 应收账款：存在	订购单上的客户代码与应收账款主文档记录的代码一致。 目前未偿付余额加上本次销售额在信用限额范围内。上述两项均满足才能生成销售单	对于不在主文档中的客户或是超过信用额度的客户订购单，需要经过适当授权批准，才可生成销售单	询问员工销售单的生成过程，检查是否所有生成的销售单均有对应的客户订购单为依据。 检查系统中自动生成销售单的生成逻辑，是否确保满足了客户范围及其信用控制的要求。对于系统外授权审批的销售单，检查是否经过适当批准
发运商品				
可能在没有批准发货的情况下发出了商品	收入：发生 应收账款：存在	当客户销售单在系统中获得发货批准时，系统自动生成连续编号的发运凭证	保安人员只有当附有经批准的销售单和发运凭证时才能放行	检查系统内发运凭证的生成逻辑以及发运凭证是否连续编号，询问并观察发运时保安人员的放行检查
发运商品与客户销售单可能不一致	收入：准确性 应收账款：计价和分摊	计算机把发运凭证中所有准备发出的商品与销售单上的商品种类和数量进行比对。打印种类或数量不符的例外报告，并暂缓发货	管理层复核例外报告和暂缓发货的清单，并解决问题	检查例外报告和暂缓发货的清单
已发出商品可能与发运凭证上的商品种类和数量不符	收入：准确性 应收账款：计价和分摊	—	商品打包发运前，装运部门对商品和发运凭证内容进行独立核对，并在发运凭证上签字以示商品已与发运凭证核对且种类和数量相符。客户要在发运凭证上签字以作为收到商品且商品与订购单一致的证据	检查发运凭证上相关员工及客户的签名，作为发货一致的证据

可能发生错报的环节	相关的财务报表项目及认定	存在的内部控制（自动）	存在的内部控制（人工）	内部控制测试程序
已销售商品可能未实际发运给客户	收入：发生 应收账款：存在	—	客户要在发运凭证上签字以作为收到商品且商品与订购单一致的证据	检查发运凭证上客户的签名，作为收货的证据

【知识点拨】请考生应仔细研读教材中“销售与收款循环的风险、存在的控制及控制测试程序”，学会“有什么样的内部控制”就测试“什么内部控制”，对人工控制进行测试，分别采用询问、观察、检查等方法，对于自动化控制，采用检查系统“生成逻辑”，掌握规律后，对应对简答题、综合题均有帮助。

考点三　营业收入的实质性程序

一、主营业务收入的一般实质性程序

1. 获取或编制主营业务收入明细表

（1）复核加计是否正确，并与总账数和明细账合计数核对是否相符；

（2）检查以非记账本位币结算的主营业务收入使用的折算汇率及折算是否正确。

2. 实施实质性分析程序★★

分析程序主要在综合题中进行考查。在做题时，首先将相关项目的本期数与上期数进行比较。答题分两步进行：

（1）比较：增减比例＝（本年数－上年数）÷上年数。

（2）分析：××项目比上年增加了××万元，增幅为××%，理由……

如果给出了相关的收入与成本数据，一定要计算毛利率（包括不同产品、本期与上期，各月份）；关注以前年度没有的项目等问题。常用的分析程序包括：

①将账面销售收入、销售清单和销售增值税销项清单进行核对。

②将本期销售收入金额与以前可比期间的对应数据或预算数进行比较。

③分析月度或季度销售量、销售单价、销售收入金额、毛利率变动趋势。

④将销售收入变动幅度与销售商品及提供劳务收到的现金、应收账款/合同资产、存货、税金等项目的变动幅度进行比较。

⑤将销售毛利率、应收账款/合同资产周转率、存货周转率等关键财务指标与可比期间数据、预算数或同行业其他企业数据进行比较。

⑥分析销售收入等财务信息与投入产出率、劳动生产率、产能、水电能耗、运输数量等非财务信息之间的关系。

⑦分析销售收入与销售费用之间的关系，包括销售人员的人均业绩指标、销售人员薪酬、广告费、差旅费，以及销售机构的设置、规模、数量、分布等。

【例题1·多选题】被审计单位某产品2018年的毛利率与2017年相比有所上升，被审计单位提供了以下解释，其中可以说明上述问题的有（　）。

A. 产品使用的主要原材料价格与2017年相比有所下降

B. 产品的产量与2017年相比有所增加

C. 产品的销售收入占当年主营业务收入的比例比2017年有所上升

D. 产品的销售价格比2017年有所上升

解析 该产品的销售收入占当年主营业务收入的比例增加，属于主营业务收入中销售产品结构的变化，并不影响毛利率。比如除该产品之外的其它产品的销售收入占比变低，会使得该产品的销售收入占比增加，但是对于该产品本身来说，毛利率不变。

答案 ABD

3. 检查主营业务收入的确认★★

根据财会2017年22号（关于修订印发

《企业会计准则第 14 号——收入》的通知）的规定，企业应当在履行了合同中的履约义务，即在客户取得相关商品控制权时确认收入。

4. 对主营业务收入发生认定的检查★★★

以主营业务收入明细账中的会计分录为起点，检查相关原始凭证，检查其是否已按合同约定履行了履约义务，还要检查原始凭证中的交易日期（客户取得商品控制权的日期），以确认收入记入了正确的会计期间。

结合对应收账款实施函证程序，也可证实销售的发生。

5. 对主营业务收入完整性认定的检查★★★

从发运凭证中选取样本，追查至主营业务收入明细账，以确定是否存在遗漏事项。

采用此程序时，注册会计师需要确认全部发运凭证均已归档，这一点一般可以通过检查发运凭证的顺序编号来查明。

【知识点拨】 **由原始凭证追查至明细账**测试遗漏的业务（"完整性"目标），**从明细账追查至原始凭证**测试不真实的交易（"发生"目标）。即：测试发生目标时，起点是明细账；测试完整性目标时，起点是发货凭证等原始凭证。

6. 检查登记入账的销售交易计价的准确性★

典型的细节测试程序包括复算会计记录中的数据：

（1）以主营业务收入明细账中的会计分录为起点，将所选择的交易业务的合计数与应收账款明细账和销售发票存根进行比较核对；

（2）销售发票存根上所列的单价，通常还要与经过批准的商品价目表进行比较核对，对其金额小计和合计数也要进行复算；

（3）发票中列出的商品的规格、数量和客户代码等，则应与发运凭证进行比较核对；

（4）审核客户订购单和销售单中的同类数据。

7. 实施销售的截止测试★★★

实施截止测试的前提：注册会计师充分了解被审计单位的收入确认会计实务，并识别能够证明某笔销售符合收入确认条件的关键单据。

（1）选取资产负债表日前后若干天的发运凭证，与应收账款和收入明细账进行核对；同时，从应收账款和收入明细账中选取在资产负债表日前后若干天的凭证，与发运凭证核对，以确定销售是否存在跨期现象。实施截止测试的两条审计路径，见表 9-5：

表 9-5　销售的截止测试

审计路线	目的	测试程序
以账簿记录为起点	防止高估营业收入	从资产负债表日前后若干天的账簿记录追查至记账凭证和客户签收的发运凭证，目的是证实已入账收入是否在同一期间已发货并由客户签收，有无多记收入
以发运凭证为起点	防止低估营业收入	从资产负债表日前后若干天的已经客户签收的发运凭证查至账簿记录，确定营业收入是否已记入恰当的会计期间

（2）复核资产负债表日前后"销售和发货水平"，确定业务活动水平是否异常，并考虑是否有必要追加实施截止测试程序。

（3）取得资产负债表日后所有的"销售退回记录"，检查是否存在提前确认收入的情况。

（4）结合对资产负债表日应收账款的函证程序，检查有无未取得对方认可的大额销售。

二、营业收入的特别审计程序

除了上述较为常规的审计程序外，注册会计师还要检查有无特殊的销售行为，如附有销售退回条件的商品销售、委托代销、售后回购、以旧换新、分期收款销售、出口销售、售后租回等，根据被审计单位的特定情况和收入的重大错报风险程度，考虑是否有必要实施一些特别的审计程序。

如果识别出被审计单位收入真实性存在重大异常情况，且通过常规审计程序无法获取充分、适当的审计证据，注册会计师需要考虑实施“延伸检查”程序，即对检查范围进行合理延伸，以应对识别出的舞弊风险。“延伸检查”程序的性质、时间安排和范围，应当针对被审计单位的具体情况，与评估的舞弊风险相称，并体现重要性原则。

考点四　应收账款的实质性程序

一、一般程序

1. 取得应收账款明细表

（1）复核加计正确，并与总账数和明细账合计数核对是否相符；结合坏账准备科目与报表数核对是否相符。

（2）检查非记账本位币应收账款的折算汇率及折算是否正确。

（3）分析应收账款明细账余额（分类）

应收账款明细账的余额一般在借方，注册会计师在分析应收账款明细账余额时，如果发现应收账款贷方余额，应查明原因，必要时建议作重分类调整。

应收账款明细账出现贷方余额，属于债务，应列入“预收款项”项目。需编制重分类调整分录：

借：应收账款—××客户

　　贷：预收款项—××客户

2. 分析相关财务指标★★

（1）复核应收账款借方累计发生额与主营业务收入关系是否合理，并将当期应收账款借方发生额占销售收入净额的百分比与管理层考核指标和被审计单位相关赊销政策比较，如存在异常应查明原因；

（2）计算应收账款周转率、应收账款周转天数等指标，并与被审计单位相关赊销政策、被审计单位以前年度指标、同行业同期相关指标对比分析，分析是否存在重大异常并查明原因。

应收账款周转率（次）= 销售收入÷平均应收账款

其中：平均应收账款 =（期初应收账款 + 期末应收账款）/2

销售收入为扣除折扣与折让后的净额；应收账款是未扣除坏账准备的金额

应收账款周转天数 = 360÷应收账款周转率 =（平均应收账款×360）÷销售收入净额

3. 检查应收账款账龄分析是否正确★★

（1）获取应收账款账龄分析表。

注册会计师可以通过查看应收账款账龄分析表了解和评估应收账款的可收回性。

（2）测试应收账款账龄分析表计算的准确性，并将应收账款账龄分析表中的合计数与应收账款总分类账余额相比较，并调查重大调节项目。

（3）从账龄分析表中抽取一定数量的项目，追查至相关销售原始凭证，测试账龄划分的准确性。

采用账龄分析法计提坏账准备时，收到债务单位当期偿还的部分债务后，剩余的应收账款，不应改变其账龄，仍应按原账龄加上本期应增加的账龄确定；在存在多笔应收账款且各笔应收账款账龄不同的情况下，收到债务单位当期偿还的部分债务，应当逐笔认定收到的是哪一笔应收账款；如果确实无法认定的，按照先发生先收回的原则确定，剩余应收账款的账龄按上述同一原则确定。

『举例』假定 S 公司 2019 年度无需编制合并财务报表，也未发生重大重组行为，在不考虑披露格式、内容的完整性等其他因素的前提下，S 公司 2019 年度财务报表项目注释中披露的应收账款的账龄结构如下：

账龄	2019 年 12 月 31 日		2018 年 12 月 31 日	
	金额(元)	比例(%)	金额(元)	比例(%)
1 年以内	9658252.81	65.58	8805969.27	65.37
1-2 年	2548613.02	17.31	3027082.47	22.46
2-3 年	1437597.69	9.76	678968.42	5.04
3-4 年	942223.05	6.40	789630.42	5.86
4-5 年	139884.83	0.95	153086.20	1.14
5 年以上			16906.00	0.13
合计	14726571.40	100	13471642.78	100

在没有重组、分立等情况下，应收账款只能是通过归还、坏账等方式减少，所以，上年 1 年以内≥本年 1-2 年的余额，以此类推，S 公司 2019 年度账龄 3-4 年的余额大于 2018 年度账龄 2-3 年的余额，注册会计师认为异常，应查明原因。

4. 检查应收账款在资产负债表上是否已恰当披露。

如果被审计单位为上市公司，则其财务报表附注通常应披露期初、期末余额的账龄分析，期末欠款金额较大的单位账款，以及持有 5%(含 5%)以上股份的股东单位欠款等情况。

二、重要程序—函证★★★

应收账款函证程序实施要点，见表 9-6：

表 9-6　应收账款函证程序实施要点

要点	要求
函证的必要性	除非认为应收账款对财务报表**不重要**或者很可能**函证无效**，否则应当对应收账款进行函证。 如不函证，应当在审计工作底稿中说明理由。如果认为函证很可能是无效的，应当实施替代审计程序
函证范围	影响函证范围的因素：①应收账款在全部资产中的重要性(正向关系)；②内部控制的有效性(反向关系)；③以前年度的函证结果(以前发现差异或异常，则范围加大)
函证对象	主要函证对象：金额较大或账龄较长的项目；与债务人发生纠纷的项目；重大关联方项目；主要(或关系密切)客户项目；交易频繁但期末余额较小甚至为零的项目；可能产生重大错报或舞弊的非正常的项目
函证方式	当**同时**存在下列情况时，考虑采用消极的函证方式：①重大错报风险评估为低水平；②涉及大量余额较小的账户；③预期不存在大量的错误；④没有理由相信被询证者不认真对待函证
函证时间的选择	以资产负债表日为**截止日**，在资产负债表日后适当时间内实施函证。 如果重大错报风险评估为**低水平**，可选择资产负债表日**前**适当日期为截止日实施函证，并对所函证项目自该截止日起至资产负债表日止发生的**变动**实施实质性程序
函证的发送和回收	①注册会计师应当直接控制询证函的发送和回收； ②以传真、电子邮件等方式回函的，注册会计师应当直接接收，并检查电子回函的环境
对未回函项目实施替代程序	①检查资产负债表日后收回的货款； ②检查相关的销售合同、销售单、发运凭证等文件； ③检查被审计单位与客户之间的往来邮件，如有关发货、对账、催款等事宜邮件。 『注意』如识别出有关收入确认的舞弊风险，导致注册会计师不能信赖从被审计单位取得的审计证据，则替代程序不能提供注册会计师需要的审计证据

要点	要求
不符事项	不符事项的原因可能是：①由于双方登记入账的时间不同；②由于一方或双方记账错误；③被审计单位的舞弊行为。 对所有不符事项，应查明原因，实施必要的审计程序，确定是否需要调整
所有权问题	询证函回函的所有权**归属会计师事务所**。除法院、检察院及其他有关部门依法查阅审计工作底稿、注册会计师协会对执业情况进行检查以及前后任注册会计师沟通等情形外，会计师事务所不得将询证函回函提供给被审计单位作为法律诉讼证据

【例题2·多选题】在对应收账款进行函证时，注册会计师的以下做法中正确的有（　）。

A. 对个别欠款金额较大的账户采用积极式函证

B. 将回函不符的应收账款直接要求被审计单位进行调整

C. 对多数金额较小的账户采用消极式函证

D. 应收账款询证函应当以被审计单位的名义发函，并要求回函寄至会计师事务所

解析 选项B，对于回函不符的金额应当查明原因，再实施进一步的行动，不应当直接要求被审计单位予以调整；选项C，消极式函证应同时满足四个条件。　**答案** AD

真题精练

一、单项选择题

1. (2014年)下列认定中，与销售信用批准相关的是(　)。

A. 发生　　B. 计价和分摊

C. 完整性　　D. 权利和义务

2. (2013年)下列有关注册会计师是否实施应收账款函证程序的说法中，正确的是(　)。

A. 对上市公司财务报表执行审计时，注册会计师应当实施应收账款函证程序

B. 对小型企业财务报表执行审计时，注册会计师可以不实施应收账款函证程序

C. 如果有充分证据表明函证很可能无效，注册会计师可以不实施应收账款函证程序

D. 如果在收入确认方面不存在由于舞弊导致的重大错报风险，注册会计师可以不实施应收账款函证程序

二、多项选择题

(2014年)下列各项审计程序中，可以为营业收入发生认定提供审计证据的有(　)。

A. 从营业收入明细账中选取若干记录，检查相关原始凭证

B. 对应收账款余额实施函证

C. 检查应收账款明细账的贷方发生额

D. 调查本年新增客户的工商资料、业务活动及财务状况

三、简答题

1. (2018年)ABC会计师事务所的A注册会计师负责审计甲公司2017年度财务报表。审计工作底稿中与函证相关的部分内容摘录如下：

(1)甲公司2017年末的一笔大额银行借款已于2018年初到期归还。A注册会计师检查了还款凭证等支持性文件，结果满意，决定不实施函证程序，并在审计工作底稿中记录了不实施函证程序的理由。

(2)A注册会计师评估认为应收账款的重大错报风险较高，为尽早识别可能存在的错报，在期中审计时对截至2017年9月末的余额实施了函证程序，在期末审计时对剩余期间的发生额实施了细节测试，结果满意。

(3) A 注册会计师对应收乙公司的款项实施了函证程序。因回函显示无差异，A 注册会计师认可了管理层对应收乙公司款项不计提坏账准备的处理。

(4) A 注册会计师拟对甲公司应付丙公司的款项实施函证程序。因甲公司与丙公司存在诉讼纠纷，管理层要求不实施函证程序。A 注册会计师认为其要求合理，实施了替代审计程序，结果满意。

(5) A 注册会计师评估认为应付账款存在低估风险，因此，在询证函中未填列甲公司账面余额，而是要求被询证者提供余额信息。

要求：针对上述第(1)至(5)项，逐项指出 A 注册会计师的做法是否恰当。如不恰当，简要说明理由。

2. (2015 年) ABC 会计师事务所负责审计甲公司 2014 年度财务报表。审计项目组确定财务报表整体的重要性为 100 万元，明显微小错报的临界值为 5 万元。审计工作底稿中与函证程序相关的部分内容摘录如下：

(1) 审计项目组在寄发询证函前，将部分被询证方的名称、地址与甲公司持有的合同及发票中的对应信息进行了核对。

(2) 甲公司应付账款年末余额为 550 万元。审计项目组认为应付账款存在低估风险，选取了年末余额合计为 480 万元的两家主要供应商实施函证，未发现差异。

(3) 审计项目组成员跟随甲公司出纳到乙银行实施函证。出纳到柜台办理相关事宜，审计项目组成员在等候区等候。

(4) 客户丙公司年末应收账款余额 100 万元，回函金额 90 万元。因差异金额高于明显微小错报的临界值，审计项目组据此提出了审计调整建议。

(5) 客户丁公司回函邮戳显示发函地址与甲公司提供的地址不一致。甲公司财务人员解释是由于丁公司有多处办公地址所致。审计项目组认为该解释合理，在审计工作底稿中记录了这一情况。

(6) 客户戊公司为海外公司。审计项目组收到戊公司境内关联公司代为寄发的询证函回函，未发现差异，结果满意。

要求：针对上述第(1)至第(6)项，逐项指出审计项目组的做法是否恰当。如不恰当，简要说明理由。

四、综合题

(2014 年)(节选) 甲公司是 ABC 会计师事务所的常年审计客户。A 注册会计师负责审计甲公司 2013 年度财务报表，确定财务报表整体的重要性为 240 万元。

资料一：

A 注册会计师在审计工作底稿中记录了所了解的甲公司情况及其环境，部分内容摘录如下：

(1) 甲公司原租用的办公楼月租金为 50 万元。自 2013 年 10 月 1 日起，甲公司租用新办公楼，租期一年，月租金 80 万元，免租期 3 个月。

(2) 2012 年度，甲公司直销了 100 件 a 产品。2013 年，甲公司引入经销商买断销售模式，对经销商的售价是直销价的 90%，直销价较 2012 年基本没有变化。2013 年度，甲公司共销售 150 件 a 产品，其中 20% 销售给经销商。

(3) 2013 年 10 月，甲公司推出新产品 b 产品，单价 60 万元。合同约定，客户在购买产品一个月后付款；如果在购买产品三个月内发现质量问题，客户有权退货。截至 2013 年 12 月 31 日，甲公司售出 10 件 b 产品。因上市时间较短，管理层无法合理估计退货率。

(4) 2013 年 10 月，甲公司与乙公司签订销售合同，按每件 150 万元的价格为其定制 20 件 c 产品，约定 2014 年 3 月交货，如不能按期交货，甲公司需支付总价款的 20% 作为违约金。签订合同后，原材料价格上涨导致 c 产品成本上升。截至 2013 年 12 月 31 日，甲公司已生产 10 件 c 产品，单位成本为 175 万元。

(5)2013 年 12 月，甲公司首次获得 200 万元政府补助。相关文件规定，该补助用于补偿历年累计发生的污水处理支出。

(6)甲公司自 2011 年起研发一项新产品技术，于 2013 年 12 月末完成技术开发工作，并确认无形资产 300 万元。甲公司拟将其出售，因受国家产业政策的影响，市场对该类新产品尚无需求。

资料二：

A 注册会计师在审计工作底稿中记录了甲公司的财务数据，部分内容摘录如下：

金额单位：万元

项目	2013 年（未审数）			2012 年（已审数）
	a 产品	b 产品	c 产品	a 产品
营业收入	11750	600	0	8000
管理费用——污水处理	150			100
管理费用——租赁费	450			600
管理费用——研发费	0			200
营业外收入——政府补助	200			0
税前利润	180			100
应收账款	500	260	0	400
存货——产成品	900	80	1750	800
存货——存货跌价准备	0	0	(250)	0
无形资产——非专利技术	300			0

资料三：

A 注册会计师在审计工作底稿中记录了实施的控制测试，部分内容摘录如下：

序号	控制	控制测试
(1)	财务总监负责审批金额超过 50 万元的付款申请单，并在系统中进行电子签署	A 注册会计师从系统中导出已经财务总监审批的付款申请单，抽取样本进行检查
(2)	超过赊销额度的赊销由销售总监和财务经理审批。自 2013 年 11 月 1 日起，改为由销售总监和财务总监审批	A 注册会计师测试了 2013 年 1 月至 10 月的该项控制，并于 2014 年 1 月询问了销售总监和财务总监控制在剩余期间的运行情况，未发现偏差。A 注册会计师认为控制在 2013 年度运行有效
(3)	财务人员将原材料订购单、供应商发票和入库单核对一致后，编制记账凭证(附上述单据)并签字确认	A 注册会计师抽取了若干记账凭证及附件，检查是否经财务人员签字

资料四：

A 注册会计师在审计工作底稿中记录了实施的实质性程序，部分内容摘录如下：

(1)甲公司年末应付账款余额为 1000 万元。A 注册会计师选取前十大供货商实施函证，均收到回函。回函显示一笔 5 万元的差异，管理层同意调整。因回函总额占应付账款余额的 70%，错报明显微小且已更正，A 注册会计师没有对剩余总体实施其他审计程序。

(2)2013 年底，甲公司存在重大未决诉讼，内部法律顾问和外聘律师均认为败诉可能性较低，因此，管理层没有确认预计负债。A 注册会计师认为该事项存在重大错报风险，检查了相关文件，并获取了管理层和内部法律顾问的书面声明，据此认可管理层的判断。

(3)甲公司财务人员手工编制了应收账款账龄分析表。A 注册会计师了解了相关控制，认为控制设计有效，并就账龄分析表中账龄结构变化较大的项目询问了相关人员。A 注册会计师基于该账龄分析表测试了坏账准备中按账龄法计提的部分。

要求：

(1)针对资料一第(1)至(6)项，结合资料二，假定不考虑其他条件，逐项指出资料一所列事项是否可能表明存在重大错报风险。如果认为可能表明存在重大错报风险，简要说明理由，并说明该风险主要与哪些财务报表项目的哪些认定相关(不考虑税务影响)。将答案直接填入答题区的相应表格内。

事项序号	是否可能表明存在重大错报风险(是/否)	理由	财务报表项目名称及认定
(1)			
(2)			
(3)			
(4)			
(5)			
(6)			

(2)针对资料三第(1)至(3)项，假定不考虑其他条件，逐项指出资料三所列控制测试是否恰当。如不恰当，指出改进建议。将答案直接填入答题区的相应表格内。

序号	控制测试是否恰当(是/否)	改进建议
(1)		
(2)		
(3)		

(3)针对资料四第(1)至(3)项，假定不考虑其他条件，逐项指出资料四所列实质性程序是否恰当。如不恰当，简要说明理由。将答案直接填入答题区的相应表格内。

序号	实质性程序是否恰当(是/否)	理由
(1)		
(2)		
(3)		

真题精练答案及解析

一、单项选择题

1. B 【解析】设计信用批准控制的目的是为了降低坏账风险，因此，这些控制与应收账款的“计价和分摊”认定相关。

2. C 【解析】除非有充分证据表明应收账款对被审计单位财务报表而言是不重要的，或者函证很可能是无效的，否则，注册会计师应当对应收账款进行函证。

二、多项选择题

ABCD

三、简答题

1. 【答案】

(1)不恰当。应当对重要的银行借款实施函证程序。

(2)不恰当。重大错报风险较高时，应在期末或接近期末实施函证/在期末审计时应再次发函。/只有重大错报风险评估为低水平，才可以在期中实施函证。

(3)不恰当。函证不能为计价与分摊认定/应收账款坏账准备的计提提供充分证据。

(4)不恰当。还应考虑可能存在重大的舞弊或错误，以及管理层的诚信度。

(5)恰当。

2. 【答案】

(1)恰当。

(2)不恰当。仅选取大金额主要供应商实施函证不能应对低估风险/还应选取小额或零余额账户。

(3)不恰当。审计项目组成员应当观察函证的处理过程/审计项目组成员需要在整个过程中保持对询证函的控制。

(4)不恰当。审计项目组应当调查不符事项，以确定是否表明存在错报。

(5)不恰当。审计项目组应当对该情况进行核实/口头解释证据不充分，还应实施其他审计程序/直接与丁公司联系核实/前往丁公司办公地点进行验证。

(6)不恰当。未直接取得回函影响回函的可靠性/应取得戊公司直接寄发的询证函。

四、综合题

【答案】

(1)

事项序号	是否可能表明存在重大错报风险(是/否)	理由	财务报表项目名称及认定
(1)	是	应在免租期内确认租金费用和负债，存在少计管理费用和负债的风险	管理费用(完整性) 其他应付款(完整性)
(2)	否	—	—
(3)	是	b产品附有销售退回条件，且不能合理估计退货可能性，不满足收入确认条件，可能存在多计营业收入和成本的风险	营业收入(发生) 应收账款(存在) 营业成本(发生) 存货(完整性)
(4)	是	该合同为亏损合同，且满足预计负债的确认条件，但是甲公司没有对预计损失超过已计提准备部分确认预计负债，存在少确认预计负债的风险	营业外支出(完整性) 预计负债(完整性)
(5)	否	—	—
(6)	是	甲公司无法证明该无形资产能够给企业带来经济利益，可能存在多计无形资产的风险	管理费用(完整性) 无形资产(存在)

（2）

序号	控制测试是否恰当（是/否）	改进建议
（1）	否	控制测试的总体应为所有金额超过 50 万元的付款申请单
（2）	否	应实施询问以外的其他测试程序
（3）	否	应当对记账凭证后附的原材料订购单、供应商发票和入库单进行检查

（3）

序号	实质性程序是否恰当（是/否）	理由
（1）	否	选取特定项目的测试不能为剩余总体提供审计证据。/剩余总体可能存在重大错报
（2）	否	没有与外部法律顾问直接沟通/没有向外部法律顾问寄发询证函/没有向外部法律顾问寄发询问函
（3）	否	没有测试账龄分析表信息的准确性和完整性

同步训练 限时100分钟

一、单项选择题

1. 下列认定中，与“检查销售发票副联是否附有发运凭证及销售单”相关的是（　）。

A. 发生　　B. 完整性

C. 截止　　D. 准确性

2. 下列有关销售与收款循环所涉及的主要业务活动及其相关认定的说法中，不正确的是（　）。

A. 销售单是销售交易轨迹的起点之一，是证明销售交易的“发生”认定的凭据之一

B. 为降低坏账风险设计信用批准控制，这些控制与应收账款的“计价和分摊”认定有关

C. 只对实际装运的货物才开具账单，与销售交易的“完整性”认定有关

D. 开具账单时依据已授权批准的商品价目表所列价格计价，与销售交易的“准确性”认定有关

3. 在识别和评估重大错报风险时，下列各项中，注册会计师应当假定存在舞弊风险的是（　）。

A. 复杂衍生金融工具的计价

B. 存货的可变现净值

C. 收入确认

D. 应付账款的完整性

4. 关于收入确认存在舞弊风险的假定，下列说法中不正确的是（　）。

A. 注册会计师在识别和评估与收入确认相关的重大错报风险时，应当基于收入确认存在舞弊风险的假定，评价哪些类型的收入、收入交易或认定导致舞弊风险

B. 假定收入确认存在舞弊风险，并不意味着注册会计师应当将与收入确认相关的所有认定都假定为存在舞弊风险

C. 通常收入的发生认定存在舞弊风险的可能性较大，而完整性认定则通常不存在舞弊风险

D. 如果认为收入确认存在舞弊风险的假定不适用于业务的具体情况，从而未将收入确认作为由于舞弊导致的重大错报风险领域，应在工作底稿中记录理由

5. 下列有关被审计单位通常采用的收入确认舞弊手段，属于为了达到粉饰财务报表的

目的而虚增收入或提前确认收入的是(　)。

A. 被审计单位采用以旧换新的方式销售商品时，以新旧商品的差价确认收入

B. 被审计单位将商品发出、收到货款并满足收入确认条件后，不确认收入，而将收到的货款作为负债挂账，或转入本单位以外的其他账户

C. 通过隐瞒售后回购或售后租回协议，而将以售后回购或售后租回方式发出的商品作为销售商品确认收入

D. 对于在某一时间段内履行的履约义务，在履约进度能够合理确定的情况下，不在资产负债表日按履约进度确认收入，而推迟到完成履约义务时确认收入

6. 注册会计师在对销售费用实施分析程序时，下列程序中效果最差的是(　)。

A. 计算分析本年各月销售费用总额占生产成本的比率

B. 计算分析本年各月销售费用中主要项目发生额占销售费用总额的比率

C. 计算分析本年各月销售费用总额占主营业务收入的比率

D. 计算分析本年各月销售费用变化幅度

7. 下列审计程序对于证实资产负债表日应收账款余额是否真实，最无效的是(　)。

A. 从应收账款明细账追查至销售发票、发运单等原始凭证

B. 对债务人进行函证

C. 检查资产负债表日后银行单据等确认收款情况

D. 从发运单、销售发票等原始凭证追查到应收账款明细账

8. 注册会计师为了审查被审计单位是否有提前确认收入的情况，下列各项中，最有效的审计程序是(　)。

A. 以账簿记录为起点做销售业务的截止测试

B. 以销售发票为起点做销售业务的截止测试

C. 以发运凭证为起点做销售业务的截止测试

D. 向债务人函证

9. 注册会计师计划测试M公司2018年度主营业务收入的完整性。以下各项审计程序中，通常难以实现上述审计目标的是(　)。

A. 抽取2018年12月31日开具的销售发票，检查相应的发运单和账簿记录

B. 抽取2018年12月31日的发运单，检查相应的销售发票和账簿记录

C. 从主营业务收入明细账中抽取2018年12月31日的明细记录，检查相应的记账凭证、发运单和销售发票

D. 从主营业务收入明细账中抽取2019年1月1日的明细记录，检查相应的记账凭证、发运单和销售发票

10. 下列关于应收账款函证范围和对象的说法中，错误的是(　)。

A. 注册会计师必须对所有应收账款进行函证

B. 若应收账款在全部资产中所占比重较大，则应适当扩大应收账款函证的范围

C. 大额或账龄较长的项目一般应作为函证对象

D. 重大的关联方项目一般应作为函证对象

11. ABC会计师事务所接受委托审计甲公司2018年财务报表，经过对其内部控制的了解发现，甲公司与应收账款相关的内部控制并不能令注册会计师信赖，则注册会计师应将应收账款的函证时间安排在(　)。

A. 资产负债表日后，但与之接近的日期

B. 资产负债表日前，但与之接近的日期

C. 预审的日期

D. 审计工作结束日

12. 对于未函证的应收账款，注册会计师应执行的最为有效的审计程序是(　)。

A. 测试相关的内部控制

B. 询问被审计单位的相关人员

C. 执行分析程序

D. 检查相关的原始凭证

二、多项选择题

1. 适当的职责分离有助于防止各种有意或无意的错误，下列表述中未进行适当职责分离的有(　)。

A. 负责应收账款记账的职员同时负责登记银行存款日记账

B. 编制销售发票通知单的人员同时开具销售发票

C. 合同订立人员负责就销售价格、发货及收款方式等具体事项与客户进行谈判

D. 应收票据的取得、贴现和保管均由财务主管负责

2. 为确保办理销售与收款业务的不相容岗位相互分离、制约和监督，企业有关销售与收款业务相关职责适当分离的基本要求通常包括(　)。

A. 应当将办理销售、发货、收款三项业务的部门(或岗位)分别设立

B. 在销售合同订立前，应当指定专门人员就销售价格、信用政策、发货及收款方式等具体事项与客户进行谈判。谈判人员至少应有两人以上，并与订立合同的人员相分离

C. 编制销售发票通知单的人员与开具销售发票的人员应相互分离

D. 销售人员可以接触销售现款

3. 注册会计师在审查销售与收款循环的相关控制时，注意到以下情况，其中恰当的有(　)。

A. 未经审批的赊销业务一律不准发货

B. 对于超过既定销售政策和信用政策规定范围的特殊销售业务，应当进行集体决策

C. 按经批准的销售单供货与按销售单装运货物可以由同一人执行

D. 商品仓库只有在收到经过批准的销售单时才能供货

4. 下列与销售与收款业务相关的内部控制，注册会计师不应依赖的有(　)。

A. 由财务部门根据销售明细账及应收账款明细账向顾客催收货款

B. 每月末由记录应收账款的人员与债务单位进行对账，发现异常应立即报告有关决策机构

C. 如发生坏账，从信用管理部门人员工资中扣除坏账金额的 10%

D. 发生销货退回时，必须先由销售部门人员填制贷项通知单，方可办理退回入库手续

5. 销售与收款循环中，相关交易和余额存在的重大错报风险通常包括(　)。

A. 收入的复杂性可能导致的错误

B. 应收账款坏账准备的计提不准确

C. 期末收入交易和收款交易可能未计入正确的期间

D. 收入确认存在的舞弊风险

6. 下列各项中，属于被审计单位在收入确认方面可能存在舞弊风险迹象的有(　)。

A. 未经客户同意，将商品运送到销售合同约定地点以外的其他地点

B. 对于期末之后的发货，在本期确认相关收入

C. 交易之后长期不进行结算

D. 已经销售给货运代理人的商品，在期后有大量退回

7. 下列关于实施销售截止测试的说法中，正确的有(　)。

A. 选取资产负债表日前后若干天的发运凭证，与应收账款和收入明细账进行核对

B. 从应收账款和收入明细账选取在资产负债表日前后若干天的凭证，与发运凭证核对，以确定销售是否存在跨期现象

C. 复核资产负债表日前后销售和发货水平，确定业务活动水平是否异常，并考虑是否有必要追加实施截止测试程序

D. 取得资产负债表日后所有的销售退回记录，检查是否存在提前确认收入的情况

8. 被审计单位采取的销售方式不同，确认销售的时点也是不同的，针对以下销售方

式，注册会计师实施的审计措施恰当的有(　)。

A. 采用交款提货销售方式，注册会计师应着重检查被审计单位是否收到货款或取得收取货款的权利，发票和提货单是否已交付购货单位

B. 采用预收账款销售方式，注册会计师应注意是否存在对已收货款并已将商品发出的交易不入账、转为下期收入，或开具虚假出库凭证、虚增收入等现象

C. 采用托收承付结算方式，注册会计师应重点检查被审计单位是否发货，托收手续是否办妥，货物发运凭证是否真实，托收承付结算回单是否正确

D. 销售合同或协议明确销售价款的收取采用递延方式，可能实质上具有融资性质的，注册会计师应注意销售收入是否在满足收入确认条件时即确认，金额是否公允

9. 下面有关对营业收入实施“延伸检查”程序的说法中不正确的有(　)。

A. 针对识别出的舞弊风险，注册会计师应当采取延伸检查程序

B. 注册会计师在判断是否需要实施延伸检查程序及如何实施时，应当征询专家意见

C. 延伸检查程序的性质、时间安排和范围，应当针对被审计单位的具体情况，与评估的舞弊风险相称，并体现重要性原则

D. 对下游产业链较长的被审计单位，延伸检查程序应当覆盖产业链的所有环节

10. 下列审计程序中属于应收账款分析程序的有(　)。

A. 复核应收账款借方累计发生额与主营业务收入是否配比

B. 编制对重要客户的应收账款增减变动表，与上期进行比较分析是否发生异常变动

C. 计算应收账款周转率、应收账款周转天数等指标，并与被审计单位上年指标、同行业同期相关指标对比分析

D. 检查非记账本位币应收账款的折算汇率及折算是否正确

11. 在对应收账款实施函证程序时，注册会计师的以下做法中正确的有(　)。

A. 如果以前期间函证中发现过重大差异，或欠款纠纷较多，则函证范围应相应缩减一些

B. 注册会计师为增强审计程序的不可预见性，可以对销售条款进行函证

C. 如果重大错报风险评估为低水平，注册会计师可以选择资产负债表日前适当日期为截止日实施函证，并对所函证项目自该截止日起至资产负债表日止发生的变动实施实质性程序

D. 虽然注册会计师基于以往的审计经验，认为某被询证者回函不可靠，函证很可能无效，但考虑到应收账款的重要程度，仍应当对其进行函证

12. 下列关于函证应收账款的说法中，不正确的有(　)。

A. 函证应收账款可以证实应收账款的完整性认定

B. 应收账款函证必须采用积极式函证方式

C. 如果注册会计师无法对应收账款进行函证，应出具保留或无法表示意见的审计报告

D. 如果注册会计师认为函证很可能无效，注册会计师未对应收账款进行函证

13. 采用统计抽样对应收账款实施函证程序后，形成了对函证结果的总结和评价，以下说法中正确的有(　)。

A. 如果函证结果表明没有审计差异，则可以合理推论，应收账款的可收回性不存在问题

B. 如果函证结果表明存在审计差异，则应当估算应收账款总额中可能出现的累积差错是多少

C. 如果函证结果表明存在审计差异，则

注册会计师应当将发现的错报与可容忍错报进行比较，决定是否接受该总体

D. 如果函证结果表明没有审计差异，则可以合理推论，全部应收账款总体是正确的

14. 注册会计师应对函证实施过程进行控制，下列各项措施中，注册会计师应当采取的有（ ）。

A. 将被询证者的名称、地址与被审计单位有关记录核对

B. 将询证函中列示的账户余额或其他信息与被审计单位有关资料核对

C. 询证函经被审计单位盖章后，由注册会计师直接发出

D. 在询证函中指明直接向接受审计业务委托的会计师事务所回函

三、简答题

1. 甲公司主要从事汽车轮胎的生产和销售，其销售收入主要来源于国内销售和出口销售。ABC 会计师事务所负责甲公司 2018 年度财务报表审计，并委派 A 注册会计师担任项目合伙人。

资料一：

(1)甲公司的收入确认政策为：对于国内销售，在将产品交付客户并取得客户签字的收货确认单时确认收入；对于出口销售，在相关产品装船并取得装船单时确认收入。

(2)在甲公司的会计信息系统中，国内客户和国外客户的编号分别以 D 和 E 开头。

(3)2018 年 12 月 31 日，中国人民银行公布的人民币对美元汇率为 1 美元 = 6.6 元人民币。

资料二：

A 注册会计师选取 3 个应收账款明细账户，对截至 2018 年 12 月 31 日的余额实施函证，并根据回函结果编制了应收账款函证结果汇总表。有关内容摘录如下：

客户编号	客户名称	甲公司账面金额（原币万元）	回函金额（原币万元）	差异金额（原币万元）	回函方式	审计说明
D1	乙公司	人民币 7616	5000	2616	原件	(1)
D2	丙公司	人民币 9054	6054	3000	原件	(2)
E1	丁公司	美元 1448	未回函	不适用	未回函	(3)

审计说明：

(1)回函直接寄回本所。经询问甲公司财务经理得知，回函差异是由于乙公司的回函金额已扣除其在 2018 年 12 月 31 日以电汇的方式向甲公司支付的一笔 2616 万元的货款。甲公司于 2019 年 1 月 4 日实际收到该笔款项，并记入 2019 年应收账款明细账中。该回函差异不构成错报，无需实施进一步的审计程序。

(2)回函直接寄回本所。经询问甲公司财务经理得知，回函差异是由于甲公司在 2018 年 12 月 31 日向丙公司发出一批产品（合同价款 3000 万元），同时确认了应收账款 3000 万元及相应的销售收入。丙公司于 2019 年 1 月 5 日收到这批产品。其回函未将该 3000 万元款项包括在回函金额中，经检查相关的销售合同、销售发票、出库单以及相关记账凭证，没有发现异常。该回函差异不构成错报，无需实施进一步的审计程序。

(3)未收到回函。执行替代测试程序：从应收账款借方发生额选取样本，检查相关的销售合同、销售发票、出库单以及相关记账凭证，并确认这些文件中的记录是一致的。没有发现异常，无需实施进一步的审计程序。

要求：针对资料二中的审计说明(1)至(3)项，结合资料一，假定不考虑其他条件，逐项指出 A 注册会计师实施的审计程序及其结论是否恰当。如不恰当，简要说

明理由并提出改进建议。

2. 在对 H 公司 2018 年度财务报表进行审计时，N 注册会计师负责审计应收账款。N 注册会计师对截止日为 2018 年 12 月 31 日的应收账款实施了函证程序，并于 2019 年 2 月 15 日编制了以下应收账款函证分析工作底稿：

H 公司应收账款函证分析工作底稿

H 公司应收账款函证分析工作底稿 资产负债表日：2018 年 12 月 31 日	索引号	B-3	
	编制人		日期
	复核人		日期
一、函证	笔数	金额(元)	百分比
2018 年 12 月 31 日应收账款	4000	4000000√★	100%
其中：积极函证	108	520000	13%
消极函证	280	40000	10%
寄发询证函小计	388	560000	23%
选定函证但客户不同意函证的应收账款	12		
选择函证合计	400		
二、结果			
(一)函证未发现不符			
积极函证：确认无误部分 W/PB-4	88C	360000	9%
消极函证：未回函或回函确认无误部分 W/PB-4	240C	32000	0.8%
函证未发现不符小计	328	392000	9.8%
(二)函证发现不符			
积极函证 W/PB-5	4CX	20000	0.5%
消极函证 W/PB-5	40CX	8000	0.2%
函证发现不符小计	44	28000	0.7%
(三)选定函证但客户不同意函证的应收账款	12		

标识说明：

√与应收账款明细账核对相符

★与应收账款总账核对相符

C 回函相符

CX 回函不符总体结论：回函不符金额 28000 元低于可容忍错报，应收账款得以公允反映。

要求：假定选择函证的应收账款样本是恰当的，应收账款的可容忍错报是 30000 元，请简要回答以下问题：

(1)N 注册会计师编制的上述工作底稿中存在哪些缺陷？

(2)针对上述工作底稿中显示的实施函证时遇到的问题和回函结果，N 注册会计师应当实施哪些审计程序？

3. ABC 会计师事务所的 A 注册会计师负责审计甲公司 2018 年度财务报表。与收入审计相关的部分事项摘录如下：

(1)由应收账款会计定期向客户寄发对

账单，对不符事项进行调查，必要时调整会计记录，编制对账情况汇总报告并交管理层审核。A 注册会计师认为该项控制设计有效，实施了控制测试，结果满意。

(2) A 注册会计师在对营业收入实施实质性分析程序的过程中，将实际金额与期望值相比较。针对差异额超过确定的可接受差异额的部分金额进行调查证实，结果满意。

(3) A 注册会计师通过对甲公司应收账款相关内部控制实施控制测试，测试结果满意，得出内部控制有效的结论，拟相应减少应收账款函证范围。

(4) A 注册会计师识别出有关收入确认的舞弊风险，针对未回函的应收账款，检查资产负债表日后收回的货款以及相关销售合同、销售单、发运凭证等，结果满意，据此认为未回函应收账款不存在错报。

(5) 从乙公司收回的应收账款函证回函中包括限制条款"本信息是从电子数据库中取得，可能不包括被询证方所拥有的全部信息"，A 注册会计师认为其属于格式化的免责条款，不影响所确认信息的可靠性。

(6) 对于甲公司的应收账款，A 注册会计师将其集中在具有类似信用风险特征的应收账款组合中进行减值测试，结果满意。

要求：针对上述第(1)至(6)项，逐项指出 A 注册会计师的做法是否恰当。如不恰当，简要说明理由。

四、综合题

甲公司是 ABC 会计师事务所的常年审计客户，注册会计师负责审计甲公司 2018 年度财务报表。

资料一：

A 注册会计师在审计工作底稿中记录了所了解的甲公司情况及其环境，部分内容摘录如下：

(1) 甲公司采用经销商买断方式销售 a 产品和 b 产品。2018 年度，a 产品的建议市场零售价、出厂价和单位生产成本较 2017 年基本没有变化。b 产品是甲公司 2018 年 2 月推出的新产品，其建议市场零售价比 a 产品高 20%。a 产品和 b 产品的单位生产成本接近，其出厂价分别低于各自建议市场零售价的 10% 和 20%。

(2) a 产品于 2018 年 11 月停产。2018 年末，某经销商采用交款提货方式购买最后一批 a 产品。甲公司已收到货款 200 万元，并已开具发票和发运凭单。经销商在验收日才发现该批产品质量不符合合同要求，双方尚未就解决方案达成一致意见。

(3) 甲公司的记账本位币为人民币。2018 年 9 月，甲公司与某德国客户签订合同，按固定销售价格定制 10000 件 c 产品，以欧元计价和结算。甲公司一次性投料生产该批产品，并于 2018 年 10 月 1 日销售 1000 件，其余 9000 件按合同约定于 2019 年 1 月销售。甲公司未生产其他批次 c 产品。（假定 2018 年 10 月 1 日即期汇率为 1 欧元 = 8.4 元人民币，2018 年 12 月 31 日即期汇率为 1 欧元 = 8 元人民币）

(4) 甲公司于 2017 年起从事建筑安装工程，截至 2018 年末仅承揽一项业务。建造合同约定，工程建设期为 18 个月，工程总价为 500 万元；如果工程提前 3 个月完工，并且质量符合设计要求，客户另付 100 万元奖励款。工程于 2017 年 10 月 1 日开工，于 2018 年 12 月末基本完工。经监理人员认定，工程质量未达到设计要求，还需进一步施工。

资料二：

A 注册会计师在审计工作底稿中记录了甲公司的财务数据，部分内容摘录如下：

金额单位：万元

项目	2018年(未审数)				2017年(已审数)			
	产品销售			建造合同	产品销售			建造合同
	a产品	b产品	c产品		a产品	b产品	c产品	
营业收入	1000	5000	840	500	2000	0	0	100
营业成本	905	4600	820	320	1800	0	0	75
投资收益	(100)				(200)			
税前利润	500				400			

	a产品	b产品	c产品	a产品	b产品	c产品
存货——产成品	0	1000	7380	400	0	0
存货跌价准备	0	0	0	0	0	0

资料三：

A注册会计师在审计工作底稿中记录了实施的控制测试和实质性程序及其结果，部分内容摘录如下：

序号	控制	控制测试和实质性程序及其结果
(1)	产品送达后，甲公司要求客户的经办人员在发运凭单上签字。财务部将客户签字确认的发运凭单作为收入确认的依据之一	A注册会计师对控制的预期偏差率为零，从收入明细账中抽取25笔交易，检查发运凭单是否经客户签字确认。经检查，有2张发运凭单未经客户签字。 销售人员解释，这2批货物在运抵客户时，客户的经办人员出差。由于以往未发生过客户拒绝签收的情况，经财务部经理批准后确认收入。 A注册会计师对上述客户的应收账款实施函证，回函结果表明不存在差异
(2)	如需对ERP系统中设定的生产成本计算方法和公式进行变更，财务部将系统变更申请在当月提交至信息技术部，由其在月末前完成变更	在检查信息技术部是否及时、恰当处理收到的申请时，A注册会计师发现2018年11月财务部提交的系统变更申请未在当月处理。信息技术部解释当月由于工作繁忙，未及时更改，已通知财务部。财务人员解释，2018年11月起，生产过程中新添加了某种辅料。因ERP系统尚未变更，财务人员通过手工计算调整生产成本。 A注册会计师进行了相关测试，未发现生产成本计算错误
(3)	现金销售通过收银机集中收款，并自动生成销售小票和每日现金销售汇总表。财务人员将每日现金销售汇总表金额和收到的现金核对一致。除财务部经理批准外，出纳应在当日将收到的现金存入指定银行	A注册会计师对控制的预期偏差率为零，抽取25张银行现金缴款单回单与每日现金销售汇总表进行核对，发现有3张银行现金缴款单回单的日期比每日现金销售汇总表的日期晚一天。财务人员解释，由于当日核对工作结束较晚，银行已结束营业，经财务部经理批准，出纳将现金存入公司保险柜，并于次日存入银行。 A注册会计师检查了财务部经理签字批准的记录，未发现异常

要求：

(1)针对资料一第(1)至(4)项，结合资料二，假定不考虑其他条件，逐项指出资料一所列事项是否可能表明存在重大错报风险。如果认为存在重大错报风险，简要说明理由，并说明该风险主要与哪些财务报表项目(仅限于营业收入、营业成本、资产减值损失和存货)的哪些认定相关。将答案直接填入答题区的相应表格内。

事项序号	是否可能表明存在重大错报风险(是/否)	理由	财务报表项目名称及认定
(1)			
(2)			
(3)			
(4)			

(2)针对资料三第(1)至(3)项，假定这些控制的设计有效并得到执行，根据控制测试和实质性程序及其结果，逐项指出资料三所列控制运行是否有效。如认为运行无效，简要说明理由。将答案直接填入答题区的相应表格内。

事项序号	控制运行是否有效(是/否)	理由
(1)		
(2)		
(3)		

同步训练答案及解析

一、单项选择题

1. A 【解析】记录销售的人员应当只依据附有有效装运凭证和销售单的销售发票记录销售，该控制与销售交易的“发生”认定有关。注册会计师检查销售发票副联是否附有发运凭证及销售单，针对的是销售交易的“发生”认定。

2. C 【解析】只对实际装运的货物才开具账单，与销售交易的“发生”认定有关。

3. C 【解析】审计准则规定，在识别和评估由于舞弊导致的重大错报风险时，注册会计师应当基于收入确认存在舞弊风险的假定，评价哪些类型的收入、收入交易或认定导致舞弊风险，选项C正确。

4. C 【解析】被审计单位不同，管理层实施舞弊的动机或压力不同，其舞弊风险所涉及的具体认定也不同，注册会计师需要作出具体分析。并非一定是收入的发生认定存在舞弊风险的可能性大而完整性认定存在舞弊风险的可能性小。

5. C 【解析】选项ABD均属于为了达到报告期内降低税负或转移利润等目的而少计收入或延后确认收入。

6. A 【解析】将四个选项进行对比，只有销售费用与生产成本的关联性最不强，选项A的效果最差。

7. D 【解析】选项D是顺查，针对的是完整性。

8. A 【解析】实施销售的截止测试主要目的就是确定被审计单位主营业务收入是否记录于恰当的会计期间，而以账簿记录为起点做销售业务的截止测试，主要是为了防止多记收入，也就是可以审查其是否有提前确认收入的情况。

9. C 【解析】对于测试营业收入完整性的审计程序应从原始凭证追查到账簿记录，所以选项AB可以实现完整性；选项C是从账簿记录检查到相应的原始凭证，可以实现已记录的交易确系已经发生的目标；选项D可以查出是否存在应当计入到2018年账簿上的收入却记在了2019年的账簿上，即对2019年来说实现的是发生目标，对2018年来说实现的是完整性目标，由于审计年度是2018年，所以选项D可以实现审计年度的完整性目标。

10. A 【解析】除非有充分证据表明应收账

款对被审计单位财务报表而言是不重要的，或者函证很可能是无效的，否则，注册会计师应当对应收账款进行函证。

11. A 【解析】在重大错报风险较高的情况下，函证应在资产负债表日后适当时期进行，且与资产负债表日越接近越好。

12. D 【解析】对于未函证的应收账款，注册会计师应抽查有关原始凭证，如销售合同、销售订购单、销售发票副本等。

二、多项选择题

1. ABCD 【解析】选项A，应收账款与银行存款记账工作不相容；选项B，开具销售发票与编制销货通知单工作不相容；选项C，销售合同订立与谈判等工作不相容；选项D，应收票据的取得、贴现与保管工作不相容。

2. ABC 【解析】销售人员应当避免接触销售现款，选项D错误；除此之外，企业应收票据的取得和贴现必须经由保管票据以外的主管人员的书面批准。

3. ABD 【解析】按经批准的销售单供货与按销售单装运货物职责应当分离，这样有助于避免负责装运货物的职员在未经授权的情况下装运货物。

4. AB 【解析】选项A，销售部门应当负债应收账款的催收，财会部门应当督促销售部门加紧催收；选项B，应由不负责现金出纳和销售及应收账款记账的人员向客户寄发对账单；选项C，看似严重制约了正常的赊销业务，但如此严格规定的赊销审批制度是注册会计师可以信赖的；选项D是防止漏记销售退回的有效措施。

5. ABCD 【解析】除此之外，销售与收款循环中相关交易和余额存在的重大错报风险还可能包括：发生的收入交易未能得到准确记录、收款未及时入账或记入不正确的账户。

6. ABCD

7. ABCD

8. ABCD 【解析】选项A，通常应于货款已收到或取得收取货款的权利，同时已将发票账单和提货单交给购货单位时确认收入的实现；选项B，通常应于商品已经发出时，确认收入的实现；选项C，通常应于商品已经发出，劳务已经提供，并已将发票账单提交银行、办妥收款手续时确认收入的实现；选项D，应按应收的合同或协议价款的公允价值确定销售商品收入金额。注册会计师采取的上述措施都是针对销售收入确认原则执行，均恰当。

9. ABD 【解析】如果识别出被审计单位收入真实性存在重大异常情况，且通过常规审计程序无法获取充分、适当的审计证据时，注册会计师需要考虑实施“延伸检查”程序。在判断是否需要实施“延伸检查”程序及如何实施时，应当考虑有经验的专业人士在该场景下通常会作出的合理职业判断。如果对下游产业链的某个或某几个环节实施“延伸检查”程序获取的审计证据，可以应对与收入确认相关的舞弊风险，则“延伸检查”程序无需覆盖所有环节。

10. ABC 【解析】选项D属于细节测试，不是分析程序。

11. BC 【解析】如果以前期间函证中发现过重大差异，或欠款纠纷较多，则函证范围应相应扩大一些，选项A错误；如果已经认为函证很可能无效，则没有必要对其必须进行函证，选项D错误。

12. ABC 【解析】选项A，函证应收账款的目的在于证实应收账款余额是否真实准确；选项B，注册会计师可以采用积极式或消极式函证方式。选项C，无法实施函证，也可以采用替代审计程序，而不是直接考虑对审计意见的影响；函证很可能无效，注册会计师可以不函证而采用替代程序，所以选项D正确。

13. BD 【解析】应收账款的函证结果，往往不能对其可收回性提供证据，选项A错误；在决定是否接受总体时，应当是将计算的总体错报上限与可容忍错报进行比较，选项C错误。

14. ABCD 【解析】以上四项均为注册会计师对函证过程的控制采取的措施，除此之外还有：将发出询证函的情况记录于工作底稿；将收到的回函形成工作底稿，并汇总统计函证结果。

三、简答题

1. 【答案】

(1)不恰当。

理由：A注册会计师只是取得甲公司财务经理的口头解释，未对被审计单位资产负债表日后是否真实收到2616万元货款进行追查。

改进建议：结合货币资金审计，检查2019年1月4日实际收到该笔2616万元货款的银行进账单，确认被审计单位在资产负债表日后是否实际收到客户乙公司的2616万元货款。

(2)不恰当。

理由：由于甲公司的国内销售在产品交付客户并取得客户签字的收货确认单时确认收入，而丙公司于2019年1月5日才收到这批产品，因此甲公司于2018年不应确认该笔3000万元应收账款及相应的营业收入。

改进建议：进一步检查丙公司对该批产品的签收记录。如果丙公司收货时间确系2019年，A注册会计师应建议甲公司冲回该笔应收账款，以及相应的营业收入和营业成本。

(3)不恰当。

理由：甲公司对于出口销售收入的确认时点为相关产品装船并取得装船单时，但是执行的替代程序并没有检查装船单。

改进建议：还应进一步检查装船单。如果装船单时间确系2019年，A注册会计师应建议甲公司冲回相关应收账款，以及相应的营业收入和营业成本。

2. 【答案】

(1)缺陷：

①工作底稿没有编制人、复核人的签名和编制日期、复核日期。

②在"一、函证"部分，"消极函证金额"对应的百分比计算错误，应为1%；"寄发询证函小计"金额相对应的百分比计算错误，应为14%。

③"选定函证但客户不同意函证的应收账款"没有列示金额和百分比；"选择函证的合计"也没有列示金额和百分比。

④没有从样本错报结果推断总体错报，因此，形成应收账款得到公允反映的结论不适当。

⑤没有统计和列示通过积极函证而未回函的16封询证函。

(2)审计程序：

①对于选定函证而客户不同意函证的12笔应收账款，注册会计师应当考虑该项要求是否合理，并获取审计证据予以支持。如果认为管理层的要求合理，注册会计师应当实施替代审计程序(检查与销售有关的文件，包括销售合同、销售订单、销售发票副本和发运凭证)，如果不能实施替代审计程序，或管理层的要求不合理，且无法实施函证，应视为审计范围受到限制。

②对于通过积极函证方式没有收回的16封询证函，应当再次寄发询证函，如果仍然得不到询证函，应当实施替代审计程序(检查与销售有关的文件，包括销售合同、销售订单、销售发票副本和发运凭证)。

③对于数据不符的函证结果，应当分析原因，得出样本错报金额并由样本错报金额推算总体错报金额。

3. 【答案】

(1)不恰当。应收账款会计不能负责向客户寄发对账单。

(2)不恰当。如果差异额超过可接受差异额，注册会计师需要对差异额的全额进行调查证实。

(3)恰当。

(4)不恰当。在识别出有关收入确认的舞

弊风险的情况下，注册会计师不能信赖从被审计单位取得的审计证据，替代程序不能提供注册会计师需要的审计证据。

(5)不恰当。该限制条款对回函的可靠性产生影响。

(6)不恰当。对于单项金额重大的应收账款，企业应当单独进行减值测试。

四、综合题

【答案】

(1)

事项序号	是否可能表明存在重大错报风险	理由	报表项目及认定
(1)	是	2018年度，a产品的建议市场零售价和单位生产成本比2017年度基本没有交化，a产品的毛利率为10%是合理的；b产品的出厂价比a产品高约6.7%，在两种产品的单位生产成本基本接近的情况下，b产品的毛利率为8%，明显不合理，存在少计营业收入或多计营业成本的风险	营业收入(完整性/准确性) 营业成本(发生/准确性) 存货(完整性/计价和分摊)
(2)	是	经销商提出产品质量不符合合同规定，产品可能被退回。a产品年末存货余额为零，表明甲公司已确认该笔销售收入并结转存货成本，存在可能多计营业收入和成本的风险	营业收入(发生) 营业成本(发生) 存货(完整性)
(3)	是	c产品的单位成本为820万元÷1000件=8200(元/件)，折算为人民币的销售价格为840万元÷1000÷8.4×8=8000(元)，c产品期末存货余额差额为(8200-8000)×9000=180000(元)，存在减值风险	资产减值损失(完整性) 存货(计价和分摊)
(4)	是	由于工程质量未达到设计要求，还需进一步施工，在2018年不满足将奖励款100万元确认为收入的条件，也不满足全额确认合同收入的条件，存在多计收入的风险	营业收入(发生)

(2)

事项序号	控制运行是否有效	理由
(1)	否	抽取的25个样本中有2个样本没有经客户签字确认，该控制未得到一贯执行
(2)	否	信息技术部未及时处理系统变更申请，该控制未得到及时执行
(3)	是	

本章知识串联

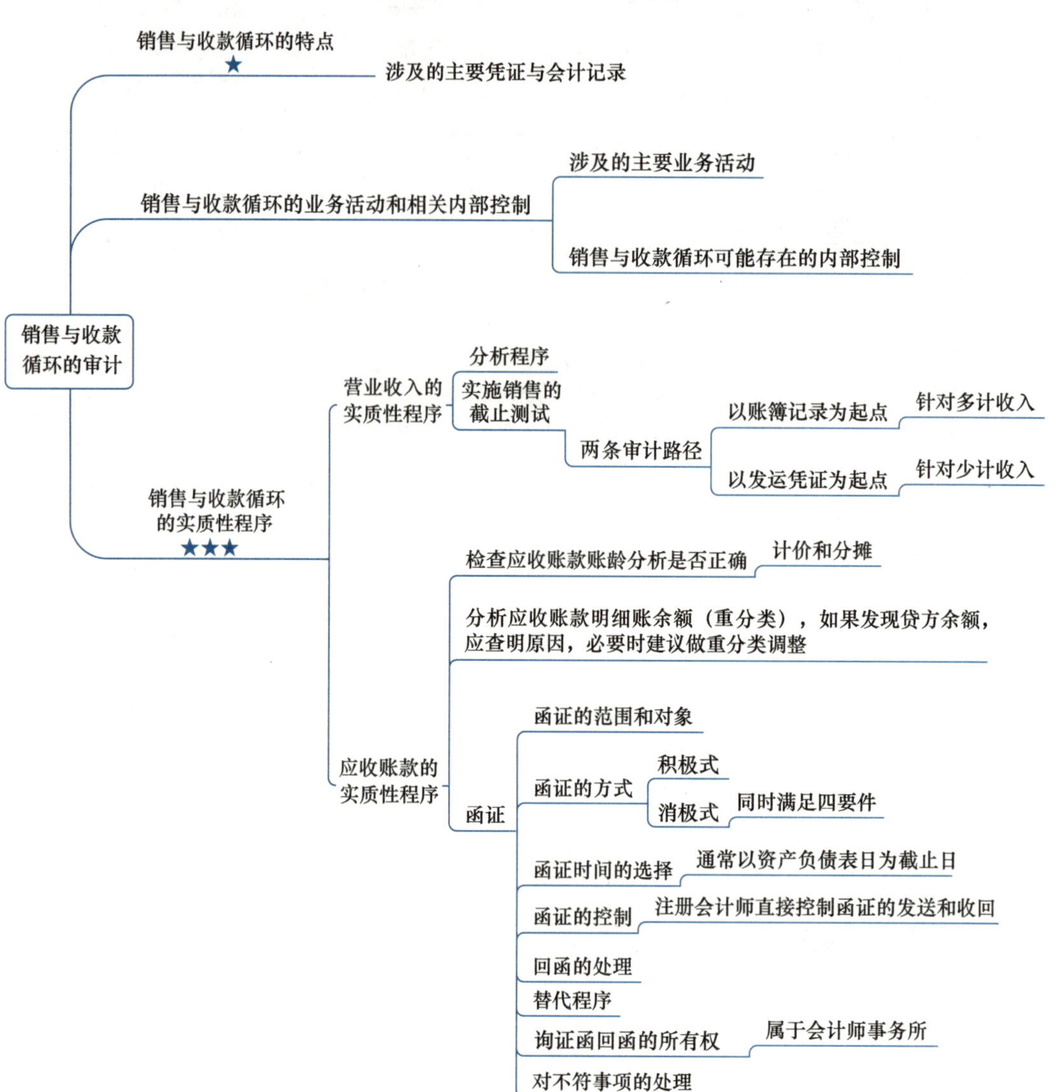

销售与收款循环的审计
销售与收款循环的特点
★
涉及的主要凭证与会计记录
销售与收款循环的业务活动和相关内部控制
涉及的主要业务活动
销售与收款循环可能存在的内部控制
销售与收款循环的实质性程序
★★★
营业收入的实质性程序
分析程序
实施销售的截止测试
两条审计路径
以账簿记录为起点
针对多计收入
以发运凭证为起点
针对少计收入
应收账款的实质性程序
检查应收账款账龄分析是否正确
计价和分摊
分析应收账款明细账余额（重分类），如果发现贷方余额，应查明原因，必要时建议做重分类调整
函证
函证的范围和对象
函证的方式
积极式
消极式
同时满足四要件
函证时间的选择
通常以资产负债表日为截止日
函证的控制
注册会计师直接控制函证的发送和收回
回函的处理
替代程序
询证函回函的所有权
属于会计师事务所
对不符事项的处理

第10章 采购与付款循环的审计

考情解密

历年考情概况

本章属于比较重要的章节。根据历年考试情况，针对应付账款函证、应付账款完整性及截止的审计程序通常会以选择题和简答题的形式进行考查，针对采购与付款循环的风险及认定等则可能涉及各种题型。预计今年考核分值在3分左右。

近年考点直击

考点	主要考查题型	考频指数	考查角度
采购与付款循环的内部控制	选择题、简答题	★	通过题目描述判断是否进行了适当的职责分离和授权审批
采购与付款循环的风险、存在的控制及控制测试程序一览表	选择题、简答题、综合题	★	与审计目标、风险评估、审计报告等结合命题，或单独以选择题形式进行考查
应付账款审计	选择题、简答题	★★	应付账款函证和针对其完整性、付款交易截止的审计程序
除折旧/摊销、人工费用以外的一般费用的实质性程序	简答题	★★	将一般费用的审计目标和实质性程序进行结合，以简答题形式进行考查

学习方法与应试技巧

本章考点比较明显，涉及的相关知识点也较简单。本章在学习时，应注意以下考点：

(1)了解采购与付款循环的主要业务活动及所涉及的主要单据和会计记录；

(2)理解表格“采购及付款循环的风险、存在的控制及控制测试程序”的内容，特别关注目标与对应的控制测试程序；

(3)了解采购与付款循环的实质性程序的要点。重点掌握应付账款的实质性程序，特别注意应付账款函证程序，应付账款属于负债，应重点验证其完整性，对应付账款是否计入正确的会计期间，是否存在未入账的应付账款程序要熟记。

本章2020年考试主要变化

本章内容无实质性变动。

考点详解及精选例题

考点一　了解采购与付款循环的业务活动

一、采购与付款循环的主要业务活动★

采购与付款循环涉及的主要业务活动环节，如图 10-1 所示：

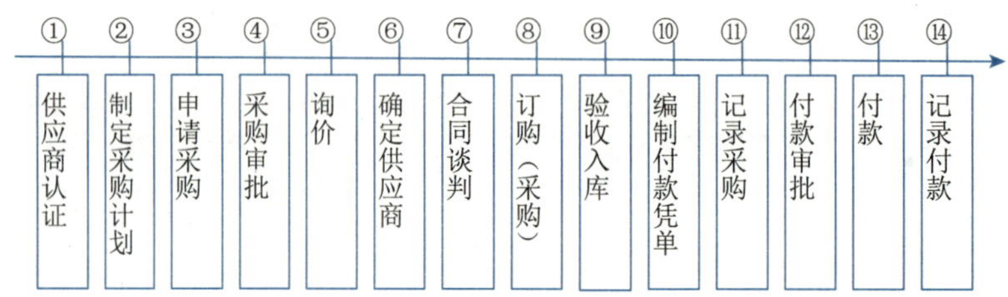

图 10-1　采购与付款循环涉及的主要业务活动环节

采购与付款循环主要业务活动的具体内容，见表 10-1：

表 10-1　采购与付款循环主要业务活动的具体内容

主要业务活动	具体要求和注意点
制定采购计划	①基于企业的生产经营计划，生产、仓库等部门定期编制采购计划； ②经部门负责人等适当的管理人员审批后提交采购部门，具体安排商品及服务采购
供应商认证及信息维护	①对供应商资质等审核； ②将通过审核的供应商信息录入系统，形成完整的供应商清单，对其信息变更进行更新。 『注意』采购部门只能向通过审核的供应商进行采购
请购商品和劳务	①仓库、生产及其他部门根据需要均可以填写请购单，所以不便事先编号； ②对资本支出和租赁合同，被审计单位通常要作特别授权，只允许指定人员提出请购； ③为加强控制，每张请购单必须经过对这类支出预算负责的主管人员签字批准。 『注意』请购单是证明有关采购交易的“发生”认定的凭据之一，也是采购交易轨迹的起点
编制订购单	①采购部门在收到请购单后，只能对经过批准的请购单发出订购单； 『注意』此处是由采购部门编制并发出订购单。 ②订购单预先予以顺序编号并经过被授权的采购人员签名； ③订购单正联应送交供应商，副联则送至企业内部的验收部门、应付凭单部门和编制请购单的部门。 『注意』独立检查订购单的处理，与采购交易的“完整性”认定和“发生”认定有关

续表

主要业务活动	具体要求和注意点
验收商品	①验收部门需首先比较所收商品与订购单上的要求是否相符，再盘点商品并检查商品有无损坏。 ②验收后，验收部门应对已收货的每张订购单编制一式多联、预先编号的验收单，作为验收和检验商品的依据。 ③验收人员将商品送交仓库或其他请购部门时，应取得经过签字的收据，或要求其在验收单的副联上签收。(此目的是为了确认他们对所采购的资产应负的保管责任) ④验收人员还应将其中的一联验收单送交应付凭单部门。 『注意』 ①验收单是支持资产或费用以及与采购有关的负债的"存在或发生"认定的重要凭证。 ②定期独立检查验收单的顺序(编号)以确定每笔采购交易都已编制应付凭单，则与采购交易的"完整性"认定有关
储存已验收的商品	①商品的保管和采购的其他职责应分离；(目的：减少未经授权的采购和盗用商品的风险) ②限制无关人员接近存放商品的仓储区。 『注意』保管存货的内部控制与商品的"存在"认定有关
编制付款凭单	记录采购交易之前，应付凭单部门应编制付款凭单。 ①确定供应商发票的内容与相关的验收单、订购单的一致性； ②确定供应商发票计算的正确性； ③编制有预先编号的付款凭单，并附上支持性凭证(如订购单、验收单和供应商发票等)。这些支持性凭证的种类，因交易对象的不同而不同； ④独立检查付款凭单计算的正确性； ⑤在付款凭单上填入应借记的资产或费用账户名称； ⑥由被授权人员在凭单上签字，以示批准照此凭单要求付款。所有未付凭单的副联应保存在未付凭单档案中，以待日后付款。 『注意』这些控制与"存在""发生""完整性""权利和义务""计价和分摊"等认定有关
确认与记录负债	①应付账款确认和记录相关的部门一般有责任核查购置的资产，并在应付凭单登记簿或应付账款明细账中记录； ②收到供应商发票时，应付账款部门应将发票上所记载的品名、规格、价格、数量、条件及运费与订购单上的信息核对，如有可能，还应与验收单上的资料比较； ③记录现金支出的人员不得经手现金、有价证券和其他资产
付款	应付凭单部门负责确定未付凭单在到期日付款。 ①独立检查已签发支票的总额与所处理的付款凭单的总额的一致性； ②应由被授权的财务部门的人员负责签署支票； ③被授权签署支票的人员应确定每张支票都附有一张已经适当批准的未付款凭单，并确定支票收款人姓名和金额与凭单内容的一致； ④支票一经签署就应在其凭单和支持性凭证上用加盖印戳或打洞等方式将其注销，以免重复付款； ⑤支票签署人不应签发无记名甚至空白的支票； ⑥支票应预先顺序编号，保证支出支票存根的完整性和作废支票处理的恰当性； ⑦应确保只有被授权的人员才能接近未使用的空白支票
记录现金、银行存款支出	①会计主管应独立检查记入银行存款日记账和应付账款明细账的金额的一致性，以及与支票汇总记录的一致性； ②通过定期比较银行存款日记账记录的日期与支票副本的日期，独立检查入账的及时性； ③独立编制银行存款余额调节表

二、采购与付款循环的内部控制★

1. 适当的职责分离

确保办理采购与付款交易的不相容岗位相互分离、制约和监督。

采购与付款交易不相容岗位至少包括：请购与审批；询价与确定供应商；采购合同的订立与审批；采购与验收；采购、验收与相关会计记录；付款审批与付款执行。

2. 恰当的授权审批

付款需要由经授权的人员审批，审批人员在审批前需检查相关支持文件，并对其发现的例外事项进行跟进处理。

3. 凭证的预先编号及对例外报告的跟进处理

人工控制：可以安排入库单编制人员以外的独立复核人员定期检查已经进行会计处理的入库单记录，确认是否存在遗漏或重复记录的入库单，并对例外情况予以跟进。

自动化控制：系统可以定期生成列明跳号或重号的入库单统计例外报告，由经授权的人员对例外报告进行复核和跟进，可以确认所有入库单都进行了处理，且没有重复处理。

考点二 风险评估与控制测试

一、评估采购与付款循环的重大错报风险★

1. 低估负债或相关准备

重大错报风险常常集中体现在：

(1)遗漏交易；

(2)采用不正确的费用支出截止期；

(3)将应当及时确认损益的费用性支出资本化，然后通过资产的逐步摊销予以消化等。

这些将对完整性、截止、发生、存在、准确性和分类认定产生影响。

2. 管理层错报负债费用支出的偏好和动因

(1)平滑利润。通过多计准备或少计负债和准备，把损益控制在被审计单位管理层希望的程度；

(2)利用特别目的实体把负债从资产负债表中剥离，或利用关联方间的费用定价优势制造虚假的收益增长趋势；

(3)被审计单位管理层把私人费用计入企业费用，把企业资金当作私人资金运作。

3. 费用支出的复杂性

例如，被审计单位以复杂的交易安排购买一定期间的多种服务，管理层对于涉及的服务受益与付款安排所涉及的复杂性缺乏足够的了解。这可能导致费用支出分配或计提的错误。

4. 不正确地记录外币交易

5. 舞弊和盗窃的固有风险

6. 存在未记录的权利和义务

二、根据重大错报风险的评估结果设计进一步审计程序★

假定评估应付账款为重要账户，且相关认定包括存在/发生、完整性、准确性及截止的前提下，注册会计师计划的进一步审计程序总体方案，见表10-2：

表10-2 采购与付款循环的重大错报风险和进一步审计程序总体方案

重大错报风险描述	相关财务报表项目及认定	风险程度	是否信赖控制	进一步审计程序的总体方案	拟从控制测试中获取的保证程度	拟从实质性程序中获取的保证程度
确认的负债及费用并未实际发生	应付账款/其他应付款：存在 销售费用/管理费用：发生	一般	是	综合性方案	高	低

续表

重大错报风险描述	相关财务报表项目及认定	风险程度	是否信赖控制	进一步审计程序的总体方案	拟从控制测试中获取的保证程度	拟从实质性程序中获取的保证程度
不计提采购相关的负债或不计提尚未付款的已经购买的服务支出	应付账款/其他应付款：完整性 销售费用/管理费用：完整性	特别	是	综合性方案	高	中
采用不正确的费用支出截止期，例如将本期的支出延迟到下期确认	应付账款/其他应付款：存在/完整性 销售费用/管理费用：截止	一般	否	实质性方案	无	高
发生的采购未能以正确的金额记录	应付账款/其他应付款：计价和分摊 销售费用/管理费用：准确性	一般	是	综合性方案	高	低

三、测试采购与付款循环的内部控制★

（一）关键控制的选择和测试

1. 关键控制的选择

在实际工作中，注册会计师并不需要对业务流程中的所有控制点进行测试，而是应该针对识别的可能发生错报的环节，选择足以应对评估的重大错报风险的关键控制进行控制测试。

例如：

（1）针对存货及应付账款的存在性认定，企业制定的采购计划及审批主要是企业为提高经营效率效果设置的流程及控制，不能直接应对该认定，注册会计师不需要对其执行专门的控制测试；

（2）请购单的审批与存货及应付账款的存在性认定相关，但如果企业存在将**订购单**、**验收单**和**卖方发票**的一致性进行核对的"**三单核对**"控制，该控制足以应对存货及应付账款的存在性风险，则可以直接选择"三单核对"控制作为关键控制进行测试更能提高审计效率。

【例题1·简答题】 A注册会计师负责审计甲公司2019年度财务报表，了解到被审计单位采购与付款业务循环存在下列内部控制：

（1）各部门需要购买的货物或劳务，统一汇总至请购部门，由请购部门对需求部门提出的采购需求进行审核，并进行归类汇总，统筹安排企业的采购计划。

（2）对于超过预算的采购项目，经请购部门经理审批可先行请购，然后履行预算调整程序。

（3）审核通过的采购需求，由请购部门编写请购单，提交采购部门进行采购。请购单连续编号。

（4）采购的货物到货后，由仓库部门核对采购货物的数量、质量、规格型号与合同是否一致，对货物进行验收。

要求：针对上述事项（1）至（4），指出甲公司内部控制是否存在缺陷，如果存在缺陷，简要说明理由。

答案

（1）不存在缺陷。

（2）存在缺陷。对于超预算的采购项目，应先履行预算调整程序，由具备相应审批权限的部门或人员审批后，再行办理请购手续。

（3）不存在缺陷。

（4）存在缺陷。应由独立于仓库的验收部

门核对采购货物的数量、质量、规格型号与合同是否一致，对货物进行验收。

2. 测试方法的选择

控制测试的具体方法则需要根据具体控制的性质确定。

例如：

(1)对于验收单连续编号的控制，如果该控制是人工控制，注册会计师可以根据样本量选取几个月经复核人复核的入库单清单。检查入库单的编号是否完整。若入库单编号跳号，与复核人跟进并通过询问确认跳号的原因。如需要，进行佐证并考虑是否对审计存在影响。

(2)对于验收单连续编号的控制，如果该控制是系统设置的，则注册会计师可以选取系统生成的例外/删改情况报告，检查每一份报告并确定是否存在管理层复核的证据以及复核是否在合理的时间内完成；与复核人讨论其复核和跟进过程，如适当，确定复核人采取的行动以及这些行动在此环境下是否恰当。确认是否发现了任何调整，调整如何得以解决以及采取的行动是否恰当。同时，由专门的信息系统测试人员测试系统的相关控制以确认例外/删改报告的完整性和准确性。

(二)以风险为起点的控制测试

考生应仔细研读教材中"采购及付款的风险、存在的控制及控制测试程序"，理解可能发生错报的环节与相关的财务报表项目及其认定，应对客观题。关注教材中列举的采购与付款交易中对应的自动控制和人工控制，并熟练掌握对应的控制测试，测试要点举例见表10-3：

表10-3 采购与付款循环的风险、存在的控制及控制测试程序

可能发生错报的环节	相关的财务报表项目及认定	对应的内部控制(自动)	对应的内部控制(人工)	内部控制测试程序
新增供应商或供应商信息变更未经恰当的认证	存货：存在 其他费用：发生 应付账款：存在	采购订单上的供应商代码必须在系统供应商清单中存在匹配的代码，才能生效并发送供应商	复核人复核并批准每一对供应商数据的变更请求。包括供应商地址或银行账户的变更以及新增供应商等。复核时，评估拟进行的供应商数据变更是否得到合适文件的支持，诸如由供应商提供的新地址或银行账户明细或经批准新供应商的授权表格。当复核完成且复核人提出的问题/要求的修改已经得到满意的解决后，复核人在系统中确认复核完成	询问复核人复核供应商数据变更请求的过程，抽样检查变更需求是否有相关文件支持及有复核人的复核确认。 检查系统中采购订单的**生成逻辑**，确认是否存在供应商代码匹配的要求
订单未被录入系统或在系统中重复录入	存货/其他费用：存在(发生)、完整性 应付账款/其他应付款：存在、完整性	系统每月末生成列明跳码或重码的采购订单的例外报告	复核人定期复核列明重码或跳码的采购订单编号的例外报告，以确定是否有遗漏、重复的记录。该复核确定所有采购订单是否都输入系统，且仅输入了一次	检查系统例外报告的**生成逻辑**。 询问复核人对例外报告的检查过程，确认发现的问题是否及时得到了跟进处理
接收了缺乏有效采购订单或未经验收的商品	存货/其他费用：存在(发生)、完整性 应付账款/其他应付款：存在、完整性	入库确认后，系统生成连续编号的入库单	收货人员只有完成以下程序后，才能在系统中确认商品入库： ①检查是否存在有效的采购订单； ②检查是否存在有效的验收单； ③检查收到的货物的数量是否与发货单一致	检查系统入库单编号的连续性。 询问收货人员的收货过程，抽样检查入库单是否有对应一致的采购订单及验收单

考点三　采购与付款循环的实质性程序

一、应付账款的实质性程序

（一）应付账款的审计目标★

对于一般以营利为导向的企业，采购与付款交易的重大错报风险常见的是通过**低估费用和应付账款**，高估利润、粉饰财务状况。

但某些企业，在经营情况和预算完成情况较好的年度，为**平滑**各年度利润，则高估费用和负债可能是其相关年度审计时需要应对的重大错报风险。

（二）应付账款的实质性程序★★

1. 获取或编制应付账款明细表

（1）复核加计是否正确，并与报表数、总账数和明细账合计数核对是否相符；

（2）检查非记账本位币应付账款的折算汇率及折算是否正确；

（3）分析出现借方余额的项目，查明原因（重复付款、付款后退货、预付货款、记账错误），必要时，建议作重分类调整；

（4）结合预付账款、其他应付款等往来项目的明细余额，检查有无针对同一交易在应付账款和预付款项同时记账的情况、异常余额或与购货无关的其他款项（如关联方账户或雇员账户）。

2. 函证应付账款

首先获取供应商相关清单（不能仅依靠应付账款明细账），询问该清单是否完整并考虑该清单是否应包括预期负债等附加项目，然后选取样本执行以下程序，见图10-2：

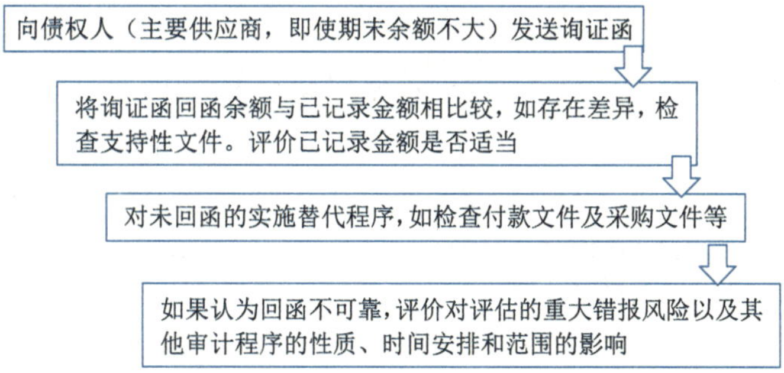

向债权人（主要供应商，即使期末余额不大）发送询证函

↓

将询证函回函余额与已记录金额相比较，如存在差异，检查支持性文件。评价已记录金额是否适当

↓

对未回函的实施替代程序，如检查付款文件及采购文件等

↓

如果认为回函不可靠，评价对评估的重大错报风险以及其他审计程序的性质、时间安排和范围的影响

图10-2　应付账款函证程序

3. 检查应付账款是否计入了正确的会计期间，是否存在未入账的应付账款

（1）对本期发生的应付账款**增减变动**，检查至相关支持性文件，确认会计处理是否正确。

（2）检查资产负债表日后应付账款明细账**贷方发生额**的相应凭证，关注其购货发票的日期，确认其入账时间是否合理。

（3）获取并检查被审计单位与其供应商之间的**对账单**以及被审计单位编制的**差异调节表**，确定应付账款金额的准确性。

（4）针对资产负债表**日后付款**项目，检查银行对账单及有关付款凭证（如银行汇款通知、供应商收据等），询问被审计单位内部或外部的知情人员，查找有无未及时入账的应付账款。

（5）结合**存货监盘**程序，检查被审计单位在资产负债表日前后的存货入库资料（验收报告或入库单），检查相关负债是否计入了正确的会计期间。

4. 寻找未入账负债的测试

针对寻找未入账负债的测试实施的审计程序：

（1）检查支持性文件，如相关的发票、采购合同/申请、收货文件以及接受劳务明细，以确定收到商品/接受劳务的日期及应在期末之前入账的日期。

（2）追踪已选取项目至应付账款明细账、货到票未到的暂估入账和/或预提费用明细表，并关注费用所计入的会计期间。调查并跟进所有已识别的差异。

(3)评价费用是否被记录于正确的会计期间，并相应确定是否存在期末未入账负债。

【知识点拨】本程序主要以收到商品/接受劳务(验收单日期)作为入账日的标准。

5. 如存在应付关联方的款项

(1)了解交易的商业理由。

(2)检查证实交易的支持性文件(如发票、合同、协议及入库和运输单据等相关文件)。

(3)检查被审计单位与关联方的对账记录或向关联方函证。

二、一般费用的实质性程序★★

一般费用的实质性程序：

(1)获取一般费用明细表，复核其加计数是否正确、并与总账和明细账合计数核对。

(2)实质性分析程序。

(3)从资产负债表日后的银行对账单或付款凭证中选取项目进行测试，检查支持性文件(如合同或发票)，关注发票日期和支付日期，追踪已选取项目至相关费用明细表，检查费用所计入的会计期间，评价费用是否被记录于正确的会计期间。

(4)对本期发生的费用选取样本，检查其支持性文件，确定原始凭证是否齐全，记账凭证与原始凭证是否相符以及账务处理是否正确。

(5)抽取资产负债表日前后的凭证，实施截止测试，评价费用是否被记录于正确的会计期间。

(6)检查一般费用是否已在财务报表中作出恰当的列报和披露。

真题精练

简答题

(2016年)ABC会计师事务所的A注册会计师负责审计甲公司2015年度财务报表，审计工作底稿中与负债审计相关的部分内容摘录如下：

(1)甲公司各部门使用的请购单未连续编号，请购单由部门经理批准，超过一定金额还需总经理批准，A注册会计师认为该项控制设计有效，实施了控制测试，结果满意。

(2)为查找未入账的应付账款，A注册会计师检查了资产负债表日后应付账款明细账贷方发生额的相关凭证，并结合存货监盘程序，检查了甲公司资产负债日前后的存货入库资料，结果满意。

(3)由于2015年人员工资和维修材料价格连续上涨，甲公司实际发生的产品质量保证支出与以前年度预计数相差较大，A注册会计师要求管理层就该差异进行追溯调整。

(4)甲公司有一笔账龄三年以上，金额重大的其他应付款，因2015年度未发生变动，A注册会计师未实施进一步审计程序。

(5)甲公司年末与固定资产弃置义务相关的预计负债金额为200万元，A注册会计师作出了300万元到360万元之间的区间估计，与管理层沟通后同意其按100万元的错报进行调整。

要求：针对上述(1)至(5)项，逐项指出A注册会计师的做法是否恰当，如不恰当，简要说明理由。

真题精练答案及解析

简答题

【答案】

(1)恰当。

(2)不恰当。还应检查债务形成的相关原始凭证；获取被审计单位与其供应商之间的对账单，并将对账单和被审计单位财务记录之间的差异进行调节；针对资产负债表日后付款项目，检查银行对账单及有关付款凭证等。

(3)不恰当。该差异采用未来适用法，不用追溯调整。

(4)不恰当。注册会计师没有/应当对重大账户余额实施实质性程序。

(5)恰当。

同步训练 限时40分钟

一、单项选择题

1. 下列有关采购与付款循环主要业务活动的表述中，不正确的是(　)。

A. 对资本支出和租赁合同，被审计单位通常要求指定人员请购，需要进行特别授权审批

B. 被审计单位所有的请购单均由仓库部门填写，并由仓库部门经理签字审批

C. 采购部门需要对订购单连续编号，连续编号的订购单与应付账款的完整性认定有关

D. 验收单是由验收部门编制的一式多联、预先连续编号的单据，作为验收和检验商品的依据

2. 在付款环节，下列控制活动中不正确的是(　)。

A. 支票的签署应由被授权的财务部门人员负责

B. 被授权签署支票的人员应确定每张支票都附有一张已经适当批准的未付款凭单，并确定支票收款人姓名和金额与凭单内容一致

C. 支票一经签署就应在其凭单和支持性凭证上用加盖印戳或打洞等方式将其注销，以免漏付款

D. 只有被授权的人员才能接近未使用的空白支票

3. 丙公司在采购与付款循环中实施的以下各种控制措施中，与负债“完整性”认定关系最为密切的是(　)。

A. 会计主管监督为采购交易而编制的记账凭证中账户分类的适当性

B. 验收单均经事先连续编号并确保已验收的采购交易登记入账

C. 验收单、供应商发票上的日期与采购明细账中的日期核对一致

D. 独立检查应付账款总账余额与应付凭单部门未付凭单档案中的总金额的一致性

4. 注册会计师执行的下列审计程序中与实现采购交易截止目标最相关的是(　)。

A. 追查存货的采购记录至存货永续盘存记录

B. 将验收单和卖方发票上的日期与采购明细账中的日期进行比较

C. 参照卖方发票，比较会计科目表上的分类

D. 从验收单追查至采购明细账

5. 经过支出预算负责的主管人员签字批准的请购单能够证明有关采购交易的(　)。

A. 完整性　　B. 准确性

C. 发生　　D. 分类

6. 注册会计师在验证被审计单位应付账款的截止是否正确时，以下审计程序中不能实现的是(　)。

A. 在对存货实地观察时获得的采购截止资料

B. 区分应付账款中的目的地交货和起运点交货

C. 向与被审计单位有购销往来的债务人寄送询证函

D. 检查在实物盘点工作底稿中记录的最后一张存货验收单号码

7. 下列审计程序中，注册会计师最有可能证实已记录应付账款存在的是(　)。

A. 从应付账款明细账追查至购货合同、购货发票和入库单等凭证

B. 检查采购文件以确定是否使用预先连续编号的订购单

C. 抽取购货合同、购货发票和入库单等凭证，追查至应付账款明细账

D. 向供应商函证零余额的应付账款

8. 应付账款审计工作底稿中显示的下列准备实施的审计程序中，不恰当的是（ ）。

A. 由于函证应付账款不能保证查出未记录的应付账款，因此决定不实施函证程序

B. 由于应付账款控制风险较高，决定仍实施应付账款的函证程序

C. 某一应付账款明细账户期末余额为零，但仍然可能将其列为函证对象

D. 由于应付账款容易被漏记，应对其进行函证

二、多项选择题

1. 下列各项内部控制制度中，能够防止或发现采购与付款环节发生错误或舞弊的有（ ）。

A. 被审计单位应建立采购与付款交易的岗位责任制，明确相关部门和岗位的职责、权限，确保办理采购与付款交易的不相容岗位相互分离、制约和监督

B. 采购部门在收到请购单后，对所有的请购单及时发出订购单，该订购单应预先顺序编号并经过被授权的采购人员签名

C. 收到采购发票后，应立即送采购部门与订货单、验收单核对相符

D. 采用总价法记录现金折扣，并严格复核是否发生折扣损失

2. 经了解，发现甲公司（常年审计客户）管理层有故意遗漏与采购相关负债的风险，注册会计师的下列做法中正确的有（ ）。

A. 注册会计师的审查重点为“完整性”

B. 注册会计师拟信赖甲公司设置的防止遗漏与采购相关负债的内部控制，该控制在本年未发生变化且上期已经测试，则本期可以利用上期测试的结果

C. 如果仅实施实质性程序，注册会计师应当针对该风险实施细节测试，或将细节测试与实质性分析程序相结合以应对风险

D. 获取期后收取、记录或支付的发票明细，包括获取支票登记簿/电汇报告/银行对账单以及入账的发票和未入账的发票，从中选取项目进行测试

3. 下列有关应付账款审计的说法中，不正确的有（ ）。

A. 注册会计师如果对应付账款进行函证，通常采用的函证方式为消极式

B. 通过审查资产负债表日后货币资金支出情况，可以审查被审计单位是否存在未入账的应付账款

C. 无论任何情况，注册会计师均应当对应付账款进行函证

D. 注册会计师可以结合存货监盘程序，检查被审计单位在资产负债日前后的存货入库资料，检查是否有大额料到单未到的情况，确认相关负债是否计入了正确的会计期间

4. 针对应付账款未入账的错报风险，以下实质性程序中注册会计师可以实施的有（ ）。

A. 检查财务报表日后付账的主要凭证，询问被审计单位内部采购部门或验收部门的人员

B. 检查财务报表日后应付账款明细账贷方发生额的相应凭证

C. 在对原材料进行监盘时，获取并检查资产负债表日前后的验收报告或入库单

D. 以截止至财务报表日的应付账款明细账为起点选取异常项目追查至相关验收单、供应商发票以及订购单等原始凭证

5. 下列审计程序中，有助于证实采购交易记录完整性认定的有（ ）。

A. 从有效的订购单追查至验收单

B. 从验收单追查至采购明细账

C. 从付款凭单追查至购货发票

D. 如能获取卖方发票，从卖方发票追查至采购明细账

6. 下列有关应付账款审计的说法中，正确的

有(　)。

A. 注册会计师在检查应付账款是否在财务报表中恰当列报，应检查资产负债表中应付账款项目是否根据“应付账款”和“预收账款”科目所属明细科目的期末贷方余额合计数填列

B. 注册会计师可以将期末应付账款余额与期初余额进行比较，分析波动原因

C. 对于应付账款函证来说，将询证函余额与已记录金额相比较，如存在差异，检查支持性文件

D. 如果被审计单位在被审计年度财务状况不佳，则应当对应付账款进行函证

7. 关于函证应付账款，下列说法中正确的有(　)。

A. 以被审计单位的名义向主要供应商函证，包括应付账款余额为零的账户

B. 如果被审计单位与应付账款有关的内部控制设计良好并有效运行，注册会计师可适当减少函证的样本量

C. 如果管理层要求不实施函证且要求合理，注册会计师应视为审计范围受限，并考虑对审计报告可能产生的影响

D. 如果未收到回函，注册会计师可以考虑检查付款文件、相关的采购文件或其他适当文件记录

8. 下列程序中，属于对一般费用的实质性程序的有(　)。

A. 获取一般费用明细表，复核其加计数是否正确、并与总账和明细账合计数核对是否正确

B. 抽取资产负债表日前后的凭证，实施截止测试，评价费用是否被记录于正确的会计期间

C. 结合存货监盘程序，检查被审计单位在资产负债表日前后的存货入库资料

D. 检查一般费用的列报和披露是否恰当

三、简答题

A 注册会计师负责审计常年审计客户甲公司 2019 年度财务报表。审计工作底稿中记录的部分内容摘录如下：

(1)2019 年，甲公司以 500 万元向具有支配性影响的母公司购买一项资产。A 注册会计师了解到该交易已经董事会授权和批准，因此，认为不存在重大错报风险，拟通过检查合同等相关支持性文件获取审计证据。

(2)甲公司将经批准的合格供应商信息录入信息系统形成供应商主文档，生产部员工在信息系统中填制连续编号的请购单时只能选择该主文档中的供应商。供应商的变动需由采购部经理批准，并由其在系统中更新供应商主文档。A 注册会计师认为该内部控制设计合理，拟予以信赖。

(3)甲公司财务人员将原材料订购单、供应商发票和入库单核对一致后，编制记账凭证(附上述单据)并签字确认。A 注册会计师对该控制进行控制测试，抽取了若干记账凭证及附件，检查是否经财务人员签字，未发现异常。

(4)甲公司应付账款年末余额为 550 万元。审计项目组认为应付账款存在低估风险，选取了年末余额合计为 480 万元的两家主要供应商实施函证，未发现差异。

(5)甲公司原租用的办公楼月租金为 50 万元。自 2019 年 10 月 1 日起，甲公司租用新办公楼，租期一年，月租金 80 万元，免租期 3 个月。A 注册会计师审阅了“管理费用——租赁费”项目，上年工作底稿显示租赁费为 600 万元，2019 年的租赁费为 450 万元。A 注册会计师认为“管理费用——租赁费”项目无重大错报风险，结束了该项目的审计工作。

要求：针对上述第(1)至(5)项，逐项指出 A 注册会计师的做法是否恰当。如不恰当，简要说明理由。

同步训练答案及解析

一、单项选择题

1. B 【解析】选项B，仓库负责对需要购买的已列入存货清单的项目填写请购单，其他部门也可以对所需要购买的未列入存货清单的项目编制请购单。
2. C 【解析】选项C这种方式没有问题，但目的是为了防止重复付款，而不是漏付款。
3. B 【解析】选项A与"分类"认定对应；选项B与"完整性"最为密切；选项C目的是为了控制采购业务入账时间的恰当性；选项D与"计价和分摊"最为密切。
4. B 【解析】选项A与采购交易发生认定相关；选项C与采购交易分类认定相关；选项D与采购交易完整性认定相关。
5. C 【解析】请购单是证明有关采购交易"发生"认定的凭据之一，也是采购交易轨迹的起点。
6. C 【解析】向债务人寄送询证函仅有助于核实有关应收账款的情况，而无助于核实应付账款的情况。
7. A 【解析】选项BCD证实完整性。
8. D 【解析】由于函证应付账款不能保证查出未入账的应付账款，一般情况下，应付账款不一定需要函证。

二、多项选择题

1. ACD 【解析】选项B，采购部门在收到请购单后，只能对经过批准的请购单发出订购单，不是针对所有的请购单发出订购单。
2. ACD 【解析】选项B，该风险为特别风险，对于旨在减轻特别风险的控制，不论该控制在本期是否发生变化，注册会计师都不应依赖以前审计获取的证据。
3. AC 【解析】选项A，应付账款函证最好采用积极式函证，并具体列明应付金额；选项C，一般情况下，注册会计师并非必须要对应付账款进行函证，但如果被审计单位控制风险较高，某应付账款明细账户金额较大，则应考虑进行应付账款的函证。
4. ABC 【解析】以应付账款明细账为起点追查至相关原始凭证(即"逆查"的方向)，主要为应付账款的存在认定提供证据。
5. BD 【解析】选项AC仅仅是原始单据间的检查，不能证明采购已入账。
6. BCD 【解析】按照企业会计准则的规定，资产负债表中应付账款项目应根据"应付账款"和"预付账款"科目所属明细科目的期末贷方余额合计数填列。
7. ABD 【解析】选项C，如果管理层要求不实施函证且要求合理，注册会计师应当实施替代审计程序，以获取与这些账户余额或其他信息相关的充分、适当的审计证据。
8. ABD 【解析】选项C属于"检查应付账款是否计入了正确的会计期间"的审计程序，不符合题意。

三、简答题

【答案】

(1)不恰当。母公司对甲公司具有支配性影响，甲公司与授权和批准相关的控制可能是无效的，因此授权和批准本身不足以就是否不存在重大错报风险得出结论。

(2)不恰当。对供应商信息修改的批准和录入是两项不相容职责/均由采购部经理执行，未设置适当的职责分离，该控制设计不合理，不应当信赖。

(3)不恰当。应当对记账凭证后附的原材料订购单、供应商发票和入库单进行检查。

(4)不恰当。仅选取大金额主要供应商实施函证不能应对低估风险/还应选取小额或零余额账户。

(5)不恰当。应在免租期内确认租金费用和负债，存在少计管理费用和负债的风险。管理费用和其他应付款的完整性认定存在错报风险。

本章知识串联

- 采购与付款循环的审计
  - 采购与付款循环的特点 ★
    - 不同行业类型的采购和费用支出
    - 涉及的主要单据与会计记录
  - 采购与付款循环的主要业务活动和相关内部控制 ★★
    - 主要业务活动
      - 采购业务
      - 付款业务
    - 主要流程
      - 制定采购计划、供应商认证及信息维护、请购商品和劳务、编制订购单、验收商品、储存已验收的商品、编制付款凭单、确认与记录负债、办理付款、记录现金、银行存款支出
    - 采购与付款循环内部控制
      - 适当的职责分离
      - 恰当的授权审批
      - 凭证的预先编号及对例外报告的跟进处理
  - 采购与付款循环的重大错报风险 ★★
    - 影响采购与付款交易和余额的重大错报风险
      - 低估负债和相关准备
      - 管理层错报负债费用支出的偏好和动因
      - 费用支出的复杂性
      - 不正确地记录外币交易
      - 舞弊和盗窃的固有风险
      - 存在未记录的权利和义务
  - 采购与付款循环的实质性程序 ★★★
    - 应付账款的实质性程序
      - 获取或编制应付账款明细表
      - 函证应付账款
      - 检查应付账款是否计入了正确的会计期间，是否存在未入账的应付账款
      - 寻找未入账负债的测试
    - 除折旧/摊销、人工费用以外的一般费用的实质性程序
      - 获取一般费用明细表，复核其加计数是否正确、并与总账和明细账合计数核对是否正确
      - 实质性分析程序
      - 从资产负债表日后的银行对账单或付款凭证中选取项目进行测试
      - 对本期发生的费用选取样本，检查其支持性文件，确定原始凭证是否齐全，记账凭证与原始凭证是否相符以及账务处理是否正确
      - 抽取资产负债表日前后的凭证，实施截止测试，评价费用是否被记录于正确的会计期间
      - 检查一般费用是否已按照企业会计准则及其他相关规定在财务报表中作出恰当的列报和披露

第11章 生产与存货循环的审计

考情解密

历年考情概况

本章属于重点章节。历年考题主要以“监盘的基本程序和不同情况下的处理”为主要切入点进行考查，在综合题中分析存在的风险时也会涉及存货计价(销售成本、期末计价和减值)的会计知识。近年几乎每年都有“存货监盘”的简答题，预计今年考核分值在6分左右。

近年考点直击

考点	主要考查题型	考频指数	考查角度
存货监盘	简答题、综合题	★★★	监盘计划、监盘程序，特别是对监盘的特殊情况的处理；存货截止测试
存货计价测试	选择题、综合题	★★	存货计价(包括减值确认)审计

学习方法与应试技巧

“存货监盘”知识点的考查以简答题或综合题为主。监盘的简答题有明显的特征，主要考查监盘的基本程序和特殊情况的处理，或要求指出监盘计划、监盘过程存在哪些缺陷。在风险分析中通常也会涉及存货的计价(销售成本、期末计价和减值)分析，与存货的减值错报风险相关。另外“存货计价测试”知识点多以选择题的形式进行考查。同时，对本章的内容，建议考生结合《中国注册会计师审计准则问题解答第3号——存货监盘》进行学习。

本章2020年考试主要变化

本章主要删除了针对存货的一般审计程序中的“实质性分析程序”的内容，其他只是文字上的调整，并无实质性变动。

考点详解及精选例题

考点一　了解生产与存货循环的业务活动和相关内部控制

一、生产与存货循环的业务活动★

生产与存货循环的主要业务活动环节(见图 11-1)

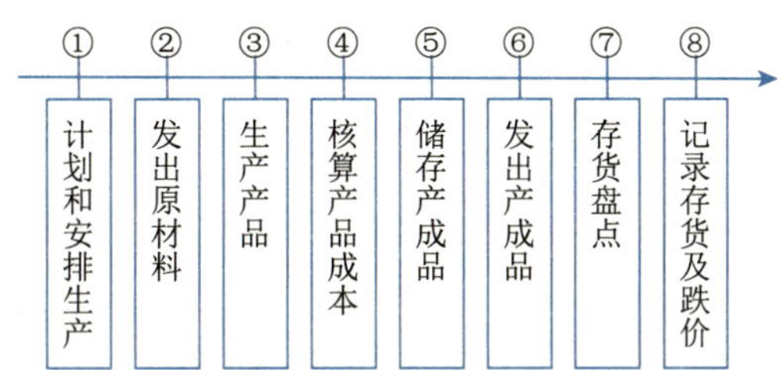

图 11-1　生产与存货循环的主要业务活动环节

二、与生产与存货循环相关的内部控制★

生产与存货循环的相关内部控制见表 11-1：

表 11-1　生产与存货循环的相关内部控制

业务活动	内部控制
计划生产、安排生产	生产计划部门根据**客户订购单**或者**对销售预测**和产品需求的分析决定生产授权。生产部门根据经审批的月度生产计划书，由**生产计划经理**签发预先**按顺序编号**的**生产通知单**
发出原材料	(1)**生产部门主管**根据生产通知单，批准开具**一式三联**的领料单，仓库管理员凭领料单发料后，将其中一联连同材料交给**领料部门**，一联留在**仓库**登记材料明细账，一联交**会计部门**进行材料收发核算和成本核算。 (2)仓库管理员应把领料单编号、领用数量、规格等信息输入计算机系统，经仓储经理复核并以电子签名方式确认后，系统自动更新材料明细台账
生产产品	生产部门领取原材料后，执行生产任务。完成生产任务后，将完成的产品交生产部门查点，然后转交检验员验收并办理入库手续；或是将所完成的产品移交下一个部门，作进一步加工
核算成本	(1)生产成本记账员应根据原材料出库单，编制原材料领用凭证，与计算机系统自动生成的生产记录日报表核对材料耗用和流转信息；由会计主管审核无误后，生成记账凭证并过账至生产成本及原材料明细账和总分类账。 (2)每月末，由生产车间与仓库核对原材料、半成品、产成品的转出和转入记录，如有差异，仓库管理员应编制差异分析报告，经仓储经理和生产经理签字确认后交会计部门进行调整。 (3)每月末，由计算机系统对生产成本中各项组成部分进行归集，按照预设的分摊公式和方法，自动将当月发生的生产成本在完工产品和在产品中按比例分配；同时，将完工产品成本在各不同产品类别中分配，由此生成产品成本计算表和生产成本分配表；由生产成本记账员编制成生产成本结转凭证，经会计主管审核批准后进行账务处理

业务活动	内部控制
储存产品	(1)产成品入库时，质量检验员应检查并签发预先**顺序编号**的产成品**验收单**，由生产小组将产成品送交仓库。 (2)仓库管理员应检查产成品验收单，并清点产成品数量，填写预先**顺序编号**的产成品**入库单**，经质检经理、生产经理和仓储经理签字确认后，由仓库管理员将产成品入库单信息输入计算机系统，计算机系统自动更新产成品明细台账
发出产品	(1)产成品出库时，由仓库管理员填写预先顺序编号的出库单，并将产成品出库单信息输入计算机系统，经仓储经理复核并以电子签名方式确认后，计算机系统自动更新产成品明细台账并与发运通知单编号核对。 (2)产成品装运发出前，由运输经理独立检查出库单、销售订购单和发运通知单，确定从仓库提取的商品附有经批准的销售订购单，并且，所提取商品的内容与销售订购单一致。 (3)每月末，生产成本记账员根据计算机系统内状态为“已处理”的订购单数量，编制销售成本结转凭证，结转相应的销售成本，经会计主管审核批准后进行账务处理
盘点存货	产成品仓库分别于每月、每季和年度终了，对产成品存货进行**定期**盘点，由会计部门对盘点结果进行复盘。仓库管理员应编写产成品存货盘点明细表，发现差异及时调查处理，经仓储经理、财务经理和生产经理复核后调整入账
计提存货跌价准备	财务部门根据**存货货龄分析表信息**及相关部门提供的有关**存货状况的信息**，对出现毁损、滞销、跌价等降低存货价值的情况进行分析计算，计提存货跌价准备

考点二　风险评估与控制测试

扫我解疑难

一、生产与存货循环的重大错报风险★

一般制造型企业的存货的重大错报风险通常包括：

(1)存货实物可能不存在(存在认定)；

(2)属于被审计单位的存货可能未在账面反映(完整性认定)；

(3)存货的所有权可能不属于被审计单位(权利和义务认定)；

(4)存货的单位成本可能存在计算错误(计价和分摊认定/准确性认定)；

(5)存货的账面价值可能无法实现，即跌价准备的计提可能不充分(计价和分摊认定)。

二、设计实施进一步审计程序★

根据重大错报风险评估结果设计实施进一步审计程序(见表11-2)。

表11-2　生产和存货循环的重大错报风险和进一步审计程序总体方案

重大错报风险描述	相关财务报表项目及认定	风险程度	是否信赖控制	进一步审计程序的总体方案	拟从控制测试中获取的保证程度	拟从实质性程序中获取的保证程度
存货实物可能不存在	存货：存在	特别	是	综合性	中	高
存货的单位成本可能存在计算错误	存货：计价和分摊 营业成本：准确性	一般	是	综合性	中	低
已销售产品的成本可能没有准确结转至营业成本	存货：计价和分摊 营业成本：准确性	一般	是	综合性	中	低
存货的账面价值可能无法实现	存货：计价和分摊	特别	否	实质性	无	高

三、生产与存货循环的控制测试★

风险评估和风险应对是整个审计过程的核心，因此，注册会计师通常以识别的重大错报风险为起点，选取拟测试的控制并实施控制测试。

【学习要求】 关注教材中列举的生产与存货循环中的风险、对应的计算机控制和人工控制，并熟悉掌握对应的控制测试程序。

考点三 存货监盘

扫我解疑难

一、存货监盘概述★★

存货审计的重点在于确定期末余额。期末余额确定的方法有两种：

(1)期末余额=期末数量×单价；

(2)期末余额=期初余额+本期增加-本期减少。

由于资产的流动性不同，其中方法(1)适用于存货类余额的确定，方法(2)适用于固定资产余额的确定。

1. 存货监盘的目标

监盘存货的目的在于获取有关存货**数量和状况**的审计证据。存货监盘针对的认定：

(1)存货监盘针对的主要是存货的**存在认定**；

(2)对存货的**完整性认定及计价认定**，也能提供**部分**审计证据；

(3)还可能在监盘过程中获取有关存货所有权的证据。(存货监盘本身并不足以供注册会计师确定存货的所有权，可能需要执行其他程序)

2. 存货监盘的责任

存货监盘与盘点存货是不同的，盘点存货是被审计单位的一项管理活动，存货监盘是注册会计师的一项审计程序。

(1)管理层的责任(盘点)：定期盘点存货(每年至少一次)，合理确定存货的数量和状况。

(2)注册会计师的责任(监盘)：获取有关期末存货数量和状况的审计证据。

3. 存货监盘的作用

(1)**检查**存货以确定其是否存在，评价存货状况，并对存货盘点结果进行测试；

(2)**观察**管理层指令的遵守情况，以及用于记录和控制存货盘点结果的程序的实施情况；

(3)**获取**有关管理层存货盘点程序可靠性的审计证据。

4. 存货监盘过程

存货监盘的主要工作可分两部分，首先制定监盘计划，然后实施监盘程序，见图 11-2：

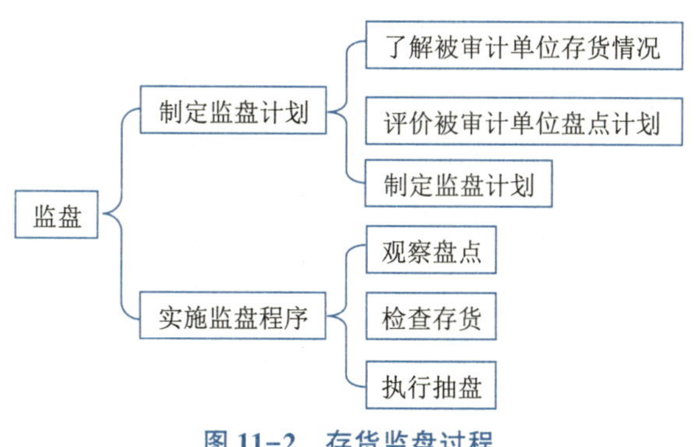

图 11-2 存货监盘过程

二、制定监盘计划★★★

注册会计师应当根据被审计单位存货的特点、盘存制度和存货内部控制的有效性等情况，在评价被审计单位管理层制定的存货盘点程序的基础上编制监盘计划。

（一）了解被审计单位的存货情况

注册会计师在编制存货监盘计划时需要考虑的事项：

1. 与存货相关的重大错报风险

存货通常具有较高水平的重大错报风险，影响重大错报风险的因素具体包括：

（1）存货的数量和种类；

（2）成本归集的难易程度；

（3）陈旧、过时或易损坏程度；

（4）遭受失窃的难易程度。

2. 与存货相关的内部控制的性质

在制定存货监盘计划时，注册会计师应当了解被审计单位与存货相关的内部控制，并根据内部控制的完善程度确定进一步审计程序的性质、时间安排和范围。

3. 对存货盘点是否制定了适当的程序（盘点计划），并下达了正确的指令

注册会计师一般需要复核或与管理层**讨论其存货盘点程序**（盘点计划）。

如果认为被审计单位的存货盘点程序（盘点计划）存在缺陷，注册会计师应当**提请被审计单位调整**。

4. 存货盘点的时间安排

存货盘点在财务报表日以外的其他日期进行，注册会计师除实施存货监盘相关的审计程序外，还应当实施其他审计程序，以获取审计证据，确定**存货盘点日与财务报表日**之间的**存货变动是否已得到恰当的记录**。

5. 被审计单位是否一贯采用永续盘存制

（1）实地盘存制：注册会计师应参加此种盘点；

（2）永续盘存制：注册会计师在年度中一次或多次参加盘点。

6. 存货的存放地点，以确定适当的监盘地点

如果存货存放在多个地点，注册会计师可以要求被审计单位提供一份完整的存货存放地点清单，清单应包括期末存货量为零的仓库、租赁的仓库以及第三方代为保管的存货的仓库等。在获取完整的存货存放地点清单的基础上，注册会计师可以根据不同地点所存放存货的重要性以及对各个地点与存货相关的重大错报风险的评估结果，选择适当的地点进行监盘，并记录选择这些地点的原因。

针对企业提供的相关清单的完整性，注册会计师可以考虑执行以下**一项或多项**审计程序：

（1）询问（其他人员）

询问被审计单位**除管理层和财务部门以外的其他人员**，如营销人员、仓库人员等，以了解有关存货存放地点的情况。

（2）比较（不同时期）

比较被审计单位**不同时期的存货存放地点清单**，关注存货变动情况，以确定是否存在因仓库变动而未将存货纳入盘点范围的情况发生。

（3）检查

①检查被审计单位存货的出、入库单。

关注是否存在被审计单位尚未告知注册会计师的仓库（如**期末库存量为零的仓库**）。

②检查费用支出明细账和租赁合同。

关注被审计单位是否**租赁仓库并支付租金**，如果有，该仓库是否已包括在被审计单位提供的仓库清单中。

③检查被审计单位“固定资产——房屋建筑物”明细清单，了解被审计单位可用于存放存货的房屋建筑物。

7. 是否需要专家协助

在下列情况下，注册会计师可考虑利用专家的工作：

（1）确定资产数量或资产实物状况（如矿石堆）；

（2）收集特殊类别存货（如艺术品、稀有玉石、房地产、电子器件、工程设计等）的审

计证据；

(3)当在产品存货金额较大时，存货生产过程的复杂程度。

(二)评价管理层的盘点计划

注册会计师应当了解管理层是否对存货盘点制定了适当的程序(盘点计划)，并下达了正确的指令：

(1)注册会计师一般需要复核或与管理层讨论其存货盘点程序(盘点计划)。

(2)如果认为被审计单位的存货盘点程序(盘点计划)存在缺陷，注册会计师应当提请被审计单位调整。

(三)制定监盘计划

监盘计划的内容包括：

1. 存货监盘的目标、范围及时间安排

(1)存货监盘的主要目标

①获取资产负债表日有关存货数量和状况的审计程序；

②获取有关管理层存货盘点程序可靠性的审计程序。

(2)存货监盘的范围

影响存货监盘范围的大小的因素：

①存货的内容、性质；

②与存货相关的内部控制的完善程度；

③重大错报风险的评估结果。

(3)存货监盘的时间

如果对与存货相关的内部控制不满意，监盘应安排在**期末或接近期末**进行。

2. 存货监盘的要点及关注事项

注册会计师需要重点关注的事项包括：

(1)盘点期间的存货移动；

(2)存货的状况；

(3)存货的截止确认；

(4)存货的各个存放地点及金额等.

3. 参加存货监盘人员的分工

在确定监盘人员的组成、人员职责与分工时，应根据被审计单位参加存货盘点分工分组情况及存货监盘工作量的大小，以及监盘人员的素质来确定。

4. 抽盘存货的范围

确定抽盘存货的范围的依据：对被审计单位存货盘点和对被审计单位与存货相关的内部控制的评价结果。

如认为内部控制设计**良好**且得到有效实施，存货盘点组织良好，注册会计师可以相应**缩小**实施抽盘的范围。

三、实施存货监盘程序★★★

监盘程序如图 11-3：

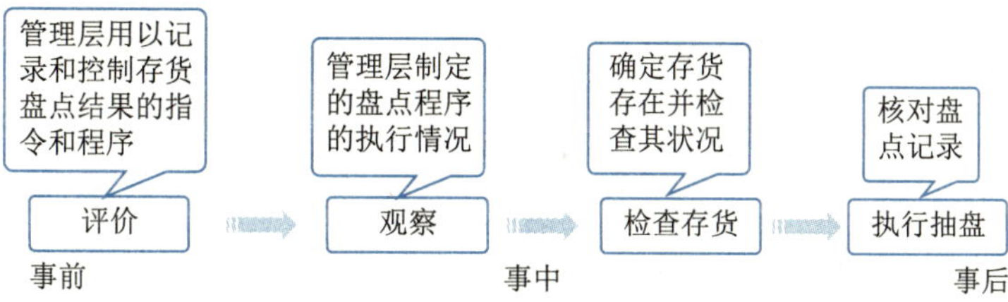

图 11-3　存货监盘的基本程序

1. 评价管理层用以记录和控制存货盘点结果的指令和程序

(1)通过询问管理层、阅读被审计单位的盘点计划等方式，了解被审计单位对存货移动所采取的控制程序和对存货收发截止影响的考虑。(了解控制)

(2)观察被审计单位在盘点时对有关存货移动的控制程序是否得到执行。(穿行测试)

2. 观察管理层制定的盘点程序的执行情况

观察管理层制定的盘点程序(如对盘点时及其前后的存货移动的控制程序)的执行情况。这有助于注册会计师获取有关管理层指令和程序是否得到适当设计和执行的审计证据。(控制测试)

注册会计师在监盘过程中的各个时间段中均会观察盘点现场，不同阶段的观察应达到的目的，见表 11-3：

表 11-3　注册会计师在监盘各时间段应达到的目的

次数	时间	目的
第一次	在盘点“开始前”	确定应纳入盘点范围的存货是否已适当整理和排列，并附有盘点标识，防止遗漏或重复盘点
第二次	在监盘“过程中”	观察管理层制定的盘点程序（如对盘点时及其前后的存货移动的控制程序）的执行情况
第三次	在盘点“结束前”	再次观察盘点现场，以确定所有应纳入盘点范围的存货是否均已盘点

3. 检查存货

检查存货，识别过时、毁损或陈旧的存货。（实质性程序）

4. 执行抽盘

在被审计单位盘点过程中，注册会计师应当执行抽盘，测试盘点记录的**准确性和完整性**。（实质性程序）

在对存货盘点结果进行测试时，注册会计师可以：

（1）从存货盘点记录中选取项目追查至存货实物，以测试盘点记录的“准确性”；

（2）从存货实物中选取项目追查至存货盘点记录，以测试存货盘点记录的“完整性”。

注册会计师应该尽可能避免让被审计单位事先了解将抽取检查的存货项目。

注册会计师在实施抽盘程序时发现差异，很可能表明被审计单位的存货盘点在准确性或完整性方面存在错误。

注册会计师在实施抽盘程序时发现盘点记录与存货实物存在差异时，注册会计师应当：

①查明原因，并及时提请被审计单位更正；

②考虑错误的潜在范围和重大程度，在可能的情况下扩大检查范围以减少错误的发生；

③还可要求被审计单位重新盘点。重盘的范围可限于某一特殊领域的存货或特定盘点小组。

四、存货监盘结束时的工作★★

（1）再次观察盘点现场，以确定所有应纳入盘点范围的存货是否均已盘点。

（2）取得并检查已填用、作废及未使用盘点表单的号码记录，确定其是否连续编号，查明已发放的表单是否均已收回，并与存货盘点的汇总记录进行核对。

（3）如果存货盘点日不是资产负债表日，应当实施适当的审计程序，确定盘点日与资产负债表日之间存货的变动是否已作恰当的记录（倒推）。

①盘点日在结账日之前：（结账日）应结存数＝盘点数＋增加数－减少数

②盘点日在结账日之后：（结账日）应结存数＝盘点数－增加数＋减少数

如：2020 年 1 月 15 日注册会计师监盘 A 产品，监盘数为 800 件，2020 年 1 月 1 日至 1 月 15 日累计购进了 400 件，销售了 100 件。注册会计师对 A 产品在 2020 年 1 月 1 日至 1 月 15 日期间的入库和出库业务实施了相应的审计程序，未发现错报。因此注册会计师认为，A 产品在 2019 年 12 月 31 日账面记录 500 件是存在的。

五、监盘的特殊情况和处理★★★

（一）对特殊类型存货的监盘

注册会计师应当根据被审计单位所处行业的特点、存货的类别和特点以及内部控制等具体情况，并在通用的存货监盘程序基础上，设计特殊类型存货监盘的具体审计程序，见表 11-4：

表 11-4　特殊类型存货的监盘程序

存货类型	可供实施的审计程序
木材、钢筋盘条、管子	①检查标记或标识； ②利用专家或被审计单位内部有经验人员的工作
堆积型存货(如糖、煤、钢废料)	①运用工程估测、几何计算、高空勘测； ②依赖详细的存货记录； ③如果堆场中的存货堆不高，可进行实地监盘，或通过旋转存货堆加以估计
使用磅秤测量的存货	①在监盘前和监盘过程中均应检验磅秤的精准度，并留意磅秤的位置移动与重新调校程序； ②将检查和重新称量程序相结合； ③检查秤量尺度的换算问题
散装物品(如贮窖存货、使用桶、箱、罐、槽等容器储存的液、气体、谷类粮食、流体存货等)	①使用容器进行监盘； ②通过预先编号的清单列表加以确定； ③使用浸蘸、测量棒、工程报告； ④依赖永续存货记录； ⑤选择样品进行化验与分析，或利用专家的工作
贵金属、石器、艺术品与收藏品	选择样品进行化验与分析，或利用专家的工作
生产纸浆用木材、牲畜	①通过高空摄影以确定其存在性，对不同时点的数量进行比较； ②依赖永续存货记录

【例题 1 · 单选题】 如果被审计单位的存货中包括生产用原浆，储存在木桶当中，注册会计师在进行盘点时，以下做法中不正确的是(　)。

A. 使用容器进行监盘

B. 使用浸蘸、测量棒、工程报告以及依赖永续盘存记录

C. 按照木桶标签上所标明的数量进行确认

D. 选择样本进行化验与分析，或利用专家的工作

解析 对于存货监盘时，不能够直接使用存货包装物外标明的数量来确认存货的数量。因此选项 C 不正确。　**答案** C

(二)需要特别关注的情况

1. 所有权

只要是被审计单位拥有所有权的存货，均应纳入监盘范围。对所有权不属于被审计单位的存货，注册会计师应当：①取得其规格、数量等有关资料；②确定是否已分别存放、标明；③确定均未纳入盘点的范围。

各类存货的盘点要求和监盘关注点，如表 11-5 所示：

表 11-5　各类存货的盘点要求和监盘关注点

监盘关注点	盘点要求
正品齐摆放	存货在盘点前应整理和排列
次品放一旁	对毁损、陈旧、过时、残次存货盘点并记录
外存不要忘	存放在外单位的存货应纳入盘点范围
代管莫点上	对所有权不属于被审计单位的存货要区分

2. 存货的状况

注册会计师应当特别关注存货的状况，观察被审计单位是否已经恰当区分所有毁损、陈旧、过时及残次的存货。为测试被审计单位存货跌价准备计提的准确性提供证据。

3. 存货移动情况

注册会计师应当特别关注存货的移动情况，防止遗漏或重复盘点。一般而言，被审计单位在盘点过程中停止生产并关闭存货存放地点以确保停止存货的移动。

(1)在特定情况下，注册会计师可以根据被审计单位的具体情况考虑其无法停止存货移动的原因及其合理性。

(2)注册会计师可以通过询问管理层以及阅读被审计单位的盘点计划等方式，了解被审计单位对存货移动所采取的控制程序和对存货收发截止影响的考虑。

(3)观察被审计单位有关存货移动的控制程序是否得到执行，同时，注册会计师可以向管理层索取盘点期间存货移动相关的书面记录以及出、入库资料作为执行截止测试的资料，以为监盘结束的后续工作提供证据。

(4)如果在盘点过程中被审计单位的生产经营仍将持续进行，注册会计师应通过实施必要的检查程序，确保在适当的期间内对存货作出了准确记录。

由于实际原因无法停止生产或收发货物，可以考虑在仓库内**划分出独立的过渡区域**，将预计在盘点期间领用或入库的存货存放在过渡区域，对盘点期间办理入库手续的存货暂时存放在过渡区域，以此确保相关存货**只被盘点一次**。

4. 存货的内部控制

如果对与存货相关的内部控制不满意，监盘应安排在**期末或接近期末**进行。

5. 存货的位置

(1)获取**存放地点清单**(包括期末库存量为零的仓库、租赁的仓库，以及第三方代被审计单位保管存货的仓库等)，并考虑其**完整性**。根据不同地点所存放存货的重要性以及对各个地点与存货相关的重大错报风险的评估结果，选择适当的地点进行监盘，并记录选择这些地点的原因。

(2)对多处存放的同一类型的存货，应安排**同时监盘**，以免发生遗漏或重复盘点。

6. 包装箱或罐装封存

要求打开箱子(罐子)或挪开成堆的箱子。

7. 存货的截止

注册会计师应当获取盘点日前后存货收发及移动的凭证，检查库存记录与会计记录期末截止是否正确。

注册会计师通常可观察存货的"验收入库地点和装运出库地点"以执行截止测试。

截止日前入库——纳入盘点范围，截止日前出库——不纳入盘点范围，已售出未发运——不纳入盘点范围，已购入未入库——纳入盘点范围。

(三)特殊情况的处理

1. 监盘不可行——**替代**程序

(1)如果在存货盘点现场实施存货监盘不可行，注册会计师应当实施替代审计程序(如检查盘点日后出售盘点日之前取得或购买的特定存货的文件记录)，以获取有关存货的存在和状况的充分、适当的审计证据。

(2)如果不能实施替代审计程序，或者实施替代审计程序可能无法获取有关存货的存在和状况的充分、适当的审计证据，注册会计师发表非无保留意见的报告。

2. 不可预见的情况——**另择日期**

如果由于不可预见的情况，无法在存货盘点现场实施监盘，注册会计师应当另择日期实施监盘，并对间隔期内发生的交易实施审计程序。

3. 由第三方保管或控制的存货

注册会计师应当实施下列一项或两项审计程序：

(1)函证：向持有被审计单位存货的**第三方函证**存货的数量和状况；

(2)检查：实施检查或其他适合具体情况的审计程序；(作为函证的替代程序或追加的审计程序)

①实施或安排其他注册会计师实施对第三方的**存货监盘**；

②获取其他注册会计师或服务机构注册

会计师针对用以保证存货得到恰当盘点和保管的内部控制的适当性而出具的报告；

③检查与第三方持有的存货相关的文件记录，如仓储单；

④当存货被作为抵押品时，要求其他机构或人员进行确认。

『链接』对于存货的监盘程序，可参考《中国注册会计师审计准则问题解答第3号——存货监盘》进行补充学习。

考点四　存货的计价测试

一、存货计价测试程序★

在对存货计价实施细节测试之前，注册会计需要了解被审计单位本年度存货计价方法与以前年度是否保持一致，如发生变化，变化的理由是否合理，是否经过适当的审批。

1. 样本的选择

应从存货数量已经盘点、单价和总金额已经计入存货汇总表的结存存货中选择。

2. 计价测试

(1)测试时，应尽量排除被审计单位已有计算程序和结果的影响，进行独立测试。

(2)测试结果出来后，应与被审计单位账面记录对比，编制对比分析表，分析形成差异的原因。

(3)如果差异过大，应扩大测试范围，并根据审计结果考虑是否应提出审计调整建议。

二、存货单位成本测试★(见表11-6)

表11-6　存货单位成本测试

项目	内容	测试程序
原材料的单位成本	注册会计师通常基于企业的原材料计价方法(如先进先出法，加权平均法等)，结合原材料的历史购买成本，测试其账面成本是否准确	核对原材料采购的相关凭证(主要是与价格相关的凭证，如合同、采购订单、发票等)以及验证原材料计价方法的运用是否正确
产成品和在产品的单位成本	注册会计师需要对成本核算过程实施测试	①直接材料成本测试；②直接人工成本测试；③制造费用测试；④生产成本在当期完工产品与在产品之间分配的测试

三、存货跌价损失准备的测试★★

注册会计师在测试存货跌价损失准备时，需要从以下两个方面进行测试：

1. 识别需要计提跌价损失准备的存货项目

注册会计师可以通过询问管理层和相关部门(生产、仓储、财务、销售等)员工，了解被审计单位如何收集有关滞销、过时、陈旧、毁损、残次存货的信息并为之计提必要的跌价准备。此外，注册会计师还要结合存货监盘过程中检查存货状况而获取的信息，以判断被审计单位的存货跌价准备计算表是否有遗漏。

2. 检查可变现净值的计量是否合理

【例题2·简答题】A注册会计师负责审计甲公司2019年度财务报表。A注册会计师了解到甲公司于2019年初完成了部分主要产品的更新换代。由于利用现有主要产品(T产品)生产线生产的换代产品(S产品)的市场销售情况良好，甲公司自2019年2月起大幅减少了T产品的产量，并于2019年3月终止了T产品的生产和销售。S产品和T产品的生产所需原材料基本相同，原材料平均价格相比上年上涨了约2%。由于S产品的功能更加齐全且设计新颖，其平均售价比T产品高约10%。

甲公司的部分财务数据摘录如下：

金额单位：万元

年份/产品	未审数			已审数		
	2019 年			2018 年		
	S 产品	T 产品	其他产品	S 产品	T 产品	其他产品
营业收入	32340	3000	21440	0	28500	18000
营业成本	27500	2920	19800	0	27200	15300
存货账面余额	2340	180	4440	0	2030	4130
减：存货跌价准备	0	0	0	0	0	0
存货账面价值	2340	180	4440	0	2030	4130

要求：假定不考虑其他条件，上述情况是否表明存在重大错报风险，如存在，请说明该风险主要与哪些财务报表项目的哪些认定相关(不考虑税务影响)，并简要说明理由。

答案 存在重大错报风险。

(1)2018 年 T 产品的销售毛利率 4.56%，2019 年 S 产品的销售毛利率 14.97%，两者比较，S 产品销售毛利率高于 T 产品的销售毛利率 10.41%。由于 S 产品与 T 产品的原材料基本相同，材料价格上涨 2%，同时 S 产品销售价格比 T 产品提高了 10%，所以 S 产品的毛利率高于 T 产品的毛利率不应超过 10%，可能存在高估收入或低估成本的重大错报风险。

影响的报表项目及认定：

影响的报表项目	相关认定
营业收入	发生、准确性
应收账款	存在、计价和分摊
营业成本	完整性、准确性
存货	存在、计价和分摊

(2)T 产品已经被 S 产品所替代，且 2019 年 3 月就已经停止生产了 T 产品，2019 年末还有库存，所以 T 产品已经发生了跌价，但甲公司未计提存货跌价准备，存在存货计价的重大错报风险。

影响的报表项目及认定：

影响的报表项目	相关认定
存货	计价和分摊
资产减值损失	完整性

真题精练

一、单项选择题

1. (2015 年)如果注册会计师认为存货数量存在舞弊导致的重大错报风险，下列做法中，通常不能应对该风险的是(　)。

A. 扩大与存货相关的内部控制测试的样本规模

B. 要求被审计单位在报告期末或邻近期末的时点实施存货盘点

C. 在不预先通知的情况下对特定存放地点的存货实施监盘

D. 利用专家的工作对特殊类型的存货实施更严格的检查

2. (2015 年)下列有关存货监盘的说法中，正确的是(　)。

A. 注册会计师主要采用观察程序实施存货监盘

B. 注册会计师在实施存货监盘过程中不应协助被审计单位的盘点工作

C. 由于不可预见的情况而导致无法在预定日期实施存货监盘，注册会计师可以实施

替代审计程序

D. 注册会计师实施存货监盘通常可以确定存货的所有权

二、多项选择题

(2014 年) 下列有关存货监盘的说法中，正确的有(　)。

A. 注册会计师在制定监盘计划时，需要考虑是否在监盘中利用专家的工作

B. 如果存货盘点在财务报表日以外的其他日期进行，注册会计师除实施监盘相关审计程序外，还应当实施其他程序，以确定盘点日与财务报表日之间的存货变动已得到恰当记录

C. 如果存货存放在不同地点，注册会计师的监盘应当覆盖所有存放地点

D. 如果由于不可预见的情况，无法在存货盘点现场实施监盘，注册会计师应当实施替代审计程序

三、简答题

1. (2018 年) ABC 会计师事务所的 A 注册会计师负责审计多家被审计单位 2017 年度财务报表。与存货审计相关的部分事项如下：

(1) 甲公司为制造型企业，采用信息系统进行成本核算。A 注册会计师对信息系统一般控制和相关的自动化应用控制进行测试后结果满意，不再对成本核算实施实质性程序。

(2) 因乙公司存货不存在特别风险，且以前年度与存货相关的控制运行有效，A 注册会计师因此减少了本年度存货细节测试的样本量。

(3) 丙公司采用连续编号的盘点标签记录盘点结果，并逐项录入盘点结果汇总表。A 注册会计师将抽盘样本的数量与盘点标签记录的数量进行了核对，未发现差异，据此认可了盘点结果汇总表记录的存货数量。

(4) 丁公司从事进口贸易，年末存货均于 2017 年 12 月购入，金额重大。A 注册会计师通过获取并检查采购合同、发票、进口报关单、验收入库单等支持性文件，认为获取了有关存货存在和状况的充分、适当的审计证据。

(5) 戊公司的存货存放在多个地点。A 注册会计师取得了存货存放地点清单并检查了其完整性，根据各个地点存货余额的重要性及重大错报风险的评估结果，选取其中几个地点实施了监盘。

(6) A 注册会计师在己公司盘点结束后、存货未开始流动前抵达盘点现场，对存货进行检查并实施了抽盘，与己公司盘点数量核对无误，据此认可了盘点结果。

要求：针对上述第(1)至(6)项，逐项指出 A 注册会计师的做法是否恰当。如不恰当，简要说明理由。

2. (2016 年) ABC 会计师事务所的 A 注册会计师负责审计甲公司等多家被审计单位 2015 年度财务报表。与存货审计相关的事项如下：

(1) 在对甲公司存货实施监盘时，A 注册会计师在存货盘点现场评价了管理层用以记录和控制存货盘点结果的程序，认为其设计有效。A 注册会计师在检查存货并执行抽盘后结束了现场工作。

(2) 因乙公司存货品种和数量均较少，A 注册会计师仅将监盘程序用作实质性程序。

(3) 丙公司 2015 年末已入库未收到发票，而暂估的存货金额占存货总额的 30%，A 注册会计师对存货实施了监盘，测试了采购和销售交易的截止，均未发现差错，据此认为暂估的存货记录准确。

(4) 丁公司管理层未将以前年度已全额计提跌价准备的存货纳入本年末盘点范围。A 注册会计师检查了以前年度的审计工作底稿，认可了管理层的做法。

(5) 己公司管理层规定，由生产部门人员对全部存货进行盘点，再由财务部门人员抽取 50%进行复盘。A 注册会计师对复盘项目进行抽盘，未发现差异。据此认可了

管理层的盘点结果。

要求：针对上述(1)至(5)项，逐项指出A注册会计师的做法是否恰当，如不恰当，简要说明理由。

3. (2014年)甲公司主要从事家电产品的生产和销售。ABC会计师事务所负责审计甲公司2013年度财务报表。审计项目组在审计工作底稿中记录了与存货监盘相关的情况，部分内容摘录如下：

(1)审计项目组拟不信赖与存货相关的内部控制运行的有效性，故在监盘时不再观察管理层制定的盘点程序的执行情况。

(2)审计项目组获取了盘点日前后存货收发及移动的凭证，以确定甲公司是否将盘点日前入库的存货、盘点日后出库的存货以及已确认为销售但尚未出库的存货包括在盘点范围内。

(3)由于甲公司人手不足，审计项目组受管理层委托，于2013年12月31日代为盘点甲公司异地专卖店的存货，并将盘点记录作为甲公司的盘点记录和审计项目组的监盘工作底稿。

(4)审计项目组按存货项目定义抽样单元，选取a产品为抽盘样本项目之一。a产品分布在5个仓库中，考虑到监盘人员安排困难，审计项目组对其中3个仓库的a产品执行抽盘，未发现差异，对该样本项目的抽盘结果满意。

(5)在甲公司存货盘点结束前，审计项目组取得并检查了已填用、作废及未使用盘点表单的号码记录，确定其是否连续编号以及已发放的表单是否均已收回，并与存货盘点汇总表中记录的盘点表单使用情况核对一致。

(6)甲公司部分产成品存放在第三方仓库，其年末余额占资产总额的10%。

要求：

(1)针对上述第(1)至(5)项，逐项指出审计项目组的做法是否恰当。如不恰当，简要说明理由。

(2)针对上述第(6)项，列举三项审计项目组可以实施的审计程序。

真题精练答案及解析

一、单项选择题

1. A 【解析】选项A，因存货数量存在舞弊导致的重大错报风险，说明相关内部控制无效，此时不能再实施控制测试。

2. B 【解析】选项A，存货监盘程序包括评价管理层用以记录和控制存货盘点结果的指令和程序、观察管理层制定的盘点程序的执行情况、检查存货、执行抽盘，不是主要采用观察程序；选项C，如果由于不可预见的情况无法在存货盘点现场实施监盘，注册会计师应当另择日期实施监盘，并对间隔期内发生的交易实施审计程序；选项D，存货监盘主要验证存货的存在认定，存货监盘本身并不足以供注册会计师确定存货的所有权，注册会计师可能需要执行其他实质性程序以应对所有权认定的相关风险。

二、多项选择题

AB 【解析】选项C，如果存货存放在不同地点，注册会计师应当在获取完整的存货存放地点清单的基础上，根据不同地点所存放存货的重要性以及对各个地点与存货相关的重大错报风险的评估结果，选择适当的地点进行监盘，并记录选择这些地点的原因；选项D，如果由于不可预见的情况无法在存货盘点现场实施监盘，注册会计师应当另择日期实施监盘，并对间隔期内发生的交易实施审计程序。

三、简答题

1.【答案】

(1)不恰当。制造业的成本核算涉及重大类别交易或账户余额，应当实施实质性程序。

(2)不恰当。以前年度与存货相关的控制运行有效不构成减少本年度细节测试样本规模的充分理由/注册会计师还应当了解相关控制在本期是否发生变化。

(3)不恰当。A注册会计师应当对盘点结果汇总表进行复核/应当将抽盘数量与盘点结果汇总表核对/应当将盘点标签数量与盘点结果汇总表核对。

(4)不恰当。存货对财务报表是重要的，注册会计师应当实施监盘。

(5)恰当。

(6)不恰当。注册会计师没有/应当观察已公司管理层制定的盘点程序的执行情况。

2.【答案】

(1)不恰当。在监盘过程中还应该实施观察程序，观察管理层制定的盘点程序的执行情况，并考虑是否存在需要特别关注的情况，同时做好监盘结束时的相关观察、检查工作。(监盘结束时，A注册会计师应该再次观察盘点现场，以确定所有应纳入盘点范围的存货是否均已盘点；取得并检查已填用、作废及未使用盘点表单的汇总记录进行核对。)

(2)恰当。

(3)不恰当。要验证存货的计价认定，应该实施专门的计价测试，监盘主要验证的是存在认定，针对计价仅能提供部分审计证据。

(4)不恰当。针对所有权属于被审计单位的存货，均应纳入盘点范围，所以应当将全额计提存货跌价准备的存货纳入盘点范围。

(5)不恰当。A注册会计师应该参与盘点的全过程(而不是仅就复盘进行抽盘)，在盘点过程中需要实施观察、检查程序，并适当执行抽盘，进而确定管理层的盘点结果是否可靠。

3.【答案】

(1)第(1)项不恰当。无论是否信赖内部控制，注册会计师在监盘中均应当观察管理层制定的盘点程序的执行情况。

第(2)项不恰当。已确认为销售但尚未出库的存货不应包括在盘点范围内。

第(3)项不恰当。审计项目组代管理层执行盘点工作，将会影响其独立性。/盘点存货是甲公司管理层的责任。

第(4)项不恰当。当a产品被选为样本项目时，应当对所有a产品执行抽盘。

第(5)项恰当。

(2)审计项目组可以实施的审计程序有(以下答对三项即可)：

①向保管存货的第三方函证存货的数量和状况；

②实施检查程序/检查与第三方保管的存货相关的文件记录；

③对第三方保管的存货实施监盘；

④安排其他注册会计师对第三方保管的存货实施监盘；

⑤获取其他注册会计师或提供仓储服务的第三方的注册会计师针对第三方用以保证存货得到恰当盘点和保管的内部控制的适当性而出具的报告。

同步训练 限时120分钟

一、单项选择题

1. 如果将与存货相关的内部控制评估为高风险，下列程序中，注册会计师最可能做的是(　)。

A. 增加测试与存货相关的内部控制的范围

B. 要求在期末实施存货监盘

C. 应当在期中实施存货监盘程序，并测试盘点日至期末发生的存货交易

D. 检查购货、生产、销售的记录和凭证，以确定期末存货余额

2. 注册会计师应当特别关注存货的移动情

况，目的是(　)。

A. 观察被审计单位是否已经恰当区分所有毁损、陈旧、过时及残次的存货

B. 检查库存记录与会计记录期末截止是否正确

C. 防止遗漏或重复盘点

D. 确定被审计单位存货的所有权，检查是否被纳入盘点范围

3. 在被审计单位盘点存货之前，注册会计师应当做的是(　)。

A. 跟随被审计单位的盘点人员对存货状况进行检查

B. 观察存货盘点计划的执行情况

C. 确定存货数量和状况记录的准确性

D. 观察盘点现场存货的排列情况以及是否附有盘点标识

4. 甲公司将存货周转率作为评估存货管理业绩指标，2019 年度甲公司的存货周转率为 2.7，与 2018 年度相比有所下降。甲公司提供的以下理由中，不能解释存货周转率变动趋势的是(　)。

A. 由于主要原材料价格比 2018 年度下降了 10%，甲公司从 2019 年 1 月开始将主要原材料的日常储备量增加了 20%

B. 甲公司主要产品在 2019 年度市场需求稳定且盈利，但平均销售价格与 2018 年度相比有所下降，并且甲公司预期销售价格将继续下降

C. 甲公司在 2019 年第 4 季度接到了一笔巨额订单，订货数量相当于甲公司月产量的 120%，交货日期为 2020 年 1 月 1 日

D. 从 2019 年初开始，物价一直上涨，甲公司将发出商品的方法由加权平均法改为先进先出法核算

5. 通过向负责生产和销售人员询问是否存在过时或周转缓慢的存货，注册会计师认为最可能证实的是(　)。

A. 计价和分摊

B. 分类

C. 存在

D. 完整性

6. 在存货盘点现场实施监盘时，注册会计师实施的审计程序不包括(　)。

A. 观察管理层制定的盘点程序的执行情况

B. 检查存货

C. 执行抽盘

D. 重新执行

7. A 公司存货存放在多个仓库，包括租赁的仓库，注册会计师获取了存货存放地点的清单，为验证其完整性，注册会计师执行的以下审计程序不恰当的是(　)。

A. 检查 A 公司“固定资产—房屋建筑物”明细清单，了解可用于存放存货的房屋建筑物

B. 询问管理层和财务部门人员，即可全面了解有关存货存放地点的情况，包括期末库存量为零的仓库

C. 比较 A 公司不同时期的存货存放地点清单，关注仓库变动情况

D. 检查费用支出明细账和租赁合同，关注是否存在租赁的仓库

8. 注册会计师拟制定存货监盘计划，在评价被审计单位存货盘点计划时，下列情况中不恰当的是(　)。

A. 参与盘点的人员包括了被审计单位的领导以及仓储、财务、生产、采购等相关部门人员

B. 由总经理主持召开盘点动员会，并布置盘点任务

C. 盘点时间为被审计年度次年的 1 月 10 日

D. 未将存放在外单位的存货纳入盘点范围

9. 经过对被审计单位存货的了解，发现有一批 C 公司代为保管的 D 材料，则注册会计师在制定存货监盘计划时，采取的措施恰当的是(　)。

A. 向 C 公司进行函证

B. 作为独立的审计项目，未纳入存货的监

盘范围

C. 因为其存放地点不在被审计单位，无法实地监盘，视为审计范围受限

D. 仅利用账簿记录确认D材料的账面价值

10. 下列关于存货监盘计划的说法中，正确的是(　)。

A. 注册会计师应仅根据自己的专业判断和往年的审计经验，编制存货监盘计划

B. 存货监盘程序是证实存货存在、完整以及权利和义务认定的有效审计程序

C. 注册会计师应当根据对被审计单位存货盘点和内部控制的评价结果确定检查存货的范围

D. 存货监盘范围的大小取决于注册会计师审计时间的分配以及审计成本的核算

11. 在对I公司存货项目进行了解后获知，存在一批委托A公司代为保管的C材料，注册会计师在制定存货监盘计划时不应当做的是(　)。

A. 将C材料纳入存货的监盘范围

B. 直接利用I公司的账簿记录确认C材料的账面价值

C. 向A公司实施函证

D. 如果C材料的金额占流动资产的比例较大，注册会计师应当考虑实施存货监盘或利用其他注册会计师的工作

12. 关于存货监盘程序，以下说法中不正确的是(　)。

A. 在存货监盘过程中检查存货可以帮助注册会计师确定存货的所有权

B. 检查的范围通常要包括难以盘点或隐蔽性较强的存货

C. 如果认为被审计单位的内部控制设计良好，且得到有效实施、存货盘点组织良好，可以相应的缩小实施抽盘的范围

D. 注册会计师应尽可能的避免让被审计单位了解将抽盘的存货项目

13. 注册会计师在对被审计单位存货实施抽盘程序时发现差异，下列说法中不正确的是(　)。

A. 此时很可能表明被审计单位的存货盘点在准确性或完整性方面存在错误

B. 注册会计师应当查明原因，如为被审计单位方面错误，及时提请被审计单位更正

C. 注册会计师应当考虑错误的潜在范围和重大程度，在可能的情况下，扩大检查范围以减少错误的发生

D. 考虑成本效益原则，此时不会要求被审计单位重新盘点

14. 在对存货实施抽盘程序时，注册会计师的下列做法中，正确的是(　)。

A. 获取管理层完成的存货盘点记录的复印件，记录对存货盘点结果进行的测试情况

B. 事先就拟抽取测试的存货项目与被审计单位沟通，以提高存货监盘的效率

C. 从存货盘点记录中选取项目追查至存货实物，以测试盘点记录的完整性

D. 如果盘点记录与存货实物存在差异，要求被审计单位更正盘点记录

15. 对属于被审计单位所有但存放在外的存货，如果函证的回函不能令人满意，注册会计师应当考虑采取的措施不包括(　)。

A. 审核与交易有关的证明文件

B. 亲自前往监盘

C. 委托当地会计师事务所负责监盘

D. 直接出具保留意见的审计报告

16. 在对存货实施监盘程序时，下列做法中，注册会计师不应该选择的是(　)。

A. 对于已作质押的存货，向债权人函证与被质押存货相关的内容

B. 对于受托代存的存货，实施向存货所有权人函证等审计程序

C. 对于因性质特殊而无法监盘的存货，实施向顾客或供应商函证等审计程序

D. 对受托代存的存货也应纳入盘点范围，但应与被审计单位的存货区分

二、多项选择题

1. 下列有关注册会计师的责任和被审计单位管理层责任的表述正确的有(　)。

A. 制定盘点计划、组织盘点工作并合理确定存货的数量和状况是被审计单位管理层的责任

B. 制定监盘计划、安排监盘工作并合理保证盘点结果的可靠性是注册会计师的责任

C. 对存货实施监盘，获取有关期末存货数量和状况的充分、适当的审计证据是注册会计师的责任

D. 收集已使用的存货盘点记录、对存货复盘是注册会计师的责任

2. 下列有关存货监盘的表述中，正确的有(　)。

A. 由于不可抗力导致注册会计师无法到达存货存放地实施存货监盘，可以考虑改变存货监盘日期，并对预定盘点日与改变后的存货监盘日之间发生的交易进行测试

B. 对存货进行监盘是证实存货计价和分摊的重要程序，除非出现无法实施存货监盘的特殊情况。在绝大多数情况下都必须亲自观察存货盘点过程，实施存货监盘程序

C. 对由第三方保管的存货(对财务报表是重要的)，向持有被审计单位存货的第三方函证存货的数量和状况

D. 存货监盘程序主要对存货的结存数量予以确认，为验证财务报表上存货余额的真实性，还必须对存货的计价进行审计

3. 对被审计单位的存货而言，注册会计师能够根据其管理层的"计价和分摊"认定推论得出的具体审计目标有(　)。

A. 存货入账的期间是恰当的

B. 存货的总账与其明细账一致

C. 存货的可变现净值低于成本时已经进行正确的会计处理

D. 列示的存货均为被审计单位拥有和控制

4. W 公司的存货采用永续盘存制，公司管理层定期对存货进行实物盘点，下列有关盘点的表述中正确的有(　)。

A. 定期对存货进行盘点的结果可用以确定 W 公司永续盘存制的可靠性

B. 盘存记录和现有实际存货数量之间的差异，可能表明对存货变动的控制未能有效运行

C. W 公司应每年至少进行一次实物盘点

D. 定期盘点存货是管理层的责任

5. 在存货盘点现场实施监盘时，下列程序中注册会计师应当实施的有(　)。

A. 评价管理层用以记录和控制存货盘点结果的指令和程序

B. 在存货监盘过程中检查存货，确定存货的存在，以及识别过时、毁损或陈旧的存货

C. 亲自清点存货的数量实施盘点

D. 观察管理层制定的盘点程序的执行情况

6. 注册会计师在执行监盘程序时，下列做法正确的有(　)。

A. 注册会计师应当观察管理层制定的盘点程序的执行情况，以获取有关存货真实存在的审计证据

B. 对于监盘中存货的截止测试，注册会计师通常可观察存货的验收入库地点和装运出库地点以执行截止测试

C. 在抽盘时发现某个盘点小组的工作失误较多，注册会计师要求被审计单位对所有存货重新盘点

D. 注册会计师应当把所有过时、毁损或陈旧存货的详细情况记录下来，以便进一步追查这些存货的处置情况以及为测试被审计单位存货跌价准备计提的准确性提供证据

7. 下列项目中，应纳入购货方存货盘点范围的有(　)。

A. 销售方已确认销售，但尚未发运给购货方的商品

B. 购销双方已签协议约定，但尚未办理商品购买手续

C. 未收到销售方结算发票，但已运抵购货方并验收入库的商品

D. 购货方已付款购进，但尚在运输途中的商品

8. 对于存放在外地的存货，注册会计师可以采取的方法有（ ）。

A. 向寄销单位函证

B. 审查存货证明或寄销合同

C. 亲自前往外地监盘

D. 委托当地的注册会计师监盘

9. 注册会计师正在对某酒业公司的存货实施监盘程序，下列评价管理层用以记录和控制存货盘点结果的指令和程序恰当的有（ ）。

A. 对盘点记录、未使用盘点表单的分析及复盘程序

B. 准确认定不同品质酒类以及已销售未提货的产品

C. 高粱、稻谷、玉米等存货重量估计和品质的认定方法

D. 对存放仓库和车间的产品移动以及截止日前后期间出入库的控制

10. 注册会计师针对甲公司特殊类型存货设计监盘程序时，下列说法中正确的有（ ）。

A. 针对存货为汽油的，需要注意使用容器进行监盘或通过预先编号的清单列表加以确定

B. 针对存货为钻石的，需要注意选择样品进行化验与分析，或利用专家的工作

C. 针对需要使用磅秤测量的存货，只需在监盘前检验一次磅秤的精准度，在监盘过程中无须检验和重新调校，以免标准不统一

D. 针对存货为生产纸浆用木材的，需要注意通过高空摄影以确定其存在性，对不同时点的数量进行比较，并依赖永续存货记录

11. 为了避免误解并有助于有效地实施存货监盘，注册会计师在编制存货监盘计划时应实施的工作有（ ）。

A. 了解与存货相关的内部控制

B. 了解被审计单位存货的特点

C. 与管理层讨论存货全面的监盘计划

D. 获取、审阅和评价被审计单位预定的盘点程序

12. 存货监盘计划应当包括的主要内容有（ ）。

A. 盘点存货的范围

B. 存货监盘的要点及关注事项

C. 存货监盘的目标、范围及时间安排

D. 参加存货监盘人员的分工

13. 在制定存货监盘计划时，一定要对监盘的时间做好安排，存货的监盘时间包括（ ）。

A. 实地查看盘点现场的时间

B. 观察存货盘点的时间

C. 对已盘点存货实施检查的时间

D. 参与存货实物盘点的时间

14. 如果被审计单位的存货盘点在财务报表日以外的其他日期进行，注册会计师可以考虑实施的实质性程序有（ ）。

A. 比较盘点日和财务报表日之间的存货信息以识别异常项目，并执行适当的审计程序

B. 对存货周转率或存货销售周转天数等实施实质性分析程序

C. 对盘点日至财务报表日之间的存货采购和存货销售分别实施双向检查

D. 测试存货销售和采购在盘点日和财务报表日的截止是否正确

15. 注册会计师对有辐射性的存货进行审计而无法监盘时，以下应当考虑的审计程序有（ ）。

A. 检查被审计单位是否存在值得信赖的内部控制

B. 审阅购货、生产和销售记录以获取必要的审计证据

C. 向接触到相关存货项目的第三方检查人员询证

D. 实施其他替代审计程序，比如追查该批存货的生产、使用和处置等有关报告，确定此类存货的存在

16. 如果由于存货的性质和存放地点等因素造成在存货盘点现场实施存货监盘不可行，注册会计师的下列做法中恰当的有(　)。

A. 注册会计师应考虑实施替代审计程序

B. 向仓库保管员询问用以保证存货得到恰当盘点和保管的内部控制的执行情况，并将询问结果记录于审计工作底稿中，作为证实与该存货相关内部控制运行有效的充分、适当的审计证据

C. 如果替代程序不可行，注册会计师需要视情况发表非无保留意见

D. 如果替代程序不可行，注册会计师应在审计报告中增加强调事项段，以说明该审计范围受限对财务报表审计意见的影响

17. 甲公司的一部分产品存放于设在匈牙利的一家重要的分公司，由于该国没有注册会计师审计业务(假定)，无法委托当地会计师事务所进行审计。对这部分存货，注册会计师决定采取以下措施。其中，你认可的措施有(　)。

A. 审计小组派人前往匈牙利实施监盘程序

B. 以审计范围受限为由发表非无保留意见

C. 委托当地公证机构观察盘点出具公证书

D. 由独立机构对分公司职员盘点全程录像

三、简答题

1. ABC会计师事务所承接了甲公司委托，对其2018年度财务报表进行审计，并委派A注册会计师担任项目合伙人。在执行监盘审计程序的过程中，发生下列事项：

(1)由于甲公司存货盘点时间为2018年12月29日至2018年12月31日，因此注册会计师确定的存货监盘时间为2019年1月5日至2019年1月8日。

(2)注册会计师在实施了观察程序后，认为甲公司内部控制设计良好且得到了实施，则决定不执行抽盘。

(3)甲公司有一批重要的存货，已经作为银行借款的质押物，注册会计师通过电话向银行有关人员询问了其存在性。

(4)在检查存货盘点结果时，注册会计师从存货实物中选取项目追查至存货盘点记录，目的在于测试是否存在漏盘的存货。

(5)甲公司存货盘点记录中记载W材料10000件，账簿记录15000件，注册会计师实施追加的审计程序，发现原因是已经签订采购合同的材料5000件，甲公司将其记录在账簿中，注册会计师表示予以认可。

要求：请指出上述存货监盘工作中是否恰当，如不恰当，简要说明理由。

2. A注册会计师负责审计甲公司2019年度财务报表。甲公司主要从事服装的制造和销售，2019年末未审计财务报表存货余额约10000万元。存货存放在下属乙制造厂和全国60家直营店。审计项目组确定财务报表整体的重要性为1000万元。审计项目组实施存货监盘的部分事项如下：

(1)审计工作底稿中记录，存货监盘目标为获取有关甲公司资产负债表日存货数量的审计证据。

(2)审计项目组按2019年末各存放地点存货余额进行排序，选取存货余额最大的20个地点(合计占年末存货余额的60%)实施监盘。审计项目组根据选取地点的监盘结果，认为甲公司年末存货盘点结果满意。

(3)因天气原因，审计项目组成员未能按计划在2019年12月31日到达某直营店实施监盘。经与管理层协商，改在2020年1月5日实施监盘，并对2019年12月31日至2020年1月5日期间的存货变动情况实施审计程序。

(4)乙制造厂存货品种繁多，存放拥挤。为保证监盘工作顺利进行，A注册会计师提前两天将拟抽盘项目清单发给乙制造厂财务部人员，要求其做好准备工作。

(5)在存货监盘结束时，监盘人员将除作废的盘点表单以外的所有盘点表单的号码记录于监盘工作底稿。

要求：针对上述第(1)至(5)项，假定不考虑其他条件，逐项指出审计项目组的处理是否恰当。如不恰当，简要说明理由。

3. 2018年初，ABC会计师事务所接受委托对甲公司2017年财务报表进行审计，委派A注册会计师为项目合伙人。甲公司为酿酒公司，2017年期末存货余额占资产总额比重大。存货主要包括高粱等粮食桶装酒以及包装箱酒等，其中各类谷物粮食主要储存在各采购地的10个简易棚内，桶装酒储存在甲公司1个仓库内，包装箱酒储存在甲公司另1仓库内。甲公司对存货采用永续盘存制核算。甲公司拟于2017年12月31日起开始盘点存货，盘点工作由熟悉相关业务且具有独立性的人员执行。A注册会计师编制的存货监盘计划摘录如下：

(1)与存货相关的内部控制较为有效，加之存货单位价值不高，将存货认定层次重大错报风险评估为低水平。

(2)在对桶装酒实施监盘程序时，采用观察以及检查相关的收、发、存凭证和记录的方法，确定存货的数量；对于包装箱酒，按照包装箱标明的规格和数量进行盘点，并辅以适当的开箱检查。

(3)甲公司对各类谷物粮食的盘点计划是：2017年12月31日盘点5个简易棚内的谷物粮食，2018年1月5日盘点其他5个简易棚内的谷物粮食。根据甲公司的盘点计划，要求项目组成员在上述时间对粮食实施监盘程序。

(4)盘点标签的设计、使用和控制。对存放在仓库酒类的盘点，设计预先编号的一式两联的盘点标签。使用时，由负责盘点存货的人员将一联粘贴在已盘点的存货上，另一联由其留存；盘点结束后，连同存货盘点表交存财务部门。

(5)盘点结束后，对出现盘盈或盘亏的存货，由仓库保管员将存货实物数量和仓库存货记录调节相符。

要求：针对上述存货监盘计划第(1)项至(5)项，逐项判断存货监盘计划是否恰当。如果不恰当，简要提出改进建议。

四、综合题

1. 东洲会计师事务所的注册会计师王婧和王琳负责审计齐天公司2018年度财务报表。2018年11月，注册会计师王婧和王琳对齐天公司的内部控制进行了初步了解和测试，该公司存货采用先进先出法进行核算。

资料一：通过对齐天公司内部控制的了解，注册会计师王婧和王琳注意到下列情况：

(1)齐天公司主要生产和销售电视机。

(2)齐天公司生产的电视机全部发往各地办事处和境外销售分公司销售。办事处除自行销售外，还将一部分电视机寄销在各商场。各月初，办事处将上月收、发、存的数量汇总后报齐天公司财务部门和销售部门，财务部门作相应会计处理；齐天公司生产的电视机约有30%出口，出口的电视机先发往境外销售分公司，再分销到世界各地。

(3)鉴于各年年末均处于电视机销售旺季，为保证各办事处和境外销售分公司货源，齐天公司本部仓库在各年年末不保留产成品。

资料二：通过对齐天公司与存货相关的内部控制进行测试，注册会计师王婧和王琳注意到下列情况：

(1)齐天公司在以前年度未对存货实施盘点，但有完整的存货会计记录和仓库记录；

(2)齐天公司发出电视机时未全部按顺序记录；

(3)齐天公司生产电视机所需的零星W材

料由M公司代管，但齐天公司未对W材料的变动进行会计记录；

(4)齐天公司每年12月25日后发出的存货在仓库的明细账上记录，但未在财务部门的会计账上反映；

(5)齐天公司发出材料存在不按既定计价方法核算的现象；

(6)齐天公司财务部门会计记录和仓库明细账均反映了代N公司保管的丁材料。

资料三：2018年12月27日，齐天公司编制了存货盘点计划，并与注册会计师王婧和王琳讨论。存货盘点计划的部分内容如下：

(1)齐天公司本部的存货由采购、生产、销售、仓库和财务等部门相关人员组成的盘点小组，在2018年12月31日进行盘点。办事处及境外存货的盘点分别由各办事处和境外销售分公司负责，在12月31日前后进行，盘点结束后分别将盘点资料报送财务部门和仓库部门；

(2)限于人力，在各商场寄销的电视机以各办事处的账面记录为准，不进行盘点；

(3)由于年底前后是销售旺季，在2018年12月31日，生产34寸背投彩电的生产线不停产，仓库除对外发出34寸背投彩电之外，不再对外发出其他存货；

(4)各盘点单位按存货类别和相关明细记录填写盘点清单、摆放存货，并填写连续编号的盘点标签；

(5)由于N公司寄存的丁材料与公司自身的丁材料并无区别，故未单独摆放。丁材料的库存数以盘点数扣除N公司寄存丁材料的账面数确定；由M公司代管的W材料不安排盘点，库存数直接根据M公司的记录确定。

资料四：根据齐天公司存货的内部控制情况和盘点计划，注册会计师王婧和王琳决定实施的监盘计划部分内容如下：

(1)对在各商场寄销的电视机以审阅办事处的账面记录为准；

(2)对境外销售分公司的存货不进行监盘，直接审阅其盘点记录及账面记录；

(3)对M公司代管的W材料，采取向M公司函证的方式确认；

(4)审计人员在复盘结束后，与公司盘点人员分别在盘点清单上签字，并视情况考虑是否索取盘点前的最后一张验收报告单(或入库单)和最后一张货运单(或出库单)。

要求：

(1)注册会计师王婧和王琳对内部控制进行测试运用的审计程序都有哪些？

(2)针对资料二，注册会计师王婧和王琳通过内部控制测试所注意到的各种情况是否构成存货内部控制缺陷？并简要说明理由，请填写在下表中。

序号	是否构成缺陷	理由
(1)		
(2)		
(3)		
(4)		
(5)		
(6)		

(3)针对资料二，确实存在内部控制缺陷的，为了证实其可能导致的财务报表错误，请代注册会计师王婧和王琳分别确定一项最主要的实质性程序，并分别说明实施各项程序能够实现的主要审计目标。

序号	实质性程序	主要审计目标
(1)		
(2)		
(3)		
(4)		
(5)		
(6)		

(4)针对资料三，请指出齐天公司编制的盘点计划是否恰当？若不恰当，请予以更正。

(5)针对资料四，请指出注册会计师王婧和王琳编制的监盘计划是否恰当？若不恰当，请予以更正。

(6)如果注册会计师王婧和王琳以齐天公司境外销售分公司的存货未经实地监盘为由，决定对齐天公司2018年度财务报表出具无法表示意见的审计报告，请判断是否恰当，并简要说明理由。

2. 甲公司系ABC会计师事务所的常年审计客户，主要从事电子产品的生产和销售。ABC会计师事务所委派A注册会计师担任甲公司2018年度财务报表审计项目合伙人。在审计存货时，A注册会计师编制了相关工作底稿，部分内容摘录如下：

资料一：(金额单位：万元)

甲公司		索引号：B1-1			
原材料审计表		编制：(略)			日期：2019年3月5日
截止2018年12月31日		审核：(略)			日期：2019年3月5日
	索引	2018年			2017年
		未审数	审计调整	审定数	已审数
A原材料	注释1	40		40	100
B原材料	注释2	200	50	250	450
C原材料	注释3	50	-20	30	200
……(略)	(略)	……(略)	……(略)	……(略)	……(略)
减：存货跌价准备	B1-3	0	0	0	0
合计		2000	-60	1940	1800

注释 1：A 原材料主要用于生产 A 产品。

A 原材料 2018 年末结存数量与 2017 年末基本保持一致，但结存金额比 2017 年末有所减少。主要原因是：A 原材料供应商从 2018 年初开始向甲公司提供采购折扣(年末一次性结算)。甲公司在 2018 年 12 月 31 日收到 A 原材料供应商支付的 2018 年度采购折扣 60 万元，并相应冲减 A 原材料 2018 年末结存成本 60 万元。我们检查了采购合同、供应商出具的采购折扣结算明细表以及相关的银行进账单据，没有发现异常。审计处理建议：无须提出审计调整建议。

注释 2：B 原材料主要用于生产 B 产品。

根据 B 原材料盘点结果，2018 年末结存金额未包括于 2018 年 12 月 31 日已入库但尚未收到采购发票的 50 万元 B 材料。审计处理建议：已提出审计调整，于 2018 年末补计已入库的 B 原材料 50 万元。

注释 3：C 原材料主要用于生产 C 产品。

根据 C 原材料盘点结果，2018 年末结存金额中有 20 万元的 C 原材料在 2018 年 12 月 31 日收到采购发票，但于 2019 年 1 月 1 日才实际收到入库。审计处理建议：已提出审计调整建议，于 2018 年末冲回尚未收到入库的 C 原材料 20 万元。

注释…：(略)

资料二：(金额单位：万元)

甲公司					索引号：B1-2
产成品审计表			编制：(略)	日期：2019 年 3 月 5 日	
截至 2018 年 12 月 31 日			审核：(略)	日期：2019 年 3 月 5 日	
	索引	2018 年			2017 年
		未审数	审计调整	审定数	已审数
A 产品	注释 1	450		450	150
B 产品	注释 2	280	40	320	500
C 产品	注释 3	170	20	190	300
……(略)	(略)	……(略)	……(略)	……(略)	……(略)
减：存货跌价准备	B1-3	0	0	0	0
合计		3000	100	3100	2800

注释 1：A 产品是甲公司目前最畅销的产品，2018 年平均每月销售量约 20000 件，并且预计 2019 年的售价和销量都将有所上升。

根据 A 产品盘点结果，2018 年末结存金额中未包括已于 2018 年 12 月 31 日对外开具销售发票但未发货的 1000 件产品(成本 30 万元)。据甲公司销售经理介绍，客户实际于 2018 年 12 月 31 日向甲公司采购共计 2000 件 A 产品，甲公司已于 2018 年 12 月 31 日向客户开具 2000 件的销售发票，并确认销售收入。其中 1000 件已于 2018 年 12 月 31 日交付客户。由于甲公司仓库于 2018 年末工作繁忙，剩余 1000 件实际于 2019 年 1 月 10 日交付客户。甲公司销售经理表示客户知道甲公司延迟发货的安排，且未提出异议。我们检查了甲公司于 2018 年 12 月 31 日开具的销售发票，以及于 2019 年 1 月 10 日的交货记录，没有发现异常。审计处理建议：无须提出审计调整建议。

注释 2：B 产品曾经是甲公司的主要产品之一，但随着 A 产品的推出，月销量已由 2018 年 1 月的约 10000 件下降至 2018 年 12 月的约 3000 件，并且预计 2019 年的售价和销量都将继续下跌。事实上，甲公司已于 2019 年 2 月初宣布 B 产品降价 10%。

2018 年 12 月末销售的 1000 件 B 产品(成本为 40 万元)在 2019 年 1 月 5 日被退回。甲公司相应冲减了 2019 年 1 月份的主营业务收入。我们检查了相关销货退回协议以及 2019 年 1 月 5 日的入库记录，没有发现异常。审计处理建议：已提出审计调整建议，冲回该 1000 件 B 产品于 2018 年度所确认的相关主营业务收入、主营业务成本和应收账款，并相应调整增加 2018 年末 B 产品余额 40 万元。

注释 3：C 产品已于 2019 年 2 月起停产。

我们对 C 产品于 2018 年 12 月 31 日的发出计价进行了测试(见索引号(略))，注意到 C 产品于 2018 年 12 月结转主营业务成本所用的单位成本计算有误，导致多转主营业务成本 20 万元。审计处理建议：已提出审计调整建议，冲回 C 产品于 2018 年度多结转的主营业务成本 20 万元，并相应调整增加 2018 年末 C 产品余额 20 万元。

注释…：(略)

资料三：(金额单位：万元)

甲公司					索引号：B1-3	
存货跌价准备审计表				编制：(略)	日期：2019 年 3 月 5 日	
截至 2018 年 12 月 31 日				审核：(略)	日期：2019 年 3 月 5 日	
	索引	结存成本	可变现净值	应计提的跌价准备	账面已计提的跌价准备	差异
A 原材料	注释 1	40	120	0	0	0
B 原材料	注释 1	200	210	0	0	0
C 原材料	注释 1	50	55	0	0	0
……(略)	(略)	……(略)	……(略)	……(略)	……(略)	
小计		2000		0	0	0
A 产品	注释 2	450	590	0	0	0
B 产品	注释 2	280	290	0	0	0
C 产品	注释 2	170	180	0	0	0
……(略)	(略)	……(略)	……(略)	……(略)	……(略)	
小计		3000		0	0	0

注释 1：原材料可变现净值按照 2018 年 12 月 31 日的相关原材料市场价格扣除对外转让原材料的预计销售费用和相关税费确定。

我们核对了相关原材料供应商于 2018 年 12 月 31 日的报价、预计销售费用和税费的计算表(索引号(略))，没有发现差异。审计处理建议：无须提出审计调整建议。

注释 2：产成品可变现净值按照 2018 年 12 月 31 日的相关产品销售价格扣除必要销售费用和相关税费确定。

我们核对了甲公司相关产品于 2018 年 12 月 31 日的售价目录以及预计销售费用和税费的计算表(索引号(略))，没有发现差异。审计处理建议：无须提出审计调整建议。

注释…：(略)

要求：

(1)针对资料一的注释1至注释3，假定不考虑其他条件，逐项指出相关审计处理建议是否存在不当之处，并简要说明理由。如果存在不当之处，简要提出改进建议。

资料一的注释	审计处理建议是否存在不当之处(是/否)	理由	改进建议
注释1			
注释2			
注释3			

(2)针对资料二的注释1至注释3，假定不考虑其他条件，逐项指出相关审计处理建议是否存在不当之处，并简要说明理由。如果存在不当之处，简要提出改进建议。

资料二的注释	审计处理建议是否存在不当之处(是/否)	理由	改进建议
注释1			
注释2			
注释3			

(3)针对资料三，结合资料一和资料二，假定不考虑其他条件，指出资料三所列的存货跌价准备审计表的内容存在哪些不当之处。

(4)针对资料三，结合资料一和资料二，假定不考虑其他条件，针对A原材料、B原材料和C原材料，以及A产品、B产品和C产品，逐项指出是否存在需要建议甲公司计提存货跌价准备的情况，并简要说明理由。

存货项目	是否存在需要建议甲公司计提存货跌价准备的情况(是/否)	理由
A原材料		
B原材料		
C原材料		
A产成品		
B产成品		
C产成品		

同步训练答案及解析

一、单项选择题

1. B 【解析】当对被审计单位的内部控制评价为高风险时，注册会计师不能更多的执行询问、观察和检查，而应当执行监盘程序，在期末实施监盘程序要比在期末前后实施监盘程序更可靠。
2. C 【解析】注册会计师应当特别关注存货的移动情况，防止遗漏或重复盘点。
3. D 【解析】选项 ABC 均为监盘过程中(而非“之前”)应实施的工作。
4. B 【解析】由于甲公司将存货周转率作为评估存货管理业绩指标，所以存货周转率=销售成本÷平均存货。选项 B 中销售价格的变动不影响存货和销售成本的变动，即不能解释存货周转率变动趋势。选项 D 中因为物价上涨，发出商品的方法由加权平均法改为先进先出法，发出的存货价格是低的，留存的存货成本较高，所以销售成本降低，平均存货成本增加，进而存货周转率下降。
5. A 【解析】如果有存货过时或周转缓慢的情况，将会影响存货的可变现净值，因此与存货的计价和分摊认定最为相关。
6. D 【解析】存货监盘程序不包括重新执行。
7. B 【解析】注册会计师应当询问除管理层和财务部门以外的其他人员，如营销人员、仓库人员等，以了解有关存货存放地点的情况，还可以通过检查 A 公司存货的出、入库单，关注是否存在 A 公司尚未告知注册会计师的仓库(如期末库存量为零的仓库)。
8. D 【解析】只要所有权属于被审计单位，无论存放在何处，均应当纳入存货的盘点范围。
9. A 【解析】D 材料虽然被 C 公司代为保管，但是其所有权还是属于被审计单位，因此应当纳入存货的监盘范围，并且可以采用向 C 公司进行函证的方式获取充分、适当的审计证据，不能仅利用账簿记录确认 D 材料的账面价值。
10. C 【解析】选项 A 不正确，注册会计师不能够仅凭自己的专业判断和往年经验来编制计划，还应当根据被审计单位存货的特点、盘存制度和存货内部控制的有效性等情况，在评价被审计单位存货盘点计划的基础上，编制存货监盘计划，对存货监盘做出合理安排；选项 B 不正确，存货监盘主要证实存在认定；选项 D 不正确，存货监盘范围的大小取决于存货的内容、性质以及与存货相关的内部控制的完善程度和重大错报风险的评估结果。
11. B 【解析】不应当仅仅利用被审计单位的账簿记录确认该材料的账面价值，应当实施函证、监盘或是利用其他注册会计师的工作，故选项 B 不正确。
12. A 【解析】在存货监盘过程中检查存货，不一定能确定存货的所有权，但有助于确定存货的存在，以及识别过时、毁损或陈旧的存货。
13. D 【解析】注册会计师可以视具体情况要求被审计单位重新盘点，重新盘点的范围可限于某一特殊领域的存货或特定盘点小组。
14. A 【解析】选项 B，注册会计师应该尽可能避免让被审计单位事先了解将抽取检查的存货项目；选项 C，从存货盘点记录中选取项目追查至存货实物，用来测试盘点记录的准确性；从实物中选取项目追查至存货盘点记录，则是测试存货盘点记录的完整性；选项 D，如果盘点记录与存货实物存在差异，注册会计师应当查明原因，然后根据具体情况进行处理。

15. D 【解析】如获取的信息使注册会计师对第三方的诚信和客观性产生疑虑，注册会计师可能认为实施其他审计程序是适当的。其他审计程序可以作为函证的替代程序，也可以作为追加的审计程序，此时并不是直接考虑出具保留意见的审计报告。

16. D 【解析】对所有权不属于被审计单位的存货，注册会计师应当取得其规格、数量等有关资料，确定是否已单独存放、标明，且未被纳入盘点范围。

二、多项选择题

1. AC 【解析】选项B，合理保证盘点结果的可靠性是被审计单位管理层的责任；选项D，对存货复盘是被审计单位管理层的责任。

2. ACD 【解析】选项B，对存货进行监盘主要证实存货存在认定的程序。

3. BC 【解析】选项A主要涉及存在和完整性目标；选项D主要涉及到存货的权利和义务目标。

4. ABCD

5. ABD 【解析】监盘过程中并不是注册会计师亲自进行盘点，而是执行抽盘。相关内容参考《中国注册会计师审计准则问题解答第3号—存货监盘》。

6. BD 【解析】选项A，注册会计师观察管理层制订的盘点程序(如对盘点时及其前后的存货移动的控制程序)的执行情况，有助于注册会计师获取有关管理层指令和程序是否得到适当设计和执行的审计证据；选项C，注册会计师在实施检查程序时发现差异，可要求被审计单位重新盘点，重新盘点的范围可限于某一特殊领域的存货或特定盘点小组。

7. ACD 【解析】选项AD均为在途存货，选项C在期末应作为企业存货暂估入账，均应纳入存货盘点范围。

8. ABCD

9. ABCD 【解析】评价管理层用以记录和控制存货盘点结果的指令和程序。注册会计师需要考虑这些指令和程序是否包括下列方面：(1)适当控制活动的运用，例如，收集已使用的存货盘点记录，清点未使用的存货盘点表单，实施盘点和复盘程序；(2)准确认定在产品的完工程度，流动缓慢(呆滞)、过时或毁损的存货项目，以及第三方拥有的存货(如寄存货物)；(3)在适用的情况下用于估计存货数量的方法，如可能需要估计煤堆的重量；(4)对存货在不同存放地点之间的移动以及截止日前后期间出入库的控制。

10. ABD 【解析】选项C中的存货，在监盘前和监盘过程中均应检验磅秤的精准度，并留意磅秤的位置移动与重新调校程序。

11. ABD 【解析】注册会计师在制定监盘计划时，首先应当充分了解被审计单位存货的特点、盘存制度和存货内部控制的有效性等情况，并考虑获取、审阅和评价被审计单位预定的盘点程序。监盘计划的要点不能为被审计单位所预知。

12. BCD 【解析】选项A，盘点存货的范围应包括在被审计单位的盘点计划内。

13. ABC 【解析】注册会计师的任务是实施存货监盘，实际的存货盘点工作由被审计单位的相关人员完成，选项D错误。

14. ABCD 【解析】四个程序均是注册会计师可以考虑实施的。相关内容参考《中国注册会计师审计准则问题解答第3号—存货监盘》。

15. ABCD

16. AC 【解析】选项B，仅仅通过询问不能为控制运行的有效性提供充分适当的审计证据；选项D，如果替代程序不可行，注册会计师需要视情况发表非无保留意见，在审计报告的说明段说明因审计范围受限对财务报表审计意见的影响。

17. AC 【解析】选项 A，是一种可能的选择；选项 C，如果当地公证机构接受了这一委托，不失为一种可靠的选择；选项 D，录像至多可以证实产品的外观，如果没有专家现场监督，无法证实存货的品质状况。

三、简答题

1.【答案】

(1)不恰当。存货的监盘时间不正确。存货监盘的时间应当与甲公司的存货盘点时间相协调，不应该在盘点结束后才进行存货监盘。

(2)不恰当。如果认为甲公司的内部控制设计良好且得到有效的实施，存货盘点组织良好，可以相应的缩小实施抽盘的范围，但是不能不执行抽盘。

(3)不恰当，如果存货已经质押的，且为重要的存货，注册会计师不应当仅仅通过电话予以核实确认。应当向债权人(银行)函证与被质押的存货有关的内容，取得书面证据，必要时到银行实施监盘程序。

(4)恰当。

(5)不恰当。注册会计师将存货盘点记录与账簿记录进行核对，发现重大差异的，实施追加审计程序是正确的，但是对属于账簿记录中登记有误的，应该建议甲公司进行调整，对仅签订了采购合同就确认的材料予以冲减。

2.【答案】

(1)不恰当。存货监盘的目标是获取有关期末存货数量和状况的充分、适当的审计证据，而不仅是数量。

(2)不恰当。存货监盘范围的大小取决于存货的内容、性质以及与存货相关的内部控制的完善程度和重大错报风险的评估结果。

(3)恰当。

(4)不恰当。注册会计师通常需要与被审计单位就存货监盘等问题达成一致意见，但是对于抽盘的项目，为了实现抽盘目标，注册会计师不应当提前告知被审计单位拟抽盘的项目。

(5)不恰当。应取得所有已填用、作废及未使用盘点表单的号码记录。

3.【答案】

监盘计划(1)不恰当。

建议：将认定层次的重大错报风险评估为高水平，重点关注粮食储存的相关控制以及质量状况。

监盘计划(2)不恰当。

建议：应当使用容器进行监盘或通过预先编号的清单列表加以确定；使用浸蘸、测量棒、工程报告以及依赖永续存货记录；选择样品进行化验与分析，或利用专家的工作。

监盘计划(3)不恰当。

建议：同时对 10 个简易棚内的粮食进行盘点。

监盘计划(4)不恰当。

建议：盘点标签的使用和控制不正确。由负责盘点存货的人员将一套标签粘贴在已盘点的存货上，另一套由其返还给盘点监督人员，由该监督人员将标签连同盘点表交存财务部门。

监盘计划(5)不恰当。

建议：盘点结束后，对于盘盈或盘亏的存货，不应由仓库保管人员对于存货实物数量和仓库存货记录进行调节。应由甲公司组成调查小组对盘盈或盘亏进行分析和处理(复核确认)，并将存货实物数量和仓库记录调节相符。

四、综合题

1.【答案】

(1)注册会计师对被审计单位的内部控制进行测试运用的审计程序有：询问、观察、检查和重新执行。

(2)

序号	是否构成缺陷	理由
(1)	是	对存货不进行实地盘点，无法反映存货账实差异，因此企业应对存货定期盘点
(2)	是	在产成品采用先进先出法计价方法下，发出产成品不按顺序记录，可能影响营业成本和存货数额的准确性
(3)	是	由于W材料的所有权归属齐天公司，因此，应与其他存货一样进行会计处理，及时记录其收发情况
(4)	是	不符合会计准则的要求。会计核算截止日为12月31日，12月25日后收发存货应及时进行会计处理
(5)	是	不符合会计核算要求，不利于会计信息使用者对会计信息的理解
(6)	是	代保管材料并非齐天公司的存货，故齐天公司不应在会计账上予以记录，仅在仓库账上记录，以加强对代保管材料的实物管理

(3)

序号	实质性程序	涉及的主要审计目标
(1)	查阅前任注册会计师的工作底稿；检查与上期存货有关的交易记录；运用毛利百分比法等进行分析	存在、完整性、计价和分摊
(2)	对年底的存货进行监盘	存在
(3)	向M公司进行函证	存在、计价和分摊
(4)	对年底的存货进行截止测试	完整性、存在
(5)	进行计价测试，并与会计准则的要求比较	计价和分摊
(6)	询问管理层，审阅相关的合同与往来函件，并向N公司进行函证	权利和义务

(4)盘点计划内容(1)不恰当。从了解的情况看，办事处的存货和境外销售公司的存货所占的比例较高，齐天公司永续盘存记录存在问题，因而盘点的结果对财务报表有重要影响，对各个办事处和境外销售分公司的盘点应同时进行。

盘点计划内容(2)不恰当。寄销在各商场的存货不能以账面记录为准，要实施盘点程序。

盘点计划内容(3)恰当。

盘点计划内容(4)恰当。

盘点计划内容(5)不恰当。外单位寄存齐天公司的存货要单独摆放，单独记录，并排除在盘点的范围之外；由外单位代管的材料不应该直接根据M公司的记录确定，应向M公司函证或委托其他注册会计师监盘等。

(5)监盘计划内容(1)不恰当。对于寄销在商场的电视机，如果量大，注册会计师应前往监盘；如果量小，可以采取向商场函证或审查存货记录。

监盘计划内容(2)不恰当。由于30%的电视机发往海外，因而对海外的存货也要纳入盘点范围。

监盘计划内容(3)恰当。

监盘计划内容(4)不恰当。盘点结束时，应向齐天公司索取存货盘点前的最后一份验收报告单(或入库单)、货运单(或出库单)，以备审计时作截止测试用。

(6)注册会计师王婧和王琳决定对齐天公司出具无法表示意见的审计报告不妥。首先，注册会计师王婧和王琳应对齐天公司境外销售分公司存货盘点提出监盘要求，在与齐天公司讨论盘点计划时，并未提出此要求，不能视为齐天公司对审计范围的限制；其次，若无法在年底实施存货监盘，则注册会计师王婧和王琳应评估境外销售分公司存货内部控制的有效性，并以审阅存货账面记录和期末盘点资料等替代审计程序，以证实境外销售分公司期末存货的数量，如果境外的存货很多，则必须实施监盘程序。

2.【答案】

(1)

资料一的注释	审计处理建议是否存在不当之处(是/否)	理由	改进建议
注释1	是	收到的折扣要抵减相应采购的存货的成本，如果相应存货已被使用，要相应调整营业成本等相关的项目	应该根据2018年度全年采购的A原材料在2018年度的使用以及年末结存情况，建议甲公司将已经于2018年度耗用部分所对应的采购折扣调整冲减2018年末相应产成品成本以及2018年度的相应主营业务成本
注释2	否	材料已经于2018年入库，应当确认为甲公司2018年存货	
注释3	是	不能没有收货就冲回相应存货，相关存货可能在“在途物资”中核算	需要进一步检查相关存货发货情况和采购合同而定。如果合同约定供应商发货即转移相关原材料风险和报酬，并且于2018年12月31日供应商已经发货，则不应冲回相应存货，注册会计师不应提出审计调整建议

(2)

资料二的注释	审计处理建议是否存在不当之处(是/否)	理由	改进建议
注释1	是	对于尚未发出的存货，虽然已经开具发票，但仍有可能尚不满足收入确定条件，需要执行进一步审计程序才能确定是否能够满足收入确认条件，是否应当纳入盘点范围，不能直接作出无须调整的审计建议	对该事项进一步追查相应的合同或文件，结合向客户函证等程序，考虑收入确认条件，以确定是否满足收入确认条件，是否纳入盘点范围
注释2	否	财务报表批准报出日前的销售退回是调整事项	
注释3	否	计价错误导致多结转营业成本应予以冲回	

(3)资料三所列的存货跌价准备审计表的内容主要存在以下问题：

①所列示的存货结存成本金额不恰当。用于测试存货跌价准备的结存成本金额应当考虑对存货成本的审计调整的影响。

②原材料可变现净值的计算方法不恰当。持有用于生产的原材料的可变现净值不应当基于相关原材料市场价格而定，应当参考其所生产产品的估计售价减去至完工时估计将要发生的成本、估计的销售费用以及相关税费后的金额来确定。

③产成品的可变现净值计算方法不适当。产成品的可变现净值需要考虑资产负债表日后事项的影响，而不能简单地直接以12月31日售价为基础确定。

④审计处理建议不恰当。如果正确确定相关原材料和产成品的可变现净值，有部分原材料和产成品可能存在需要计提存货跌

价准备的情况。

产成品的可变现净值，应当考虑期后情况对产成品可变现净值的影响。B 产品期后售价下调，C 产品期后停产，都对其可变现净值产生影响。因此题目中“产成品可变现净值按照与 2018 年 12 月 31 日的相关产品销售价格扣除必要销售费用和相关税费确定”不适当。

(4)

存货项目	是否存在需要建议甲公司计提存货跌价准备的情况(是/否)	理由
A 原材料	否	因为其所生产的 A 产品的可变现净值高于成本
B 原材料	是	因为其所生产的 B 产品的可变现净值低于成本
C 原材料	是	因为其所生产的 C 产品的可变现净值低于成本
A 产成品	否	因为基于 2018 年末售价计算的可变现净值高于成本，后续售价预计可能还会继续上涨，不存在需要计提存货跌价准备的情况
B 产成品	是	期后售价下调 10%，导致存货可变现净值小于成本
C 产成品	是	C 产品期后停产，说明该产品属于被淘汰产品，产品可能无法出售或售价很有可能会进一步下调，导致存货可变现净值小于成本

本章知识串联

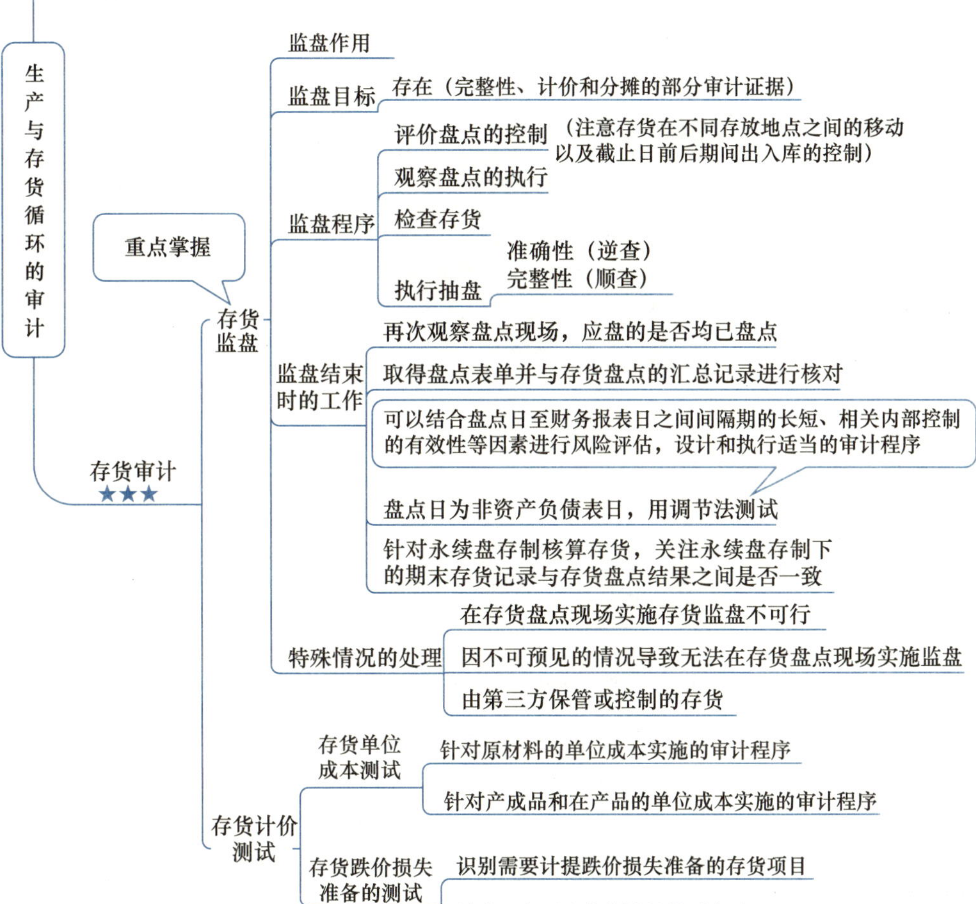
生产与存货循环的审计
一般制造型企业的存货的重大错报风险 ★
存货实物可能不存在（存在认定）
属于被审计单位的存货可能未在账面反映（完整性）
存货的所有权可能不属于被审计单位（权利和义务）
存货的单位成本可能存在计算错误（计价和分摊认定/准确性）
存货的账面价值可能无法实现，即跌价损失准备的计提可能不充分（计价和分摊）
生产与存货循环的控制测试
关注生产与存货循环的风险、存在的控制及控制测试程序的相关表格
存货审计 ★★★
重点掌握
存货监盘
监盘作用
监盘目标
存在（完整性、计价和分摊的部分审计证据）
监盘程序
评价盘点的控制
（注意存货在不同存放地点之间的移动以及截止日前后期间出入库的控制）
观察盘点的执行
检查存货
执行抽盘
准确性（逆查）
完整性（顺查）
监盘结束时的工作
再次观察盘点现场，应盘的是否均已盘点
取得盘点表单并与存货盘点的汇总记录进行核对
可以结合盘点日至财务报表日之间间隔期的长短、相关内部控制的有效性等因素进行风险评估，设计和执行适当的审计程序
盘点日为非资产负债表日，用调节法测试
针对永续盘存制核算存货，关注永续盘存制下的期末存货记录与存货盘点结果之间是否一致
特殊情况的处理
在存货盘点现场实施存货监盘不可行
因不可预见的情况导致无法在存货盘点现场实施监盘
由第三方保管或控制的存货
存货计价测试
存货单位成本测试
针对原材料的单位成本实施的审计程序
针对产成品和在产品的单位成本实施的审计程序
存货跌价损失准备的测试
识别需要计提跌价损失准备的存货项目
检查可变现净值的计量是否合理

第12章 货币资金的审计

考情解密

历年考情概况

本章属于非重点章节。考题一般以客观题为主，但近年多以简答题形式进行考查。在2017年的每套试题中均有一道"货币资金"审计的简答题。本章主要考点为库存现金监盘、银行存款函证等。预计今年考核分值在3分左右。

近年考点直击

考点	主要考查题型	考频指数	考查角度
库存现金审计	选择题	★	(1)与库存现金相关的内部控制与控制测试；(2)库存现金监盘等审计程序
银行存款和其他货币资金审计	选择题、简答题	★★	(1)与银行存款相关的内部控制与控制测试；(2)银行存款函证等实质性程序；(3)银行存款余额调节表的编制；(4)其他货币资金的实质性程序

学习方法与应试技巧

考生应重点关注以下内容：

(1)了解货币资金的内部控制，这些控制可能结合其他业务循环进行考核；

(2)熟记库存现金监盘程序的要领，包括时间、范围、方式、参加人员及清点要求；

(3)熟记银行存款的函证程序，包括函证的目的、范围、方式等；银行存款余额调节表的编制要领及审计目的与审计步骤。

(4)结合《中国注册会计师审计准则问题解答第12号——货币资金审计》学习。

本章2020年考试主要变化

本章内容无变动。

考点详解及精选例题

考点一　了解与货币相关的业务活动

一、货币资金涉及的主要业务活动

1. 涉及的主要业务活动

货币资金的业务活动主要涉及现金和银行存款管理，银行存款的管理包括银行账户管理、编制银行存款余额调节表、票据和印章管理等活动。

2. 了解业务活动的程序

了解与货币资金相关的业务活动及其内部控制的程序，见表12-1：

表 12-1　了解与货币资金相关的内部控制

程序	具体内容
询问	询问参与货币资金业务活动的被审计单位人员，如销售部门、采购部门和财务部门的员工和管理人员
观察	观察货币资金业务流程中特定控制的执行，例如观察被审计单位的出纳人员如何进行现金盘点
检查	检查相关文件和报告，例如检查银行存款余额调节表是否恰当编制以及其中的调节项是否经会计主管的恰当复核等
穿行测试	追踪货币资金业务在财务报告信息系统中的处理过程

二、货币资金内部控制★

与货币资金相关的主要内部控制，见表 12-2：

表 12-2　货币资金内部控制

岗位分工及授权批准	(1)出纳人员不得兼任**稽核、会计档案保管和收入、支出、费用、债权债务账目的登记工作**。企业不得由一人办理货币资金业务的**全过程**。 (2)建立严格的**授权批准**制度：对于审批人超越授权范围审批的货币资金业务，经办人员有权拒绝办理，并及时向审批人的上级授权部门报告。 (3)货币资金支付业务程序：申请→审批→复核→支付。 (4)重要货币资金支付业务，应当实行**集体**决策和审批。 (5)严禁未经授权的机构或人员办理货币资金业务或直接接触货币资金
现金和银行存款的管理	(1)严格按照规定开立账户，办理存款、取款和结算。指定**专人**(非出纳)定期核对银行账户(至少 1 次/月)，编制银行存款余额调节表。 (2)不得**坐支收入**，货币资金收入必须及时入账。 (3)不属于现金开支范围的业务应当通过银行办理转账结算。 (4)不准签发空头支票；不准签发、取得和转让没有真实交易和债权债务的票据。 (5)超过库存限额的现金应及时存入银行。 (6)应当定期和不定期地进行现金盘点
票据及有关印章的管理	(1)专设登记簿进行记录，防止空白票据的遗失和被盗用。 (2)财务专用章应由专人保管，个人名章必须由本人或其授权人员保管。严禁一人保管支付款项所需的全部印章

三、货币资金的重大错报风险

货币资金业务交易、账户余额和列报的认定层次的重大错报风险可能包括：

(1)被审计单位存在虚假的货币资金余额或交易，因而导致银行存款余额的存在性或交易的发生存在重大错报风险。

(2)被审计单位存在大额的外币交易和余额，可能存在外币交易或余额未被准确记录的风险。

例如，对于有外币现金或外币银行存款的被审计单位，企业有关外币交易的增减变动或年底余额可能因未采用正确的折算汇率而导致计价错误(计价和分摊/准确性)。

(3)银行存款的期末收支存在大额的截止性错误(截止)。

例如，被审计单位期末存在金额重大且异常的银付企未付，企收银未收事项。

(4)被审计单位可能存在未能按照企业会计准则的规定对货币资金作出恰当披露的风险。

例如，被审计单位期末持有使用受限制的大额银行存款，但在编制财务报表时未在财务报表附注中对其进行披露。

『提示』熟悉教材中所列需要注册会计师保持警觉的情形。

考点二　库存现金的实质性程序

一、主要程序★

核对账目→监盘现金→抽查大额收支→评价列报

具体步骤和要求如下：

(1)核对库存现金日记账与总账的余额是否相符。

(2)监盘库存现金。

(3)抽查大额现金收支。

大额支出一般要采用转账等方式，若注册会计师发现有大额现金收支，应抽查大额现金收支的原始凭证内容是否完整，有无授权批准，并核对相关账户的进账情况，如有与被审计单位生产经营业务无关的收支事项，应查明原因，并作相应的记录。

(4)确定库存现金是否在资产负债表上恰当列报。

二、监盘库存现金★

1. 监盘要求

监盘库存现金是证实资产负债表中货币资金项目下所列库存现金是否存在的一项重要审计程序，具体内容见表12-3：

表12-3　监盘库存现金

关注点	内容
审计目标	验证库存现金的存在
监盘范围	企业各部门保管的所有现金，包括已收到但未存入银行的现金、零用金、找换金等
监盘时间	一般选择在上午上班前或下午下班时进行，两处(含)以上的现金应同时盘点
监盘方式	突击检查
参加人员	出纳员、被审计单位会计主管人员、注册会计师
清点要求	由出纳清点现金，注册会计师现场监督

2. 监盘步骤

(1)制定计划：制定库存现金监盘程序(计划)。计划应包括盘点时间、范围、方式、人员等。

(2)审查账簿：审阅库存现金日记账，并与现金收付凭证相核对(关注金额和日期是否相符)。

(3)结出余额：由出纳员根据现金日记账进行加总累计数额，结出库存现金余额。

(4)盘点现金：盘点保险柜内的现金实存数，同时编制“库存现金监盘表”，分币种面值列示盘点金额。

(5)库存余额：资产负债表日后进行盘点时，应调整至资产负债表日的金额。

(6)查明差异：将盘点金额与库存现金日记账余额进行核对，如有差异，应查明原因，并做出记录或适当调整。如无法查明原因，应要求被审计单位按管理权限批准后做出调整。

(7)注意事项：

①若有充抵库存现金的借条、代保管的工资、未提现支票、未作报销的原始凭证，应在“库存现金盘点表”中注明或作出必要的调整；

②在非资产负债表日(通常在资产负债表日后)进行监盘时，应将监盘金额调整至资产负债表日的金额，并对变动情况实施程序。

资产负债表的实有数＝盘点日的实有数－资产负债表日至盘点日的收入数＋资产负债表日至盘点日的支出数

【例题1·单选题】2019年3月5日对N公司全部现金进行监盘后，确认实有现金数额为1000元。N公司3月4日账面库存现金余额为2000元，3月5日发生的现金收支全部未登记入账，其中收入金额为3000元、支出金额为4000元，2019年1月1日至3月4日现金收入总额为165200元、现金支出总额为165500元，则推断2018年12月31日库存现金余额应为(　)元。

A. 1300　　B. 2300

C. 700　　D. 2700

解析 首先，确认3月5日账实是否相符。3月5日账面应结存数＝账面余额＋已收现金未记账金额－已付现金未记账金额＝2000＋3000－4000＝1000（元），3月5日账实相符，也说明3月4日实存现金2000元。然后用调节法计算12月31日（结账日）库存现金余额。盘点日在结账日之后，则：（结账日）应结存数＝（盘点日）盘点数－（结账至盘点期间）增加数＋（结账至盘点期间）减少数。用两种方法计算：①将3月4日当作盘点日，则12月31日应结存数＝2000－165200＋165500＝2300（元）；或②将3月5日当作盘点日，则12月31日应结存数＝1000－（165200＋3000）＋（165500＋4000）＝2300（元）。故选项B是正确的。

答案 B

【学习要求】要求考生了解其实务操作过程，并会填制库存现金监盘表。上例的监盘表如下：

库存现金监盘表

2019年3月5日10时30分盘点

<table>
<tr><th colspan="3">检查盘点记录</th><th colspan="3">实有库存现金盘点记录</th></tr>
<tr><th colspan="2">项目</th><th>金额</th><th>面额</th><th>张</th><th>金额</th></tr>
<tr><td colspan="2">上一日账面库存余额</td><td>2000</td><td>100元</td><td>10</td><td>1000</td></tr>
<tr><td colspan="2">盘点日未记账传票收入金额</td><td>3000</td><td>50元</td><td></td><td></td></tr>
<tr><td colspan="2">盘点日未记账传票支出金额</td><td>4000</td><td>20元</td><td></td><td></td></tr>
<tr><td colspan="2">盘点日账面应有金额</td><td>1000</td><td>10元</td><td></td><td></td></tr>
<tr><td colspan="2">盘点实有库存现金数额</td><td>1000</td><td>5元</td><td></td><td></td></tr>
<tr><td colspan="2">盘点日应有与实有差异</td><td>0</td><td>2元</td><td></td><td></td></tr>
<tr><td rowspan="2">差异原因分析</td><td>白条抵库（张）</td><td></td><td>1元</td><td></td><td></td></tr>
<tr><td></td><td></td><td>合计</td><td></td><td>1000</td></tr>
<tr><td rowspan="3">追溯调整</td><td colspan="2">报表日至审计日库存现金付出总额</td><td colspan="3">169500</td></tr>
<tr><td colspan="2">报表日至审计日库存现金收入总额</td><td colspan="3">168200</td></tr>
<tr><td colspan="2">报表日库存现金应有余额</td><td colspan="3">2300</td></tr>
</table>

出纳员：肖丫头　　会计主管：徐永涛　　监盘人：西雅图

考点三　银行存款的实质性程序

对银行存款审计的主要流程包括：

获取明细表→复核加计→分析程序→检查银行存单→审查银行存款余额调节表→函证→抽查大额收支→截止测试→评价列报

一、核对与分析程序★

（1）核对：核对银行存款日记账与总账的余额是否相符。

如果对被审计单位银行账户的完整性存有疑虑，注册会计师可以考虑实施以下审计程序：

①注册会计师亲自到人民银行或基本存款账户开户行查询并打印《已开立银行结算账户清单》，以确认被审计单位账面记录的银行人民币结算账户是否完整。

②结合其他相关细节测试，关注原始单据中被审计单位的收（付）款银行账户是否包含在注册会计师已获取的开立银行账户清单内。

（2）分析程序：

①分析比较被审计单位银行存款应收利息收入与实际利息收入的差异是否恰当；

②评估利息收入的合理性；

③检查是否存在高息资金拆借；

④确认银行存款余额是否存在；

⑤利息收入是否已经完整记录。

二、检查银行存款账户发生额★

(1)分析不同账户发生银行存款日记账漏记银行交易的可能性，获取相关账户相关期间的全部银行对账单。

(2)如果对被审计单位银行对账单的真实性存有疑虑，注册会计师可以在被审计单位的协助下亲自到银行获取银行对账单。

(3)从银行对账单中选取交易的样本与被审计单位银行存款日记账记录进行核对；从被审计单位银行存款日记账上选取样本，核对至银行对账单。

(4)浏览银行对账单，选取大额异常交易，如银行对账单上有一收一付相同金额，或分次转出相同金额等，检查被审计单位银行存款日记账上有无该项收付金额记录。

三、取得并检查银行对账单和银行存款余额调节表★★

取得并检查银行存款对账单和银行存款余额调节表，是证实资产负债表所列银行存款是否存在的重要程序。银行存款余额调节表示例，见表12-4：

表12-4 银行存款余额调节表示例

银行存款余额调节表 企业：三流公司　　年月：2018年3月		开户行：发财银行摇钱树支行 账　号：518-168-88888　币别：人民币	
项目	金额	项目	金额
银行对账单余额	300	银行存款日记账余额	1000
加：企业已收账银行未收账的款项 收到货款	200	加：银行已收账企业未记账的款项	
减：企业已付账银行未付账的款项		减：银行已付账企业未记账的款项 支付电费	500
调节后存款余额	500	调节后存款余额	500

会计主管：徐永涛　记账：　出纳：肖丫头　审核：　填制：

【知识点拨】

(1)对银行存款余额调节表审计的关键在于检查调节表中未达账项的真实性，主要考虑资产负债表日后的进账情况，如果存在应于资产负债表日之前进账的应作相应的调整。

(2)银行存款余额调节表中"调节后的余额"即被审计单位实际拥有的银行存款数额。如果不考虑重要性的，该数额就是资产负债表所列货币资金项目中所含的银行存款额。

银行存款余额调节表测试程序如表12-5所示：

表12-5 取得并检查银行对账单和银行存款余额调节表后的测试程序

审计程序	审计要点与步骤
取得并检查银行对账单	(1)取得加盖有银行印章的银行对账单，必要时，亲自到银行获取对账单，并对获取过程保持控制； (2)将获取的银行对账单余额与银行日记账余额进行核对，如存在差异，获取银行存款余额调节表； (3)将被审计单位资产负债表日的银行对账单与银行询证函回函核对，确认是否一致
取得并检查银行存款余额调节表	(1)检查调节表中加计数是否正确，调节后银行存款日记账余额与银行对账单余额是否一致。 (2)检查调节事项(未达账项)： ①对于企业已收付、银行尚未入账的事项，检查相关收付款凭证，并**取得期后银行对账单**，确认未达账项是否存在，银行是否已于期后入账； ②对于银行已收付、企业尚未入账的事项，检查期后企业入账的收付款凭证，确认未达账项是否存在，必要时，提请被审计单位进行调整

续表

审计程序	审计要点与步骤
特别关注	(1)关注长期未达账项，查看是否存在挪用资金等事项； (2)特别关注银付企未付、企付银未付中支付异常的领款事项，包括没有载明收款人、签字不全等支付事项，确认是否存在舞弊

【例题2·单选题】检查银行存款余额调节表是证实财务报表所列的银行存款是否真实的重要程序，但通过检查银行存款余额调节表并不能帮助注册会计师发现的情况是(　)。

A. 年末最后一天开出支票，要求顾客年后办理转账手续，未入账

B. 某项支出已计入银行存款日记账，但没有开出转账支票

C. 将资产负债表日后收到的银行存款记入被审计年度

D. 应付票据已由银行付讫，但被审计单位并未入账

解析▶ 选项BCD均将导致企业与银行间记录的差异，均可以通过检查银行存款余额调节表予以发现；选项A，使得企业及银行均将当年的业务计入次年，不会导致两方的记录差异，因此无法通过检查银行存款余额调节表予以发现。 **答案**▶ A

【例题3·单选题】N公司某银行账户的银行对账单余额为585000元，在审查N公司编制的该账户银行存款余额调节表时，A注册会计师注意到以下事项：N公司已收、银行尚未入账的某公司销货款100000元；N公司已付、银行尚未入账的预付某公司材料款50000元；银行已收、N公司尚未入账的某公司退回的押金35000元；银行已代扣、N公司尚未入账的水电费25000元。假定不考虑审计重要性水平，A注册会计师审计后确认该账户的银行存款日记账余额应是(　)。

A. 625000元　　B. 635000元

C. 575000元　　D. 595000元

解析▶ 因为未达账项本身是一个正常的情况，但是如果其超过了重要性水平，那么应建议被审计单位进行调整，之后按照调整后的金额填列；如果没有超过重要性水平，即金额比较小，则不用进行调整。在本题条件中说明不考虑重要性水平，只要有不一致的都应该进行调整，即注册会计师审计后确认该账户的银行存款日记账余额=585000+100000-50000=635000(元)。 **答案**▶ B

四、函证银行存款余额★★

函证银行存款余额是证实资产负债表所列银行存款是否存在的重要程序(存在)。具体内容见表12-6：

表12-6　函证银行存款余额

关注点	内　容
函证的对象和必要性	注册会计师应当对银行存款(包括零余额账户和在本期内注销的账户)及与金融机构往来的其他重要信息实施函证程序，**除非有充分证据表明某一银行存款及与金融机构往来的其他重要信息对财务报表不重要且与之相关的重大错报风险很低。** 如果不对这些项目实施函证程序，注册会计师应当在审计工作底稿中说明理由
函证目标	①了解企业资产的存在(存在)；②发现企业未登记的银行借款和未披露的或有负债(完整性)
函证对象	向被审计单位在本年存过款(含外埠存款、银行汇票存款、银行本票存款、信用卡存款、信用证保证金存款)的所有银行发函，其中包括零余额账户和在本期内注销的账户
函证方式	积极式函证
函证时间	资产负债表日后

【例题4·多选题】注册会计师在对下列有关银行存款函证的判断中，不正确的有(　)。

A. 向银行函证可验证银行存款的存在及银行借款的完整性

B. 注册会计师向银行函证，一般包括银行存款和银行借款两项内容

C. 在本期已注销的账户不需要函证，但零余额账户的必须函证

D. 如果有充分证据表明某一银行存款不重要，可不函证，但要说明理由并采用替代程序

解析 选项B，向银行函证不仅要函证银行存款(包括零余额账户和在本期内注销的账户)，还包括与金融机构往来的其他重要信息；选项C，在本期内虽已注销的账户仍可能有银行借款或其他负债存在，需要函证；选项D，不能仅仅根据银行存款不重要就不进行函证，对银行存款不函证需要满足的条件是“除非有充分证据表明某一银行存款及与金融机构往来的其他重要信息对财务报表不重要且与之相关的重大错报风险很低”。

答案 BCD

五、其他货币资金的实质性程序★

(一)定期存款的审计程序

如果被审计单位有定期存款，注册会计师可以实施的审计程序见表12-7：

表12-7　定期存款的审计程序

审计程序	说明	
询问	向管理层询问定期存款存在的商业理由并评估其合理性	
监盘	在监盘库存现金的同时，监盘定期存款凭据	
函证	函证定期存款相关信息	
检查	对象	内容
检查	已质押的定期存款	检查定期存单复印件，并与相应的质押合同核对，同时关注定期存单对应的质押借款有无入账
检查	未质押的定期存款	检查开户证实书原件
检查	资产负债表日后已提取的定期存款	核对相应的兑付凭证等
检查	定期存款明细表	检查是否与账面记录金额一致，存款人是否为被审计单位，定期存款是否被质押或限制使用

(二)保证金存款和存出投资款的审计程序

1. 保证金存款的审计程序

(1)检查开立银行承兑汇票的协议或银行授信审批文件；

(2)将保证金账户对账单与相应的交易进行核对；

(3)根据被审计单位应付票据的规模合理推断保证金数额；

(4)检查保证金与相关债务的比例和合同约定是否一致，特别关注是否存在有保证金发生而被审计单位无对应保证事项的情形。

2. 存出投资款的审计程序

(1)跟踪资金流向，并获取董事会决议等批准文件、开户资料、授权操作资料等；

(2)如果投资于证券交易业务，通常结合相应金融资产项目审计，核对证券账户名称是否与被审计单位相符，获取证券公司证券交易结算资金账户的交易流水，抽查大额的资金收支，关注资金收支的财务账面记录与资金流水是否相符。

真题精练

一、单项选择题

(2016年)下列审计程序中，通常不能为定期存款的存在认定提供可靠的审计证据的是( )。

A. 对未质押的定期存款检查开户证实书原件

B. 函证定期存款的相关信息

C. 对于资产负债表日后已到期的定期存款，核对兑付凭证

D. 对已质押的定期存款，检查定期存单复印件

二、多项选择题

(2014年)被审计单位2013年12月31日的银行存款余额调节表包括一笔“企业已付、银行未付”调节项，其内容为以支票支付赊购材料款。下列审计程序中，能为该调节项提供审计证据的有( )。

A. 检查付款申请单是否经适当批准

B. 就2013年12月31日相关供应商的应付账款余额实施函证

C. 检查支票开具日期

D. 检查2014年1月的银行对账单

三、简答题

1. (2017年)ABC会计师事务所的A注册会计师负责审计甲公司2016年度财务报表，与货币资金审计相关的部分事项如下：

(1)A注册会计师认为库存现金重大错报风险很低，因此为测试甲公司财务主管每月末盘点库存现金的内部控制，于2016年12月31日实施了现金监盘，结果满意。

(2)对于账面余额存在差异的银行账户，A注册会计师获取了银行存款余额调节表，检查了调节表中的加计数是否正确，并检查了调节后的银行存款日记账余额与银行对账单余额是否一致，据此认可了银行存款余额调节表。

(3)因对甲公司管理层提供的银行对账单的真实性存在有疑虑，A注册会计师在出纳陪同下前往银行获取银行对账单，在银行柜台人员打印对账单时，A注册会计师前往该银行其他部门实施了银行函证。

(4)甲公司有一笔2015年10月份存入的期限两年的大额定期存款。A注册会计师在2015年度财务报表审计中检查了开户证实原件并实施了函证，结果满意，因此，未在2016年度审计中实施审计程序。

(5)为测试银行账户交易入账的真实性，A注册会计师在验证银行对账单的真实性后，从银行存款日记账中选取样本与银行对账单进行核对，并检查了支持性文件，结果满意。

(6)乙银行在银行询证函回函中注明：“接收人不能依赖函证中的信息。”A注册会计师认为该条款不影响回函的可靠性，认可了回函结果。

要求：针对上述第(1)至(6)项，逐项指出A注册会计师的做法是否恰当，如不恰当，简要说明理由。

2. (2017年)ABC会计师事务所的A注册会计师负责审计甲公司2016年度财务报表。与货币资金审计相关的部分事项如下：

(1)2017年1月5日，A注册会计师对甲公司库存现金实施了监盘，并与当日现金日记账余额核对一致，据此认可了年末现金余额。

(2)因对甲公司人民币结算账户的完整性存有疑虑，A注册会计师检查了管理层提供的《已开立银行结算账户清单》，结果满意。

(3)A注册会计师对甲公司存放于乙银行的银行存款以及与该银行往来的其他重要信息寄发了询证函，收到乙银行寄回的银行存款证明，其金额与甲公司账面余额一致，注册会计师认为函证结果满意。

(4)甲公司利用销售经理个人银行账户结算货款，指派出纳保管该账户交易密码。A注册会计师检查了该账户的交易记录和相关财务报表列报，获取了甲公司的书面声明，结果满意。

(5)甲公司年末余额为零的社保专户重大错报风险很低，A注册会计师核对了银行对账单，未对该账户实施函证，并在审计工作底稿中记录了不实施函证的理由。

(6)为测试银行账户交易入账的完整性，A注册会计师在验证了银行对账单的真实性后，从中选取交易样本与银行存款日记账记录进行了核对，结果满意。

要求：针对上述第(1)至(6)项，逐项指出A注册会计师的做法是否恰当。如不恰当，简要说明理由。

真题精练答案及解析

一、单项选择题

D 【解析】对于已质押的定期存款，检查定期存单复印件，并与相应的质押合同核对。

二、多项选择题

BCD 【解析】选项A，付款申请单即使被批准，也并不能表明该款项已通过支票支付，因此无法提供审计证据。

三、简答题

1. 【答案】

(1)恰当。

(2)不恰当。A注册会计师还可能需要检查调节事项/关注长期未达账项，查看是否存在挪用资金等事项/特别关注银付企未付、企付银未付中支付异常的领款事项，包括没有载明收款人、签字不全等支付事项，确认是否存在舞弊。

(3)不恰当。当A注册会计师亲自到银行获取银行对账单时，未对获取过程保持控制，应全程关注打印过程。

(4)不恰当。即使甲公司该笔大额定期存款未发生变化，A注册会计师拟利用以前审计获取的审计证据时，也应当在本期对重大账户余额实施审计程序，以确定这些审计证据是否具有持续相关性。

(5)恰当。

(6)不恰当。询证函中的条款属于对回函可靠性产生影响的限制性条款，可能需要执行额外或替代审计程序。

2. 【答案】

(1)不恰当。在非资产负债表日进行监盘时，应对资产负债表日至监盘日现金变动情况实施程序，并将监盘金额调整至资产负债表日的金额。

(2)不恰当。《已开立银行结算账户清单》是管理层提供的，可靠性不强。注册会计师应当亲自到中国人民银行或基本存款账户开户行查询并打印《已开立银行结算账户清单》，并在实施其他测试时关注其完整性。

(3)不恰当。收到银行的回函不应与甲公司的账面余额核对，银行存款函证是以银行对账单上的金额向银行函证的。除此之外，银行回函内容不完整，可再次发函或实施替代程序。

(4)不恰当。应获取销售经理及出纳对该事项对声明。同时利用个人银行账户结算货款可能存在舞弊，仅通过检查交易记录和列报并获取管理层书面声明不足以应对该风险。

(5)恰当。

(6)恰当。

同步训练 限时60分钟

一、单项选择题

1. 针对甲公司下列与货币资金相关的内部控制中，注册会计师无须提出改进建议的是(　)。

A. 出纳每月负责银行对账单的获取、银行存款余额调节表的编制等工作

B. 为防止不相容岗位混岗，由不负责现金收支的会计负责登记现金日记账和总账

C. 指定 10 万元以下的货币资金支付由财务处长审批，对超过权限的业务实行集体决策

D. 货币资金支付后，由专职的复核人员进行复核，复核货币资金的批准范围、权限、程序、手续、金额、支付方式、时间等，发现问题后及时纠正

2. 下列关于票据及有关印章管理的说法中，错误的是(　)。

A. 个人名章必须由本人保管

B. 财务专用章应由财务经理保管

C. 严禁一人保管支付款项所需的全部印章

D. 按规定需要有关负责人签字或盖章的经济业务，必须严格履行签字或盖章手续

3. 被审计单位的下列职责安排中，注册会计师认可的是(　)。

A. 出纳兼任应收账款账目的登记工作

B. 出纳负责银行存款日记账的登记

C. 出纳定期核对银行账户，编制银行存款余额调节表

D. 为提高支付效率，由出纳一人保管支付款项所需的全部印章

4. ABC 会计师事务所接受委托，对甲公司 2019 年财务报表进行审计。该事务所委派 A 注册会计师负责对甲公司货币资金项目进行审计，实施的以下审计程序中不正确的是(　)。

A. 向甲公司本期存过款的银行发函，包括零余额账户和在本期内注销的账户

B. 确定甲公司银行对账单余额与银行函证结果的差异，对不符事项做出适当处理

C. 甲公司库存现金存放部门有两处以上，A 注册会计师决定按照距离远近而定盘点先后顺序

D. 在对甲公司库存现金进行监盘时，现金出纳员和被审计单位会计主管人员都参加盘点，注册会计师进行监盘

5. 假定 A 注册会计师选择资产负债表日为库存现金监盘日，审计小组在资产负债表日监盘库存现金后，应编制库存现金监盘表，分币种面值列示盘点金额。以下有关库存现金监盘表的说法中，不正确的是(　)。

A. 库存现金监盘表须由参加监盘的注册会计师亲自编制

B. 被审计单位的会计主管与出纳员均应在监盘表上签字

C. 库存现金监盘表中的金额应当与资产负债表中的库存现金项目核对相符

D. 库存现金监盘表无需注明报表日至监盘日的收支金额

6. 下列有关“取得并检查银行对账单和银行存款余额调节表”的相关表述中，错误的是(　)。

A. 取得被审计单位加盖银行印章的银行对账单

B. 将获取的银行对账单余额与银行存款日记账余额进行核对，如存在差异，获取银行存款余额调节表

C. 将被审计单位资产负债表日的银行存款日记账与银行询证函回函核对，确认是否一致

D. 特别关注银付企未付、企付银未付中支付异常的领款事项，包括没有载明收款人、签字不全等支付事项，确认是否存在舞弊

7. 丁公司某银行账户的银行对账单余额为1585000元，在检查该账户银行存款余额调节表时，D注册会计师注意到以下事项：在途存款100000元；未提现支票50000元；未入账的银行存款利息收入35000元；未入账的银行代扣水电费25000元。假定不考虑其他因素，D注册会计师审计后确认的该银行存款账户余额应是(　)。

A. 1535000元　　B. 1575000元

C. 1595000元　　D. 1635000元

8. 注册会计师拟对银行存款余额实施函证程序，下列做法中不正确的是(　)。

A. 以被审计单位的名义寄发银行询证函，并由注册会计师对函证的全过程保持控制

B. 对被审计单位所有银行存款账户实施函证程序

C. 由被审计单位财务人员代为填写银行询证函后，交由注册会计师审核后直接发出并回收

D. 如果银行询证函回函结果表明没有差异，就可认定银行存款余额是正确的

9. A注册会计师在考虑对银行存款实施的函证程序时，下列考虑中不恰当的是(　)。

A. 函证银行存款在证实所列银行存款是否存在的同时，还可以了解企业欠银行的债务及未披露的或有负债情况

B. 函证范围包括零余额账户和在本期内注销的账户

C. 如果有充分证据表明某一银行存款、借款及与金融机构往来的其他重要信息对财务报表不重要且与之相关的重大错报风险很低，则可以不对该银行账户实施函证，但需要在审计工作底稿中说明理由

D. 采用消极式函证方式对银行存款进行函证

10. 下列关于银行存款函证的说法中，不恰当的是(　)。

A. 对银行存款实施函证是必须执行的审计程序

B. 函证银行存款可以证实银行存款是否存在

C. 函证银行存款有助于发现企业未入账的银行借款和未披露的或有负债

D. 函证对象包括零余额账户和在本期内注销的账户

11. 如果企业存在定期存款、保证金存款和存出投资款，注册会计师应实施的下列审计程序中不恰当的是(　)。

A. 对保证金存款，检查开立银行承兑汇票的协议或银行授信审批文件

B. 在资产负债表日后已提取的定期存款，检查相应的兑付凭证

C. 对已质押的定期存款，检查开户证实书原件

D. 对于存出投资款，跟踪资金流向，并获取董事会决议等批准文件、开户资料、授权操作资料等

二、多项选择题

1. 下列事项中可能表明被审计单位的货币资金存在重大错报风险，注册会计师在执行工作时应保持警觉的有(　)。

A. 存在大量异地银行账户

B. 不能获取银行存款余额调节表

C. 企业资金存放于管理层或员工个人账户

D. 存在多笔银行未达账项

2. 在监盘库存现金时，下列处理错误的有(　)。

A. 监盘时间最好选择在上午上班前或下午下班时进行

B. 监盘时应有出纳人员在场

C. 监盘表只能由出纳人员签字，以明确责任

D. 注册会计师亲自盘点

3. 下列关于注册会计师针对银行存款账户发生额实施的程序中，恰当的有(　)。

A. 选取银行对账单中记录的交易与被审计单位银行日记账记录进行核对

B. 从被审计单位银行存款日记账上选取样本，核对至银行对账单

C. 浏览银行对账单，选取大额异常交易进

行审查

D. 分析不同账户发生银行存款日记账漏记银行交易的可能性，获取相关账户相关期间的全部银行对账单

4. 对于银行存款余额调节表，注册会计师可以考虑实施的审计程序有(　)。

A. 了解被审计单位的银行存款管理控制，是否指定专人定期核对银行账户

B. 检查银行存款余额调节表中调节事项的性质和范围是否合理

C. 检查银行存款余额调节表中的银行对账单余额是否和银行对账单中的余额一致、企业银行日记账余额是否与被审计单位银行存款日记账上的余额一致，核对被审计单位银行存款日记账余额与银行对账单余额是否调节一致

D. 如果存在跨行收支的项目，检查跨行转账业务是否同时对应转入和转出

5. 如果对被审计单位银行账户的完整性存有疑虑，注册会计师可以考虑实施的审计程序包括(　)。

A. 结合其他相关细节测试，关注原始单据中被审计单位的收(付)款银行账户是否包含在注册会计师已获取的开立银行账户清单内

B. 取得并检查银行对账单和银行存款余额调节表

C. 亲自到中国人民银行或基本存款账户开户行查询并打印《已开立银行结算账户清单》

D. 函证银行存款余额

6. D注册会计师拟对A公司的银行存款余额实施函证，下列程序中不正确的有(　)。

A. 询证函列示的"银行存款"余额应根据A公司银行存款明细账的余额填列

B. 函证银行存款的同时，也对银行借款和借款抵押的情况进行函证

C. 银行询证函由A公司盖章后，注册会计师签封后由出纳送交银行并取回回函

D. 对存款余额较小的开户行采用的是消极式函证

7. 通过函证银行存款余额，注册会计师可以获取的审计证据包括(　)。

A. 银行存款是否存在

B. 是否有未入账的银行借款

C. 所有销售交易对应的银行存款是否均已收到

D. 是否有未披露的或有负债

8. 如果被审计单位有定期存款，针对定期存款，注册会计师可以考虑实施的审计程序包括(　)。

A. 获取定期存款明细表，检查是否与账面记录金额一致，存款人是否为被审计单位

B. 对已质押的定期存款，检查定期存单原件，并与相应的质押合同核对

C. 函证定期存款相关信息

D. 结合财务费用审计测算利息收入的合理性，判断是否存在体外资金循环的情形

三、简答题

1. ABC会计师事务所接受甲公司委托审计其2018年度财务报表审计业务，在对货币资金进行审计时，对相关事项的处理摘录如下：

(1)经了解，甲公司的库存现金存放部门有三处，注册会计师在拟定监盘时间时，为了给每处监盘留出充足时间，监盘时间各间隔了一个小时。

(2)在对银行存款进行审计时，选取余额较大、交易频繁的账户进行函证。

(3)在收回的某银行存款询证函回函时，回函中标注了一条"本信息既不保证准确也不保证是最新的，其他方可能会持有不同意见"，注册会计师认为该条款不影响回函可靠性。

(4)在执行库存现金监盘前，注册会计师应与被审计单位就库存现金的盘点计划达成一致意见，包括盘点时间。

(5)在对银行存款进行函证时，统一使用了积极式询证方式。

要求：针对上述事项(1)至(5)，逐项指出注册会计师的处理是否恰当，如不恰当，简要说明理由。

2. A 注册会计师负责甲公司 2018 年度财务报表审计业务，在对银行存款进行审计时，对相关事项的处理摘录如下：

(1)向甲公司所涉及的所有银行发函，包括零余额账户和存款账户已经结清的银行。

(2)发函前将被询证者的名称、地址与甲公司有关记录核对，询证函经会计师事务所盖章后，由 A 注册会计师直接发出。

(3)助理人员认为银行一般情况下会公正处理询证函，因此在对银行存款函证时，可以让银行将其询证函寄回甲公司，再由甲公司相关人员转交给会计师事务所。

(4)在确定函证方式时，函证银行存款采用积极式询证函。

(5)回函结果不符的，应当提请甲公司管理层调整账簿记录。

要求：针对上述事项(1)至(5)，逐项指出 A 注册会计师的处理是否恰当。如不恰当，简要说明理由。

3. ABC 会计师事务所的注册会计师正在对甲公司 2018 年度的财务报表进行审计，注册会计师通过查阅上年度审计工作底稿和其他程序，了解到甲公司开立有基本存款账户 A、一般存款账户 B 和 C。2018 年 12 月 31 日 A 账户银行存款余额为 5163716.13 元，B 账户余额 116850.12 元，C 账户的余额为 0。注册会计师决定对 A 账户采用积极式询证函的方式，对 B 账户采用消极式询证函的方式，对 C 账户主要采用检查相关记录和原始凭证验证其余额。

在对 A 账户函证时，注册会计师将询证函交由甲公司出纳员填写银行账号、存款余额及联系方式等事项后，由注册会计师审核后交出纳送交 A 银行。具体函证内容如下：

银行询证函

A 银行：

本事务所接受委托对甲公司的财务报表进行审计，按照中国注册会计师审计准则的要求，应当询证甲公司与贵行相关的信息。下列信息出自甲公司记录，如有不符，请在“信息不符”处列明不符金额。有关询证费用可直接从本账户中收取。回函请寄至甲公司财务部(通信地址：略)。

截至 2018 年 12 月 31 日止，甲公司与贵行银行存款信息列示如下：

账户名称	银行账号	币种	利率	余额	是否被质押、用于担保或存在其他使用限制	备注
甲公司	0728393113	人民币		5163716.13		

除上述列示的银行存款外，甲公司并无在贵行的其他存款。

ABC 会计师事务所(盖章)

2019 年 2 月 28 日

经办人：

职　务：

电　话：

结论：

经本行核对，存在以下不符之处：

年　月　日

经办人：　职务：　电话：

复核人：　职务：　电话：

（银行盖章）

2019年3月5日出纳将A银行的回函交给注册会计师，银行确认的2018年12月31日甲公司存款余额为4263716.13元。注册会计师检查了甲公司编制的银行存款余额调节表，调节表显示A账户银行对账单余额为4263716.13元，银行存款日记账余额为5163716.13元。注册会计师复核了调节表中加计数的准确性，通过调节，银行存款日记账余额与银行对账单余额是一致的，调节表显示调节后银行存款余额为4153716.13元，注册会计师得出了银行存款日记账余额为5163716.13元的记录是准确的结论。注册会计师审计确认，2018年12月31日库存现金的余额为150000元。如果注册会计师认为银行存款余额调节表的所有未达账项均不重要，且B和C账户未发现重大错报，注册会计师最终确定资产负债表中货币资金项目的余额为5430566.25元。

要求：

(1)请指出询证函的不当之处，并改正。

(2)请指出注册会计师在确定函证对象、函证方式、函证内容、询证函的发送和回收以及在确定银行存款余额的审计程序中有何不当之处。

同步训练答案及解析

一、单项选择题

1. C 【解析】选项A，由于出纳人员要负责银行存款日记账的登记工作，因此不可以同时从事银行对账单的获取、银行存款余额调节表的编制等工作；选项B，负责登记现金日记账的人员不能同时登记总账；选项D，货币资金支付在前，复核在后，最多能及时发现问题，而无法防止问题的发生。
2. A 【解析】个人名章由本人或其授权人员保管。
3. B 【解析】选项A，出纳人员不得兼任稽核、会计档案保管和收入、支出、费用、债权债务账目的登记工作；选项C，企业应当由专人(不可以是出纳)定期核对银行账户(每月至少核对一次)，编制银行存款余额调节表；选项D，严禁一人保管支付款项所需的全部印章。
4. C 【解析】如果被审计单位库存现金存放部门有两处或两处以上，应同时进行盘点。
5. C 【解析】库存现金监盘表由注册会计师编制，注册会计师、会计主管与出纳员均应在监盘表上签字，选项AB正确；资产负债表上没有库存现金项目，无法与库存现金监盘表核对，选项C错误；因为监盘日就是报表日，所以选项D是正确的。
6. C 【解析】选项C，应当是将被审计单位资产负债表日的银行对账单与银行询证函回函核对，确认是否一致，而不是银行存款日记账。
7. D 【解析】假定不考虑其他的因素，那么审计后确认的金额应该为银行存款余额调节表调节后的金额：1585000＋100000－

50000=1635000(元)。

8. D 【解析】注册会计师不能仅依据银行存款函证回函确定最终银行存款余额审计后的金额，还要结合检查银行存款对账单、检查银行存款余额调节表及其他收付款凭证，根据这些程序取得的证据来确认银行存款余额审计后的金额。

9. D 【解析】银行存款函证的方式应为积极式函证。

10. A 【解析】如果有充分证据表明某一银行存款及与金融机构往来的其他重要信息对财务报表不重要且与之相关的重大错报风险很低，此时可以不执行银行存款函证，选项A不恰当。

11. C 【解析】对已质押的定期存款，应检查定期存单复印件，并与相应的质押合同核对。

二、多项选择题

1. ABCD 【解析】四种情形均属于异常的情形，可能表明货币资金存在重大错报风险。相关内容参考《中国注册会计师审计准则问题解答第12号—货币资金审计》。

2. CD 【解析】选项C，库存现金监盘表应当由出纳员、会计主管和注册会计师签字；选项D，注册会计师不是亲自盘点，而是监督盘点，即监盘。

3. ABCD 【解析】上述四项均可以针对银行存款账户的发生额获取相关审计证据。

4. ABCD 【解析】四个选项内容均是注册会计师可考虑实施的审计程序。相关内容参考《中国注册会计师审计准则问题解答第12号——货币资金审计》。

5. AC 【解析】选项BD是证实资产负债表所列银行存款是否存在的重要程序。

6. ACD 【解析】选项A，银行询证函列示的银行存款余额应根据银行对账单中的金额填列；选项C，注册会计师应控制询证函的发送与回收；选项D，对银行存款函证一律采用积极式函证。

7. ABD 【解析】通过向往来银行函证，注册会计师不仅可了解企业资产的存在，还可了解企业账面反映所欠银行债务的情况，并有助于发现企业未入账的银行借款和未披露的或有负债。但是对于销售交易对应的银行存款是否均已收到，通过银行存款函证，并不能够获取到相关信息。

8. ACD 【解析】选项B，如果定期存款已质押，获取不到相应的原件，只能检查定期存单复印件。

三、简答题

1.【答案】

(1)不恰当。被审计单位库存现金存放部门有两处或两处以上的，应同时进行监盘。

(2)不恰当。注册会计师应当向被审计单位的所有银行发函，包括零余额账户和在本期内注销的账户。

(3)不恰当。该条款是对回函可靠性产生影响的限制条款，注册会计师应对回函可靠性产生怀疑，可能需要执行额外的或替代审计程序。

(4)不恰当。注册会计师监盘库存现金应当采用突击式。

(5)恰当。

2.【答案】

(1)恰当。

(2)不恰当。询证函是以被审计单位的名义寄发的，因此应当经被审计单位盖章，而非经会计师事务所盖章。

(3)不恰当。函证银行存款时应由注册会计师直接控制询证函的发送和回收，并对函证结果进行分析、评价。

(4)恰当。

(5)不恰当。如果发现了不符事项，注册会计师应当首先提请被审计单位查明原因，并作进一步分析和核实。

3.【答案】

(1)①询证函没有编号；②询证函应以客户的名义发出；③积极式询证函应表明记录相符也应回函的要求；④回函应要求寄

至会计师事务所；⑤应列明回函服务费用的列支账户；⑥询证函中对账的余额应以对账单显示的余额4263716.13元列示；⑦函证事项应包括借款、担保、理财产品等其他事项；⑧询证函应由被审计单位盖章；⑨结论应有“信息证明无误”的内容。

(2)函证对象不正确：应对所有的账户函证。

函证方式：所有银行函证均应采用积极式函证方式。

函证内容：不仅包含存款，还应当包括借款、担保等事项。

发送和回收：注册会计师应控制询证函的发送和回收，不能由出纳代劳。

银行存款余额调节表的审计，不应只通过复核调节表中加计数就确定银行存款日记账的余额，注册会计师还应通过期后相关凭证和对账单验证未达账项的真实性。

本章知识串联

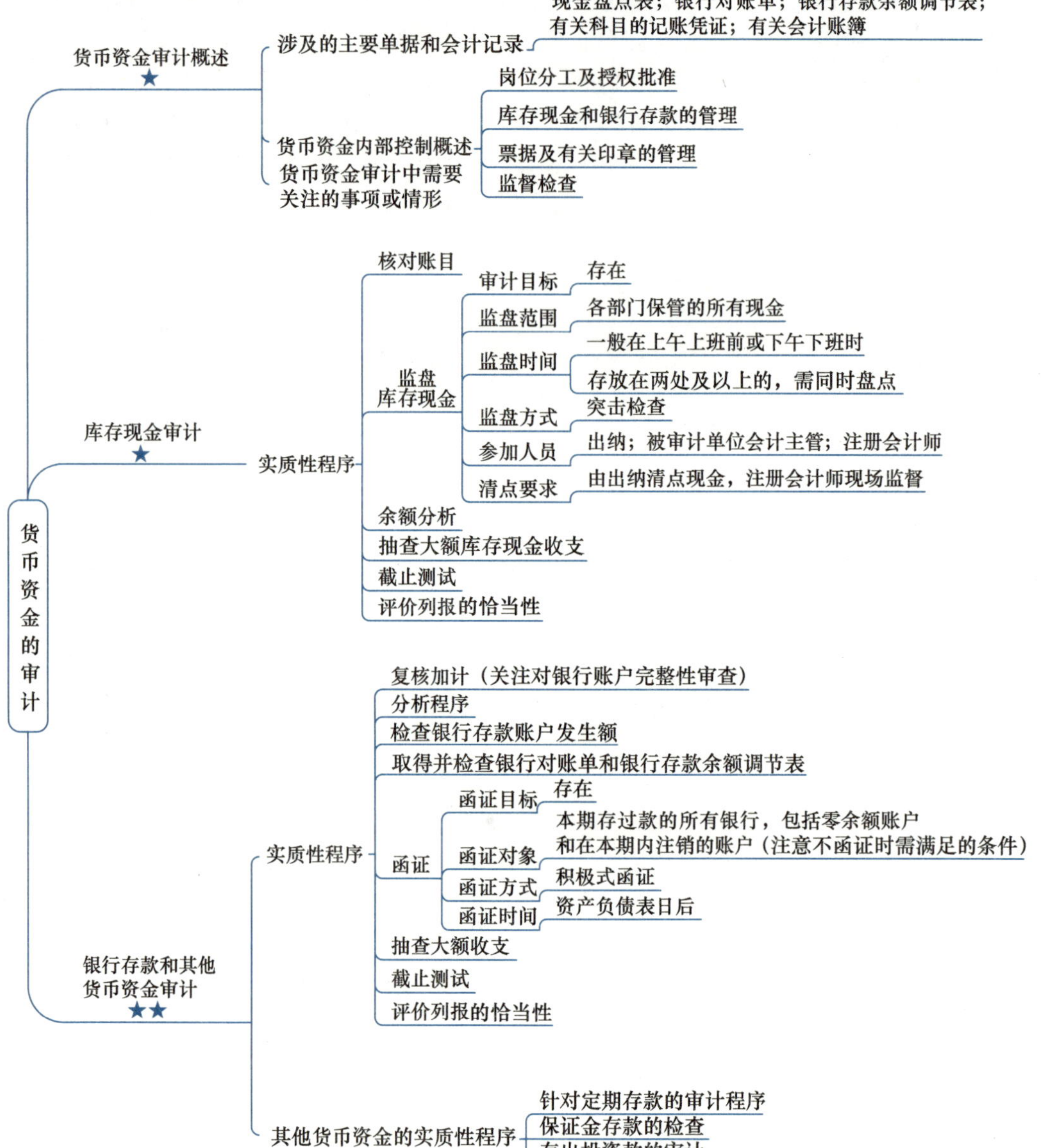

货币资金的审计
货币资金审计概述 ★
涉及的主要单据和会计记录
现金盘点表；银行对账单；银行存款余额调节表；有关科目的记账凭证；有关会计账簿
货币资金内部控制概述
岗位分工及授权批准
库存现金和银行存款的管理
票据及有关印章的管理
监督检查
货币资金审计中需要关注的事项或情形
库存现金审计 ★
实质性程序
核对账目
监盘库存现金
审计目标
存在
监盘范围
各部门保管的所有现金
监盘时间
一般在上午上班前或下午下班时
存放在两处及以上的，需同时盘点
监盘方式
突击检查
参加人员
出纳；被审计单位会计主管；注册会计师
清点要求
由出纳清点现金，注册会计师现场监督
余额分析
抽查大额库存现金收支
截止测试
评价列报的恰当性
银行存款和其他货币资金审计 ★★
实质性程序
复核加计（关注对银行账户完整性审查）
分析程序
检查银行存款账户发生额
取得并检查银行对账单和银行存款余额调节表
函证
函证目标
存在
函证对象
本期存过款的所有银行，包括零余额账户和在本期内注销的账户（注意不函证时需满足的条件）
函证方式
积极式函证
函证时间
资产负债表日后
抽查大额收支
截止测试
评价列报的恰当性
其他货币资金的实质性程序
针对定期存款的审计程序
保证金存款的检查
存出投资款的审计

第四编 对特殊事项的考虑

本编主要介绍的是注册会计师在审计中遇到的一些特殊事项如何进行审计。内容主要涉及对舞弊和法律法规的考虑、审计沟通、注册会计师利用他人的工作、对集团财务报表审计的特殊考虑以及会计估计、关联方的审计、考虑持续经营假设和首次接受委托时对期初余额的审计等，这也是对注册会计师财务报表一般审计业务的补充介绍。

本编在近年考题中进行了大量的考查，因此应予以足够的重视。本编内容如果没有掌握好，考试就很难通过。根据本编内容的特点，建议大家平时每天记忆一个特殊项目的内容，如此反反复复，就会做到心中有数，而不要在复习的最后阶段集中记忆。

本篇的大部分项目审计思路都有共同点，希望考生在学习时掌握规律，从而提高效率和加强记忆。如对舞弊和法律法规的考虑、会计估计与关联方审计的审计路线是：识别和评估重大错报风险(风险评估) → 应对评估的重大错报风险(应对措施) → 评价获取的证据(审计证据) → 确定错报(审计结论) → 与治理层、管理层沟通；再如利用他人的工作，审计路线是：考虑是否需要利用 → 考虑是否能利用 → 评价他人的工作 → 利用他人的工作的结果。

预计在今年的考试中，考查的可能性仍然很大，可能以客观题或简答题的形式进行考核，但也不排除会结合其他章节出综合题目。

第13章 对舞弊和法律法规的考虑

考情解密

历年考情概况

本章属于比较重要的章节。在以往年度的考题中每年都有考查，主要围绕舞弊三因素、舞弊风险评估程序、应对舞弊导致的重大错报风险以及与管理层、治理层和监管机构的沟通等知识点，考查形式多样，不仅可以在客观题中考查，也可以与特别风险等内容相结合考查主观题。预计今年考核分值在4分左右。

近年考点直击

考点	主要考查题型	考频指数	考查角度
财务报表审计中与舞弊相关的责任	选择题、简答题	★★★	(1)治理层、管理层的责任与注册会计师的责任；(2)舞弊风险的识别、评估和应对；(3)会计分录测试；(4)评价审计证据；(5)无法继续执行审计业务时注册会计师的应对措施；(6)书面声明
财务报表审计中对法律法规的考虑	选择题	★★	(1)两类不同的法律法规及注册会计师的责任；(2)识别出或怀疑存在违反法律法规行为时实施的审计程序；(3)对识别出的或怀疑存在的违反法律法规行为的报告

学习方法与应试技巧

在学习本章时，应把握如下几点：

(1)财务报表审计中与舞弊相关的责任是本章考试的重点。要求了解治理层、管理层的责任与注册会计师的责任，这些责任在其他章节也有类似的观点，通过学习，能够描述出其核心观点；舞弊三因素的内涵要清晰，一般会在选择题中出现，重点掌握教材“舞弊风险因素表”中的“具体示例”，这些示例往往作为考题的选择项；另外，有关“收入舞弊假设”也是舞弊考题的必考内容；总体应对措施和针对管理层凌驾于控制之上的风险实施的程序应适当记忆。

(2)针对财务报表审计中对法律法规的考虑这一知识点重点在于区分“直接影响财务报表的法律法规(如税法)”和“非直接影响财务报表的其他法律法规(如劳动法)”，其审计程序和注册会计师的责任均不同；对“识别出的或怀疑存在”违反法律法规行为时实施的审计程序应当思路清晰；与管理层、治理层和监管机构沟通违反法律法规行为的不同要求应熟悉。

本章2020年考试主要变化

本章主要根据《中国注册会计师审计准则第1142号——财务报表审计中对法律法规的考虑》及其应用指南对教材进行了调整，主要对“识别出或怀疑存在违反法律法规行为时实施的审计程序”以及“对识别出的或怀疑存在的违反法律法规行为的沟通和报告”部分的调整。

考点详解及精选例题

考点一　与舞弊相关的概念

一、舞弊的含义和种类★

舞弊是指被审计单位的管理层、治理层、员工或第三方使用欺骗手段获取不当或非法利益的**故意**行为。

【知识点拨】舞弊和错误的根本区别：是否故意。

与财务报表相关的故意错报包括编制虚假财务报告导致的错报和侵占资产导致的错报两类。见图 13-1：

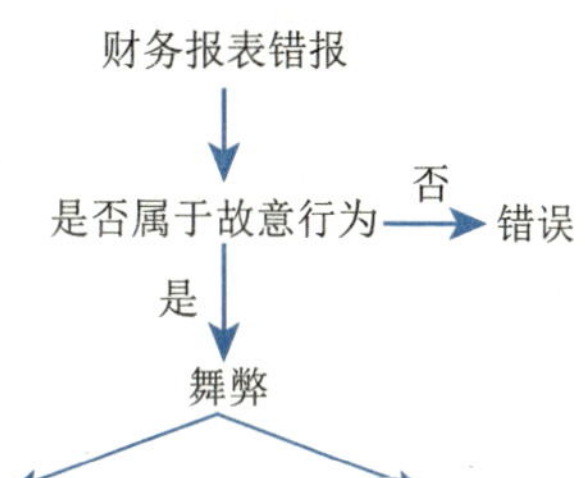

图 13-1　发现舞弊的流程

【知识点拨】编制虚假财务报告舞弊一般与管理层组织舞弊有关；侵占资产舞弊一般与个人舞弊有关。注册会计师关注的是导致财务报表发生重大错报的舞弊。

二、财务报表审计中与舞弊相关的责任★

治理层、管理层和注册会计师对舞弊的责任，见表 13-1：

表 13-1　治理层、管理层的责任与注册会计师的责任

治理层、管理层的责任	注册会计师的责任
被审计单位治理层和管理层对防止或发现舞弊**负有主要责任**： ①在治理层的监督下，管理层建立良好的控制环境，维护有关政策和程序，以防范和遏制舞弊的产生； ②治理层的监督包括考虑管理层凌驾于控制之上或对财务报告过程施加其他不当影响的可能性	①注册会计师有责任按照审计准则的规定执行审计工作，获取财务报表在整体上不存在由舞弊或错误导致的重大错报的合理保证； ②由于审计的固有限制，即使按照审计准则的规定恰当地计划和执行了审计工作，注册会计师也不能对财务报表整体不存在重大错报获取绝对保证

【例题 1·单选题】（2015 年）在判断注册会计师是否按照审计准则的规定执行工作以应对舞弊风险时，下列各项中，不需要考虑的是（　）。

A. 注册会计师是否根据具体情况实施了审计程序，并获取了充分、适当的审计证据

B. 注册会计师在审计过程中是否保持了职业怀疑

C. 注册会计师是否识别出舞弊导致的财务报表重大错报

D. 注册会计师是否根据审计证据评价结果出具了恰当的审计报告

解析▶ 由于审计的固有限制，即使注册会计师按照审计准则的规定恰当地计划和执行了审计工作，也不可避免地存在财务报表中的某些重大错报未被发现的风险。完成审计工作后发现由于舞弊导致的财务报表重大错报，其本身并不表明注册会计师没有按照审计准则的规定执行审计工作。　**答案**▶ C

考点二　评估与舞弊相关的风险

一、识别风险★★★

1. 询问

注册会计师应当询问治理层、管理层、内部审计人员，以确定其是否知悉任何舞弊

事实、舞弊嫌疑或舞弊指控。

询问不同的对象，询问的内容不同，获取的信息不同。

(1)注册会计师询问内部审计人员，以确定其是否知悉任何影响被审计单位的舞弊事实、舞弊嫌疑或舞弊指控，并获取这些人员对舞弊风险的看法。

(2)注册会计师通过询问管理层可以获取有关员工舞弊导致的财务报表重大错报风险的有用信息。这种询问难以获取有关管理层舞弊导致的财务报表重大错报风险的有用信息。

(3)注册会计师应当询问被审计单位内部的其他相关人员，为这些人员提供机会，使他们能够向注册会计师传递一些信息。

2. 评价舞弊风险因素

舞弊的发生一般都同时具备三类风险因素，也叫“舞弊三角”。见图 13-2：

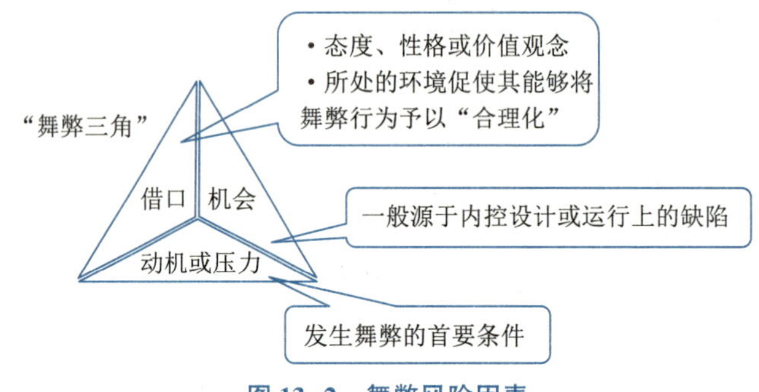

图 13-2 舞弊风险因素

动机或压力——舞弊者具有舞弊的动机是舞弊发生的**首要条件**。

机会——舞弊者需要具有舞弊的机会，舞弊才可能成功。

态度或借口——借口是指存在某种态度、性格或价值观念，使得管理层或雇员能够做出不诚实的行为，或者管理层或雇员所处的环境促使其能够将舞弊行为予以合理化。

与编制虚假财务报告导致的错报相关的舞弊风险因素，见表 13-2：

表 13-2 与编制虚假财务报告导致的错报相关的舞弊风险因素

舞弊因素	舞弊风险因素细类与示例
动机或压力	**财务稳定性**或**盈利能力**受到经济环境、行业状况或被审计单位经营情况的**威胁**(市场饱和；技术过时；需求下降；盈利但现金流为负数；业绩与同行差异大等)
	管理层为**满足第三方**要求或预期而承受过度的压力(分析师存在激进的预期；为满足上市或举债的要求等)
	个人财务状况受到被审计单位财务业绩的影响(个人为企业担保；薪酬与绩效相关等)
	管理层或经营者受到更高级管理层或治理层对**财务**或**经营指标**过高要求的压力
机会	所在**行业**或其**业务**性质为编制虚假财务报告提供了机会(异常交易；跨境交易；无合理理由在“避税天堂”的交易)
	组织结构复杂或不稳定(难以确定控制人；高管频繁变动)
	对管理层的**监督**失效(对管理层由一人或少数人控制)
	内部控制要素存在缺陷(会计或内审人员不能胜任；信息系统无效)

舞弊因素	舞弊风险因素细类与示例
态度或借口	管理层态度不端或缺乏诚信
	管理层与现任或前任注册会计师之间的关系紧张(意见分歧)

【知识点拨】 舞弊风险因素经常会在选择题中出现，选择项主要来源于上表中的“舞弊风险因素细类”和教材中的风险因素具体示例，容易混淆的是“态度或借口”因素，需要特别注意。请看“态度和借口”因素的示例：

1. 管理层**态度不端或缺乏诚信**

管理层态度不端或缺乏诚信属于“存在某种态度、性格或价值观念，使得管理层或雇员能够做出不诚实的行为”：

(1)管理层未能有效地传递、执行、支持或贯彻被审计单位的价值观或道德标准，或传递了不适当的价值观或道德标准；

(2)非财务管理人员**过度参与**或过于关注会计政策的选择或重大会计估计的确定；

(3)被审计单位、高级管理人员或治理层存在违反证券法或其他法律法规的历史记录，或由于舞弊或违反法律法规而被指控；

(4)管理层**过于关注**保持或提高被审计单位的股票价格或利润趋势；

(5)管理层向分析师、债权人或其他第三方承诺实现激进的或**不切实际的预期**；

(6)管理层**未能及时纠正**发现的值得关注的内部控制缺陷；

(7)为了避税的目的，管理层表现出有意通过使用不适当的方法使报告利润最小化；

(8)**高级管理人员缺乏士气**；

(9)业主兼经理未对个人事务与公司业务进行区分；

(10)股东人数有限的被审计单位股东之间存在争议；

(11)管理层总是试图基于重要性原则解释处于临界水平的或不适当的会计处理。

2. 管理层与现任或前任注册会计师之间的**关系紧张**

(1)在会计、审计或报告事项上经常与现任或前任注册会计师产生争议；

(2)对注册会计师提出不合理的要求，如对完成审计工作或出具审计报告提出不合理的时间限制；

(3)对注册会计师接触某些人员、信息或与治理层进行有效沟通施加不适当的限制；

(4)管理层对注册会计师表现出盛气凌人的态度，特别是试图影响注册会计师的工作范围，或者影响对执行审计业务的人员或被咨询人员的选择和保持。

【例题2·多选题】 在下列情形中，可能表明管理层存在舞弊态度或借口的有(　)。

A. 对注册会计师施加限制，使其难以接触某些人员

B. 管理层没有及时纠正已发现的内部控制重大缺陷

C. 管理层过分强调保持或提高公司股票价格或盈利水平

D. 高层管理人员、法律顾问或治理层频繁变更

解析 选项D，属于存在舞弊的机会，并不是借口。 **答案** ABC

3. 实施分析程序

注册会计师应当评价在实施分析程序时识别出的异常或偏离预期的关系(包括与收入账户有关的关系)，是否表明存在由于舞弊导致的重大错报风险。

4. 组织项目组讨论

项目组讨论有助于分享易于发生由于舞弊而导致的重大错报的方式和领域的见解，考虑适当的应对措施，共享实施审计程序的结果，以及如何处理可能引起注册会计师注意的舞弊指控。

二、评估风险★★★

1. 特别风险

舞弊导致的重大错报风险属于需要注册会计师特别考虑的重大错报风险，即**特别风险**。

(1)舞弊导致的重大错报未被发现的风险>错误导致的重大错报未被发现的风险

(2)管理层舞弊导致的重大错报未被发现的风险>员工舞弊导致的重大错报未被发现的风险

2. 收入舞弊假定

(1)在识别和评估由于舞弊导致的重大错报风险时，**应当基于收入确认存在舞弊风险的假定**，评价哪些类型的收入、收入交易或认定导致舞弊风险。

(2)如果认为收入确认存在舞弊风险的假定不适用于业务的具体情况，从而未将收入确认作为由于舞弊导致的重大错报风险领域，应当在审计工作底稿中**记录得出该结论的理由**。

【例题3·多选题】 有关财务报表审计中对舞弊的考虑，下列说法中错误的有(　)。

A. 当识别和评估舞弊导致的重大错报风险时，注册会计师应当假定被审计单位在收入发生方面存在舞弊风险

B. 防止或发现舞弊是被审计单位治理层和管理层的责任，注册会计师有责任对财务报表整体是否不存在由于舞弊或错误导致的重大错报获取合理保证

C. 了解被审计单位对业绩衡量和评价的最重要的目的是考虑是否存在舞弊风险

D. 小型被审计单位拥有的员工通常较少，不存在管理层凌驾于内部控制之上的风险

解析 本题考核的舞弊风险的两个假定：其一是所有被审计单位都存在管理层凌驾于内部控制之上的风险；其二是应当假定在收入确认方面存在舞弊风险。收入舞弊风险假定并不表明一定是“发生”的认定，要根据了解的情况来识别哪些收入类别以及与收入有关的交易或认定可能导致舞弊风险。

答案 AD

考点三　应对舞弊导致的重大错报风险

扫我解疑难

一、应对措施★★

注册会计师通常从三个方面应对此类风险：

(1)针对舞弊导致的财务报表层次重大错报风险的总体应对措施；

(2)针对舞弊导致的认定层次的重大错报风险实施的进一步审计程序；

(3)针对管理层凌驾于控制之上的风险实施的程序。

注册会计师应当采取恰当的措施应对舞弊导致的重大错报风险，见表13-3：

表13-3　应对舞弊导致的重大错报风险的措施

风险	应对措施	具体措施
报表层次的重大错报风险	胜任能力的考虑	在分派和督导项目组成员时，考虑承担重要业务职责的项目组成员所具备的知识、技能和能力，并考虑由于舞弊导致的重大错报风险的评估结果
	评价会计政策	评价被审计单位对会计政策(特别是涉及主观计量和复杂交易的会计政策)的选择和运用，是否可能表明管理层通过操纵利润对财务信息做出虚假报告
	程序不可预见	在选择审计程序的性质、时间安排和范围时，增加审计程序的不可预见性

风险	应对措施	具体措施
认定层次的重大错报风险	改变拟实施审计程序的性质	更加重视实地观察或检查； 改变常规函证内容； 询问被审计单位的非财务人员等
	改变实质性程序的时间	在期末或接近期末实施实质性程序； 针对本期较早时间发生的交易事项或贯穿于本会计期间的交易事项实施测试
	改变审计程序的范围	扩大样本规模； 采用更详细的数据实施分析程序等
管理层凌驾于控制之上的风险	会计调整舞弊的应对	测试日常会计核算过程中做出的会计分录以及编制财务报表过程中做出的其他调整是否适当： ①向参与财务报告过程的人员询问与处理会计分录和其他调整相关的不恰当或异常的活动； ②选择在报告期末做出的会计分录和其他调整； ③考虑是否有必要测试整个会计期间的会计分录和其他调整
	会计估计舞弊的应对	复核会计估计是否存在偏向： ①评价管理层在做出会计估计时所作的判断和决策是否反映出管理层的某种偏向； ②追溯复核与以前年度财务报表反映的重大会计估计相关的管理层判断和假设
	异常项目舞弊的应对	对于超出被审计单位正常经营过程的重大交易，或基于对被审计单位及其环境的了解以及在审计过程中获取的其他信息而显得异常的重大交易，评价其商业理由（或缺乏商业理由）

【例题4·单选题】（2017年）下列审计程序中，通常不能应对管理层凌驾于控制之上的风险的是（　）。

A. 测试会计分录和其他调整

B. 复核会计估计是否存在偏向

C. 评价重大非常规交易的商业理由

D. 获取有关重大关联方交易的管理层书面声明

解析▶ 管理层书面声明可靠性低，不足以应对管理层凌驾于控制之上的风险。

答案▶ D

二、会计分录测试★

1. 会计分录和其他调整的类型

会计分录和其他调整的类型，见图13-3：

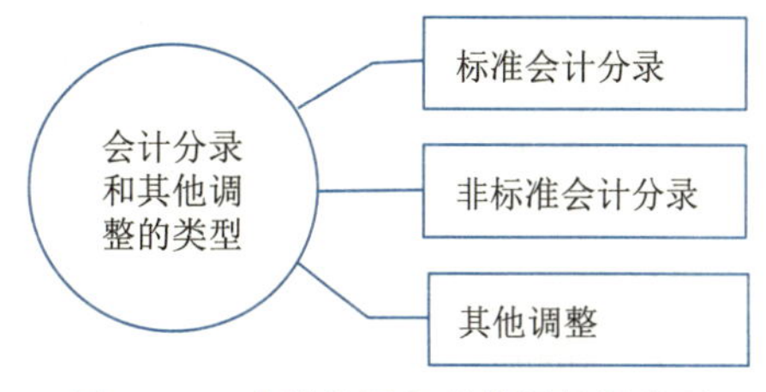

图13-3　会计分录和其他调整的类型

标准会计分录——记录被审计单位的日常经营活动或经常性的会计估计——受信息系统一般控制和其他系统性控制的影响。

非标准会计分录——记录被审计单位日常经营活动之外的事项或异常交易——**具有较高的重大错报风险**。

其他调整——为编制合并财务报表而作出的调整分录和抵销分录——不受被审计单位内部控制的影响。

2. 会计分录测试的步骤

在所有财务报表审计业务中，注册会计师**都需要专门**针对管理层凌驾于控制之上的风险设计和实施会计分录测试。会计分录测试的步骤见图 13-4。采用计算机辅助审计技术或电子表格，可以显著提高会计分录测试的效率和效果。

了解流程测试内控	了解财务报告流程，以及针对会计分录和其他调整已实施的控制，必要时测试控制的运行有效性
确定对象	确定待测试会计分录和其他调整的总体，并测试总体的完整性
选　样	从总体中选取待测试的会计分录及其他调整
测　试	测试选取的会计分录及其他调整，并记录测试结果

图 13-4　会计分录测试的步骤

考点四　评价与舞弊相关的错报

一、评价审计证据★★

1. 发现错报

(1) 如果发现某项**错报**，注册会计师应当考虑该项错报是否表明存在**舞弊**；

(2) 如果有理由认为错报是或可能是舞弊导致的，注册会计师应当评价该项错报对审计工作其他方面的影响，特别是对管理层声明可靠性的影响。

2. 评价某项错报对审计工作的影响

(1) 如果存在舞弊的迹象，由于舞弊涉及实施舞弊的动机或压力、机会或借口，因此一个舞弊事项不太可能孤立发生；

(2) 如果错报是或可能是舞弊导致的，且涉及较高层级的管理层，无论错报是否重大，也可能表明存在更具广泛影响。

3. 存在舞弊或可能存在舞弊的措施

未来：**重新评价**对由于舞弊导致的重大错报风险的评估结果，以及该结果对旨在应对审计程序的性质、时间安排和范围的影响；

过去：**重新考虑**此前获取的审计证据的可靠性，并考虑相关的情形是否表明可能存在涉及员工、管理层或第三方的串通舞弊。

4. 存在舞弊对审计报告的影响

如果确认财务报表存在由于舞弊导致的重大错报，或无法确定财务报表是否存在由于舞弊导致的重大错报，注册会计师应当评价这两种情况对审计的影响。

二、无法继续执行审计业务★

1. 对继续执行审计业务的能力产生怀疑的异常情形

(1) 被审计单位没有针对舞弊采取适当的、注册会计师根据具体情况认为必要的措施，即使该舞弊对财务报表并**不重大**；

(2) 注册会计师对由于舞弊导致的重大错报风险的考虑以及实施审计测试的结果，表明存在**重大且广泛**的舞弊风险；

(3) 注册会计师对管理层或治理层的**胜任能力**或**诚信**产生重大疑虑。

2. 对继续执行审计业务的能力产生怀疑时采取的措施

(1) 确定适用于具体情况的职业责任和法律责任，包括是否需要向审计业务委托人或监管机构报告；

(2) 在相关法律法规允许的情况下，考虑是否需要解除业务关系约定。

如果决定解除业务约定，注册会计师应当采取下列措施：

①与适当层级的管理层和治理层讨论解

除业务约定的决定和理由；

②考虑是否存在职业责任或法律责任，需要向审计业务委托人或监管机构报告解除业务约定的决定和理由。

【例题5·单选题】 下列可能导致注册会计师在对舞弊审计过程中对自身继续执行审计业务的能力产生怀疑的相关表述中，存在错误的是(　)。

A. 当注册会计师对管理层的诚信产生重大疑虑时，会使其对自身继续执行审计业务的能力产生怀疑

B. 当对继续执行审计业务的能力产生怀疑时，注册会计师应当向审计业务委托人报告

C. 当对继续执行审计业务的能力产生怀疑时，注册会计师应考虑是否需要解除业务关系约定

D. 如果决定解除业务约定，注册会计师应当与适当层级的管理层和治理层讨论解除约定的决定和理由

解析 当对继续执行审计业务的能力产生怀疑时，注册会计师应当确定适用于具体情况的职业责任和法律责任，包括是否需要向审计业务委托人或监管机构报告。 **答案** B

三、获取书面声明★

注册会计师应当就下列事项向管理层和治理层(如适用)获取书面声明(链接教材“完成审计工作”一章“书面声明”知识点)：

(1)管理层和治理层认可其**设计、执行**和**维护内部控制**以防止和发现舞弊的责任；

(2)管理层和治理层已向注册会计师披露了管理层对由于**舞弊**导致的财务报表重大错报风险的**评估结果**；

(3)管理层和治理层已向注册会计师披露了已知的涉及管理层、在内部控制中承担重要职责的员工以及其他人员(在舞弊行为导致财务报表出现重大错报的情况下)的**舞弊或舞弊嫌疑**；

(4)管理层和治理层已向注册会计师披露了从现任和前任员工、分析师、监管机构等方面获知的、影响财务报表的**舞弊指控或舞弊嫌疑**。

四、与管理层、治理层和监管机构的沟通★★

如果确定或怀疑存在舞弊嫌疑时，注册会计师的沟通的要求见图13-5：

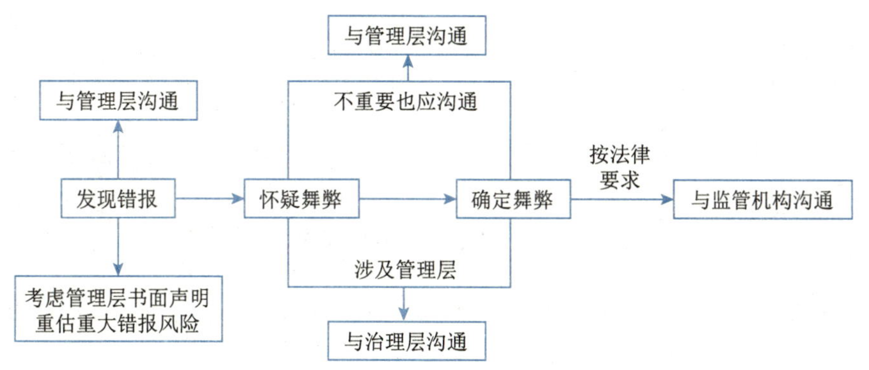

图13-5　与管理层、治理层和监管机构的沟通

1. 与管理层的沟通

已获取的证据表明**“存在”或“可能存在”**舞弊时，注册会计师应当尽早将此类事项(即使该事项可能被认为不重要)与**适当层次**的“管理层”沟通。

通常情况下，适当层级的管理层**至少要比涉嫌舞弊的人员高出一个级别**。

2. 与治理层的沟通

如果**“确定”或“怀疑”**舞弊涉及管理层、在内部控制中承担重要职责的员工以及其舞弊行为可能导致财务报表重大错报的其他人员，注册会计师应当**尽早**就此类事项与治理层沟通。

3. 与监管机构的沟通

如果“识别出舞弊”或“怀疑存在舞弊”，

注册会计师应当确定是否有责任向被审计单位以外的机构报告。如果法律法规要求注册会计师履行报告责任，注册会计师应当遵守法律法规的规定。

考点五　与法律法规相关的概念

扫我解疑难

一、违反法律法规的定义与法律法规的分类★

1. 违反法律法规的定义

违反法律法规，是指被审计单位、治理层、管理层或者为被审计单位工作或受其指导的其他人，有意或无意地违背除适用的财务报告编制基础以外的现行法律法规的行为。

(1)违反法律法规不包括与被审计单位经营活动无关的不当个人行为。

(2)在设计和实施审计程序以及评价和报告审计结果时，应充分关注被审计单位违反法规行为可能对财务报表产生的重大影响。

2. 法律法规的分类

被审计单位需要遵守的两类法律法规，见表13-4：

表13-4　法律法规的分类

类别	对财务报表的影响	举例
直接影响财务报表的法律法规(第一类法律法规)	通常对决定财务报表中的重大金额和披露有直接影响的法律法规	如税收/企业年金方面的法律法规
非直接影响财务报表的法律法规(第二类法律法规)	对决定财务报表中的金额和披露没有直接影响的其他法律法规，违反这些法律法规，可能面临大额罚款、停业整顿或设备改造等，对财务报表产生重大影响	如遵守经营许可条件/环境保护要求

二、与违反法律法规相关的责任★

1. 管理层遵守法律法规的责任

在治理层的监督下确保被审计单位的经营活动符合法律法规的规定是被审计单位管理层的责任。

2. 注册会计师的责任★★

(1)注册会计师没有责任防止被审计单位违反法律法规行为，也不能期望其发现所有的违反法律法规行为。

(2)注册会计师有责任对财务报表整体不存在由于舞弊或错误导致的重大错报获取合理保证。

针对被审计单位需要遵守的两类不同的法律法规，注册会计师应当承担不同的责任，见表13-5：

表13-5　对不同类型的违反法律法规行为的责任

违反法律法规的类型	注册会计师的责任
直接影响财务报表的法律法规(如税法)	应当获取被审计单位遵守这些规定的充分、适当的审计证据
非直接影响财务报表的法律法规(如劳动法)	仅实施“向管理层和治理层(如适用)询问”和“检查被审计单位与许可证颁发机构或监管机构的往来函件”等特定的审计程序，识别可能对财务报表产生重大影响的违反其他法律法规的行为

考点六　对违反法律法规行为的审计

一、主动程序★★

1. 对决定财务报表中的重大金额和披露有直接影响的法律法规(第一类法律法规)

针对通常对决定财务报表中的重大金额和披露有直接影响的法律法规的规定，注册会计师应当获取被审计单位遵守这些规定的**充分、适当的审计证据**。

2. 识别违反其他法律法规的行为的程序(第二类法律法规)

(1)向管理层和治理层(如适用)**询问**被审计单位是否遵守了这些法律法规；

(2)**检查**被审计单位与许可证颁发机构或监管机构的往来函件。

二、被动程序★★

在实施其他审计程序时，可能会使注册会计师注意到违反法律法规行为。这些审计程序可能包括：

(1)阅读会议纪要；

(2)向被审计单位管理层、内部或外部法律顾问询问诉讼、索赔及评估情况；

(3)对某类交易、账户余额和披露实施细节测试。

三、识别出或怀疑存在违反法律法规行为时的审计程序★

如果注意到与识别出的或怀疑存在的违反法律法规行为相关的信息时，注册会计师应实施恰当的审计程序，见表13-6：

表13-6　识别出或怀疑存在违反法律法规行为时实施的审计程序

情况	审计程序
注意到与识别出或怀疑存在违反法律法规行为相关的信息时	(1)了解违反法律法规行为的性质及其发生的环境； (2)获取进一步的信息，以评价对财务报表可能产生的影响
怀疑被审计单位存在违反法律法规行为时	(1)注册会计师**应当**就此与适当层级的管理层和治理层(如适用)进行讨论，除非法律法规禁止(如反洗钱法令)； (2)如果管理层或治理层(如适用)不能向注册会计师提供充分的信息，证明被审计单位遵守了法律法规，注册会计师**可以**考虑向被审计单位内部或外部的法律顾问咨询； (3)如果认为向被审计单位法律顾问咨询是不适当的或不满意其提供的意见，注册会计师可以在**保密**基础上向会计师事务所的其他人员、网络事务所、职业团体或注册会计师的法律顾问咨询
评价识别出的或怀疑存在的违反法律法规行为的影响	(1)对注册会计师风险评估和被审计单位书面声明可靠性的影响： 识别出的或怀疑存在的特定违反法律法规行为的影响，取决于该行为的实施和隐瞒与具体控制活动之间的关系，以及牵涉的管理人员或个人(为被审计单位工作或受其指导)的级别。 (2)可能考虑在法律法规允许的情况下解除业务约定： 当管理层或治理层没有采取注册会计师认为适合具体情况的补救措施，或者识别出的或怀疑存在的违反法律法规行为导致对管理层或治理层的诚信产生质疑(即使违反法律法规行为对财务报表不重要)，注册会计师可能考虑在法律法规允许的情况下解除业务约定

四、与管理层、治理层和被审计单位之外的适当机构的沟通★★

1. 与管理层的沟通

注册会计师如认为可能存在违反法律法规行为时，一般**先与“管理层”讨论**。

2. 与治理层的沟通

注册会计师应将“注意到”的违反法律法规行为与治理层沟通(除非法律法规禁止)，

但**不必沟通明显不重要的事项**。

(1)如果根据判断认为需要沟通的违反法律法规行为是“**故意**”和“**重大**”的，注册会计师应当就此“**尽快**”向治理层通报。

(2)如果怀疑违反法律法规行为涉及“管理层”或“治理层”，注册会计师应当向被审计单位审计委员会或监事会等更高层级的机构通报。

3. 与被审计单位之外的适当机构的沟通

如果注册会计师发现和确定的“**严重**”违反法律法规的行为，注册会计师应当考虑是否有责任向被审计单位以外的适当机构报告。必要时，征询法律意见。

【例题6·单选题】 下列关于违反法律法规的表述中，正确的是( )。

A. 违反法律法规不包括管理层或员工实施的与被审计单位经营活动无关的不当个人行为

B. 注册会计师应当对被审计单位所有的违反法律法规行为获取充分适当的审计证据

C. 注册会计师应当与管理层沟通所有的违反法律法规行为

D. 注册会计师应当与治理层沟通所有的违反法律法规行为

解析 选项B，针对通常对决定财务报表中的重大金额和披露有直接影响的法律法规的规定，注册会计师应当获取被审计单位遵守这些规定的充分、适当的审计证据；选项C，当违反法律法规行为涉及管理层时，应与治理层沟通；选项D，注册会计师应将注意到的违反法规行为与治理层沟通，但不必沟通明显不重要的事项。 **答案** A

真题精练

一、单项选择题

1. (2018年)当怀疑被审计单位存在违反法律法规行为时，下列各项审计程序中，通常不能为注册会计师提供额外审计证据的是( )。

A. 获取被审计单位管理层的书面声明

B. 与被审计单位治理层讨论

C. 向被审计单位内部法律顾问咨询

D. 向会计师事务所的法律顾问咨询

2. (2017年)下列各项中，属于舞弊发生的首要条件的是( )。

A. 实施舞弊的动机或压力

B. 实施舞弊的机会

C. 为舞弊行为寻找借口的能力

D. 治理层和管理层对舞弊行为的态度

3. (2016年)下列有关收入确认的舞弊风险的说法中，错误的是( )。

A. 关联方交易比非关联方交易更容易增加收入的发生认定存在舞弊风险的可能性

B. 如果被审计单位已经超额完成当年的利润目标，但预期下一年度的目标较难达到，表明收入的截止认定存在舞弊风险

C. 如果被审计单位采用完工百分比法确认收入，且合同完工进度具有高度估计不确定性，表明收入的准确性存在舞弊风险的可能性较大

D. 对于以营利为目的的被审计单位，收入的发生认定存在舞弊风险的可能性通常大于完整性认定存在的舞弊风险

4. (2016年)下列有关财务报表审计中对法律法规的考虑的说法中，错误的是( )。

A. 注册会计师有责任实施特定的审计程序，以识别和应对可能对财务报表产生重大影响的违反法律法规行为

B. 注册会计师没有责任防止被审计单位违反法律法规

C. 如果被审计单位存在对财务报表有重大影响的违反法律法规行为，且未能在财务报表中得到充分反映，注册会计师应发表保留或否定意见

D. 注册会计师通常采用书面形式与被审计单位治理层沟通审计过程中注意到的有

关违反法律法规的事项

5. (2015 年) 在判断注册会计师是否按照审计准则的规定执行工作以应对舞弊风险时，下列各项中，不需要考虑的是(　)。

A. 注册会计师是否根据具体情况实施了审计程序，并获取了充分、适当的审计证据

B. 注册会计师在审计过程中是否保持了职业怀疑

C. 注册会计师是否识别出舞弊导致的财务报表重大错报

D. 注册会计师是否根据审计证据评价结果出具了恰当的审计报告

6. (2015 年) 下列审计程序中，通常不能识别被审计单位违反法律法规行为的是(　)。

A. 阅读董事会和管理层的会议纪要

B. 向管理层、内部或外部法律顾问询问诉讼、索赔及评估情况

C. 对营业外支出中的罚款及滞纳金支出实施细节测试

D. 获取管理层关于被审计单位不存在违反法律法规行为的书面声明

7. (2015 年) 下列舞弊风险因素中，与实施舞弊的动机或压力相关的是(　)。

A. 组织结构过于复杂，存在异常的法律实体或管理层级

B. 非财务管理人员过度参与会计政策的选择或重大会计评估的确定

C. 管理层在被审计单位中拥有重大经济利益

D. 职责分离或独立审核不充分

8. (2015 年) 下列程序中，通常不用于评估舞弊风险的是(　)。

A. 询问治理层、管理层和内部审计人员

B. 考虑在客户接受或保持过程中获取的信息

C. 组织项目组内部讨论

D. 实施实质性分析程序

二、多项选择题

1. (2019 年) 为应对管理层凌驾于控制之上的风险，下列各项审计程序中，注册会计师应当实施的有(　)。

A. 确认重大关联方交易是否得到适当授权

B. 测试编制财务报表过程中作出的会计分录和其他调整是否适当

C. 评价超出被审计单位正常经营过程的重大交易的商业理由

D. 复核会计估计是否存在偏向

2. (2019 年) 下列有关注册会计师执行财务报表审计时对法律法规的考虑的说法中，正确的有(　)。

A. 注册会计师没有责任防止被审计单位违反法律法规

B. 对于不直接影响财务报表金额和披露的法律法规，注册会计师应就被审计单位遵守了这些法律法规获取管理层的书面声明

C. 如果识别出被审计单位的违反法律法规行为，注册会计师应当考虑是否有责任向被审计单位以外的监管机构报告

D. 对于直接影响财务报表金额和披露的法律法规，注册会计师应就被审计单位遵守了这些法律法规获取充分、适当的审计证据

3. (2018 年) 为应对管理层凌驾于控制之上的风险，下列审计程序中，注册会计师应当在所有审计业务中实施的有(　)。

A. 对报告期末做出的会计分录和其他调整实施测试

B. 复核会计估计是否存在偏向

C. 对营业收入实施实质性分析程序

D. 对关联方交易及余额实施函证程序

4. (2016 年) 下列有关管理层凌驾于控制之上的风险的说法中，错误的有(　)。

A. 管理层凌驾于控制之上的风险属于特别风险

B. 自动化控制可以消除管理层凌驾于控制之上的风险

C. 管理层凌驾于控制之上的行为发生方式不可预见

D. 某些总体风险较低的被审计单位可能

不存在管理层凌驾于控制之上的风险

5. (2016年)下列有关会计分录测试的说法中，正确的有( )。

A. 在所有财务报表审计业务中，注册会计师均应当实施会计分录测试

B. 注册会计师应当对待测试会计分录总体实施完整性测试

C. 即使被审计单位对会计分录和其他调整实施的控制有效，注册会计师也不可以缩小会计分录的测试范围

D. 会计分录测试的对象包括被审计单位编制合并报表时作出的抵销分录

6. (2015年)如果识别出被审计单位违反法律法规的行为，下列各项程序中，注册会计师应当实施的程序有( )。

A. 了解违反法律法规行为的性质及其发生的环境

B. 评价识别出的违反法律法规行为对注册会计师风险评估的影响

C. 就识别出的所有违反法律法规行为与治理层进行沟通

D. 评价被审计单位书面声明的可靠性

7. (2015年)下列舞弊风险因素中，与编制虚假财务报告相关的有( )。

A. 利用商业中介进行交易，但缺乏明显的商业理由

B. 在非所有者管理的主体中，管理层由一人或少数人控制，且缺乏补偿性控制

C. 会计系统和信息系统无效

D. 对高级管理人员支出的监督不足

真题精练答案及解析

一、单项选择题

1. A 【解析】选项A，书面声明本身并不能为所涉及的任何事项提供充分、适当的审计证据。

2. A 【解析】舞弊者具有舞弊的动机是舞弊发生的首要条件。

3. D 【解析】对于以营利为目的的被审计单位，管理者实施舞弊的动机或压力不同，其舞弊风险所涉及的具体认定也不同，注册会计师需要作出具体分析。如果管理层难以实现预期的利润目标，则可能有高估收入的动机或压力，因此，收入的发生认定存在舞弊风险的可能性较大，而完整性认定则通常不存在舞弊风险；相反，如果管理层有隐瞒收入而降低税负的动机，则注册会计师需要更加关注与收入完整性认定相关的舞弊风险。所以，选项D错误。

4. A 【解析】针对被审计单位需要遵守的第二类法律法规，注册会计师的责任仅限于实施特定的审计程序，以有助于识别可能对财务报表产生重大影响的违反法律法规行为。

5. C 【解析】由于审计的固有限制，即使注册会计师按照审计准则的规定恰当计划和执行了审计工作，也不可避免地存在财务报表中的某些重大错报未被发现的风险。完成审计工作后发现由于舞弊导致的财务报表重大错报，其本身并不表明注册会计师没有按照审计准则的规定执行审计工作。

6. D 【解析】可能使注册会计师注意到识别出或怀疑存在的违反法律法规性行为的审计程序包括：阅读会议纪要；向被审计单位管理层、内部或外部法律顾问询问诉讼、索赔及评估情况；对某类交易、账户余额或披露实施细节测试。

7. C 【解析】选项AD与实施舞弊的机会相关，选项B与实施舞弊的态度或借口有关。

8. D 【解析】实质性分析程序是用于发现认定层次重大错报的应对程序，不用于评估舞弊风险的程序。

二、多项选择题

1. BCD 【解析】管理层凌驾于控制之上的风险属于特别风险。无论对管理层凌驾于

控制之上的风险的评估结果如何，注册会计师都应当设计和实施审计程序，用以：(1)测试日常会计核算过程中作出的会计分录以及编制财务报表过程中作出的其他调整是否适当。(2)复核会计估计是否存在偏向，并评价产生这种偏向的环境是否表明存在由于舞弊导致的重大错报风险。(3)对于超出被审计单位正常经营过程的重大交易，或基于对被审计单位及其环境的了解以及在审计过程中获取的其他信息而显得异常的重大交易，评价其商业理由(或缺乏商业理由)是否表明被审计单位从事交易的目的是为了对财务信息作出虚假报告或掩盖侵占资产的行为。

2. ACD 【解析】选项B，对于不直接影响财务报表金额和披露的法律法规，注册会计师的责任仅限于实施特定的审计程序，以有助于识别可能对财务报表产生重大影响的违反这些法律法规的行为。
3. AB 【解析】无论对管理层凌驾于控制之上的风险的评估结果如何，注册会计师都应当设计和实施审计程序，用以：(1)测试日常会计核算过程中作出的会计分录以及编制财务报表过程中作出的其他调整是否适当；(2)复核会计估计是否存在偏向，并评价产生这种偏向的环境是否表明存在由于舞弊导致的重大错报风险；(3)对于超出被审计单位正常经营过程的重大交易，或基于对被审计单位及其环境的了解以及在审计过程中获取的其他信息而显得异常的重大交易，评价其商业理由(或缺乏商业理由)是否表明被审计单位从事交易的目的是为了对财务信息作出虚假报告或掩盖侵占资产的行为。
4. BCD 【解析】选项B，该类风险只能合理控制，不能被完全消除；选项C，管理层凌驾于控制之上的行为发生方式可以预见；选项D，由于管理层在被审计单位的地位，管理层凌驾于控制之上的风险在所有被审计单位中都会存在。
5. ABD 【解析】被审计单位对会计分录和其他调整实施的控制有效，注册会计师可以适当缩小会计分录的测试范围。
6. ABD 【解析】注册会计师应当与治理层沟通审计过程中注意到的有关违反法律法规的事项，但不必沟通明显不重要的事项。
7. ABC 【解析】选项D属于与侵占资产导致的错报相关的舞弊风险因素相关。

同步训练 限时60分钟

一、单项选择题

1. 下列与舞弊相关的表述中不正确的是(　)。
   A. 注册会计师有责任按照审计准则的规定执行审计工作，获取财务报表在整体上存在重大错报的合理保证
   B. 侵占资产通常伴随着虚假或误导性的文件记录
   C. 由于审计的固有限制，即使按照审计准则的规定恰当地计划和执行审计工作，注册会计师也不能对财务报表整体不存在重大错报获取绝对保证
   D. 注册会计师不应将审计中发现的舞弊视为孤立发生的事项
2. 在下列情形中，可能表明管理层存在舞弊动机或压力的是(　)。
   A. 市场占有率较高，主营业务利润率平稳增长
   B. 需要大量举债才能满足研究开发支出的需求，以保持竞争力
   C. 从事重大、异常或高度复杂的交易
   D. 公司高级管理人员缺乏士气
3. 注册会计师应当针对评估的由于舞弊导致的财务报表层次重大错报风险确定总体应

对措施。下列各项措施中，错误的是(　)。

A. 修改财务报表整体的重要性

B. 评价被审计单位对会计政策的选择和运用

C. 指派更有经验、知识、技能和能力的项目组成员

D. 在确定审计程序的性质、时间安排和范围时，增加审计程序的不可预见性

4. 下列关于舞弊的说法中，不恰当的是(　)。

A. 舞弊导致的重大错报属于特别风险

B. 被审计单位治理层和管理层对防止或发现舞弊负有主要责任

C. 对能够导致财务报表产生重大错报的舞弊，无论是编制虚假财务报告，还是侵占资产，注册会计师均应当合理保证能够予以发现

D. 如果在完成审计工作后发现舞弊导致的财务报表重大错报，必然表明注册会计师没有遵守审计准则

5. 有关舞弊导致的重大错报风险，下列说法中错误的是(　)。

A. 编制虚假财务报告导致的重大错报风险，大于侵占资产导致的重大错报风险

B. 舞弊导致的重大错报未被发现的风险大于错报导致的重大错报未被发现的风险

C. 收入确认存在舞弊风险的假定可能不适用于所有审计项目

D. 所有被审计单位都存在管理层凌驾于控制之上的风险

6. 下列关于特别风险的表述中，不正确的是(　)。

A. 针对特别风险，仅实施实质性分析程序就可获取充分适当的审计证据

B. 管理层凌驾于控制之上的风险属于特别风险

C. 特别风险通常与重大的非常规交易和判断事项相关

D. 对于舞弊导致的特别风险，注册会计师在期末或者接近期末实施实质性程序更有效

7. 有关管理层凌驾于控制之上的风险，下列说法中不正确的是(　)。

A. 管理层凌驾于控制之上的风险在所有被审计单位中都会存在

B. 管理层凌驾于控制之上的风险属于特别风险

C. 滥用或随意变更会计政策属于管理层通过凌驾于控制之上实施舞弊的手段

D. 如果对被审计单位管理层凌驾于控制之上的风险评估为低水平，注册会计师可以不设计和实施审计程序

8. 下列有关会计分录测试的相关表述，错误的是(　)。

A. 会计分录测试的目的是为了应对被审计单位管理层凌驾于控制之上的风险

B. 在财务报表审计业务中，注册会计师需要考虑被审计单位具体情况，进而决定是否需要“针对管理层凌驾于控制之上的风险设计和实施会计分录测试”

C. 注册会计师在测试会计分录和其他调整时，首先需要确定待测试会计分录和其他调整的总体，然后针对该总体实施完整性测试

D. 注册会计师在选取并测试会计分录和其他调整时增加不可预见性非常重要

9. 针对识别出的违反法律法规的事项，不用必须与治理层沟通的是(　)。

A. 了解法律法规发生的环境

B. 沟通识别出的所有法律法规行为

C. 评价管理层出具书面声明的可靠性

D. 评价对风险评估的影响

10. 当怀疑被审计单位存在违反法律法规行为，且管理层不能提供充分的信息时，注册会计师首先应当采取的措施是(　)。

A. 先向管理层询问对经营活动可能产生重要影响的法律法规

B. 先向被审计单位的律师询问

C. 先向会计师事务所的律师询问

D. 出具保留或否定意见的审计报告

11. 如果因被审计单位阻挠无法获取充分、适当的审计证据，以评价是否发生或可能发生对财务报表具有重大影响的违反法规行为，注册会计师应当出具的审计报告类型是(　)。

A. 保留或否定意见

B. 标准无保留意见

C. 带强调事项段的无保留意见

D. 保留或无法表示意见

二、多项选择题

1. 下列情形中，可能表明管理层存在舞弊借口的有(　)。

A. 对注册会计师施加限制，使其难以接触某些人员

B. 管理层没有及时纠正已发现的内部控制重大缺陷

C. 管理层过于关注保持或提高公司股票价格或利润趋势

D. 高级管理人员、法律顾问或治理层频繁更换

2. 下列属于与“编制虚假财务报告导致的错报”相关的舞弊行为的有(　)。

A. 对财务报表所依据的会计记录或相关文件记录的操纵、伪造或篡改

B. 对交易、事项或其他重要信息在财务报表中的不真实表达或故意遗漏

C. 对与确认、计量、分类或列报有关的会计政策和会计估计的故意误用

D. 隐瞒资产缺失或未经适当授权使用资产而作的虚假或误导性的文件记录

3. 下列有关注册会计师发现和报告被审计单位舞弊责任的表述中，正确的有(　)。

A. 注册会计师有责任按照审计准则的规定实施审计工作，获取财务报表在整体上不存在重大错报的合理保证，无论该错报是由于舞弊还是错误引起

B. 注册会计师应当在整个审计过程中以职业怀疑态度计划和实施审计工作，充分考虑由于舞弊导致的财务报表重大错报风险

C. 未能发现被审计单位的舞弊行为，表明注册会计师未完全遵守审计准则，审计存在过失

D. 财务报表存在因舞弊导致的重大错报，而注册会计师通过审计未能发现，不能因此减轻被审计单位治理层和管理层对防止或发现舞弊所应承担的责任

4. 关于评估与收入确认有关的重大错报风险，下列说法中正确的有(　)。

A. 注册会计师应当将与收入确认相关的所有认定都假定为存在舞弊风险

B. 实施风险评估程序，对注册会计师识别与收入确认相关的舞弊风险至关重要

C. 评估与收入确认有关的重大错报风险，注册会计师可以使用分析程序

D. 如果未将收入确认作为由于舞弊导致的重大错报风险领域，注册会计师应当在审计工作底稿中记录得出该结论的理由

5. 在了解被审计单位及其环境时，下列各项中，注册会计师应当向管理层询问的有(　)。

A. 管理层对舞弊导致的财务报表重大错报风险的评估

B. 管理层对舞弊风险的识别和应对过程

C. 管理层就其对舞弊风险的识别和应对过程与治理层沟通的情况

D. 管理层就其经营理念及道德观念与员工沟通的情况

6. 下列有关舞弊的表述中，正确的有(　)。

A. 注册会计师应当在整个审计过程中对舞弊导致的重大错报风险保持警惕

B. 如果发现某项错报，注册会计师应当考虑该项错报是否存在舞弊

C. 注册会计师不应对外报告管理层和治理层的舞弊行为

D. 分析程序表明存在异常关系或偏离预期关系的情形，则表明存在导致重大错报的舞弊行为

7. 下列各项做法中，可以应对舞弊导致重大错报风险的有(　)。

A. 选取以前年度未寄发询证函的客户应付账款余额实施函证

B. 在同一天对所有存放在不同地点的存货实施盘点

C. 扩大营业收入细节测试的样本规模

D. 通过实地走访，核实供应商和客户真实存在

8. 在组织审计项目组讨论舞弊风险时，注册会计师认为应当讨论的内容有(　)。

A. 被审计单位发生舞弊导致的重大错报风险的领域及方式

B. 被审计单位存在的舞弊风险因素

C. 被审计单位管理层凌驾于内部控制之上的可能性

D. 审计项目组应对舞弊导致的重大错报风险的审计程序

9. 经过风险评估程序，识别出被审计单位存货数量方面存在舞弊导致的重大错报风险，下列有关注册会计师所采取的应对措施中，恰当的有(　)。

A. 要求被审计单位在报告期末或临近期末的时点实施存货盘点

B. 在不预先通知的情况下对特定存放地点的存货实施监盘

C. 检查被审计单位的存货记录，以识别需要特别关注的存货存放地点或存货项目

D. 按照存货的等级或类别、存放地点或其他分类标准，将本期存货数量与前期进行比较

10. 关于注册会计师对被审计单位违反法律法规行为的审计责任，下列说法中，不正确的有(　)。

A. 注册会计师有责任发现被审计单位所有的违反法律法规行为

B. 针对通常对决定财务报表中的重大金额和披露有直接影响的法律法规的规定，注册会计师应当获取被审计单位遵守这些规定的充分、适当的审计证据

C. 注册会计师没有责任专门实施审计程序以发现被审计单位的违反法律法规行为

D. 对被审计单位的违反法律法规行为，注册会计师应当在审计报告中予以反映

11. 下列关于违反法律法规的表述中，正确的有(　)。

A. 违反法律法规是指被审计单位、治理层、管理层或者为被审计单位工作或受其指导的其他人，有意或无意违背适用的财务报告编制基础的行为

B. 违反法律法规不包括与被审计单位经营活动无关的不当个人行为

C. 在考虑被审计单位一项行为是否违反法律法规时，注册会计师应当征询法律意见

D. 注册会计师应当充分考虑到法律法规对被审计单位产生的影响，在整个审计过程中保持职业怀疑

12. 注册会计师不会与被审计单位的治理层沟通的有(　)。

A. 怀疑被审计单位存在违反法律法规行为的事项

B. 被审计单位可能存在违反反垄断法，将面临适当机构调查

C. 治理层全部成员参与管理，注册会计师已就违反法律法规行为的事项与管理层进行了沟通

D. 识别出的或怀疑存在的违反法律法规行为明显不重要

三、简答题

1. A 注册会计师负责审计甲公司 2018 年度财务报表。在审计过程中，A 注册会计师遇到下列事项：

(1)甲公司拥有 3 家子公司，分别生产不同的饮料产品。甲公司所处行业整体竞争激烈，市场处于饱和状态，同行业公司的主营业务收入年增长率低于 5%，但甲公司董事会仍要求管理层将 2018 年度主营业务收入增长率确定为 8%。管理层编制的甲公司 2018 年度财务报表显示，已按计划实现收入。

(2)甲公司管理层除领取固定工资外，其奖金金额与当年完成主营业务收入的情况挂钩。

(3)在以前年度审计中，A注册会计师未将收入确认作为由于舞弊导致的重大错报风险领域。

(4)在对日常会计核算过程中作出的会计分录以及编制财务报表过程中作出的其他调整进行测试时，A注册会计师向参与财务报告编制过程的人员询问了与处理会计分录和其他调整相关的不恰当或异常的活动。

要求：

(1)针对事项(1)和(2)，分析甲公司是否存在舞弊风险因素，并简要说明理由。

(2)针对事项(3)，分析A注册会计师未将收入确认为由于舞弊导致的重大错报风险领域是否适当，并简要说明理由。

(3)针对事项(4)，简要说明A注册会计师除实施询问程序外，还应当实施哪些程序。

2. 2019年1月5日，ABC会计师事务所首次接受甲公司委托对其2018年财务报表进行审计。在对舞弊和法律法规的审计过程中，遇到下列事项：

(1)经了解，甲公司及其环境较2017年未发生重大变化，注册会计师拟信赖前任注册会计师对管理层诚信、治理层的评价。

(2)经风险评估认定甲公司管理层凌驾于控制之上的风险较低，因此不拟计划在2018年财务报表审计中针对管理层凌驾于控制之上的风险实施会计分录测试。

(3)在识别和评估由于舞弊导致的重大错报风险时，注册会计师基于收入确认存在舞弊风险的假定，来评价甲公司哪些类型的收入、收入交易或认定会导致舞弊风险。

(4)在审计的过程中，注册会计师识别出甲公司的涉密信息存在舞弊，注册会计师应当考虑与管理层或治理层进行沟通，但不涉及向被审计单位以外的机构报告。

(5)在审计的过程中，注册会计师发现甲公司违反了税收方面的法律法规，影响重大，且甲公司执意不接受注册会计师的意见，注册会计师考虑在审计报告中增加其他事项段对甲公司违反法律法规的情况进行说明。

要求：针对上述事项(1)至(5)，逐项指出注册会计师的做法是否恰当。如不恰当，简要说明理由。

同步训练答案及解析

一、单项选择题

1. A 【解析】注册会计师有责任按照审计准则的规定实施审计工作，获取财务报表在整体上不存在重大错报的合理保证。
2. B 【解析】选项A，不能表明管理层可能存在舞弊；选项C，属于是存在舞弊的机会；选项D，属于舞弊的态度或借口。
3. A 【解析】修改财务报表整体的重要性不能作为应对措施，选项A错误。
4. D 【解析】由于审计的固有限制，即使注册会计师按照审计准则的规定恰当计划和执行了审计工作，也不可避免地存在财务报表中的某些重大错报未被发现的风险。因此如果在完成审计工作后发现舞弊导致的财务报表重大错报，特别是串通舞弊或伪造文件记录导致的重大错报，并不必然表明注册会计师没有遵守审计准则。
5. A 【解析】重大错报风险的高低与被审计单位的具体情况相关，并没有具体的定式，编制虚假财务报告导致的重大错报风险不一定大于侵占资产导致的重大错报风险。
6. A 【解析】如果针对特别风险实施实质性程序，注册会计师应当使用细节测试，或将细节测试和实质性分析程序结合使用，以获取充分、适当的审计证据。做此规定的考虑是，为应对特别风险需要获取具有高度相关性和可靠性的审计证据，仅实施实质性分析程序不足以获取有关特别风险的充分、适当的审计证据。

7. D 【解析】选项 D，无论对管理层凌驾于控制之上的风险的评估结果如何，注册会计师都应当设计和实施审计程序。
8. B 【解析】在所有财务报表审计业务中，注册会计师都需要专门针对管理层凌驾于控制之上的风险设计和实施会计分录测试。
9. B 【解析】注册会计师应当与治理层沟通审计过程中注意到的有关违反法律法规的事项，但不必沟通明显不重要的事项。
10. B 【解析】选项 A 属于对被审计单位法律法规总体了解的程序；当认为可能存在违反法规行为时，注册会计师应当先与管理层讨论，如果管理层不能提供令人满意的信息，注册会计师应当先向被审计单位律师咨询。如果注册会计师对被审计单位律师的咨询意见不满意，注册会计师还应当考虑向其所在会计师事务所的律师咨询。选项 C 属于应当考虑的措施，但不是首先应当采取的措施。
11. D 【解析】如果因被审计单位阻挠无法获取充分、适当的审计证据，以评价是否发生或可能发生对财务报表具有重大影响的违反法规行为，例如，被审计单位拒绝提供必要的资料或故意销毁重要证据，注册会计师应当将其视为审计范围受到重大限制，根据审计范围受到限制的程度，出具保留意见或无法表示意见的审计报告。

二、多项选择题

1. ABC 【解析】选项 D，属于是存在舞弊的机会，并不是借口。
2. ABC 【解析】选项 D 属于“侵占资产”类舞弊行为。
3. ABD 【解析】注册会计师即使严格遵守审计准则，也不一定能发现被审计单位的所有舞弊。
4. BCD 【解析】选项 A，假定收入确认存在舞弊风险，并不意味着注册会计师应当将与收入确认相关的所有认定都假定为存在舞弊风险。
5. ABCD
6. AB 【解析】注册会计师负有对客户信息保密的义务，要求其通常不对外报告管理层和治理层的舞弊行为，但如果客户的舞弊行为影响到公众利益，注册会计师就需要根据法律法规的要求，考虑是否向监管机构报告管理层和治理层的重大舞弊，所以选项 C 错误；分析程序表明异常关系或偏离预期关系则表明可能存在舞弊导致的重大错报风险，所以选项 D 错误。
7. ABCD 【解析】以上四个选项都可以应对舞弊导致重大错报风险。
8. ABCD 【解析】上述事项均属于项目组就由于舞弊导致财务报表发生重大错报的可能性进行讨论的内容。
9. ABCD
10. ACD 【解析】选项 A，注册会计师关注的是对被审计单位财务报表中的重大金额和披露有影响的违反法律法规行为，而不是所有的；选项 C，针对第一类法律法规，注册会计师的责任是就被审计单位遵守这些法律法规的规定获取充分、适当的审计证据；针对第二类法律法规，注册会计师的责任仅限于实施特定的审计程序，以有助于识别可能对财务报表产生重大影响的违反这些法律法规的行为；选项 D，如果认为违反法律法规行为对财务报表具有重大影响，注册会计师应当要求被审计单位在财务报表中予以恰当反映，而不是直接在审计报告中予以反映。
11. BCD 【解析】违反法律法规是指被审计单位、治理层、管理层或者为被审计单位工作或受其指导的其他人，有意或无意违背除适用的财务报告编制基础以外的现行法律法规的行为，选项 A 不正确。

12. BCD 【解析】如果怀疑被审计单位存在违反法律法规行为，注册会计师应当就此与适当层级的管理层和治理层(如适用)进行讨论，除非法律法规禁止，但不必沟通明显不重要的事项。因治理层全部成员参与管理被审计单位，因而知悉注册会计师已沟通的、涉及识别出的或怀疑存在的违反法律法规行为的事项，可以不再沟通。

三、简答题

1.【答案】

(1)存在舞弊风险因素。

事项(1)，甲公司所处行业竞争激烈且市场处于饱和状态，行业收入增长率低于5%，而甲公司董事会确定的增长率为8%，甲公司主营业务收入年增长率超过行业平均增长率，产生了管理层编制虚假财务报告的动机或压力，存在管理层编制虚假财务报告的动机或压力的舞弊风险因素。

事项(2)，管理层的收入除固定工资外，还将奖金金额与当年完成主营业务收入的情况挂钩，产生了管理层编制虚假财务报告的动机或压力，存在管理层编制虚假财务报告的动机或压力的舞弊风险因素。

(2)不适当。

注册会计师应在整个审计过程中保持职业怀疑态度，不应受到以前对管理层正直和诚信形成判断的影响，且在识别和评估由于舞弊导致的重大错报风险时，注册会计师未将收入确认为由于舞弊导致的重大错报风险领域不正确，应假定收入确定存在舞弊风险。

(3)A 注册会计师除执行向参与财务报告编制过程的人员询问与处理会计分录和其他调整相关的不恰当或异常活动的程序外，还可以执行以下审计程序：

①选择在报告期末作出的会计分录和其他调整进行测试；

②考虑是否有必要测试整个会计期间的会计分录和其他调整。

2.【答案】

(1)不恰当。注册会计师不能仅根据甲公司及其环境没有发生重大变化而直接信赖前任注册会计师对管理层、治理层诚信的评价，注册会计师还应该考虑被审计单位相关的战略、目标等的影响以及本年度的具体情况来考虑管理层、治理层的诚信问题。

(2)不恰当。在所有财务报表审计业务中，注册会计师都需要专门针对管理层凌驾于控制之上的风险设计和实施会计分录测试。

(3)恰当。

(4)不恰当。如果识别出舞弊，注册会计师应当确定是否有责任向被审计单位以外的机构报告，尽管注册会计师对客户信息负有的保密义务可能妨碍这种报告，但如果法律法规要求注册会计师履行报告责任，注册会计师应当遵守法律法规的规定。

(5)不恰当。税收方面的法律法规属于对财务报表中的重大金额和披露有直接影响的法律法规，因此如果管理层不接受审计调整意见，注册会计师应根据影响的程度发表保留或否定意见的审计报告。

本章知识串联

- 对舞弊和法律法规的考虑
  - 财务报表审计中与舞弊相关的责任★★★
    - 舞弊的含义和种类
      - 编制虚假财务报告导致的错报
      - 侵占资产导致的错报
    - 治理层、管理层与注册会计师的责任
      - 治理层、管理层的责任——对防止或发现舞弊负有主要责任
      - 注册会计师的责任——从正反两方面进行界定
    - 风险评估程序和相关活动
      - 询问
      - 评价舞弊风险因素（舞弊三角）
        - 动机或压力
        - 机会
        - 借口
      - 实施分析程序
      - 考虑其他信息
      - 组织项目组讨论
    - 识别、评估与应对舞弊导致的重大错报风险
      - 舞弊导致的报表层次的重大错报风险
      - 舞弊导致的认定层次的重大错报风险（特别关注收入确认舞弊风险）
      - 管理层凌驾于控制之上的风险
    - 会计分录测试
      - 会计分录和其他调整的类型
        - 标准会计分录（受信息系统一般控制和其他系统性控制的影响）
        - 非标准会计分录（可能具有较高的重大错报风险）
        - 其他调整（可能不受被审计单位内部控制的影响）
      - 会计分录测试的步骤（四步）
        - 针对会计分录和其他调整的控制（了解被审计单位针对会计分录和其他调整已实施的控制，有助于其确定会计分录测试的性质、时间安排和范围）
        - 确定待测试会计分录和其他调整的总体并测试总体的完整性
    - 评价审计证据
    - 无法继续执行审计业务
    - 书面声明
    - 与管理层、治理层和监管机构的沟通
  - 财务报表审计中对法律法规的考虑★★
    - 管理层遵守法律法规的责任
      - 在治理层的监督下确保被审计单位的经营活动符合法律法规的规定
    - 注册会计师的责任
      - 有责任对财务报表整体不存在由于舞弊或错误导致的重大错报获取合理保证
      - 没有责任防止被审计单位违反法律法规行为，也不能期望其发现所有的违反法律法规行为
      - 对不同类型的违反法律法规行为的责任
    - 对被审计单位遵守法律法规的考虑
    - 识别出或怀疑存在违反法律法规行为时实施的审计程序
      - 注意到与识别出的或怀疑存在的违反法律法规行为相关的信息时的审计程序
      - 怀疑被审计单位存在违反法律法规行为时的审计程序
      - 评价识别出的或怀疑存在的违反法律法规行为的影响
    - 对识别出的或怀疑存在的违反法律法规行为的报告
      - 与治理层沟通
      - 考虑对审计报告的影响
      - 向被审计单位之外的适当机构报告违反法律法规行为

要得到，必须要有付出；

付出了，还要学会坚持。

坚定一个方向，走下去，终会达到目标！

徐祖涛

中华会计网校
www.chinaacc.com
正保远程教育旗下品牌网站
美国纽交所上市公司(代码:DL)

梦想成真®
系列辅导丛书

2020年注册会计师全国统一考试

审 计

应试指南 下册

■ 徐永涛 主编　■ 中华会计网校 编

感恩20年相伴 助你梦想成真

人民出版社

目　录 CONTENTS

下　册

第 14 章 审计沟通

考情解密

历年考情概况

本章属于比较重要的章节。从近几年的考试情况来看，与治理层沟通的考频指数高于前后任注册会计师的沟通，考题主要以客观题形式出现，也可能与其他知识点结合在主观题中考查。预计今年考核分值在 4 分左右。

近年考点直击

考点	主要考查题型	考频指数	考查角度
注册会计师与治理层的沟通	选择题	★★	注册会计师与治理层沟通的事项与过程
前后任注册会计师的沟通	选择题	★	(1)前后任注册会计师在接受委托前后沟通的要求、目的和内容；(2)后任注册会计师发现前任审计的财务报表存在重大错报时的处理

学习方法与应试技巧

在学习本章时应注意以下几点：

(1)注册会计师与治理层的沟通在学习时要注意沟通对象的确定、沟通事项与沟通过程的要求，例如，什么情况下需要整体沟通，什么情况下与管理层或治理层沟通，哪些不宜与管理层沟通，哪些情况是必须直接与治理层沟通的，什么情况下又不需要与治理层沟通，哪些情况必须采用书面沟通。您晕了吗？抓紧时间梳理吧！

(2)前后任注册会计师的沟通应重点掌握：在接受委托前后，后任注册会计师与前任注册会计师在沟通的目的、必要性、沟通形式、沟通内容及沟通要求等方面的不同；熟记后任注册会计师发现前任注册会计师审计的财务报表可能存在重大错报时的处理程序。

本章2020年考试主要变化

本章除与治理层沟通的事项中对“计划的审计范围和时间安排”需要沟通的事项中增加了 1 条、修订了 1 条外，其他内容无实质性变动。

考点详解及精选例题

考点一　沟通对象的确定

一、与治理层的沟通的总体要求★

（一）相关概念

管理层：总经理、副经理、财务总监、总会计师等。

治理层：董事会、监事会、股东大会（股东会）。

注册会计师、管理层、治理层之间的关系及相互沟通，见图14-1：

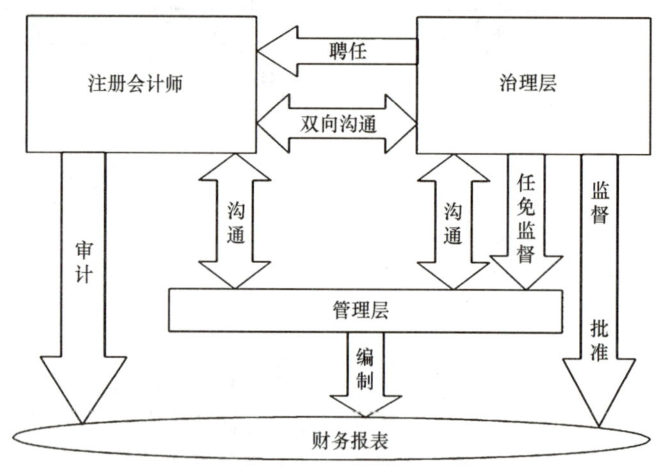

图14-1　管理层、治理层与注册会计师的关系图

（二）沟通要求——**双向沟通**

被审计单位的治理层在财务报告编制过程中的**监督**与注册会计师对财务报表的**审计职责**方面存在着**共同**的关注点，在履行职责方面存在着很强的互补性，在审计中，注册会计师需要与治理层保持有效的双向沟通。

（三）双向沟通的目的

（1）就审计范围和时间以及注册会计师、治理层、管理层各方在财务报表审计和沟通中的责任，取得相互**了解**；

（2）及时向治理层**告知**审计中发现的与治理层责任相关的事项；

（3）**共享**有助于注册会计师获取审计证据和治理层履行责任的其他信息。

二、沟通的对象★

（一）总体要求

1. 确定沟通对象的一般要求

注册会计师应当确定与被审计单位治理结构中的哪些适当人员沟通，适当人员可能因**沟通事项的不同而不同**：

（1）注册会计师**独立性**问题。沟通对象最好是被审计单位治理结构中**有权决定聘任、解聘注册会计师**的组织或人员。

（2）**管理层的胜任能力和诚信问题。不宜与兼任高级管理职务的治理层成员沟通。**

2. 需要**商定**沟通对象的特殊情形

注册会计师需要与治理层保持有效的双

向沟通，运用职业判断，确定适当的沟通对象。

(1)被审计单位会指定其治理结构中相对固定的人员或组织(如审计委员会)负责与注册会计师进行沟通。上市公司董事会一般设有若干专门委员会，其中审计委员会的职责中通常包括与注册会计师的沟通。

(2)如果由于被审计单位的治理结构没有被清楚地界定，导致注册会计师无法清楚地识别适当的沟通对象，被审计单位也没有指定适当的沟通对象，注册会计师就应当尽早与审计委托人商定沟通对象，并就商定的结果形成备忘录或其他形式的书面记录。

(3)在同时设有审计委员会和监事会的公司，一般并**不需要同时**与这两个组织进行沟通，此时就需要向委托人印证了解到的相关信息。

3. 需要与治理层整体沟通的情形

(1)治理层全部成员参与管理被审计单位，如果就审计准则要求沟通的事项已与负有管理责任的人员沟通，且这些人员同时负有治理责任，注册会计师无需就这些事项再次与负有治理责任的相同人员沟通。然而，注册会计师应当确信与负有管理责任人员的沟通能够向所有负有治理责任的人员充分传递应予沟通的内容。如果可能存在这种情况，注册会计师需要对如何运用沟通的要求进行调整。

(2)公司章程规定对注册会计师的聘任、解聘由股东大会(股东会)决定时，注册会计师可能也需要与股东大会(股东会)进行沟通。

(二)与治理层的下设组织或个人沟通

1. 沟通要求

(1)适当的沟通对象往往是治理层的下设组织和人员，如董事会下设的审计委员会，独立董事，监事会或者被审计单位特别指定的组织和人员等。

(2)注册会计师**没有必要**(实际上也不可能)就全部沟通事项与治理层整体(与董事会或股东会或股东大会)进行沟通。

2. 考虑事项

在决定与适当的治理层下设的组织或个人沟通时，需要考虑的主要事项：

(1)治理层的下设组织与治理层各自的责任(确定沟通对象的直接依据)；

(2)拟沟通事项的性质；

(3)相关法律法规的要求；

(4)下设组织是否有权就沟通的信息采取行动，是否能够提供注册会计师可能需要的进一步信息和解释，以及对与其沟通的相关信息的有效性和适当性的评价。

考点二　沟通的事项★★

扫我解疑难

注册会计师与治理层的沟通事项主要包括以下六个方面，见表14-1：

表14-1　与治理层沟通的事项

项目	内容	
法定沟通事项	(1)注册会计师与财务报表审计相关的责任； (2)计划的审计范围和时间安排	审计前
	(3)审计中发现的重大问题； (4)值得关注的内部控制缺陷； (5)注册会计师的独立性	审计中
补充事项	(6)与治理层监督财务报表之外的责任相关	

一、注册会计师与财务报表审计相关的责任★

1. 沟通的内容

(1)注册会计师负责对管理层在治理层监督下编制的财务报表形成和发表意见;

(2)财务报表审计并**不减轻管理层或治理层的责任**;

(3)当《中国注册会计师审计准则第1504号—在审计报告中沟通关键审计事项》适用时,注册会计师与财务报表审计相关的责任还包括注册会计师确定并在审计报告中**沟通关键审计事项**的责任。

2. 沟通的形式

与治理层沟通的与财务报表审计相关的责任的内容通常应包含在**审计业务约定书**或记录审计业务约定条款的其他适当形式的**书面协议**中。

二、计划的审计范围和时间安排★★

(一)沟通目的

就计划的审计范围和时间安排的总体情况(包括识别出的特别风险)进行沟通可以:

(1)帮助治理层更好地了解注册会计师工作的结果,与注册会计师讨论风险问题和重要性的概念,以及识别可能需要注册会计师追加审计程序的领域;

(2)帮助注册会计师更好地了解被审计单位及其环境。

(二)沟通的要求

注册会计师应当就计划的审计范围和时间的总体情况直接与治理层作**简要沟通**。

沟通具体审计程序的性质和时间安排,可能因这些程序易于被预见而**降低其有效性**。

(三)沟通的事项

1. 需要沟通的事项

(1)注册会计师拟如何应对由于舞弊或错误导致的**特别风险**以及**重大错报风险评估水平较高的领域**;

(2)注册会计师对与审计相关的内部控制采取的**方案**(不告知具体选择的哪种方案);

(3)在审计中对**重要性概念**的运用(**不告知具体的重要性水平**);

(4)实施计划的审计程序或评价审计结果需要的**专门技巧**或知识的性质及程度,包括**利用专家的工作**;

(5)当《中国注册会计师审计准则第1504号—在审计报告中沟通关键审计事项》适用时,注册会计师对于哪些事项可能需要重点关注因而可能**构成关键审计事项**所作的**初步判断**;

(6)针对适用的财务报告编制基础或者被审计单位所处的环境、财务状况或活动发生的重大变化对单一报表及披露产生的影响,注册会计师拟采取的应对措施。

2. 可能适合与治理层讨论的计划方面的其他事项

(1)注册会计师拟利用内部审计工作的程度。

(2)治理层对下列问题的看法:

①与被审计单位治理结构中的哪些适当人员沟通;②治理层和管理层之间的责任分配;③被审计单位的目标和战略,以及可能导致重大错报的相关经营风险;④治理层认为审计过程中需要特别关注的事项,以及治理层要求注册会计师追加审计程序的领域;⑤与监管机构的重要沟通;⑥治理层认为可能会影响财务报表审计的其他事项。

(3)治理层对内部控制和舞弊的态度、认识和措施。

(4)治理层应对会计准则、公司治理实务、交易所上市规则和相关事项变化及这些变化对财务报表的总体列报、结构和内容等方面的影响所采取的措施。

(5)治理层对以前与注册会计师沟通作出的反应。

三、审计中发现的重大问题★★

注册会计师需要与治理层沟通的审计中发现的重大问题,见表14-2:

表 14-2 审计中发现的重大问题

沟通的事项	具体内容
(1)注册会计师对被审计单位会计实务重大方面的**质量**的看法	选用的会计政策、作出的会计估计、财务报表的披露等
(2)审计工作中遇到的重大困难(涉及范围受到限制及证据的充分适当性)	①管理层在提供审计所需信息时出现严重拖延; ②不合理地要求缩短完成审计工作的时间; ③为获取充分、适当的审计证据需要付出的努力远远超过预期; ④无法获取预期的信息; ⑤管理层对注册会计师施加的限制; ⑥管理层不愿意按照要求对被审计单位持续经营能力进行评估,或不愿意延长评估期间
(3)**已与管理层讨论**或需要书面沟通的审计中出现的重大事项,以及注册会计师要求提供的书面声明,除非治理层全部成员参与管理被审计单位	①影响被审计单位的业务环境,以及可能影响重大错报风险的经营计划和战略; ②对管理层就会计或审计问题向其他专业人士进行咨询的关注; ③管理层在首次委托或连续委托注册会计师时,就会计实务、审计准则应用、审计或其他服务费用与注册会计师进行的讨论或书面沟通
(4)影响**审计报告**格式和内容的情形	①注册会计师预期在审计报告中发表非无保留意见; ②报告与持续经营相关的重大不确定性; ③沟通**关键审计事项**; ④注册会计师认为有必要(或其他审计准则要求)增加强调事项段或其他事项段
(5)审计中出现的、根据职业判断认为对**监督财务报告过程**重大的其他事项	包括已更正的其他信息存在的对事实的重大错报或重大不一致

四、值得关注的内部控制缺陷★★

1. 内部控制缺陷的定义

内部控制缺陷,是指在下列任一情况下内部控制存在的缺陷:

(1)缺少用以及时防止或发现并纠正财务报表错报的必要控制;

(2)某项控制的设计、执行或运行不能及时防止或发现并纠正财务报表错报。

如果识别出内部控制缺陷,注册会计师应当根据已执行的审计工作,确定该缺陷单独或连同其他缺陷是否构成值得关注的内部控制缺陷。

值得关注的内部控制缺陷,是指注册会计师根据职业判断,认为足够重要从而**值得治理层关注的**内部控制的一个缺陷或多个缺陷的组合。

2. 沟通形式

注册会计师应当以**书面形式及时**向治理层通报审计过程中识别出的值得关注的内部控制缺陷。

3. 书面沟通的内容

(1)对缺陷的描述以及对其潜在影响的解释;

(2)使治理层和管理层能够了解沟通背景的充分信息。

在向治理层和管理层提供信息时,注册会计师应当特别说明下列事项:

①注册会计师执行审计工作的目的是对财务报表发表审计意见;

②审计工作包括考虑与财务报表编制相关的内部控制,其目的是设计适合具体情况的审计程序,并非对内部控制的有效性发表意见(如果结合财务报表审计对内部控制的有效性发表意见,应当删除“并非对内部控制的有效性发表意见”的措辞);

③报告的事项仅限于注册会计师在审计

过程中识别出的、认为足够重要从而值得向治理层报告的缺陷。

4. 向管理层的通报

注册会计师还应当及时向相应层级的管理层通报下列内部控制缺陷：

(1)已向或拟向治理层通报的值得关注的内部控制缺陷，除非在具体情况下不适合直接向管理层通报；

(2)在审计过程中识别出的、其他方尚未向管理层通报而注册会计师根据职业判断认为足够重要从而值得管理层关注的内部控制其他缺陷。

五、注册会计师的独立性★★

1. 沟通的内容

注册会计师**应以书面形式**与治理层沟通与财务报表审计相关的职业道德要求，包括对独立性的要求：

(1)不利影响：存在的对独立性可能产生影响的所有关系和其他事项；

(2)改善措施：针对不利影响所采取的防范措施，包括法律法规和职业规范规定的防范措施、被审计单位采取的防范措施，以及会计师事务所内部自身的防范措施。

2. 对上市实体审计沟通的特别要求

如果被审计单位是上市实体，除了沟通以上事项外，注册会计师应当就审计项目组成员、会计师事务所其他相关人员以及会计师事务所和网络事务所按照相关职业道德要求保持了独立性**作出声明**。

【知识点拨】对上市实体即使不存在对独立性的不利因素，也需要提供**书面声明**。

六、补充事项

注册会计师可能注意到一些补充事项，虽然这些事项不一定与监督财务报告流程有关，但对治理层监督被审计单位的战略方向或与被审计单位受托责任相关的义务很可能是重要的。

这些事项可能包括与治理结构或过程有关的重大问题、缺乏适当授权的高级管理层作出的重大决策或行动。

【例题1·单选题】如果被审计单位是上市实体，下列事项中，注册会计师通常不应与治理层沟通的是(　)。

A. 管理层不愿意按照要求对被审计单位持续经营能力进行评估

B. 管理层未纠正上年度注册会计师已与治理层沟通的值得关注的内部控制缺陷

C. 已确定的财务报表整体的重要性

D. 注册会计师拟在审计报告中沟通的关键审计事项

解析▶注册会计师可以与治理层就在审计中对重要性概念的运用进行沟通，但是不包括已确定的财务报表整体的重要性，即具体金额不宜与治理层沟通。**答案**▶C

考点三　沟通的过程

一、确立沟通过程★

(一)与管理层的沟通

在与治理层沟通某些事项前，注册会计师可能就这些事项与管理层讨论。除非这种做法并不适当。例如，就管理层的胜任能力或诚信与其讨论可能是不适当的。

(二)与第三方的沟通★

1. 治理层提供给第三方

治理层可能希望向第三方(如银行或特定监管机构)提供注册会计师书面沟通文件的副本。

在某些情况下，向第三方披露书面沟通文件可能是违法或不适当的。

在向第三方提供为治理层编制的书面沟通文件时，应在书面沟通文件中告知第三方：

(1)这些书面沟通文件仅为治理层的使用而编制，在适当的情况下也可供集团管理层和集团注册会计师使用，但**不应被第三方依赖**；

(2)注册会计师对第三方**不承担责任**；

(3)书面沟通文件向第三方披露或分发的

任何限制。

2. 注册会计师提供给第三方

除非法律法规要求向第三方提供注册会计师与治理层的书面沟通文件的副本，否则注册会计师在向第三方提供前可能需要事先**征得治理层同意**。

二、沟通的形式★

沟通的形式涉及口头或书面沟通、详细或简略沟通、正式(如致函、报告)或非正式沟通(讨论)。沟通事项会影响沟通的形式:

(1)在审计报告中沟通关键审计事项时，注册会计师可能认为有必要就确定为关键审计事项的事项进行书面沟通;

(2)有关注册会计师的**独立性、值得关注的内部控制缺陷**等事项应当采用书面沟通。

对于重要事项、发现的重大问题，如果根据职业判断，认为采用口头沟通形式不适当，注册会计师应当以书面形式与治理层沟通，但书面沟通不必包括审计过程的所有事项。审计业务约定书也是书面沟通的一种形式。

【例题 2·单选题】(2014 年)下列有关注册会计师记录与治理层沟通的重大事项的说法中，错误的是( )。

A. 对以口头形式沟通的事项，注册会计师应当形成审计工作底稿

B. 注册会计师应当保存沟通文件的副本，作为审计工作底稿的一部分

C. 如果根据业务环境不容易识别出适当的沟通人员，注册会计师应当记录识别治理结构中适当沟通人员的过程

D. 如果被审计单位编制了会议纪要，注册会计师应当将其副本作为对口头沟通的记录

解析▶ 如果被审计单位编制的会议纪要是沟通的适当记录，注册会计师可以将其副本作为对口头沟通的记录，并作为审计工作底稿的一部分。如果发现这些记录不能恰当地反映沟通的内容，且有差别的事项比较重大，注册会计师一般会另行编制能恰当记录沟通内容的纪要，将其副本连同被审计单位编制的纪要一起致送治理层，提示两者的差别，以免引起不必要的误解。 **答案**▶ D

三、沟通的时间安排

注册会计师应当及时与治理层沟通。

(1)对于计划事项的沟通，通常在审计业务的**早期**进行，如系首次接受委托，沟通可以随同对业务约定条款的协商一并进行。

(2)对于审计中遇到的重大困难，如果治理层能够协助注册会计师克服这些困难，或者这些困难可能导致发表非无保留意见，可能需要**尽快**沟通。

如果识别出值得关注的内部控制缺陷，注册会计师可能在进行书面沟通前，**尽快**向治理层口头沟通。

(3)当《中国注册会计师审计准则第 1504 号—在审计报告中沟通关键审计事项》适用时，注册会计师可以在讨论审计工作的计划范围及时间安排时沟通对关键审计事项的初步看法，在沟通重大审计发现时可以与治理层进行更加频繁的沟通，以进一步讨论此类事项。

(4)**无论何时**(如承接一项非审计服务和在总结性讨论中)就对独立性的不利影响和相关防范措施作出了重要判断，就独立性进行沟通都可能是适当的。

(5)沟通审计中发现的问题，包括注册会计师对被审计单位会计实务质量的看法，也可能作为总结性讨论的一部分。

(6)当同时审计通用目的和特殊目的的财务报表时，注册会计师协调沟通的时间安排可能是适当的。(两种审计的沟通时间相协调)

【例题 3·多选题】 在与治理层沟通过程中，注册会计师的做法中正确的有( )。

A. 注册会计师在承接业务时就应当与治理层沟通

B. 在与治理层沟通某些事项前，注册会计师应就这些事项与管理层讨论

C. 在与治理层沟通某些事项前，注册会计师应与内部审计人员讨论相关事项

D. 对于审计中发现的与财务报表相关的事项，应当在最终完成审计工作前沟通

解析 选项B，管理层的胜任能力或诚信问题与管理层讨论是不适当的；选项C，如果被审计单位设有内部审计，注册会计师可以在与治理层沟通前与内部审计人员讨论相关事项。

答案 AD

考点四 前任注册会计师和后任注册会计师的沟通

一、前后任注册会计师沟通的总体要求★★

1. 前后任注册会计师的含义

前后任注册会计师的含义以及前后任注册会计师如何界定，见表14-3：

表14-3 前后任注册会计师的含义

注册会计师	含义	情形
前任注册会计师	是指已对被审计单位上期财务报表进行审计，但被现任注册会计师接替的其他会计师事务所的注册会计师	①已对最近一期财务报表发表了审计意见的某会计师事务所的注册会计师； ②接受委托但未完成审计工作的某会计师事务所的注册会计师
后任注册会计师	是指正在考虑接受委托或已经接受委托，接替前任注册会计师对被审计单位本期财务报表进行审计的注册会计师	①在签订业务约定书之前，正在考虑接受委托的注册会计师； ②已接受委托并签订业务约定书，接替前任注册会计师执行财务报表审计业务的注册会计师

【例题4·多选题】甲公司2018年度的财务报表审计由A注册会计师完成并出具了审计报告；2019年的中期财务报表由B注册会计师进行审阅并出具了审阅报告；2019年度的财务报表委托C注册会计师审计，由于与甲公司管理层出现重大的意见分歧。C注册会计师辞去了甲公司2019年的年报审计工作，甲公司又委托D注册会计师审计。D注册会计师经过初步业务活动，认为审计风险较大，拒绝接受委托，现甲公司拟委托E注册会计进行审计，那么，对于E注册会计师来说，他的前任注册会计师可能是(　)。

A. A注册会计师　B. B注册会计师

C. C注册会计师　D. D注册会计师

解析 前后任注册会计师仅限于审计业务。B注册会计师从事的是审阅业务，不属于前后任注册会计师的范畴；D注册会计师未接受委托，不属于前任注册会计师。

答案 AC

2. 沟通原则

(1)沟通发起：**后任**注册会计师；

(2)沟通前提：**征得被审计单位的同意**；

(3)沟通方式：可以采用**口头和书面**等方式；

(4)沟通记录：后任注册会计师应当将沟通情况记录于工作底稿；

(5)保密要求：**前后任注册会计师**应当对沟通中获得的信息保密。

二、接受委托前的沟通★★

接受委托前沟通的要点，见表14-4：

表14-4 接受委托前的沟通

项目	内容
必要性	必要程序。在接受委托前，后任注册会计师"必须"与前任注册会计师进行沟通
目的	评估风险，确定是否接受委托
沟通前提	征得被审计单位的同意

续表

项目	内容
沟通形式	主要采用询问的方式
沟通内容	①是否发现被审计单位管理层存在诚信方面的问题； ②前任注册会计师与管理层在重大会计、审计等问题上存在的意见分歧； ③前任注册会计师向被审计单位治理层通报的管理层舞弊、违反法律法规行为以及值得关注的内部控制缺陷； ④前任注册会计师认为导致被审计单位变更会计师事务所的原因
未得到答复或答复有限的处理	①如果得到的答复是有限的，后任注册会计师需要判断是否存在由被审计单位或潜在法律诉讼引起的答复限制，并考虑对接受业务委托的影响； ②如果未得到答复，且没有理由认为变更会计师事务所的原因异常，后任注册会计师需要设法以其他方式与前任注册会计师再次进行沟通。如果仍得不到答复，后任可以致函前任，说明如果在适当的时间内得不到答复，将假设不存在专业方面的原因使其拒绝接受委托，并表明拟接受委托

三、接受委托后的沟通★★

接受委托后沟通的要点，见表14-5：

表14-5　接受委托后的沟通

项目	内容
必要性	非必要程序。后任注册会计师根据审计工作需要自行决定
目的	了解前任注册会计师的工作
沟通前提	征得被审计单位的同意
沟通形式	主要包括查阅前任注册会计师的工作底稿及询问有关事项等
沟通内容	查阅的内容包括有关审计计划、控制测试、审计结论的工作底稿，以及其他具有延续性的对本期审计产生重大影响的会计、审计事项的工作底稿
沟通要求	前任注册会计师应当自主决定可供后任注册会计师查阅、复印或摘录的工作底稿内容； 前任注册会计师可考虑从被审计单位(前审计客户)处获取一份确认函，以便降低在与后任注册会计师进行沟通时发生误解的可能性； 在允许查阅工作底稿之前，前任注册会计师应当向后任注册会计师获取确认函，就工作底稿的使用目的、范围和责任等与其达成一致意见或作出限制； 后任注册会计师应当对自身实施的审计程序和得出的审计结论负责。后任注册会计师不应在审计报告中表明依赖了前任注册会计师的审计报告或工作

【例题5·单选题】(2014年)下列关于前后任注册会计师沟通的说法中，错误的是(　)。

A. 在确定向后任注册会计师提供哪些审计工作底稿时，前任注册会计师应当征求被审计单位的同意

B. 在查阅前任注册会计师审计工作底稿前，后任注册会计师应当征求被审计单位的同意

C. 在允许后任注册会计师查阅审计工作底稿前，前任注册会计师应当取得确认函

D. 为获取更多接触前任注册会计师审计工作底稿的机会，后任注册会计师可以在工作底稿使用方面作出较高程度的限制性保证

解析▶ 审计工作底稿的所有权属于会计师事务所，因此前任注册会计师是否允许后任注册会计师获取审计工作底稿，或向后任注册会计师提供哪些审计工作底稿，前任注册会计师可以自主确定。　**答案**▶A

四、发现前任审计的财务报表存在重大错报★★

1. 安排三方会谈

如果发现前任注册会计师审计的财务报表可能存在重大错报，后任注册会计师应当“**提请被审计单位告知前任注册会计师**”。必要时，后任注册会计师应当要求被审计单位“**安排三方会谈**”。

2. 无法参加三方会谈的处理

如果被审计单位拒绝告知前任注册会计师，或前任注册会计师拒绝参加三方会谈，或后任注册会计师对解决问题的方案不满意，后任注册会计师应当考虑对审计意见的影响或解除业务约定。具体讲，后任注册会计师应当考虑：

(1)这种情况对当前审计业务的潜在影响，并根据具体情况出具恰当的审计报告；

(2)是否退出当前审计业务。

此外，注册会计师考虑向其法律顾问咨询，以便决定如何采取进一步措施。

真题精练

一、单项选择题

1. (2017年)下列各项中，注册会计师应当以书面形式与治理层沟通的是(　)。
   A. 注册会计师识别出的舞弊风险
   B. 注册会计师确定的关键审计事项
   C. 注册会计师识别出的值得关注的内部控制缺陷
   D. 未更正错报
2. (2017年)下列有关前任注册会计师与后任注册会计师的沟通的说法中，正确的是(　)。
   A. 后任注册会计师应当在接受委托前和接受委托后与前任注册会计师进行沟通
   B. 后任注册会计师与前任注册会计师的沟通应当采用书面方式
   C. 后任注册会计师应当在取得被审计单位的书面同意后，与前任注册会计师进行沟通
   D. 前任注册会计师和后任注册会计师应当将沟通的情况记录于审计工作底稿
3. (2016年)下列各项中，注册会计师应当以书面形式与治理层沟通的是(　)。
   A. 审计过程中遇到的重大困难
   B. 计划的审计范围和时间安排
   C. 上市公司审计中注册会计师的独立性
   D. 审计中发现的所有内部控制缺陷
4. (2015年)下列有关前后任注册会计师沟通的说法中，错误的是(　)。
   A. 接受委托前的沟通是必要的审计程序，接受委托后的沟通不是必要的审计程序
   B. 如果被审计单位不同意前任注册会计师对后任注册会计师的询问做出答复，后任注册会计师应当拒绝接受委托
   C. 接受委托后，如果需要查阅前任注册会计师的审计工作底稿，后任注册会计师应当征得被审计单位同意
   D. 当会计师事务所通过投标方式承接审计业务时，前任注册会计师无须对所有参与投标的会计师事务所进行答复
5. (2014年)下列有关前后任注册会计师沟通的总体要求的说法中，错误的是(　)。
   A. 后任注册会计师负有主动沟通的义务
   B. 前后任注册会计师的沟通需要征得被审计单位同意
   C. 前后任注册会计师应当对沟通过程中获知的信息保密
   D. 前后任注册会计师的沟通可以采用书面或口头形式，其中接受委托前的沟通应当采用书面形式
6. (2014年)下列有关后任注册会计师的说法中错误的是(　)。
   A. 当会计师事务所发生变更时，正在考虑接受委托的会计师事务所是后任注册会计师

B. 当会计师事务所变更业务约定时，已经接受委托的会计师事务所是后任注册会计师

C. 对已经审计的财务报表进行重新审计，正在考虑接受委托或已经接受委托的注册会计师也视为后任注册会计师

D. 会计师事务所公开招聘注册会计师时参加竞标的是后任注册会计师

7. (2014 年) ABC 会计师事务所的 A 注册会计师负责审计上市公司甲公司 2013 年度财务报表。下列各项中，A 注册会计师可以以口头形式与甲公司治理层沟通的是(　)。

A. 涉及甲公司管理层的舞弊嫌疑

B. 值得关注的内部控制缺陷

C. ABC 会计师事务所和甲公司审计项目组成员按照相关职业道德要求与甲公司保持了独立性

D. ABC 会计师事务所在 2013 年度为甲公司提供审计和非审计服务收费总额

二、多项选择题

1. (2016 年) 下列关于前后任注册会计师沟通的说法中，错误的有(　)。

A. 后任注册会计师在接受委托前与前任注册会计师沟通，应当征得被审计单位同意

B. 在接受委托前，后任注册会计师应当采用书面形式与前任注册会计师进行沟通

C. 如果需要查阅前任注册会计师的审计工作底稿，后任注册会计师不必征得被审计单位同意

D. 在接受委托前和接受委托后，后任注册会计师均应与前任注册会计师沟通

2. (2015 年) 针对识别出的可能导致对被审计单位持续经营能力产生重大疑虑的事项或情况，假定治理层不参与管理被审计单位，下列各项中，注册会计师应当与治理层沟通的有(　)。

A. 这些事项或情况是否构成重大不确定性

B. 注册会计师对这些事项或情况实施的追加审计程序

C. 在财务报表编制和列报中运用持续经营假设是否适当

D. 财务报表中的相关披露是否充分

3. (2015 年) 如果注册会计师与治理层之间的双向沟通不充分，并且这种情况得不到解决，下列措施中，注册会计师可以采取的有(　)。

A. 根据范围受到的限制发表非无保留意见

B. 与监管机构、被审计单位外部的在治理结构中拥有更高权力的组织或人员进行沟通

C. 就采取不同措施的后果征询法律意见

D. 在法律法规允许的情况下解除业务约定

真题精练答案及解析

一、单项选择题

1. C 【解析】注册会计师应当以书面形式向治理层通报值得关注的内部控制缺陷。

2. C 【解析】选项 A，接受委托后与前任注册会计师的沟通不是必要程序，由后任注册会计师根据审计工作的需要自行决定；选项 B，后任注册会计师与前任注册会计师的沟通可以采用书面或口头的方式；选项 D，后任注册会计师应当将沟通的情况记录于审计工作底稿。

3. C 【解析】选项 A，审计过程中遇到的重大困难可以与治理层沟通，但不一定以书面形式沟通；选项 B，计划的审计范围和时间安排可以采用书面或口头形式沟通；选项 C，上市公司审计中注册会计师的独立性必须采用书面形式沟通；选项 D，在

审计中发现的值得治理层关注的内部控制缺陷应当采用书面形式与治理层沟通，而不是“所有”的内部控制缺陷都以书面形式沟通。

4. B 【解析】选项B，应该考虑是否接受委托，而不是一定拒绝接受委托。

5. D 【解析】接受委托前的沟通可以采用书面形式，也可以采用口头形式。

6. D 【解析】后任注册会计师是指正在考虑接受委托或已经接受委托，接替前任注册会计师对被审计单位财务报表进行审计的注册会计师，参加竞标加入会计师事务所的注册会计师并不属于后任注册会计师。

7. A 【解析】值得关注的内部控制缺陷和注册会计师的独立性均应当采用书面形式与治理层进行沟通，选项B为值得关注的内部控制缺陷，选项CD为对注册会计师独立性产生不利影响的事项。

二、多项选择题

1. BCD 【解析】接受委托前的沟通可以是书面形式也可以是口头形式，选项B错误；查阅前任注册会计师的审计工作底稿必须要经过被审计单位同意，至于查阅的内容可以由前任注册会计师自行决定，选项C错误；在接受委托后，后任注册会计师与前任的沟通不是必须的程序，选项D错误。

2. ACD 【解析】注册会计师应当与治理层就识别出的可能导致对被审计单位持续经营能力产生重大疑虑的事项或情况进行沟通，除非治理层全部成员参与管理被审计单位。与治理层的沟通应当包括下列方面：(1)这些事项或情况是否构成重大不确定性；(2)在财务报表编制和列报中运用持续经营假设是否适当；(3)财务报表中的相关披露是否充分。参考审计准则第1324号第二十二条。

3. ABCD 【解析】如果注册会计师与管理层之间的双向沟通不充分，并且这种情况得不到解决，注册会计师可以采取下列措施：(1)根据范围受到的限制发表非无保留意见；(2)就采取不同措施的后果征询法律意见；(3)与第三方(如监管机构)、被审计单位外部的在治理结构中拥有更高权力的组织或人员(如企业的业主、股东大会中的股东)或对公共部门负责的政府部门进行沟通；(4)在法律法规允许的情况下解除业务约定。

同步训练 限时40分钟

一、单项选择题

1. 下列注册会计师与治理层沟通的事项中不恰当的是(　)。

A. 注册会计师负责对在治理层监督下管理层编制的财务报表形成和发表意见

B. 注册会计师拟利用内部审计工作的程度

C. 管理层在提供审计所需信息时出现严重拖延

D. 注册会计师审计中发现的所有内部控制缺陷或缺陷的组合

2. 注册会计师就下列事项与治理层沟通时，应当采用书面形式的是(　)。

A. 无法获取预期信息

B. 为消除对独立性的不利影响采取的措施

C. 管理层采用重要的会计政策

D. 与治理层监督战略方向相关责任的事项

3. 关于注册会计师与被审计单位治理层的沟通，下列说法中，正确的是(　)。

A. 对于与治理层沟通的事项，应当事先与管理层讨论

B. 对于涉及舞弊等敏感信息的沟通，应当避免书面记录

C. 与治理层沟通的书面记录是一项审计证据，所有权属于会计师事务所

D. 如果注册会计师应治理层的要求向第

三方提供为治理层编制的书面沟通文件的副本，注册会计师有责任向第三方解释其在使用中产生的疑问

4. 在下列事项中，注册会计师通常不应与治理层沟通的是(　)。

A. 管理层不愿意按照要求对被审计单位持续经营能力进行评估

B. 注册会计师对应收账款进行函证的样本数量有限而管理层不愿意承担注册会计师未实施足够审计程序的责任

C. 在审计报告中拟增加强调事项段

D. 重要性的概念

5. 下列关于沟通过程的说法中，不恰当的是(　)。

A. 在与治理层沟通前，注册会计师就管理层的胜任能力与管理层讨论可能是不适当的

B. 对于审计中发现的重大问题，注册会计师应当以书面形式与治理层沟通

C. 如果管理层对注册会计师施加限制，注册会计师应当尽快与治理层进行沟通

D. 注册会计师应当就为消除对独立性不利影响而采取的防范措施与治理层进行书面沟通

6. 如果被审计单位未纠正注册会计师在上一年度审计时识别出的值得关注的内部控制缺陷，注册会计师在执行本年度审计时，下列做法中，正确的是(　)。

A. 在制定审计计划时予以考虑，不再与管理层沟通

B. 以书面形式再次向治理层通报

C. 在审计报告中增加强调事项段予以说明

D. 在审计报告中增加其他事项段予以说明

7. 如果注册会计师与治理层之间的双向沟通不充分，并且这种情况得不到解决，下列有关注册会计师采取的措施中，错误的是(　)。

A. 根据范围受到限制的情况，发表非无保留意见或增加其他事项段

B. 就采取不同措施的后果征询法律意见

C. 与被审计单位外部的在治理结构中拥有更高权力的组织或人员进行沟通

D. 在法律法规允许的情况下解除业务约定

8. 下列关于沟通对象的说法中，不恰当的是(　)。

A. 有关注册会计师独立性问题的沟通，其沟通对象最好是被审计单位治理结构中有权决定聘任、解聘注册会计师的组织或人员

B. 如果注册会计师无法清楚地识别适当的沟通对象，被审计单位也没有指定适当的沟通对象，注册会计师应当尽早与审计委托人商定沟通对象

C. 针对同一家被审计单位，前后任注册会计师确定的适当的沟通对象是相同的

D. 通常，注册会计师没有必要(也不可能)就全部沟通事项与治理层整体进行沟通

9. 在接受委托之前，下列有关后任注册会计师与前任注册会计师沟通的说法中不恰当的是(　)。

A. 沟通的目的是确定是否接受委托

B. 一般只有与前任注册会计师直接沟通，才有可能了解更换会计师事务所的真实原因

C. 如果前任注册会计师提供的信息与被审计单位提供的更换会计师事务所的原因不符，后任注册会计师应当慎重考虑是否接受委托

D. 获取有关期初余额的充分、适当的审计证据

10. 下列有关前后任注册会计师的说法中，正确的是(　)。

A. 前任注册会计师包括对前期财务报表执行审阅的注册会计师

B. 在未发生会计师事务所变更的情况下，同处于某一会计师事务所的先后负责同一审计项目的不同注册会计师不属于前

后任注册会计师的范畴

C. 在发生会计师事务所变更的情况下，先后就职于不同会计师事务所的同一注册会计师不属于前后任注册会计师的范畴

D. 如果委托人在相邻两个会计年度中连续变更多家会计师事务所，前任注册会计师不包括在后任注册会计师之前接受业务委托对当期财务报表进行审计但未完成审计工作的会计师事务所

二、多项选择题

1. 下列情况中，注册会计师应当与被审计单位治理层沟通的有（　）。

A. 管理层未能实施控制以恰当应对特别风险

B. 实施实质性程序发现被审计单位没有识别出的重大错报

C. 怀疑被审计单位存在故意和重大的违反法律法规行为

D. 发现的与关联方相关的重大事项

2. 下列有关注册会计师与治理层沟通的说法中正确的有（　）。

A. 如果以口头形式沟通涉及治理层责任的事项，注册会计师应当确信沟通的事项已记录于讨论纪要或审计工作底稿

B. 如果认为注册会计师与治理层的双向沟通不充分，注册会计师应当评价其对重大错报风险评估以及获取充分、适当的审计证据的能力的影响，并采取适当的措施

C. 对于自身与审计相关的责任，注册会计师应当直接与治理层沟通

D. 与治理层的沟通有助于注册会计师了解相关信息，更好地计划审计范围和时间，所以注册会计师可以与治理层沟通承担制定总体审计策略和具体审计计划的责任

3. 下列关于注册会计师与治理层沟通的说法，正确的有（　）。

A. 注册会计师应当与治理层书面沟通在审计过程中识别出的所有内部控制缺陷

B. 良好的治理原则建议审计委员会每年至少一次在管理层不在场的情况下会见注册会计师

C. 通常注册会计师适当的沟通对象是治理层的下设组织和人员

D. 注册会计师应当与治理层沟通注册会计师与财务报表审计相关的责任，明确财务报表审计并不减轻管理层或治理层的责任

4. 在确定与治理层沟通的时间时，A注册会计师的下列做法中正确的有（　）。

A. 对于计划事项的沟通，可以随同对业务约定条款的协商一并进行

B. 对于审计中遇到的重大困难，应当尽快予以沟通

C. 对于注意到的内部控制设计或执行中的重大缺陷，应当在审计结束后以管理建议书的形式予以沟通

D. 无论何时就对独立性的不利影响和相关防范措施作出了重要判断，就独立性进行沟通都可能是适当的

5. 注册会计师应当与治理层沟通审计中发现的重大问题，具体包括（　）。

A. 注册会计师对被审计单位会计实务（包括会计政策、会计估计和财务报表披露）重大方面的质量的看法

B. 被审计单位管理层在提供审计所需信息时出现严重拖延

C. 已与管理层讨论或需要书面沟通的审计中出现的重大事项，以及注册会计师要求提供的书面声明，除非治理层全部成员参与管理被审计单位

D. 影响审计报告形式和内容的情形（如有）

6. 甲公司2016年度财务报表由ABC会计师事务所负责审计，且出具了无保留意见的审计报告，2017年度财务报表甲公司改聘EFG会计师事务所进行审计，并委派A注册会计师担任项目合伙人，在审计过程

中，A 注册会计师的下列做法恰当的有（ ）。

A. 在甲公司口头授权的前提下，与 ABC 事务所进行沟通，要求查阅其工作底稿

B. 为使得前任注册会计师可能会更愿意向其提供更多的接触工作底稿的机会，A 注册会计师在工作底稿的使用方面作出更高程度的限制性保证

C. A 注册会计师必须要与 ABC 会计师事务所相关注册会计师就有关期初余额进行沟通

D. 要考虑 ABC 事务所的独立性和专业胜任能力

7. 下列关于接受委托后沟通的说法中，正确的有（ ）。

A. 注册会计师可以视审计的需要决定是否与前任注册会计师进行沟通

B. 沟通最有效、最常用的方式是查阅前任注册会计师的工作底稿

C. 在沟通前需要征得被审计单位的书面同意

D. 如果因为期初余额的情况导致本期发表了非无保留意见，可以在审计报告中说明其意见部分依赖前任注册会计师的工作结果

三、简答题

ABC 会计师事务所首次接受委托审计甲公司等多家被审计单位 2019 年度财务报表，委派 A 注册会计师担任项目合伙人。与首次承接审计业务相关的部分事项如下：

（1）因 A 注册会计师原为 DEF 会计师事务所的合伙人，负责审计了甲公司 2018 年度财务报表，A 注册会计师认为前后任注册会计师为同一人，无需在接受委托前进行沟通。

（2）A 注册会计师在与乙公司签署审计业务约定书并征得管理层同意后与前任注册会计师进行了口头沟通。

（3）A 注册会计师在接受丙公司委托前与其前任注册会计师进行了电话沟通，询问其是否发现甲公司管理层存在正直诚信方面的问题以及与甲公司管理层在重大会计审计问题上是否存在意见分歧，并在沟通之后告知甲公司管理层。

（4）在接受丁公司委托前，A 注册会计师向前任注册会计师寄送了沟通函但未得到答复。A 注册会计师再次致函前任注册会计师，说明如果在 10 个工作日内得不到答复，将假设不存在专业方面的原因使其拒绝接受委托，并表明拟接受委托。

（5）A 注册会计师在审计戊公司时，发现了前任注册会计师审计的 2018 年度财务报表存在重大错报。A 注册会计师告知了前任注册会计师，并提请戊公司管理层对 2019 年度财务报表中的对应数据进行调整。

要求：针对上述第（1）至（5）项，逐项指出 A 注册会计师的做法是否恰当。如不恰当，简要说明理由。

同步训练答案及解析

一、单项选择题

1. D 【解析】选项 A，属于注册会计师与财务报表审计相关的责任；选项 B，属于计划的审计范围和时间安排；选项 C，属于审计中的重大发现。选项 D，注册会计师与治理层沟通的内部控制缺陷应为根据注册会计师的职业判断认为足够重要从而值得治理层关注的，并非所有内部控制缺陷。

2. B 【解析】对于审计中发现的重大问题，如果根据职业判断认为采用口头形式沟通不适当，注册会计师应当以书面形式与治理层沟通。当然，书面沟通不必包括审计过程中的所有事项。对于审计准则要求的

注册会计师的独立性，注册会计师应当以书面形式与治理层沟通。

3. C 【解析】选项A，在与治理层沟通某些事项前，注册会计师可能就这些事项与管理层讨论，除非这种做法不适当。选项B，对于涉及舞弊等敏感信息的沟通，因为性质比较重要，通常采用书面形式进行沟通并予以记录。选项D，治理层可能希望向第三方(如银行或特定监管机构)提供注册会计师书面沟通文件的副本。在某些情况下，向第三方披露书面沟通文件可能是违法或不适当的。在向第三方提供为治理层编制的书面沟通文件时，在书面沟通文件中作出声明，告知第三方这些书面沟通文件不是为他们编制，可能是非常重要的，但注册会计师没有责任向第三方解释其在使用中产生的疑问。
4. B 【解析】选项B，收集充分适当的审计证据是注册会计师自身的责任。
5. B 【解析】对于审计中发现的重大问题，注册会计师可以以书面或口头形式与治理层沟通。
6. B 【解析】如果发现管理层未能恰当应对识别出的值得关注的内部控制缺陷，应当以书面形式与治理层进行沟通。参考《中国注册会计师执业准则第1152号—向治理层和管理层通报内部控制缺陷》应用指南。
7. A 【解析】如果注册会计师与管理层之间的双向沟通不充分、并且这种情况得不到解决，注册会计师可以采取下列措施：(1)根据范围受到的限制发表非无保留意见；(2)就采取不同措施的后果征询法律意见；(3)与第三方(如监管机构)、被审计单位外部的在治理结构中拥有更高权力的组织或人员(如企业的业主、股东大会中的股东)或对公共部门负责的政府部门进行沟通；(4)在法律法规允许的情况下解除业务约定。
8. C 【解析】即使是同一家被审计单位，由于组织形式的变化、章程的修改或其他方面的变动，也可能使适当的沟通对象发生变动。
9. D 【解析】选项D是接受委托后考虑的问题。
10. B 【解析】选项A，前后任注册会计师的概念仅限于审计，不包括审阅业务；选项C，在变更会计师事务所情况下，不同会计师事务所的同一注册会计师也属于前后任注册会计师的范畴；选项D，如果委托人在相邻两个会计年度中连续变更多家会计师事务所，前任注册会计师包括在后任注册会计师之前接受业务委托对当期财务报表进行审计但未完成审计工作的会计师事务所。

二、多项选择题

1. ABCD 【解析】选项A，如果管理层未能实施控制以恰当应对特别风险，注册会计师应当认为内部控制存在值得关注的内部控制缺陷，并考虑其对风险评估的影响。注册会计师应当就此类事项与治理层沟通。选项B，如果实施实质性程序发现被审计单位没有识别出的重大错报，通常表明内部控制存在重大缺陷，注册会计师应当就这些缺陷与管理层和治理层进行沟通。选项C，如果根据判断认为需要沟通的违反法律法规行为是故意和重大的，注册会计师应当就此尽快向治理层通报。如果怀疑违反法律法规行为涉及管理层或治理层，注册会计师应当向被审计单位审计委员会或监事会等更高层级的机构通报。选项D，除非治理层全部成员参与管理被审计单位，注册会计师应当与治理层沟通审计工作中发现的与关联方相关的重大事项，有助于双方就这些事项的性质和解决方法达成共识。
2. ABC 【解析】尽管与治理层的沟通有助于注册会计师了解相关信息，更好地计划审计范围和时间，但是并不改变注册会计师独自承担制定总体审计策略和具体审计计划的责任。

3. BCD 【解析】注册会计师应当与治理层书面沟通在审计过程中识别出的、认为足够重要从而值得关注的内部控制缺陷。

4. ABD 【解析】对于注册会计师注意到的内部控制设计和运行中的重大缺陷，应尽快与管理层或治理层沟通。

5. ABCD 【解析】选项 B 属于审计工作中遇到的重大困难，也属于与治理层沟通审计中发现的重大问题。

6. BD 【解析】选项 A，无论是委托前还是委托后，与前任注册会计师的沟通均需要获取被审计单位的书面授权；选项 C，接受委托后的沟通不是必要程序。

7. ABC 【解析】后任注册会计师应当对自身实施的审计程序和得出的审计结论负责，后任注册会计师不应在审计报告中表明，其审计意见全部或部分地依赖前任注册会计师的审计报告或工作。

三、简答题

【答案】

(1)不恰当。前后任注册会计师是就事务所发生变更而言的。

(2)不恰当。应在接受委托(签署约定书)前与前任注册会计师沟通。

(3)不恰当。与前任注册会计师的沟通需要事先征得被审计单位的同意。还应当与前任注册会计师沟通：向被审计单位治理层通报的管理层舞弊、违反法律法规行为和值得关注的内部控制缺陷，以及前任注册会计师认为导致被审计单位变更会计师事务所的原因。

(4)恰当。

(5)不恰当。如果发现前任注册会计师审计的财务报表可能存在重大错报时，后任注册会计师应当提请被审计单位告知前任注册会计师。

本章知识串联

- 审计沟通
  - 注册会计师与治理层的沟通★★
    - 沟通的对象
      - 确定适当的沟通人员
      - 需要商定沟通对象的情形
      - 整体沟通的情形
    - 沟通的事项
      - 注册会计师与财务报表审计相关的责任
      - 计划的审计范围和时间安排的总体情况（包括识别出的特别风险）
      - 审计中发现的重大问题
      - 值得关注的内部控制缺陷
      - 注册会计师的独立性
      - 补充事项
    - 沟通的过程
      - 沟通的形式
        - 书面形式：注册会计师的独立性、值得关注的内部控制缺陷（还可能包括向治理层提供审计业务约定书）
        - 其他事项注册会计师可以根据实际情况灵活选择适当的沟通形式
      - 沟通的时间安排
      - 沟通过程的充分性
        - 有助于评价沟通过程充分性的审计证据
        - 沟通不充分的应对措施
          - 根据范围受到的限制发表非无保留意见
          - 就采取不同措施的后果征询法律意见
          - 与第三方或政府部门等进行沟通
          - 在法律法规允许的情况下解除业务约定
    - 审计工作底稿
      - 口头形式沟通的事项——记录沟通的时间和对象
      - 书面形式沟通的事项——保存一份沟通文件的副本

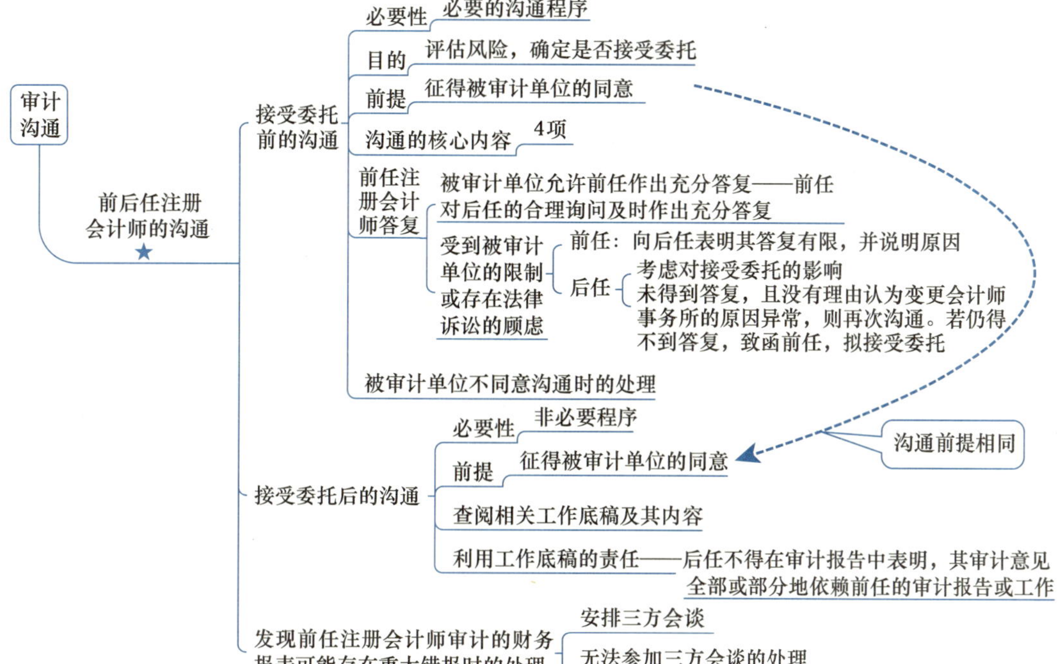
审计沟通
前后任注册会计师的沟通★
接受委托前的沟通
必要性
必要的沟通程序
目的
评估风险，确定是否接受委托
前提
征得被审计单位的同意
沟通的核心内容
4项
前任注册会计师答复
被审计单位允许前任作出充分答复——前任对后任的合理询问及时作出充分答复
受到被审计单位的限制或存在法律诉讼的顾虑
前任：向后任表明其答复有限，并说明原因
后任
考虑对接受委托的影响
未得到答复，且没有理由认为变更会计师事务所的原因异常，则再次沟通。若仍得不到答复，致函前任，拟接受委托
被审计单位不同意沟通时的处理
接受委托后的沟通
必要性
非必要程序
前提
征得被审计单位的同意
沟通前提相同
查阅相关工作底稿及其内容
利用工作底稿的责任——后任不得在审计报告中表明，其审计意见全部或部分地依赖前任的审计报告或工作
发现前任注册会计师审计的财务报表可能存在重大错报时的处理
安排三方会谈
无法参加三方会谈的处理

第15章 注册会计师利用他人的工作

考情解密

历年考情概况

本章属于非重点章节。在考试中主要以客观题形式出现，但不排除与职业道德、业务承接等内容结合出简答题。预计今年考核分值在2分左右。

近年考点直击

考点	主要考查题型	考频指数	考查角度
利用内部审计工作	选择题	★	(1)内部审计和注册会计师的关系；(2)确定是否利用、在哪些领域利用以及在多大程度上利用内部审计工作或利用内部审计人员提供直接协助
利用专家的工作	选择题	★	(1)注册会计师确定是否利用专家工作时的考虑因素；(2)注册会计师在计划利用专家工作时需要考虑的因素；(3)注册会计师评价专家工作是否足以实现审计目的所实施的程序

学习方法与应试技巧

利用他人的工作，包括利用内部审计、专家、前任注册会计师、组成部分注册会计师等的工作。

目的：提高审计工作效率，在一定程度上保证质量。

原则：利用他人工作不能减轻注册会计师的责任。

步骤：

1. 考虑是否需要利用

利用其工作能否达到审计目的(对注册会计师审计程序产生的预期影响)。

2. 考虑是否能利用

(1)客观性(含职业道德、独立性)；

(2)专业胜任能力(应有的职业关注或专长领域)；

(3)达成一致意见(进行有效的沟通)。

3. 评价他人的工作

实施程序以评价他人的工作是否足以实现审计目的，如果评价结果为不恰当时，应采取措施。

本章2020年考试主要变化

本章主要依据《中国注册会计师审计准则第1411号——利用内部审计人员的工作》对相关内容进行了改写。

考点详解及精选例题

考点一　内部审计和注册会计师审计的关系

扫我解疑难

一、内部审计的目标

被审计单位内部审计的目标是由**其管理层和治理层**确定的。

内部审计的目标和范围通常包括旨在评价和改进被审计单位的治理、风险管理、内部控制的有效性而实施的鉴证和咨询活动：

(1)与公司治理有关的活动：

内部审计可能评估被审计单位的治理流程是否能够实现相应的治理目标。

(2)与风险管理有关的活动：

①识别和评价面临的重大风险，改善风险管理和内部控制；

②有助于被审计单位发现舞弊情形。

(3)与内部控制有关的活动：

①评价内部控制；

②检查财务和经营信息；

③复核经营活动；

④复核遵守法律法规的情况。

二、内部审计和注册会计师审计的关系★

1. 内部审计和注册会计师审计的联系

(1)两者用以实现各自目标的某些方式通常是相似的。

(2)内部审计对象与注册会计师审计对象密切相关，甚至存在部分重叠。

(3)通过了解内部审计工作的情况，注册会计师可以掌握内部审计发现的、可能对被审计单位财务报表和注册会计师审计产生重大影响的事项。

(4)如果内部审计的工作结果表明被审计单位的财务报表在某些领域存在重大错报风险，注册会计师就应当对这些领域给予特别关注。

2. 在审计中可利用内部审计工作

注册会计师通过了解与评估内部审计工作，利用可信赖的内部审计工作相关部分的成果，或利用内部审计人员提供直接协助，可以减少不必要的重复劳动，提高审计工作效率。注册会计师在审计中利用内部审计人员的工作包括：

(1)在获取审计证据的过程中利用内部审计的工作；

(2)在注册会计师的指导、监督和复核下利用内部审计人员提供直接协助。

3. 利用内部审计工作不能减轻注册会计师的责任

(1)注册会计师应当对发表的审计意见独立承担责任；

(2)注册会计师必须对与财务报表审计有关的所有重大事项独立作出职业判断，而不应完全依赖内部审计工作。

【例题1·多选题】(2014年)下列各项审计工作中，注册会计师不能利用内部审计工作的有(　)。

A. 评估重大错报风险

B. 确定重要性水平

C. 确定控制测试的样本规模

D. 评估会计政策和会计估计

答案 ABCD

考点二　利用内部审计工作

扫我解疑难

利用内部审计工作流程如图15-1所示：

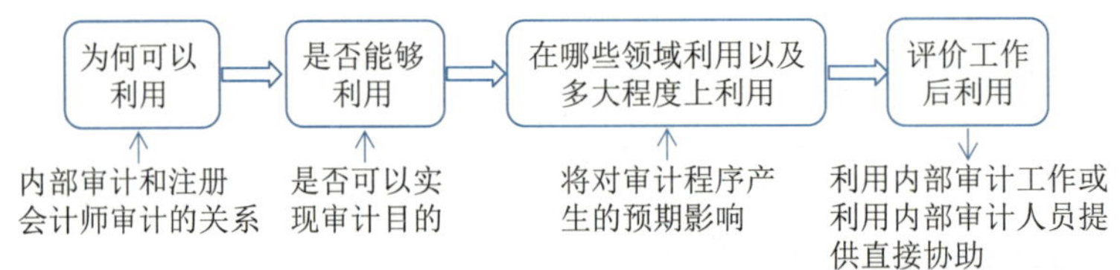

图 15-1 利用内部审计工作流程

一、确定是否能够利用★

1. 对利用内部审计的工作能否实现审计目的进行评价

注册会计师应当通过评价下列事项，确定利用内部审计的工作是否可能足以实现审计目的：

(1)内部审计在被审计单位中的地位，以及相关政策和程序支持内部审计人员客观性的程度；

(2)内部审计人员的胜任能力；

(3)内部审计是否采用系统、规范化的方法(包括质量控制)。

2. **不得利用**内部审计工作的情形

当存在下列情形之一时，注册会计师不得利用内部审计的工作：

(1)内部审计在被审计单位的地位以及相关政策和程序不足以支持内部审计人员的**客观性**；

(2)内部审计人员缺乏足够的**胜任能力**；

(3)内部审计没有采用**系统、规范化的方法**(包括质量控制)。

二、确定在哪些领域以及多大程度上利用★

1. 拟利用领域或程度的考虑

注册会计师在确定利用内部审计人员的工作，对审计程序的性质、时间安排和范围产生的预期影响时，应当考虑：

(1)内部审计已执行和拟执行工作与注册会计师总体审计策略和具体审计计划的相关性；

(2)内部审计已执行和拟执行工作的性质和范围。

2. **较少利用**内部审计工作的情形

当存在下列情况之一时，注册会计师应当计划较少地利用内部审计工作，而更多地直接执行审计工作：

(1)当在下列方面涉及较多判断时：

①计划和实施相关的审计程序；

②评价收集的审计证据。

(2)当评估的认定层次的重大错报风险较高，需要对识别出的特别风险予以特殊考虑时。

(3)当内部审计在被审计单位中的地位以及相关政策和程序对内部审计人员客观性的支持程度较弱时。

(4)当内部审计人员的胜任能力较低时。

三、利用内部审计人员的特定工作★

如果计划利用内部审计工作，注册会计师应当与内部审计人员讨论利用其工作的计划。在利用内部审计工作时，注册会计师应当阅读与拟利用的内部审计工作相关的内部审计报告，以了解其实施的审计程序的性质和范围以及相关发现。

1. 对利用的内部审计工作应实施的审计程序

注册会计师应当针对计划利用的全部内部审计工作实施充分的审计程序，以确定其对于实现审计目的是否适当，包括评价下列事项：

(1)内部审计工作是否经过恰当的计划、实施、监督、复核和记录；

(2)内部审计是否获取了充分、适当的证据，以使其能够得出合理的结论；

(3)内部审计得出的结论在具体环境下是否适当，编制的报告与执行工作的结果是否一致。

2. 对内部审计工作实施的审计程序的性质和范围的考虑

注册会计师实施审计程序的性质和范围应当与其对以下事项的评价相适应：

(1)涉及判断的程度；

(2)评估的重大错报风险；

(3)内部审计在被审计单位中的地位以及相关政策和程序支持内部审计人员客观性的程度；

(4)内部审计人员的胜任能力。

在某些情况下，注册会计师可能会重新执行内部审计的部分工作。

【例题2·多选题】 在确定内部审计人员的工作是否可能足以实现审计目的时，注册会计师应当评价的内容包括(　)。

A. 内部审计在被审计单位中的地位

B. 内部审计人员的薪酬

C. 内部审计的客观程度

D. 内部审计是否采用系统、规范化的方法

解析 内部审计人员的薪酬一般对内部审计工作影响较小。 **答案** ACD

考点三　利用内部审计人员提供直接协助

一、确定是否能够利用★

1. 对能否利用内部审计人员提供直接协助进行评价

(1)是否存在对内部审计人员客观性的不利影响及其严重程度(询问内部审计人员可能对其客观性产生不利影响的利益和关系)；

(2)提供直接协助的内部审计人员的胜任能力。

2. **不得利用**内部审计人员提供直接协助的情形

当存在下列情形之一时，注册会计师不得利用内部审计人员提供直接协助：

(1)存在对内部审计人员客观性的重大不利影响；

(2)内部审计人员对拟执行的工作缺乏足够的胜任能力。

二、确定在哪些领域以及多大程度上利用★

1. 拟利用领域或程度的考虑

(1)在计划和实施相关审计程序以及评价收集的审计证据时，涉及判断的程度；

(2)评估的重大错报风险；

(3)针对拟提供直接协助的内部审计人员，注册会计师关于是否存在对其客观性的不利影响及其严重程度的评价结果，以及关于其胜任能力的评价结果。

2. **不得利用**内部审计人员提供直接协助**以实施的程序**

注册会计师不得利用内部审计人员提供直接协助以实施具有下列特征的程序：

(1)在审计中涉及作出重大判断；

(2)涉及较高的重大错报风险，在实施相关审计程序或评价收集的审计证据时需要作出较多的判断；

(3)涉及内部审计人员已经参与并且已经或将要由内部审计向管理层或治理层报告的工作；

(4)涉及注册会计师按照规定就内部审计，以及利用内部审计工作或利用内部审计人员提供直接协助作出的决策。

三、利用内部审计人员提供直接协助★

1. 在利用内部审计人员为审计提供直接协助之前的**准备**

(1)从拥有相关权限的被审计单位代表人员处**获取书面协议**，允许内部审计人员遵循注册会计师的指令，并且被审计单位不干涉内部审计人员为注册会计师执行的工作；

(2)从内部审计人员处**获取书面协议**，表明其将按照注册会计师的指令对特定事项保密，并将对其客观性受到的任何不利影响告知注册会计师。

2. 对内部审计人员执行的工作进行**指导、监督和复核**

(1)注册会计师对内部审计人员的指导、监督和复核的性质、时间安排和范围应当恰当应对对涉及判断的程度、评估的重大错报风险、拟提供直接协助的内部审计人员客观性和胜任能力的评价结果；

(2)复核程序应当包括由注册会计师检查内部审计人员执行的部分工作所获取的审计证据。

考点四 专家的定义

一、专家的定义与分类

专家即注册会计师的专家，是指在**会计或审计以外**的某一领域具有专长的个人或组织，并且**其工作被注册会计师利用**，**以协助注册会计师获取充分、适当的审计证据**。

『**提示**』本章所指的专家特指会计审计领域之外的专家，专家既可能是会计师事务所内部专家，也可能是会计师事务所外部专家。

二、利用专家的工作的目标

确定是否利用专家的工作，如果利用专家的工作，专家的工作是否足以实现审计目的。

三、利用专家的工作的责任

注册会计师对发表的审计意见**独立承担责任**，这种责任并不因利用专家的工作而减轻。

当出具无保留意见的审计报告时，注册会计师不应在审计报告中提及专家的工作。

考点五 利用专家的工作

注册会计师在审计全过程都有可能需要利用专家的工作。利用专家工作的流程，见图 15-2：

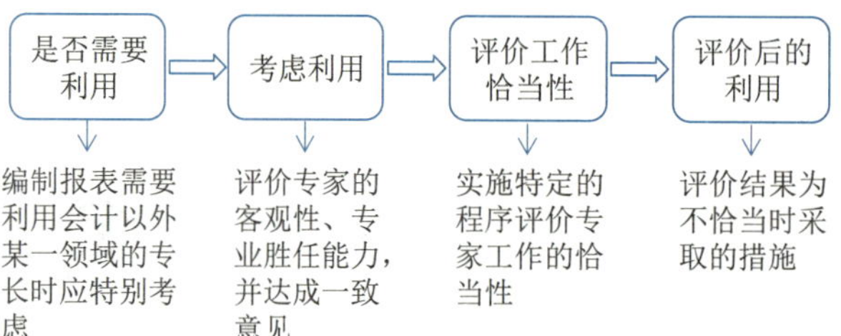

图 15-2 利用专家工作的流程

一、确定是否需要利用专家的工作★

1. 可能需要利用专家工作的审计程序范围

注册会计师在执行下列工作时（**审计全过程**）可能需要利用专家的工作：

（1）了解被审计单位及其环境；

（2）识别和评估重大错报风险；

（3）针对评估的财务报表层次风险，确定并实施总体应对措施；

（4）针对评估的认定层次风险，设计和实施进一步审计程序，包括控制测试和实质性程序；

（5）在对财务报表形成审计意见时，评价已获取的审计证据的充分性和适当性。

2. 确定是否利用专家的工作的考虑

在确定是否利用专家的工作时，注册会计师应考虑：

（1）管理层在编制财务报表时是否利用了管理层的专家的工作。

（2）事项的**性质和重要性**，**包括复杂程度**。

（3）事项存在的**重大错报风险**。

（4）应对识别出的风险的预期程序的性质，包括**注册会计师对与这些事项相关的专家工作的了解和具有的经验**，以及是否可以获得**替代性的审计证据**。

3. 管理层在编制财务报表时利用了管理层的专家的工作时的考虑

管理层的专家，是指在会计、审计以外的某一领域具有专长的个人或组织，其工作被管理层利用以协助编制财务报表。

如果管理层在编制财务报表时利用了的专家的工作，注册会计师应作出是否利用专家的工作的决策。在决策时应考虑的因素包括：

(1)管理层的专家的工作的性质、范围和目标；

(2)管理层的专家是否受雇于被审计单位，或者为被审计单位所聘请；

(3)管理层能够对其专家的工作实施控制或施加影响的程度；

(4)管理层的专家的胜任能力和专业素质；

(5)管理层的专家是否受到技术标准、其他职业准则或行业要求的约束；

(6)被审计单位对管理层的专家的工作实施的各种控制。

二、确定能否利用专家的工作(利用专家工作前)★

(一)评价专家的胜任能力、专业素质和客观性

注册会计师应当评价专家是否具有实现审计目的所必需的胜任能力、专业素质和客观性。

在评价外部专家的客观性时，注册会计师应当**询问可能对外部专家客观性产生不利影响的利益和关系**。

(二)了解专家的专长领域

1. 了解专家的专长领域的总体要求

注册会计师应当充分了解专家的专长领域。

2. 了解专家的专长领域的目的

(1)为了实现审计目的，确定专家工作的性质、范围和目标；

(2)评价专家的工作是否足以实现审计目的。

3. 了解专家的专长领域的方式

注册会计师可以凭借审计工作经验或通过与专家及其他有关人士进行讨论的方式，了解专家的专长领域。

4. 对专家的专长领域的了解事项

注册会计师对专家的专长领域的了解可能包括下列方面：

(1)与审计相关的、管理层的专家专长领域的进一步细分信息；

(2)职业准则或其他准则以及法律法规是否适用；

(3)专家使用哪些假设和方法，及其在专家的专长领域是否得到普遍认可，对实现财务报告目的是否适当；

(4)专家使用的内外部数据或信息的性质。

(三)与专家达成一致意见

无论是对外部专家还是内部专家，注册会计师应当就这些事项与其达成一致意见，并根据需要形成书面协议。

1. 专家工作的性质、范围和目标

当就专家工作的性质、范围和目标达成一致意见时，注册会计师通常需要与专家讨论需要遵守的相关技术标准、其他职业准则或行业要求。

【知识点拨】外部专家不受事务所质量控制政策和程序的约束。

2. 注册会计师和专家各自的角色和责任

注册会计师与专家就各自角色和责任达成的一致意见可能包括下列内容：

(1)由注册会计师还是专家对原始数据实施细节测试；

(2)同意注册会计师与被审计单位或其他人员讨论专家的工作结果或结论，必要时，包括同意注册会计师将专家的工作结果或结论的细节作为注册会计师在审计报告中发表非无保留意见的基础；

(3)将注册会计师对专家工作形成的结论告知专家；

(4)就工作底稿的使用和保管达成的一致意见：

①当专家是项目组的成员时，专家的工作底稿是审计工作底稿的一部分；

②外部专家的工作底稿属于外部专家，不是审计工作底稿的一部分。

3. 注册会计师和专家之间沟通的性质、时间安排和范围

有效的双向沟通有利于将专家工作的性质、时间安排和范围与审计的其他工作整合

在一起，也有利于在审计过程中对专家工作的目标进行适当的调整。

4. 对专家遵守保密规定的要求

适用于注册会计师的相关职业道德要求中的保密条款同样也适用于专家。被审计单位也可能要求外部专家同意遵守特定的保密条款。

【例题3·单选题】下列有关注册会计师利用外部专家工作的说法中，错误的是(　)。

A. 外部专家需要遵守适用于注册会计师的相关职业道德要求中的保密条款

B. 外部专家不受会计师事务所按照质量控制准则制定的质量控制政策和程序的约束

C. 外部专家的工作底稿是审计工作底稿的一部分

D. 在审计报告中提及外部专家的工作并不减轻注册会计师对审计意见承担的责任

解析 当专家是项目组的成员时，专家的工作底稿是审计工作底稿的一部分。除非协议另作安排，外部专家的工作底稿属于外部专家，不是审计工作底稿的一部分。

答案 C

三、评价专家工作的恰当性(利用专家工作后)★

对专家工作的评价是为了确定专家的工作是否足以实现审计目的。

(一)评价的内容(数据、假设、结论)

注册会计师应当评价专家的工作是否足以实现审计目的，包括：

1. **数据**：如果专家的工作涉及使用**重要**的原始数据，这些原始数据的相关性、完整性和准确性。

2. **假设**：如果专家的工作涉及使用**重要**的假设和方法，这些假设和方法在具体情况下的相关性和合理性。

3. **结论**：专家的工作结果或结论的相关性和合理性，以及与其他审计证据的一致性。

(二)评价专家工作的程序

1. 询问专家。

2. 复核专家的工作底稿和报告。

3. 实施用于证实的程序，例如：观察专家的工作；检查已公布的数据，如来源于信誉高、权威的渠道的统计报告；向第三方询证相关事项；执行详细的分析程序；重新计算。

4. 必要时(如当专家的工作结果或结论与其他审计证据不一致时)与具有相关专长的其他专家讨论。

5. 与管理层讨论专家的报告。

(三)评价结论对审计的影响

如果确定专家的工作不足以实现审计目的，注册会计师应当采取下列措施之一：

(1)就专家拟执行的进一步工作的性质和范围，与专家达成一致意见；

(2)根据具体情况，实施追加的审计程序。

如果注册会计师认为专家的工作不足以实现审计目的，且注册会计师采取了以上(1)、(2)措施，或者通过雇用、聘请其他专家仍不能解决问题，则意味着没有获取充分、适当的审计证据，注册会计师有必要发表非无保留意见。

【知识点拨】注册会计师不应在无保留意见的审计报告中提及专家的工作，除非法律法规另有规定。例如：就公共部门实体审计而言，为提高透明度，法律法规可能要求提及专家的工作。即使提及也并不减轻注册会计师对审计意见承担的责任。

(1)如果注册会计师在审计报告中提及专家的工作，并且这种提及与理解审计报告中的非无保留意见相关，注册会计师应当在审计报告中指明，这种提及并不减轻注册会计师对审计意见承担的责任。

(2)在某些情况下，为解释发表非无保留意见的原因，在非无保留意见的审计报告中提及专家的工作可能是适当的。但注册会计师需要在提及之前得到专家的允许。

(四)专家的工作对审计程序影响的特殊考虑

下列情况表明需要实施与一般情况相比

不同的或更广泛的审计程序：

(1)专家的工作与涉及主观和复杂判断的重大事项相关；

(2)注册会计师以前没有利用某个专家的工作，也不了解其胜任能力、专业素质和客观性；

(3)专家实施的程序构成审计工作必要的组成部分，而不是就某一事项提供建议；

(4)专家是会计师事务所外部专家，因此不受会计师事务所质量控制政策和程序的约束。

【例题4·单选题】 有关注册会计师在审计报告中提及专家的工作，下列说法中，正确的是(　)。

A. 如果注册会计师能够对专家的工作获取充分、适当的审计证据，可在无保留意见的审计报告中提及专家的工作

B. 如果注册会计师确定专家的工作不足以实现审计目的，可在无保留意见的审计报告中提及专家的工作

C. 注册会计师不应在无保留意见的审计报告中提及专家的工作，除非法律法规另有规定

D. 如果注册会计师决定明确自身与专家各自对审计报告的责任，应当在无保留意见的审计报告中提及专家的工作

解析 注册会计师不应在无保留意见的审计报告中提及专家的工作，除非法律法规另有规定。

答案 C

真题精练

一、单项选择题

1. (2018年)下列各项中，注册会计师通常可以利用内部审计工作的是(　)。
   A. 重要性水平的确定
   B. 实施控制测试
   C. 确定细节测试的样本规模
   D. 对会计政策恰当性的评估
2. (2018年)下列有关注册会计师的外部专家的说法中，错误的是(　)。
   A. 外部专家不是审计项目组成员
   B. 外部专家无需遵守注册会计师职业道德守则的要求
   C. 外部专家的工作底稿通常不构成审计工作底稿
   D. 外部专家不受会计师事务所质量控制政策和程序的约束
3. (2016年)下列有关注册会计师的专家说法中，正确的是(　)。
   A. 无论是内部专家还是外部专家，都是项目组成员，受会计师事务所的质量控制政策和程序的约束
   B. 无论是内部专家还是外部专家，都不包括会计、审计领域的专家
   C. 无论是内部专家还是外部专家，注册会计师都应当就专家工作的性质、范围和目标等事项与专家达成一致意见并生成书面协议
   D. 无论是内部专家还是外部专家，注册会计师都应询问对专家客观性产生不利影响的利益和关系
4. (2015年)下列参与审计业务的人员中，不属于注册会计师的专家的是(　)。
   A. 对保险合同进行精算的会计师事务所精算部门人员
   B. 受聘于会计师事务所对投资性房地产进行评估的资产评估师
   C. 对与企业重组相关的复杂税务问题进行分析的会计师事务所税务部门人员
   D. 就复杂会计问题提供建议的会计师事务所技术部门人员

二、多项选择题

1. (2019年)下列情况中，注册会计师不得利用内部审计工作的有(　)。
   A. 内部审计没有采用系统、规范化的方法

B. 评估的认定层次的重大错报风险较高

C. 内部审计的地位不足以支持内部审计人员的客观性

D. 计划和实施相关的审计程序涉及较多判断

2. (2019年)下列各项中，注册会计师在利用外部专家工作时应当与专家达成一致意见的有( )。

A. 注册会计师和专家各自的责任

B. 注册会计师和专家之间沟通的时间安排

C. 注册会计师对专家遵守事务所质量控制政策和程序的要求

D. 专家工作的性质、范围和目标

真题精练答案及解析

一、单项选择题

1. B 【解析】利用内部审计的控制测试工作，可以提高审计效率，但最终控制是否有效的结论还是应由注册会计师进行判断。就如同对重大错报风险的评估、对会计政策和会计估计的评估、确定重要性水平、确定样本规模等这些涉及职业判断的工作，均应当由注册会计师负责执行。

2. B 【解析】外部专家需要遵守注册会计师的职业道德守则，比如保密原则、独立性等。

3. B 【解析】选项A，外部专家不属于审计项目组成员，不受会计师事务所的质量控制政策和程序约束；选项C，无论是对外部专家还是内部专家，注册会计师应当就这些事项与其达成一致意见，并根据需要形成书面协议，但不是必须生成书面协议；选项D，在评价外部专家的客观性时，注册会计师应当询问可能对外部专家客观性产生不利影响的利益和关系。

4. D 【解析】选项ABC均属于注册会计师的专家；选项D，归根结底没有逃出会计这个圈子，因此不属于注册会计师的专家。

二、多项选择题

1. AC 【解析】选项BD，可以较少的利用内部审计工作，并非不得利用。

2. ABD 【解析】外部专家不是项目组成员，不受会计师事务所的质量控制政策和程序的约束。

同步训练 限时25分钟

一、单项选择题

1. 下列有关注册会计师利用内部审计工作的表述中，错误的是( )。

A. 注册会计师必须了解被审计单位的内部控制，而内部审计人员的工作是内部控制的重要组成部分

B. 注册会计师利用内部审计工作的前提是内部审计人员对财务报表审计过程中涉及的职业判断负责

C. 如果利用内部审计工作不符合成本效益原则，注册会计师通常选择不利用内部审计工作

D. 注册会计师应当阅读与拟利用的内部审计工作相关的内部审计报告

2. 下列参与审计业务的人员中，不属于注册会计师的专家的是( )。

A. 对保险合同进行精算的会计师事务所精算部门人员

B. 受聘于会计师事务所对投资性房地产进行评估的资产评估师

C. 对与企业重组相关的复杂税务问题进行分析的会计师事务所税务部门人员

D. 就复杂会计问题提供建议的会计师事务所技术部门人员

3. 在确定是否需要利用专家的工作时，注册会计师通常不需考虑的因素是(　)。

A. 应对识别出的风险的预期程序的性质

B. 出具审计报告的时间要求

C. 管理层在编制财务报表时是否利用了管理层的专家的工作

D. 事项的性质和重要性，包括复杂程度

4. 注册会计师在审计时，利用了专家的工作，针对利用专家工作的下列说法中正确的是(　)。

A. 无论是对外部专家还是内部专家，注册会计师都应当针对就专家工作的性质、范围和目标达成的一致意见并形成书面协议

B. 适用于注册会计师的相关职业道德要求中的保密条款并不适用于专家

C. 由于注册会计师并不具备与专家同等的专业技能，无法对专家选择的假设和方法提出异议，因此无需评价专家工作涉及使用重要的假设和方法的相关性和合理性

D. 在评价外部专家的客观性时，注册会计师应当询问可能对外部专家客观性产生不利影响的利益和关系

5. 关于利用专家的工作，下列说法中不正确的是(　)。

A. 有效的双向沟通有利于将专家工作的性质、时间安排和范围与审计的其他工作整合在一起

B. 专家不受会计师事务所制定的质量控制政策和程序的约束

C. 外部专家的工作底稿属于外部专家，不是注册会计师审计工作底稿的一部分，除非协议另有安排

D. 有效的双向沟通有利于在审计过程中对专家工作的目标进行适当的调整

6. 注册会计师在评价专家的工作是否足以实现审计目的时，下列各项中，不需评价的是(　)。

A. 专家工作结果或结论的合理性和相关性

B. 专家工作涉及使用的所有假设和方法的合理性和相关性

C. 专家工作结果或结论与其他审计证据的一致性

D. 专家工作涉及使用的重要原始数据的相关性、完整性和准确性

7. 在将专家工作结果作为审计证据时，注册会计师通常不需考虑的因素是(　)。

A. 专家的工作范围是否适当

B. 专家的工作结果是否在财务报表中得到适当反映或支持相关认定

C. 是否在审计报告中披露专家工作结果

D. 专家使用的数据、假设和方法的合理性

二、多项选择题

1. 注册会计师不得利用内部审计人员提供直接协助实施的程序具有的特征包括(　)。

A. 涉及内部审计人员已经参与并且已经或将要由内部审计向管理层或治理层报告的工作

B. 涉及注册会计师按照规定就内部审计，以及利用内部审计工作或利用内部审计人员提供直接协助作出的决策

C. 涉及较高的重大错报风险，在实施相关审计程序或评价收集的审计证据时需要作出较多的判断

D. 在审计中涉及作出重大判断

2. 下列情形中，注册会计师不得利用内部审计工作的有(　)。

A. 内部审计在被审计单位的地位以及相关政策和程序不足以支持内部审计人员的客观性

B. 当计划和实施相关的审计程序涉及较多判断时

C. 内部审计没有采用系统、规范化的方法(包括质量控制)

D. 内部审计人员缺乏足够的胜任能力

3. 下列各项中，属于审计准则中定义的专家的有(　)。

A. 研究递延所得税会计处理的博士

B. 研究古董的教授

C. 法律事务所

D. 珠宝鉴定师

4. 注册会计师在决定利用专家工作时，下列属于注册会计师需要与专家达成一致意见的相关事项的有(　)。

A. 专家的学历水平和收费要求

B. 注册会计师和专家各自的角色和责任

C. 专家工作的性质、范围和目标

D. 注册会计师和专家之间沟通的性质、时间安排和范围

5. 当专家的工作涉及使用对专家工作具有重要影响的原始数据时，注册会计师为了测试这些数据，可以实施的程序有(　)。

A. 要求被审计单位管理层对该原始数据出具可靠性的声明

B. 核实数据的来源，包括了解和测试(适用时)针对数据的内部控制以及向专家传送数据的方式(如相关)

C. 重新聘请其他相关的专家对该原始数据进行分析

D. 复核数据的完整性和内在一致性

6. 下列有关注册会计师利用外部专家工作的说法中，错误的有(　)。

A. 外部专家不属于会计师事务所，不受注册会计师的相关职业道德要求条款的约束

B. 注册会计师应当将外部专家的工作底稿归入审计工作底稿，专家对注册会计师结合其工作形成的结论有知情权

C. 在评价专家工作时，注册会计师可与管理层或其他专家讨论专家的报告

D. 注册会计师不应在无保留意见的审计报告中提及专家的工作，除非法律法规另有规定

同步训练答案及解析

一、单项选择题

1. B 【解析】注册会计师应当对审计过程中涉及的职业判断负责，利用内部审计工作不能减轻注册会计师的责任，选项 B 不正确。

2. D 【解析】选项 ABC 均属于注册会计师的专家；选项 D，归根结底没有逃出会计这个圈子，因此不属于注册会计师的专家。

3. B 【解析】在确定是否利用专家的工作时，注册会计师可能考虑的因素包括：(1)管理层在编制财务报表时是否利用了管理层的专家的工作；(2)事项的性质和重要性，包括复杂程度；(3)事项存在的重大错报风险；(4)应对识别出的风险的预期程序的性质，包括注册会计师对与这些事项相关的专家工作的了解和具有的经验，以及是否可以获得替代性的审计证据。所以选项 B 不是注册会计师需考虑的因素。

4. D 【解析】无论是对外部专家还是内部专家，注册会计师应当就专家工作的性质、范围和目标、注册会计师和专家各自的角色与责任以及注册会计师和专家之间沟通的性质、时间安排和范围达成一致意见，并根据需要形成书面协议，并非必须形成书面协议，选项 A 错误；适用于注册会计师的相关职业道德要求中的保密条款同样也适用于专家，选项 B 错误；虽然注册会计师不具备与专家同等的专业技能，但注册会计师仍应了解专家选择的假设和方法，评价专家工作涉及使用重要的假设和方法的相关性和合理性，选项 C 错误。

5. B 【解析】在考虑专家是否需要遵守会计师事务所的质量控制政策和程序时，应当区分内部专家和外部专家，内部专家需要遵守，而外部专家不是项目组成员，不受其约束。

6. B 【解析】注册会计师需要评价专家工作涉及使用“重要的”假设和方法的相关性和

合理性，并非是“所有的”假设和方法的合理性和相关性。

7. C 【解析】在将专家工作结果作为审计证据时，注册会计师应当评价专家工作的适当性，包括评价专家工作结果是否在财务报表中得到适当的反映或支持相关认定，以及考虑下列因素：专家使用的原始数据；专家使用的假设和方法，及其与以前期间的一致性；专家工作的结果与注册会计师对被审计单位的了解和实施其他审计程序的结果是否相符。所以选项C不是注册会计师应该考虑的因素。

二、多项选择题

1. ABCD
2. ACD 【解析】选项B，注册会计师应当计划较少地利用内部审计工作，而非不得利用内部审计工作。
3. BCD 【解析】选项A，研究递延所得税会计处理的博士的专长属于会计领域具有专长的人，不属于审计准则中定义的注册会计师的专家。
4. BCD 【解析】注册会计师与专家达成一致意见的相关事项包括：专家工作的性质、范围和目标；注册会计师和专家各自的角色和责任；注册会计师和专家之间沟通的性质、时间安排和范围；对专家遵守保密规定的要求。选项A不属于注册会计师与专家达成一致意见的事项。
5. BD 【解析】当专家的工作涉及使用对专家工作具有重要影响的原始数据时，注册会计师可以实施下列程序测试这些数据：①核实数据的来源，包括了解和测试(适用时)针对数据的内部控制以及向专家传送数据的方式(如相关)；②复核数据的完整性和内在一致性。
6. AB 【解析】外部专家需要遵守适用于注册会计师的相关职业道德要求中的保密条款，选项A错误；当专家是项目组的成员时，专家的工作底稿是审计工作底稿的一部分。除非协议另作安排，外部专家的工作底稿属于外部专家，不是审计工作底稿的一部分，选项B错误。

本章知识串联

- 注册会计师利用他人的工作
  - 利用内部审计工作★
    - 内部审计的目标
      - 由管理层和治理层确定
    - 内部审计和注册会计师审计的关系
      - 联系
        - 用以实现各自目标的某些方式通常相似
        - 审计对象密切相关，甚至存在部分重叠
      - 利用内部审计工作不能减轻注册会计师的责任
    - 确定是否利用、在哪些领域利用以及在多大程度上利用内部审计人员的工作
      - 注册会计师不得利用内部审计的工作
        - 内部审计在被审计单位的地位以及相关政策和程序不足以支持内部审计人员的客观性
        - 内部审计人员缺乏足够的胜任能力
        - 内部审计没有采用系统、规范化的方法（包括质量控制）
    - 利用内部审计工作
    - 确定是否利用、在哪些领域利用以及在多大程度上利用内部审计人员提供直接协助
      - 不得利用内部审计人员提供直接协助
        - 存在对内部审计人员客观性的重大不利影响
        - 内部审计人员对拟执行的工作缺乏足够的胜任能力
    - 利用内部审计人员提供直接协助
  - 利用专家的工作★
    - 确定是否利用专家的工作
      - 可能需要利用的范围
        - 了解被审计单位及其环境
        - 识别和评估重大错报风险
        - 针对评估的财务报表层次风险，确定并实施总体应对措施
        - 针对评估的认定层次风险，设计和实施进一步审计程序
        - 对财务报表形成审计意见时，评价已获审计证据的充分性和适当性
      - 需要利用会计以外某一领域专长的考虑
    - 专家的胜任能力、专业素质和客观性
    - 了解专家的专长领域
      - 与审计相关的、管理层的专家专长领域的进一步细分信息
      - 职业准则或其他准则以及法律法规是否适用
      - 专家使用哪些假设和方法，及其在专家的专长领域是否得到普遍认可，对实现财务报告目的是否适当
      - 专家使用的内外部数据或信息的性质
    - 与专家达成一致意见
      - 专家工作的性质、范围和目标
      - 注册会计师和专家各自的角色与责任
      - 注册会计师和专家之间沟通的性质、时间安排和范围
      - 对专家遵守保密规定的要求（保密条款同样适用于专家）
    - 评价专家工作的恰当性
      - 评价专家工作是否足以实现审计目的所实施的特定程序
      - 评价专家工作结果或结论的相关性和合理性
      - 评价专家工作涉及使用重要的假设和方法的相关性和合理性
      - 评价专家工作涉及使用重要的原始数据的相关性、完整性和准确性
      - 评价结果为不恰当时的措施

第16章 对集团财务报表审计的特殊考虑

考情解密

历年考情概况

本章属于重点章节，是近几年命题的热点，其中，针对评估的风险(不同组成部分)采取的应对措施知识点的考查频次最高，基本上每年必考。本章知识点在选择题、简答题及综合题中均有多次命题，可见本章的重要程度。考点一般与重要性、对重要组成部分或不重要组成部分实施的程序及参与组成部分注册会计师的程度等内容相关。预计今年考核分值在5分左右。

近年考点直击

考点	主要考查题型	考频指数	考查角度
与集团财务报表审计有关的概念	选择题	★	(1)重要组成部分的界定；(2)组成部分注册会计师的确定
重要性	选择题、简答题、综合题	★★★	(1)集团财务报表整体的重要性；(2)组成部分重要性
针对评估的风险采取的应对措施	选择题、简答题、综合题	★★★	(1)对重要组成部分需执行的工作；(2)对不重要组成部分需执行的工作；(3)参与组成部分注册会计师的工作
与集团管理层和集团治理层的沟通	选择题	★	与集团管理层和治理层沟通的事项

学习方法与应试技巧

在学习时，应注意：(1)针对评估的风险采取的应对措施是本章重点，对不重要组成部分、因规模重要或因风险重要的组成部分分别实施的程序不同，何时及如何参与组成部分注册会计师的工作等。(2)搞清楚重要组成部分的两种特征类型。(3)结合集团项目组和组成部分注册会计师的定义，了解其不同的责任。(4)理解何时集团项目组需要了解组成部分注册会计师及了解事项、怎样消除不利影响等。(5)理解集团财务报表审计的重要性的特点，掌握如何确定，谁来确定组成部分实际执行的重要性。(6)对合并过程、与组成部分注册会计师及集团管理层和治理层的沟通、评价审计证据的充分性和适当性作基本了解。

本章2020年考试主要变化

本章内容无变动。

考点详解及精选例题

考点一　与集团审计相关的概念与责任

一、与集团财务报表审计有关的概念★★

1. 集团

集团，是指由所有组成部分构成的整体，并且所有组成部分的财务信息包括在集团财务报表中。集团至少拥有一个以上的组成部分，组成部分又有分为不重要组成部分和重要组成部分，如图 16-1 所示。

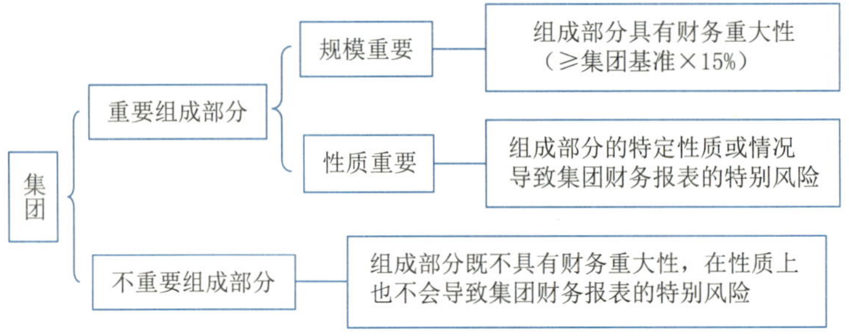

图 16-1　集团的构成与审计

2. 组成部分

组成部分，是指某一实体或某项业务活动，其财务信息由集团或组成部分管理层编制并应包括在集团财务报表中。

3. 重要组成部分

重要组成部分，是指集团项目组识别出的具有下列特征之一的组成部分。

(1)规模特征：单个组成部分对集团具有**财务重大性**；

(2)风险特征：由于单个组成部分的**特定性质或情况**，可能存在导致集团财务报表发生重大错报的特别风险。

集团项目组可以将选定的基准乘以某一百分比，以协助识别对集团具有财务重大性的单个组成部分。集团项目组可能认为超过选定基准**15%**的组成部分是重要组成部分。

4. 集团项目组

集团项目组，是指参与集团审计的，包括集团项目合伙人在内的所有合伙人和员工。

集团项目组负责制定集团总体审计策略，与组成部分注册会计师沟通，针对合并过程执行相关工作，并评价根据审计证据得出的结论，作为形成集团财务报表审计意见的基础。

5. 组成部分注册会计师

组成部分注册会计师，是指**基于集团审计目的，按照集团项目组的要求**，对组成部分财务信息执行相关工作的注册会计师。

【知识点拨】组成部分注册会计师与对组成部分单独出具审计报告的注册会计师是有区别的，后者是基于发表审计意见为目的，按照审计准则的要求，对被审计单位财务报表执行审计工作的注册会计师。后者可同意作为组成部分注册会计师。

二、集团财务报表审计中的责任设定和注册会计师的目标★

1. 集团财务报表审计中的责任设定

集团项目组对整个集团财务报表审计工作及审计意见**负全部责任**，这一责任不因利用组成部分注册会计师的工作而减轻。

(1)集团项目合伙人应当确信执行集团审计业务的人员(包括组成部分注册会计师)从整体上具备适当的**胜任能力**和**必要素质**。

(2)注册会计师对集团财务报表出具的审

计报告**不应提及**组成部分注册会计师，除非法律法规另有规定。

(3)如果因未能就组成部分财务信息获取充分、适当的审计证据，导致集团项目组在对集团财务报表出具的审计报告中发表非无保留意见，**除非法律法规要求**在审计报告中提及组成部分注册会计师，并且这样做**对充分说明情况是必要的**，否则不应提及组成部分注册会计师。即使提及也并**不减轻**集团项目合伙人及其所在的会计师事务所**对集团审计意见承担的责任**。

2. 注册会计师的目标

在集团财务报表审计中，担任集团审计的注册会计师的目标是：

(1)就组成部分注册会计师对组成部分财务信息执行工作的范围、时间安排和发现的问题，与组成部分注册会计师进行清晰的沟通；

(2)针对组成部分财务信息和合并过程，获取充分、适当的审计证据，以对集团财务报表是否在所有重大方面按照适用的财务报告编制基础编制发表审计意见。

考点二　集团审计业务的承接与保持

扫我解疑难

一、在承接与保持阶段获取了解★

1. 承接前提

集团项目合伙人应当确定是否能够合理预期**获取**与合并过程和组成部分财务信息相关的充分、适当的**审计证据**，以作为形成**集团审计意见**的基础：

(1)应当**了解**集团及其环境、组成部分及其环境，以足以**识别**可能的**重要组成部分**。

(2)应当**评价**集团项目组**参与组成部分注册会计师工作的程度**是否足以获取充分、适当的审计证据。

2. 审计范围受到限制

如果集团项目合伙人认为由于集团管理层施加的限制，使集团项目组不能获取充分、适当的审计证据，由此产生的影响可能导致对集团财务报表发表无法表示意见，集团项目合伙人应当视具体情况采取下列措施，见表16-1：

表16-1　审计范围受到限制对集团审计业务承接与保持的影响

业务类型		应对措施
新业务	**拒绝**接受业务委托	如果法律法规禁止注册会计师拒绝接受业务委托，或者不能解除业务约定，在可能的范围内对集团财务报表实施审计，并对集团财务报表**发表无法表示意见**
连续审计业务	在法律法规允许的情况下，**解除**业务约定	

二、了解集团及其环境、组成部分及其环境★

(一)了解集团及其环境、集团组成部分及其环境

为识别和评估重大错报风险，集团项目组应当：(1)在业务承接或保持阶段获取信息的基础上，进一步了解集团及其环境、集团组成部分及其环境，包括集团层面控制；(2)了解合并过程，包括集团管理层向组成部分下达的指令。

1. 了解集团管理层下达的指令

为实现财务信息的一致性和可比性，集团管理层通常对组成部分下达指令(目的)。这些指令具体说明了对包括在集团财务报表中的组成部分财务信息的要求(说明)，通常采用财务报告程序手册和报告文件包的形式(形式)。

2. 集团项目组成员和组成部分注册会计师的讨论

项目组关键成员需要讨论由于舞弊或错误导致被审计单位财务报表发生重大错报的可能性，并特别强调舞弊导致的风险。参与讨论的成员还可能包括组成部分注册会计师。

3. 了解集团及其环境、集团组成部分及其环境的程序

集团项目组可以基于下列信息，在集团

层面评估集团财务报表重大错报风险：

（1）在了解集团及其环境、集团组成部分及其环境和合并过程时获取的信息，包括在评价集团层面控制以及与合并过程相关的控制的设计和执行时获取的审计证据；

（2）从组成部分注册会计师获取的信息。

三、了解组成部分注册会计师★★

1. 了解的前提条件

（1）需要了解：**只有**集团项目组要求由组成部分注册会计师执行组成部分财务信息的相关工作时，**才需要**了解组成部分注册会计师。

（2）不需要了解：如果集团项目组计划**仅**在集团层面对某些组成部分实施**分析程序**，就**无需**了解这些组成部分注册会计师。

2. 了解的内容

（1）组成部分注册会计师是否了解并将遵守与集团审计相关的职业道德要求，特别是独立性要求。

如果组成部分注册会计师不符合与集团审计相关的独立性要求，集团项目组不应要求组成部分注册会计师对组成部分财务信息执行相关工作。

了解的内容：

①组成部分注册会计师是否了解并将遵守与集团审计相关的职业道德要求；

②组成部分注册会计师了解和遵守的程度是否足以使其履行其在集团审计中承担的责任。

（2）组成部分注册会计师是否具备专业胜任能力。

①组成部分注册会计师是否对适用于集团审计的审计准则和其他职业准则有充分的了解，以足以履行其在集团审计中的责任；

②组成部分注册会计师是否拥有对特定组成部分财务信息执行相关工作所必需的专门技能（如行业专门知识）；

③如果相关，组成部分注册会计师是否对适用的财务报告编制基础（集团管理层向组成部分下达的指令，通常说明适用的财务报告编制基础的特征）有充分的了解，以足以履行其在集团审计中的责任。

（3）组成部分注册会计师是否处于积极的监管环境中。

（4）集团项目组参与组成部分注册会计师工作的程度是否足以获取充分、适当的审计证据。

3. 消除不利影响的程序

如果了解到组成部分注册会计师不符合与集团审计相关的要求情形，集团项目组可以通过实施以下程序，以降低或消除其不利影响。

（1）通过参与组成部分注册会计师的工作；

（2）实施追加的风险评估程序；

（3）对组成部分财务信息实施进一步审计程序。

但不是所有的不利影响都可以通过以上程序得以消除的。如：组成部分注册会计师不具有独立性的影响。在不能通过参与其工作消除影响的情况下，集团项目组应当亲自独立执行相关工作，详细内容见表16-2。

表16-2　集团项目组独立执行相关工作或参与组成部分注册会计师的工作

通过参与组成部分注册会计师的工作不能消除的影响	集团项目组参与组成部分注册会计师的工作可消除的影响
（1）**不符合**集团审计的独立性要求； （2）对职业道德存在**重大疑虑**； （3）对专业胜任能力存在**重大疑虑**； （4）对监管环境存在**重大疑虑**	（1）对注册会计师专业胜任能力的**并非重大的疑虑**（如认为其缺乏行业专门知识）； （2）注册会计师**未处于积极有效的监管环境**中

【例题 1·单选题】（2015 年）在了解组成部分注册会计师后，下列情形中，集团项目组可以采取措施消除其疑虑或影响的是（　）。

A. 组成部分注册会计师不符合与集团审计相关的独立性要求

B. 集团项目组对组成部分注册会计师的专业胜任能力存有重大疑虑

C. 集团项目组对组成部分注册会计师的职业道德存有重大疑虑

D. 组成部分注册会计师未处于积极有效的监管环境中

解析 集团项目组可以通过参与组成部分注册会计师的工作、实施追加的风险评估程序或对组成部分财务信息实施进一步审计程序，消除对组成部分注册会计师专业胜任能力的并非重大的疑虑，或消除组成部分注册会计师未处于积极有效的监管环境中的影响。

答案 D

考点三　与集团财务报表审计相关的重要性的确定

一、集团财务报表整体和组成部分的重要性的确定★★

集团财务报表整体的重要性和组成部分重要性确定的环节、确定的人员等，见表 16-3：

表 16-3　集团财务报表整体的重要性和组成部分重要性

项目	确定的环节	确定的人员
集团财务报表整体的重要性	制定集团总体审计策略时	集团项目组
组成部分重要性	制定组成部分总体审计策略时	集团项目组
组成部分实际执行的重要性	制定组成部分总体审计策略时	集团项目组/组成部分注册会计师

二、集团重要性与组成部分重要性的关系★★★

集团财务报表整体的重要性和组成部分重要性之间的关系，见图 16-2：

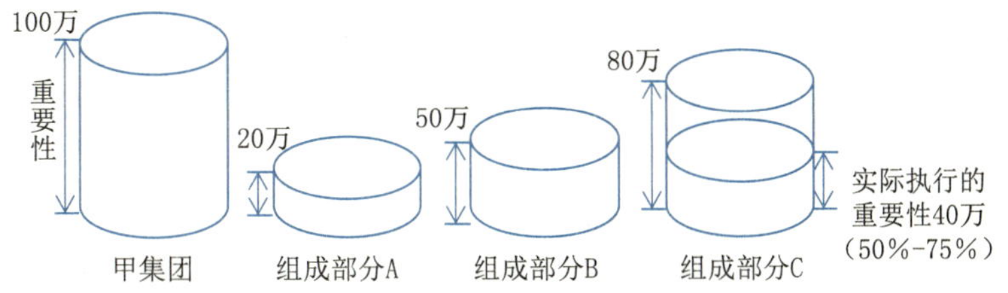

图 16-2　集团重要性与组成部分重要性的关系

（1）组成部分的重要性应当由集团项目组确定，即甲集团项目组应确定：甲、A、B、C 的重要性。

①组成部分重要性低于集团财务报表整体的重要性（A/B/C 均<甲），但无须采用将集团财务报表整体重要性按比例分配的方式。

②对不同组成部分确定的重要性的汇总数，有可能高于集团财务报表整体重要性（A+B+C 可以>甲）。

（2）如果组成部分实际执行的重要性由组成部分注册会计师确定，集团项目组应当评价其适当性（组成部分 C 的实际执行的重要性可以由甲集团项目确定，或由项目组 C 确定，但甲集团项目组必须评价其合理性）。

（3）如果仅计划在集团层面对某组成部分实施分析程序，无需为该组成部分确定重要性。

（4）如果对组成部分财务信息执行审阅，也应当确定组成部分重要性，其重要性水平的确定应与审计一致。

（5）组成部分注册会计师需要将在组成部分财务信息中识别出的**超过临界值**的错报通

报给集团项目组。

【例题 2 · 多选题】 下列有关组成部分重要性的说法中，错误的有(　)。

A. 集团项目组应将集团财务报表整体的重要性按比例分配给组成部分

B. 组成部分注册会计师应当确定集团层面明显微小错报临界值

C. 集团项目组应评价组成部分注册会计师为组成部分确定的适用于特定类别的交易、账户余额或披露的重要性水平的适当性

D. 对不重要的组成部分进行审阅时的重要性水平应高于审计的重要性水平

解析 组成部分财务报表整体的重要性、适用于特定类别的交易、账户余额或披露的重要性水平以及集团层面明显微小错报临界值，都应当由集团项目组确定。组成部分重要性低于集团财务报表整体的重要性，但无须采用将集团财务报表整体重要性按比例分配的方式。因错报对报表使用者的影响程度相同的，所以审阅与审计的重要性水平相当。

答案 ABCD

考点四　针对评估的风险采取的应对措施

一、对重要组成部分和不重要组成部分需实施的程序★★★

针对重要组成部分和不重要的组成部分，注册会计师所实施的程序不同，见图 16-3：

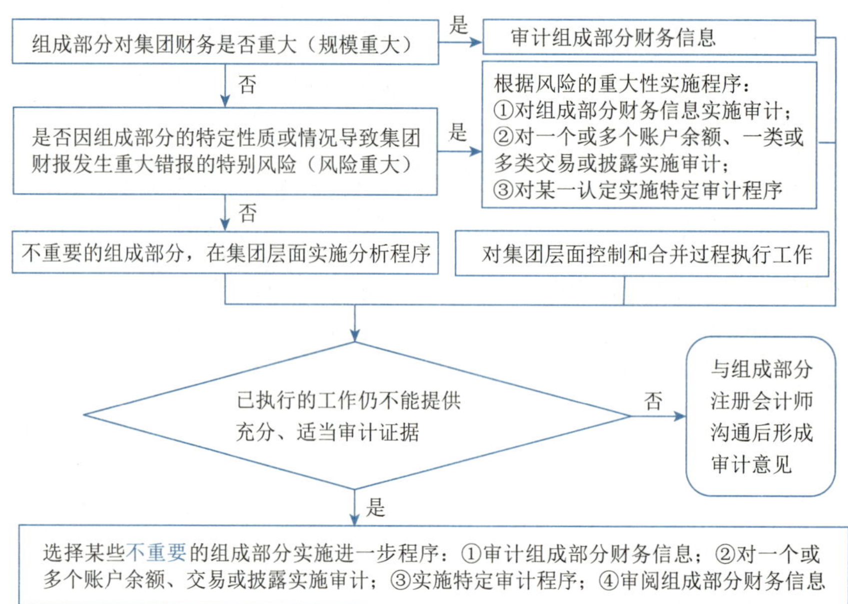

图 16-3　对重要组成部分和不重要组成部分实施的审计程序

二、已执行的工作仍不能提供充分、适当审计证据时的处理★

集团项目组**应当选择某些不重要的组成部分**，并对已选择的组成部分财务信息亲自执行或由代表集团项目组的组成部分注册会计师执行部分工作：

(1)使用组成部分重要性对组成部分财务信息**实施审计**；

(2)对一个或多个**账户余额**、一类或多类**交易或披露实施审计**；

(3)实施**特定程序**；

(4)使用组成部分重要性对组成部分财务信息**实施审阅**。

【知识点拨】 集团项目组**应当在一段时间之后更换**所选择的组成部分。

三、参与组成部分注册会计师的工作★

1. 重要组成部分

如果组成部分注册会计师对重要组成部分财务信息执行审计，集团项目组应当参与组成部分注册会计师实施的风险评估程序，以识别导致集团财务报表发生重大错报的特别风险。

2. 不重要组成部分

如果组成部分是不重要的组成部分，集团项目组参与组成部分注册会计师工作的性质、时间安排和范围，将根据集团项目组对组成部分注册会计师的了解的不同而不同。而该组成部分不是重要组成部分这一事实，成为次要考虑的因素。

【例题3·单选题】下列有关注册会计师对不同对组成部分执行的工作，恰当的是（ ）。

A. 集团项目组使用集团重要性对重要组成部分的财务信息实施审计

B. 集团项目组无需为不重要组成部分确定财务报表整体的重要性

C. 针对可能导致集团财务报表发生重大错报的特别风险的组成部分财务信息实施审阅

D. 集团项目应参与组成部分注册会计师对重要组成部分实施审计的风险评估程序

解析 对重要组成部分应使用组成部分的重要性实施审计，如果由组成部分注册会计师实施审计，集团项目组也应参与组成部分注册会计师实施的风险评估程序；对特定性质重要组成部分实施的均应是审计程序；对不重要组成部分也可使用组成部分的重要性对其财务信息实施审计或审阅。 **答案** D

四、合并过程

集团项目组应当了解集团层面的控制和合并过程，包括集团管理层向组成部分下达的指令。

如果对合并过程执行工作的性质、时间安排和范围基于预期集团层面控制有效运行，或者仅实施实质性程序不能提供认定层次的充分、适当的审计证据，集团项目组应当亲自测试或要求组成部分注册会计师代为测试集团层面控制运行的有效性。

考点五 集团财务报表审计中的沟通

一、与组成部分注册会计师的沟通★

集团项目组清晰、及时地通报工作要求，是集团项目组和组成部分注册会计师之间形成有效的双向沟通关系的基础。

1. 集团项目组向组成部分注册会计师的通报

（1）集团项目组应当及时向组成部分注册会计师通报工作要求。

（2）通报的内容应当明确组成部分注册会计师应执行的工作和集团项目组对其工作的利用，以及组成部分注册会计师与集团项目组沟通的形式和内容。

2. 组成部分注册会计师向集团项目组沟通的事项

（1）集团项目组应当要求组成部分注册会计师沟通与得出集团审计结论相关的事项。

（2）在配合集团项目组时，如果法律法规未予禁止，组成部分注册会计师可以允许集团项目组接触相关审计工作底稿。

3. 评价与组成部分注册会计师的沟通

如果认为组成部分注册会计师的工作不充分，集团项目组应当确定需要实施哪些追加的程序，以及这些程序是由组成部分注册会计师还是由集团项目组实施。

二、与集团管理层的沟通★

如果集团项目组识别出舞弊或组成部分注册会计师提请集团项目组关注舞弊，或者有关信息表明可能存在舞弊，集团项目组应当及时向适当层级的集团管理层通报，以便管理层告知主要负责防止和发现舞弊事项的人员。

三、与集团治理层的沟通★

集团项目组向集团治理层通报的事项，可能包括组成部分注册会计师提请集团项目组关注，并且集团项目组根据职业判断认为与集团治理层责任相关的重大事项。

【例题4·单选题】下列有关集团项目组与集团治理层的沟通内容的说法中，错误的是( )。

A. 沟通内容应当包括引起集团项目组对组成部分注册会计师工作质量产生疑虑的情形

B. 沟通内容应当包括集团项目组计划参与组成部分注册会计师工作的性质的概述

C. 如果集团项目组认为组成部分管理层的舞弊行为不会导致集团财务报表发生重大错报，无须就该事项进行沟通

D. 沟通内容应当包括集团项目组对组成部分注册会计师工作作出的评价

解析 集团项目组需要就涉及集团管理层、组成部分管理层、在集团层面控制中承担重要职责的员工以及其他人员(在舞弊行为导致集团财务报表出现重大错报的情况下)的舞弊或舞弊嫌疑与集团治理层进行沟通。

答案 C

真题精练

一、单项选择题

1. (2018年)在审计集团财务报表时，下列情形中，导致集团项目组无法利用组成部分注册会计师工作的是( )。

A. 组成部分注册会计师未处于积极有效监管环境中

B. 组成部分注册会计师不符合与集团审计相关的独立性要求

C. 集团项目组对组成部分注册会计师的专业胜任能力存有并非重大的疑虑

D. 组成部分注册会计师无法向集团项目组提供所有审计工作底稿

2. (2017年)在审计集团财务报表时，下列工作类型中，不适用于重要组成部分的是( )。

A. 特定项目审计

B. 财务信息审阅

C. 财务信息审计

D. 实施特定审计程序

二、多项选择题

1. (2017年)在审计集团财务报表时，下列各项工作中，应当由集团项目组执行的有( )。

A. 确定对组成部分执行的工作类型

B. 了解合并过程

C. 对重要组成部分实施风险评估程序

D. 对不重要的组成部分在集团层面实施分析程序

2. (2017年)在审计集团财务报表时，下列有关组成部分重要性的说法中，正确的有( )。

A. 组成部分重要性的汇总数不能高于集团财务报表整体的重要性

B. 集团项目组应当将组成部分重要性设定为低于集团财务报表整体的重要性

C. 组成部分重要性应当由集团项目组确定

D. 集团项目组应当为所有组成部分确定组成部分重要性

3. (2016年)下列各项中，可能属于集团财务报表审计中的组成部分的有( )。

A. 集团内的母公司

B. 集团内子公司对外投资的联营企业

C. 集团的分支机构

D. 集团的职能部门

4. (2015年)下列各项中，集团项目组应当确定的有( )。

A. 集团明显微小错报临界值

B. 集团整体重要性

C. 组成部分重要性

D. 组成部分实际执行的重要性

三、简答题

1. (2019年)ABC会计师事务所的A注册会

计师负责审计甲集团公司2018年度财务报表。与集团审计相关的部分事项如下：

(1) A注册会计师将资产总额、营业外收入或利润总额超过设定金额的组成部分识别为重要组成部分，其余作为不重要的组成部分。

(2)乙公司为重要组成部分，各项主要财务指标均占集团财务报表相关财务指标的50%以上。A注册会计师亲自担任组成部分注册会计师，选取乙公司财务报表中所有金额超过组成部分重要性的项目执行审计工作。

(3) A注册会计师评估认为重要组成部分丙公司的组成部分注册会计师具备专业胜任能力，复核后认可了其确定的组成部分重要性和组成部分实际执行的重要性。

(4) A注册会计师对不重要组成部分的财务报表执行了集团层面分析程序，并对这些组成部分的年末银行存款、借款和与金融机构往来的其他信息实施了函证程序。

(5) A注册会计师要求所有组成部分注册会计师汇报组成部分的控制缺陷和超过组成部分实际执行重要性的未更正错报，将其与集团层面的控制缺陷和未更正错报汇总评估后认为：甲集团公司不存在值得关注的内部控制缺陷，集团财务报表不存在重大错报。

要求：针对上述第(1)至(5)项，逐项指出A注册会计师的做法是否恰当。如不恰当，简要说明理由。

2. (2016年) ABC会计师事务所的A注册会计师负责审计甲集团公司2015年度财务报表，与集团审计相关的部分事项如下：

(1)乙公司为不重要的组成部分，A注册会计师对组成部分注册会计师的专业胜任能力存在重大疑虑，因此，对其审计工作底稿实施了详细复核，不再实施其他审计程序。

(2)丙公司为甲集团公司2015年新收购的子公司，存在导致集团财务报表发生重大错报的特别风险，A注册会计师要求组成部分注册会计师使用组成部分重要性对丙公司财务信息实施审阅。

(3)丁公司为海外子公司，A注册会计师要求担任丁公司组成部分注册会计师的境外会计师事务所确认其是否了解并遵守中国注册会计师职业道德守则的规定。

(4)联营公司戊公司为重要组成部分，因无法接触戊公司的管理层和注册会计师，A注册会计师取得了戊公司2015年度财务报表和审计报告，甲集团公司管理层拥有戊公司财务信息及作出的与戊公司财务信息有关的书面声明，认为这些信息已构成与戊公司相关的充分适当的审计证据。

(5) 2016年2月15日，组成部分注册会计师对已公司2015年度财务信息出具了审计报告，A注册会计师对已公司2016年2月15日至集团审计报告日期间实施了期后事项审计程序，未发现需要调整或披露的事项。

要求：针对上述第(1)至(5)项，逐项指出A注册会计师做法是否恰当。如不恰当，简要说明理由。

3. (2014年) ABC会计师事务所负责审计甲集团公司2013年度财务报表。集团项目组在审计工作底稿中记录了集团审计总结，部分内容摘录如下：

(1)联营公司乙公司为重要组成部分。组成部分注册会计师拒绝向集团项目组提供审计工作底稿或备忘录，乙公司管理层拒绝集团项目组对乙公司财务信息执行审计工作，向其提供了乙公司审计报告和财务报表。集团项目组就该事项与集团治理层进行了沟通。

(2)丙公司为重要组成部分。集团项目组利用了组成部分注册会计师对丙公司执行法定审计的结果。集团项目组确定该组成部分重要性为300万元，组成部分注册会计师执行法定审计使用的财务报表整体重要性为320万元，实际执行的重要性为

240 万元。

(3)丁公司为重要组成部分，存在导致集团财务报表发生重大错报的特别风险。集团项目组评价了组成部分注册会计师拟对该风险实施的进一步审计程序的恰当性，但根据对组成部分注册会计师的了解，未参与进一步审计程序。

(4)戊公司为不重要的组成部分。其他会计师事务所的注册会计师对戊公司财务报表执行了法定审计。集团项目组对戊公司财务报表执行了集团层面分析程序，未对执行法定审计的注册会计师进行了解。

(5)己公司为不重要的组成部分。集团项目组要求组成部分注册会计师使用集团财务报表整体的重要性对己公司财务信息实施了审阅，结果满意。

(6)庚公司为不重要的组成部分。因持续经营能力存在重大不确定性，组成部分注册会计师对庚公司出具了带强调事项段的无保留意见审计报告。甲集团公司管理层认为该事项不会对集团财务报表产生重大影响。集团项目组同意甲集团公司管理层的判断，拟在无保留意见审计报告中增加其他事项段，提及组成部分注册会计师对庚公司出具的审计报告类型、日期和组成部分注册会计师名称。

要求：针对上述第(1)至(6)项，逐项指出集团项目组的做法是否恰当，并简要说明理由。

四、综合题

1. (2015 年)甲集团公司是 ABC 会计师事务所的常年审计客户，主要从事化妆品的生产、批发和零售。A 注册会计师负责审计甲集团公司 2014 年度财务报表，确定集团财务报表整体的重要性为 600 万元。

资料一：

A 注册会计师在审计工作底稿中记录了审计计划，部分内容摘录如下：

(1)子公司乙公司从事新产品研发。2014 年度新增无形资产 1000 万元，为自行研发的产品专利。A 注册会计师拟仅针对乙公司的研发支出实施审计程序。

(2)子公司丙公司负责生产，产品全部在集团内销售。A 注册会计师认为丙公司的成本核算存在可能导致集团财务报表发生重大错报的特别风险，拟仅针对与成本核算相关的财务报表项目实施审计。

(3)甲集团公司的零售收入来自 40 家子公司，每家子公司的主要财务报表项目金额占集团的比例均低于 1%。A 注册会计师认为这些子公司均不重要，拟实施集团层面分析程序。

(4)DEF 会计师事务所作为组成部分注册会计师负责审计联营企业丁公司的财务信息，其审计项目组按丁公司利润总额的 3%确定组成部分重要性为 300 万元，实际执行的重要性为 150 万元。

(5)子公司戊公司负责甲集团公司主要原材料的进口业务，通过外汇掉期交易管理外汇风险。A 注册会计师拟使用 50 万元的组成部分重要性对戊公司财务信息实施审阅。

资料二：

A 注册会计师在审计工作底稿中记录了甲集团公司的财务数据，部分内容摘录如下：

金额单位：万元

集团/组成部分	2014 年(未审数)		
	资产总额	营业收入	利润总额
甲集团公司(合并)	80000	60000 其中：批发收入 38000 零售收入 20000 其他 2000	12000

续表

集团/组成部分	2014 年(未审数)		
	资产总额	营业收入	利润总额
乙公司	1900	200	(300)
丙公司	60000	40000	8000
丁公司	20000	50000	10000
戊公司	2000	200	50

资料三：

A 注册会计师在审计工作底稿中记录了风险应对的情况，部分内容摘录如下：

(1)A 注册会计师在实施会计分录测试时，将甲集团公司全年的标准会计分录和非标准会计分录作为待测试总体，在测试其完整性后，对选取的样本实施了细节测试，未发现异常。

(2)A 注册会计师认为甲集团公司存在低估负债的特别风险，在了解相关控制后，未信赖这些控制，直接实施了细节测试。

(3)甲集团公司使用存货库龄等信息测算产成品的可变现净值。A 注册会计师拟信赖与库龄记录相关的内部控制，通过穿行测试确定了相关内部控制运行有效。

(4)甲集团公司的存货存放在多个地点。A 注册会计师基于管理层提供的存货存放地点清单，并根据不同地点所存放存货的重要性及评估的重大错报风险确定了监盘地点。

资料四：

A 注册会计师在审计工作底稿中记录了重大事项的处理情况，部分内容摘录如下：

(1)因审计中利用的外部专家并非注册会计师，A 注册会计师未要求其遵守注册会计师职业道德守则的相关规定。

(2)化妆品行业将于 2016 年执行更严格的化学成分限量标准，甲集团公司的主要产品可能因此被淘汰。管理层提供了其对该事项的评估及相关书面声明，A 注册会计师据此认为该事项不影响甲集团公司的持续经营能力。

(3)在审计过程中，A 注册会计师与甲集团公司管理层讨论了值得管理层关注的内部控制缺陷，并在审计报告日后、审计工作底稿归档日前以书面形式向集团管理层和治理层通报了值得关注的内部控制缺陷。

(4)A 注册会计师认为甲集团公司 2014 年某新增主要客户很可能是甲集团公司的关联方，在询问管理层和实施追加的进一步审计程序后仍无法确定，拟因此发表保留意见。

资料五：

A 注册会计师在审计工作底稿中记录了处理错报的相关情况，部分内容摘录如下：

(1)2014 年，甲集团公司推出销售返利制度，并在 ERP 系统中开发了返利管理模块。A 注册会计师在对某组成部分执行审计时发现，因系统参数设置有误，导致选取的测试项目少计返利 2 万元。A 注册会计师认为该错报低于集团财务报表明显微小错报的临界值，可忽略不计。

(2)A 注册会计师发现甲集团公司销售副总经理挪用客户回款 50 万元，就该事项与总经理和治理层进行了沟通。因管理层已同意调整该错报并对相关内部控制缺陷进行整改，A 注册会计师未再执行其他审计工作。

(3)A 注册会计师使用审计抽样对管理费用进行了测试，发现测试样本存在 20 万元错报，A 注册会计师认为该错报不重大，同意管理层不予调整。

(4)2014 年 10 月，甲集团公司账面余额

1200万元的一条新建生产线达到预定可使用状态。截至2014年年末，因未办理竣工决算，该生产线尚未转入固定资产。A注册会计师认为该错报为分类错误，涉及折旧金额很小，不构成重大错报，同意管理层不予调整。

要求：

(1)针对资料一第(1)至第(5)项，结合资料二，假定不考虑其他条件，逐项指出资料一所列审计计划是否恰当。如不恰当，简要说明理由。

(2)针对资料三第(1)至第(4)项，假定不考虑其他条件，逐项指出A注册会计师的做法是否恰当。如不恰当，简要说明理由。

(3)针对资料四第(1)至第(4)项，假定不考虑其他条件，逐项指出A注册会计师的做法是否恰当。如不恰当，简要说明理由。

(4)针对资料五第(1)至第(4)项，假定不考虑其他条件，逐项指出A注册会计师的做法是否恰当。如不恰当，简要说明理由并提出改进建议。

2. (2014年)上市公司甲集团公司是ABC会计师事务所的常年审计客户，主要从事化工产品的生产和销售。A注册会计师负责审计甲集团公司2013年财务报表，确定集团财务报表整体的重要性为200万元。

资料一：

甲集团公司有一个子公司和一个联营企业，与集团审计相关的部分信息摘录如下：

组成部分	组成部分类型	执行工作的类型	确定重要性水平的人员
子公司乙公司	重要	审计	XYZ会计师事务所的X注册会计师
持有20%股权的联营企业丙公司	不重要	集团层面分析程序	不适用

资料二：

A注册会计师制定了甲集团公司总体审计策略，部分内容摘录如下：

(1)A注册会计师拟在审计计划阶段与治理层沟通，主要内容为：注册会计师与财务报表审计相关的责任、注册会计师的独立性、计划的审计范围以及具体审计程序的性质和时间安排。

(2)X注册会计师未能参与集团项目组对集团财务报表重大错报风险的讨论。A注册会计师拟另行安排时间与X注册会计师进行沟通，并向其通报集团项目组讨论的情况。

(3)甲集团公司内部审计部门于2013年测试了集团层面内部控制的有效性。A注册会计师拟信赖集团层面控制，通过与人员讨论和阅读内部审计报告，评价了内部审计人员的测试工作，拟利用其测试结果，并认为该工作足以实现审计目的。

资料三：

A注册会计师在审计工作底稿中记录了具体审计计划，部分内容摘录如下：

(1)A注册会计师参与X注册会计师实施的风险评估程序性质和范围包括：1)与X注册会计师讨论对集团而言重要的乙公司业务活动；2)复核X注册会计师对识别出的导致集团财务报表发生重大错报的特别风险形成的审计工作底稿。

(2)2013年，甲集团公司以500万元向具有支配性影响的母公司购买一项资产，A注册会计师了解到该交易已经董事会授权和批准，因此，认为不存在重大错报风险，拟通过检查合同等相关支持性文件获取审计证据。

(3)甲集团公司将经批准的合格供应商信息录入信息系统形成供应商主文档，生产部员工在信息系统中填制连续编号的请购单时只能选择该主文档中的供应商。供应商的变动须由采购部经理批准，并由其在系统中更新供应商主文档。A注册会计师认为该内控设计合理，拟予以信赖。

(4)甲集团公司采用账龄分析法对部分应收账款计提坏账准备，财务人员根据信息系统生成的账龄信息计算坏账准备金额，由财务经理复核并报财务总监批准。A 注册会计师拟询问财务经理和财务总监，检查复核与批准记录，以测试该控制运行的有效性。

(5)甲集团公司在发货时开具出库单，在客户验收后确认销售收入。出库单按出库顺序连续编号。A 注册会计师拟选 2013 年 12 月最后若干张和 2014 年 1 月最前若干张出库单，检查其对应的销售收入是否分别记录在 2013 年和 2014 年度。

(6)2013 年，甲集团公司以非同一控制下企业合并的方式吸收合并了丁公司，因丁公司不是 ABC 会计师事务所的审计客户，且固定资产价值高，A 注册会计师拟测试丁公司设立以来至合并日的固定资产和累计折旧中的所有重要记录，以核实甲集团公司在合并日确认的固定资产公允价值的准确性。

资料四：

A 注册会计师在审计工作底稿中记录了审计程序的执行情况，部分内容摘录如下：

(1)甲集团公司的销售费用存在低估风险，预计错报率低于 10%，总体规模在 2000 以上，A 注册会计师采用货币单元抽样方法，对销售费用实施了细节测试。

(2)甲集团公司 2013 年发生一起员工虚领工资事件，金额 180 万元。考虑到相关控制存在缺陷，A 注册会计师未予以信赖，通过实施实质性分析程序获取了与职工薪酬相关的审计证据。

(3)A 注册会计师在测试甲集团公司临近 2013 年末的会计记录和其他调整时，选取了 35 笔符合预定特征的样本项目，检查这些会计分录和其他调整是否获得管理层批准，入账金额是否准确，未发现错误。

资料五：

A 注册会计师在审计工作底稿中记录了评估错报及处理重大事项的情况，部分内容摘录如下：

(1)丙公司的控股股东拒绝 A 注册会计师接触丙公司的治理层、管理层和注册会计师。A 注册会计师获取甲集团公司管理层拥有的丙公司财务报表、审计报告及与丙公司相关的信息，在集团层面实施了分析程序，未发现异常，决定不再对丙公司财务信息执行进一步工作。

(2)A 注册会计师在审计过程中与甲管理层讨论了值得关注的内部控制缺陷和内部控制的其他缺陷，因此，不再以书面形式向管理层正式通报。

(3)2013 年 7 月，甲集团公司更换了主要管理层人员，由于现任管理层仅就其任职期间提供书面声明，A 注册会计师向前任管理层获取了其在任时相关期间的书面声明。

(4)2013 年 12 月，丙公司为提高产能向甲集团公司购入一条生产线。甲集团公司取得 300 万元的处置净收益，在按照权益法确认对丙公司的投资收益时，未作抵销处理，并拒绝接受审计调整建议。A 注册会计师认为该错报金额重大，拟因此发表保留意见。

(5)2014 年 2 月 20 日，A 注册会计师出具了集团审计报告，在财务报表报出前，A 注册会计师获悉甲集团公司 2014 年 1 月 10 日发生了一笔大额销售退回，因此，要求管理层修改财务报表，并于 2014 年 2 月 25 日重新出具了审计报告。管理层于 2014 年 2 月 26 日批准并报出批准后的财务报表。

(6)审计报告日后，A 注册会计师发现甲集团公司已公告的年度报告中部分信息与已审计财务报表存在重大不一致，要求管理层修改年度报告，管理层拒绝作出修改。A 注册会计师认为该事项不影响已审计财务报表，无需采取进一步措施。

要求：

(1)针对资料二第(1)至(3)项，结合资料一，假定不考虑其他条件，逐项指出A注册会计师的处理是否恰当。如不恰当，简要说明理由。

(2)针对资料三第(1)至(6)项，结合资料一，假定不考虑其他条件，逐项指出A注册会计师的处理是否恰当。如不恰当，简要说明理由。

(3)针对资料四，分析A注册会计师处理是否恰当，如果不恰当并说明理由。

(4)针对资料五，分析A注册会计师处理是否恰当，如果不恰当并说明理由。

真题精练答案及解析

一、单项选择题

1. B 【解析】选项B，如果组成部分注册会计师不符合与集团审计相关的独立性要求，集团项目组应当就组成部分财务信息亲自获取充分、适当的审计证据，而不应要求组成部分注册会计师对组成部分财务信息执行相关工作。

2. B 【解析】对重要组成部分应当实施审计程序。

二、多项选择题

1. ABD 【解析】如果组成部分注册会计师对重要组成部分财务信息执行审计，集团项目组应当参与组成部分注册会计师实施的风险评估程序，而不是由集团项目组执行。

2. BC 【解析】选项A，在确定组成部分重要性时，无需采用将集团财务报表整体重要性按比例分配的方式，因此对不同组成部分确定的重要性的汇总数，有可能高于集团财务报表整体重要性；选项D，如果集团项目组仅计划对不重要的组成部分在集团层面实施分析程序，那么无须为其确定重要性。

3. ABCD 【解析】以上四个选项均满足属于某一实体或某项业务活动，并且其财务信息包括在集团财务报表中。

4. ABC 【解析】组成部分实际执行的重要性可以由集团项目组确定，也可以由组成部分注册会计师确定。

三、简答题

1.【答案】

(1)不恰当。由于单个组成部分的特定性质或情况，可能存在导致集团财务报表发生重大错报的特别风险的组成部分，也应识别为重要组成部分。

(2)不恰当。由于乙公司对集团财务报表具有财务重大性，应对其财务信息执行审计。

(3)不恰当。如果组成部分注册会计师对组成部分财务信息实施审计，集团项目组应当为这些组成部分确定组成部分重要性。

(4)恰当。

(5)不恰当。组成部分注册会计师应将在组成部分财务信息中识别出的超过集团层面明显微小错报临界值的错报通报给集团项目组。

2.【答案】

(1)不恰当。如果集团项目组对组成部分注册会计师专业胜任能力存在重大疑虑，应当就组成部分财务信息亲自获取充分适当的审计证据。

(2)不恰当。存在导致集团财务报表出现错报的特别风险，应当按照重要组成部分的重要性对其财务信息实施审计或针对特别风险实施审计程序，不是审阅业务。

(3)恰当。

(4)不恰当。如果组成部分注册会计师对重要组成部分财务信息执行审计，获取的书面声明本身不能作为充分适当的审计证据。

(5)恰当。

3.【答案】

(1)恰当。该事项属于审计过程中遇到的

重大困难，应当与治理层进行沟通。

(2)不恰当。组成部分注册会计师在执行法定审计时应使用300万元作为重要性/组成部分注册会计师执行法定审计使用的重要性大于集团项目组确定的该组成部分重要性，集团项目组不能利用法定审计的工作结果。

(3)恰当。集团项目组是否参与进一步审计程序取决于对组成部分注册会计师的了解。

(4)恰当。其他会计师事务所的注册会计师不构成组成部分注册会计师，集团项目组无需对其进行了解。/仅实施集团层面分析程序，无需了解其他注册会计师。

(5)不恰当。应使用组成部分重要性实施审阅。

(6)不恰当。不应在审计报告中提及组成部分注册会计师/如果提及，应指明这种提及并不减轻甲集团公司审计项目合伙人及ABC会计师事务所对甲集团公司审计意见承担的责任。

『提示』根据2016年审计准则的最新规定，如果运用持续经营假设是适当的，但存在重大不确定性，且财务报表对重大不确定性已作出充分披露，注册会计师应当发表无保留意见，并在审计报告中增加以"持续经营相关的重大不确定性"为标题的单独部分，所以该事项中对庚公司出具带有强调事项段的无保留意见的审计报告也不恰当。

四、综合题

1.【答案】

(1)

事项序号	是否恰当(是/否)	理由
(1)	是	——
(2)	否	丙公司是具有财务重大性的重要组成部分，应当对丙公司的财务信息实施审计
(3)	否	零售收入占集团营业收入的三分之一/金额重大，对这40家子公司仅在集团层面实施分析程序不足够
(4)	否	组成部分重要性应当由集团项目组确定
(5)	否	戊公司的业务涉及外汇掉期交易，属于可能存在导致集团财务报表发生重大错报的特别风险的重要组成部分，应当实施审计/审计程序

(2)

事项序号	是否恰当(是/否)	理由
(1)	否	会计分录测试的总体应当包括在报告期末作出的其他调整
(2)	是	——
(3)	否	穿行测试不能为控制运行的有效性提供充分证据/穿行测试用于了解内部控制，还应当实施控制测试
(4)	否	注册会计师应当考虑存货存放地点清单的完整性

(3)

事项序号	是否恰当(是/否)	理由
(1)	否	外部专家应当遵守职业道德要求中的保密条款
(2)	否	如果识别出可能导致对持续经营能力产生重大疑虑的事项，注册会计师应当通过实施追加的审计程序，获取充分、适当的审计证据，以确定是否存在重大不确定性/未对管理层的评估实施进一步审计程序/书面声明本身并不为所涉及的任何事项提供充分、适当的审计证据

续表

事项序号	是否恰当(是/否)	理由
(3)	是	——
(4)	否	注册会计师应当考虑将该事项作为审计中的重大困难与治理层进行沟通，要求治理层提供进一步的信息

(4)

事项序号	是否恰当(是/否)	理由及改进意见
(1)	否	理由：该错报为系统性错报/可能发生于其他组成部分。 改进建议：集团项目组应当关注并汇总其他组成部分的这类错报，汇总考虑该类错报对集团财务报表的影响
(2)	否	理由：该错报涉及较高层级的管理层舞弊。 改进建议：注册会计师应当采取下列措施：1)重新评估舞弊导致的重大错报风险。2)考虑重新评估的结果对审计程序的性质、时间安排和范围的影响。3)重新考虑此前获取的审计证据的可靠性
(3)	否	理由：没有推断总体错报。 改进建议：注册会计师应当使用在抽样中发现的样本错报去推断总体的错报金额/应针对推断的总体错报金额评价其是否重大
(4)	是	——

2.【答案】

(1)

事项序号	是否恰当(是/否)	理由
(1)	否	与治理层沟通具体审计程序的性质和时间安排，可能因这些程序易于被预见而降低其有效性
(2)	是	——
(3)	否	A注册会计师没有/还应当实施审计程序以确定该内部审计工作是否足以实现审计目的

(2)

事项序号	是否恰当(是/否)	理由
(1)	否	A注册会计师没有与X注册会计师讨论由于舞弊或错误导致乙公司财务信息发生重大错报的可能性，工作不充分
(2)	否	母公司对甲集团公司具有支配性影响，甲集团公司与授权和批准相关的控制可能是无效的，因此授权和批准本身不足以就是否不存在重大错报风险得出结论
(3)	否	对供应商信息修改的批准和录入是两项不相容职责/均由采购部经理执行，未设置适当的职责分离，该控制设计不合理，不应当信赖
(4)	否	由于该人工控制依赖信息系统生成的信息，A注册会计师还应当验证相关的信息系统控制(如答“信息技术一般控制”或“信息技术应用控制”也可得分)。/A注册会计师还应当验证账龄信息的准确性
(5)	否	甲集团公司在客户验收时确认收入，按照产品出库时间选取样本项目/核对财务报表日前后连续编号的出库单并不足以有效测试收入截止

续表

事项序号	是否恰当(是/否)	理由
(6)	否	对于非同一控制下的吸收合并，甲集团公司取得的丁公司的固定资产应当按合并日的公允价值进行初始确认，审计丁公司固定资产的账面记录不能为公允价值的准确性提供审计证据

(3)

事项序号	是否恰当(是/否)	理由
(1)	否	在PPS抽样中，被低估的实物单元被选取的概率更低，/未入账的交易未包括在总体中，因此PPS抽样不适用于测试低估
(2)	否	虚领工资是舞弊行为，且金额重大，表明可能存在舞弊导致的特别风险。如果针对特别风险实施的程序仅为实质性程序，应当包括细节测试
(3)	否	测试报告期末的会计分录和其他调整的目的是应对管理层凌驾于控制之上的风险。仅检查管理层的批准和入账金额准确不足以实现测试目标

(4)

事项序号	是否恰当(是/否)	改进建议
(1)	是	——
(2)	否	A注册会计师向管理层通报值得关注的内部控制缺陷应当采取书面形式
(3)	否	A注册会计师应向现任管理层获取涵盖审计报告提及的所有期间的书面声明
(4)	否	甲集团公司应当按持股比例抵销与联营企业之间发生的内部交易损益/应当抵销的错报金额为60万元，应判断为金额不重大的错报，不应因此发表保留意见
(5)	否	新的审计报告日不应早于修改后的财务报表批准日/在出具新的审计报告前应当获取经批准的修改后的财务报表
(6)	否	A注册会计师还应当将对其他信息的疑虑告知治理层，并采取适当的进一步措施，包括征询法律意见

同步训练 限时60分钟

一、单项选择题

1. 下列关于与集团财务报表审计有关的概念的说法中，不正确的是(　)。

A. 所有组成部分的财务信息均应当包括在集团财务报表中

B. 组成部分的财务信息可由集团编制，也可由组成部分管理层编制

C. 集团项目组负责制定集团财务报表整体的重要性，组成部分注册会计师负责制定组成部分重要性

D. 集团至少拥有一个以上的组成部分

2. 下列关于集团项目组与组成部分注册会计师的说法中，不正确的是(　)。

A. 当基于集团审计目的对组成部分财务信息执行相关工作时，组成部分注册会计师需要遵守的职业道德要求与其单独执行法定审计时所需遵守的职业道德要求是相同的

B. 如果集团项目组计划仅在集团层面对某些组成部分实施分析程序，就无须了解这些组成部分注册会计师

C. 如果组成部分注册会计师对组成部分财务信息实施审计，则需要由集团项目组为组成部分确定重要性水平

D. 基于集团审计目的，集团项目组成员按照集团项目组的工作要求，对组成部分财务信息执行相关工作，这种情况下，该成员也是组成部分注册会计师

3. 下列关于集团财务报表审计的说法中，不正确的是(　)。

A. 组成部分实际执行的重要性水平可以由组成部分注册会计师确定

B. 集团项目组对整个集团财务报表审计工作及审计意见负全部责任

C. 对不重要的组成部分，集团项目组应当在集团层面实施分析程序

D. 如果因未能就组成部分财务信息获取充分、适当的审计证据，导致集团项目组在对集团财务报表出具的审计报告中发表非无保留意见，集团项目组需要在审计报告中提及组成部分注册会计师

4. 集团项目组在确定集团财务报表整体的重要性时，注册会计师的判断不当的是(　)。

A. 根据集团的特定情况，可确定适用于这些交易、账户余额或披露的一个或多个重要性水平

B. 组成部分重要性应低于集团财务报表整体的重要性

C. 应将集团财务报表整体重要性按比例分配给不同的组成部分

D. 对不同组成部分确定的重要性的汇总数，有可能高于集团财务报表整体重要性

5. 在制定集团财务报表审计的总体审计策略时，集团项目组作出的下列与重要性相关的事项中，正确的是(　)。

A. 集团项目组确定集团财务报表整体的重要性

B. 将超过临界值的错报视为对集团财务报表明显微小的错报，组成部分注册会计师不需要将此错报通报给集团项目组

C. 确定的组成部分的重要性水平与集团财务报表整体的重要性水平一致

D. 如果集团财务报表中存在特定类别的交易，其发生的错报金额低于集团财务报表整体的重要性，即使可以合理预期将影响财务报表使用者依据集团财务报表作出的经济决策，集团项目组也无须对该特定类别的交易确定重要性

6. 甲集团公司控制的子公司中，有一部分委托了另外一家会计师事务所进行审计，作为集团项目组要求组成部分注册会计师沟通的下列事项中，不恰当的是(　)。

A. 因违反法律法规而可能导致集团财务报表发生重大错报的信息

B. 指出作为组成部分注册会计师出具报告对象的组成部分财务信息

C. 组成部分注册会计师是否已遵守与集团审计相关的职业道德要求，包括对独立性和专业胜任能力的要求

D. 组成部分财务信息中未更正错报的清单，其中包括低于集团项目组通报的临界值且明显微小的错报

7. 下列有关组成部分重要性的说法中，错误的有(　)。

A. 组成部分重要性的汇总数可以高于集团财务报表整体的重要性

B. 组成部分重要性可以由集团项目组或组成部分注册会计师确定

C. 如果仅计划在集团层面对某组成部分实施分析程序，无需为该组成部分确定重要性

D. 集团财务报表整体的重要性应当高于组成部分重要性

8. 对于组成部分财务信息，集团项目组应当确定执行工作的类型，下列说法中不正确的是(　)。

A. 对具有财务重大性的组成部分，集团项目组执行财务信息审计

B. 对不重要的组成部分，在集团层面实施分析程序

C. 对存在特别风险的组成部分，集团项目组执行审阅程序

D. 对存在特别风险的组成部分，针对可

能导致集团财务报表发生重大错报的特别风险实施特定的审计程序

9. 对由于其特定性质或情况，可能存在导致集团财务报表发生重大错报的特别风险的重要组成部分，集团项目组或代表集团项目组的组成部分注册会计师不应执行的工作是（　）。

A. 使用集团重要性对组成部分财务信息实施审计

B. 使用组成部分重要性对组成部分财务信息实施审计

C. 针对与可能导致集团财务报表发生重大错报的特别风险相关的一个或多个账户余额、一类或多类交易或披露事项实施审计

D. 针对可能导致集团财务报表发生重大错报的特别风险实施特定的审计程序

10. 如果组成部分注册会计师不能独立于被审计单位及其组成部分，不能胜任其承担的具体审计业务，或者集团项目组对上述事项存在疑虑，那么，集团项目组（　）。

A. 应当拒绝接受委托

B. 发表保留或无法表示意见的审计报告

C. 发表保留或否定意见的审计报告

D. 不应利用组成部分注册会计师的工作来获取与组成部分财务信息有关的审计证据

二、多项选择题

1. 注册会计师在集团项目审计过程中，可能会对组成部分注册会计师进行评价和参与，下列判断正确的有（　）。

A. 为应对财务报表重大错报风险，对于组成部分财务信息，集团项目组可能亲自执行或由组成部分注册会计师代为执行审计程序

B. 对于持有大量过时存货的组成部分，集团项目组可以针对存货计价实施或要求组成部分注册会计师实施指定的审计程序

C. 某一组成部分不重要，集团项目组不会参与组成部分注册会计师的风险评估

D. 集团项目组应当及时向组成部分注册会计师通报工作要求，组成部分注册会计师应及时提供相关审计工作底稿

2. 集团项目组在确定对组成部分财务信息拟执行工作的类型以及参与组成部分注册会计师工作的程度时，要考虑的因素包括（　）。

A. 组成部分的重要程度

B. 识别出的导致集团财务报表发生重大错报的特别风险

C. 对集团层面控制的设计的评价，以及其是否得到执行的判断

D. 集团项目组对组成部分注册会计师的了解

3. 如果计划要求组成部分注册会计师执行组成部分财务信息的相关工作，集团项目组应当了解的事项有（　）。

A. 组成部分注册会计师是否了解并将遵守与集团审计相关的职业道德要求，特别是独立性要求

B. 组成部分注册会计师是否具备专业胜任能力

C. 集团项目组参与组成部分注册会计师工作的程度是否足以获取充分、适当的审计证据

D. 组成部分注册会计师是否处于积极的监管环境中

4. 针对不重要的组成部分，集团项目组或组成部分注册会计师执行的工作类型可能包括（　）。

A. 在集团层面实施分析程序

B. 使用组成部分重要性对组成部分财务信息实施审计

C. 对一个或多个账户余额、一类或多类交易或披露实施审计

D. 使用组成部分重要性对组成部分财务信息实施审阅

5. 可能导致集团财务报表发生重大错报特别风险的组成部分有（　）。

A. 从事特殊行业的组成部分

B. 某一单个组成部分的某类交易、账户余额或披露超过集团财务报表整体重要性

C. 某一单个组成部分从事与集团其他同类组成部分不同的交易

D. 某一单个组成部分的财务报表涉及重大会计估计和判断

6. 集团项目组或组成部分注册会计师执行的下列审计程序中，恰当的有（ ）。

A. 对于具有财务重大性的单个组成部分，集团项目组或组成部分注册会计师应当运用该组成部分的重要性，对组成部分财务信息实施审计

B. 对于不重要的组成部分，集团项目组或组成部分注册会计师应当在集团层面实施分析程序

C. 当已执行的工作仍不能提供充分、适当审计证据时，集团项目组应当选择某些不重要的组成部分，并对已选择的组成部分财务信息亲自执行或由组成部分注册会计师执行进一步程序

D. 如果由组成部分注册会计师对重要组成部分财务信息执行审计，集团项目组应当了解组成部分注册会计师

7. 对由于其特定性质或情况，可能存在导致集团财务报表发生重大错报的特别风险的重要组成部分，集团项目组或代表集团项目组的组成部分注册会计师应当（ ）。

A. 使用组成部分重要性对组成部分财务信息实施审计

B. 针对与可能导致集团财务报表发生重大错报的特别风险相关的一个或多个账户余额、一类或多类交易或披露事项实施审计

C. 针对可能导致集团财务报表发生重大错报的特别风险实施特定的审计程序

D. 使用组成部分重要性对组成部分财务信息实施审阅

8. 集团项目组应当按照《中国注册会计师审计准则第 1152 号—向治理层和管理层通报内部控制缺陷》的规定，确定哪些识别出的内部控制缺陷需要向集团治理层和集团管理层通报。在确定通报的内容时，集团项目组应当考虑（ ）。

A. 集团项目组识别出的集团层面内部控制缺陷

B. 集团项目组识别出的组成部分层面内部控制缺陷

C. 组成部分注册会计师提请集团项目组关注的内部控制缺陷

D. 组成部分注册会计师识别出的不影响整个集团的组成部分层面内部控制缺陷

9. 下列情况通过参与组成部分审计工作不可以消除疑虑的有（ ）。

A. 对组成部分注册会计师的独立性的重大疑虑

B. 对组成部分注册会计师专业胜任能力的重大疑虑

C. 组成部分注册会计师未处于积极有效的监督环境

D. 对组成部分注册会计师的监管环境的重大疑虑

10. 集团项目组应当与集团治理层沟通的事项包括（ ）。

A. 集团审计受到的限制，如集团项目组接触某些信息受到的限制

B. 涉及集团管理层的舞弊或舞弊嫌疑

C. 对组成部分注册会计师的工作作出的评价，引起集团项目组对其工作质量产生疑虑的情形

D. 对组成部分财务信息拟执行工作的类型的概述

三、简答题

1. 甲集团公司拥有乙公司等 6 家全资子公司。ABC 会计师事务所负责审计甲集团公司 2018 年度财务报表，确定甲集团公司合并财务报表整体的重要性为 500 万元。集团项目组在审计工作底稿中记录了集团审计策略，部分内容摘录如下：

组成部分	(1)	(2)	(3)	(4)	
	是否为重要组成部分(是/否)	是否由其他会计师事务所执行相关工作(是/否)	拟执行工作的类型	组成部分重要性	说明
乙公司	是	否	审计	500万元	确定该组成部分实际执行的重要性为300万元
丙公司	是	是	审计	200万元	该组成部分实际执行的重要性由其他会计师事务所自行确定，无需评价
丁公司	是	是	审计	100万元	确定该组成部分实际执行的重要性为60万元
戊公司	否	否	审阅	不适用	执行审阅工作，无需确定组成部分重要性
戊公司	否	否	集团层面分析程序	不适用	执行集团层面分析程序，无需确定组成部分重要性
庚公司	否	否	审计	400万元	确定该组成部分实际执行的重要性为240万元

要求：假定不考虑其他条件，结合上表中第(1)、(2)和(3)列，分别指出第(4)列所列内容是否恰当。如不恰当，简要说明理由。

组成部分	是否恰当(是/否)	理由
乙公司		
丙公司		
丁公司		
戊公司		
戊公司		
庚公司		

2. ABC会计师事务所负责审计甲集团公司2018年度财务报表。集团项目组在审计工作底稿中记录了集团审计策略，部分内容摘录如下：

序号	集团公司/组成部分	是否为重要组成部分	集团审计策略
(1)	甲集团公司	不适用	初步预期集团层面控制运行有效，并拟实施控制测试
(2)	乙公司(子公司)	否	拟使用集团财务报表整体的重要性对乙公司财务信息实施审阅
(3)	丙公司(联营公司)	否	拟实施集团层面的分析程序，不利用丙公司注册会计师的工作，因此不对其进行了解
(4)	丁公司(子公司)	是	经初步了解，负责丁公司审计的组成部分注册会计师不符合与集团审计相关的独立性要求，集团项目组拟通过参与该注册会计师对丁公司实施的审计工作，消除其不具有独立性的影响

续表

序号	集团公司/组成部分	是否为重要组成部分	集团审计策略
(5)	戊公司(子公司)	是	拟要求组成部分注册会计师实施审计，并提交其出具的戊公司审计报告。对戊公司自2019年3月10日(戊公司财务报表审计报告日)至2019年3月31日(甲集团公司财务报表审计报告日)之间发生的、可能需要在甲集团公司财务报表中调整或披露的期后事项，拟要求组成部分注册会计师实施审阅予以识别
(6)	庚公司(子公司)	是	庚公司从事大量衍生工具交易，可能存在导致集团财务报表发生重大错报的特别风险。拟要求组成部分注册会计师针对上述特别风险实施特定的审计程序

要求：逐项指出上表所述的集团审计策略是否恰当。如不恰当，简单说明理由。

同步训练答案及解析

一、单项选择题

1. C 【解析】集团项目组负责制定组成部分重要性。

2. A 【解析】当基于集团审计目的对组成部分财务信息执行相关工作时，组成部分注册会计师需要遵守与集团审计相关的职业道德要求。这些要求与组成部分注册会计师在其所在国家或地区执行法定审计时所需遵守的职业道德要求可能不同，或需要遵守更多的要求。

3. D 【解析】如果因未能就组成部分财务信息获取充分、适当的审计证据，导致集团项目组在对集团财务报表出具的审计报告中发表非无保留意见，集团项目组需要在导致非无保留意见的事项段中说明不能获取充分、适当审计证据的原因，除非法律法规要求在审计报告中提及组成部分注册会计师，并且这样做对充分说明情况是必要的，否则不应提及组成部分注册会计师。

4. C 【解析】由于针对不同的组成部分确定的重要性可能有所不同，无须采用将集团财务报表整体重要性按比例分配的方式。

5. A 【解析】选项B，注册会计师需要设定临界值，不能将超过临界值的错报视为对集团财务报表明显微小的错报。组成部分注册会计师需要将在组成部分财务信息中识别出的超过临界值的错报通报给集团项目组；选项C，集团项目组应当确定集团财务报表的整体重要性，它一般应高于组成部分的整体重要性；选项D，根据集团的特定情况，如果集团财务报表中存在特定类别的交易、账户余额或披露，其发生的错报金额低于财务报表整体的重要性，但合理预期将影响财务报表使用者依据集团财务报表作出的经济决策，则确定适用于这些交易、账户余额或披露的一个或多个重要性水平。

6. D 【解析】组成部分注册会计师与集团项目组沟通时，可以沟通组成部分财务信息中未更正错报的清单，但清单不必包括低于集团项目组通报的临界值且明显微小的错报，选项D错误。

7. B 【解析】组成部分重要性应当由集团项目组确定。

8. C 【解析】对存在特别风险的组成部分，集团项目组执行审计业务。参见《中国注册会计师审计准则问题解答第10号—集团财务报表审计》。

9. A 【解析】就集团而言，对于具有财务重大性的单个组成部分，集团项目组或代表集团项目组的组成部分注册会计师应当运用该组成部分的重要性，对组成部分财务信息实施审计。

10. D 【解析】如果组成部分注册会计师不能独立于被审计单位及其组成部分，不能胜任其承担的具体审计业务，或者集团项目组对上述事项存在疑虑，那么，集团项目组不应利用组成部分注册会计师的工作来获取与组成部分财务信息有关的审计证据。

二、多项选择题

1. AB 【解析】选项C，某一组成部分未被视为重要组成部分，集团项目组仍可能决定参与组成部分注册会计师的风险评估，因为集团项目组对组成部分注册会计师专业胜任能力的并非存有重大的疑虑(如认为其缺乏行业专业知识)，或者组成部分注册会计师未处于积极有效的监管环境中。选项D，集团项目组应当要求组成部分注册会计师沟通与得出集团审计结论相关的事项，在配合集团项目组时，如果法律法规未予禁止，组成部分注册会计师可以允许集团项目组接触相关审计工作底稿。
2. ABCD 【解析】上述四个因素均会影响对组成部分财务信息拟执行工作的类型以及参与组成部分注册会计师工作的程度。比如选项A，对于重要组成部分，执行的程序为审计；不重要的组成部分，执行的程序通常为在集团层面的分析程序。
3. ABCD
4. ABCD 【解析】选项A，为针对不重要组成部分通常需要执行的程序；选项BCD，为当集团项目组认为对重要组成部分财务信息执行的工作、对集团层面和合并过程执行的工作以及在集团层面实施分析程序还不能获取形成集团审计意见所依据的充分、适当的审计证据时，集团项目组或组成部分注册会计师对不重要的组成部分所应当执行的程序。
5. ABCD 【解析】导致特别风险的组成部分参考《中国注册会计师审计准则问题解答第10号—集团财务报表审计》。
6. ACD 【解析】选项B，当对不重要的组成部分执行集团层面的分析程序时，应由集团项目组执行。
7. ABC 【解析】对特定性质重要组成部分应实施的是审计程序，对已执行的工作仍不能提供充分、适当审计证据时的处理的，集团项目组应当选择某些不重要的组成部分，对其进行的工作才可能包括审阅。
8. ABC 【解析】不影响整个集团的组成部分层面内部控制缺陷无需向集团治理层和管理层通报。
9. ABD 【解析】如果组成部分注册会计师不符合与集团审计相关的独立性要求，或集团对组成部分注册会计师职业道德、专业胜任能力和所处的监管环境存有重大疑虑，集团项目组应当就组成部分财务信息亲自获取充分、适当的审计证据，而不应要求组成部分注册会计师对组成部分财务信息执行相关工作。
10. ABCD 【解析】除了上述四项外，沟通的事项还包括在组成部分注册会计师对重要组成部分财务信息拟执行的工作中，集团项目组计划参与其工作的性质的概述。

三、简答题

1. 【答案】

组成部分	是否恰当(是/否)	理由
乙公司	否	组成部分重要性应当低于集团财务报表整体的重要性
丙公司	否	如果实际执行的重要性由组成部分注册会计师确定，应当评价其适当性

续表

组成部分	是否恰当(是/否)	理由
丁公司	是	
戊公司	否	如果对组成部分财务信息执行审阅，应当确定组成部分重要性
戌公司	是	
庚公司	是	

2.【答案】

集团审计策略序号	是否恰当（是/否）	理由
(1)	是	
(2)	否	应当使用组成部分乙公司的重要性对乙公司财务信息实施审阅
(3)	是	
(4)	否	组成部分注册会计师不符合与集团审计相关的独立性要求，集团项目组应就该组成部分财务信息亲自获取充分、适当的审计证据
(5)	否	应要求戊公司组成部分注册会计师实施审计程序
(6)	是	

本章知识串联

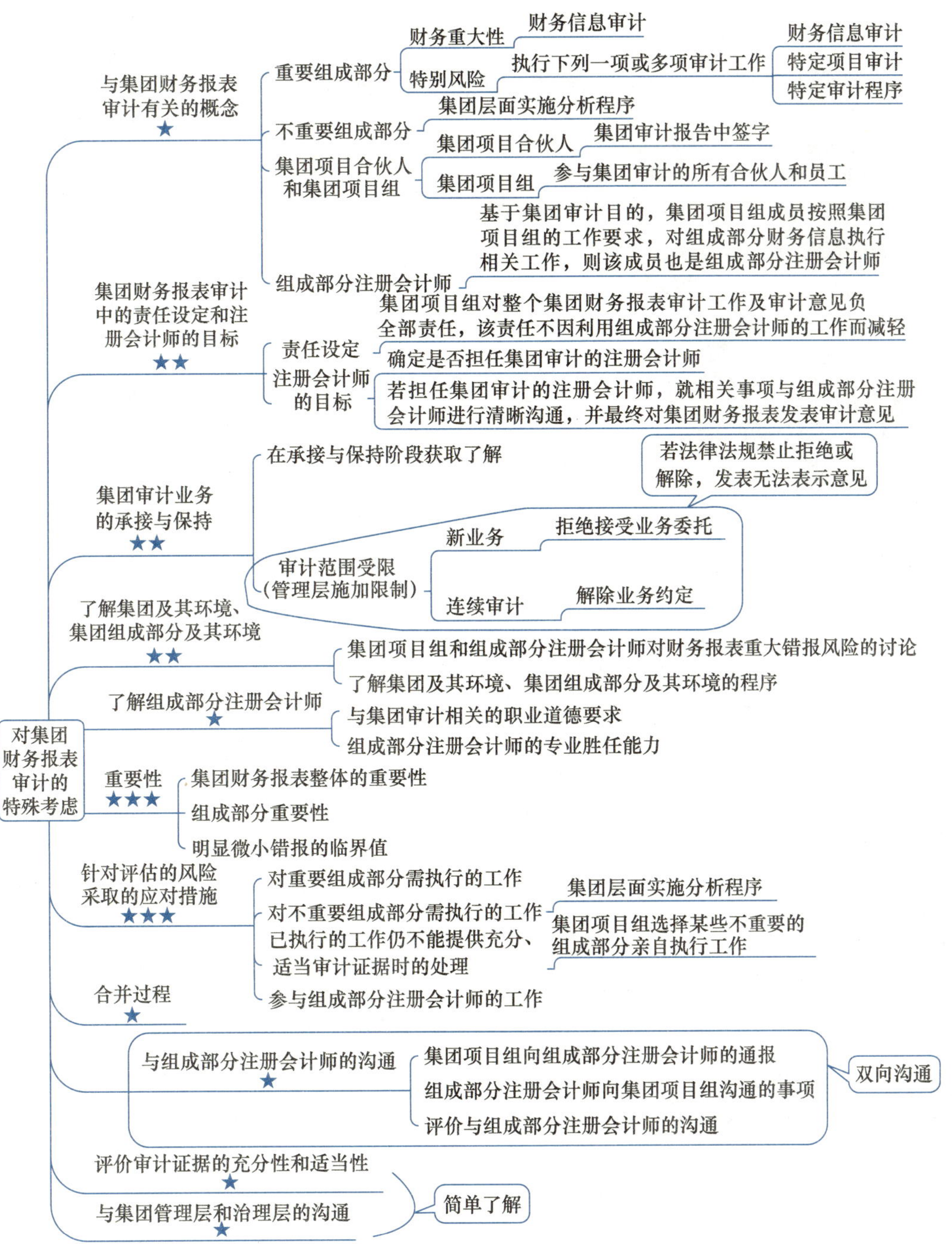

对集团财务报表审计的特殊考虑
与集团财务报表审计有关的概念 ★
重要组成部分
财务重大性
财务信息审计
特别风险
执行下列一项或多项审计工作
财务信息审计
特定项目审计
特定审计程序
不重要组成部分
集团层面实施分析程序
集团项目合伙人和集团项目组
集团项目合伙人
集团审计报告中签字
集团项目组
参与集团审计的所有合伙人和员工
组成部分注册会计师
基于集团审计目的，集团项目组成员按照集团项目组的工作要求，对组成部分财务信息执行相关工作，则该成员也是组成部分注册会计师
集团财务报表审计中的责任设定和注册会计师的目标 ★★
责任设定
集团项目组对整个集团财务报表审计工作及审计意见负全部责任，该责任不因利用组成部分注册会计师的工作而减轻
注册会计师的目标
确定是否担任集团审计的注册会计师
若担任集团审计的注册会计师，就相关事项与组成部分注册会计师进行清晰沟通，并最终对集团财务报表发表审计意见
集团审计业务的承接与保持 ★★
在承接与保持阶段获取了解
审计范围受限(管理层施加限制)
新业务
拒绝接受业务委托
连续审计
解除业务约定
若法律法规禁止拒绝或解除，发表无法表示意见
了解集团及其环境、集团组成部分及其环境 ★★
集团项目组和组成部分注册会计师对财务报表重大错报风险的讨论
了解集团及其环境、集团组成部分及其环境的程序
了解组成部分注册会计师 ★
与集团审计相关的职业道德要求
组成部分注册会计师的专业胜任能力
重要性 ★★★
集团财务报表整体的重要性
组成部分重要性
明显微小错报的临界值
针对评估的风险采取的应对措施 ★★★
对重要组成部分需执行的工作
对不重要组成部分需执行的工作
集团层面实施分析程序
已执行的工作仍不能提供充分、适当审计证据时的处理
集团项目组选择某些不重要的组成部分亲自执行工作
参与组成部分注册会计师的工作
合并过程 ★
与组成部分注册会计师的沟通 ★
集团项目组向组成部分注册会计师的通报
组成部分注册会计师向集团项目组沟通的事项
评价与组成部分注册会计师的沟通
双向沟通
评价审计证据的充分性和适当性 ★
与集团管理层和治理层的沟通 ★
简单了解

第17章 其他特殊项目的审计

考情解密

历年考情概况

本章属于重点章节。主要以客观题的形式进行考查，涉及的题目较多，有时以简答题形式考核，在综合题中也有涉及。考核点主要集中在与会计估计相关的重大错报风险的应对、评价被审计单位管理层点估计的合理性、识别关联方关系及交易、识别出以前未识别的关联方关系或重大关联方交易的应对措施、与持续经营假设相关的审计意见类型、对期初余额的审计以及期初余额对审计报告的影响，其中对，会计估计的审计是每年考核的重点。预计今年考核分值在6分左右。

近年考点直击

考点	主要考查题型	考频指数	考查角度
审计会计估计	选择题、简答题	★★★	(1)识别、评估和应对重大错报风险；(2)评价会计估计的合理性并确定错报
关联方的审计	选择题、简答题	★★★	(1)风险评估程序和相关工作；(2)识别、评估和应对重大错报风险；(3)评价会计处理和披露
考虑持续经营假设	选择题	★★★	(1)管理层的责任和注册会计师的责任；(2)评价管理层对持续经营能力作出的评估；(3)超出管理层评估期间的事项或情况；(4)审计结论；(5)对审计报告的影响
首次接受委托时对期初余额的审计	选择题	★★	期初余额的含义、审计目标、审计程序及对审计结论和报告的考虑

学习方法与应试技巧

本章的学习，要注意本章各项目的审计思路。首先进行重大错报风险的评估，然后应对重大错报风险，包括特别风险，最后是评价并确定错报。按照本思路对每个项目审计的三个环节进行记忆。

本章2020年考试主要变化

本章内容无变动。

考点详解及精选例题

考点一　会计估计的风险评估程序

会计估计审计流程，见图 17-1：

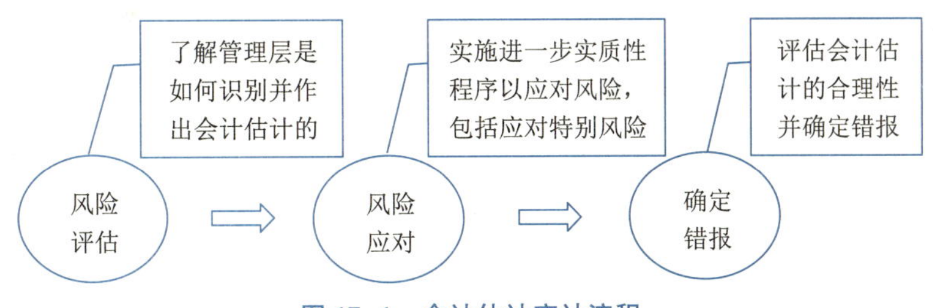

图 17-1　会计估计审计流程

一、风险评估程序和相关活动★★★

注册会计师应当了解下列内容，以识别和评估会计估计重大错报风险，见图 17-2。

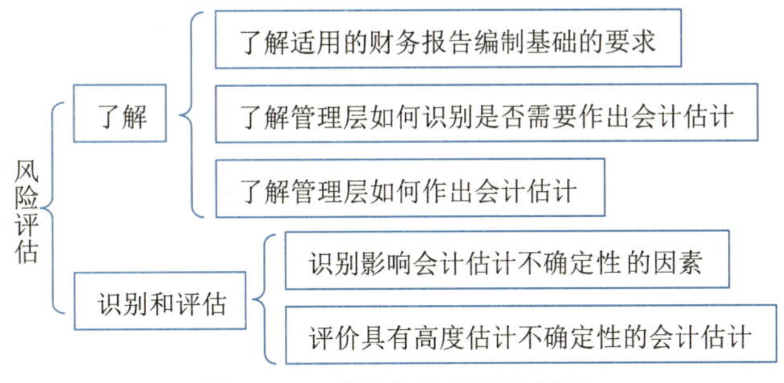

图 17-2　会计估计的风险评估

1. 了解适用的财务报告编制基础的要求——是否需要估计

了解适用的财务报告编制基础的要求，有助于注册会计师确定该编制基础是否：

(1) 明确了某些会计或要求采用公允价值计量的条件；

(2) 规定了会计估计的确认条件或计量方法；

(3) 明确了要求作出或允许作出的披露。

同时为注册会计师就以下方面与管理层进行讨论提供了基础：

(1) 管理层如何运用与会计估计相关的要求；

(2) 注册会计师对这些要求是否得到恰当运用的判断。

2. 了解管理层如何识别是否需要作出会计估计——如何识别需要估计

注册会计师主要通过询问管理层，以了解：

(1) 被审计单位是否已从事可能需要作出会计估计的新型交易；

(2) 需要作出会计估计的交易的条款是否已改变；

(3) 由于适用的财务报告编制基础的要求

或其他规定的变化，与会计估计相关的会计政策是否已经相应变化；

（4）可能要求管理层修改或作出新会计估计的外部监管变化或其他不受管理层控制的变化是否已经发生；

（5）是否已经发生可能需要作出新估计或修改现有估计的新情况或事项。

3. 了解管理层如何作出会计估计——如何作出估计

注册会计师应了解管理层在编制财务报表过程中，如何作出会计估计的：

（1）与会计估计相关的控制；

（2）会计估计所依据的假设；

（3）用以作出会计估计的方法，包括模型（如适用）；

（4）用以作出会计估计的方法是否已经发生或应当发生不同于上期的变化，以及变化的原因；

（5）管理层是否利用专家的工作；

（6）管理层是否评估以及如何评估估计不确定性的影响。

二、识别和评估重大错报风险★★

识别和评估重大错报风险时，注册会计师应当评价与会计估计相关的估计不确定性的程度，并根据职业判断确定识别出的具有高度估计不确定性的会计估计是否会导致特别风险。

1. 识别影响会计估计不确定性的因素并评价其影响程度

与会计估计相关的估计不确定性的程度受下列因素的影响：

（1）会计估计对**判断的依赖程度**；

（2）会计估计对**假设变化的敏感性**；

（3）是否存在可以**降低估计不确定性**的经认可的**计量技术**（当然，作为输入数据的假设，其主观程度仍可导致估计不确定性）；

（4）**预测期的长度**和从过去事项得出的数据对预测未来事项的**相关性**；

（5）是否能够从外部来源获得**可靠数据**；

（6）会计估计依据可观察到的或不可观察到的输入数据的**程度**。

【例题1·单选题】（2016年）下列有关会计估计不确定性的说法中，错误的是（　）。

A. 会计估计所使用的不可观察输入值越多，估计不确定性越高

B. 会计估计涉及的预测期越长，估计不确定性越高

C. 历史数据用于会计估计时，预测未来事项的相关性越小，估计不确定性越高

D. 会计估计与实际结果之间的差异越大，估计不确定性越高

解析 会计估计的不确定性是对未知的事项的描述。选项D已经有了实际结果之后，就不存在估计的这种不确定性了，这时候可以直接确定会计估计的准确与否。 **答案** D

2. 评价具有高度估计不确定性的会计估计

具有**高度估计不确定性**的会计估计包括：

（1）高度依赖判断的会计估计；

（2）未采用经认可的计量技术计算的会计估计；

（3）注册会计师对上期财务报表中类似会计估计进行复核的结果表明最初会计估计与实际结果之间存在很大差异，在这种情况下管理层作出的会计估计；

（4）采用高度专业化的、由被审计单位自主开发的模型，或在缺乏可观察到的输入数据的情况下作出的公允价值会计估计。

【例题2·多选题】 在评价会计估计的不确定性时，下列会计估计中，A注册会计师通常认为具有高度不确定性的有（　）。

A. 高度依赖判断的会计估计

B. 采用高度专业化的、由公司自己开发的模型作出的公允价值会计估计

C. 存在公开活跃市场情况下作出的公允价值会计估计

D. 上期财务报表中确认的金额与实际结果存在差异的会计估计

答案 AB

考点二　应对会计估计的风险

一、应对评估的重大错报风险★★

在应对评估的重大错报风险时，注册会计师应当考虑会计估计的性质，并实施下列一项或多项程序：

1. 确定截至审计报告日发生的事项是否提供有关会计估计的审计证据（用期后事实证明）

如果**截至审计报告日可能发生的事项预期发生**并提供用以证实或否定会计估计的审计证据，确定这些事项是否提供有关会计估计的审计证据可能是恰当的应对措施。在这种情况下，可能**没有必要对会计估计实施追加的审计程序**。

2. 测试与管理层如何作出会计估计相关的控制的运行有效性，并实施恰当的实质性程序（测试管理层如何保证估计）

如果管理层作出会计估计的流程的设计、执行和维护良好，测试与管理层如何作出会计估计相关的控制运行的有效性可能是适当的。

3. 测试管理层如何作出会计估计以及会计估计所依据的数据（测试管理层的估计）

在进行测试时，注册会师应当评价：

（1）管理层使用的假设（合理性）；

（2）计量方法（恰当性）；

（3）模型的使用（恰当性）。

测试管理层如何作出会计估计还可能涉及下列方面：

（1）测试会计估计所依据的数据的准确性、完整性和相关性，以及管理层是否使用这些数据和假设恰当地作出会计估计；

（2）考虑外部数据或信息的来源、相关性和可靠性，包括从管理层聘请的、用以协助其作出会计估计的外部专家那里获取的数据或信息；

（3）重新计算会计估计，并复核有关会计估计信息的内在一致性；

（4）考虑管理层的复核和批准流程。

4. 作出注册会计师的点估计或区间估计，以评价管理层的点估计（注册会计师估计）

（1）如果使用有别于管理层的假设或方法，注册会计师应当充分了解管理层的假设或方法，以确定注册会计师在作出点估计或区间估计时已考虑了相关变量，并评价与管理层的点估计存在的任何重大差异。

差异来源：

①差异可能源于注册会计师与管理层使用不同但同样有效的假设，但会计估计对某些假设高度敏感；

②差异也可能是由于管理层造成的事实错误所导致。

（2）如果认为使用区间估计是恰当的，注册会计师应当基于可获得的审计证据来缩小区间估计，直至该区间估计范围内的所有结果均可被**视为合理**（包括所有“合理”的结果而**不是所有可能的结果**）。

当区间估计的区间已缩小至**等于或低于实际执行的重要性**时，该区间估计对于评价管理层的点估计是适当的。

【例题3·多选题】下列与会计估计审计相关的程序中，注册会计师应当在风险应对阶段实施的有（　）。

A. 确定管理层是否恰当运用与会计估计相关的财务报告编制基础

B. 复核上期财务报表中会计估计的结果

C. 评价会计估计的合理性

D. 确定管理层做出会计估计的方法是否恰当

解析▶ 复核上期财务报表中会计估计的结果属于风险评估程序和相关活动的内容。

答案▶ ACD

二、实施进一步实质性程序以应对特别风险★★

在审计导致特别风险的会计估计时，注册会计师在实施进一步实质性程序时需要重点评价：（1）管理层是如何评估估计不确定性对会计估计的影响，以及这种不确定性对财务报表中会计估计的确认的恰当性可能产生的影响；(2)相关披露的充分性。

1. 估计不确定性

(1)评价管理层如何考虑**替代性的假设或结果**，以及拒绝采纳的原因，或者在管理层没有考虑替代性的假设或结果的情况下，评价管理层在作出会计估计时如何处理估计不确定性；

(2)评价管理层使用的**重大假设是否合理**；

(3)当管理层实施特定措施的意图和能力与其使用的重大假设的合理性或对适用的财务报告编制基础的恰当应用相关时，评价这些意图和能力。

2. 作出区间估计

如果根据职业判断认为管理层没有适当处理估计不确定性对导致特别风险的会计估计的影响，注册会计师应当在必要时作出用于评价会计估计合理性的区间估计。

3. 确认和计量的标准

对导致特别风险的会计估计，注册会计师应当获取充分、适当的审计证据，以确定下列方面是否符合适用的财务报告编制基础的规定：

(1)管理层对会计估计在财务报表中予以确认或不予确认的决策；

(2)作出会计估计所选择的计量基础。

考点三　评价会计估计的合理性并确定错报★★

扫我解疑难

注册会计师应当根据获取的审计证据，评价财务报表中的会计估计在适用的财务报告编制基础下是合理的还是存在错报。

1. 错报类型(与会计估计相关的)

当错报与会计估计相关时，无论是舞弊还是错误，可能是由于下列因素导致的：

(1)毋庸置疑地存在错报(事实错报)；

(2)管理层对会计估计作出的判断不合理，或对会计政策的选择或运用不恰当而产生的差异(判断错报)；

(3)注册会计师对总体中错报的最佳估计，包括由审计样本中识别出的错报推断出总体中的错报(推断错报)。

2. 确定错报(注册会计师的点估计或区间估计)

根据获取的审计证据，注册会计师可能认为这些证据指向与管理层的点估计不同的会计估计。

(1)点估计：当审计证据支持点估计时，注册会计师的点估计(300 万元)与管理层的点估计(400 万元)之间的差异构成错报(100 万元)。

(2)区间估计：当注册会计师认为使用其区间估计能够获取充分、适当的审计证据时，则在注册会计师区间估计(280-320 万元)之外的管理层的点估计(400 万元)得不到审计证据的支持。在这种情况下，错报不小于管理层的点估计与注册会计师区间估计之间的最小差异(80 万元)。

『注意』注册会计师的估计所采用的假设和方法可能与管理层的点估计不同。

【例题 4 · 单选题】 下列有关注册会计师的点估计或区间估计的表述正确的是(　)。

A. 如果使用点估计，注册会计师应当使用有别于管理层的假设或方法进行点估计

B. 如果使用点估计，注册会计师的点估计与管理层的点估计之间的差异不一定被视为错报

C. 当运用区间估计来评价管理层的点估计时，注册会计师可能作出错报不小于管理层的点估计与注册会计师区间估计之间的最大差异的结论

D. 如果认为使用区间估计是恰当的，注册会计师应当基于可获得的审计证据来缩小区间估计，直至该区间估计范围内的所有结果均可被视为可能

答案 B

考点四　其他相关审计程序★

1. 关注与会计估计相关的披露

注册会计师应当获取充分、适当的审计证据，以确定与会计估计相关的财务报表披露是否符合适用的财务报告编制基础的规定。对导致特别风险的会计估计，注册会计师还应当评价在适用的财务报告编制基础下，财务报表对估计不确定性的披露的充分性。

2. 识别可能存在管理层偏向的迹象

注册会计师应当复核管理层在作出会计估计时的判断和决策，以识别是否可能存在管理层偏向的迹象。注册会计师应当将识别出的可能存在管理层偏向的迹象形成审计工作底稿，这有助于注册会计师确定风险评估结果和相关应对措施是否仍然恰当，以及评价财务报表整体是否不存在重大错报。

与会计估计相关的、可能存在管理层偏向迹象的情况：

(1)管理层**主观地**认为环境已经发生变化，并相应地改变会计估计或估计方法；

(2)针对公允价值会计估计，被审计单位的自有假设与可观察到的市场假设不一致，但仍使用被审计单位的自有假设；

(3)管理层选择或作出重大假设以产生有利于管理层目标的点估计；

(4)选择带有乐观或悲观倾向的点估计。

【例题5·单选题】(2013年)下列有关管理层偏向的说法中，错误的是(　)。

A. 某些形式的管理层偏向为主观决策所固有，在作出这些决策时，如果管理层有意误导财务报表使用者，则管理层偏向具有欺诈性质

B. 会计估计对管理层偏向的敏感性随着管理层作出会计估计的主观性的增加而增加

C. 在得出某项会计估计是否合理的结论时，存在管理层偏向的迹象表明存在错报

D. 对于连续审计，以前审计中识别出的可能存在管理层偏向的迹象，会对注册会计师本期计划审计工作、风险识别和评估活动产生影响

解析 ▶ 存在管理层偏向的迹象并非表明一定存在错报。　**答案** ▶ C

3. 获取书面声明

注册会计师应当向管理层和治理层(如适用)获取**书面声明**，以确定其是否认为在作出会计估计时使用的重大假设是合理的。

(1)根据估计不确定性的性质、重要性和程度，已在财务报表中确认或披露的会计估计的书面声明；

(2)针对未在财务报表中确认或披露的会计估计的书面声明。

考点五　关联方及其交易的风险评估程序

关联方及其交易的审计流程，见图17-3：

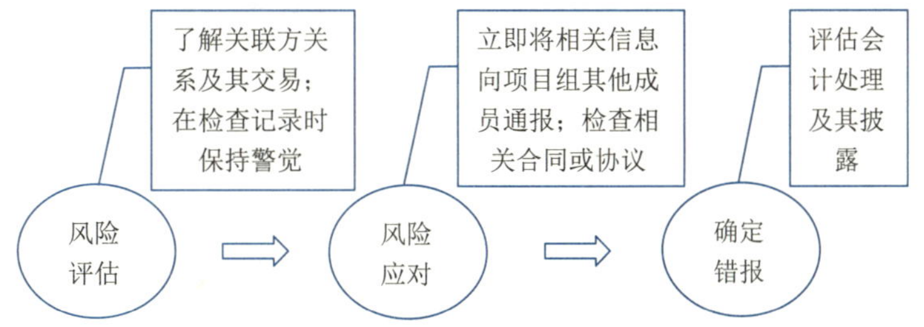

图17-3　关联方及其交易的审计流程

一、风险评估程序和相关工作★★★

注册会计师在审计过程中应当实施风险评估程序和相关工作，以获取与识别关联方关系及其交易相关的重大错报风险的信息，见图17-4：

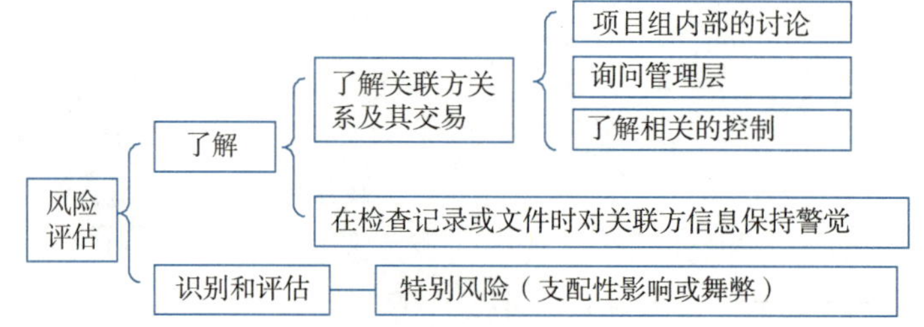

图 17-4 关联方及其交易的风险评估程序

1. 了解关联方关系及其交易

(1)项目组讨论。

项目组内部讨论的内容可能包括：关联方关系及其交易的性质和范围；强调保持职业怀疑的重要性；管理层和治理层对关联方关系及其交易进行识别、恰当会计处理和披露的重视程度，以及对关联方参与舞弊的特殊考虑等。

(2)询问管理层。

注册会计师应当向管理层询问下列事项：

①关联方的名称和特征，包括关联方自上期以来发生的变化；

②被审计单位和关联方之间关系的性质；

③被审计单位在本期是否与关联方发生交易，如发生，交易的类型、定价政策和目的。

(3)了解相关控制。

注册会计师应当**询问**管理层和被审计单位内部其他人员，实施其他适当的风险评估程序，以获取对与关联方关系及其交易相关控制的了解。

如果这些控制无效或者不存在，注册会计师可能无法就关联方关系及其交易获取充分、适当的审计证据。

2. 在检查记录或文件时对关联方信息保持警觉

(1)**检查**记录或文件。

为确定是否存在管理层**以前未识别**或**未向注册会计师披露**的关联方关系或关联方交易，注册会计师**应当**检查下列记录或文件：①注册会计师实施审计程序时获取的银行和律师的询证函回函；②股东会和治理层会议的纪要；③注册会计师认为必要的其他记录和文件。

除此之外，注册会计师**还可以**检查，所得税纳税申报表；超出正常经营过程的重要合同；注册会计师自其他第三方取得的询证函回函等。

(2)**询问**管理层。

如果识别出被审计单位超出正常经营过程的重大交易，注册会计师应当向管理层询问这些交易的性质以及是否涉及关联方。

二、识别和评估重大错报风险★★★

(1)关联方关系及其交易导致的重大错报风险：

注册会计师应当识别和评估关联方关系及其交易导致的重大错报风险，并确定这些风险是否属于**特别风险**。关联方关系及其交易可能导致五类重大错报风险，具体包括：

①超出被审计单位正常经营过程的重大关联方交易导致的重大错报风险；

②存在具有支配性影响的关联方导致的重大错报风险；

③管理层未能识别出或未向注册会计师披露的关联方关系或重大关联方交易导致的重大错报风险；

④管理层披露关联方交易是公平交易时可能存在的重大错报风险；

⑤管理层未能按照适用的财务报告编制基础和相关监管规定对特定关联方交易进行恰当会计处理和披露导致的重大错报风险。

注册会计师应当将识别出的、超出被审计单位**正常经营过程**的**重大**关联方交易导致的风险确定为**特别风险**。

(2)关联方施加的支配性影响可能表现在

下列方面：

①关联方否决管理层或治理层作出的重大经营决策；

②重大交易需经关联方的最终批准；

③对关联方提出的业务建议，管理层和治理层未曾或很少进行讨论；

④对涉及关联方(或与关联方关系密切的家庭成员)的交易，极少进行独立复核和批准。

(3)在出现其他风险因素的情况下，存在具有支配性影响的关联方，可能表明存在由于舞弊导致的特别风险：

①异常频繁变更高级管理人员或专业顾问，可能表明被审计单位为关联方谋取利益而从事不道德或虚假的交易；

②利用中间机构从事难以判断是否具有正当商业理由的重大交易，可能表明关联方出于欺诈目的，通过控制这些中间机构从交易中获利；

③有证据显示关联方过度干涉或关注会计政策的选择或重大会计估计的作出，可能表明存在虚假财务报告。

考点六　风险应对与评价结果

一、针对重大错报风险的应对措施★★★

针对评估的与关联方关系及其交易相关的重大错报风险，注册会计师应当设计和实施进一步审计程序，以获取充分、适当的审计证据，见表17-1：

表17-1　针对评估的重大错报风险所采取的应对措施

评估的重大错报风险	设计和实施的进一步审计程序
识别出可能表明存在管理层以前未识别出或未披露的关联方关系或交易的安排或信息	**确定**相关情况是否能够证实关联方关系或关联方交易的**存在**
识别出管理层以前未识别出或未披露的关联方关系或重大关联方交易	①立即将相关信息向项目组其他成员通报； ②要求管理层识别与新识别出的关联方之间的所有交易； ③对新识别出的关联方或重大关联方交易实施恰当的实质性程序； ④重新考虑可能存在管理层未识别或未披露的其他关联方或重大关联方交易的风险； ⑤如果管理层不披露关联方关系或交易看似是有意的(即舞弊)，评价这一情况对审计的影响
识别出**超出正常经营过程**的关联交易	①检查相关合同或协议，以评价交易的商业理由，考虑交易条款与管理层的解释是否一致； ②获取交易已经恰当授权和批准的审计证据(**但授权本身不足以就是否不存舞弊风险得出结论**)
在财务报表中**作出公平**交易的认定	①应当就该项认定获取充分、适当的审计证据； ②如无法获取充分适当的审计证据，**可以**要求管理层**撤销此披露**

二、评价会计处理和披露★★

(1)识别出的关联方关系及其交易是否已按照适用的财务报告编制基础得到恰当会计处理和披露。

(2)关联方关系及其交易是否导致财务报表未实现公允反映。

三、其他相关审计程序★★

1. 获取书面声明

如果适用的财务报告编制基础对关联方作出规定，注册会计师应当向管理层和治理层(如适用)获取下列书面声明：

(1)已经向注册会计师披露了全部已知的

关联方名称和特征、关联方关系及其交易；

(2)已经按照适用的财务报告编制基础的规定，对关联方关系及其交易进行了恰当的会计处理和披露。

特殊声明：

注册会计师还可能决定就管理层做出的某项特殊认定获取书面声明，如管理层对特殊关联方交易不涉及某些未予披露的“背后协议”的声明。

2. 与治理层沟通

除非治理层全部成员参与管理被审计单位，注册会计师应当与治理层沟通审计工作中发现的与关联方相关的重大事项。

(1)管理层**有意或无意未向注册会计师披露**关联方关系或重大关联方交易。

(2)识别出的未经适当授权和批准的、**可能产生舞弊嫌疑**的重大关联方交易。

(3)注册会计师与管理层在披露重大关联方交易方面存在**分歧**。

(4)**违反**适用的法律法规有关禁止或限制特定类型关联方交易的规定。

(5)在识别被审计单位最终控制方时遇到的**困难**。

【例题6·多选题】下列情形中，可能显示存在管理层未向注册会计师披露关联方关系或交易的有(　)。

A. 与其他机构或人员组成不具有法人资格的合伙企业

B. 按照超出正常经营过程的交易条款和条件，向特定机构或人员提供服务的安排

C. 合同条款明显不符合商业惯例或形式要件不齐备

D. 担保和被担保关系

解析▶被审计单位通常会利用关联方关系或交易来达到他的某些目的，如果是与理性的第三方，这些超出正常经营过程的交易事项，将不会接受，因此一些“异常的”“作为理性第三方不会接受的交易或事项”可能隐藏着关联方关系或交易。　**答案**▶ABCD

考点七　与持续经营相关的责任

持续经营假设是指被审计单位在编制财务报表时,假定其经营活动在可预见的将来会继续下去，而**可预见的将来通常是指财务报表日后十二个月**。

(一)管理层的责任(评估责任)★

持续经营假设是编制财务报表的基本原则，因此对持续经营能力作出评估是被审计单位管理层的责任。

某些适用的财务报告编制基础明确要求管理层**对持续经营能力作出评估**(即使其他编制基础未明确规定，管理层也需要评估)。

(二)注册会计师的责任★★

注册会计师的责任是就管理层在编制和列报财务报表时运用持续经营假设的适当性获取充分、适当的审计证据，并就持续经营能力是否存在重大不确定性得出结论(即使其他编制基础未明确要求，这种责任仍然存在)。

如果存在可能导致被审计单位不再持续经营的未来事项或情况，审计的固有限制对注册会计师发现重大错报能力的潜在影响会加大。注册会计师**不能对这些未来事项或情况作出预测。**

『提示』注册会计师未在审计报告中提及持续经营的不确定性，**不能被视为**对被审计单位持续经营能力的**保证**；如果适用，与治理层沟通持续经营对审计报告的影响。

【例题7·单选题】(2014年)下列有关注册会计师对持续经营假设的审计责任的说法中，错误的是(　)。

A. 注册会计师有责任就管理层在编制和列报财务报表时运用持续经营假设的适当性获取充分、适当的审计证据

B. 如果适用的财务报告编制基础不要求管理层对持续经营能力作出专门评估，注册会计师没有责任对被审计单位的持续经营能

力是否存在重大不确定性作出评估

C. 除询问管理层外，注册会计师没有责任实施其他审计程序，以识别超出管理层评估期间并可能导致对被审计单位持续经营能力产生重大疑虑的事项或情况

D. 注册会计师未在审计报告中提及持续经营能力的不确定性，不能被视为对被审计单位持续经营能力的保证

解析 即使编制财务报表时采用的财务报告编制基础没有明确要求管理层对持续经营能力作出专门评估，注册会计师仍有责任对被审计单位的持续经营能力是否存在重大不确定性作出评估。 **答案** B

考点八 与持续经营相关的审计程序

在计划审计工作和实施风险评估程序时，注册会计师应当考虑是否存在可能导致对持续经营能力产生重大疑虑的事项或情况(财务、经营和其他方面)及相关的经营风险，评价管理层对持续经营能力作出的评估，并考虑已识别的事项或情况对重大错报风险评估的影响。

一、风险评估程序★★

1. 是否存在导致对持续经营能力产生重大疑虑的事项或情况

被审计单位在财务、经营以及其他方面存在的某些事项或情况可能导致经营风险

在计划审计工作和实施风险评估程序时，注册会计师应当考虑是否存在可能导致对持续经营能力产生重大疑虑的事项或情况及相关的经营风险，评价管理层对持续经营能力作出的评估，并考虑已识别的事项或情况对重大错报风险评估的影响。

2. 管理层是否已对持续经营能力作出初步评估

(1)如果管理层已对持续经营能力作出初步评估：

注册会计师应当与管理层进行讨论，并确定管理层是否已识别出单独或汇总起来可能导致对被审计单位持续经营能力产生重大疑虑的事项或情况。

(2)管理层已识别出对被审计单位持续经营能力产生重大疑虑的事项或情况：

注册会计师应当与其讨论应对计划。

(3)如果管理层未对持续经营能力作出初步评估：

注册会计师应当与管理层讨论其拟运用持续经营假设的基础，询问管理层是否存在单独或汇总起来可能导致对被审计单位持续经营能力产生重大疑虑的事项或情况。

二、超出管理层评估期间的事项或情况★★

持续经营能力评估涵盖的期间：自财务报表日起的十二个月。

(1)注册会计师应当**询问管理层**是否知悉超出评估期间的、可能导致对持续经营能力产生重大疑虑的事项或情况。

除询问管理层外，注册会计师**没有责任**实施其他任何审计程序，以识别超出管理层评估期间并可能导致对被审计单位持续经营能力产生重大疑虑的事项或情况。

(2)识别出超出管理层评估期间的事项或情况：

如果识别出超出管理层评估期间(财务报表日后十二个月)的事项或情况，注册会计师可能需要**提请管理层评价**这些事项或情况对于其评估被审计单位持续经营能力的潜在重要性。

在这种情况下，注册会计师**应当通过实施追加的审计程序**(包括考虑缓解因素)，获取充分、适当的审计证据，以确定是否存在重大不确定性。

三、评价管理层对持续经营能力作出的评估★★★

1. 评价管理层评估的涵盖期间

如果管理层评估持续经营能力涵盖的期间短于自财务报表日起的十二个月，注册会

计师应当提请管理层将其至少延长至自财务报表日起的十二个月。

2. 评价管理层的评估

注册会计师应当考虑管理层作出的评估是否已考虑了所有相关信息，其中包括**注册会计师实施程序获取的信息**。

如果被审计单位具有良好的盈利记录并很容易获得外部资金支持，管理层可能无需详细分析就能对持续经营能力作出评估。在此情况下，注册会计师通常无需实施详细的审计程序，就可对管理层作出评估的适当性得出结论。

(1)在某些情况下，管理层缺乏详细分析以支持其评估，可能不妨碍注册会计师确定管理层运用持续经营假设是否适合具体情况。

(2)如果其他审计程序足以使注册会计师认为管理层在编制财务报表时运用的持续经营假设适合具体情况，注册会计师可能无需实施详细的评价程序，就可以对管理层评估的适当性得出结论。

纠正管理层缺乏分析的错误不是注册会计师的责任。

【例题8·单选题】(2014年)注册会计师应当评价管理层对持续经营能力作出的评估。下列说法中，错误的是(　)。

A. 在某些情况下，管理层缺乏详细分析以支持其评估，并不妨碍注册会计师确定管理层运用持续经营假设是否适合具体情况

B. 注册会计师应当考虑管理层作出的评估是否已经考虑所有相关信息，这些信息不包括注册会计师实施审计程序时获取的信息

C. 如果管理层评价持续经营能力涵盖的期间短于自财务报表日起的十二个月，注册会计师应当要求管理层延长评估期间

D. 注册会计师应当考虑管理层对相关事项或情况结果的预测所依据的假设是否合理

解析▶ 在评价管理层作出的评估时，注册会计师应当考虑管理层作出的评估是否已考虑所有相关信息，其中包括注册会计师实施审计程序获取的信息。 **答案**▶ B

四、识别出事项或情况时的审计程序★★

1. 管理层未对持续经营进行评估

如果管理层尚未对被审计单位持续经营能力作出初步评估，提请其进行评估。

(1)与管理层讨论运用持续经营假设的理由；

(2)询问是否存在导致对持续经营能力产生重大疑虑的事项或情况；

(3)提请管理层对持续经营能力做出评估。

2. 管理层识别出导致对持续经营能力产生重大疑虑的事项或情况

如果管理层识别出导致对持续经营能力产生重大疑虑的事项或情况，注册会计师应当通过实施追加的审计程序(包括考虑缓解因素)，获取充分、适当的审计证据，以确定是否存在重大不确定性。

(1)评价管理层与持续经营能力评估相关的未来应对计划(包括向管理层询问该计划)，这些计划的结果是否可能改善目前的状况，以及管理层的计划对于具体情况是否可行。

(2)如果被审计单位已编制现金流量预测，评价用于编制预测的基础数据的可靠性，并确定预测所基于的假设是否具有充分的支持。

(3)如果管理层的假设包括第三方通过放弃贷款优先求偿权、承诺提供补充资金或担保等方式向被审计单位提供持续的支持，且这种支持对于被审计单位的持续经营能力很重要，注册会计师可能需要考虑要求该第三方提供书面确认，并获得有关该第三方有能力提供这种支持的证据。

(4)考虑自管理层作出评估后是否存在其他可获得的事实或信息。

(5)要求管理层和治理层提供未来应对计划及其可行性的书面声明。

如果合理预期**不存在其他充分、适当的审计证据**，注册会计师应当就对财务报表有重大影响的事项向管理层和治理层(如适用)**获取书面声明**。

考点九 评价与持续经营相关的证据

注册会计师应当评价是否就管理层编制财务报表时运用持续经营假设的适当性获取了充分、适当的审计证据，并就运用持续经营假设的适当性得出结论。

一、审计结论

注册会计师应当根据获取的审计证据，运用职业判断，确定是否存在与事项或情况相关的重大不确定性（且这些事项或情况单独或汇总起来可能导致对被审计单位持续经营能力产生重大疑虑）并考虑对审计意见的影响。审计结论形成过程见图 17-5：

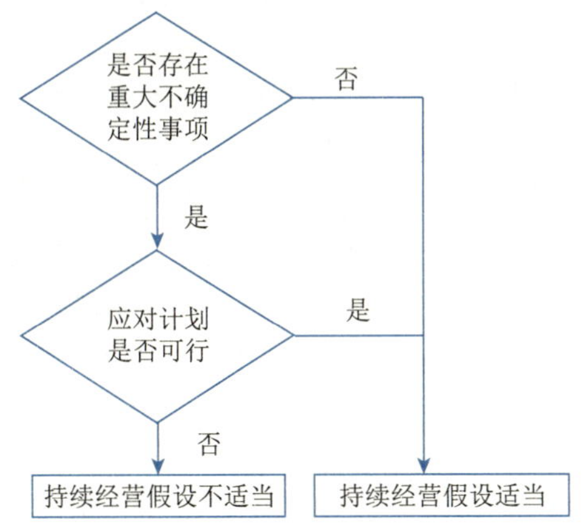

图 17-5 对持续经营的评价过程

重大不确定性的评价：

1. 存在重大不确定性

如果认为运用持续经营假设适合具体情况，但存在重大不确定性，注册会计师应当确定：

（1）财务报表是否已充分描述可能导致对持续经营能力产生重大疑虑的主要事项或情况，以及管理层针对这些事项或情况的应对计划；

（2）财务报表是否已清楚披露可能导致对持续经营能力产生重大疑虑的事项或情况存在重大不确定性，并由此导致被审计单位可能无法在正常的经营过程中变现资产和清偿债务。

2. 不存在重大不确定性

如果已识别出可能导致对被审计单位持续经营能力产生重大疑虑的事项或情况，但根据获取的审计证据，注册会计师认为不存在重大不确定性，则注册会计师应当根据适用的财务报告编制基础的规定，评价财务报表是否对这些事项或情况作出充分披露。

二、对审计报告的影响★★★

注册会计师应当根据获取的审计证据，运用职业判断，考虑各种不同情况下对审计意见的影响，见表 17-2：

表 17-2 审计结论与对审计报告的影响

情况		审计意见
持续经营假设适当但存在重大不确定性	报表中已披露	无保留意见+以“与持续经营相关的重大不确定性”为标题的单独部分
	报表中未披露	保留意见或否定意见
	存在多项重大不确定性事项	无法表示意见
持续经营假设不适当	按持续经营假设编制报表	否定意见
	按其他编制基础（如清算基础）编制报表	带强调事项段的无保留意见
拒绝对持续经营能力作出评估或延长评估期间		保留意见或无法表示意见

【特别说明】如果运用持续经营假设是适当的，但存在重大不确定性，且财务报表对重大不确定性已作出充分披露，注册会计师应当发表无保留意见，并在审计报告中增加以“与持续经营相关的重大不确定性”为标题的单独部分，以：

(1)提醒财务报表使用者关注财务报表附注中对下列事项的披露：

①财务报表是否已充分披露可能导致对持续经营能力产生重大疑虑的主要事项或情况，以及管理层针对这些事项或情况的应对计划；

②财务报表是否已清楚披露存在与可能导致对持续经营能力产生重大疑虑的事项或情况相关的重大不确定性，并由此导致被审计单位可能无法在正常的经营过程中变现资产和清偿债务。

(2)说明这些事项或情况表明存在可能导致对被审计单位持续经营能力产生重大疑虑的重大不确定性，并说明该事项并不影响发表的审计意见。

三、与治理层的沟通

注册会计师应当与治理层就识别出的可能导致对被审计单位持续经营能力产生重大疑虑的事项或情况进行沟通，除非治理层全部成员参与管理被审计单位。

与治理层的沟通应当包括下列方面：

(1)这些事项或情况是否构成重大不确定性；

(2)管理层在编制财务报表时运用持续经营假设是否适当；

(3)财务报表中的相关披露是否充分；

(4)对审计报告的影响(如适用)。

【例题9·多选题】注册会计师对被审计单位的持续经营假设进行考虑时，其中对审计报告影响的相关说法中，正确的有(　)。

A. 如果运用持续经营假设适当，但存在重大不确定性，且财务报表对重大不确定性已作出充分披露，注册会计师应当发表无保留意见，并在审计报告中增加其他事项段

B. 如果运用持续经营假设适当，但存在重大不确定性，且财务报表对重大不确定性已作出充分披露，注册会计师应当发表无保留意见，并在审计报告中增加相关单独段落，提醒财务报表使用者关注财务报表附注中所述事项的披露

C. 如果运用持续经营假设适当，但存在重大不确定性，且财务报表对重大不确定性已作出充分披露，注册会计师应当发表无保留意见，并在审计报告中增加相关单独段落，说明这些事项或情况表明存在可能导致对被审计单位持续经营能力产生重大疑虑的重大不确定性，并说明该事项并不影响发表的审计意见

D. 如果运用持续经营假设适当，但存在重大不确定性，且财务报表对重大不确定性已作出充分披露，注册会计师应在审计报告中增加强调事项段，说明重大不确定性及该事项并不影响发表的审计意见

解析 选项AD，在审计报告中增加以“与持续经营相关的重大不确定性”为标题的单独部分进行说明，而不是增加强调事项段或其他事项段。参考《中国注册会计师审计准则第1324号—持续经营》第21条。

答案 BC

考点十　首次接受委托时对期初余额的审计

一、期初余额的审计目标★★

1. 期初余额的含义

首次接受委托 { 注册会计师首次接受审计；被审计单位更换会计师事务所 }

期初余额是指期初存在的账户余额。期初余额以上期期末余额为基础，反映了以前期间的交易和事项以及上期采用的会计政策的结果。

『提示』理解期初余额概念，需要把握以下三点：

(1)期初余额是期初已存在的账户余额；

(2)期初余额反映了以前期间的交易和事项以及上期采用的会计政策的结果；

(3)期初余额与注册会计师首次接受委托相联系。

2. 期初余额的审计目标(一般了解)

对首次接受委托业务，注册会计师审计期初余额，应当获取充分、适当的审计证据，以确定：

(1)期初余额是否含有对本期财务报表产生重大影响的错报；

(2)期初余额反映的恰当的会计政策是否在本期财务报表中得到一贯运用，或会计政策的变更是否已按照适用的财务报告编制基础作出恰当的会计处理和充分的列报与披露。

『提示』注册会计师一般“无须专门”对期初余额发表审计意见。

二、期初余额的审计程序★★

(1)确定上期期末余额是否已正确结转至本期，或在适当的情况下已作出重新表述。

(2)确定期初余额是否反映对恰当会计政策的运用。

(3)实施一项或多项审计程序。

①如果上期财务报表已经审计，查阅前任注册会计师的审计工作底稿，以获取有关期初余额的审计证据；

②评价本期实施的审计程序是否提供了有关期初余额的审计证据；

③实施其他专门的审计程序，以获取有关期初余额的审计证据。

注册会计师应当根据期初余额有关账户的不同性质实施相应的审计程序，见表17-3：

表17-3　针对期初余额不同性质的账户应实施的审计程序

账户的性质	相应的审计程序
流动资产和流动负债	通常通过本期实施的审计程序可以印证期初流动资产和流动负债的存在性和金额。 『注意』对存货，因委托时间滞后，可能未对上期期末存货实施监盘，本期对存货的期末余额实施的审计程序，无法提供有关期初持有存货的审计证据，注册会计师实施追加的审计程序为： ①监盘当前的存货数量并调节至期初存货数量；②对期初存货项目的计价实施审计程序；③对毛利和存货截止实施审计程序
非流动资产和非流动负债	检查形成期初余额的会计记录和其他信息。在某些情况下，注册会计师可向第三方函证期初余额，或实施追加的审计程序

三、审计结论和审计报告★★

1. 审计后不能获取有关期初余额的充分、适当的审计证据

如果不能针对期初余额获取充分、适当的审计证据，注册会计师需要在审计报告中发表下列类型之一的非无保留意见：

(1)发表适合具体情况的保留意见或无法表示意见；

(2)除非法律法规禁止，对经营成果和现金流量(如相关)发表保留意见或无法表示意见，而对财务状况发表无保留意见。

2. 期初余额存在对本期财务报表产生重大影响的错报

(1)注册会计师应当告知管理层；

(2)如果上期财务报表由前任注册会计师审计，注册会计师还应当考虑提请管理层告知前任注册会计师；

(3)如果错报的影响未能得到正确的会计处理和恰当的列报，注册会计师应当出具保留意见或否定意见的审计报告。

3. 会计政策变更对审计报告的影响

如果认为与期初余额相关的会计政策未能在本期得到一贯运用，或者会计政策的变更未能得到恰当的会计处理或恰当的列报与披露，注册会计师应当出具保留意见或否定意见的审计报告。

4. 前任注册会计师对上期财务报表发表

了非无保留意见

(1)该重大事项在本期已经消除或者虽仍存在，但被审计单位已经按照有关会计准则的要求作了充分披露，那么注册会计师在本期审计时就不需因此而出具非无保留意见审计报告。

(2)该重大事项在本期仍然存在并且对本期财务报表的影响仍然重大，而被审计单位继续坚持不在本期财务报表附注中予以披露，那么注册会计师在本期审计时仍需因此而出具非无保留意见审计报告。

【例题 10 · 多选题】 下列有关期初余额审计的表述中，不正确的有( )。

A. 期初余额就是上期结转至本期的金额，即期初余额等于上期期末余额

B. 注册会计师对财务报表进行审计，一般无须专门对期初余额进行审计

C. 注册会计师对期初余额进行审计，目的之一是为了证实期初余额不存在对本期财务报表有重大影响的错报或漏报

D. 如果上期财务报表是由其他会计师事务所审计的，注册会计师在审计本期财务报表时仅对本期财务报表负责，对期初余额不负任何责任

解析 选项 A，期初余额是由上期结转至本期的金额或是上期期末余额调整后的金额，即上期期末余额结转至本期时，有时需经过调整或重新表述，并不一定和上期期末余额相等；选项 B，注册会计师对财务报表进行审计，要对期初余额实施适当的审计程序(包括上期财务报表是由其他会计师事务所审计的)，但一般无须专门对期初余额发表审计意见；选项 D，期初余额也是本期财务报表的一部分，注册会计师要对其负责。

答案 ABD

真题精练

一、单项选择题

1. (2019 年)下列有关注册会计师作出区间估计以评价管理层的点估计的说法中，错误的是( )。

A. 注册会计师作出区间估计时可以使用与管理层不同的假设

B. 在极其特殊的情况下，注册会计师可能缩小区间估计直至审计证据指向点估计

C. 如果注册会计师难以将区间估计的区间缩小至低于实际执行的重要性，可能意味着与会计估计相关的估计不确定性可能导致特别风险

D. 注册会计师作出的区间估计需要包括所有可能的结果

2. (2019 年)下列各项中，通常不能应对与会计估计相关的重大错报风险的是( )。

A. 复核上期财务报表中会计估计的结果

B. 测试管理层在作出会计估计时采用的关键假设

C. 确定截至审计报告日发生的事项是否提供有关会计估计的审计证据

D. 测试与管理层如何作出会计估计相关的控制的运行有效性

3. (2019 年)如果注册会计师识别出可能导致对被审计单位持续经营能力产生重大疑虑的事项或情况，下列说法中，错误的是( )。

A. 注册会计师应当通过实施追加的审计程序，以确定这些事项或情况是否存在重大不确定性

B. 注册会计师应当评价管理层与持续经营能力评估相关的未来应对计划对于具体情况是否可行

C. 注册会计师应当考虑自管理层对持续经营能力作出评估后是否存在其他可获得的事实或信息

D. 注册会计师应当根据对这些事项或情况是否存在重大不确定性的评估结果，确

定是否与治理层沟通

4. (2018年)首次接受委托对期初余额进行审计，注册会计师首先要考虑的是(　)。

A. 为期初余额确定财务报表整体的重要性和实际执行的重要性

B. 期初余额反映的恰当的会计政策是否在本期财务报表中得到一贯运用

C. 查阅前任注册会计师的工作底稿

D. 评价期初余额是否含有对上期财务报表产生重大影响的错报

5. (2017年)下列关于与会计估计错报的说法中，正确的是(　)。

A. 当审计证据支持注册会计师的点估计时，该点估计与管理层的点估计之间的差异构成错报

B. 如果会计估计的结果与上期财务表中已确认的金额存在重大差异，表明上期财务报表存在错报

C. 如果管理层的点估计在注册会计师的区间估计内，表明管理层的点估计不存在错报

D. 由于会计估计具有主观性，与会计估计相关的错报是判断错误

6. (2017年)下列有关超出被审计单位正常经营过程的重大关联方交易的说法中，错误的是(　)。

A. 此类交易导致的风险可能不是特别风险

B. 注册会计师应当评价此类交易是否已按照适当的财务报告编制基础得到恰当会计处理和披露

C. 注册会计师应当检查与此类交易相关的合同或协议，以评价交易的商业理由

D. 此类交易经过恰当授权和批准，不足以就其不存在由于舞弊或错误导致的重大错报风险得出结论

7. (2016年)下列有关期初余额审计的说法中，正确的是(　)。

A. 如果上期财务报表已经由前任注册会计师审计或未经审计，注册会计师可以在审计报告中增加其他事项段说明相关情况

B. 如果不能针对期初余额获取充分、适当的审计证据，注册会计师应当发表保留意见

C. 如果按照适用的财务报告编制基础确定与期初余额相关的会计政策未能在本期得到一贯运用，注册会计师应当发表保留或否定意见

D. 如果期初余额存在对本期财务报表产生重大影响的错报，且错报的影响未能得到正确的会计处理和恰当的列报，注册会计师应当发表保留意见

8. (2015年)如果注册会计师识别出超出正常经营过程的重大关联方交易导致的舞弊风险，下列程序中，通常能够有效应对该风险的是(　)。

A. 检查交易是否经适当的管理层审批

B. 评价交易是否具有合理的商业理由

C. 就交易事项向关联方函证

D. 检查交易是否按照适用的财务报表编制基础进行会计处理和披露

二、多项选择题

1. (2019年)如果识别出管理层未识别出或未披露的关联方关系或重大关联方交易，下列各项程序中，注册会计师应当实施的有(　)。

A. 立即将相关信息向治理层通报

B. 要求管理层识别与新识别出的关联方之间发生的所有交易

C. 立即将相关信息向项目组其他成员通报

D. 对新识别的关联方或重大关联方交易实施实质性程序

2. (2018年)下列选项中，属于存在高度估计不确定性的会计估计的有(　)。

A. 高度依赖判断的会计估计

B. 未采用经认可的计量技术计算的会计估计

C. 采用高度专业化的、由被审计单位自主开发的模型作出的公允价值会计估计

D. 缺乏可观察到的输入数据的情况下作

出的公允价值会计估计

3. (2018年)如果被审计单位存在可能导致对其持续经营能力产生重大疑虑的事项或情况，下列各项中，注册会计师应当执行的有(　)。

A. 评价管理层与持续经营能力评估相关的未来计划

B. 与治理层沟通这些情况或事项

C. 评价财务报表是否对这些事项或情况作出充分披露

D. 要求管理层提供有关未来应对计划及其可行性的书面声明

4. (2017年)下列各项因素中，影响会计估计的估计不确定性程度的有(　)。

A. 会计估计对假设变化的敏感性

B. 管理层在作出会计估计时是否利用专家工作

C. 是否存在可以降低估计不确定性的经认可的计量技术

D. 是否能够从外部来源获得可靠数据

5. (2017年)下列有关注册会计师作出的区间估计的说法中，正确的有(　)。

A. 注册会计师作出的区间估计需要包括所有可能的结果

B. 注册会计师有可能缩小区间估计直至审计证据指向点估计

C. 当区间估计的区间缩小至等于或低于财务报表整体的重要性时，该区间估计对于评价管理层的点估计是恰当的

D. 如果使用有别于管理层的假设或方法作出区间估计，注册会计师应当充分了解管理层的假设或方法

6. (2016年)下列有关关联方审计的说法中错误的有(　)。

A. 关联方交易比非关联方交易具有更高的财务报表重大错报风险

B. 如果适用的财务报告编制基础未对关联方做出规定，注册会计师无需对关联方关系及其交易实施审计程序

C. 如果与被审计单位存在担保关系的其他方不在管理层提供的关联方清单上，注册会计师需要对是否存在未披露的关联方关系保持警觉

D. 如果识别出管理层未向注册会计师披露的重大关联方交易，注册会计师应当出具非无保留意见的审计报告

7. (2015年)下列有关注册会计师首次接受委托时就期初余额获取审计证据的说法中，正确的有(　)。

A. 对非流动资产和非流动负债，注册会计师可以通过检查形成期初余额的会计记录和其他信息获取有关期初余额的审计证据

B. 对流动资产和流动负债，注册会计师可以通过本期实施的审计过程获取有关期初余额的审计证据

C. 如果上期财务报表已经审计，注册会计师可以通过审阅前任注册会计师的审计工作底稿获取有关期初余额的审计证据

D. 注册会计师可以通过向第三方函证获取有关期初余额的审计证据

8. (2015年)如果识别出管理层未向注册会计师披露的重大关联方交易，下列各项措施中，注册会计师应当采取的有(　)。

A. 立即将相关信息向项目组其他成员通报

B. 将与新识别的重大关联方交易相关的风险评估为特别风险

C. 针对新识别的重大关联方交易实施恰当的实质性程序

D. 重新考虑可能存在管理层以前未向注册会计师披露的其他关联方或重大关联方交易的风险

9. (2015年)下列各项审计工作中，可以应对与会计估计相关的重大错报风险的有(　)。

A. 测试管理层如何做出会计估计以及会计估计所依据的数据

B. 测试与管理层做出会计估计相关的控制的运行有效性

C. 确定截至审计报告日发生的事项是否提供有关会计估计的审计证据

D. 作出注册会计师的点估计或区间估计，以评价管理层的点估计

三、简答题

1. (2018 年) ABC 会计师事务所的 A 注册会计师负责审计甲公司 2017 年度财务报表。与会计估计审计相关的部分事项如下：

(1) A 注册会计师就管理层确认的某项预计负债作出了区间估计，该区间包括了甲公司所有可能承担的赔偿金额。管理层确认的预计负债处于该区间内，A 注册会计师据此认可了管理层确认的金额。

(2) 2016 年末，管理层对某项应收款项全额计提了坏账准备。因 2017 年全额收回该款项，管理层转回了相应的坏账准备。A 注册会计师据此认为 2016 年度财务报表存在重大错报，要求管理层更正 2017 年度财务报表的对应数据。

(3) 管理层编制盈利预测以评价递延所得税资产的可回收性。A 注册会计师向管理层询问了盈利预测中使用的假设的依据，并对盈利预测实施了重新计算，结果满意，据此认可了管理层的评价。

(4) 2017 年末，甲公司确认与产品保修义务相关的预计负债 400 万元。A 注册会计师作出的点估计为 600 万元。管理层将预计负债调增至 550 万元。A 注册会计师将未调整的 50 万元作为错报累积。

(5) A 注册会计师认为应收账款坏账准备的计提存在特别风险，在了解相关内部控制后，对应收账款坏账准备实施了实质性分析程序，结果满意，据此认可了管理层计提的金额。

要求：针对上述第(1)至(5)项，逐项指出 A 注册会计师的做法是否恰当。如不恰当，简要说明理由。

2. (2014 年)(本小题 6 分，可以选用中文或英文解答，如使用英文解答，须全部使用英文，答题正确的，增加 5 分，最高得分为 11 分。) ABC 会计师事务所负责审计甲公司 2013 年度财务报表，审计项目组在审计工作底稿中记录了与公允价值和会计估计审计相关情况：

(1) 为确定甲公司管理层在 2012 年财务报表中作出的会计估计是否恰当，审计项目组复核了甲公司 2012 年度财务报表中的会计估计在 2013 年度的结果。

(2) 甲公司年末持有上市乙公司的流通股股票 100 万股，账面价值 500 万元，以公允价值计量，审计项目组核对了股票于 2013 年 12 月 31 日的收盘价，结果满意。

(3) 甲公司持有以公允价值计量的投资性房地产，审计项目组认为该项公允价值不存在特别风险，无需了解相关控制，聘请 DEF 资产评估公司对该投资性房地产的公允价值进行了评估。

(4) 2013 年末，甲公司针对一项未决诉讼确认了 500 万元的预计负债，审计项目组作出的区间估计为 550 万元至 650 万元，据此认为预计负债存在少计 50 万元的事实错报。

(5) 为减少利润总额和应纳税所得额之间的差异，甲公司自 2013 年 1 月 1 日起将固定资产折旧年限调整为税法规定的最低年限。审计项目组根据变更后的折旧年限检查了甲公司 2013 年计提的折旧额，结果满意。

(6) 审计项目组向管理层获取了有关会计估计的书面声明，内容包括在财务报表中确认或披露的会计估计和未在财务报表中确认或披露的会计估计。

要求：针对上述第(1)至(6)项，逐项指出是否恰当，若不恰当，简要说明理由。

真题精练答案及解析

一、单项选择题

1. D 【解析】注册会计师作出的区间估计需要包括所有合理的结果，而非所有可能的结果。

2. A 【解析】复核上期财务报表中会计估计的结果属于风险评估程序和相关活动的内容。

3. D 【解析】注册会计师应当与治理层就识别出的可能导致对被审计单位持续经营能力产生重大疑虑的事项或情况进行沟通，除非治理层全部成员参与管理被审计单位。与治理层的沟通应当包括：①这些事项或情况是否构成重大不确定性；②管理层在编制财务报表时运用持续经营假设是否适当；③财务报表中的相关披露是否充分；④对审计报告的影响(如适用)。

4. B 【解析】注册会计师对被审计单位财务报表期初余额进行审计，首先应当关注其所选择的会计政策是否恰当和是否被一贯运用，这也是为了使企业会计信息质量达到口径一致、相互可比的要求。

5. A 【解析】选项B，会计估计的结果与上期财务报表中已确认金额之间的差异，并不必然表明上期财务报表存在错报；选项C，通常情况下，当区间估计的区间已缩小至等于或低于实际执行的重要性时，该区间估计对于评价管理层的点估计是恰当的，需要评价注册会计师区间估计的恰当性；选项D，与会计估计相关的错报包括事实错报、判断错报和推断错报。

6. A 【解析】注册会计师应当将识别出的、超出被审计单位正常经营过程的重大关联方交易导致的风险确定为特别风险。

7. C 【解析】选项A，如果上期财务报表已经由前任注册会计师审计，注册会计师在审计报告中“可以”提及前任注册会计师，如果上期财务报表未经审计，注册会计师“应当”在审计报告的其他事项段中说明对应数据未经审计；选项B，如果不能对期初余额获取充分适当的审计证据，应当根据影响的广泛程度，发表保留或无法表示意见；选项D，错报未能得到恰当的披露和列报，属于披露错报，应当根据影响的广泛性，发表保留或否定意见的审计报告。

8. B 【解析】注册会计师针对超出正常经营过程的重大交易的性质所进行的询问，通常涉及了解交易的商业理由、交易的条款和条件，因此针对识别出超出正常经营过程的重大关联方交易导致的舞弊风险，要评价交易是否具有合理的商业理由。

二、多项选择题

1. BCD 【解析】如果识别出管理层以前未识别出或未向注册会计师披露的关联方关系或重大关联方交易，注册会计师应当：(1)立即将相关信息向项目组其他成员通报。(2)要求管理层识别与新识别出的关联方之间发生的所有交易，以便注册会计师作出进一步评价，并询问与关联方关系及其交易相关的控制为何未能识别或披露该关联方关系或交易。(3)对新识别出的关联方或重大关联方交易实施恰当的实质性程序。

2. ABCD

3. AD 【解析】如果被审计单位存在可能导致对其持续经营能力产生重大疑虑的事项或情况，注册会计师首先应考虑其应对计划，评价持续经营是否存在重大不确定性的结论。选项BC是在评价结论之后应考虑的事项。

4. ACD 【解析】与会计估计相关的估计不确定性的程度受下列因素的影响：①会计估计对判断的依赖程度；②会计估计对假设变化的敏感性；③是否存在可以降低估计不确定性的经认可的计量技术；④预测

期的长度和从过去事项得出的数据对预测未来事项的相关性；⑤是否能够从外部来源获得可靠数据；⑥会计估计依据可观察到的或不可观察到的输入数据的程度。

5. BD 【解析】注册会计师作出的区间估计需要包括所有“合理”结果，而非“可能”的结果，选项 A 不正确；通常情况下，当区间估计的区间已缩小至等于或低于实际执行的重要性时，该区间估计对于评价管理层的点估计是适当的，选项 C 不正确。

6. ABD 【解析】选项 A，许多关联方交易发生于正常经营过程，与类似非关联方交易相比，这些关联方可能并不具有更高的财务报表重大错报风险；选项 B，即使适用的财务报告编制基础对关联方作出很少的规定或没有作出规定，注册会计师仍然需要了解被审计单位的关联方关系及其交易，以足以确定财务报表就其受到关联方关系及其交易的影响而言是否实现公允反映；选项 D，首先应该考虑实施相关审计程序进行确认，而不是直接考虑对审计意见的影响。

7. ABCD

8. ACD 【解析】选项 B 属于风险评估阶段的考虑，不是风险应对阶段的考虑，故不正确。

9. ABCD

三、简答题

1.【答案】

(1)不恰当。作出的区间估计需要包括所有合理的结果而不是所有可能的结果。

(2)不恰当。2016 年度财务报表中的会计估计与实际结果存在差异，并不必然表明 2016 年度财务报表存在错报。

(3)不恰当。还应当执行程序评价盈利预测中假设的合理性/仅执行询问和重新计算无法获取有关假设合理性的充分、适当的审计证据。

(4)恰当。

(5)不恰当。对特别风险的应对程序仅为实质性程序时，应当包括细节测试。

2.【答案】

(1)不恰当。注册会计师复核上期财务报表中会计估计的结果，是为了识别和评估本期会计估计重大错报风险而执行的风险评估程序，目的不是质疑上期依据当时可获得的信息而作出的判断。

(2)恰当。

(3)不恰当。即使不存在特别风险，注册会计师亦应了解相关控制。

(4)不恰当。根据审计项目组的区间估计，只能得出错报不小于 50 万元的结论，并不能确定就是 50 万元。且该错报是判断错报，不是事实错报。

(5)不恰当。管理层变更折旧年限的理由不合理。

(6)恰当。

【Answer】

(1) It is not appropriate. The purpose of the auditor reviewing last year is evaluating the material misstatement risk of current year audit other than questioning the judgment made based on the available information of previous period.

(2) It is appropriate.

(3) It is not appropriate. Relevant control needs to be understood whether the risk is special risk or not.

(4) It is not appropriate. The auditor should deem that judgment misstatement exists and the misstatement is not less than 500 ten thousand Yuan.

(5) It is not appropriate. The changing reason is not reasonable. The depreciation year of fixed asset should reflect the realization approach of fixed asset value, The problem of reducing difference between tax and accounting should not be considered only. (The auditor should evaluate whether the assumption is reasonable or not)

(6) It is appropriate.

同步训练 限时70分钟

一、单项选择题

1. 下列有关会计估计性质的说法中，不正确的是(　)。

A. 作出会计估计的难易程度取决于估计对象的性质

B. 被审计单位管理层应当对其作出的包括在财务报表中的会计估计负责

C. 会计估计的重大错报风险是特别风险

D. 会计估计的结果与财务报表中原来已确认或披露的金额存在差异，并不必然表明财务报表存在错报

2. 注册会计师在测试管理层如何作出会计估计时，下列各项考虑中，不恰当的是(　)。

A. 考虑外部数据或信息的来源、相关性和可靠性

B. 重新计算会计估计，并复核有关会计估计信息的内在一致性

C. 考虑管理层的会议所确定的经营目标

D. 测试会计估计所依据的数据的准确性、完整性和相关性

3. 下列有关会计估计审计的说法中，不正确的是(　)。

A. 获取充分、适当的审计证据，评价被审计单位作出的会计估计是否合理、披露是否充分，是注册会计师的责任

B. 注册会计师在针对会计估计实施风险评估程序时，无需了解其内部控制

C. 由于会计估计的主观性、复杂性和不确定性，管理层作出的会计估计发生重大错报的可能性较大，注册会计师应实施风险评估程序，确定会计估计的重大错报风险是否属于特别风险

D. 管理层为达到预期结果，可能会滥用会计估计，注册会计师应当注意识别和评估与会计估计相关的舞弊行为导致的重大错报风险

4. 在评估和应对与关联方交易相关的重大错报风险时，下列说法中，注册会计师认为正确的是(　)。

A. 所有的关联方交易和余额都存在重大错报风险

B. 实施实质性程序应对关联方交易相关的重大错报风险更有效，因此无须了解和评价与关联方关系和交易相关的内部控制

C. 超出正常经营过程的重大关联方交易导致的风险属于特别风险

D. 注册会计师应当评价所有关联方交易的商业理由

5. 下列有关关联方关系及其交易的审计的说法中，不正确的是(　)。

A. 注册会计师应当将关联方关系及其交易导致的重大错报风险确定为特别风险

B. 如果识别出管理层以前未识别出的关联方关系，注册会计师应立即将相关信息向项目组其他成员通报

C. 由于存在未披露关联方关系及其交易的可能性，注册会计师在计划和实施与关联方关系及其交易有关的审计工作时，保持职业怀疑尤为重要

D. 注册会计师可以通过询问管理层获取有关关联方关系及其交易的审计证据

6. 注册会计师发现2017年度甲公司(被审计单位)向乙公司支付大额咨询费，乙公司是甲公司总经理的弟弟开设的一家管理咨询公司，并未包括在管理层提供的关联方清单内。下列各项应对措施中，注册会计师通常首先采取的是(　)。

A. 向甲公司董事会通报

B. 向项目质量控制复核人员通报

C. 要求甲公司管理层在财务报表中披露该交易是否公平交易

D. 要求甲公司管理层识别与乙公司之间发生的所有交易，并询问与关联方相关的

控制为何未能识别出该关联方

7. 甲公司2017年度财务报表已经XYZ会计师事务所的X注册会计师审计。ABC会计师事务所的A注册会计师负责审计甲公司2018年财务报表，下列关于期初余额审计的说法中，错误的是(　)。

A. A注册会计师应当阅读甲公司2017年度的财务报表和相关披露，以及X注册会计师出具的审计报告

B. 为确定期初余额是否含有对本期财务报表产生重大影响的错报，A注册会计师需要确定适用于期初余额的重要性水平

C. A注册会计师评估认为X注册会计师具备审计甲公司需要的独立性和专业胜任能力，因此，可能通过查阅2017年度审计工作底稿，获取关于非流动资产期初余额的充分、适当的审计证据

D. A注册会计师未能对2017年12月31日的存货实施监盘，因此，除对存货的期末余额实施审计程序，有必要对存货期初余额实施追加的审计程序

8. 如果上期财务报表已经审计，注册会计师可以考虑查阅前任注册会计师的审计工作底稿，以获取有关期初余额的审计证据，下列有关说法中，不恰当的是(　)。

A. 注册会计师查阅的重点通常限于对本期审计产生重大影响的事项

B. 注册会计师应考虑前任注册会计师的独立性和专业胜任能力

C. 与前任注册会计师沟通前应当征得被审计单位同意

D. 注册会计师在审计报告中表明其审计意见部分依赖前任注册会计师的工作

9. 下列与期初存货余额相关的表述中，正确的是(　)。

A. 未能对期初存货余额实施监盘这一事项，不应直接视为审计范围受到限制

B. 上年度财务报表已由前任注册会计师发表无保留意见，可直接确认期初存货余额

C. 监盘当前的存货数量并调节至期初存货数量是不适当的

D. 无须专门对期初存货余额发表审计意见

二、多项选择题

1. 在识别和评估与会计估计相关的重大错报风险时，下列各项中，注册会计师认为应当了解的有(　)。

A. 与会计估计相关的财务报告编制基础的规定

B. 管理层如何识别需要作出会计估计的交易、事项和情况

C. 管理层如何作出会计估计

D. 会计估计所依据的数据

2. 下列各项中，构成错报的有(　)。

A. 管理层对导致特别风险的会计估计的估计不确定性的披露不充分

B. 会计估计的结果与财务报表中原已确认的金额存在差异

C. 管理层作出的点估计与注册会计师作出的点估计存在差异

D. 管理层作出的点估计小于注册会计师作出的区间估计的最小值

3. 在应对与会计估计相关的重大错报风险时，下列各项程序中，适当的有(　)。

A. 确定截至审计报告日发生的事项是否提供有关的会计估计的审计证据

B. 测试管理层如何作出会计估计以及会计估计所依据的数据

C. 测试与管理层如何作出会计估计相关的控制的运行有效性，并实施恰当的实质性程序

D. 作出点估计或区间估计，以评价管理层的点估计

4. 在运用区间估计评价甲公司管理层点估计的合理性时，下列说法中，注册会计师认为正确的有(　)。

A. 注册会计师的区间估计应当采用与甲公司管理层一致的假设和方法

B. 应当缩小区间估计，直至该区间估计范围内的所有结果均被视为是可能的

C. 应当从区间估计中剔除注册会计师认为不可能发生的极端结果

D. 当区间估计的区间缩小至等于或小于实际执行的重要性时，该区间估计对于评价甲公司管理层的点估计通常是适当的

5. 对于识别出的超出正常经营过程的重大关联方交易，如有相关合同或协议，注册会计师应当予以检查。下列各项中，注册会计师在检查时应当评估的有(　)。

A. 交易的商业理由

B. 交易条款是否与管理层的解释一致

C. 关联方交易是否已按照适用的财务报告编制基础得到恰当会计处理

D. 关联方交易是否已按照适用的财务报告编制基础得到恰当披露

6. 下列事项或情况中，表明被审计单位在财务方面存在可能导致对持续经营假设产生重大疑虑的有(　)。

A. 关键财务比率不佳

B. 重要供应短缺

C. 存在债权人撤销财务支持的迹象

D. 关键管理人员离职且无人替代

7. 在适用的财务报告编制基础对关联方作出规定的情况下，下列各项中，应当包含在被审计单位管理层和治理层(如适用)书面声明中的有(　)。

A. 已向注册会计师披露了全部已知的关联方名称和特征

B. 已向注册会计师披露了全部已知的关联方关系及其交易

C. 已按照适用的财务报告编制基础的规定，对关联方关系和交易进行了恰当的会计处理

D. 已按照适用的财务报告编制基础的规定，对关联方关系和交易进行了恰当的披露

8. 对于识别出的超出正常经营过程的重大关联方交易，注册会计师采取的措施包括(　)。

A. 检查交易的记账凭证，包括发票、出库单等

B. 检查相关合同或协议

C. 获取交易已经恰当授权和批准的审计证据

D. 考虑对审计意见的影响

9. 下列舞弊风险因素中，属于可能表明存在管理层通过关联方关系及其交易实施舞弊的机会的有(　)。

A. 利用商业中介进行交易，而此项安排似乎不具有明确的商业理由

B. 管理层由一人或少数人控制，且缺乏补偿性控制

C. 治理层对财务报告或内部控制实施的监督无效

D. 被审计单位将被证券交易所进行特别处理或退市

10. 为确定是否存在管理层以前未识别或未向注册会计师披露的关联方关系或关联方交易，应当实施的审计程序有(　)。

A. 向银行或律师获取询证函回函

B. 检查被审计单位在报告期内重新商定的重要合同

C. 检查内部审计人员的报告

D. 查看股东会和治理层会议的纪要

11. 在询问关联方关系时，下列组织或人员中，注册会计师的询问对象通常包括(　)。

A. 内部审计人员

B. 董事会成员

C. 证券监管机构

D. 内部法律顾问

12. 在确定被审计单位管理层评估持续经营能力的适当性时，下列判断中正确的有(　)。

A. 管理层评估持续经营能力的期间不得少于自资产负债表日起的12个月

B. 如果被审计单位具有良好的盈利能力和外部资金支持，管理层无须针对持续经营能力作出评估

C. 如果注册会计师识别出存在超出评估

期间但可能对持续经营能力产生疑虑的事项，注册会计师必须实施进一步审计程序

D. 管理层对持续经营能力作出评估时考虑的信息，应当包括注册会计师实施审计程序获取的信息

13. 在极少数情况下，当存在多项对财务报表整体具有重要影响的重大不确定性时，被审计单位按照持续经营假设编制了财务报表，并在财务报表中对不确定事项进行了充分披露，下列说法中恰当的有(　)。

A. 应将其视为对审计范围构成重大限制

B. 注册会计师应当考虑出具无法表示意见的审计报告

C. 注册会计师应当考虑出具带强调事项段的无保留意见，以说明对财务报表具有重要影响的多项重大不确定性

D. 注册会计师应当考虑出具否定意见的审计报告

14. 如果识别出可能导致对持续经营能力产生重大疑虑的事项或情况，注册会计师应当实施追加的审计程序，以获取充分、适当的审计证据，这些程序包括(　)。

A. 如果管理层尚未对持续经营能力作出评估，代替其进行评估

B. 评价管理层与持续经营能力评估相关的未来应对计划

C. 考虑自管理层作出评估后是否存在其他可获得的事实或信息

D. 要求管理层和治理层(如适用)提供有关未来应对计划及其可行性的书面声明

15. 下列关于持续经营假设的相关说法中，正确的有(　)。

A. 针对有关可能导致对被审计单位持续经营能力产生重大疑虑的事项或情况的审计证据，注册会计师应当在整个审计过程中保持警觉

B. 管理层对持续经营能力的合理评估期间应该自审计报告日起 12 个月，如果管理层评估持续经营能力涵盖的期间短于自审计报告日起的 12 个月，注册会计师应当提请管理层将其至少延长至自审计报告日起的 12 个月

C. 被审计单位运用持续经营假设恰当但存在重大不确定性，且财务报表已作充分披露，通常情况下，注册会计师应当发表带强调事项段的无保留意见

D. 如果财务报表按照持续经营基础编制，而注册会计师运用职业判断认为管理层在编制财务报表时运用持续经营假设是不适当的，即使财务报表中已就管理层运用持续经营假设的不适当性作出充分披露，注册会计师仍应当发表否定意见

16. 如果存在着超出管理层评估期间发生的事项或情况，可能导致注册会计师对管理层编制财务报表时运用持续经营假设的适当性产生怀疑。下列做法中，正确的有(　)。

A. 注册会计师需要对存在这些事项或情况的可能性保持警觉

B. 注册会计师需要采取进一步措施审计这些事项

C. 注册会计师可能需要提请管理层评价这些事项对其评估被审计单位持续经营能力的潜在重要性

D. 除询问管理层外，注册会计师没有责任实施其他任何审计程序

17. 关于可能导致对被审计单位持续经营能力产生重大疑虑的事项或情况，注册会计师应当与治理层进行沟通(除非治理层全部成员参与管理被审计单位)，下列各项中属于应当沟通的内容的有(　)。

A. 财务报表中的相关披露是否充分

B. 对审计报告的影响(如适用)

C. 这些事项或情况是否构成重大不确定性

D. 管理层在编制财务报表时运用持续经营假设是否适当

18. 下列关于期初余额的说法中，正确的有(　)。

A. 期初余额是期初已存在的账户余额

B. 反映了以前期间的交易和上期采用的会计政策的结果

C. 期初余额与注册会计师首次承接审计业务相联系

D. 期初余额在金额上应等于上期期末余额

三、简答题

ABC 会计师事务所负责审计上市公司甲公司 2016 年度财务报表。审计项目组在审计工作底稿中记录了与关联方关系及其交易相关的审计情况，部分内容摘录如下：

(1)2016 年度甲公司向其控股股东购入一项重大业务。审计项目组认为该交易是超出正常经营过程的重大关联方交易，存在特别风险。

(2)甲公司管理层在未审财务报表附注中披露，其向关联方采购原材料的交易按照等同于公平交易中通行的条款执行。审计项目组将甲公司向关联方采购的价格与相同原材料活跃市场价格进行比较，未发现明显差异，据此认为该项披露不存在重大错报。

(3)因不拟信赖甲公司建立的与识别、记录和报告关联方关系及其交易相关的内部控制，审计项目组未了解和测试这些控制，通过实施细节测试应对相关重大错报风险。

(4)审计项目组向甲公司管理层获取了下列与关联方关系及其交易相关的书面声明：①已向注册会计师披露了全部已知的关联方名称；②已按照企业会计准则的规定，对关联方关系及其交易进行了恰当的会计处理和披露；③所有关联方交易均不涉及未予披露的“背后协议”。

(5)审计项目组注意到，甲公司 2016 年发生的一项重大交易的交易对手很可能是管理层未向审计项目组披露的关联方。审计项目组实施追加程序并与治理层沟通后，仍无法确定是否存在关联方关系，决定在审计报告中增加强调事项段，提请财务报表使用者关注财务报表附注中披露的该项交易。

要求：

(1)针对上述第(1)项，指出审计项目组应当采取哪些应对措施。

(2)针对上述第(2)至(5)项，逐项指出审计项目组的做法是否恰当。如不恰当，提出改进建议。

同步训练答案及解析

一、单项选择题

1. C 【解析】会计估计的重大错报风险并非一定是特别风险，注册会计师应当评价与会计估计相关的估计不确定性的程度，并根据职业判断确定识别出的具有高度估计不确定性的会计估计是否会导致特别风险。

2. C 【解析】在风险评估时可将经营目标与会计估计影响结果进行比较，以发现重大错报风险。

3. B 【解析】管理层作出的会计估计应是建立在一定内部控制基础之上的，因此，注册会计师应了解与其相关的内部控制。

4. C 【解析】许多关联方交易发生于正常经营过程，与类似的非关联方交易相比，这些关联方交易可能并不具有更高的财务报表重大错报风险，选项 A 不正确；注册会计师应当询问管理层和被审计单位内部其他人员，实施其他适当的风险评估程序，以获取对相关控制的了解，选项 B 不正确；注册会计师针对超出正常经营过程的重大交易的性质进行询问，通常涉及了解交易的商业理由、交易的条款和条件，选项 D 不正确。

5. A 【解析】注册会计师应当将识别出的、超出被审计单位正常经营过程的重大关联方交易导致的风险确定为特别风险。
6. D 【解析】如果识别出管理层以前未识别出或未向注册会计师披露的关联方关系或重大关联方交易，注册会计师应当要求管理层识别与新识别出的关联方之间发生的所有交易，以便注册会计师作出进一步评价，并询问与关联方关系及其交易相关的控制为何未能识别或披露该关联方关系或交易。
7. B 【解析】注册会计师无须专门针对期初余额确定重要性水平。
8. D 【解析】注册会计师应当对自身实施的审计程序和得出的审计结论负责，不应在审计报告中表明，其审计意见全部或部分地依赖前任注册会计师的审计报告或工作。
9. A 【解析】尽管未能对期初存货实施监盘，但是，只要注册会计师通过适当的审计程序，获取了有关期初余额的充分、适当的审计证据，就能够确认期初余额。因此，不应直接视为审计范围受到限制。

二、多项选择题

1. ABCD
2. ACD 【解析】选项 B，会计估计的结果也是一种预计，因此会计估计的结果与财务报表中原已确认的金额存在差异不一定构成错报。
3. ABCD 【解析】在应对评估的重大错报风险时，注册会计师应当考虑会计估计的性质，并实施下列一项或多项程序：(1)确定截至审计报告日发生的事项是否提供有关会计估计的审计证据；(2)测试管理层如何作出会计估计以及会计估计所依据的数据；(3)测试与管理层如何作出会计估计相关的控制的运行有效性，并实施恰当的实质性程序；(4)作出注册会计师的点估计或区间估计，以评价管理层的点估计。
4. CD 【解析】注册会计师的区间估计可以采用有别于管理层的假设或方法，选项 A 不正确；注册会计师应当基于可获得的审计证据来缩小区间估计，直至该区间估计范围内的所有结果均可被视为合理(而不是“可能”)，选项 B 不正确。
5. ABCD
6. AC 【解析】选项 BD 属于在经营方面可能存在导致对持续经营能力产生重大疑虑的事项或情况。
7. ABCD
8. BC 【解析】选项 A 属于常规程序，不能应对题干中提及的特别风险，故不正确；选项 D，在实施完相关审计程序后，才会考虑对审计意见的影响。
9. ABC 【解析】被审计单位将被证券交易所进行特别处理或退市，属于可能表明存在管理层通过关联方关系及其交易实施舞弊的风险的动机或压力要素，而不是机会要素。相关内容请参考《中国注册会计师审计准则问题解答第 6 号——关联方》。
10. AD 【解析】选项 B、C 是“可以”实施的审计程序，并非“应当”实施的审计程序。
11. ABD 【解析】在询问关联方关系时，注册会计师的询问对象包括：(1)治理层成员；(2)负责生成、处理或记录超出正常经营过程的重大交易的人员，以及对其进行监督或监控的人员；(3)内部审计人员；(4)内部法律顾问；(5)负责道德事务的人员。不包括选项 C。
12. AD 【解析】选项 B 不正确，如果被审计单位具有良好的盈利记录并很容易获得外部资金支持，管理层可能无须详细分析就能对持续经营能力作出评估，但管理层对持续经营能力作出评估是必须的；选项 C 不正确，只有当存在充分证据表明超出评估期间的有关事项或情况对被审计单位的持续经营能力具有重大影响时，注册会计师才有必要采取进一步措施。

13. AB 【解析】在极少数情况下，当存在多项对财务报表整体具有重要影响的重大不确定性时，注册会计师可能认为发表无法表示意见而非增加以“与持续经营相关的重大不确定性”为标题的单独部分是适当的。

14. BCD 【解析】如果管理层尚未对持续经营能力作出评估，应当提请其进行评估，选项A不正确。

15. AD 【解析】选项B，管理层对持续经营能力的合理评估期间应该自财务报表日起12个月，如果管理层评估持续经营能力涵盖的期间短于自财务报表日起的12个月，注册会计师应当提请管理层将其至少延长至自财务报表日起的12个月。选项C，被审计单位运用持续经营假设恰当但存在重大不确定性，且财务报表已作充分披露，通常情况下，注册会计师应当在无保留意见的审计报告中增加以“与持续经营相关的重大不确定性”为标题的段落。

16. ACD 【解析】由于事项或情况发生的时点距离作出评估的时点越远，与事项或情况的结果相关的不确定性的程度也相应增加，因此在考虑更远期间发生的事项或情况时，只有持续经营事项的迹象达到重大时，注册会计师才需要考虑采取进一步措施。

17. ABCD

18. ABC 【解析】期初余额以上期期末余额为基础，不一定等于上期期末余额，故选项D不正确。

三、简答题

【答案】

(1)对于识别出的超出正常经营过程的重大关联方交易，注册会计师应当：①检查相关合同或协议。在检查相关合同或协议时应当评价：交易的商业理由(或缺乏商业理由)是否表明被审计单位从事交易的目的可能是为了对财务信息作出虚假报告或为了隐瞒侵占资产的行为；交易条款是否与管理层的解释一致；关联方交易是否已按照适用的财务报告编制基础得到恰当会计处理和披露。②获取交易已经恰当授权和批准的审计证据。

(2)第(2)项不恰当。审计项目组还应当关注关联方交易的其他条款和条件是否与独立各方之间通常达成的交易条款相同。

第(3)项不恰当。如果管理层建立了与识别、记录和报告关联方关系及其交易相关的内部控制，审计项目组应当获取对相关控制的了解。

第(4)项不恰当。管理层书面声明还应当包括：已经向审计项目组披露了全部已知的关联方的特征、关联方关系及其交易。

第(5)项不恰当。应当考虑在审计报告中发表非无保留意见/发表保留意见。

本章知识串联

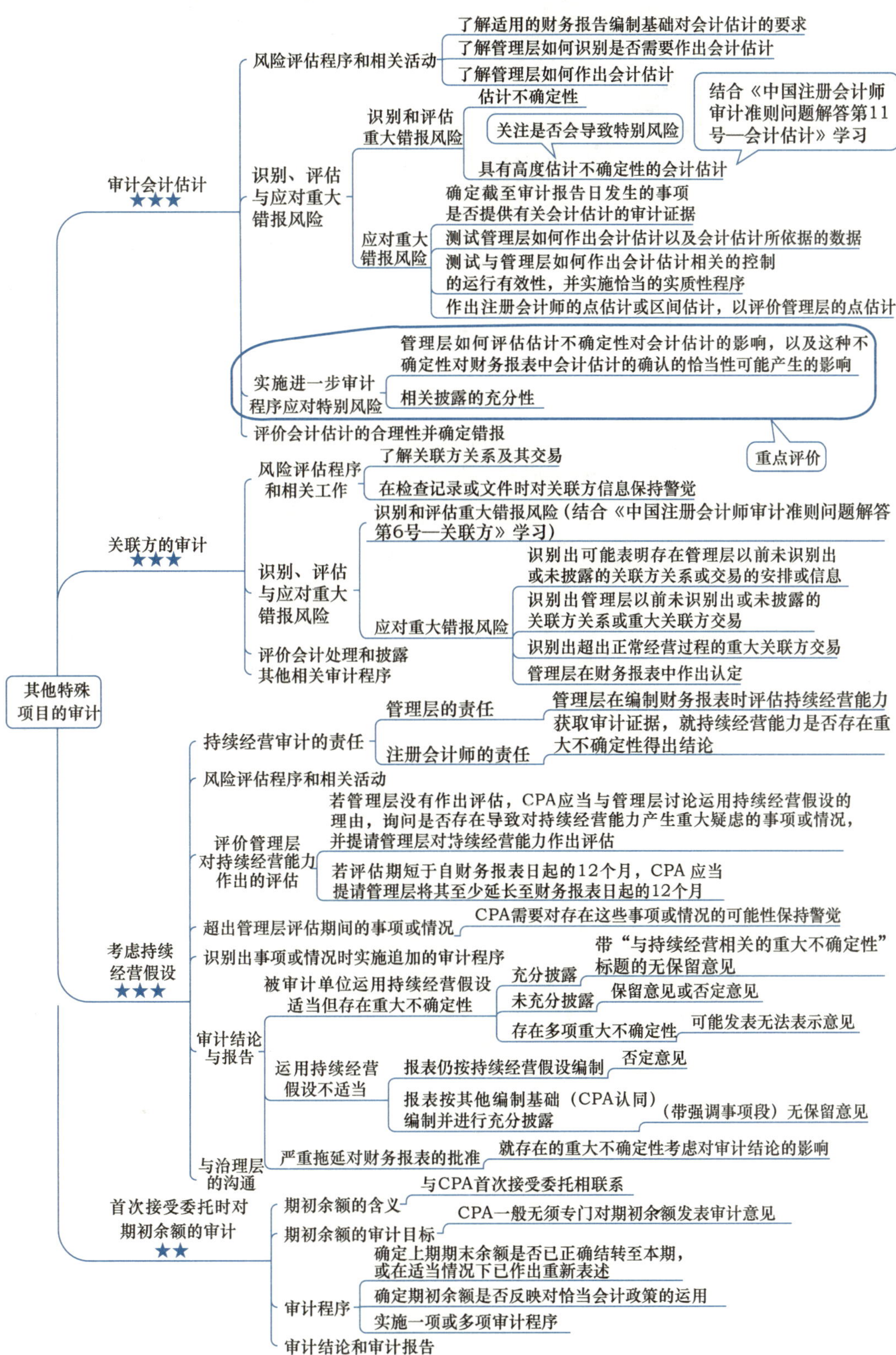

其他特殊项目的审计
审计会计估计★★★
风险评估程序和相关活动
了解适用的财务报告编制基础对会计估计的要求
了解管理层如何识别是否需要作出会计估计
了解管理层如何作出会计估计
识别、评估与应对重大错报风险
识别和评估重大错报风险
估计不确定性
关注是否会导致特别风险
具有高度估计不确定性的会计估计
结合《中国注册会计师审计准则问题解答第11号—会计估计》学习
应对重大错报风险
确定截至审计报告日发生的事项是否提供有关会计估计的审计证据
测试管理层如何作出会计估计以及会计估计所依据的数据
测试与管理层如何作出会计估计相关的控制的运行有效性，并实施恰当的实质性程序
作出注册会计师的点估计或区间估计，以评价管理层的点估计
实施进一步审计程序应对特别风险
管理层如何评估估计不确定性对会计估计的影响，以及这种不确定性对财务报表中会计估计的确认的恰当性可能产生的影响
相关披露的充分性
重点评价
评价会计估计的合理性并确定错报
关联方的审计★★★
风险评估程序和相关工作
了解关联方关系及其交易
在检查记录或文件时对关联方信息保持警觉
识别、评估与应对重大错报风险
识别和评估重大错报风险（结合《中国注册会计师审计准则问题解答第6号—关联方》学习）
应对重大错报风险
识别出可能表明存在管理层以前未识别出或未披露的关联方关系或交易的安排或信息
识别出管理层以前未识别出或未披露的关联方关系或重大关联方交易
识别出超出正常经营过程的重大关联方交易
管理层在财务报表中作出认定
评价会计处理和披露
其他相关审计程序
考虑持续经营假设★★★
持续经营审计的责任
管理层的责任
管理层在编制财务报表时评估持续经营能力
注册会计师的责任
获取审计证据，就持续经营能力是否存在重大不确定性得出结论
风险评估程序和相关活动
评价管理层对持续经营能力作出的评估
若管理层没有作出评估，CPA应当与管理层讨论运用持续经营假设的理由，询问是否存在导致对持续经营能力产生重大疑虑的事项或情况，并提请管理层对持续经营能力作出评估
若评估期短于自财务报表日起的12个月，CPA 应当提请管理层将其至少延长至财务报表日起的12个月
超出管理层评估期间的事项或情况
CPA需要对存在这些事项或情况的可能性保持警觉
识别出事项或情况时实施追加的审计程序
审计结论与报告
被审计单位运用持续经营假设适当但存在重大不确定性
充分披露
带“与持续经营相关的重大不确定性”标题的无保留意见
未充分披露
保留意见或否定意见
存在多项重大不确定性
可能发表无法表示意见
运用持续经营假设不适当
报表仍按持续经营假设编制
否定意见
报表按其他编制基础（CPA认同）编制并进行充分披露
（带强调事项段）无保留意见
严重拖延对财务报表的批准
就存在的重大不确定性考虑对审计结论的影响
与治理层的沟通
首次接受委托时对期初余额的审计★★
期初余额的含义
与CPA首次接受委托相联系
期初余额的审计目标
CPA一般无须专门对期初余额发表审计意见
审计程序
确定上期期末余额是否已正确结转至本期，或在适当情况下已作出重新表述
确定期初余额是否反映对恰当会计政策的运用
实施一项或多项审计程序
审计结论和审计报告

第五编

完成审计工作与出具审计报告

本编主要介绍在审计完成阶段注册会计师所做的工作，包括对期后事项进行审计、评价审计中的重大发现、评价审计过程中发现的错报、复核审计工作底稿和财务报表等内容。在此基础上，评价审计结果，在与客户沟通后，获取管理层声明，确定应出具审计报告的意见类型和措辞，进而编制并致送审计报告，终结审计工作。

本编应作为非常重要的内容进行掌握。从教材难度上分析，本编内容难度较大，今年考试中同样很可能结合审计目标、风险评估以及实务循环等内容以综合题的形式考查审计报告的内容，同时还应关注循环章节中相关的会计处理，以期在综合题中能够灵活运用。

第18章 完成审计工作

考情解密

历年考情概况

本章属于比较重要的章节。主要以客观题形式考核评价审计中发现的错报、审计工作底稿的复核、期后事项、书面声明等内容，也可能与审计报告、会计师事务所质量控制结合考查主观题，同时应关注与期后事项相关的会计知识。预计今年考核分值在3分左右。

近年考点直击

考点	主要考查题型	考频指数	考查角度
评价错报	选择题、综合题	★★★	评价未更正错报的影响
复核审计工作底稿和财务报表	选择题、简答题	★★	(1)项目组内部复核；(2)项目质量控制复核
期后事项	选择题、综合题	★★	(1)期后事项的种类；(2)不同时段期后事项的处理
书面声明	选择题	★★★	(1)针对管理层责任的书面声明；(2)书面声明的日期和涵盖的期间；(3)书面声明的形式；(4)对书面声明可靠性的疑虑以及管理层不提供要求的书面声明时注册会计师采取的措施

学习方法与应试技巧

在学习本章时应重点关注以下内容：

(1)应熟练掌握评价审计中发现的错报、复核审计工作底稿和财务报表的内容。

(2)期后事项需能正确区分哪些是需要调整的期后事项，哪些是不需要调整的期后事项，对不同时段的期后事项处理程序要非常熟悉，并背下来。

(3)应了解管理层书面声明的作用和内容，以及对书面声明的签署人、日期和涵盖期间的要求，记住对管理层不提供要求的书面声明时采取的措施。

本章2020年考试主要变化

本章主要是对“项目组内部复核”中的复核人员和复核范围删除了部分内容，其他内容无变动。

考点详解及精选例题

考点一　完成审计工作

一、评价审计过程中发现的错报★★★

1. 错报的沟通和更正

（1）除非法律法规禁止，注册会计师应当及时将审计过程中**累积的所有错报**与适当层级的管理层进行沟通。注册会计师还应当要求管理层更正这些错报；

（2）如果管理层**拒绝更正**沟通的部分或全部错报，注册会计师应当了解管理层**不更正错报的理由**，并在评价财务报表整体是否不存在重大错报时考虑该理由。

错报的沟通和更正，见表18-1：

表18-1　错报的沟通和更正

项目	内容	
错报的沟通（由注册会计师执行）	及时与适当层级的管理层沟通	能使管理层评价这些事项是否为错报，并采取必要行动，如有异议则告知注册会计师
	法律法规可能限制注册会计师向管理层或被审计单位内部的其他人员通报某些错报	注册会计师的保密义务与通报义务之间存在的潜在冲突可能很复杂，此时注册会计师可以考虑征询法律意见
错报的更正（由管理层执行）	能够保持会计账簿和记录的准确性，降低由于与本期相关的、非重大的且尚未更正的错报的累积影响而导致未来期间财务报表出现重大错报的风险	

2. 评价未更正错报的影响

对未更正错报影响的评价，见表18-2：

表18-2　评价未更正错报的影响

项目	内容	
重评重要性	在评价未更正错报之前	注册会计师可能有必要依据实际的财务结果对重要性作出修改
评价未更正错报的影响	累积错报	错报的汇总数=事实错报+判断错报+抽样推断错报
	单项错报	某一**单项重大**错报不太可能被其他错报所**抵销**(如多计收入不能被高估成本所抵销)
		对于同一账户余额或同一类别的交易的**内部错报抵销**可能是适当的
	分类错报	确定一项分类错报是否重大，需要进行定性评估
		即使分类错报超过了在评价其他错报时运用的重要性水平，注册会计师可能仍然认为该分类错报不产生重大影响，同样，分类错报低于重要性水平，也可能认为是重大的

3. 未更正错报的沟通

（1）与治理层沟通未更正错报。

除非法律法规禁止，注册会计师应当与**治理层**沟通**管理层**未更正错报及其对审计意见的影响：

①应当**逐项指明**重大的未更正错报；

②应当要求被审计单位更正未更正错报；

③应当与治理层沟通与以前期间相关的未更正错报对相关类别的交易、账户余额或披露以及财务报表整体的影响。

(2)管理层提供有关未更正错报的书面声明。

①注册会计师应当要求管理层和治理层(如适用)提供书面声明，说明其是否认为未更正错报单独或汇总起来对财务报表整体的影响不重大。

②未更正错报项目的概要应当包含在书面声明中或附在其后。

③即使获取了这一声明，注册会计师仍需要对未更正错报的影响形成结论。

【例题1·单选题】注册会计师在对错报进行汇总和评价时，下面做法正确的是( )。

A. 某一单项重大错报不太可能被其他错报抵销，但对于同一账户余额的内部错报应当予以抵销

B. 如果错报单独或汇总起来未超过财务报表整体的重要性，注册会计师仍应要求管理层更正已识别的错报

C. 注册会计师应当及时将审计过程中发现的所有错报与适当层级的管理层进行沟通，如果得不到更正，应当与治理层沟通未更正错报

D. 如果某项错报的金额低于财务报表整体的重要性，注册会计师应认为该项错报不重大

解析▶对于同一账户余额或同一类别的交易内部的错报，抵销可能是适当的，但在得出抵销非重大错报是适当的这一结论之前，需要考虑可能存在其他未被发现的错报的风险，选项A不正确；注册会计师应当及时将审计过程中累积的所有错报与适当层级的管理层进行沟通，选项C不正确；某些错报低于财务报表整体的重要性，但因与这些错报相关的某些情况，在将其单独或连同在审计过程中累积的其他错报一并考虑时，注册会计师也可能将这些错报评价为重大错报。如某项错报的金额虽然低于财务报表整体的重要性，但对被审计单位的盈亏状况有决定性的影响，注册会计师应认为该项错报是重大错报，选项D不正确。 **答案**▶B

二、复核审计工作底稿和财务报表★★

1. 对财务报表总体合理性进行总体复核

在审计结束或临近结束时，注册会计师需要运用分析程序的目的是确定经审计调整后的财务报表整体是否与对被审计单位的了解一致，是否具有合理性。注册会计师应当围绕这一目的运用分析程序。

2. 复核审计工作底稿

对审计工作底稿的复核(包括项目组内部复核和项目质量控制复核)，见表18-3：

表18-3 审计工作底稿的复核

	项目组成员实施的复核	项目质量控制复核
特点	项目组内部复核	项目组外部复核
范围	会计师事务所一般要求审计工作底稿应经过一级复核	所有上市实体的财务报表审计以及符合标准的其他业务
时间	贯穿审计全过程	及时实施质量控制复核，在出具审计报告前完成
人员	①由项目组内经验较多的人员(包括项目合伙人)复核经验较少人员的工作； ②项目合伙人	由会计师事务所指定专门的机构或人员完成。该复核人员应当是独立的、有经验的审计人员
内容	执行复核时需考虑的事项： ①审计工作是否已按照职业准则和适用的法律法规的规定执行； ②重大事项是否已提请进一步考虑； ③相关事项是否已进行适当咨询，由此形成的结论是否已得到记录和执行； ④是否需要修改已执行审计工作的性质、时间安排和范围；	项目质量控制复核人员应当客观地评价项目组作出的重大判断以及在编制审计报告时得出的结论： ①与项目合伙人讨论重大事项(重大判断)； ②复核选取的与项目组作出的重大判断和得出的结论相关的审计工作底稿； ③复核财务报表和拟出具的审计报告； ④评价在编制审计报告时得出的结论，并考虑拟出具审计报告的恰当性。

续表

	项目组成员实施的复核	项目质量控制复核
内容	⑤已执行的审计工作是否支持形成的结论，并已得到适当记录； ⑥已获取的审计证据是否充分、适当； ⑦审计程序的目标是否已实现。 项目合伙人复核的内容： ①对关键领域所作的判断，尤其是执行业务过程中识别出的疑难问题或争议事项； ②特别风险； ③项目合伙人认为重要的其他领域	对于上市实体财务报表审计，在实施项目质量控制复核时还应当考虑： ①项目组就具体审计业务对会计师事务所独立性作出的评价； ②项目组是否已就涉及意见分歧的事项，或者其他疑难问题或争议事项进行适当咨询，以及咨询得出的结论； ③选取的用于复核的审计工作底稿，是否反映项目组针对重大判断执行的工作，以及是否支持得出的结论

『注意』(1)根据中国注册会计师审计准则的规定，**只有完成了项目质量控制复核，才能签署审计报告**。

(2)审计报告的日期不得早于注册会计师获取充分、适当的审计证据，并在此基础上对财务报表形成审计意见的日期。

(3)要考虑在审计过程与项目质量复核人员积极协调配合，使其能够及时实施质量控制复核，在审计报告日前完成项目质量控制复核，但并非在出具审计报告前才实施。

【例题2·单选题】(2016年)下列有关项目合伙人复核的说法中，错误的是(　)。

A. 项目合伙人通常需要复核项目组对关键领域所作的判断

B. 项目合伙人无需复核所有审计工作底稿

C. 项目合伙人应当在审计工作底稿中记录复核的范围和时间

D. 项目合伙人应当复核与重大错报风险相关的所有审计工作底稿

解析▶项目合伙人复核的内容包括：(1)对关键领域所作的判断，尤其是执行业务过程中识别出的疑难问题或争议事项；(2)特别风险；(3)项目合伙人认为重要的其他领域。项目合伙人无须复核所有审计工作底稿。

答案▶D

考点二　期后事项的审计

一、期后事项的含义★★

期后事项，是指财务报表日至审计报告日之间发生的事项，以及注册会计师在审计报告日后知悉的事实。

1. 期后事项的种类

(1)财务报表日后调整事项：

①财务报表日后诉讼案件结案，法院判决证实了企业在财务报表日**已经存在现时义务**，需要调整原先确认的与该诉讼案件相关的预计负债，或确认一项新负债。

②财务报表日后取得确凿证据，表明某项资产在财务报表日发生了**减值**或者需要调整该项资产**原先确认的减值金额**。

③财务报表日后进一步确定了财务报表日前购入资产的**成本**或售出资产的**收入**。

④财务报表日后发现了财务报表**舞弊或差错**。

(2)财务报表日后非调整事项

①财务报表日后发生重大诉讼、仲裁、承诺。

②财务报表日后资产价格、税收政策、外汇汇率发生重大变化。

③财务报表日后因自然灾害导致资产发生重大损失。

④财务报表日后发行股票和债券以及其

他巨额举债。

⑤财务报表日后资本公积转增资本。

⑥财务报表日后发生巨额亏损。

⑦财务报表日后发生企业合并或处置子公司。

⑧财务报表日后企业利润分配方案中拟分配的以及经审议批准宣告发放的股利或利润。

2. 期后事项的三个时段

期后事项可以按时段划分为三段，如图 18-1 所示：

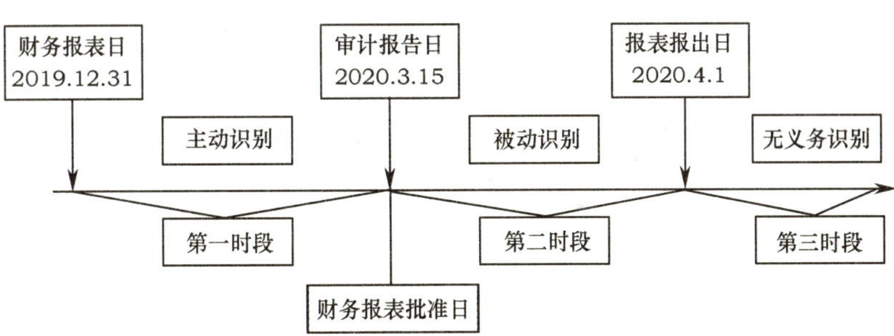

图 18-1　期后事项分段示意图

二、不同时间段期后事项的责任和审计程序★★

注册会计师对不同时段期后事项所负的责任与执行的审计程序，见表 18-4：

表 18-4　不同时间段期后事项的责任和审计程序

（2020 年 3 月 15 日为审计报告日，2020 年 4 月 1 日为报告报出日）

<table>
<tr><th>时段</th><th colspan="3">具体情况与程序</th></tr>
<tr><td>第一时段
发生事项
（2019. 12. 31
~
2020. 3. 15）</td><td colspan="3">基本要求：应当尽量在接近审计报告日实施专门的审计程序以识别第一时段期后事项，对发现的需要调整报表项目或在附注中进行披露的事项：
（1）提请管理层调整或披露；
（2）如拒绝调整或披露，考虑发表保留意见或否定意见</td></tr>
<tr><td rowspan="5">第二时段
发现事实
（2020. 3. 15
~
2020. 4. 1）</td><td colspan="3">基本要求：没有义务针对财务报表实施任何审计程序。如果知悉了可能导致修改审计报告的事实，注册会计师应当：
（1）与管理层和治理层（如适用）讨论该事项；
（2）确定是否需要修改财务报表；
（3）如果需要修改，询问管理层将如何在财务报表中处理该事项</td></tr>
<tr><td rowspan="2">管理层修改财务报表</td><td>修改财务报表</td><td>（1）审计程序：针对修改后的财务报表将用以识别期后事项的审计程序延伸至新的审计报告日；
（2）审计报告：针对修改后的财务报表出具新的审计报告</td></tr>
<tr><td>仅修改期后事项</td><td>（1）审计程序：仅针对有关修改将用以识别期后事项的审计程序延伸至新的审计报告日；
（2）审计报告：出具新的或经修改的审计报告（增加补充报告日期，或强调事项段或其他事项段）</td></tr>
<tr><td rowspan="2">管理层不修改财务报表</td><td>审计报告未提交</td><td>发表非无保留意见（保留意见或否定意见）</td></tr>
<tr><td>审计报告已提交</td><td>（1）通知管理层和治理层不要向第三方报出；
（2）如果仍被报出，采取措施防止财务报表使用者信赖该审计报告</td></tr>
</table>

续表

<table>
<tr><th>时段</th><th colspan="2">具体情况与程序</th></tr>
<tr><td rowspan="3">第三时段
发现事实
（2020.4.1后）</td><td colspan="2">**基本要求**：同第二时段发现事实</td></tr>
<tr><td>管理层**修改**财务报表</td><td>（1）实施必要的审计程序和出具新的审计报告或修改审计报告（具体程序**同第二时间段发现事实**的处理）；
（2）复核管理层采取的措施能否**确保所有收到**原财务报表和审计报告的人士了解这一情况</td></tr>
<tr><td>管理层**未采取任何行动**</td><td>（1）通知管理层和治理层，注册会计师将设法防止财务报表使用者信赖该审计报告；
（2）如果已通知管理层或治理层，而仍未采取措施，注册会计师应当采取适当措施，以设法防止财务报表使用者信赖该审计报告（寻求法律意见）</td></tr>
</table>

【例题3·单选题】下列有关期后事项审计的说法中，正确的有（　）。

A. 期后事项是指财务报表日至审计报告日之间发生的事实，以及注册会计师在审计报告日后知悉的事项

B. 注册会计师仅需主动识别财务报表日至审计报告日之间发生的期后事项，对审计报告日后所知悉的事实没有责任实施任何审计程序

C. 审计报告日后，管理层仅就期后事项部分修改了财务报表，注册会计师应当对修改后的财务报表实施必要的审计程序，并出具新的或经修改的审计报告

D. 财务报表公布后，管理层就期后事项修改了财务报表，注册会计师应当修改审计报告，并在审计报告中增加强调事项段或其他事项段

解析▶ 期后事项是指财务报表日至审计报告日之间发生的事项，以及注册会计师在审计报告日后知悉的事实。审计报告日后，注册会计师没有义务针对财务报表实施任何审计程序，但对所知悉的事实应当实施相应的审计程序以识别期后事项并采取应对措施。财务报表公布后，管理层修改了财务报表，注册会计师应当出具新的审计报告，如果对财务报表的修改仅限于新识别的期后事项，注册会计师应当修改审计报告或提供新的审计报告，并在审计报告中增加强调事项段或其他事项段，提醒财务报表使用者关注财务报表附注中有关修改原财务报表的详细原因和注册会计师提供的原审计报告。 **答案**▶ C

考点三　书面声明

一、书面声明的性质★

有关书面声明的目的、获取的必要性、特征、内容及提供的日期，见表18-5：

表18-5　书面声明

项目	内容
目的	用以确认某些事项或支持其他审计证据，但本身并不为所涉及的任何事项提供充分、适当的审计证据，不影响注册会计师拟获取的其他审计证据的性质和范围
特征	（1）书面声明是审计证据的重要来源； （2）通常要求管理层提供的是**书面声明**而非口头声明，可以促使管理层更加认真地考虑声明所涉及的事项，从而提高声明的质量； （3）尽管书面声明提供了**必要**的审计证据，但其本身并不为所涉及的任何事项提供充分、适当的审计证据； （4）管理层已提供可靠书面声明的事实，并**不影响**注册会计师就管理层责任履行情况或具体认定获取的其他审计证据的性质和范围

续表

项目	内容
内容	书面声明**不包括财务报表及其认定，以及支持性账簿和相关记录**。书面声明有两大类： (1)基本声明：管理层针对财务报表的编制责任的声明(**必须获取**)； (2)其他声明：对基本声明的补充(如认为**有必要**应当获取)
日期	书面声明的日期应当尽量接近对财务报表出具审计报告的日期，但不得在审计报告日后。书面声明应当涵盖审计报告针对的所有财务报表和期间

二、针对管理层责任的书面声明(基本声明)★★★

针对财务报表的编制，注册会计师应当要求管理层提供书面声明：

1. 针对管理层编制财务报表的责任

管理层确认其根据审计业务约定条款，履行了按照适用的财务报告编制基础编制财务报表并使其实现公允反映的责任。

2. 针对提供的信息和交易的完整性

(1)按照审计业务约定条款，已向注册会计师提供所有相关信息，并允许注册会计师不受限制地接触所有相关信息和被审计单位的相关人员；

(2)所有交易均已记录并反映在财务报表中。

注册会计师可能还要求管理层在书面声明中再次确认其对自身责任的认可与理解。当存在下列情况时，这种确认尤为适当：

(1)代表被审计单位签订审计业务约定条款的人员不再承担相关责任；

(2)审计业务约定条款是在以前年度签订的；

(3)有迹象表明管理层误解了其责任；

(4)情况的改变需要管理层再次确认其责任。

当然，再次确认管理层对自身责任的认可与理解，并不限于管理层已知的全部事项。

【知识点拨】(1)如果未从管理层获取其确认已履行的责任，注册会计师在审计过程中获取的有关管理层已履行这些责任的其他审计证据是不充分的。

(2)基于管理层认可并理解在审计业务约定条款中提及的管理层的责任，注册会计师要求管理层通过声明确认其已履行这些责任。

三、其他书面声明★

如果注册会计师认为有必要获取一项或多项其他书面声明，以支持与财务报表或者一项或多项具体认定相关的其他审计证据，注册会计师应当要求管理层提供这些书面声明：

1. 关于财务报表的额外书面声明

除了针对财务报表的编制，注册会计师应当要求管理层提供基本书面声明以确认其履行了责任外，注册会计师可能认为有必要获取有关财务报表的其他书面声明。

2. 与向注册会计师提供信息有关的额外书面声明

除了针对管理层提供的信息和交易的完整性的书面声明外，注册会计师可能认为有必要要求管理层提供书面声明，确认其已将注意到的所有内部控制缺陷向注册会计师通报。

3. 关于特定认定的书面声明

注册会计师可能认为有必要要求管理层提供有关财务报表特定认定的书面声明，尤其是支持注册会计师就管理层的判断或意图或者完整性认定从其他审计证据中获取的了解。

『举例』如果管理层的意图对投资的计价基础非常重要，但若不能从管理层获取有关该项投资意图的书面声明，注册会计师就不可能获取充分、适当的审计证据。尽管这些书面声明能够提供必要的审计证据，但其本身并不能为财务报表特定认定提供充分、适当的审计证据。

【例题4·多选题】（2014年）下列有关书面声明的说法中，错误的有（ ）。

A. 管理层对注册会计师所要求的书面声明内容进行了调整，表明管理层没有提供可靠的书面声明

B. 注册会计师应当要求管理层在书面声明中确认，为作出所要求的书面声明，管理层已进行了适当询问

C. 如果管理层在书面声明中使用限定性语言，注册会计师不应当接受该书面声明

D. 如果在审计报告中提及的所有期间内，现任管理层均未就任，注册会计师仍然需要向现任管理层获取涵盖整个相关期间的书面声明

解析 选项A，如果管理层修改书面声明，可能使注册会计师警觉存在重大问题的可能性，但是并不必然表明管理层没有提供可靠的书面声明；选项B，注册会计师可能要求（不是应当要求）管理层在书面声明中确认，为作出所要求的书面声明，管理层已进行了适当询问；选项C，在某些情况下，管理层可能在书面声明中使用限定性语言，以表明该声明是根据其已知的全部事项作出的。如果注册会计师确信声明是由承担适当责任并了解声明所涉及事项的人员作出的，则注册会计师可以接受对这些限定性语言的使用。 **答案** ABC

四、书面声明的日期和涵盖的期间★★★

书面声明的日期应当尽量接近对财务报表出具审计报告的日期，但不得在审计报告日后。书面声明应当涵盖审计报告针对的所有财务报表和期间。

在实务中可能会出现这样的情况，即在审计报告中提及的所有期间内，现任管理层均尚未就任。他们可能由此声称无法就上述期间提供部分或全部书面声明。然而，这一事实并不能减轻现任管理层对财务报表整体的责任。相应地，注册会计师**仍然需要向现任管理层**获取**涵盖整个相关期间**的书面声明。

【例题5·单选题】 下列有关书面声明日期的说法中，正确的是（ ）。

A. 审计业务开始后的任何日期

B. 尽量接近审计报告日，但不得在其后

C. 所审计会计期间截止日

D. 注册会计师离开审计现场的日期

解析 书面声明的日期应当尽量接近对财务报表出具审计报告的日期，但不得在审计报告日后。 **答案** B

五、对书面声明可靠性的疑虑★★

1. 对管理层的胜任能力、诚信、道德价值观或勤勉尽责存在疑虑

如果对管理层的胜任能力、诚信、道德价值观或勤勉尽责存在疑虑，注册会计师可能认为，管理层在财务报表中作出不实陈述的风险很大，以至于审计工作无法进行。在这种情况下，除非治理层采取适当的纠正措施，否则注册会计师可能需要考虑解除业务约定（如果法律法规允许）。很多时候，治理层采取的纠正措施可能并不足以使注册会计师发表无保留意见。

2. 书面声明与其他审计证据不一致

（1）注册会计师应当实施审计程序以设法解决这些问题。注册会计师可能需要考虑风险评估结果是否仍然适当。

（2）如果认为风险评估结果不适当，注册会计师需要修正风险评估结果，并确定进一步审计程序的性质、时间安排和范围，以应对评估的风险。

（3）如果问题仍未解决，注册会计师应当重新考虑对管理层的胜任能力、诚信、道德价值观或勤勉尽责的评估，或者重新考虑对管理层在这方面的承诺或贯彻执行的评估，并确定书面声明与其他审计证据的不一致对书面或口头声明和审计证据总体的可靠性可能产生的影响。

（4）如果认为书面声明不可靠，注册会计师应当采取适当措施，包括确定其对审计意见可能产生的影响。

六、管理层不提供要求的书面声明的措施★★★

如果管理层不提供要求的一项或多项书面声明，注册会计师应当：

(1)与管理层讨论该事项；

(2)重新评价管理层的诚信，并评价该事项对书面或口头声明和审计证据总体的可靠性可能产生的影响；

(3)采取适当措施，包括确定该事项对审计意见可能产生的影响。

如果存在下列情形之一，注册会计师应当对财务报表发表**无法表示意见**：

(1)注册会计师对管理层的**诚信**产生**重大疑虑**，以至于认为其作出的**书面声明不可靠**；

(2)管理层**不提供**"针对财务报表的编制责任"和"针对提供的信息和交易的完整性"的**基本书面声明**。

真题精练

一、单项选择题

1. (2019年)下列有关审计工作底稿复核的说法中，错误的是(　)。

A. 审计工作底稿中应当记录复核人员姓名和复核时间

B. 项目合伙人应当复核所有审计工作底稿

C. 项目质量控制复核人员应当在审计报告出具前复核审计工作底稿

D. 应当由项目组内经验较多的人员复核经验较少的人员编制的审计工作底稿

2. (2018年)下列有关书面声明日期的说法中，错误的是(　)。

A. 书面声明的日期不得晚于审计报告日

B. 书面声明的日期不得早于财务报表报出日

C. 书面声明的日期可以早于审计报告日

D. 书面声明的日期可以和审计报告日是同一天

3. (2017年)下列有关管理层书面声明的作用的说法中，错误的是(　)。

A. 书面声明为财务报表审计提供了必要的审计证据

B. 书面声明可以促使管理层更加认真地考虑声明所涉及的事项

C. 书面声明本身不为所涉及的任何事项提供充分、适当的审计证据

D. 书面声明已提供可靠书面声明的事实，可能影响注册会计师就具体认定获取的审计证据的性质和范围

4. (2016年)下列有关审计报告日的说法中，错误的是(　)。

A. 审计报告日不应早于管理层书面声明的日期

B. 审计报告日可以晚于管理层签署已审计财务报表的日期

C. 审计报告日应当是注册会计师获取充分、适当的审计证据，并在此基础上对财务报表形成审计意见的日期

D. 在特殊情况下，注册会计师可以出具双重日期的审计报告

5. (2016年)下列有关书面声明的说法中，错误的是(　)。

A. 为支持与财务报表或某项具体认定相关的其他审计证据，注册会计师可以要求管理层提供关于财务报表或特定认定的书面声明

B. 即使管理层已提供可靠的书面声明，也不影响注册会计师就管理层责任履行情况或具体认定获取的其他审计证据的性质和范围

C. 如果在审计报告中提及的所有期间内，现任管理层均尚未就任，注册会计师也需向现任管理层获取涵盖整个相关期间的书面声明

D. 如果管理层不向注册会计师提供所有交易均已记录并反映在财务报表中的书面

声明，注册会计师应当对财务报表发表保留意见或无法表示意见

6. (2015年)下列有关书面声明的说法中，正确的是(　)。

A. 书面声明的日期应当和审计报告日在同一天，且应当涵盖审计报告针对的所有财务报表和期间

B. 管理层已提供可靠书面声明的事实，影响注册会计师就管理层责任履行情况或具体认定获取的其他审计证据的性质和范围

C. 如果对管理层的诚信产生重大疑虑，以至于认为其作出的书面声明不可靠，注册会计师在出具审计报告时应当对财务报表发表无法表示意见

D. 如果书面声明与其他审计证据不一致，注册会计师应当要求管理层修改书面声明

7. (2015年)下列有关注册会计师对错报进行沟通的说法中，错误的是(　)。

A. 除非法律法规禁止，注册会计师应当及时将审计过程中发现的所有错报与适当层级的管理层进行沟通

B. 注册会计师应当要求管理层更正审计过程中发现的超过明显微小错报临界值的错报

C. 除非法律法规禁止，注册会计师应当与治理层沟通未更正错报

D. 注册会计师应当与治理层沟通与以前期间相关的未更正错报对相关类别的交易、账户余额或披露以及财务报表整体的影响

二、多项选择题

1. (2015年)下列有关期后事项审计的说法中，正确的有(　)。

A. 注册会计师应当设计和实施审计程序，获取充分、适当的审计证据，以确定所有在财务报表日至财务报表报出日之间发生的、需要在财务报表中调整或披露的事项均已得到识别

B. 注册会计师应当恰当应对在审计报告日后知悉的、且如果在审计报告日知悉可能导致注册会计师修改审计报告的事实

C. 在财务报表报出后，注册会计师没有义务针对财务报表实施任何审计程序

D. 注册会计师应当要求管理层提供书面声明，确认所有在财务报表日后发生的、按照适用的财务报告编制基础的规定应予调整或披露的事项均已得到调整或披露

2. (2014年)A注册会计师负责甲公司2013年财务报表审计，现场审计工作完成日为2014年2月28日，财务报表批准日为2014年3月20日，审计报告日为2014年3月29日，财务报表报出日为2014年3月31日，下列有关书面声明日期的说法中，正确的有(　)。

A. A注册会计师取得日期为2014年3月29日的书面声明

B. A注册会计师取得日期为2014年3月31日的书面声明

C. A注册会计师取得日期为2014年2月28日的书面声明，并于2014年3月29日就2014年2月28日至2014年3月29日之间的变化获取管理层的更新声明

D. A注册会计师取得日期为2014年3月20日的书面声明，并于2014年3月31日就2014年3月20日至2014年3月31日之间的变化获取管理层的更新声明

真题精练答案及解析

一、单项选择题

1. B 【解析】项目合伙人无须复核所有审计工作底稿。项目合伙人复核的内容包括：(1)对关键领域所作的判断，尤其是执行业务过程中识别出的疑难问题或争议事项；(2)特别风险；(3)项目合伙人认为重要的其他领域。

2. B 【解析】书面声明的日期不得晚于审计

报告日，在财务报表报出日之前。

3. D 【解析】管理层已提供可靠书面声明的事实，并不影响注册会计师就管理层责任履行情况或具体认定获取的其他审计证据的性质和范围。

4. C 【解析】审计报告日是指审计工作完成的日期，不应早于管理层书面声明的日期；审计报告日可以晚于管理层签署已审计财务报表的日期；形成审计意见的日期是注册会计师已获取了所有应当获取的审计证据，并能够充分支持其审计意见的日期。审计报告日不应早于注册会计师获取充分、适当的审计证据，并在此基础上对财务报表形成审计意见的日期，选项 C 错误。第 15 号《期后事项》具体准则第十六条规定，如注册会计师对审计报告日至财务报表公布日获知的期后事项实施了追加审计程序，并已作适当处理，注册会计师可选用签署双重报告日期或更改审计报告日期的方法，即将原定审计报告日推迟至完成追加审计程序时的审计报告日。

5. D 【解析】针对所有交易均记录并反映在财务报表属于准则规定的基本书面声明，被审计单位必须提供。如果管理层拒绝签署审计准则规定的书面声明，则出具无法表示意见的审计报告，不能出具保留意见审计报告，选项 D 错误。

6. C 【解析】选项 A，书面声明的日期不一定与审计报告日为同一天，但不能晚于审计报告日；选项 B，尽管书面声明提供了必要的审计证据，但是其本身并不为所涉及的任何事项提供充分、适当的审计证据，而且，管理层已提供可靠书面声明的事实，并不影响注册会计师就管理层责任履行情况或具体认定获取的其他审计证据的性质和范围；选项 D，首先应该调查原因，之后再确定修改哪类审计证据。

7. A 【解析】选项 A，注册会计师应当及时将审计过程中累积(明显微小错报以上)的所有错报与适当层级的管理层进行沟通，并不是发现的所有错报都沟通。

二、多项选择题

1. BCD 【解析】选项 A，应区分情况对待，对第一时段的期后事项(财务报表日至审计报告日)应主动识别，对第二时段的期后事项(审计报告日至财务报表报出日)是被动识别。

2. AC 【解析】书面声明的日期应当尽量接近财务报表出具审计报告的日期，但不得在审计报告日后。

同步训练 限时50分钟

一、单项选择题

1. 在助理人员发表对评价错报的看法中，注册会计师认为不正确的是(　)。

A. 如果某一单项错报重大，可以与其他错报抵销处理

B. 如果错报单独或汇总起来未超过财务报表整体的重要性，注册会计师仍应要求管理层更正已识别的错报

C. 如果某项分类错报对财务报表以及关键比率不产生影响，可认为该错报不重大

D. 某一项错报金额较小但违反监管要求，注册会计师应将其评估为重大错报

2. 下列有关复核审计工作底稿的表述中，错误的是(　)。

A. 对审计工作底稿的复核可分为两个层次，包括项目组内部复核和项目合伙人的质量控制复核

B. 审计项目经理对审计工作底稿的复核是最详细的复核

C. 由项目经理对工作底稿的复核属于项目组内部复核，该级复核通常在审计现场完成，以便及时发现和解决问题，争取审计工作的主动

D. 项目质量控制复核并不能减轻项目合

伙人的责任，更不能替代项目合伙人的责任

3. 被审计单位是上市公司，其财务报告批准报出日为次年 4 月 28 日，该公司在财务报表日后发生以下事项，其中属于调整事项的是(　)。

A. 次年 1 月 26 日被审计单位发生火灾，导致资产发生重大损失

B. 次年 2 月 5 日外汇汇率发生重大变动

C. 已登记为报告年度的重大销售货物于次年 2 月 5 日被退回

D. 次年 1 月 31 日发行债券筹资

4. 下列事项中，属于财务报表日后调整事项的是(　)。

A. 财务报表日后发生重大诉讼、仲裁、承诺

B. 财务报表日后资产价格、税收政策、外汇汇率发生重大变化

C. 财务报表日后因自然灾害导致资产发生重大损失

D. 财务报表日后期间，因质量问题收到报告年度销售的一批退回的货物

5. ABC 会计师事务所 2019 年 3 月 15 日完成了甲公司 2018 年财务报表的审计工作，并于同日向甲公司提交了审计报告，甲公司于 3 月 28 日将已审财务报表与审计报告一并对外报出。此后，ABC 会计师事务所知悉了甲公司的下列情况，其中注册会计师应当采取行动的是(　)。

A. 3 月 13 日，法院判决甲公司因上年的技术侵权而应向乙公司支付巨额赔款

B. 3 月 22 日，甲公司发生火灾，损失严重

C. 3 月 30 日，甲公司以比上年末暂估价略高的价格向供应商支付了设备款

D. 4 月 5 日，丙公司因质量问题退回了全部上月 21 日自甲公司购买的大额商品

6. 下列有关期后事项审计的说法中，错误的是(　)。

A. 在财务报表报出后，如果被审计单位管理层修改了财务报表，且注册会计师提供了新的审计报告或修改了原审计报告，注册会计师应当在新的或经修改的审计报告中增加强调事项段或其他事项段予以说明

B. 如果组成部分注册会计师对某组成部分实施审阅，集团项目组可以不要求该组成部分注册会计师实施审计程序以识别可能需要在集团财务报表中调整或披露的期后事项

C. 在设计用以识别期后事项的审计程序时，注册会计师应当考虑风险评估的结果，但无需考虑对之前已实施审计程序并已得出满意结论的事项执行追加的审计程序

D. 注册会计师应当设计和实施审计程序，以确定所有在财务报表日至审计报告日之间发生的事项均已得到识别

7. 下列有关期后事项的说法中，正确的是(　)。

A. 凡在审计报告日之前发生的期后事项，注册会计师应提请被审计单位调整财务报表；凡在审计报告日之后发生的期后事项，则应提请被审计单位在财务报表附注中披露

B. 在财务报表公布日之后，注册会计师仍有责任执行审计程序，以发现重要的期后事项

C. 针对第三时段的期后事项，注册会计师没有义务针对财务报表实施任何审计程序

D. 对于注册会计师提请被审计单位调整财务报表的重要期后事项，如果被审计单位拒绝调整，注册会计师应出具无法表示意见的审计报告

8. 下列有关获取书面声明的说法中，不正确的是(　)。

A. 书面声明属于来自于被审计单位内部的证据，证明力较弱

B. 对获取的管理层对重大事项的声明，注册会计师在必要时，应将对声明事项的重

要性的理解告知管理层

C. 书面声明的日期应为财务报表对外报出日

D. 注册会计师不应以管理层声明替代能够合理预期获取的其他审计证据

9. 在审计被审计单位某项重要的金融资产时，注册会计师就管理层持有该金融资产的意图向被审计单位管理层获取了书面声明，但发现该书面声明与其他审计证据不一致，注册会计师通常首先采取的措施是(　)。

A. 提请被审计单位管理层修改其对持有该金融资产意图的书面声明

B. 实施审计程序解决书面声明与其他审计证据不一致的问题

C. 考虑对审计证据总体可靠性和审计意见的影响

D. 修改进一步审计程序的性质、时间安排和范围

10. 如果管理层不提供审计准则要求的书面声明，且注册会计师对其诚信产生重大疑虑，以至于认为其作出的书面声明不可靠，注册会计师做法正确的是(　)。

A. 出具带强调事项段的无保留意见审计报告

B. 出具保留意见审计报告

C. 出具否定意见审计报告

D. 出具无法表示意见审计报告

11. 下列有关书面声明作用的说法中，注册会计师认为正确的是(　)。

A. 如果注册会计师不能获取充分、适当的审计证据，可获取书面声明作为审计意见的基础

B. 如果被审计单位管理层已就某事项提供书面声明，可在一定程度上减轻注册会计师的责任

C. 书面声明提供的审计证据需要其他审计证据予以佐证

D. 书面声明提供的审计证据可减少注册会计师应当获取的其他审计证据

12. 下列书面文件中，注册会计师认为可以作为书面声明的是(　)。

A. 董事会会议纪要

B. 财务报表及其认定

C. 注册会计师列示管理层负责并经被审计单位管理层确认的信函

D. 内部法律顾问出具的法律意见书

13. 注册会计师负责审计甲公司 2018 年度财务报表，审计报告日为 2019 年 3 月 31 日，财务报表批准报出日为 2019 年 4 月 1 日，关于管理层书面声明日期的说法中，正确的是(　)。

A. 应当为 2018 年 12 月 31 日

B. 应当尽量接近 2019 年 3 月 31 日，但不得晚于 2019 年 3 月 31 日

C. 应当为 2019 年 4 月 1 日

D. 应当为 2019 年 4 月 1 日以后

二、多项选择题

1. 在评价未更正错报的影响时，注册会计师的判断正确的有(　)。

A. 如果注册会计师对重要性或重要性水平(如适用)进行评价需要导致确定较低的金额，则应考虑实际执行的重要性和进一步审计程序的适当性，以获取充分适当的审计证据

B. 即使分类错报超过了在评价其他错报时运用的重要性水平，注册会计师可能认为错报对财务报表整体不产生重大影响

C. 即使某些错报低于财务报表整体的重要性水平，注册会计师也可能将这些错报评价为重大错报

D. 对同一账户或同一类别的交易内部错报可抵销的，则该错报对财务报表整体不产生重大影响

2. 在出具报告前对审计工作底稿进行独立的项目质量控制复核的意义包括(　)。

A. 对审计工作结果实施最后质量控制

B. 及时发现和解决问题，争取审计工作的主动

C. 确认审计工作已达到会计师事务所的工

作标准

D. 消除妨碍注册会计师判断的偏见

3. 下列有关工作底稿复核的说法中，正确的有(　)。

A. 项目组内部复核分为审计项目经理的现场复核和项目合伙人的复核两个层次，其中项目合伙人对审计工作底稿实施复核是项目组内部最高级别的复核

B. 项目组内部复核工作应当由至少具备同等专业胜任能力的人员完成，一般由项目组内经验较多的人员(包括项目合伙人)复核经验较少人员的工作

C. 项目组内部复核要求在出具报告前完成，而独立的项目质量控制复核，可在出具报告后进行

D. 项目质量控制复核不仅可以消除妨碍注册会计师做出正确判断的偏见，而且可以解除或减轻项目组审计的责任

4. 下列有关项目质量控制复核的说法中，正确的有(　)。

A. 对于上市实体财务报表审计，项目质量控制复核人员在实施项目质量控制复核时，注册会计师应当考虑项目组是否已就涉及意见分歧的事项，或者其他疑难问题或争议事项进行适当咨询，以及咨询得出的结论

B. 项目质量控制复核人员应在业务过程中的适当阶段及时实施项目质量控制复核，而非在出具审计报告前才实施复核

C. 项目质量控制复核并不减轻项目合伙人的责任，更不能替代项目合伙人的责任

D. 只有完成了项目质量控制复核，才能签署审计报告，审计报告的日期不得晚于项目质量控制复核的时间

5. 甲公司2018年财务报表报出日为2019年3月20日，下列事项中，属于资产负债表日后调整事项的有(　)。

A. 2018年12月份由于违约被乙公司起诉，甲公司在2018年末确认了200万的预计负债，2019年2月5日法院判决甲公司赔偿250万元

B. 2019年2月10日，注册会计师发现2018年10月购入的一项固定资产未计提折旧

C. 2019年3月5日，丁公司起诉甲公司侵犯其商标权，要求赔偿经济损失5000万元，甲公司预计败诉的可能性为60%，如果败诉很可能赔偿3000万元，至2019年3月20日法院尚未判决

D. 2019年3月12日，因产品质量原因，丙公司要求对2018年12月26日购入的商品在价格上予以折让5%，甲公司同意折让并办理了相关手续

6. 以下关于对期后事项责任的表述中，正确的有(　)。

A. 对于第一时段期后事项，注册会计师负有主动识别的义务

B. 在外勤审计工作完成后，注册会计师没有责任针对期后事项实施审计程序

C. 在审计报告日至财务报表对外报出日之间获知可能影响财务报表的期后事项，注册会计师应当及时与被审计单位讨论，必要时实施适当的审计程序

D. 在财务报表报出后，如果知悉可能对财务报表产生重大影响的事实，没有责任采取措施

7. 注册会计师负责对甲公司2018年度财务报表进行审计，在甲公司2018年度财务报表对外报出后，注册会计师获知了以下事项，其中需要对2018年度财务报表采取适当措施的有(　)。

A. 甲公司2018年度财务报表可能存在重大错报

B. 甲公司2018年度财务报表中披露的或有事项在财务报表报出后得到解决

C. 甲公司2018年度采用的收入确认会计政策不符合企业的具体情况

D. 甲公司在2018年度财务报表报出后，出售了占其2018年度合并净利润30%的一家子公司

8. 在财务报表报出后，如果知悉M公司在审计报告日已存在的、可能导致修改审计报告的事实，注册会计师应当考虑是否需要修改财务报表，并与管理层进行讨论，然后根据具体情况采取相应的措施。下列措施中适当的有(　)。

A. 如果管理层对财务报表做了适当修改，并采取适当措施使所有收到原财务报表和审计报告的人士了解这一情况，注册会计师应实施必要的审计程序予以确认和复核，然后针对修改后的财务报表出具新的审计报告

B. 要求M公司在其注册地的新闻媒体上公布相关的事实，以保证财务报表使用者知悉相关情况

C. 出具新的审计报告，在新的审计报告中增加强调事项段，提请财务报表使用者注意财务报表附注中对修改原财务报表原因的详细说明，以及注册会计师出具的原审计报告

D. 如果管理层既没有采取必要措施确保所有收到原财务报表和审计报告的人士了解这一情况，又没有在需要修改的情况下修改财务报表，注册会计师应设法防止财务报表使用者信赖该审计报告

9. 针对期后事项，注册会计师可能实施的审计程序有(　)。

A. 检查财务报表日后发生企业合并的情况

B. 重新计算财务报表日后售出固定资产的处置损益

C. 检查财务报表日后诉讼案件的结案情况(财务报表日前诉讼案件发生)

D. 检查财务报表日后资本公积转增资本的情况

10. 下列有关书面声明的说法中，注册会计师认为正确的有(　)。

A. 如果注册会计师不能获取充分，适当的审计证据，可获取书面声明作为发表审计意见的基础

B. 如果管理层认为未更正错报单独或汇总起来对财务报表整体的影响不重大，应当获取书面声明

C. 如果管理层已就某事项提供书面声明，可在一定程度上减轻注册会计师的责任

D. 如果在审计证据中提及的所有期间内，现任管理层均尚未就任，注册会计师也需向现任管理层获取涵盖整个相关期间的书面证明

11. 下列各项中，注册会计师应当要求被审计单位管理层提供书面声明的有(　)。

A. 管理层是否认为在作出会计估计时使用的重大假设是合理的

B. 管理层是否已向注册会计师披露了从现任和前任员工、分析师、监管机构方面获得的、影响财务报表的舞弊指控和舞弊嫌疑

C. 管理层是否已向注册会计师披露了所有知悉的且在编制财务报表时应当考虑其影响的违反法律法规行为或怀疑存在的违反法律法规行为

D. 管理层是否认为未更正错报单独或汇总起来对财务报表整体影响不重大

三、简答题

A注册会计师负责审计甲公司2018年度财务报表，审计报告日为2019年3月15日，财务报表对外报出日为3月20日，甲公司2018年度未审财务报表的利润为100万元。不考虑对所得税费用的影响。在实施审计的过程中，假设发现了以下事项：

(1)2018年12月20日，甲公司销售一批商品给乙公司，取得收入1000万元(不含税)，货款未收，其成本为800万元(增值税税率为17%)。2019年1月12日，乙公司在验收产品时发现产品规格不符，要求退货，甲公司同意了乙公司的退货要求，于1月20日收到了退回的货物及相应的增值税专用发票。甲公司对该销售退回，冲减了2019年1月份的销售收入，并进行了其他相关处理。

(2)2018年9月20日甲公司被丙公司起诉违约，12月20日法院宣判甲公司败诉，赔偿200万元，甲公司正在上诉，并在2018年度财务报表中确认100万元预计负债。2019年3月16日法院终审判决，要求甲公司赔偿丙公司200万元，双方均不再上诉。甲公司在2019年3月16日作会计处理为：借记“营业外支出100万元”，贷记“其他应付款100万元”。

(3)2018年10月20日甲公司被戊公司起诉违约，要求赔偿200万元，截至2018年12月31日，法院尚未判定，律师估计甲公司败诉赔偿的可能性仅为40%，因此，甲公司仅在2018年度财务报表中对此予以充分披露。2019年5月21日法院终审判决，要求甲公司赔偿戊公司200万元，甲公司没有调整2018年的财务报表。

(4)持有的交易性金融资产公允价值在2018年12月31日下降了120万元，甲公司认为没有形成实际的损益，故未进行任何处理。

要求：

(1)针对上述第(1)至(4)项，A注册会计师是否应当认可甲公司的会计处理？如果不认可，请简述理由并指出调整分录。

(2)针对事项(2)，A注册会计师于2019年3月18日追加审计程序后，建议甲公司调整，甲公司拒绝接受A注册会计师建议，审计报告已提交给甲公司董事会，注册会计师应如何处理？

(3)针对事项(4)，如果甲公司管理层拒绝按照A注册会计师的建议进行调整，A注册会计师应该出具何种类型的审计报告？并简要说明理由。

同步训练答案及解析

一、单项选择题

1. A 【解析】如果注册会计师认为某一单项错报是重大的，则该项错报不太可能被其他错报抵销，选项A不正确。
2. A 【解析】对审计工作底稿的复核可分为项目组内部复核和独立的项目质量控制复核两个层次，项目组内部复核又分为审计项目经理的现场复核和项目合伙人的复核两个层次。
3. C 【解析】选项A属于自然灾害造成损失的日后非调整事项；选项B属于外汇汇率变动产生的日后非调整事项；选项C属于调整事项中的销售退回，应该调整报告年度的收入、成本和税费；选项D属于非调整事项中的股票和债券发行。
4. D 【解析】选项ABC不影响财务报表日财务状况，属于财务报表日后非调整事项，但是需要在财务报表中以附注的形式予以适当披露。
5. A 【解析】选项BCD均为2019年新发生的事项，而且是在2018年审计报告日之后才发生，对2018年度财务报表并不造成影响。
6. D 【解析】注册会计师应当设计和实施审计程序，获取充分、适当的审计证据，以确定所有在财务报表日至审计报告日之间发生的、需要在财务报表中调整或披露的事项均已得到识别。
7. C 【解析】选项A，无论是在审计报告日之前，还是之后发生的期后事项，都有可能存在需要调整或需要披露的事项；选项B，在财务报表报出后，注册会计师没有义务针对财务报表实施程序；选项D，此时注册会计师应出具保留意见或否定意见的审计报告。
8. C 【解析】书面声明的日期应尽量接近对财务报表出具审计报告的日期，但不得在审计报告日后。
9. B 【解析】如果书面声明与其他审计证据不一致，注册会计师应当实施审计程序以设法解决这些问题。

10. D 【解析】管理层不提供要求的书面声明，如果存在下列情形之一，注册会计师应当对财务报表发表无法表示意见：(1)注册会计师对管理层的诚信产生重大疑虑，以至于认为其作出的书面声明不可靠；(2)管理层不提供审计准则要求的书面声明。

11. C 【解析】尽管书面声明提供必要的审计证据，但其本身并不为所涉及的任何事项提供充分、适当的审计证据，而且，管理层已提供可靠书面声明的事实，并不影响注册会计师就管理层责任履行情况或具体认定获取的其他审计证据的性质和范围。

12. C 【解析】书面声明应当以声明书的形式致送注册会计师，只有选项 C 符合要求。

13. B 【解析】书面声明的日期应当尽量接近对财务报表出具审计报告的日期，但不得在审计报告日后。

二、多项选择题

1. ABC 【解析】对于同一账户余额或同一类别的交易内部的错报，可以进行抵销，但在得出抵销非重大错报是适当的这一结论之前，需要考虑可能存在其他未被发现的错报的风险。

2. ACD 【解析】项目经理的现场复核的意义是及时发现和解决问题，争取审计工作的主动。

3. AB 【解析】选项 C，独立的项目质量控制复核也应在出具报告前完成；选项 D，项目质量控制复核不可解除或减轻项目组审计的责任。

4. ABC 【解析】审计报告的日期不得早于项目质量控制复核的时间，而不是晚于。

5. ABD 【解析】选项 ABD 属于资产负债表日后调整事项；选项 C，资产负债表日后发生的重大诉讼事项，对企业影响较大，为防止误导投资者及其他财务报告使用者，应当在报表附注中披露，属于资产负债表日后非调整事项。

6. AC 【解析】选项 B，外勤审计工作完成，并不表示审计工作的完成，仍然属于审计工作阶段，所以需要对期后事项实施审计程序，即使完成审计工作后，如果获知了某个事项需要调整年度财务报表或披露的，可能属于第二时段或第三时段的期后事项，同样需要实施相应审计程序。选项 D，在财务报表公布后，注册会计师没有义务专门对财务报表进行审计，但如果知悉可能对财务报表产生重大影响的事实，注册会计师应当与管理层和治理层(如适用)讨论该事项，确定财务报表是否需要修改。

7. AC 【解析】财务报表报出后得到解决的或有事项、财务报表报出后出售子公司的情况均应当作为当年的事项处理。

8. ACD 【解析】对相关信息作出公布时，应该通过中国证券监督管理委员会指定的媒体，若仅刊登在其注册地的媒体，则异地的使用者可能无法了解这一情况。

9. ACD 【解析】企业出售、转让、报废固定资产或发生固定资产毁损，应当将处置收入扣除账面价值和相关税费后的金额计入当期损益(营业外收入或营业外支出)，属于发生当期的会计核算，选项 B 错误；财务报表日后发生企业合并及资本公积转增资本等情况属于非调整事项应进行披露，财务报表日后诉讼案件的结案属于调整事项，选项 ACD 的程序均正确。

10. BD 【解析】尽管书面声明提供必要的审计证据，但其本身并不为所涉及的任何事项提供充分、适当的审计证据，而且，管理层已提供可靠书面声明的事实，并不影响注册会计师就管理层责任履行情况或具体认定获取的其他审计证据的性质和范围。

11. ABCD 【解析】本题参考《中国注册会计师审计准则第 1341 号——书面声明》应

用指南中书面声明格式的内容。选项A属于书面声明中的“财务报表”事项，选项BCD均属于书面声明中的“提供的信息”事项。

三、简答题

【答案】

(1)事项(1)，不认可，该事项应该调整的是2018年度的收入、成本等项目，而不应冲减2019年1月份的销售收入，调整分录为：

借：营业收入　　1000
　　应交税费　　170
　　贷：应收账款　　1170

借：存货　　800
　　贷：营业成本　　800

事项(2)，不认可，由于该事项属于2018年度报表的第二时段期后事项，应当调整2018年财务报表，而不是在2019年3月做会计处理，建议甲公司冲回2019年3月份的会计分录，调整2018年财务报表，调整分录为：

借：营业外支出　　100
　　预计负债　　100
　　贷：其他应付款　　200

事项(3)，认可。

事项(4)，不认可，按照企业会计准则的规定，企业应该在资产负债表日，根据交易性金融资产公允价值的变动，相应调整交易性金融资产的账面价值。调整分录为：

借：公允价值变动收益　　120
　　贷：交易性金融资产　　120

(2)A注册会计师应当通知治理层不要将财务报表和审计报告向第三方报出。如果财务报表仍被报出，A注册会计师应当采取措施防止财务报表使用者信赖该审计报告。

(3)针对事项(4)，A注册会计师应当出具否定意见的审计报告。因为甲公司2018年未审财务报表的利润为100万元，但针对该事项甲公司不调整的错报金额是120万元，在不考虑所得税费用的影响下，利润将下降120万元，该事项将导致甲公司的利润发生盈亏互转，性质十分严重，所以应该出具否定意见的审计报告。

本章知识串联

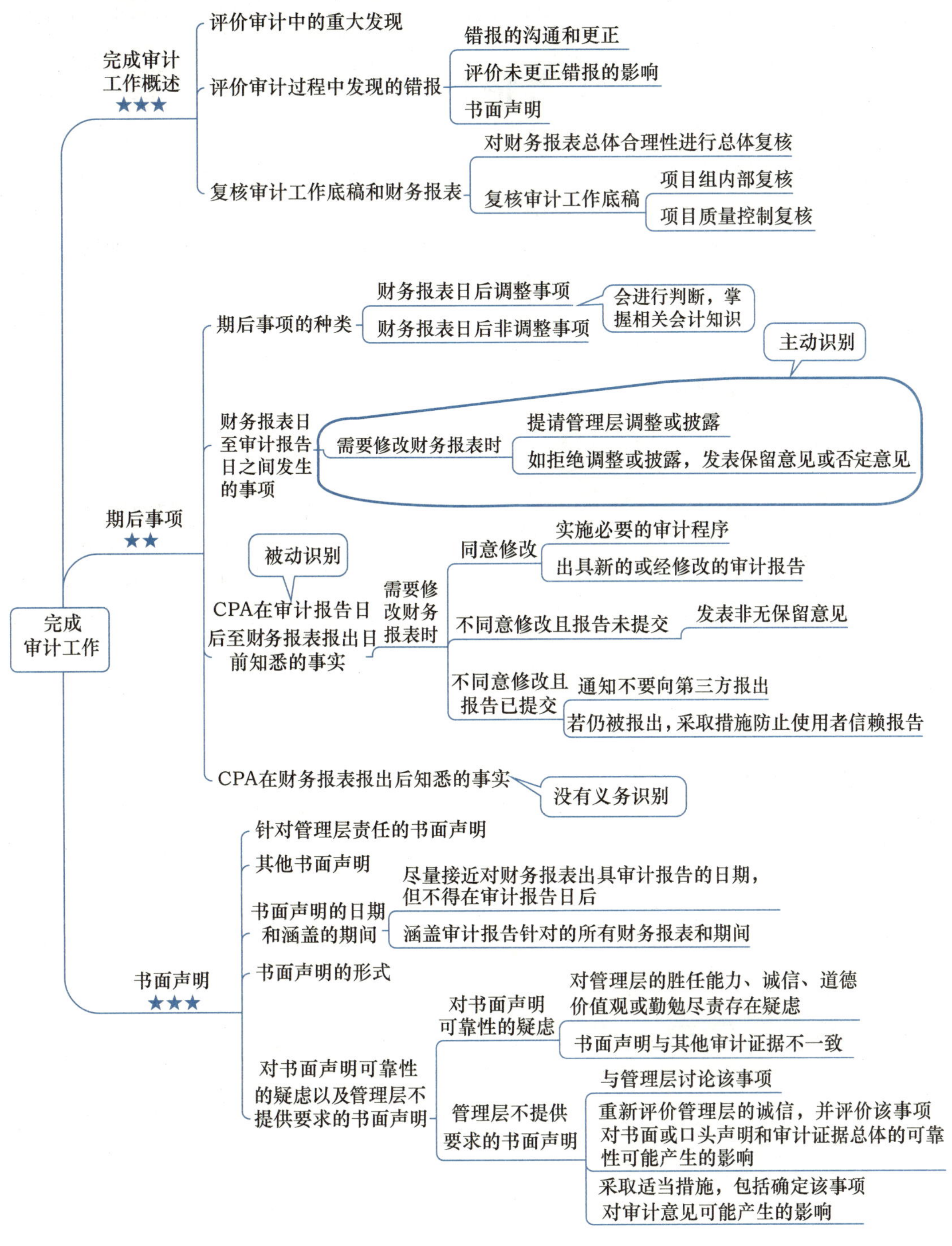
完成审计工作
完成审计工作概述 ★★★
评价审计中的重大发现
评价审计过程中发现的错报
错报的沟通和更正
评价未更正错报的影响
书面声明
复核审计工作底稿和财务报表
对财务报表总体合理性进行总体复核
复核审计工作底稿
项目组内部复核
项目质量控制复核
期后事项 ★★
期后事项的种类
财务报表日后调整事项
财务报表日后非调整事项
会进行判断，掌握相关会计知识
主动识别
财务报表日至审计报告日之间发生的事项
需要修改财务报表时
提请管理层调整或披露
如拒绝调整或披露，发表保留意见或否定意见
被动识别
CPA在审计报告日后至财务报表报出日前知悉的事实
需要修改财务报表时
同意修改
实施必要的审计程序
出具新的或经修改的审计报告
不同意修改且报告未提交
发表非无保留意见
不同意修改且报告已提交
通知不要向第三方报出
若仍被报出，采取措施防止使用者信赖报告
CPA在财务报表报出后知悉的事实
没有义务识别
书面声明 ★★★
针对管理层责任的书面声明
其他书面声明
书面声明的日期和涵盖的期间
尽量接近对财务报表出具审计报告的日期，但不得在审计报告日后
涵盖审计报告针对的所有财务报表和期间
书面声明的形式
对书面声明可靠性的疑虑以及管理层不提供要求的书面声明
对书面声明可靠性的疑虑
对管理层的胜任能力、诚信、道德价值观或勤勉尽责存在疑虑
书面声明与其他审计证据不一致
管理层不提供要求的书面声明
与管理层讨论该事项
重新评价管理层的诚信，并评价该事项对书面或口头声明和审计证据总体的可靠性可能产生的影响
采取适当措施，包括确定该事项对审计意见可能产生的影响

第19章 审计报告

考情解密

历年考情概况

本章属于重点章节。从近几年考试情况来看，主要以客观题形式考查其他事项段、强调事项段、审计意见类型的判定等知识点，同时在主观题中也考查过非标准审计报告意见类型的判定以及审计报告部分内容的撰写等内容。预计今年考核分值在8分左右。

近年考点直击

考点	主要考查题型	考频指数	考查角度
审计意见的形成	选择题、综合题	★★★	确定审计意见类型
强调事项段和其他事项段	选择题、简答题	★★	(1)增加强调事项段的情形；(2)增加其他事项段的情形
比较信息	选择题	★	(1)不同情形下，对应数据对审计报告的影响；(2)不同情形下，比较财务报表对审计报告的影响
注册会计师对其他信息的责任	选择题	★	其他信息存在重大错报时的应对

学习方法与应试技巧

审计报告综合题通常采用续写审计报告或修改审计报告的方式进行考核。

在学习本章时，应做到如下几点：

(1)掌握关键审计事项段、强调事项段及其他事项段的内涵及专门的术语；

(2)掌握审计意见判断的标准，记忆审计报告的格式与内容；

(3)掌握不同情况下对应数据和比较财务报表对审计意见的影响；

(4)掌握其他信息存在重大错报时采取的审计措施。

本章2020年考试主要变化

本章仅做了少量文字表述上的调整，内容无实质性变动。

考点详解及精选例题

考点一　审计报告的内容★★★

审计报告是指注册会计师根据审计准则的规定，在执行审计工作的基础上，对财务报表发表审计意见的书面文件。

审计报告是注册会计师在完成审计工作后向委托人提交的最终产品。注册会计师应当将已审计的财务报表附于审计报告之后，以便于财务报表使用者正确理解和使用审计报告，并防止被审计单位替换、更改已审计的财务报表。

一、审计意见的类型

审计意见一般包括无保留意见和非无保留意见两大类，见图19-1：

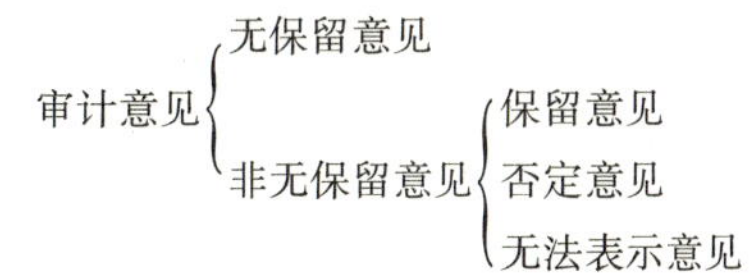

图19-1　审计意见的类型

二、审计报告的要素

当注册会计师认为财务报表在所有重大方面按照适用的财务报告编制基础编制并实现公允反映时发表无保留意见。无保留意见审计报告的要素有严格的规范要求，每一要素的表述均有严格的要求，具体内容见表19-1：

表19-1　无保留意见审计报告的要素

要素	内容（以上市公司审计报告为例）
标题	审计报告
收件人	审计报告的致送对象一般是被审计单位的股东或治理层。如，ABC股份有限公司全体股东
审计意见	例如："我们审计了ABC股份有限公司（以下简称"ABC公司"）财务报表，包括20×1年12月31日的资产负债表，20×1年度的利润表、现金流量表、股东权益变动表以及相关财务报表附注。 我们认为，后附的财务报表在所有重大方面按照企业会计准则的规定编制，公允反映了ABC公司20×1年12月31日的财务状况以及20×1年度的经营成果和现金流量。"
形成审计意见的基础	例如："我们按照中国注册会计师审计准则的规定执行了审计工作。审计报告的"注册会计师对财务报表审计的责任"部分进一步阐述了我们在这些准则下的责任。按照中国注册会计师职业道德守则，我们独立于ABC公司，并履行了职业道德方面的其他责任。我们相信，我们获取的审计证据是充分、适当的，为发表审计意见提供了基础。"
管理层对财务报表的责任	例如："管理层负责按照企业会计准则的规定编制财务报表，使其实现公允反映，并设计、执行和维护必要的内部控制，以使财务报表不存在由于舞弊或错误导致的重大错报。 在编制财务报表时，管理层负责评估ABC公司的持续经营能力，披露与持续经营相关的事项（如适用），并运用持续经营假设，除非计划清算ABC公司、停止营运或别无其他现实的选择。 治理层负责监督ABC公司的财务报告过程。"

续表

要素	内容(以上市公司审计报告为例)
注册会计师对财务报表审计的责任	例如："我们的目标是对财务报表整体是否不存在由于舞弊或错误导致的重大错报获取合理保证，并出具包含审计意见的审计报告。**合理保证是高水平的保证**，但并不能保证按照审计准则执行的审计在某一重大错报存在时总能发现。错报可能由于舞弊或错误导致，如果合理预期错报单独或汇总起来可能影响财务报表使用者依据财务报表作出的经济决策，则通常认为错报是重大的。 在按照审计准则执行审计的过程中，我们运用了职业判断，保持了职业怀疑。 (描述在审计过程中的各环节的责任。详见教材中的表述)。"
按照相关法律法规的要求报告的事项(如适用)	除审计准则规定的注册会计师对财务报表出具审计报告的责任外，相关法律法规可能对注册会计师设定了其他报告责任，可能要求或允许注册会计师将对这些其他责任的报告作为对财务报表出具的审计报告的一部分。 这些责任是注册会计师按照审计准则对财务报表出具审计报告的责任的补充
会计师事务所的名称、地址、盖章与注册会计师的签章	审计报告应当载明会计师事务所的名称和地址，并加盖会计师事务所公章。 审计报告应当由项目合伙人和另一名负责该项目的注册会计师**签名并盖章**。 对**上市实体**整套通用目的财务报表出具的审计报告应当**注明项目合伙人**
报告日期	审计报告日期不应早于管理层签署财务报表的日期，也不应早于管理层签署书面声明的日期

考点二　在审计报告中沟通关键审计事项★★★

关键审计事项，是指注册会计师根据职业判断认为对当期财务报表审计**最为重要**的事项。

对**上市实体**整套通用目的财务报表进行审计，**应当**在审计报告中沟通**关键审计事项**。

一、确定关键审计事项的决策框架(思路)

以"与治理层沟通的事项"为起点，从中选取"在执行审计工作时重点关注过的事项"，将其中"最为重要的事项"确定为关键审计事项。见图19-2：

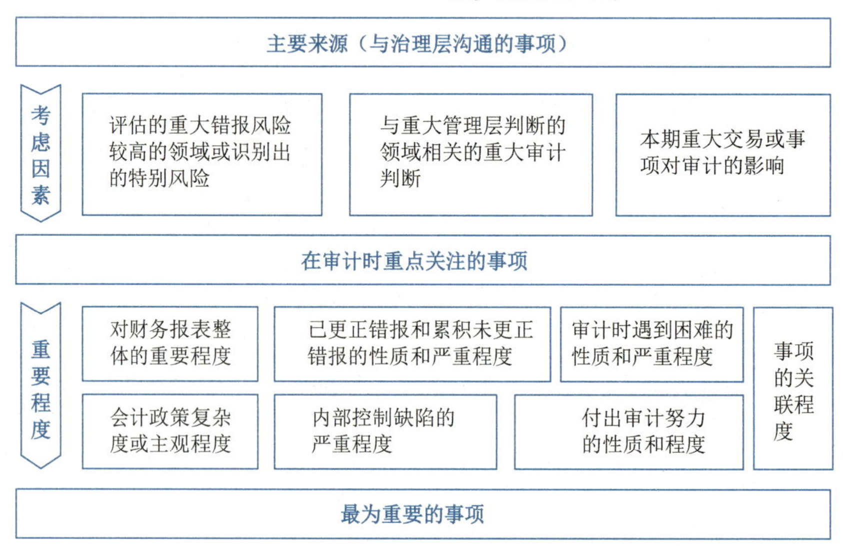

图19-2　关键审计事项的决策示意图

图示说明：

(1)从"与治理层沟通的事项"中选出"在执行审计工作时重点关注过的事项"；

(2)从"在执行审计工作时重点关注过的

事项”中选出“最为重要的事项”，从而构成关键审计事项。

1. 以“与治理层沟通的事项”为起点选择关键审计事项

应与治理层沟通事项包括：注册会计师对被审计单位的重要会计政策、会计估计和财务报表披露等会计实务的看法，审计过程中遇到的重大困难，已与治理层讨论或需要书面沟通的重大事项等。

2. 选出“在执行审计工作时重点关注过的事项”

注册会计师在确定哪些事项属于重点关注过的事项时，需要特别考虑（关键词：重大）：

（1）重大错报风险：评估的重大错报风险较高的领域或识别出的特别风险；

（2）重大判断：与财务报表中涉及重大管理层判断（包括被认为具有高度估计不确定性的会计估计）的领域相关的重大审计判断；

（3）重大交易或事项：当期重大交易或事项对审计的影响。

3. 确定关键审计事项

在确定某一与治理层沟通过的事项的相对重要程度以及该事项是否构成关键审计事项时，下列考虑也可能是相关的：

（1）该事项对预期使用者理解财务报表整体的重要程度，尤其是对财务报表的重要性。

（2）与该事项相关的会计政策的性质或者与同行业其他实体相比，管理层在选择适当的会计政策时涉及的复杂程度或主观程度。

（3）从定性和定量方面考虑，与该事项相关的由于舞弊或错误导致的已更正错报和累积未更正错报（如有）的性质和重要程度。

（4）为应对该事项所需要付出的审计努力的性质和程度，包括：

①为应对该事项而实施审计程序或评价这些审计程序的结果（如有）在多大程度上需要特殊的知识或技能。

②就该事项在项目组之外进行咨询的性质。

（5）在实施审计程序、评价实施审计程序的结果、获取相关和可靠的审计证据以作为发表审计意见的基础时，注册会计师遇到的困难的性质和严重程度，尤其是当注册会计师的判断变得更加主观时。

（6）识别出的与该事项相关的控制缺陷的严重程度。

（7）该事项是否涉及数项可区分但又相互关联的审计考虑。

【知识点拨】“最为重要的事项”**并不意味着只有一项**。需要在审计报告中包含的关键审计事项的数量可能受被审计单位规模和复杂程度、业务和经营环境的性质，以及审计业务具体事实和情况的影响。

二、关键审计事项段

在审计报告中披露的关键审计事项**必须是已经得到满意解决的事项**，即不存在审计范围受到限制，也不存在注册会计师与被审计单位管理层意见分歧的情况。

1. 关键审计事项段包含的内容

（1）标题

在审计报告中单设一部分，以“关键审计事项”为标题。

（2）引言

关键审计事项部分的引言应当同时说明下列事项：

①关键审计事项是注册会计师根据职业判断，认为对本期财务报表审计最为重要的事项。

②关键审计事项的应对以对财务报表整体进行审计并形成审计意见为背景，注册会计师对财务报表整体形成审计意见，而不对关键审计事项单独发表意见。

③**导致非保留意见的事项**、可能导致**对被审计单位持续经营能力产生重大疑虑的事项或情况存在重大不确定性**等，虽然符合关键审计事项的定义，但这些事项在审计报告中专门的部分披露，不在关键审计事项部分

披露。注册会计师应当按照适用的审计准则的规定报告这些事项，并在关键审计事项部分**提及**形成保留(否定)意见的基础部分或与持续经营相关的重大不确定性部分。(在关键审计事项段提及的形式见参考格式 19-1)

(3)描述单一关键审计事项

注册会计师应当在审计报告中逐项描述每一关键审计事项：

①该事项被认定为审计中最为重要的事项之一，因而被确定为关键审计事项的原因；

②该事项在审计中是如何应对的。

参考格式 19-1：关键审计事项段

(三)关键审计事项

关键审计事项是根据我们的职业判断，认为对本期财务报表审计最为重要的事项。这些事项的应对以对财务报表整体进行审计并形成审计意见为背景，我们不对这些事项单独发表意见。**除“形成保留意见的基础”部分所述事项外**，我们确定需要在审计报告中沟通的关键审计事项如下：

1. 事项描述

截至 2016 年 12 月 31 日，CM 公司合并财务报表附注所示以公允价值计价的消耗性生物资产余额 12600.27 万元，属于 CM 公司的特殊资产，且金额较大，为此我们确定消耗性生物资产的计量为关键审计事项。

根据 CM 公司的会计政策，消耗性生物资产在形成蓄积量以前按照成本进行初始计量，形成蓄积量以后按公允价值计量，公允价值变动计入当期损益。由于 CM 公司的消耗性生物资产没有活跃的市场可参考价格，所以 CM 公司采用估值技术确定已形成蓄积量的消耗性生物资产(下称“该类生物资产”)的公允价值。

2. 审计应对

针对该类生物资产的公允价值计量问题，我们实施的审计程序主要包括：我们对 CM 公司与确定该类生物资产相关的控制进行了评估；对该类生物资产的估值方法进行了了解和评价，并与估值专家讨论了估值方法的具体运用；对在估值过程中运用的估值参数和折现率进行了考虑和评价。

2. 不在审计报告的关键审计事项部分沟通的事项

(1)法律禁止(涉案调查)：法律法规可能**禁止**管理层或注册会计师**公开披露**某一被确定为关键审计事项的事项。例如，法律法规可能明确禁止任何可能损害相关机构对某项违法行为或疑似违法行为(如与洗钱相关或疑似与洗钱相关的行为)进行调查的公开披露。

(2)社会影响(弊大于利)：当合理预期在审计报告中沟通某关键审计事项对被审计单位或公众造成的**负面后果非常严重**以至于超过在公众利益方面产生的益处时。

3. 就关键审计事项与治理层沟通

注册会计师就下列方面与治理层沟通：

(1)注册会计师确定的关键审计事项；

(2)根据被审计单位和审计业务的具体情况，注册会计师确定不存在需要在审计报告中沟通的关键审计事项(如适用)。

【知识点拨】

(1)增加关键审计事项并不改变审计的目的、方法、流程和意见类型。

(2)如果不存在关键审计事项，应当在审计报告中说明：

①除形成保留(否定)意见的基础部分或与持续经营相关的重大不确定性部分所描述的事项外，我们确定不存在其他需要在审计报告中沟通的关键审计事项。

②我们确定不存在需要在审计报告中沟通的关键审计事项(无保留意见)。

(3)禁止对确定为关键审计事项的事项作为强调事项。

(4)关键审计事项不能代替管理层对报表应作的披露。

(5)关键审计事项应是得到满意解决的事项。

(6)在发表无法表示意见时不需沟通关键审计事项。

考点三 非无保留意见的审计报告★★★

一、非无保留意见的类型

非无保留意见是指**保留意见、否定意见或无法表示意见**。

当存在下列情形之一时，注册会计师应当在审计报告中发表非无保留意见：

(1)**存在重大错报**：根据获取的审计证据，得出财务报表整体存在重大错报的结论。

(2)**审计范围受限**：无法获取充分、适当的审计证据，不能得出财务报表整体不存在重大错报的结论。

注册会计师需要结合导致发表非无保留意见的事项的性质和这些事项对财务报表产生或可能产生影响的广泛性，来确定所发表的审计意见的类型。审计意见决策，见表19-2：

表19-2 审计意见决策表

导致发表非无保留意见的事项的性质	这些事项对财务报表产生或可能产生影响的广泛性	
	重大但不具有广泛性	重大且具有广泛性
财务报表存在重大错报	保留意见	否定意见
无法获取充分、适当的审计证据	保留意见	无法表示意见

【知识点拨】在考试时，题目资料中一般会给出财务报表层次的重要性水平，考生判断意见时，一般将已识别尚未更正错报汇总金额与重要性水平进行比较，同时考虑该错报对报表使用者的影响程度，以此来判断意见。例如：重要性水平为120万元。当已识别尚未更正错报汇总数小于120万元时，发表标准无保留意见；当少提坏账准备140万元时，错报大于重要性水平，则发表保留意见(不考虑对损益的影响)；当有1200万元的固定资产未转投资性房地产时，也是发表保留意见。到底错报高于重要性水平多少时发表否定意见，没有一个固定的标准。在审计实务中，意见的判断取决于注册会计师的职业判断，注册会计师以“己”之心度公众(报表使用者)之腹(影响决策的错报)，不同注册会计师针对同一错报可能得出的意见不一样。若出现错报影响到原财务报表盈亏互转的情况，注册会计师应发表否定意见。所以注册会计师也应关注错报性质对审计报告类型的影响。

二、非无保留意见审计报告的格式与内容

1. 审计意见段(见表19-3)

表19-3 非无保留意见的意见段的内容

意见类型	在审计意见段应说明的内容	
保留意见	因财务报表存在重大错报	注册会计师认为，**除了**形成保留意见的基础部分所述事项产生的影响**外**，财务报表在所有重大方面按照适用的财务报告编制基础编制，并实现公允反映
	因无法获取充分、适当的审计证据	注册会计师认为，**除了**形成保留意见的基础部分所述事项可能产生的影响**外**，财务报表在所有重大方面按照适用的财务报告编制基础编制，并实现公允反映
否定意见	注册会计师认为，**由于**形成否定意见的基础部分所述事项的**重要性**，财务报表**没有在所有重大方面**按照适用的财务报告编制基础编制，未能实现公允反映	
无法表示意见	注册会计师不对后附的财务报表发表审计意见。由于形成无法表示意见的基础部分所述事项的**重要性**，注册会计师无法获取充分、适当的审计证据以作为对财务报表发表审计意见的基础	

第19章 审计报告

2. 导致非无保留意见的事项段

(1)将无保留意见的"形成审计意见的基础"这一标题修改为恰当的标题，如"形成保留意见的基础""形成否定意见的基础"或"形成无法表示意见的基础"；

(2)在该部分对导致发表非无保留意见的事项进行描述。

3. 发表非无保留意见对审计报告要素内容的修改

(1)发表保留意见或否定意见

在形成非无保留意见的基础部分说明：

注册会计师相信，注册会计师获取的审计证据是充分、适当的，为发表非无保留意见提供了基础。

参考格式19-2：保留意见的审计报告——以财务报表存在重大错报为例

(一)保留意见(**不是"审计意见"**)

我们审计了ABC股份有限公司财务报表，……。

我们认为，**除"形成保留意见的基础"部分所述事项产生的影响外**，后附的财务报表在所有重大方面按照企业会计准则的规定编制，公允反映了ABC公司20×1年12月31日的财务状况以及20×1年度的经营成果和现金流量。

(二)形成**保留意见**的基础

ABC公司20×1年12月31日资产负债表中存货的列示金额为×元。管理层根据成本对存货进行计量，而没有根据成本与可变现净值孰低的原则进行计量，这不符合企业会计准则的规定。ABC公司的会计记录显示，如果管理层以成本与可变现净值孰低来计量存货，存货列示金额将减少×元。相应地，资产减值损失将增加×元，所得税、净利润和股东权益将分别减少×元、×元和×元。(**包括：①指出错报事实；②应该怎么处理；③调整后的影响**)

我们按照中国注册会计师审计准则的规定执行了审计工作。审计报告的"注册会计师对财务报表审计的责任"部分进一步阐述了我们在这些准则下的责任。按照中国注册会计师职业道德守则，我们独立于ABC公司，并履行了职业道德方面的其他责任。我们相信，我们获取的审计证据是充分、适当的，为发表保留意见提供了基础。(**包括：①按准则执行工作；②责任与道德；③增强信心**)

(2)发表无法表示意见

在意见段中说明：注册会计师接受委托审计财务报表；注册会计师不对后附的财务报表发表审计意见；由于形成无法表示意见的基础部分所述事项的重要性，注册会计师无法获取充分、适当的审计证据以作为对财务报表发表审计意见的基础。

在形成无法表示意见的基础部分，**不应提及**审计报告中用于描述**注册会计师责任**的部分，也不应说明注册会计师**是否已获取充分、适当的审计证据以作为形成审计意见的基础**。

在注册会计师对财务报表审计的责任部分，仅包含下列内容：

①注册会计师的责任是按照中国注册会计师审计准则的规定，对被审计单位财务报表执行审计工作，以出具审计报告；

②但由于形成无法表示意见的基础部分所述的事项，注册会计师无法获取充分、适当的审计证据以作为发表审计意见的基础；

③声明注册会计师在独立性和职业道德方面的其他责任。

【知识点拨】在承接审计业务后，如果注意到管理层对审计范围施加了限制，且认为这些限制可能导致对财务报表发表保留意见或无法表示意见，注册会计师应当：

(1)要求管理层消除这些限制；

(2)如果管理层**拒绝**消除限制，应当**与治理层沟通**，并确定能否实施替代程序以获取充分、适当的审计证据；

(3)如果无法获取充分、适当的审计证据，且未发现的错报(如存在)对财务报表产生影响，视影响的重大性程度，采取相应措施：

①错报影响重大但**不具有广泛性**，应当

发表**保留意见**；

②错报影响重大且**具有广泛性**，应当在可行时**解除业务约定**；

③错报影响重大且**具有广泛性**，若解约不行，应当发表**无法表示意见**。

【例题1·多选题】承接审计业务后，如果注意到被审计单位管理层对审计范围施加了限制，且认为这些限制可能导致对财务报表发表保留意见或无法表示意见，注册会计师采取的下列措施中，正确的有（　）。

A. 要求管理层消除这些限制，如果管理层拒绝消除限制，应当与治理层沟通

B. 如果无法获取充分、适当的审计证据，且未发现的错报（如存在）对财务报表的影响重大且具有广泛性，应当在可行时解除业务约定

C. 如果无法获取充分、适当的审计证据，且未发现的错报（如存在）对财务报表的影响重大且具有广泛性，若解除业务约定不可行，应当发表无法表示意见

D. 如果无法获取充分、适当的审计证据，且未发现的错报（如存在）可能对财务报表的影响重大，但不具有广泛性，应当发表保留意见

解析▶ 在承接审计业务后，如果注意到管理层对审计范围施加了限制，且认为这些限制可能导致对财务报表发表保留意或无法表示意见，注册会计师应当要求管理层消除这些限制。如果管理层拒绝消除限制，除非治理层全部成员参与管理被审计单位，注册会计师应当就此事项与治理层沟通，并确定能否实施替代程序以获取充分、适当的审计证据。　**答案**▶ ABCD

考点四　强调事项段和其他事项段

扫我解疑难

一、审计报告的强调事项段★★★

1. 强调事项段的含义

审计报告的强调事项段是指审计报告中含有的一个段落，该段落提及**已在**财务报表中恰当列报或披露的事项，根据注册会计师的职业判断，该事项对财务报表使用者理解财务报表至关重要。

2. 强调事项段在报告中的位置

（1）当强调事项段与适用的财务报告编制基础相关时，包括当注册会计师确定法律法规规定的财务报告编制基础不可接受时，注册会计师可能认为有必要将强调事项段**紧接在“形成审计意见的基础”部分之后**，以为审计意见提供合适的背景信息。

（2）当审计报告中包含关键审计事项部分时，基于注册会计师对强调事项段中信息的相对重要程度的判断，强调事项段可以紧接在关键审计事项部分之前或之后。注册会计师可以在“强调事项”标题中增加进一步的背景信息，例如“强调事项——期后事项”，以将强调事项段和关键审计事项部分描述的每个事项予以区分。

3. 增加强调事项段的条件

（1）如果认为有必要提醒财务报表使用者关注的事项已在财务报表中列报或披露；

（2）根据职业判断认为对财务报表使用者理解财务报表至关重要的事项；

（3）该事项不会导致注册会计师发表非无保留意见；

（4）该事项未被确定为在审计报告中沟通的关键审计事项。

4. 增加强调事项段的情形

某些审计准则对特定情况下要求增加强调事项段的情形：

（1）法律法规规定的财务报告编制基础不可接受，但其是由法律或法规作出的规定；

（2）提醒财务报表使用者注意财务报表按照特殊目的编制基础编制；

（3）注册会计师在审计报告日后知悉了某些事实（期后事项），且出具了新的审计报告或修改了审计报告。

注册会计师根据职业判断可能认为需要增加强调事项段的情形：

（1）异常诉讼或监管行动的未来结果存在不确定性；

（2）提前应用（在允许的情况下）对财务报表有广泛影响的新会计准则；

（3）存在已经或持续对被审计单位财务状况产生重大影响的特大灾难。

5. 在审计报告中增加强调事项段的表述

（1）单独作为一部分并使用"强调事项"的标题；

（2）明确提及被强调事项以及相关披露的位置；

（3）指出审计意见**没有因该强调事项而改变**。

强调事项段内容：①提醒句；②描述事项及影响；③改善措施（如有）；④不确定性；⑤不影响意见。

参考格式19-3：强调事项——特大灾难

（三）强调事项——火灾的影响

我们提醒财务报表使用者关注，财务报表附注×描述了火灾对ABC公司的生产设备造成的影响。本段内容不影响已发表的审计意见。

二、审计报告的其他事项段★★

1. 其他事项段的含义

其他事项段是指审计报告中含有的一个段落，该段落提及**未在**财务报表中列报或披露的事项，根据注册会计师的职业判断，该事项与财务报表使用者理解审计工作、注册会计师责任或审计报告相关。

2. 增加其他事项段的条件

（1）如果认为有必要沟通的事项，未在财务报表中列报或披露；

（2）根据职业判断认为与财务报表使用者理解审计工作、注册会计师的责任或审计报告相关的事项；

（3）未被法律法规禁止；

（4）该事项未被确定为在审计报告中沟通的关键审计事项。

3. 增加其他事项段的情形

（1）与使用者理解审计工作相关的情形；

（2）与使用者理解注册会计师的责任或审计报告相关的情形；

（3）对两套以上财务报表出具审计报告的情形；

（4）限制审计报告分发和使用的情形。

4. 其他事项段不涉及以下情形

（1）除根据审计准则的规定有责任对财务报表出具审计报告外，注册会计师还有其他报告责任；

（2）注册会计师可能被要求实施额外的规定的程序并予以报告，或对特定事项发表意见；

（3）其他事项段不包括法律法规或其他职业准则禁止注册会计师提供的信息；

（4）其他事项段也不包括要求管理层提供的信息。

三、与治理层沟通

如果拟在审计报告中增加强调事项段或其他事项段，注册会计师应当就该事项和拟使用的措辞与治理层沟通。

考点五　比较信息

扫我解疑难

不同的财务报告编制基础对比较信息的列报要求不同，有的要求列报对应数据，而有的则要求列报比较财务报表。

一、比较信息的含义

1. 比较信息包括的内容

比较信息包括**对应数据和比较财务报表**。

（1）对应数据，是指作为本期财务报表组成部分的上期金额和相关披露，这些金额和披露只能和与本期相关的金额和披露（称为"本期数据"）**联系起来**阅读。对应数据列报的详细程度主要取决于其**与本期**数据的**相关程度**。

（2）比较财务报表，是指为了与本期财务报表相比较而包含的上期金额和相关披露。比较财务报表包含信息的详细程度与本期财务报表包含信息的**详细程度相似**。

如果上期金额和相关披露已经审计，则将在审计意见中提及。

2. 对比较信息的报告责任

(1)对于对应数据，审计意见**仅提及本期**；

(2)对于比较财务报表，审计意见**提及列报的财务报表所属的各期**。

二、一般审计程序★

(1)比较信息是否与上期财务报表列报的金额和相关披露一致，如果必要，比较信息是否已经重述。

(2)在比较信息中反映的会计政策是否与本期采用的会计政策一致，如果会计政策已发生变更，这些变更是否得到恰当处理并得到充分列报与披露。

三、注意到比较信息可能存在重大错报时的审计要求★

(1)在实施本期审计时，如果注意到比较信息可能存在重大错报，注册会计师应当根据实际情况追加必要的审计程序，获取充分、适当的审计证据，以确定是否存在重大错报。

(2)注册会计师对本期财务报表进行审计时，可能注意到影响上期财务报表的重大错报，而以前未就该重大错报出具非无保留意见的审计报告。

①如果上期财务报表未经更正，也未重新出具审计报告，且比较数据未经恰当重述和充分披露，注册会计师应当对本期财务报表出具非无保留意见的审计报告，说明比较数据对本期财务报表的影响；

②如果上期财务报表已经更正，并已重新出具审计报告，注册会计师应当获取充分、适当的审计证据，以确定比较信息与更正的财务报表是否一致。

四、获取书面声明★

对于管理层作出的、更正上期财务报表中影响比较信息的重大错报的任何重述，注册会计师都应当获取特定书面声明。

五、审计报告——对应数据★

注册会计师需要分析具体的情况，来考虑对应数据对审计报告的影响，见表19-4：

表19-4 对应数据对审计报告的影响

<table>
<tr><th colspan="2">情形描述</th><th colspan="2">审计报告的处理</th></tr>
<tr><td colspan="2">总体要求</td><td colspan="2">当财务报表中列报对应数据时，由于审计意见是针对包括对应数据的本期财务报表整体的，审计意见通常不提及对应数据</td></tr>
<tr><td rowspan="3">上期导致非无保留意见的事项</td><td>本期已解决</td><td colspan="2">上期导致非无保留意见的事项已经解决，并已按照适用的财务报告编制基础进行恰当的会计处理，或在财务报表中作出适当的披露，则针对本期财务报表发表的审计意见无需提及之前发表的非无保留意见</td></tr>
<tr><td rowspan="2">本期仍未解决</td><td>对本期数据的影响重大</td><td>如果未解决事项对本期数据的影响或可能的影响是重大的，注册会计师应当在导致非无保留意见事项段中同时提及本期数据和对应数据</td></tr>
<tr><td>对本期数据的影响不重大</td><td>如果未解决事项对本期数据的影响或可能的影响不重大，注册会计师应当说明，由于未解决事项对本期数据和对应数据之间可比性的影响或可能的影响，因此发表了非无保留意见</td></tr>
<tr><td rowspan="2">上期财务报表存在重大错报</td><td>对应数据未重述或披露</td><td colspan="2">上期财务报表存在重大错报，而之前对该财务报表发表了无保留意见，且对应数据未经适当重述或恰当披露，注册会计师应当就包括在财务报表中的对应数据，在审计报告中对本期财务报表发表保留意见或否定意见</td></tr>
<tr><td>对应数据已重述或披露</td><td colspan="2">若对应数据已在本期财务报表中得到适当重述或恰当披露。注册会计师可以在审计报告中增加强调事项段，以描述这一情况，并提及详细描述该事项的相关披露在财务报表中的位置</td></tr>
</table>

六、审计报告——比较财务报表★

注册会计师需要分析具体的情况，来考虑比较财务报表对审计报告的影响，见表 19-5：

表 19-5　比较财务报表对审计报告的影响

情形描述	审计报告的处理
总体要求	当列报比较财务报表时，审计意见应当提及列报财务报表所属的各期，以及发表的审计意见涵盖的各期
对上期财务报表发表的意见与以前发表的意见不同	当因本期审计而对上期财务报表发表审计意见时，如果对上期财务报表发表的意见与以前发表的意见不同，注册会计师应当在其他事项段中披露导致不同意见的实质性原因
认为存在影响上期财务报表的重大错报，且前任出具了无保留意见	如果上期财务报表已经更正，且前任注册会计师同意对更正后的上期财务报表出具新的审计报告，注册会计师应当仅对本期财务报表出具审计报告
	前任注册会计师可能无法或不愿对上期财务报表重新出具审计报告。注册会计师可以在审计报告中增加其他事项段，指出前任注册会计师对更正前的上期财务报表出具了报告

七、上期财务报表是否已经审计对审计报告的影响

上期财务报表是否经过审计，对审计报告其他事项段的影响，见表 19-6：

表 19-6　上期财务报表是否已经审计对审计报告的影响

情形描述	对应数据	比较财务报表
上期财务报表已由前任注册会计师审计	**可以**在审计报告中**提及前任注册会计师对对应数据出具的审计报告**	**应当**增加其他事项段提及**前任注册会计师及意见。**除非上期财务报表与审计报告一同对外提供
上期财务报表未经审计	**应当在审计报告的其他事项段中说明对应数据未经审计**	**应当**在其他事项段中说明比较财务报表未经审计

考点六　其他信息

扫我解疑难

一、其他信息的含义

在被审计单位年度报告中，除包含财务报表和审计报告外，还通常包括实体的发展，未来前景、风险和不确定事项，治理层声明，以及包含治理事项的报告等信息，这些财务信息和非财务信息称为其他信息。

注册会计师**不对其他信息发表意见**，但要阅读并考虑其他信息对审计报告的影响。

年度报告一般由以下一项或多项文件构成：

(1)董事会报告；

(2)公司董事会、监事会及董事、监事、高级管理人员保证年度报告内容的真实、准确、完整，不存在虚假记载、误导性陈述或重大遗漏，并承担个别和连带法律责任的声明；

(3)公司治理情况说明；

(4)内部控制自我评价报告。

二、获取其他信息

注册会计师应当在审计报告日前或在公司年度报告公布前获取其他信息：

(1)注册会计师应当通过与管理层讨论，确定哪些文件组成年度报告，以及被审计单位计划公布这些文件的方式和时间安排。

(2)注册会计师应当就及时获取组成年度报告的文件的最终版本与管理层作出适当安

排。如果可能，在审计报告日之前获取。

(3)如果组成年度报告的部分或全部文件在审计报告日后才能取得，要求管理层提供书面声明，声明上述文件的最终版本将在可获取时并且在被审计单位公布前提供给注册会计师。

三、阅读并考虑其他信息

注册会计师应当阅读其他信息，以了解是否存在重大不一致或舞弊迹象。阅读其他信息时的考虑，见表 19-7：

表 19-7　阅读其他信息时的考虑

考虑事项	内容	具体情形
存在重大不一致	其他信息和**财务报表**之间存在重大不一致	(1)包含了**财务报表摘录的表格、图表或图形**。 (2)对财务报表中列示的**余额或账户**提供进一步细节的**披露**，例如“20×1年度的收入，由来自产品X的××万元和来自产品Y的××万元组成。” (3)对**财务结果的描述**，例如，“20×1年度研究和开发费用合计数是××万元。”
	其他信息和**在审计中了解到的情况**存在重大不一致	(1)对产量的披露，或者按地理区域汇总产量的表格； (2)对“公司本年度新推出产品X和产品Y”的声明； (3)对被审计单位主要经营地点的概括，例如“被审计单位的主要经营中心在X国，同时在Y国和Z国也有经营场所。”
存在重大错报的迹象	与以上不相关的其他信息存在重大错报的迹象	例如，其他信息可能包括对被审计单位温室气体排放情况的陈述

四、应对措施

1. 似乎存在重大不一致或者其他信息似乎存在重大错报时的应对措施

如果注册会计师识别出似乎存在重大不一致，或者知悉其他信息似乎存在重大错报，注册会计师应当与管理层讨论该事项，必要时，执行其他程序以确定：

(1)其他信息是否存在重大错报；

(2)财务报表是否存在重大错报；

(3)注册会计师对被审计单位及其环境的了解是否需要更新。

2. 确定其他信息存在重大错报时的应对措施

如果注册会计师得出结论认为其他信息存在重大错报，应当要求管理层更正其他信息。具体应对措施，见表 19-8：

表 19-8　确定其他信息存在重大错报时的应对措施

项目	内容	措施	
确定其他信息存在重大错报时的应对	管理层同意作出更正	注册会计师应当确定更正已经完成	
	管理层拒绝作出更正，应当就该事项与治理层进行沟通，并要求作出更正	审计报告日前	①考虑对审计报告的影响，并与治理层沟通，注册会计师计划在审计报告中如何处理重大错报； ②在相关法律法规允许的情况下，解除业务约定
		审计报告日后	考虑注册会计师在法律上的权利和义务后采取恰当的措施，提醒审计报告使用者恰当关注未更正的重大错报

3. 当财务报表存在重大错报或对被审计单位及其环境的了解需要更新时的应对

如果注册会计师认为财务报表存在重大错报，或者注册会计师对被审计单位及其环境的了解需要更新，注册会计师应当作出恰当应对，包括修改注册会计师对风险的评估、评估错报、考虑注册会计师关于期后事项的责任。

五、对审计报告的要求

审计报告中应包括“其他信息”段的情形：

1. 对于上市实体，注册会计师已获取或预期将获取其他信息；

2. 对于非上市实体，注册会计师已获取部分或全部其他信息。

审计报告包含的其他信息部分应当包括：

1. 管理层对其他信息负责的说明。

2. 指明：

(1)注册会计师于审计报告日前已获取的其他信息(如有)。

(2)对于上市实体财务报表审计，预期将于审计报告日后获取的其他信息(如有)。

(3)说明注册会计师的审计意见未涵盖其他信息，因此，注册会计师对其他信息不发表(或不会发表)审计意见或任何形式的鉴证结论。

(4)描述注册会计师根据审计准则的要求，对其他信息进行阅读、考虑和报告的责任。

(5)如果审计报告日前已经获取其他信息，则选择下列两种做法之一进行说明：

①说明注册会计师无任何需要报告的事项；

②如果注册会计师认为其他信息存在未更正的重大错报，说明其他信息中的未更正重大错报。

【例题2·多选题】 如果注册会计师识别出似乎存在重大不一致，或者知悉其他信息似乎存在重大错报，注册会计师应当与管理层讨论该事项，下列相关应对措施中，正确的有(　)。

A. 必要时，执行其他程序以确定其他信息是否存在重大错报

B. 必要时，执行其他程序以确定财务报表是否存在重大错报

C. 必要时，执行其他程序以确定注册会计师对被审计单位及其环境的了解是否需要更新

D. 如果注册会计师得出结论认为其他信息存在重大错报，应当要求管理层更正其他信息

解析 参考《中国注册会计师审计准则第1521号——注册会计师对其他信息的责任》第17、18条。　　**答案** ABCD

真题精练

一、单项选择题

(2015年)下列关于在审计报告中提及相关人员的说法中，错误的是(　)。

A. 如果上期财务报表已由前任注册会计师审计，注册会计师不应在无保留意见审计报告中提及前任注册会计师的相关工作，除非法律法规另有规定

B. 注册会计师不应在无保留意见审计报告中提及专家的相关工作，除非法律法规另有规定

C. 注册会计师不应在无保留意见审计报告中提及服务机构注册会计师的相关工作，除非法律法规另有规定

D. 注册会计师对集团财务报表出具的审计报告不应提及组成部分注册会计师，除非法律法规另有规定

二、多项选择题

(2016年)如果法律法规允许，下列情形中，可能导致注册会计师解除业务约定的有(　)。

A. 注册会计师与治理层之间的双向沟通不充分，并且这种情况得不到解决

B. 注册会计师发现由于舞弊导致的重大错报，对继续执行审计业务的能力产生怀疑

C. 管理层和治理层没有对违反法律法规

行为采取适当的补救措施

D. 管理层对审计范围施加限制，注册会计师认为这一限制可能导致对财务报表发表无法表示意见

三、简答题

1. (2018年)ABC会计师事务所的A注册会计师负责审计多家上市公司2017年度财务报表，遇到下列与审计报告相关的事项：

(1)甲公司管理层在2017年度财务报表中确认和披露了年内收购乙公司的交易。A注册会计师将其作为审计中最为重要的事项与治理层进行了沟通，拟在审计报告的关键审计事项部分沟通该事项。同时，因该事项对财务报表使用者理解财务报表至关重要，A注册会计师拟在审计报告中增加强调事项段予以说明。

(2)A注册会计师无法就丙公司年末与重大诉讼相关的预计负债获取充分、适当的审计证据，拟对财务报表发表保留意见。A注册会计师在审计报告日前取得并阅读了丙公司2017年年度报告，未发现其他信息与财务报表有重大不一致或存在重大错报，拟在保留意见审计报告的其他信息部分说明无任何需要报告的事项。

(3)XYZ会计师事务所担任丁公司海外重要子公司的组成部分注册会计师。A注册会计师认为该事项与财务报表使用者理解审计工作相关，拟在对丁公司2017年度财务报表出具的无保留意见审计报告中增加其他事项段，说明该子公司经XYZ会计师事务所审计。

(4)因原董事长以公司名义违规对外提供多项担保，导致戊公司2017年发生多起重大诉讼，多个银行账户被冻结，业务停止，主要客户和员工流失。管理层在2017年度财务报表中确认了大额预计负债，并披露了持续经营存在的重大不确定性。A注册会计师认为存在多项对财务报表整体具有重要影响的重大不确定性，拟对戊公司财务报表发表无法表示意见。

(5)己公司的某重要子公司因环保问题被监管部门调查并停业整顿。A注册会计师将该事项识别为关键审计事项。因己公司管理层未在财务报表附注中披露该子公司停业整顿的具体原因，A注册会计师拟在审计报告的关键审计事项部分进行补充说明。

要求：针对上述第(1)至(5)项，逐项指出A注册会计师的做法是否恰当。如不恰当，简要说明理由。

2. (2017年)ABC会计师事务所的A注册会计师负责审计多家上市公司2016年度财务报表，遇到下列与审计报告相关的事项：

(1)甲公司2016年通过向非关联方销售自用办公楼扭亏为盈。因该交易较为简单，不构成对本期财务报表审计最为重要的事项，但对财务报表使用者理解财务报表重要，A注册会计师拟在审计报告的关键审计事项部分进行沟通，并索引至相关财务报表附注。

(2)A注册会计师无法对乙公司对某联营企业投资的账面价值及投资收益获取充分、适当的审计证据，A注册会计师拟对乙公司财务报表发表保留意见，并在审计报告的其他信息部分说明，无法确定年度报告中与该联营企业投资相关的其他信息是否存在重大错报。

(3)丙公司2015年度财务报表中存在重大错报，丙公司管理层在编制2016年度财务报表时对对应数据进行了恰当重述和披露。A注册会计师未就2015年度财务报表重新出具审计报告，拟在2016年度审计报告中增加强调事项段，提醒财务报表使用者关注重述事项。

(4)A注册会计师实施审计程序后，认为丁公司管理层运用持续经营假设编制财务报表不适当，拟在审计报告中增加与持续经营相关的重大不确定性部分，提醒财务报表使用者关注。

(5)戊公司财务部多位关键人员离职，A

注册会计师无法实施必要的审计程序就营业收入、营业成本、存货等多个重要财务报表项目获取充分、适当的审计证据，决定对2016年度财务报表发表保留意见。

要求：针对上述第(1)至(5)项，指出A注册会计师的做法是否恰当。如不恰当，简要说明理由。

3. (2017年)ABC会计师事务所的A注册会计师负责审计多家上市公司2016年度财务报表，遇到下列与审计报告相关的事项：

(1)A注册会计师对甲公司关联方关系及交易实施审计程序并与治理层沟通后，对是否存在未在财务报表中披露的关联方关系及交易存在疑虑，拟将其作为关键审计事项在审计报告中沟通。

(2)A注册会计师在乙公司审计报告日后获取并阅读了乙公司2016年度报告的最终版本，发现其他信息存在重大错报，与管理层和治理层沟通后，该错报未得到更正，A注册会计师拟重新出具审计报告，指出其他信息存在的重大错报。

(3)ABC会计师事务所首次接受委托，审计丙公司2016年度审计报表。A注册会计师拟在审计报告中增加其他事项段，说明上期财务报表由前任注册会计师审计及其出具的审计报告的日期。

(4)戊公司管理层在2016年度财务报表附注中披露了2017年1月发生的一项重大收购。A注册会计师认为该事项对财务报表使用者理解财务报表至关重要，拟在审计报表中增加其他事项段予以说明。

(5)A注册会计师认为，乙公司财务报表附注中未披露其对外提供的多项担保，构成重大错报，因拟就乙公司持续经营问题对财务报表发表无法表示意见，不再在审计报告中说明披露错报。

要求：针对上述第(1)至(5)项，逐项指出A注册会计师的做法是否恰当。如不恰当，简要说明理由。

4. (2015年)ABC会计师事务所的A注册会计师担任多家被审计单位2014年度财务报表审计的项目合伙人，遇到下列导致出具非标准审计报告的事项：

(1)甲公司2014年初开始使用新的ERP系统，因系统缺陷导致2014年度成本核算混乱，审计项目组无法对营业成本、存货等项目实施审计程序。

(2)2014年，因采用新发布的企业会计准则，乙公司对以前年度投资形成的部分长期股权投资改按公允价值计量，并确认了大额公允价值变动收益，未对比较数据进行追溯调整。

(3)因丙公司严重亏损，董事会拟于2015年对其进行清算。管理层运用持续经营假设编制了2014年度财务报表，并在财务报表附注中充分披露了清算计划。

(4)丁公司是金融机构，在风险管理中运用大量复杂金融工具。因风险管理负责人离职，人事部暂未招聘到合适的人员，管理层未能在财务报表附注中披露与金融工具相关的风险。

(5)戊公司2013年度财务报表未经审计。管理层将一项应当在2014年度确认的大额长期资产减值损失作为前期差错，重述了比较数据。

要求：针对上述第(1)至第(5)项，逐项指出A注册会计师应当出具何种类型的非标准审计报告，并简要说明理由。

5. (2014年)ABC会计师事务所的A注册会计师担任多家被审计单位2013年财务报表审计的项目合伙人，遇到下列事项：

(1)A注册会计师认为，导致对甲公司的持续经营能力产生重大疑虑的事项和情况存在重大不确定性。管理层不同意A注册会计师的结论，因此，未在财务报表附注中作出与其持续经营能力有关的披露，A注册会计师拟在审计报告中增加其他事项段。

(2)因持续经营能力存在重大不确定性，组成部分注册会计师对乙公司的子公司出具了带有强调事项段的无保留意见的审计报告。乙公司管理层认为该事项不会对乙公司财务报表产生重大影响。A 注册会计师同意乙公司管理层的判断，拟在无保留意见的审计报告中增加其他事项段。提及组成部分注册会计师对子公司出具的审计报告类型、日期和组成部分注册会计师的名称。

(3)丙公司大部分采购业务和销售交易为关联方交易，管理层在 2013 年度财务报表附注中披露关联方交易价格公允。由于缺乏公开的市场数据，A 注册会计师无法对该披露做出评估，鉴于关联方交易对丙公司的经营活动至关重要，A 注册会计师拟在审计报告中增加强调事项段，提请财务报表使用者关注附注中披露的关联方交易价格的公允性。

(4)A 注册会计师在阅读丁公司年度报告草稿时，注意到其他信息存在事实的重大错报，且其他信息需改，但管理层拒绝做出修改。因此，A 注册会计师拟在审计报告增加其他事项说明这一事项。

(5)戊公司 2013 年某项重大交易的交易对方很可能是管理层未披露的关联方，A 注册会计师实施了追加审计程序并向治理层沟通后，仍无法证实。A 注册会计师认为交易对方是否为关联方存在重大不确定性，拟在审计报告中增加强调事项段。

(6)庚公司管理层在财务报表附注中披露了某项重大会计估计存在高度估计不确定性。A 注册会计师认为该披露不充分，拟在审计报告中增加强调事项段。

要求：针对上述第(1)至(6)项，逐项指出注册会计师的做法是否恰当，若不恰当，请说明理由。

6. (2014 年)ABC 会计师事务所的 A 注册会计师担任多家被审计单位 2013 年度财务报表审计的项目合伙人，遇到下列导致出具非标准审计报告的事项：

(1)甲公司为 ABC 会计师事务所 2013 年度承接的新客户。前任注册会计师由于未就 2011 年 12 月 31 日存货余额获取充分、适当的审计证据，对甲公司 2012 年度财务报表发表了保留意见。审计项目组认为，导致保留意见的事项对本期数据本身没有影响。

(2)2013 年 10 月，上市公司乙公司因涉嫌信息披露违规被证券监管机构立案稽查。截至审计报告日，尚无稽查结论。管理层在财务报表附注中披露了上述事项。

(3)丙公司管理层对固定资产实施减值测试，按照未来现金流量现值与固定资产账面净值的差额确认了重大减值损失。管理层无法提供相关信息以支持现金流量预测中假设的未来 5 年营业收入，审计项目组也无法作出估计。

(4)戊公司于 2013 年 9 月起停止经营活动，董事会拟于 2014 年内清算戊公司。2013 年 12 月 31 日，戊公司账面资产余额主要为货币资金、其他应收款以及办公家具等固定资产，账面负债余额主要为其他应付款和应付工资。管理层认为，如采用非持续经营编制基础，对上述资产和负债的计量并无重大影响，因此，仍以持续经营假设编制 2013 年度财务报表，并在财务报表附注中披露了清算计划。

(5)2013 年 1 月 1 日，己公司通过收购取得子公司庚公司。由于庚公司账目混乱，己公司管理层决定在编制 2013 年度合并财务报表时不将其纳入合并范围。庚公司 2013 年度的营业收入和税前利润约占己公司未审合并财务报表相应项目的 30%。

要求：针对上述第(1)至(5)项，假定不考虑其他条件，逐项指出 A 注册会计师应当出具何种类型的非标准审计报告，并简要说明理由。

四、综合题

(2016 年)甲公司是 ABC 会计师事务所的常年审计客户，主要从事肉制品加工和销售。A 注册会计师负责审计甲公司 2015 年的财务报表，确定的财务报表整体重要性为100万元，审计报告日为2016年4月30日。

资料一：

2015年3月15日，媒体曝光甲公司某批次产品存在严重的食品安全问题。在计划审计阶段，A注册会计师就此事项及相关影响与管理层进行了沟通，部分内容摘录如下：

(1)受食品安全事件的影响，甲公司产品出现滞销。为恢复市场占有率，甲公司未因本年度成本大幅上涨而提高售价，销量逐步回升。

(2)甲公司每年向母公司支付商标使用费300万元，2015年度母公司豁免了该项费用。

(3)2015年，甲公司多名关键员工离职。管理层正考虑一项员工激励计划，向服务至2018年末的员工发放特别奖金。因计划未确定，管理层未在2015年度财务报表中确认。

(4)为对产品进行升级，2015年末，甲公司以其持有的账面价值为500万元的长期股权投资从非关联方换入账面价值为400万元的专利权，并收到补价100万元，换入资产和换出资产的公允价值均不能可靠计量。

(5)为增收节支，甲公司董事会决定将管理人员迁至厂区办公，并自2015年12月1日起将二号办公楼出租给乙公司，租期10年。管理层在起租日将该办公楼转为投资性房地产，采用公允价值模式进行计量。

资料二：

A注册会计师在审计工作底稿中记录了甲公司的财务数据，部分内容摘录如下：

金额单位：万元

项目	未审数	已审数
	2015年	2014年
营业收入	7200	7500
营业成本	4900	5000
管理费用——商标使用费	300	300
营业外收入——母公司豁免商标使用费	300	0
投资收益——非货币性资产交换收益	100	0
公允价值变动收益——投资性房地产(二号办公楼)	4000	0
投资性房地产——成本(二号办公楼)	10000	0
无形资产——非货币性资产交换换入专利权	500	0

资料三：

A注册会计师在审计工作底稿中记录了审计计划，部分内容摘录如下：

(1)拟实施的进一步审计程序的范围是：金额高于实际执行的重要性财务报表项目；金额低于实际执行的重要性但存在舞弊风险的财务报表项目。

(2)A注册会计师拟复核和评价甲公司内部审计人员编制的内部控制说明和流程图，以了解内部控制是否发生变化，并对拟信赖的控制实施测试。

(3)A注册会计师和项目组成员就甲公司财务报表存在重大错报风险的可能性等事项进行了讨论。因项目组某关键成员无法参加会议，拟由项目组其他成员选取相关事项向其通报。

(4)2015年有多名消费者起诉甲公司，管理层聘请外部律师担任诉讼代理人。A注册会计师拟亲自向律师寄发由管理层编制的询证函，并要求与律师进行直接沟通。

资料四：

甲公司部分原材料系向农户采购，财务人员办理结算时应当查验农户身份证，并将身份证复印件及农户签字的收据作为付款凭证附件。2000 元以上的付款应当通过银行存款转账。A 注册会计师在审计工作底稿中记录了与采购与付款交易相关的审计工作，部分内容摘录如下：

(1)2015 年 10 月，A 注册会计师在观察原材料验收流程时发现某农户向验收人员支付回扣，以提高核定的品质等级。A 注册会计师认为该事项不重大，在审计完成阶段向管理层通报了该事项。

(2)A 注册会计师在实施控制测试时，发现一笔 8000 元的采购交易被拆分成八笔，以现金支付。财务经理解释该农户无银行卡。A 注册会计师询问了该农户，对控制测试结果满意。

(3)A 注册会计师在实施细节测试时，发现有一笔付款凭证后未附农户身份证复印件。财务经理解释付款时已查验原件，忘记索要复印件。A 注册会计师询问了该农户，验证了签字的真实性，并扩大了样本规模，未发现其他例外事项，结果满意。

资料五：

A 注册会计师在审计工作底稿中记录了重大事项的处理情况，部分内容摘录如下：

(1)2016 年 2 月，甲公司因 2015 年食品安全事件向主管部门缴纳罚款 300 万元，管理层在 2015 年度财务报表中将其确认为营业外支出。A 注册会计师检查了处罚文件和付款单据，认可了管理层的处理。

(2)审计过程中累积的错报合计数为 200 万元。因管理层已经全部更正，A 注册会计师认为错报对审计工作和审计报告均无影响。

(3)甲公司 2015 年末营运资金为负数，大额银行借款将于 2016 年到期，存在导致持续经营能力产生重大疑虑的事项。A 注册会计师评估后认为管理层的应对计划可行，甲公司持续经营能力不存在重大不确定性，无需与管理层沟通。

(4)因甲公司 2015 年末多项诉讼的未来结果具有重大不确定性，A 注册会计师拟在审计报告中增加强调事项段，与治理层就该事项和拟使用的报告措辞进行了沟通。

要求：

(1)针对资料一第(1)至(5)项，结合资料二，假定不考虑其他事项，逐项指出资料一所列事项是否可能表明存在重大错报风险，如果认为可能存在重大错报风险，简要说明理由，并说明该风险与哪些财务报表项目(仅限于应收账款、存货、投资性房地产、无形资产、应付职工薪酬、资本公积、营业收入、营业成本、销售费用、管理费用、公允价值变动收益、投资收益、营业外收入)的哪些认定相关(不考虑税务影响)。

(2)针对资料三的第(1)至(4)项，假定不考虑其他条件，逐项指出审计计划的内容是否恰当，如不恰当，简要说明理由。

(3)针对资料四的第(1)至(3)项，假定不考虑其他条件，逐项指出 A 注册会计师的做法是否恰当。如不恰当，简要说明理由。

(4)针对资料五的第(1)至(4)项，假定不考虑其他条件，逐项指出 A 注册会计师的做法是否恰当。如不恰当，简要说明理由。

真题精练答案及解析

一、单项选择题

A 【解析】如果上期财务报表已经由前任注册会计师审计，注册会计师在审计报告中可以提及前任注册会计师对对应数据出具的审计报告。

二、多项选择题

ABCD 【解析】选项 A，如果注册会计师与治理层之间的双向沟通不充分，并且这种情况得不到解决，可以解除业务约定；选项 B，如果由于舞弊或舞弊嫌疑导致出现错报，致使注册会计师遇到对其继续执行审计业务的能力产生怀疑，可以考虑解除业务约定；选项 C，在例外情况下，如果管理层或治理层没有采取注册会计师认为适合具体情况的补救措施，即使违反法律法规行为对财务报表不重要，如果法律法规允许，注册会计师也可能考虑是否有必要解除业务约定；选项 D，当管理层对审计范围限制，并且这一限制可能导致出具对财务报表的无法表示意见时，在允许解除业务约定的情形下，首先考虑解除业务约定。

三、简答题

1. 【答案】

(1)不恰当。注册会计师已经在关键审计事项部分沟通该事项，不应增加强调事项段/该事项同时符合关键审计事项和强调事项的标准，应仅作为关键审计事项。

(2)不恰当。注册会计师需要考虑导致保留意见的事项对其他信息的影响/注册会计师需要在其他信息部分说明无法判断与导致保留意见的事项相关的其他信息是否存在重大错报。

(3)不恰当。注册会计师对集团财务报表出具的审计报告不应提及组成部分注册会计师，除非法律法规另有规定。

(4)恰当。

(5)不恰当。注册会计师不应在关键审计事项部分描述被审计单位的原始信息/关键审计事项不能替代管理层的披露/应要求管理层作出补充披露。

2. 【答案】

(1)不恰当。关键审计事项应当是对本期财务报表审计最为重要的事项。

(2)不恰当。无法确定年度报告中与该联营企业投资相关的其他信息是否存在重大错报，应当在形成保留意见的基础部分说明。

(3)恰当。

(4)不恰当。丁公司管理层运用持续经营假设编制财务报表不适当，应当对其财务报表发表否定意见。

(5)不恰当。该限制对财务报表有广泛影响，应当发表无法表示意见。

3. 【答案】

(1)不恰当。注册会计师已实施了审计程序并与治理层进行了沟通，仍无法获取充分、适当的审计证据，注册会计师应视为审计范围受限，考虑出具非无保留意见。

(2)恰当。

(3)不恰当。还应当在其他事项段中说明前任注册会计师发表的意见的类型。

(4)不恰当。该事项已在财务报表附注中进行披露。A 注册会计师拟在强调事项段中予以说明。

(5)不恰当。A 注册会计师对乙公司的财务报表发表无法表示意见，应在财务报表中说明已执行的程序中发现财务报表存在的重大错报。

4. 【答案】

(1)保留意见/无法表示意见审计报告。无法获取充分、适当的审计证据，对财务报表影响重大/重大而广泛。

(2)保留意见审计报告。比较数据存在重

大错报但不广泛，当期数据存在重大错报但不广泛。

(3)否定意见审计报告。被审计单位运用持续经营假设不适当。

(4)保留意见审计报告。存在影响重大但不具有广泛性的披露错报。

(5)带其他事项段的保留意见审计报告。应当在其他事项段中说明对应数据未经审计，且存在影响重大但不广泛的错报。

5.【答案】

(1)不恰当。管理层未披露持续经营能力存在重大不确定性/应当发表非无保留意见/保留意见/否定意见。

(2)不恰当。不应在审计报告中提及组成部分注册会计师/如果提及组成部分注册会计师，应指明这种提及并不减轻ABC会计师事务所/A注册会计师对乙公司审计意见承担的责任。

『提示』根据2016年审计准则的规定，如果运用持续经营假设是适当的，但存在重大不确定性，且财务报表对重大不确定性已作出充分披露，注册会计师应当发表无保留意见，并在审计报告中增加以“与持续经营相关的重大不确定性”为标题的单独部分，所以该事项中对乙公司的子公司出具的带有强调事项段的无保留意见的审计报告也不恰当。

(3)不恰当。审计范围受到限制/应当发表保留意见/无法表示意见。

(4)不恰当。该事项与财务报表使用者理解审计工作、注册会计师的责任或审计报告无关，不应在审计报告中增加其他事项段。/不应在审计报告中增加其他事项段，应告知治理层，并采取适当的进一步措施。

(5)不恰当。审计范围受到限制/应当发表保留意见/无法表示意见。

(6)不恰当。披露不充分属于错报/应当发表保留意见。

6.【答案】

(1)保留意见审计报告。2012年度审计报告中导致保留意见的事项对本期数据和对应数据的可比性仍有影响。

(2)带强调事项段的无保留意见审计报告。证券监管机构的稽查结果存在不确定性。

『提示』根据2016年审计准则的规定，如果运用持续经营假设是适当的，但存在重大不确定性，且财务报表对重大不确定性已作出充分披露，注册会计师应当发表无保留意见，并在审计报告中增加以“与持续经营相关的重大不确定性”为标题的单独部分。

(3)保留意见/无法表示意见审计报告。无法获取充分、适当的审计证据/审计范围受到限制。

(4)否定意见审计报告。运用持续经营假设不适当。

(5)否定意见审计报告。重要子公司未合并，导致合并财务报表重大而广泛的错报。

四、综合题

【答案】

(1)

事项序号	是否可能表明存在重大错报风险(是/否)	理由	财务报表项目名称及认定
(1)	是	甲公司2015年毛利率为32%，2014年为33%，与成本大幅上涨不符，可能存在少计营业成本、多计营业收入的风险	营业成本(完整性) 存货(存在) 应收账款(存在) 营业收入(发生/准确性)
(2)	是	豁免的商标使用费应计入到资本公积，存在多计营业收入、少计资本公积的风险	营业外收入(发生) 资本公积(完整性)

续表

事项序号	是否可能表明存在重大错报风险(是/否)	理由	财务报表项目名称及认定
(3)	否	—	—
(4)	是	换入资产和换出资产的公允价值不能可靠计量，应以换出资产的账面价值为基础确认换入资产成本/补价不能确认收益，存在多计投资收益、多计无形资产的风险	投资收益(发生) 无形资产(计价和分摊)
(5)	是	该项目投资性房地产的公允价值在一个月内上涨40%，可能存在多计公允价值变动收益的风险	公允价值变动收益(准确性) 投资性房地产(计价和分摊)

(2)

事项序号	是否恰当(是/否)	理由
(1)	否	单个金额低于实际执行的重要性的项目汇总起来金额可能重大，需要考虑汇总后的潜在风险；对存在低估风险的财务报表项目，不能因为其金额低于实际执行的重要性而不实施进一步审计程序
(2)	是	—
(3)	否	不应由项目组其他成员确定通报内容/需由项目合伙人确定通报内容
(4)	是	—

(3)

事项序号	是否恰当(是/否)	理由
(1)	否	应当尽快与管理层进行沟通
(2)	否	控制未得到执行
(3)	是	—

(4)

事项序号	是否恰当(是/否)	理由
(1)	是	—
(2)	否	累积的错报合计数200万元超过财务报表整体的重要性，没有考虑对审计工作的影响应当确定是否需要考虑修改审计计划
(3)	否	存在导致对持续经营能力产生重大疑虑的事项，应当与治理层进行沟通
(4)	是	—

『说明』资料五事项4：根据2016年审计准则的最新规定，如果运用持续经营假设是适当的，但存在重大不确定性，且财务报表对重大不确定性已作出充分披露，注册会计师应当发表无保留意见，并在审计报告中增加以“与持续经营相关的重大不确定性”为标题的单独部分，所以该事项中拟在审计报告中增加强调事项段，是不恰当的。

同步训练 限时90分钟

一、单项选择题

1. 下列有关审计报告的表述中，错误的是(　)。

A. 注册会计师的目标是在评价根据审计证据得出的结论的基础上，对财务报表形成审计意见，通过书面报告的形式清楚地表达审计意见

B. 注册会计师应当就财务报表是否在所有方面按照适用的财务报告编制基础编制并实现公允反映形成审计意见

C. 为了形成审计意见，针对财务报表整体是否不存在由于舞弊或错误导致的重大错报，注册会计师应当得出结论，确定是否已就此获取合理保证

D. 审计报告应当采用书面形式，并有两名注册会计师的签名和盖章

2. 针对下列情况，注册会计师出具的审计报告意见类型恰当的是(　)。

A. 如果认为其他信息存在重大错报，注册会计师应当考虑发表保留或否定意见的审计报告

B. 在列报比较财务报表时，如果上期财务报表发表的意见与以前发表的意见不同，注册会计师应在审计报告中增加其他事项段提醒报表使用者关注

C. 如果管理层拒绝签署必要的声明，注册会计师应当将其视为审计范围受到限制，出具无法表示意见的审计报告

D. 如果上期财务报表未经审计，注册会计师应当在强调事项段中说明

3. A与B注册会计师于2019年2月8日进驻甲公司审计其2018年度财务报表。3月15日甲公司正式签署2018年度财务报表，3月20日对外报出其财务报表，则审计报告日最可能是(　)。

A. 2019年2月8日

B. 2019年3月10日

C. 2019年3月15日

D. 2019年3月22日

4. 下列有关在审计报告中沟通关键审计事项的说法中，不正确的是(　)。

A. 关键审计事项段在任何类型的审计报告中都存在

B. 导致发表非无保留意见的事项符合关键审计事项的定义，不在关键审计事项部分披露，但应当在关键审计事项部分提及形成保留(否定)意见的基础部分

C. 关键审计事项是指注册会计师根据职业判断认为对当期财务报表审计最为重要的事项

D. 关键审计事项选自与治理层沟通的事项

5. ABC会计师事务所接受甲公司委托审计其2018年度财务报表，A注册会计师任项目合伙人。A注册会计师于2019年3月15日完成审计工作并出具审计报告，财务报表报出日为2019年3月20日。在本次审计过程中，A注册会计师了解到下列事项，其中如果被审计单位不进行调整，将可能影响审计意见类型的是(　)。

A. 2019年2月1日甲公司发生重大诉讼，甲公司仅进行了披露

B. 2019年2月10日甲公司于2018年确认的一笔大额销售被退回，甲公司仅进行了披露

C. 2019年2月15日甲公司发生企业合并，甲公司仅进行了披露

D. 2019年3月14日开始外汇汇率发生重大变化，甲公司仅进行了披露

6. 注册会计师认定被审计单位连续出现巨额营业亏损影响持续经营能力时，下列观点中不正确的是(　)。

A. 若被审计单位拒绝披露，应出具保留意见或否定意见

B. 无论被审计单位是否作了披露，都不在审计报告中提及

C. 应提请被审计单位在财务报表附注中予以披露

D. 若被审计单位充分披露，则应在意见段后增加以“与持续经营相关的重大不确定性”为标题的单独部分予以说明

7. 下列各项情形中，注册会计师将出具否定意见的审计报告的是(　)。

A. 管理层不允许注册会计师对存货进行监盘

B. 被审计单位所在地发生地震，重要的财务资料被掩埋，无法进行检查

C. 被审计单位按照不同的编制基础编制了两套财务报表，并委托注册会计师同时对两套财务报表出具审计报告

D. 被审计单位运用持续经营假设不恰当且不接受调整意见

8. 下列各项表述中，一定表明注册会计师出具了无法表示意见的审计报告的是(　)。

A. 我们接受委托，审计后附的甲公司财务报表……

B. 我们认为，除……段所述事项可能产生的影响外……

C. 我们的责任是在按照中国注册会计师审计准则的规定执行审计工作的基础上对财务报表发表审计意见……

D. 包括 2018 年 12 月 31 日的资产负债表，2018 年度的利润表、现金流量表和所有者权益变动表以及财务报表附注

9. 注册会计师在对 X 公司 2018 年度财务报表进行审计时，下列情况中，注册会计师应出具带强调事项段的无保留意见审计报告的是(　)。

A. 2018 年 10 月份转入不需用设备一台，未计提折旧金额为 2 万元(假定财务报表层次重要性水平为 10 万元，不考虑对损益的影响)，X 公司未调整

B. 财务报表日的一项未决诉讼，律师认为胜负难料，一旦败诉对企业将产生重大影响，X 公司已在财务报表附注中进行了披露

C. 财务报表日的一项未决诉讼，律师认为胜负难料，一旦败诉对企业将产生重大影响，X 公司拒绝在财务报表附注中进行披露

D. X 公司对于一项以公允价值计量的投资性房地产计提了 1000 万元的折旧(假定财务报表层次重要性水平为 800 万元，不考虑对损益的影响)

10. 针对下列提及的相关事项，注册会计师认为不需要考虑加强调事项段的是(　)。

A. 异常诉讼或监管行动的未来结果存在不确定性

B. 提前应用(在允许的情况下)对财务报表有广泛影响的新会计准则

C. 存在已经或持续对被审计单位财务状况产生重大影响的特大灾难

D. 对两套以上财务报表出具审计报告的情形

11. 下列事项中，不会导致注册会计师在审计报告中增加其他事项段的是(　)。

A. 注册会计师决定在审计报告中提及前任注册会计师对对应数据出具的审计报告

B. 当财务报表列报对应数据时，上期财务报表未经审计

C. 对审计报告使用和分发的限制

D. 含有已审计财务报表的文件中的其他信息与财务报表存在重大不一致，并且需要对财务报表作出修改，但管理层拒绝修改

12. 下列各项情形中，可能导致注册会计师增加其他事项段的是(　)。

A. 被审计单位运用持续经营假设恰当，但存在债权人撤销财务支持的迹象

B. 上期财务报表已由前任注册会计师审计，注册会计师决定提及前任注册会计师

C. 上期财务报表存在错报，管理层未更

正，也没有重新出具审计报告，但对应数据已在本期财务报表中得到恰当重述

D. 被审计单位提前应用对财务报表有广泛影响的新会计准则

13. 下列情况中，不可以在审计报告中提及对应数据的是( )。

A. 导致对上期财务报表发表非无保留意见的事项在本期尚未解决

B. 上期财务报表存在审计报告未提及的重大错报，该财务报表未经更正，也未重新出具审计报告，并且本期财务报表中的对应数据未经恰当重述和充分披露

C. 以前针对上期财务报表发表了非无保留意见，且导致非无保留意见的事项已经解决，并已按照适用的财务报告编制基础进行恰当的会计处理，在财务报表中作出适当的披露

D. 上期财务报表未经审计

14. 甲公司2017年度财务报表由ABC会计师事务所审计，并发表了无保留意见的审计报告，2018年度甲公司改聘EFG会计师事务所审计，在审计的过程中，注册会计师发现2017年度财务报表存在重大错报，管理层未对上期财务报表进行更正，ABC会计师事务所也没有重新出具审计报告，但对应数据已经在2018年报表中得到了恰当的重述，下列说法中恰当的是( )。

A. 注册会计师应当对2018年财务报表发表非无保留意见

B. 注册会计师应当在审计报告中增加其他事项段，以描述这一情况

C. 注册会计师可以在审计报告中增加强调事项段，以描述这一情况

D. 注册会计师应当拒绝接受委托或征询法律意见

15. 当列报比较财务报表时，注册会计师的做法不正确的是( )。

A. 注册会计师可以对一期或多期财务报表发表不同的审计意见

B. 如果对上期财务报表发表的意见与以前发表的意见不同，注册会计师应在其他事项段中披露导致不同意见的实质性原因

C. 如果上期财务报表由前任注册会计师审计，注册会计师应当在其他事项段中提及前任注册会计师的审计报告

D. 如果认为存在影响上期财务报表的重大错报，而前任注册会计师以前出具了无保留意见的审计报告，注册会计师应当就此与适当层级的管理层沟通，并要求其告知前任注册会计师

16. 下列有关其他信息的说法中，不正确的是( )。

A. 其他信息是根据法律法规的规定或惯例而披露的

B. 注册会计师没有专门责任确定其他信息是否得到适当陈述

C. 如果在审计报告日前没有获取到所有其他信息，在审计报告日后则无须再关注

D. 董事和高级管理人员的姓名属于其他信息

二、多项选择题

1. 关于审计报告要素，下列说法中正确的有( )。

A. 形成审计意见的基础部分应当紧接在审计意见部分之后

B. 审计报告应当由项目经理和另一名项目组成员签名和盖章

C. 审计报告的日期不应早于管理层签署已审计财务报告的日期

D. “评估被审计单位的持续经营能力和使用持续经营假设是否适当，并披露与持续经营相关的事项”应在管理层对财务报表的责任段进行说明

2. 审计报告中，“注册会计师对财务报表审计的责任”部分包括( )。

A. 说明注册会计师的目标是对财务报表整体是否不存在由于舞弊或错误导致的重

大错报获取合理保证，并出具包含审计意见的审计报告

B. 说明合理保证是高水平的保证，但并不能保证按照审计准则执行审计在某一重大错报存在时总能发现

C. 说明在按照审计准则执行审计工作的过程中，注册会计师运用职业判断，并保持职业怀疑

D. 通过说明注册会计师的责任，对审计工作进行描述

3. 下列有关对审计报告的理解，不正确的有(　)。

A. 审计报告的收件人为被审计单位的管理层

B. 审计报告提及的管理层责任应与在审计业务约定书中约定的责任在表述形式上保持一致

C. 为特定目的编制的财务报表如果是按照通用目的编制基础编制的，审计报告可增加其他事项段说明该报告仅供特定的财务报表预期使用者使用

D. 因为管理层应对会计账簿和记录或会计系统的适当性负责，所以在审计报告的管理层和治理层对财务报表的责任段中需特别提及这一责任

4. 下列关于关键审计事项段的说法中，正确的有(　)。

A. 需要在审计报告中包含的关键审计事项的数量可能受被审计单位规模和复杂程度、业务和经营环境的性质，以及审计业务具体事实和情况的影响

B. 注册会计师对财务报表整体形成审计意见，而不对关键审计事项单独发表意见

C. 如果确定需要沟通的关键审计事项在审计的过程中审计范围受限，注册会计师需要在关键审计事项段中对此进行说明

D. 在描述关键审计事项时，注册会计师需要避免不恰当地提供与被审计单位相关的原始信息

5. 下列情况中，注册会计师可能对A公司的财务报表出具保留或无法表示意见的审计报告的有(　)。

A. 在存在疑虑的情况下，注册会计师不能就A公司持续经营假设的合理性获取必要的审计证据

B. 未能就影响A公司财务报表公允反映的重大关联方交易事项获取充分、适当的审计证据

C. A公司财务报表整体上没有按照企业会计准则进行编制

D. A公司管理层拒绝向注册会计师出具管理层声明书

6. 下列有关审计报告的说法中，不正确的有(　)。

A. 通常应在“形成审计意见的基础”段之前增加强调事项段

B. 导致非无保留意见的事项，应作为关键审计事项，在关键审计事项段进行披露

C. 现金、银行存款均属于敏感性高、流动性强的资产账户，但是在审计过程中，如果注册会计师发现这两个账户在分类上出现错误，所作的反应不会比发现销售业务没有入账更加强烈

D. 当存在与持续经营相关的重大不确定事项时，如果被审计单位已在财务报表附注中作了充分披露，注册会计师应当出具保留意见的审计报告

7. 下列有关说法中，正确的有(　)。

A. 强调事项段应当提及已在财务报表中列报或披露的信息

B. 如果拟在审计报告中增加其他事项段，为保证审计意见的有效性，注册会计师不应当就该事项和拟使用的措辞与治理层沟通

C. 对两套以上财务报表出具审计报告的情形下，注册会计师可以在报告中增加其他事项段

D. 如果审计报告旨在提供给特定使用者，注册会计师可以增加其他事项段说明这一事项

8. 下列关于比较信息的说法中，恰当的有(　)。

A. 比较信息包括对应数据和比较财务报表

B. 对应数据的详细程度与本期数据相似

C. 不同的财务报告编制基础对比较信息的列报要求不同

D. 对应数据只能和本期数据联系起来阅读

9. 下列有关对应数据的提法中，恰当的有(　)。

A. 对应数据是本期财务报表的组成部分

B. 注册会计师对对应数据的审计程序通常限于询问和分析程序以确定对应数据的恰当性

C. 如果导致对上期财务报表发表非无保留意见的事项仍未解决，且对本期财务报表仍然重要，注册会计师应出具非无保留意见

D. 如果对应数据已在本期财务报表中得到适当重述或恰当披露，但对本期财务报表仍然重要，注册会计师应出具带强调事项段的无保留意见审计报告

10. 当财务报表中列报对应数据时，注册会计师对下列有关比较信息的审计事项判断不正确的有(　)。

A. 如果上期财务报表已由前任注册会计师审计，则应当在审计意见中提及前任注册会计师对对应数据出具的审计报告

B. 由于对上期财务报表中影响比较信息的重大错报已更正并作了重述，注册会计师要求管理层仅就本期财务报表提供书面声明

C. 如果对应数据无错报且未对对应数据作出任何重述，注册会计师的审计意见通常不提及对应数据

D. 在审计对应数据时，注意到影响上期财务报表的重大错报，注册会计师应首先与治理层进行讨论

11. 如果以前针对上期财务报表发表了保留意见，注册会计师的下列做法中恰当的有(　)。

A. 如果导致保留意见的事项仍未解决，且对本期数据的影响重大，注册会计师应当对本期财务报表发表非无保留意见，并同时提及本期数据和对应数据

B. 如果导致保留意见的事项仍未解决，但对本期数据的影响不重大，注册会计师应当对本期财务报表发表无保留意见

C. 如果导致保留意见的事项已解决，且在本期进行了恰当的处理，注册会计师应当对本期财务报表发表无保留意见，并增加其他事项段提及之前发表的非无保留意见

D. 如果导致保留意见的事项已解决，且未在本期进行恰当的处理，注册会计师应当对本期财务报表发表非无保留意见

12. 在下列情况下，注册会计师的处理恰当的有(　)。

A. 当管理层对审计范围施加的限制导致无法获取充分、适当的审计证据可能产生的影响具有广泛性，注册会计师又不能解除业务约定时，注册会计师可能在审计报告中增加其他事项段，解释不能解除业务约定的原因

B. 如果上期财务报表未经审计，注册会计师应当在审计报告的引言段中予以说明，以减轻注册会计师的责任

C. 如果拟在审计报告中增加强调事项段或其他事项段，注册会计师应当就该事项和拟使用的措辞与治理层沟通

D. 如果被审计单位将适用的财务报告编制基础没有要求的补充信息与已审计财务报表一同列报，注册会计师根据职业判断认为补充信息构成财务报表的必要组成部分，应当将其涵盖在审计意见中

13. ABC会计师事务所接受委托对甲上市公司2017年度财务报表实施了审计，A注册会计师作为甲公司审计项目的项目合伙人，出具了无保留意见的审计报告。A

注册会计师又审计了其 2018 年度财务报表，在出具审计报告前，发现 2017 年财务报表中存在重大错报。甲公司修改了 2017 年的财务报表，并对 2018 年期初数据进行了修改，该事项对 2018 年期末的数据不产生重大影响，A 注册会计师的处理恰当的有(　)。

A. 对 2017 年的财务报表重新出具带强调事项段的无保留意见报告

B. 在 2018 年的审计报告中提及 2017 年该错报的影响

C. 对 2018 年的财务报表出具带强调事项段的无保留意见报告

D. 对 2018 年的财务报表出具标准无保留意见报告

14. 下列关于比较财务报表的说法中，正确的有(　)。

A. 当列报比较财务报表时，审计意见应当提及列报财务报表所属的各期

B. 如果上期财务报表未经审计，注册会计师应当在强调事项段中说明比较财务报表未经审计

C. 注册会计师应对列报的各期财务报表统一确定一个审计意见类型

D. 比较财务报表属于比较信息

15. 下列各项属于被审计单位年度报告中包含的除财务报表和审计报告之外的其他信息的有(　)。

A. 公司治理情况说明

B. 内部控制自我评价报告

C. 可持续发展报告

D. 董事会报告

三、简答题

1. 注册会计师于 2019 年 3 月 18 日完成了对 XYZ 公司 2018 年度财务报表的审计工作，发现如下情况：

(1) 2019 年 2 月 3 日经最高法院判决，XYZ 公司 2018 年 3 月份涉及的侵权赔偿诉讼败诉，赔偿 230 万元，XYZ 公司于实际支付时计入 2019 年 2 月份的账上，注册会计师建议 XYZ 公司调整 2018 年度财务报表遭到拒绝。XYZ 公司 2018 年度利润总额为 78 万元。

(2) 2018 年 11 月份 XYZ 公司的某一仓库遭受水灾，保险公司和 XYZ 公司正在核定损失，但至 2018 年结账日难以估计损失。XYZ 公司拒绝在财务报表附注中披露该事项及其影响。

(3) 2018 年 11 月份 XYZ 公司为 B 公司的借款担保到期，B 公司已经破产，银行要求 XYZ 公司承担担保责任，赔偿 300 万元，至 2018 年 12 月 31 日法院尚未判决。2019 年 2 月 28 日，经最高人民法院终审判决，XYZ 公司向银行赔偿 290 万元。注册会计师建议调整 2018 年相关项目，但 XYZ 公司认为该事项在 2019 年发生，在实际支付时计入了 2019 年 2 月份的账上。注册会计师确定的重要性水平是 200 万元。

(4) XYZ 公司自 2018 年度改变了存货计价方法：由个别计价法改为加权平均法，经注册会计师审计取证，认可 XYZ 公司会计政策的变更合法、合理，建议 XYZ 公司对此会计政策的变更及其对财务报表的影响在财务报表中披露，XYZ 公司不接受注册会计师的建议。

(5) 审计中发现 XYZ 公司少计资产 13 万元，占 XYZ 公司资产总额比重甚少，XYZ 公司拒绝调整，注册会计师确定的重要性水平是 100 万元。

(6) XYZ 公司的存货占总资产的 35%，因存货存放在全国各地，注册会计师不能实施监盘，也无其他满意的替代程序。

(7) XYZ 公司的应收账款总额为 390 万元，其中有 10 万元的应收账款，注册会计师没有收到函证回函，同时由于 XYZ 公司缺乏相应的原始凭证，注册会计师也没有办法实施替代程序，注册会计师确定的重要性水平是 100 万元。

要求：试分析在单独存在以上各种情况时，应当考虑出具的审计报告类型，并说

明理由。

2. ABC 会计师事务所在 2018 年度执行了多项审计业务，在对各个被审计单位进行审计的过程中，遇到了下列问题：

(1)甲公司 2017 年度财务报表由 EFG 会计师事务所审计，并发表了无保留意见。2018 年度甲公司更换了会计师事务所，由 ABC 会计师事务所审计其 2018 年度财务报表，甲公司将 2017 年相关数据作为比较数据列示在 2018 年度财务报表中，注册会计师决定在审计报告中提及 EFG 会计师事务所，因此在强调事项段中说明了：2017 年 12 月 31 日的资产负债表，2017 年度的利润表、现金流量表和所有者权益变动表以及财务报表附注由 EFG 会计师事务所审计，并于 2018 年 3 月 15 日发表了无保留意见。

(2)在对乙公司 2018 年度财务报表进行审计的过程中，因为乙公司行业特殊，注册会计师在对存货进行监盘的过程中利用了专家的工作，工作结果表明，乙公司存货项目不存在重大错报，经评价，专家的工作足以实现审计目的，因此发表了无保留意见的审计报告，并在审计报告中提及了专家的相关工作。

(3)在对丙上市公司 2018 年度财务报表进行审计时，因为负责执行项目质量控制复核的 A 注册会计师临时有必须要执行的其他工作，而丙上市公司的财务报表又有报表报出的硬性时间要求，因此项目合伙人决定先出具审计报告并对外报出，在报出后尽早安排 A 注册会计师执行项目质量控制复核，并对发现的问题及时予以关注。

(4)丁公司于 2019 年 1 月 10 日因 2018 年 12 月 25 日发出的一批货物存在质量问题而遭到购货单位戊公司的投诉，戊公司要求丁公司收回该批货物并赔偿这期间的误工损失 500 万元，该案件正在审理过程中，丁公司考虑到该事项发生在 2019 年，且是否赔偿及赔偿金额尚不确定，因此未对 2018 年度财务报表作出任何处理。注册会计师认可了丁公司的做法，并对 2018 年度财务报表发表了无保留意见。

要求：针对上述第(1)至(4)项，逐项指出注册会计师的做法是否恰当。如不恰当，简要说明理由。

四、综合题

甲公司主要从事家用电器的生产和销售，主要产品包括电视机、电冰箱、空调、洗衣机、空气净化器等。甲公司为 ABC 会计师事务所的常年审计客户。ABC 会计师事务所委派 A 注册会计师担任甲公司 2018 年度财务报表审计项目合伙人。

资料一：

A 注册会计师在审计工作底稿中记录了所了解的甲公司的情况及其环境，部分内容摘录如下：

(1)甲公司上市后营业收入保持稳定增长，每年增长 5%左右。2018 年 4 月，甲公司董事会向管理层下达 2018 年度经营目标，其中要求 2018 年度营业收入较 2017 年度至少增长 10%。2019 年 1 月，市场研究机构发布的报告显示，2018 年家用电器行业营业收入增长率为 6%。

(2)甲公司原财务总监在甲公司已供职 6 年，2018 年上半年辞职后任职于甲公司的竞争对手，数名在甲公司供职多年的会计人员也在 2018 年下半年相继辞职。甲公司财务总监目前由负责人力资源的总经理兼任。

(3)由于家电行业企业竞争激烈，甲公司的竞争对手于 2018 年 4 月推出了以云平台为依托的智能电视产品，对甲公司电视机产品销售造成较大冲击。为保持市场占有率，甲公司在 2018 年下半年普遍降低了各类电视机产品销售价格。

(4)为应对竞争加剧和国内市场增长乏力的风险，甲公司在 2018 年下半年采取了一系列措施，其中包括：投资并购了若干同行业其他企业，扩大业务规模；开拓海外市场，并在海外成立了若干分支机构提供售后服务；在全国各地开展了专卖店加盟业务模式；扩大研发团队规模，增加研发费用的投入，开始研发多项新技术。

(5)F 公司是甲公司的母公司，向甲公司提供部分原材料。2018 年 2 月，甲公司向 F 公司预付购买钢板款项 5000 万元，截至 2018 年末 F 公司尚未交货。2019 年 1 月 31 日，双方终止该采购合同，甲公司收回该预付款项 5000 万元。

(6)甲公司及其子公司均使用 ERP 系统进行业务核算，ERP 系统通过处理各模块交易数据自动生成会计分录，并在期末自动生成财务报表。ABC 会计师事务所在审计甲公司 2017 年度财务报表时测试了该 ERP 系统，注意到甲公司信息技术一般控制存在重大缺陷。甲公司根据 ABC 会计师事务所出具的管理建议书，在 2018 年对 ERP 系统相应的信息技术一般控制进行了改进，并且重新开发应用了部分与财务核算相关的模块。

资料二：

甲公司部分合并财务数据摘录如下：

金额单位：万元

项目	2018 年度(未审数)	2018 年 1-11 月(未审数)	2017 年度(已审数)
营业收入	276110	223550	251000
净利润	16000	14820	16100
项目	2018 年 12 月 31 日(未审数)	2018 年 11 月 30 日(未审数)	2017 年 12 月 31 日(已审数)
预付款项	15000	14500	1000
其中：F 公司	14300	13800	800
应收账款	49200	19000	22000
存货	30080	31010	20010
减：存货跌价准备	920	920	920
开发支出	6200	5100	1010

资料三：

审计项目组针对甲公司 2018 年度审计业务制定了相关的审计计划，部分内容摘录如下：

(1)将营业收入设定为重要账户，虽然所有销售交易均通过 ERP 系统，但考虑到 2017 年度审计时对 ERP 系统测试结果表明信息技术一般控制存在重大缺陷，计划 2018 年对营业收入仅实施实质性程序。

(2)甲公司于 2018 年在某南部城市新建成一座仓库，专门针对西部地区客户产品调配和仓储，库存量约为集团整体库存量的 25%。由于去往该南部城市路途遥远，交通成本高，对该仓库年末存货实施存货监盘不可行，计划直接实施替代审计程序。

(3)甲公司事务部经理于 2018 年初调任内部审计部门经理，由于其比较熟悉审计项目组执行的审计程序，并已经带领内部审计人员实施了若干内部控制测试的检查，注册会计师计划依赖并直接利用甲公司内部审计人员在 2018 年度开展上述检查工作的结果，并据以得出相关内部控制运行有效性的结论。

资料四：

甲公司为其关联企业 H 公司向银行借款 20000 万元提供担保。2018 年 10 月，H 公司因经营严重亏损，进行破产清算，无力偿还已到期的该笔银行借款。贷款银行因此向法院起诉，要求甲公司承担连带偿还责任，支付借款本息 21100 万元。考虑到 H 公司已宣告破产清算，无法向其追偿债务，甲公司在 2018 年度做了如下会计处理：借记"营业外支出"21100万元，贷记"预计负债"21100万元。2019年1月20日，法院终审判决贷款银行胜诉，由甲公司支付借款本息21100万元，并于2019年1月28日执行完毕。

甲公司按照期后调整事项的处理原则对2018年底与该事项有关的处理进行了调整，这一事项使得甲公司2018年末的营运资金和2019年1月的经营活动产生的现金流量净额均出现负数。针对可能导致对持续经营能力产生重大疑虑的上述事项，甲公司提出了拟采取的改善措施，并进行了充分披露。A注册会计师实施了必要的审计程序，认为甲公司编制2018年度财务报表所依据的持续经营假设是合理的，但持续经营能力仍存在重大不确定性。

要求：

(1)根据资料一，结合资料二，假定不考虑其他条件，逐一说明资料一(1)至(6)项是否表明甲公司2018年度财务报表存在财务报表层次的重大错报风险，如果存在财务报表层次重大错报风险，简要说明理由。

序号	是否表明存在财务报表层次重大错报风险(是/否)	理由
(1)		
(2)		
(3)		
(4)		
(5)		
(6)		

(2)根据资料一，结合资料二，逐一说明资料一(1)至(6)项是否表明甲公司2018年度财务报表认定层次存在重大错报风险，如果存在，请说明理由，并指出所影响的财务报表项目和认定。

序号	是否表明存在认定层次重大错报风险(是/否)	理由	财务报表项目/认定
(1)			
(2)			
(3)			
(4)			
(5)			
(6)			

(3)针对资料三第(1)至(3)项，结合资料一和资料二，假定不考虑其他条件，逐项判断审计项目组制定的审计计划是否存在不当之处。如果存在不当之处，简要说明理由。

序号	是否存在不当之处(是/否)	理由
(1)		
(2)		
(3)		

(4)针对资料四，假定不考虑其他因素，代A注册会计师判断应出具何种类型的审计报告。

同步训练答案及解析

一、单项选择题

1. B 【解析】注册会计师应当就财务报表是否在所有"重大"方面按照适用的财务报告编制基础编制并实现公允反映形成审计意见。

2. B 【解析】其他信息不影响审计意见的确定，选项 A 错误；在无法获取必要的管理层声明时，要根据影响程度判断出具报告的意见类型，不能直接确定为无法表示意见，选项 C 错误；如果上期财务报表未经审计，注册会计师应当在其他事项段中说明，选项 D 错误。

3. C 【解析】管理层签署已审计财务报表的日期通常与审计报告日为同一天。

4. A 【解析】选项 A，注册会计师在对财务报表发表无法表示意见时，不得沟通关键审计事项，除非法律法规要求沟通。

5. B 【解析】选项 B，属于日后调整事项，如果仅披露未调整，应考虑对审计意见的影响。选项 ACD 属于日后非调整事项，被审计单位进行披露的处理是恰当的。

6. B 【解析】对被审计单位而言，连续出现巨额营业亏损影响持续经营能力时，应在财务报表附注中予以充分披露，否则会影响报表使用者对被审计单位"经营成果"的理解。对注册会计师来说，应根据被审计单位的披露情况决定发表的审计意见类型。

7. D 【解析】选项 AB，属于审计范围受到限制的情形，将导致出具保留或无法表示意见的审计报告；选项 C，注册会计师可以考虑在审计报告中增加其他事项段。

8. A 【解析】选项 B，是保留意见的审计报告中所表述的内容；选项 CD 属于通用内容，并不一定表明发表了无法表示意见的审计报告。

9. B 【解析】选项 A 应发表无保留意见；选项 B 存在重大不确定事项，应增加强调事项段予以说明；选项 C 应发表保留或否定意见；选项 D 应发表保留意见。

10. D 【解析】选项 D，注册会计师应该考虑增加其他事项段，而不是增加强调事项段。

11. D 【解析】选项 D 影响的是审计报告的意见类型，在这一情况下，应当对审计报告发表恰当的非无保留意见。

12. B 【解析】选项 A 属于增加以"与持续经营相关的重大不确定性"为标题的单独部分进行说明的事项；选项 CD 导致注册会计师在审计报告中增加强调事项段。

13. C 【解析】审计意见通常不提及对应数据，只有在下列特定情形下，注册会计师才应当在审计报告中提及对应数据：(1)导致对上期财务报表发表非无保留意见的事项在本期尚未解决。(2)上期财务报表存在重大错报，而以前对该财务报表发表了无保留意见，且对应数据未经适当重述或恰当披露；该财务报表未经更正，也未重新出具审计报告，并且本期财务报表中的对应数据未经恰当重述和充分披露。(3)上期财务报表未经审计。

14. C 【解析】对应数据已经在 2018 年报表中得到了恰当的重述，因此注册会计师应对 2018 年度财务报表发表无保留意见，但可以在审计报告中增加强调事项段，以说明甲公司管理层未对上期财务报表进行更正，并且前任注册会计师没有重新出具审计报告的情况。

15. C 【解析】如果上期财务报表已由前任注册会计师审计，除非前任注册会计师对上期财务报表出具的审计报告与财务报表一同对外提供，注册会计师除对本期财务报表发表意见外，还应当在其他事项段中提及前任注册会计师的审计报告。

16. C 【解析】如果在审计报告日前无法获取所有其他信息，注册会计师应当在审计报告日后尽早阅读其他信息以识别重大不一致。

二、多项选择题

1. ACD 【解析】审计报告应当由项目合伙人和另一名负责该项目的注册会计师签名和盖章。
2. ABCD 【解析】参考《中国注册会计师审计准则第1501号——对财务报表形成审计意见和出具审计报告》第33条至第34条。
3. AD 【解析】审计报告的收件人是指注册会计师按照业务约定书的要求致送审计报告的对象，一般是指审计业务的委托人，选项A不正确；由于会计账簿和记录或会计系统是内部控制必要的组成部分，所以，无论在审计业务约定书或其他适当形式的书面协议中，还是在审计报告的管理层和治理层对财务报表的责任段中，都无需特别提及，选项D不正确。
4. ABD 【解析】选项C，在关键审计事项部分披露的关键审计事项必须是已经得到满意解决的事项，即不存在审计范围受到限制，也不存在注册会计师与被审计单位管理层意见分歧的情况。
5. ABD 【解析】选项ABD都是由于审计范围受到了限制，注册会计师应根据其审计范围受到限制的严重程度出具保留意见或无法表示意见的审计报告；选项C则应当发表否定意见的审计报告。
6. ABD 【解析】选项A，强调事项段应位于审计意见段之后；选项B，导致非无保留意见的事项，虽然符合关键审计事项的定义，但这些事项在审计报告中专门的部分“形成审计意见的基础”段披露，不在关键审计事项部分披露；选项C，因为现金和银行存款的分类错误仅仅影响这两个账户，没有牵扯性，但是销售业务如果没有入账，则可能会影响应收账款、流动资产、资产总额、营业收入、所得税、利润总额、净利润、留存收益等，牵扯性很广，所以选项C正确；选项D，此时应在审计报告中增加“与持续经营相关的重大不确定性”为标题的单独部分，而不是出具保留意见。
7. ACD 【解析】如果拟在审计报告中增加强调事项段或其他事项段，注册会计师应当就该事项和拟使用的措辞与治理层沟通。
8. ACD 【解析】对应数据列报的详细程度主要取决于其与本期数据的相关程度。
9. ACD 【解析】注册会计师针对比较信息实施的审计程序的范围通常限于确定财务报表中是否包括适用的财务报告编制基础要求的比较信息，以及比较信息是否得到恰当分类，但审计程序并不仅限于询问和分析程序。
10. ABD 【解析】选项A，如果上期财务报表已由前任注册会计师审计，注册会计师在审计报告中可以提及前任注册会计师对对应数据出具的审计报告。当决定提及时，应当在审计报告的其他事项段中说明。选项B，对上期财务报表中影响比较信息的重大错报进行更正而作出的任何重述，注册会计师需要要求管理层提供特别书面声明。选项C，当财务报表中列报对应数据时，由于审计意见是针对包括对应数据的本期财务报表整体的，审计意见通常不提及对应数据。选项D，在审计中发现的财务报表的重大错报，都是首先考虑与管理层讨论。
11. AD 【解析】选项B，如果未解决的事项对本期数据的影响不重大，注册会计师应当对本期财务报表发表非无保留意见，并说明未解决事项对本期数据和对应数据之间可比性的影响；选项C，如果导致保留意见的事项已解决，且在本期进行了恰当的处理，注册会计师针对本期发表的审计意见无需提及之前发表的非无保留意见。

12. ACD 【解析】如果上期财务报表未经审计，注册会计师应当在审计报告的其他事项段中予以说明。但这种说明并不减轻注册会计师获取充分、适当的审计证据，以确定期初余额不含有对本期财务报表产生重大影响的错报的责任。

13. AD 【解析】财务报表报出后，针对修改后的财务报表出具新的审计报告。新的审计报告应当增加强调事项段，提请财务报表使用者注意财务报表附注中对修改原财务报表原因的详细说明，以及注册会计师出具的原审计报告。

14. AD 【解析】选项 B，如果上期财务报表未经审计，注册会计师应当在其他事项段中说明比较财务报表未经审计；选项 C，由于对比较财务报表出具的审计报告涵盖所列报的每期财务报表，注册会计师可以对一期或多期财务报表发表保留意见、否定意见或无法表示意见，或者在审计报告中增加强调事项段，而对其他期间的财务报表发表不同的审计意见。

15. ABD 【解析】选项 C 通常不是组成年度报告的系列文件的一部分，不属于其他信息。

三、简答题

1.【答案】

(1)出具否定意见的审计报告。该事项属于需要调整的期后事项，如果调整 2018 年度财务报表，可能使利润盈亏逆转，属于性质严重的错报，应出具否定意见的审计报告。

(2)出具保留或否定意见的审计报告。仓库遭遇水灾属于无法估计的会计损失，应当在财务报表附注中予以披露，如果被审计单位不充分、不适当披露，注册会计师应根据该事项对财务报表的影响出具保留或否定意见的审计报告。

(3)出具保留意见的审计报告。该事项已在审计报告日前予以证实，应当作为调整事项进行处理，需要调整的金额超过了重要性水平，但不至于发表否定意见，因此应当出具保留意见的审计报告。

(4)出具保留或否定意见的审计报告。会计政策变更应该在财务报表附注中予以披露，如果被审计单位不接受建议，注册会计师应根据该会计政策变更对财务报表的影响出具保留或否定意见的审计报告。

(5)出具标准无保留意见的审计报告。因为错报金额远远小于财务报表层次的重要性水平。

(6)出具无法表示意见的审计报告。针对重要存货的监盘没有实施，审计范围受到严重限制。

(7)出具标准无保留意见的审计报告。无法实施审计程序的应收账款金额远远小于财务报表层次的重要性水平。

2.【答案】

(1)不恰当。如果上期财务报表已由前任注册会计师审计，注册会计师在审计报告中可以提及前任注册会计师对对应数据出具的审计报告，但当注册会计师决定提及时，应当在审计报告的其他事项段中说明，而不是强调事项段。

(2)不恰当。注册会计师不应在无保留意见的审计报告中提及专家的相关工作，除非法律法规另有规定。

(3)不恰当。项目质量控制复核应当在出具审计报告前完成。

(4)不恰当。虽然该诉讼案件发生在 2019 年 1 月 10 日，不需要调整 2018 年度财务报表，但涉及赔偿的金额重大，注册会计师应当提请丁公司在财务报表中以附注的形式予以适当披露，如果丁公司不接受审计意见，应视影响程度发表保留或否定意见的审计报告。

四、综合题

【答案】

(1)

序号	是否表明存在财务报表层次重大错报风险(是/否)	理由
(1)	是	甲公司2018年度营业收入的目标增长率为10%，既高于甲公司历史增长率，又高于行业增长率，而甲公司2018年未经审计的营业收入刚好增长10%。甲公司可能为了实现经营目标而从整体上粉饰财务报表
(2)	是	甲公司原财务总监辞职，财务总监由负责人力资源的总经理兼任，其可能缺乏企业财务管理方面的专业知识和经验；另外，拥有多年经验的会计人员流失，会导致甲公司缺乏具有胜任能力的会计人员，对财务报表整体可能产生重大影响
(3)	否	—
(4)	是	甲公司在2018年下半年投资并购了若干同行业其他企业，激进的投资行为带来的企业合并会计处理的复杂性可能对财务报表整体产生重大影响。另外，甲公司在全国各地开展专卖店加盟业务模式，新的业务模式可能涉及复杂的会计判断和会计处理，对财务报表整体可能产生重大影响
(5)	否	—
(6)	是	甲公司2017年度ERP系统的信息技术一般控制存在重大缺陷，虽然甲公司对ERP系统相应的信息技术一般控制进行了改进，并且重新开发应用了部分与财务核算相关的模块，但仍可能对财务报表整体产生重大影响

(2)

序号	是否表明存在认定层次重大错报风险(是/否)	理由	财务报表项目(认定)
(1)	是	甲公司2018年1-11月的营业收入为223550万元，平均每月的营业收入为20322.73万元，而12月份的收入为52560万元(276110万元-223550万元)12月份的收入使得2018年度营业收入较2017年度增长了10%，说明甲公司在临近期末时销售额大幅增加，并致使恰好满足甲公司的经营目标。另外，应收账款在12月份大幅增加。说明可能存在营业收入和应收账款高估的风险	营业收入(发生、截止) 应收账款(存在)
(2)	否	—	—
(3)	是	甲公司的竞争对手推出了以云平台为依托的智能电视产品，对甲公司电视机产品的销售造成较大冲击，甲公司降低了各类电视机产品的销售价格。2018年末存货余额相比2017年末大幅上升，而存货跌价准备未发生变化，可能存在低估存货跌价准备的风险	存货(计价和分摊) 资产减值损失(完整性)

续表

序号	是否表明存在认定层次重大错报风险(是/否)	理由	财务报表项目(认定)
(4)	是	甲公司2018年对多项新技术进行研发，增加了研发费用的投入，开发支出余额大幅上升。会计准则对于研究开发支出资本化条件有较严格的规定，但是2018年的开发支出比2017年增加了5倍多，说明可能存在由于不满足资本化条件而高估资产、低估费用的风险	开发支出(存在) 管理费用(完整性)
(5)	是	甲公司于2018年2月向F公司预付购买钢板的款项5000万元，但F公司长期未交货，2019年1月甲公司收回了该预付款项。甲公司可能为了实现大股东无偿占用上市公司资金的目的而与其串通舞弊进行虚假交易，存在虚构预付账款的风险	预付账款(存在) 关联方交易与列报相关的认定
(6)	否	—	—

(3)

序号	是否存在不当之处(是/否)	理由
(1)	是	甲公司所有业务均通过ERP系统，仅通过实施实质性程序不能获取充分、适当的审计证据
(2)	是	审计中的困难、时间或成本等事项本身，不能作为注册会计师省略不可替代的审计程序或满足于说服力不足的审计证据的正当理由
(3)	是	注册会计师不应直接利用内部审计人员的工作结果。如果拟利用内部审计人员的特定工作，项目组应当评价内部审计的客观性和专业胜任能力等因素，并对内审部门的特定工作实施进一步审计程序，以确定其是否足以实现审计目的

(4)A注册会计师应当发表带“与持续经营相关的重大不确定性”段落的无保留意见的审计报告。

本章知识串联

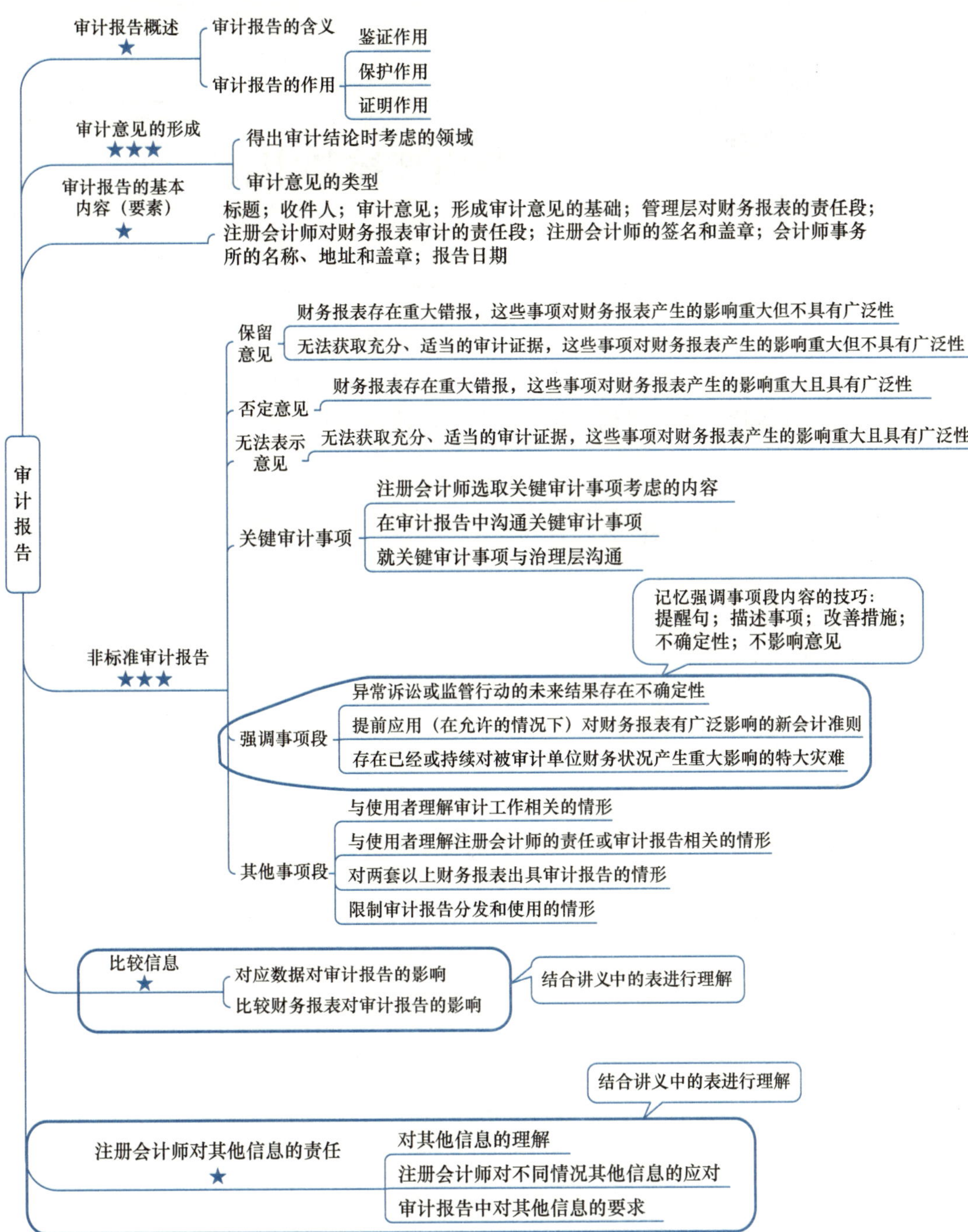

审计报告
审计报告概述 ★
审计报告的含义
审计报告的作用
鉴证作用
保护作用
证明作用
审计意见的形成 ★★★
得出审计结论时考虑的领域
审计意见的类型
审计报告的基本内容（要素） ★
标题；收件人；审计意见；形成审计意见的基础；管理层对财务报表的责任段；注册会计师对财务报表审计的责任段；注册会计师的签名和盖章；会计师事务所的名称、地址和盖章；报告日期
非标准审计报告 ★★★
保留意见
财务报表存在重大错报，这些事项对财务报表产生的影响重大但不具有广泛性
无法获取充分、适当的审计证据，这些事项对财务报表产生的影响重大但不具有广泛性
否定意见
财务报表存在重大错报，这些事项对财务报表产生的影响重大且具有广泛性
无法表示意见
无法获取充分、适当的审计证据，这些事项对财务报表产生的影响重大且具有广泛性
关键审计事项
注册会计师选取关键审计事项考虑的内容
在审计报告中沟通关键审计事项
就关键审计事项与治理层沟通
记忆强调事项段内容的技巧：提醒句；描述事项；改善措施；不确定性；不影响意见
强调事项段
异常诉讼或监管行动的未来结果存在不确定性
提前应用（在允许的情况下）对财务报表有广泛影响的新会计准则
存在已经或持续对被审计单位财务状况产生重大影响的特大灾难
其他事项段
与使用者理解审计工作相关的情形
与使用者理解注册会计师的责任或审计报告相关的情形
对两套以上财务报表出具审计报告的情形
限制审计报告分发和使用的情形
比较信息 ★
对应数据对审计报告的影响
比较财务报表对审计报告的影响
结合讲义中的表进行理解
结合讲义中的表进行理解
注册会计师对其他信息的责任 ★
对其他信息的理解
注册会计师对不同情况其他信息的应对
审计报告中对其他信息的要求

第六编

企业内部控制审计

本编主要系统地介绍了执行企业内部控制审计的流程。首先阐述了内部控制审计的概念；然后计划审计工作，运用自上而下的方法识别、了解控制，并选择控制进行测试，最终评价发现的缺陷并形成审计报告。

第20章 企业内部控制审计

考情解密

历年考情概况

本章属比较重要章节。本章虽然难度不高，但作为独立的一编一章的内容，在考试中命题的概率极高，主要以客观题的形式进行考查，考核的知识点也比较全面。本章也可能会以整合审计的方式，结合财务报表审计在综合题里考查。

近年考点直击

考点	主要考查题型	考频指数	考查角度
内部控制审计的概念	选择题	★	(1)内部控制审计的范围；(2)内部控制审计基准日的确定
计划审计工作	选择题	★	(1)计划审计工作时应当考虑的事项；(2)总体审计策略和具体审计计划的内容
自上而下的方法	选择题	★★	(1)识别重要账户、列报及其相关认定；(2)选择拟测试控制
测试控制的有效性	选择题	★	测试控制有效性的程序的性质、时间安排和范围
控制的测试	选择题	★★	(1)企业层面控制的测试；(2)业务流程、应用系统或交易层面的控制的测试；(3)信息系统控制的测试
内部控制缺陷评价	选择题、主观题	★	(1)控制缺陷严重程度的评价；(2)内部控制缺陷的整改
出具审计报告	选择题、主观题	★★	(1)各种情形下审计报告类型的确定；(2)增加强调事项的情形

学习方法与应试技巧

本章可以结合教材中的风险评估、风险应对的章节进行学习，同时可参考《企业内部控制审计问题解答》《企业内部控制审计指引》《企业内部控制审计指引实施意见》一并进行学习，并按照内部控制审计业务执行的顺序梳理各个知识点。

本章2020年考试主要变化

本章仅做了少量文字表述上的调整，内容无实质性变动。

考点详解及精选例题

考点一　内部控制审计的概念★

内部控制审计，是指会计师事务所接受委托，对**特定基准日**内部控制设计与运行的有效性进行审计。

一、内部控制的内容

企业内部控制包括的内容，见图20-1：

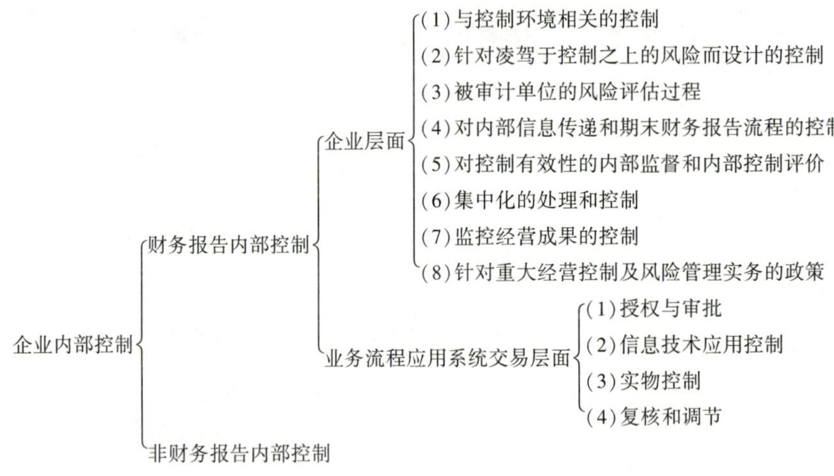

图20-1　企业内部控制的内容

二、内部控制审计的范围

注册会计师执行的内部控制审计**严格限定在财务报告内部控制**审计。

(1)针对**财务报告内部控制**，注册会计师对其**有效性**发表审计意见；

(2)针对**非财务报告内部控制**，注册会计师针对内部控制审计过程中注意到的非财务报告内部控制的重大缺陷，在内部控制审计报告中**增加"非财务报告内部控制重大缺陷描述段"**予以披露。

三、内部控制审计基准日★

内部控制审计基准日是注册会计师评价内部控制在某一时日是否有效所涉及的基准日，也是被审计单位**评价基准日**，即**最近一个会计期间截止日**。

(1)注册会计师对特定基准日内部控制的有效性发表意见，**并不意味**着注册会计师**只测试基准日这一天**的内部控制，注册会计师应当获取内部控制在**基准日之前一段足够长的期间内**有效运行的审计证据。

(2)在**整合审计**中，控制测试所涵盖的期间应当**尽量**与财务报表审计中拟信赖内部控制的期间保持**一致**。

(3)对控制有效性的测试**涵盖的期间越长**，提供的控制有效性的审计证据**越多**。

考点二 计划审计工作★

内部控制审计工作的流程，见图 20-2：

- 企业内部控制审计
  - 制定审计计划
  - 测试流程
    - 了解内部控制，评价设计的有效性
    - 测试控制运行的有效性
      - 企业层面控制的测试
      - 具体层面控制的测试
    - 内部控制缺陷评价
  - 出具审计报告

图 20-2 内部控制审计流程

一、计划审计工作时应当考虑的事项

1. 与企业相关的风险

注册会计师通常通过询问被审计单位的高级管理人员、考虑宏观形势对企业的影响并结合以往的审计经验，了解企业在经营活动中面临的各种风险，并重点关注那些对财务报表可能产生重要影响的风险以及这些风险当年的变化。

2. 相关法律法规和行业概况

（1）注册会计师应当了解与被审计单位业务相关的法律法规及其合规性。

在整合审计中，注册会计师应当重点关注可能**直接影响**财务报表金额与披露的法律法规，如税法、高度监管行业的监管法规（如适用）等。

（2）注册会计师应了解行业因素以确定其对被审计单位经营环境的影响。

3. 企业组织结构、经营特点和资本结构等相关重要事项

注册会计师了解企业的这些情况，以便评价企业是否存在重大的、可能引起重大错报的非常规业务和关联交易，是否构成重大错报风险，以及相关的内部控制是否可能存在重大缺陷。

4. 企业内部控制最近发生变化的程度

注册会计师应当了解被审计单位本期内部控制发生的变化以及变化的程度，从而相应地调整审计计划。

5. 与企业沟通过的内部控制缺陷

（1）如果以前年度发现的内部控制缺陷未得到有效整改，则注册会计师需要评价这些缺陷对当期的内部控制审计意见的影响。

（2）阅读企业当期内部控制审计报告后注册会计师相应的处理，见图 20-3：

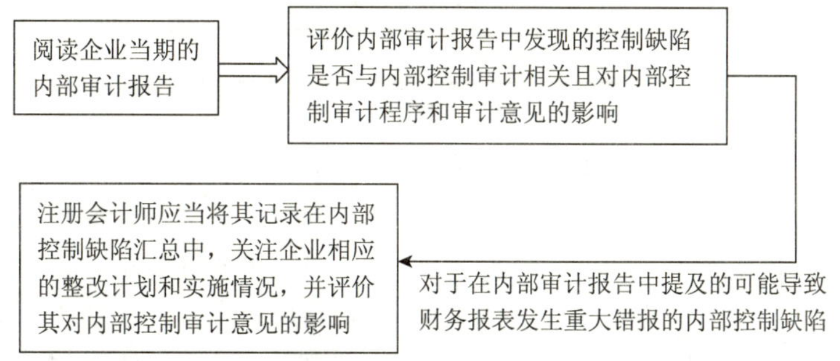

图 20-3 阅读企业当期内部控制审计报告后注册会计师相应的处理

6. 重要性、风险等与确定内部控制重大缺陷相关的因素

注册会计师应当更多地关注内部控制审计的高风险领域，而没有必要测试那些即使有缺陷、也不可能导致财务报表重大错报的控制。

7. 对内部控制有效性的初步判断

对于内部控制可能存在重大缺陷的领域，注册会计师应给予充分的关注：

(1)对相关的内部控制亲自进行测试而非利用他人工作；

(2)在接近内部控制评价基准日的时间测试内部控制；

(3)选择更多的子公司或业务部门进行测试；

(4)增加相关内部控制的控制测试量。

8. 可获取的、与内部控制有效性相关的证据的类型和范围

内部控制的特定领域存在重大缺陷的风险越高，注册会计师所需获取的审计证据客观性、可靠性越强。

二、总体审计策略和具体审计计划

1. 总体审计策略

总体审计策略用以总结计划阶段的成果，确定审计的范围、时间和方向，并指导具体审计计划的制定。

2. 具体审计计划

注册会计师应当在具体审计计划中体现下列内容：

(1)了解和识别内部控制的程序的性质、时间安排和范围；

(2)测试控制设计有效性的程序的性质、时间安排和范围；

(3)测试控制运行有效性的程序的性质、时间安排和范围。

【知识点拨】 具体审计计划比总体审计策略更加详细，且具体审计计划中的审计程序，会随着具体审计计划的制定逐步深入，并**贯穿于审计的整个过程**。

考点三　自上而下的方法★★

自上而下的方法始于财务报表层次，以注册会计师对财务报告内部控制整体风险的了解开始，然后，将关注重点放在企业层面的控制上，并将工作逐渐下移至重要账户、列报及其相关认定。随后，确认其对被审计单位业务流程中风险的了解，并选择能足以应对评估的每个相关认定的重大错报风险的控制进行测试。

注册会计师应当采用自上而下的方法选择拟测试的控制。

自上而下的方法分为下列步骤(见图20-4)：

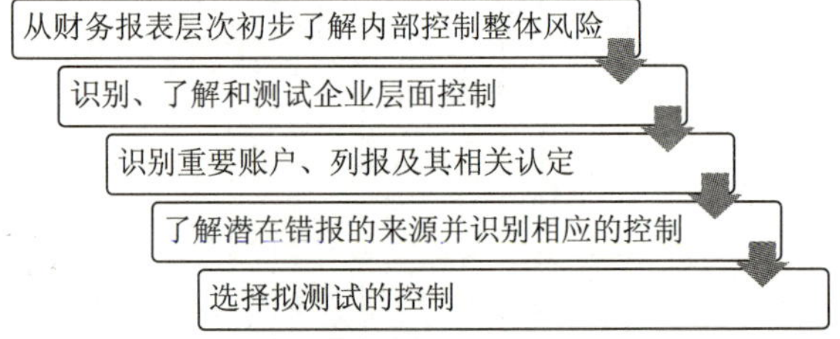

图20-4　自上而下的方法操作的步骤

一、识别、了解和测试企业层面的控制

企业层面的控制作用比较广泛，通常不局限于某个具体认定。企业层面控制通常会对其他控制及其测试产生影响。

注册会计师应当识别、了解和测试对内部控制有效性结论有重要影响的企业层面控制。根据测试结果评价被审计单位的企业层面控制是否有效，并且计划需要测试的其他控制及对其他控制所执行程序的性质、时间安排和范围。

(1)某些企业层面控制可能影响注册会计师拟测试的其他控制及其对其他控制所执行程序的性质、时间安排和范围。

(2)某些企业层面控制能够监督其他控制的有效性。其运行有效时，可以减少原本拟对其他控制的有效性进行的测试。

(3)某些企业层面控制本身能够**精确**到足以及时防止或发现一个或多个相关认定中存在的重大错报。

如果一项**企业层面控制足以应对**已评估的重大错报风险，注册会计师可能**可以不必测试**与该风险相关的其他控制。

二、识别重要账户、列报及其相关认定

(1)注册会计师应当从定性和定量两个方面作出评价，包括考虑舞弊的影响。

(2)注册会计师**不应考虑控制的影响**，因为内部控制审计的目标本身就是评价控制的有效性。

(3)在确定某账户、列报是否重要和某认定是否相关时，注册会计师应当将**所有**可获得的信息加以综合考虑。

(4)以前年度审计中了解到的情况影响注册会计师对固有风险的评估，因而应当在确定重要账户、列报及其相关认定时加以考虑。

(5)在内部控制审计中，注册会计师在识别重要账户、列报及其相关认定时应当评价的风险因素，与财务报表审计中考虑的因素相同。因此，在这两种审计中识别的重要账户、列报及其相关认定应当相同。

【例题1·多选题】在对内部控制审计时，下列有关重要账户、列报及其相关认定的说法中，正确的有(　)。

A. 超过财务报表整体重要性的账户应认定为重要账户

B. 在识别重要账户时，注册会计师不应考虑控制的影响

C. 在识别重要账户时，注册会计师无需确定重大错报的可能来源

D. 在内部控制审计和财务报表审计中识别的重要账户应相同

解析▶在识别重要账户、列报及其相关认定时，注册会计师应当从定性和定量两个方面作出评价，超过财务报表整体重要性的账户，通常情况下被认定为重要账户，但并不必然表明其属于重要账户或列报，因为注册会计师还需要考虑定性的因素。同理，定性的因素也可能导致注册会计师将低于财务报表整体重要性的账户或列报认定为重要账户或列报。在识别重要账户、列报及其相关认定时，注册会计师应当确定重大错报的可能来源。

答案▶BD

三、了解潜在错报的来源并识别相应的控制

1. 了解潜在错报的来源

注册会计师应当实现下列目标，以进一步了解潜在错报的来源，并为选择拟测试的控制奠定基础：

(1)了解与相关认定有关的交易的处理流程，包括这些交易如何生成、批准、处理及记录；

(2)验证注册会计师识别出的业务流程中可能发生重大错报(包括由于舞弊导致的错报)的环节；

(3)识别被审计单位用于应对这些错报或潜在错报的控制；

(4)识别被审计单位用于及时防止或发现并纠正未经授权的、导致重大错报的资产取得、使用或处置的控制。

注册会计师应当亲自执行能够实现上述目标的程序，或对提供直接帮助的人员的工作进行督导。

2. 实施穿行测试

穿行测试是指追踪某笔交易从发生到最终被反映在财务报表中的整个处理过程，是一种评估设计有效性的有效方法。注册会计师实施穿行测试的情况通常包括：

(1)存在较高固有风险的复杂领域；

(2)以前年度审计中识别出的缺陷(需要考虑缺陷的严重程度)；

(3)由于引入新的人员、新的系统、收购

和采取新的会计政策而导致流程发生重大变化。

如首次接受委托执行内部控制审计，通常预期会对重要流程实施穿行测试(可以利用他人的工作)。

一般而言，对每个重要流程，选取一笔交易或事项实施穿行测试即可。

注册会计师在实施穿行测试时往往综合运用询问、观察、检查相关文件记录和重新执行等程序。注册会计师应当关注那些不符合既定程序和控制规定的例外事项。

四、选择拟测试的控制

1. 选择拟测试控制的基本要求

注册会计师应当针对每一相关认定获取控制有效性的审计证据，以便对内部控制整体的有效性发表意见，但没有责任对单项控制的有效性发表意见。

注册会计师没有必要测试与某项相关认定有关的所有控制。

2. 选择拟测试的控制的考虑因素

注册会计师在选取拟测试的控制时，通常不会选取整个流程中的所有控制，而是选择关键控制，即能够为一个或多个重要账户或列报的一个或多个相关认定提供最有效果或最有效率的证据的控制。

每个重要账户、认定和/或重大错报风险至少应当有一个对应的关键控制。

在选择关键控制时，注册会计师要考虑：

(1)哪些控制是不可缺少的?

(2)哪些控制直接针对相关认定?

(3)哪些控制可以应对错误或舞弊导致的重大错报风险?

(4)控制的运行是否足够精确。

选取关键控制需要注册会计师作出职业判断。注册会计师无须测试那些即使有缺陷也合理预期不会导致财务报表重大错报的控制。

如果识别并选取了能够充分应对重大错报风险的控制，则不需要再测试针对同样认定的其他控制。

注册会计师在考虑是否有必要测试业务流程、应用系统或交易层面的控制之前，首先要考虑测试那些与重要账户的认定相关的企业层面控制的有效性。

如果企业层面控制是有效的且得到精确执行，能够及时防止或发现并纠正影响一个或多个认定的重大错报，注册会计师可能不必就所有流程、交易或应用层面的控制的运行有效性获取审计证据。

【例题 2 · 单选题】关于注册会计师选择拟测试的控制的考虑因素，下列说法中不正确的是(　)。

A. 每个重要账户、认定和/或重大错报风险至少应当有一个对应的关键控制

B. 注册会计师在选取拟测试的控制时，通常不会选取整个流程中的所有控制，而是选择关键控制

C. 选取关键控制需要注册会计师作出职业判断

D. 存在缺陷的内部控制一定会被注册会计师选择并测试

解析 注册会计师无须测试那些即使有缺陷也合理预期不会导致财务报表重大错报的控制(对形成内部控制审计意见有重大影响的控制)。 **答案** D

考点四　测试控制的有效性★

扫我解疑难

内部控制的有效性包括内部控制设计的有效性和内部控制运行的有效性。

(一)测试控制有效性的程序的性质

测试控制有效性的审计程序类型包括询问、观察、检查和重新执行，见表 20-1：

表 20-1　测试控制有效性的程序的性质

程序	操作提示
询问	仅实施询问程序不能为某一特定控制的有效性提供充分适当的证据
观察	(1)通常用来测试运行不留下书面记录的控制； (2)也可运用于测试对实物的控制； (3)局限性：观察所提供的审计证据仅限于观察发生的时点，而且被观察人员的行为可能因被观察而受到影响
检查	(1)检查通常用于确认控制是否得以执行； (2)检查记录和文件可以提供可靠程度不同的审计证据，其可靠性取决于生成该记录或文件的内部控制的有效性
重新执行	(1)目的是评价控制的有效性而不是测试特定交易或余额的存在或准确性，即定性而非定量； (2)一般不必选取大量的项目，也不必特意选取金额重大的项目进行测试

(二)控制测试的时间安排

对控制有效性的测试涵盖的期间越长，提供的控制有效性的审计证据越多。对控制有效性测试的实施时间越接近基准日，提供的控制有效性的审计证据越有力。注册会计师应当在下列两个因素之间作出平衡，以确定测试的时间：(1)尽量在**接近基准日**实施测试；(2)实施的测试需要**涵盖足够长**的期间。

内部控制审计：注册会计师应当获取内部控制在基准日之前一段足够长的期间内有效运行的审计证据。

整合审计：在**整合审计**中，注册会计师控制测试所涵盖的期间应尽量与财务报表审计中拟信赖内部控制的期间**保持一致**。

控制测试的时间安排受下列因素的影响：

1. 相关风险的高低对时间的影响

与所测试的控制相关的风险越低，可能对该控制实施期中测试就可以为其运行有效性提供充分、适当的审计证据。相应地，如果与所测试的控制相关的**风险越高**，注册会计师应当取得一部分**更接近基准日**的证据。

2. 控制的变化的影响

如果被审计单位对控制作出改变，注册会计师应当考虑这些变化并适当予以记录。

(1)如果注册会计师认为新的控制能够满足控制的相关目标，而且新控制已运行足够长的时间，足以使注册会计师通过实施控制测试评估其设计和运行的有效性，则注册会计师不再需要测试被取代的控制的设计和运行有效性。

(2)如果被取代的控制的运行有效性对注册会计师执行财务报表审计时的控制风险评估具有重要影响，注册会计师应当适当地测试这些被取代的控制的设计和运行的有效性。

3. 期中测试对补充证据的要求

如果已获取有关控制在期中运行有效性的审计证据，注册会计师应当确定还需要获取哪些补充审计证据，以证实剩余期间控制的运行情况。

4. 信息技术的影响

如果信息技术一般控制有效且关键的自动化控制未发生任何变化，注册会计师就不需要对该自动化控制实施前推测试。但是，如果注册会计师在期中对重要的信息技术一般控制实施了测试，则通常还需要对其实施前推程序。

(三)控制测试的范围

1. 测试人工控制的最小样本规模(见表 20-2)

表 20-2　测试人工控制的最小样本规模区间

控制运行频率	控制运行的总次数	测试的最小样本规模区间
每年 1 次	1	1
每季 1 次	4	2
每月 1 次	12	2～5
每周 1 次	52	5～15
每天 1 次	250	20～40
每天多次	大于 250 次	25～60

【知识点拨】表 20-2 假设控制的运行**偏差率预期为零**，否则扩大规模。

可以使用测试的最小样本规模区间的**最低**值的情况：

（1）固有风险和舞弊风险为低水平；

（2）是日常控制，执行时需要的判断很少；

（3）从穿行测试得出的结论和以前年度审计的结果表明未发现控制缺陷；

（4）管理层针对该项控制的测试结果表明未发现控制缺陷；

（5）存在有效的补偿性控制，且管理层针对补偿性控制的测试结果为运行有效；

（6）根据对控制的性质以及内部审计人员客观性和胜任能力的考虑，注册会计师拟更多地利用他人的工作。

2. 测试自动化应用控制的最小样本规模

在信息技术一般控制有效的前提下，除非系统发生变动，注册会计师或其专家可能只需要对某项自动化应用控制的每一相关属性进行一次系统查询以检查其系统设置，即可得出所测试自动化应用控制是否运行有效的结论。

【知识点拨】对于一项自动化应用控制，除非系统发生变动，注册会计师通常不需要增加自动化控制的测试范围，但需考虑控制是否持续有效运行。

3. 发现偏差时的处理

由于有效的内部控制不能为实现控制目标提供绝对保证，单项控制并非一定要毫无偏差地运行，才被认为有效。

（1）如果发现控制偏差，注册会计师应当考虑偏差的原因及性质，并考虑采用扩大样本规模等适当的应对措施以判断该偏差是否对总体不具有代表性。

（2）如果发现控制偏差是系统性偏差或者是人为有意造成的偏差，注册会计师应当考虑舞弊可能迹象以及对审计方案的影响。

考点五　企业层面控制的测试★★

一、与控制环境相关的控制

控制环境包括治理职能和管理职能，以及治理层和管理层对内部控制及其重要性的态度、认识和行动。在内部控制审计时，注册会计师可以先了解控制环境的各个要素，应当考虑其是否得到执行，在此基础上，可以选择那些对财务报告内部控制有效性的结论产生重要影响的企业层面控制进行测试。

在了解和测试控制环境时，注册会计师需要考虑的方面主要包括：

（1）管理层的理念和经营风格是否促进了有效的财务报告内部控制；

（2）管理层在治理层的监督下，是否营造并保持了诚信和合乎道德的文化；

（3）治理层是否了解并监督财务报告过程

和内部控制。

二、针对管理层和治理层凌驾于控制之上的风险而设计的控制

针对管理层和治理层凌驾于控制之上的风险而设计的控制，对所有企业保持有效的财务报告相关的内部控制都有重要的影响。

一般而言，针对凌驾风险采用的控制可以包括但不限于：

(1)针对重大的异常交易(尤其是那些导致会计分录延迟或异常的交易)的控制。

(2)针对关联方交易的控制。

(3)与管理层的重大估计相关的控制。

(4)能够减弱管理层伪造或不恰当操纵财务结果的动机及压力的控制。

(5)建立内部举报投诉制度。

三、对内部信息传递和期末财务报告流程的控制

由于期末财务报告流程通常发生在管理层评价日之后，注册会计师一般只能在该日之后测试相关控制。

四、集中化的处理和控制(包括共享的服务环境)

集中化的财务管理可能有助于降低财务报表错报的风险。

一般而言，特定服务对象单位与财务报表相关的风险越大，注册会计师在进行内控测试过程中可能更需要到共享服务中心或其服务对象单位测试与特定服务对象单位相关的内部控制。

由于共享服务中心的内部控制的影响较大，注册会计师可以考虑在内部控制审计工作初期就开始分析其内部控制的性质、对被审计单位的影响等，并且考虑在较早的阶段执行对共享服务中心内部控制的有效性测试。

五、监督经营成果的控制

一般而言，管理层对于各个单位或业务部门经营情况的监控是企业层面的主要内部控制之一。

在了解监督经营成果相关的控制时，注册会计师可以从性质上分析这些监督经营成果的控制是否有足够的精确程度以取代对业务流程、应用系统或交易层面的控制的测试。

考点六　业务流程、应用系统或交易层面的控制的测试★★

一、了解企业经营活动和业务流程

1. 检查

通过检查被审计单位的手册和其他书面指引获取有关信息。

2. 询问和观察

向适当人员询问通常是比较有效的方法。向负责处理具体业务人员的上级进行询问通常更加有效。

二、识别和了解相关控制

1. 控制的类型

(1)预防性控制

通常用于正常业务流程的每一项交易，以防止错报的发生。

(2)检查性控制

通常并不适用于业务流程中的所有交易，而适用于一般业务流程以外的已经处理或部分处理的某类交易。

2. 识别和了解方法

采用的主要方法是，询问被审计单位各级别的负责人员。业务流程越复杂，注册会计师越有必要询问信息系统人员，以辨别有关的控制。

“从高到低”的询问方法：通常，应**首先**询问那些**级别较高**的人员，**再**询问**级别较低**的人员。从级别较低人员处获取的信息，应向级别较高的人员核实其**完整性**。

如果在之后的穿行测试中，注册会计师发现已识别的控制实际并未得到执行，则应

当重新针对该项控制目标识别是否存在其他的控制。

注册会计师**并不需要**了解与每一控制目标相关的**所有**控制。在了解控制时，注册会计师应当重点考虑一项控制活动单独或连同其他控制，是否能够以及如何防止或发现并纠正重大错报。如果多项控制能够实现同一目标，注册会计师不必了解与该目标相关的每一项控制。

考点七　信息系统控制的测试★★

一、信息技术一般控制测试

信息系统一般控制是指为了保证信息系统的安全，对整个信息系统以及外部各种环境要素实施的、对所有的应用或控制模块具有普遍影响的控制。

信息技术一般控制通常会对实现部分或全部财务报告认定做出**间接贡献**。**在有些情况下**，信息技术一般控制也可能对实现信息处理目标和财务报告认定做出**直接贡献**。

信息技术一般控制包括程序开发、程序变更、程序和数据访问以及计算机运行四个方面。由于程序变更控制、计算机操作控制及程序数据访问控制影响到系统驱动组件的持续有效运行，注册会计师需要对上述三个领域实施控制测试。

二、信息技术应用控制测试

1. 信息技术应用控制的环节

一般要经过输入、处理及输出等环节。

2. 信息技术应用控制关注的要素

与手工控制一样，自动系统控制同样关注信息处理目标的四个要素：**完整性、准确性、经过授权和访问限制**。

【知识点拨】所有的自动应用控制都会有一个手工控制与之相对应。因此，理论上，在测试时，每个自动系统控制都要与其对应的手工控制一起进行测试，才能得到控制是否可信赖的结论。

考点八　内部控制缺陷评价★

一、控制缺陷的分类

1. 按缺陷的内容分类

(1)设计缺陷，是指缺少为实现控制目标所必需的控制，或现有控制设计不适当、即使正常运行也难以实现预期的控制目标。

(2)运行缺陷，是指现存设计适当的控制没有按设计意图运行，或执行人员没有获得必要授权或缺乏胜任能力，无法有效地实施内部控制。

2. 按缺陷的严重程度分类

(1)重大缺陷，是指内部控制中存在的、可能导致不能及时防止或发现并纠正财务报表出现重大错报的一项控制缺陷或多项控制缺陷的组合。

(2)重要缺陷，是指内部控制中存在的、其严重程度不如重大缺陷但足以引起负责监督被审计单位财务报告的人员(如审计委员会或类似机构)关注的一项控制缺陷或多项控制缺陷的组合。

(3)一般缺陷，是指内部控制中存在的、除重大缺陷和重要缺陷之外的控制缺陷。

二、评价控制缺陷的严重程度

控制缺陷的严重程度取决于：

(1)控制不能防止或发现并纠正账户或列报发生**错报的可能性**的大小；

(2)因一项或多项控制缺陷导致的潜在**错报的金额**大小。

控制缺陷的严重程度与**错报是否发生无关**，而取决于控制不能防止或发现并纠正错报的可能性的大小。

评价控制缺陷严重程度的流程见图20-5：

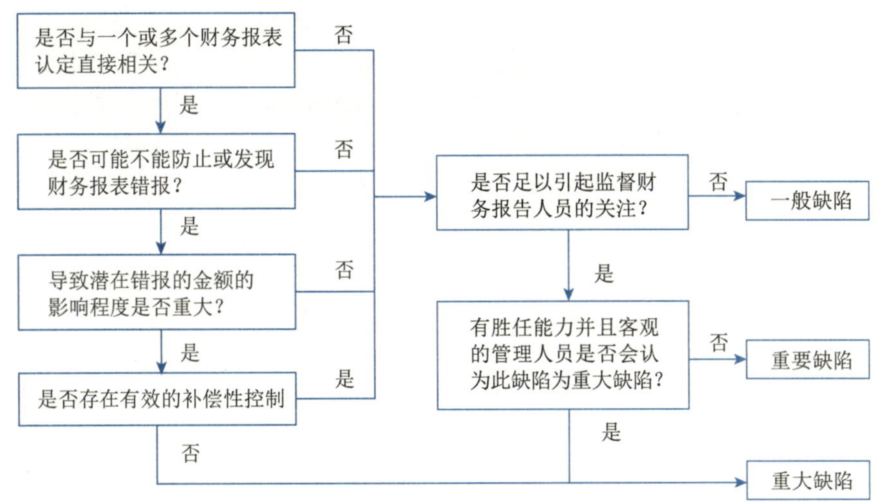

图 20-5 评价控制缺陷严重程度的流程

【知识点拨】 在计划和实施审计工作时，**不要求**注册会计师寻找单独或组合起来**不构成重大缺陷**的控制缺陷。

评价控制缺陷是否可能导致错报时，注册会计师无需将错报发生的**概率量化**为某特定的**百分比或区间**。

如果多项控制缺陷影响财务报表的同一账户或列报，错报发生的概率会增加。

在确定一项控制缺陷或多项控制缺陷的组合是否构成**重大缺陷**时，注册会计师应当评价**补偿性控制**是否有足够的精确度以防止或发现并纠正可能发生的重大错报。

三、内部控制缺陷整改

如果被审计单位在基准日前对存在缺陷的控制进行了整改，整改后的控制需要运行**足够长的时间**，才能使注册会计师得出其是否有效的审计结论。

注册会计师应当根据控制的性质和与控制相关的风险，合理运用职业判断，确定整改后控制运行的**最短期间（或整改后控制的最少运行次数）以及最少测试数量**。

整改后控制运行的最短期间（或最少运行次数）和最少测试数量如下表 20-3 所示：

表 20-3 整改后控制运行的最短期间（或最少运行次数）和最少测试数量

控制运行频率	整改后控制运行的最短期间或最少运行次数	最少测试数量
每季 1 次	2 个季度	2
每月 1 次	2 个月	2
每周 1 次	5 周	5
每天 1 次	20 天	20
每天多次	25 次（分布于涵盖多天的期间，通常不少于 15 天）	25

如果被审计单位在基准日前对存在重大缺陷的内部控制进行了整改，但**新控制尚没有运行足够长的时间**，注册会计师应当将其视为内部控制**在基准日存在重大缺陷**。

【例题 3·单选题】（2017 年）注册会计师执行内部控制审计时，下列有关评价控制缺陷的说法中，错误的是（　）。

A. 如果一项控制缺陷存在补偿性控制，注册会计师不应将该控制缺陷评价为重大

缺陷

B. 注册会计师评价控制缺陷是否可能导致错报时，无需量化错报发生的概率

C. 注册会计师评价控制缺陷导致的潜在错报的金额大小时，应当考虑本期或未来期间受控制缺陷影响的账户余额或各类交易涉及的交易量

D. 注册会计师评价控制缺陷的严重程度时，无需考虑错报是否已经发生

解析 即使存在补偿性控制，在满足一定的条件下也有可能评估为重大缺陷。

答案 A

考点九　出具审计报告★★

一、形成审计意见

1. 评价审计证据

注册会计师应当评价从各种来源获取的审计证据，包括对控制的测试结果、财务报表审计中发现的错报以及已识别的所有控制缺陷，形成对内部控制有效性的意见。

2. 评价企业内部控制评价报告

在评价审计证据时，注册会计师应当查阅本年度涉及内部控制的内部审计报告或类似报告，并评价这些报告中指出的控制缺陷。

注册会计师应当评价企业内部控制评价报告对相关法律法规规定的要素列报是否完整和恰当。

3. 评价审计范围受到的限制

只有在**审计范围没有受到限制**时，注册会计师才能对内部控制的有效性形成意见。

如果审计范围**受到限制**，注册会计师需要**解除业务约定**或出具**无法表示意见**的内部控制审计报告。

二、审计报告类型

注册会计师需要在审计报告中清楚地表达对内部控制有效性的意见，并对出具的审计报告负责。审计报告类型见图20-6：

内部控制审计报告类型
- 无保留意见（同时满足）
  - (1)在基准日，被审计单位按照适用的内部控制标准的要求，在所有重大方面保持了有效的内部控制
  - (2)注册会计师已经按照《企业内部控制审计指引》的要求计划和实施审计工作，在审计过程中未受到限制
- 非无保留意见
  - 否定意见：内部控制存在重大缺陷
  - 无法表示意见：审计范围受限

图20-6　内部控制审计报告类型

1. 无保留意见内部控制审计报告

如果符合下列所有条件，注册会计师应当对内部控制出具无保留意见的内部控制审计报告：

(1)在基准日，被审计单位按照适用的内部控制标准的要求，在所有重大方面保持了有效的内部控制；

(2)注册会计师已经按照《企业内部控制审计指引》的要求计划和实施审计工作，在审计过程中未受到限制。

2. 非无保留意见的内部控制审计报告

(1)内部控制存在重大缺陷时的处理(见表20-4)：

表 20-4　内部控制存在重大缺陷时的处理

情形	审计意见	情形	注册会计师的处理
内部控制存在一项或多项重大缺陷	除非审计范围受到限制，对内部控制发表否定意见	重大缺陷尚未包含在企业内部控制评价报告中	应当在内部控制审计报告中说明重大缺陷已经识别、但没有包含在企业内部控制评价报告中
		内部控制评价报告中包含了重大缺陷，但注册会计师认为这些重大缺陷未在所有重大方面得到公允反映	应当在内部控制审计报告中说明这一结论，并公允表达有关重大缺陷的必要信息。此外，注册会计师还应当就这些情况以书面形式与治理层沟通

如果拟对内部控制的有效性发表**否定意见**，在**财务报表审计**中，注册会计师需要实施实质性程序确定与该控制相关的账户**是否存在重大错报**。如果不存在重大错报，注册会计师可以对财务报表发表无保留意见。在这种情况下，注册会计师应当确定该意见对财务报表审计意见的影响，并在内部控制审计报告中予以说明，见表 20-5。

表 20-5　对内部控制的有效性发表否定意见对财务报表审计意见的影响

情形	注册会计师的处理
如果对财务报表发表的审计意见未受影响	注册会计师应当在内部控制审计报告的导致否定意见的事项段中增加以下类似说明："在××公司××年财务报表审计中，我们已经考虑了上述重大缺陷对审计程序的性质、时间安排和范围的影响。本报告并未对我们在××年×月×日对 X 公司××年财务报表出具的审计报告产生影响。"
如果对财务报表发表的审计意见受到影响	注册会计师应当在内部控制审计报告的导致否定意见的事项段中增加以下类似说明："在××公司××年财务报表审计中，我们已经考虑了上述重大缺陷对审计程序的性质、时间安排和范围的影响。"

（2）审计范围受到限制时的处理：

注册会计师应当解除业务约定或出具无法表示意见的内部控制审计报告。在因审计范围受到限制而无法表示意见时，注册会计师应当就未能完成整个内部控制审计工作的情况，以**书面形式**与管理层和治理层进行沟通。

【知识点拨】 在整合审计中，注册会计师在完成内部控制审计和财务报表审计后，应当**分别**对内部控制和财务报表出具审计报告，**并签署相同的日期**。

三、强调事项、非财务报告内部控制重大缺陷

1. 增加强调事项的情形

如果存在下列情况，注册会计师应当考虑在内部控制审计报告中增加强调事项段：

（1）如果确定企业内部控制评价报告**对要素的列报不完整或不恰当**，注册会计师应当在内部控制审计报告中增加强调事项段，说明这一情况并解释得出该结论的理由。

（2）如果注册会计师知悉在基准日并不存在、但在期后期间发生的事项，且这类**期后事项对内部控制有重大影响**，注册会计师应当在内部控制审计报告中增加强调事项段，描述该事项及其影响，或提醒内部控制审计报告使用者关注企业内部控制评价报告中披露的该事项及其影响。

2. 非财务报告内部控制重大缺陷

注册会计师应当以**书面形式**与企业董事会和经理层沟通，提醒企业加以改进；同时在内部控制审计报告中**增加非财务报告内部控制重大缺陷描述段**，对重大缺陷的性质及其对实现相关控制目标的影响程度进行披露，提示内部控制审计报告使用者注意相关风险，但无需对其发表审计意见。

真题精练

一、单项选择题

1. (2019 年)对于内部控制审计业务，下列有关控制测试的时间安排的说法中，错误的是(　)。

A. 注册会计师应当获取内部控制在基准日之前一段足够长的期间内有效运行的审计证据

B. 注册会计师对控制有效性测试的实施越接近基准日，提供的控制有效性的审计证据越有力

C. 如果被审计单位在所审计年度内对控制作出改变，注册会计师应当对新的控制和被取代的控制分别实施控制测试

D. 如果已获取有关控制在期中运行有效性的审计证据，注册会计师应当获取补充证据，将期中测试结果前推至基准日

2. (2019 年)执行内部控制审计时，下列有关注册会计师评价控制缺陷的说法中，错误的是(　)。

A. 在评价控制缺陷的严重程度时，注册会计师无需考虑错报是否发生

B. 在评价一项控制缺陷或多项控制缺陷组合是否构成重大缺陷时，注册会计师应当考虑补偿性控制的影响

C. 在评价控制缺陷是否可能导致错报时，注册会计师无需量化错报发生的概率

D. 如果被审计单位在基准日完成了对所有存在缺陷的内部控制的整改，注册会计师可以评价认为内部控制在基准日运行有效

3. (2018 年)在执行内部控制审计时，下列有关注册会计师选择拟测试的控制的说法中，错误的是(　)。

A. 注册会计师应当选择测试对形成内部控制审计意见有重大影响的控制

B. 注册会计师无须测试即使有缺陷也合理预期不会导致财务报表重大错报的控制

C. 注册会计师通常选择能够为一个或多个重要账户或列报的一个或多个相关认定提供最有效果或最有效率的证据进行测试

D. 注册会计师选择拟测试的控制，应当涵盖企业管理层在执行内部控制自我评价时测试的控制

4. (2017 年)注册会计师执行内部控制审计时，下列有关识别重要账户、列报及其相关认定的说法中，错误的是(　)。

A. 注册会计师应当从定性和定量两个方面识别重要账户、列报及其相关认定

B. 注册会计师通常将超过报表整体重要性的账户认定为重要账户

C. 在确定重要账户、列报及其相关认定时，注册会计师应当考虑控制的影响

D. 在识别重要账户、列报及其相关认定时，注册会计师应当确定重大错报的可能来源

二、多项选择题

1. (2019 年)在执行集团公司内部控制审计时，对于内部控制可能存在重大缺陷的业务流程，下列各项中正确的有(　)。

A. 在接近评价基准日的时间测试内部控制

B. 选择更多的子公司进行控制测试

C. 增加相关内部控制测试量

D. 亲自进行相关测试而非利用他人的工作

2. (2019 年)对于内部控制审计，下列有关重要账户的说法中，正确的有(　)。

A. 超过财务报表整体重要性的账户未必是重要账户

B. 在识别重要账户时，注册会计师不应考虑控制的影响

C. 在识别重要账户时，注册会计师无需确定重大错报的可能来源

D. 存在舞弊风险的账户，即使其金额小

于财务报表整体重要性，仍是重要账户

3. (2018年)在执行内部控制审计时，如果审计范围受到限制，导致注册会计师无法获取充分、适当的审计证据，下列做法中，正确的有( )。

A. 在内部控制审计报告中指明已执行的有限程序

B. 出具无法表示意见的内部控制审计报告

C. 在内部控制审计报告中对在已执行的有限程序中发现的内部控制重大缺陷进行详细说明

D. 在内部控制审计报告中指明审计范围受到限制

4. (2017年)下列有关财务报表审计与内部控制审计的共同点的说法中，正确的有( )。

A. 两者识别的重要账户、列报及其相关认定相同

B. 两者的审计报告意见类型相同

C. 两者了解和测试内部控制设计和运行有效性的审计程序类型相同

D. 两者测试内部控制运行有效性的范围相同

5. (2017年)下列情形中，注册会计师应当在内部控制审计报告增加强调事项段予以说明的有( )。

A. 被审计单位的企业内部控制评价报告要素列报不完整

B. 注册会计师知悉在基准日并不存在，但在期后间发生的事项，且这类期后事项对财务报告的内部控制有重大影响

C. 被审计单位在基准日前对存在的财务报告内部控制重点缺陷进行了整改且运行了足够长的时间

D. 被审计单位存在财务报告内部控制重要缺陷

真题精练答案及解析

一、单项选择题

1. C 【解析】如果被审计单位为了提高控制效果和效率或整改控制缺陷而对控制作出改变，注册会计师应当考虑这些变化并适当予以记录。如果注册会计师认为新的控制能够满足控制的相关目标，而且新控制已运行足够长的时间，足以使注册会计师通过实施控制测试评估其设计和运行的有效性，则注册会计师不再需要测试被取代的控制的设计和运行有效性，但是如果被取代的控制的运行有效性对注册会计师执行财务报表审计时的控制风险评估具有重要影响，注册会计师应当适当地测试这些被取代的控制的设计和运行的有效性。

2. D 【解析】如果被审计单位在基准日前对存在缺陷的控制进行了整改，整改后的控制需要运行足够长的时间，才能使注册会计师得出其是否有效的审计结论。

3. D 【解析】选项A，注册会计师应当选择测试那些对形成内部控制审计意见有重大影响的控制；选项B，注册会计师无须测试那些即使有缺陷也合理预期不会导致财务报表重大错报的控制；选项C，注册会计师在选取拟测试的控制时，通常不会选取整个流程中的所有控制，而是选择关键控制，即能够为一个或多个重要账户或列报的一个或多个相关认定提供最有效果或最有效率的证据的控制；选项D，企业管理层在执行内部控制自我评价时选择测试的控制的范围是可能多于注册会计师认为为了评价内部控制的有效性有必要测试的控制。

4. C 【解析】在识别重要账户、列报及其相关认定时，注册会计师不应考虑控制的影响，因为内部控制审计的目标本身就是评价控制的有效性。

二、多项选择题

1. ABCD 【解析】在内部控制审计中，对于

内部控制可能存在重大缺陷的领域，注册会计师应给予充分的关注，具体表现在：对相关的内部控制亲自进行测试而非利用他人工作；在接近内部控制评价基准日的时间测试内部控制；选择更多的子公司或业务部门进行测试；增加相关内部控制的控制测试量等。

2. ABD 【解析】在识别重要账户、列报及其相关认定时，注册会计师应当确定重大错报的可能来源。注册会计师可以通过考虑在特定的重要账户或列报中错报可能发生的领域和原因，确定重大错报的可能来源。

3. BCD 【解析】选项A，注册会计师不应在内部控制审计报告中指明所执行的程序，也不应描述内部控制审计的特征，以避免对无法表示意见的误解，如果在已执行的有限程序中发现内部控制存在重大缺陷，注册会计师应当在内部控制审计报告中对重大缺陷做出详细说明。

4. AC 【解析】选项B，企业内部控制审计意见包括无保留、否定和无法表示意见三种类型，没有保留意见。选项D，在财务报表审计中，如果预期不信赖内部控制，可以不实施内部控制测试，不测试内部控制的有效性；在内部控制审计中，注册会计师应当针对所有重要账户和列报的每一个相关认定获取控制设计运行有效性的审计证据，以便对内部控制整体的有效性发表审计意见。

5. AB 【解析】如果存在下列情况，注册会计师应当考虑在内部控制审计报告中增加强调事项段：①如果确定企业内部控制评价报告对要素的列报不完整或不恰当，注册会计师应当在内部控制审计报告中增加强调事项段，说明这一情况并解释得出该结论的理由。②如果注册会计师知悉在基准日并不存在、但在期后期间发生的事项，且这类期后事项对内部控制有重大影响，注册会计师应当在内部控制审计报告中增加强调事项段，描述该事项及其影响，或提醒内部控制审计报告使用者关注企业内部控制评价报告中披露的该事项及其影响。

同步训练 限时25分钟

一、单项选择题

1. 下列关于企业内部控制审计的说法中，不正确的是(　)。
   A. 会计师事务所接受委托，对特定基准日内部控制设计与运行的有效性进行审计，并对其有效性发表审计意见
   B. 在整合审计中，控制测试所涵盖的期间应当尽量与财务报表审计中拟信赖内部控制的期间保持一致
   C. 注册会计师应当获取内部控制在基准日前后足够长的期间内有效运行的审计证据
   D. 被审计单位评价基准日与内部控制审计基准日一致

2. 下列关于信息技术内部控制测试的说法中，错误的是(　)。
   A. 在信息技术一般控制有效的前提下，除非系统发生变动，注册会计师只要对自动化应用控制的运行测试一次，即可得出所测试自动化应用控制是否运行有效的结论
   B. 对于一项自动化应用控制，一旦确定被审计单位正在执行该项控制，注册会计师通常无需扩大控制测试的范围
   C. 单项控制一定要毫无偏差地运行，才被认为有效
   D. 如果发现的控制偏差是系统性偏差，注册会计师应当考虑舞弊的可能迹象以及对审计方案的影响

3. 注册会计师在评价一项控制缺陷是否可能导致错报时，下列说法中，正确的

是(　)。

A. 注册会计师需要将错报发生的概率量化为某特定的百分比或区间

B. 控制缺陷之间的相互作用不影响对控制缺陷的评价

C. 如果多项控制缺陷影响财务报表的同一账户或列报，错报发生的概率会增加

D. 在存在多项控制缺陷时，这些缺陷从单项看不重要，组合起来可能构成重大缺陷，也可能相互抵消

4. 关于无保留意见内部控制审计报告的说法中，不正确的是(　)。

A. 引言段应当说明企业的名称和内部控制已经过审计

B. 审计报告中包含内部控制固有局限性的说明段

C. 审计报告的日期不应晚于董事会认可对内部控制及评价报告的责任且已批准评价报告的日期

D. 在整合审计中，注册会计师对内部控制审计报告和财务报表审计报告需要签署相同的日期

5. 当注册会计师因审计范围受限对企业内部控制审计拟出具无法表示意见的审计报告时，注册会计师的下列做法中错误的是(　)。

A. 应当在内部控制审计报告中指明审计范围受到限制，无法对内部控制的有效性发表意见

B. 应单设段落说明无法表示意见的实质性理由

C. 如果在已执行的有限程序中发现内部控制存在重大缺陷，应当在内部控制审计中对重大缺陷做出详细说明

D. 应当在审计报告中指明所执行的程序

6. 在内部控制审计中，下列关于强调事项段的说法中正确的是(　)。

A. 如果认为内部控制存在重大缺陷，注册会计师可以在内部控制审计报告中增加强调事项段予以说明

B. 如果认为内部控制虽然不存在重大缺陷，但仍有一项或多项重大事项需要提请内部控制审计报告使用者注意，注册会计师应当在内部控制审计报告中增加强调事项段予以说明

C. 增加强调事项段会影响注册会计师对内部控制发表的审计意见

D. 如果确定企业内部控制评价报告对要素的列报不完整或不恰当，注册会计师应当考虑对审计意见类型的影响，而非增加强调事项段

7. 下列关于内部控制缺陷整改的说法中，正确的是(　)。

A. 如果被审计单位在基准日后对存在缺陷的控制进行了整改，整改后的控制运行了足够长的时间，注册会计师即可将其视为内部控制在基准日不存在重大缺陷

B. 注册会计师确定整改后控制运行的最短期间需要根据控制的性质和与控制相关的风险，无须运用职业判断

C. 只要被审计单位在基准日前对存在重大缺陷的内部控制进行了整改，注册会计师即可得出该内部控制有效的审计结论

D. 如果被审计单位在基准日前对存在重大缺陷的内部控制进行了整改，但新控制尚没有运行足够长的时间，注册会计师应当将其视为内部控制在基准日存在重大缺陷

8. 下列关于非财务报告内部控制重大缺陷的说法中，不正确的是(　)。

A. 注册会计师可以以书面形式与企业董事会和经理层沟通，也可以以口头形式进行沟通，并记录沟通的结果

B. 在内部控制审计报告中增加非财务报告内部控制重大缺陷描述段

C. 注册会计师无需对非财务报告内部控制重大缺陷单独发表审计意见

D. 注册会计师应提醒企业加以改进

二、多项选择题

1. 下列各项中，属于企业层面控制的有(　)。

A. 集中化的处理和控制(包括共享的服务

环境）

B. 监控经营成果的控制

C. 针对重大经营控制及风险管理实务的政策

D. 对内部信息传递和期末财务报告流程的控制

2. 注册会计师在识别重要账户、列报及其相关认定时，下列说法中，正确的有（　）。

A. 如果某账户或列报可能存在一个错报，该错报单独或连同其他错报将导致财务报表发生重大错报，则该账户或列报为重要账户或列报

B. 如果某财务报表认定可能存在一个或多个错报，这个或这些错报将导致财务报表发生重大错报，则该认定为相关认定

C. 判断某账户或列报是否重要，应当依据其固有风险，而不应考虑相关控制的影响

D. 判断某认定是否为相关认定，应当依据其固有风险及相关控制的影响

3. 下列各项因素中，决定了控制缺陷的严重程度的有（　）。

A. 控制不能防止或发现并纠正账户或列报发生错报的可能性的大小

B. 因一项或多项控制缺陷导致的潜在错报的金额大小

C. 账户或列报是否发生错报

D. 内部控制数量的多少

4. 下列关于整改后控制运行的最短期间以及最少测试数量的说法中，正确的有（　）。

A. 对于运行频率为每季1次的控制，整改后控制运行的最短期间为2个季度，且最少测试数量为2个

B. 对于运行频率为每天多次的控制，整改后控制运行的最短期间为25次，可以集中在一天

C. 对于运行频率为每周1次的控制，整改后控制运行的最短期间为5周，且最少测试数量为5个

D. 对于运行频率为每天1次的控制，整改后控制运行的最短期间为20天，且最少测试数量为20个

5. 下列关于内部控制审计报告要素的说法中，正确的有（　）。

A. 内部控制审计报告的引言段说明企业的名称和内部控制已经过审计

B. 注册会计师应当在企业对内部控制的责任段说明建立健全和有效实施内部控制，并评价其有效性是注册会计师的责任

C. 注册会计师需要在内部控制固有局限性的说明段说明，内部控制具有固有局限性，存在不能防止和发现错报的可能性

D. 注册会计师需要在内部控制固有局限性的说明段说明，根据内部控制审计结果推测未来内部控制的有效性具有一定风险

6. 当注册会计师因审计范围受限对企业内部控制审计拟出具无法表示意见的审计报告时，下列说法中正确的有（　）。

A. 审计报告中应当包括重大缺陷的定义

B. 审计报告中应当包括对识别出的重大缺陷的描述

C. 注册会计师应当就未能完成整个内部控制审计工作的情况，以书面形式与治理层和管理层进行沟通

D. 注册应当在审计报告中指明所执行的程序

同步训练答案及解析

一、单项选择题

1. C 【解析】在内部控制审计业务中，注册会计师应当获取内部控制在基准日之前一段足够长的期间内有效运行的审计证据。

2. C 【解析】由于有效的内部控制不能为实现控制目标提供绝对保证，单项控制并非一定要毫无偏差地运行，才被认为有效。

3. C 【解析】评价控制缺陷是否可能导致错

报时，注册会计师无需将错报发生的概率量化为某特定的百分比或区间，选项A错误；注册会计师在评价一项控制缺陷是否可能导致错报时，需要考虑控制缺陷之间的相互作用，选项B错误；在存在多项控制缺陷时，即使这些缺陷从单项看不重要，但组合起来也可能构成重大缺陷，通常不会相互抵消，选项D错误。

4. C 【解析】审计报告的日期不应早于注册会计师获取充分、适当的审计证据(包括董事会认可对内部控制及评价报告的责任且已批准评价报告的证据)，并在此基础上对内部控制的有效性形成审计意见的日期。

5. D 【解析】注册会计师不应在审计报告中指明所执行的程序，以避免对无法表示意见的误解。

6. B 【解析】选项A，注册会计师应当在内部控制审计报告中增加强调事项段予以说明的情形是认为内部控制虽然不存在重大缺陷，但仍有一项或多项重大事项需要提请内部控制审计报告使用者注意。选项C，注册会计师应当在强调事项段中指明，该段内容仅用于提醒内部控制审计报告使用者关注，并不影响对内部控制发表的审计意见。选项D，如果确定企业内部控制评价报告对要素的列报不完整或不恰当，注册会计师应当在内部控制审计报告中增加强调事项段，说明这一情况并解释得出该结论的理由。

7. D 【解析】如果被审计单位在基准日前对存在重大缺陷的内部控制进行了整改，整改后的内部控制尚需要时间来验证其有效性，所以如果新控制尚没有运行足够长的时间，注册会计师应当将其视为内部控制在基准日存在重大缺陷。

8. A 【解析】注册会计师应当以书面形式与企业董事会和经理层沟通。

二、多项选择题

1. ABCD 【解析】四个选项都属于企业层面控制，此外还有：(1)与控制环境相关的控制；(2)针对管理层和治理层凌驾于控制之上的风险而设计的控制；(3)被审计单位的风险评估过程；(4)对控制有效性的内部监督(即监督其他控制的控制)和内部控制评价。

2. ABC 【解析】判断某认定是否为相关认定，应当依据其固有风险，而不应考虑相关控制的影响。

3. AB 【解析】控制缺陷的严重程度取决于：(1)控制不能防止或发现并纠正账户或列报发生错报的可能性的大小；(2)因一项或多项控制缺陷导致的潜在错报的金额大小。控制缺陷的严重程度与错报是否发生无关，而取决于控制不能防止或发现并纠正错报的可能性的大小。

4. ACD 【解析】对于运行频率为每天多次的控制，整改后控制运行的最短期间为25次，应当分布于涵盖多天的期间，通常不应少于15天。

5. ACD 【解析】企业对内部控制的责任段说明，建立健全和有效实施内部控制，并评价其有效性是企业董事会的责任。

6. ABC 【解析】注册会计师不应在审计报告中指明所执行的程序，以避免对无法表示意见的误解。

本章知识串联

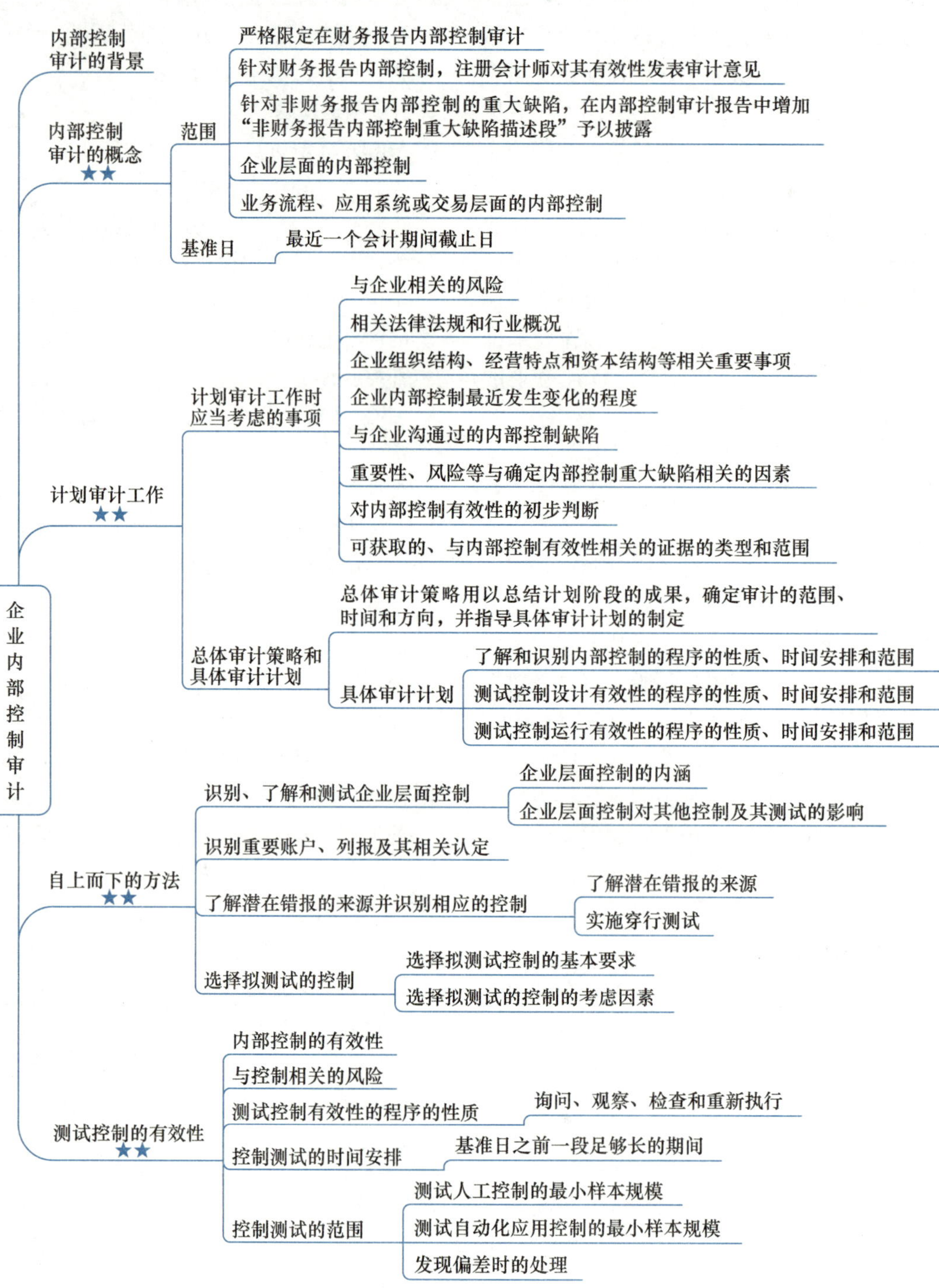

企业内部控制审计
内部控制审计的背景
内部控制审计的概念 ★★
范围
严格限定在财务报告内部控制审计
针对财务报告内部控制，注册会计师对其有效性发表审计意见
针对非财务报告内部控制的重大缺陷，在内部控制审计报告中增加“非财务报告内部控制重大缺陷描述段”予以披露
企业层面的内部控制
业务流程、应用系统或交易层面的内部控制
基准日
最近一个会计期间截止日
计划审计工作 ★★
计划审计工作时应当考虑的事项
与企业相关的风险
相关法律法规和行业概况
企业组织结构、经营特点和资本结构等相关重要事项
企业内部控制最近发生变化的程度
与企业沟通过的内部控制缺陷
重要性、风险等与确定内部控制重大缺陷相关的因素
对内部控制有效性的初步判断
可获取的、与内部控制有效性相关的证据的类型和范围
总体审计策略和具体审计计划
总体审计策略用以总结计划阶段的成果，确定审计的范围、时间和方向，并指导具体审计计划的制定
具体审计计划
了解和识别内部控制的程序的性质、时间安排和范围
测试控制设计有效性的程序的性质、时间安排和范围
测试控制运行有效性的程序的性质、时间安排和范围
自上而下的方法 ★★
识别、了解和测试企业层面控制
企业层面控制的内涵
企业层面控制对其他控制及其测试的影响
识别重要账户、列报及其相关认定
了解潜在错报的来源并识别相应的控制
了解潜在错报的来源
实施穿行测试
选择拟测试的控制
选择拟测试控制的基本要求
选择拟测试的控制的考虑因素
测试控制的有效性 ★★
内部控制的有效性
与控制相关的风险
测试控制有效性的程序的性质
询问、观察、检查和重新执行
控制测试的时间安排
基准日之前一段足够长的期间
控制测试的范围
测试人工控制的最小样本规模
测试自动化应用控制的最小样本规模
发现偏差时的处理

- 企业内部控制审计
  - 企业层面控制的测试 ★★
    - 与控制环境相关的控制
    - 针对管理层和治理层凌驾于控制之上的风险而设计的控制
      - 针对重大的异常交易（尤其是那些导致会计分录延迟或异常的交易）的控制
      - 针对关联方交易的控制
      - 与管理层的重大估计相关的控制
      - 能够减弱管理层伪造或不恰当操纵财务结果的动机及压力的控制
      - 建立内部举报投诉制度
    - 被审计单位的风险评估过程
    - 对内部信息传递和期末财务报告流程的控制
    - 对控制有效性的内部监督（即监督其他控制的控制）和内部控制评价
    - 集中化的处理和控制（包括共享的服务环境）
    - 监督经营成果的控制
    - 针对重大经营控制及风险管理实务的政策
      - 是否建立了重大风险预警机制
      - 是否建立了突发事件应急处理机制
  - 业务流程、应用系统或交易层面的控制的测试 ★★
    - 了解企业经营活动和业务流程
    - 识别可能发生错报的环节
    - 识别和了解相关控制
      - 控制的类型
      - 识别和了解方法
  - 信息系统控制的测试 ★★
    - 信息技术一般控制测试
      - 程序开发
      - 程序变更
      - 程序和数据访问
      - 计算机运行
    - 信息技术应用控制测试
      - 完整性
      - 准确性
      - 经过授权
      - 访问限制
    - 信息技术应用控制与信息技术一般控制之间的关系
  - 内部控制缺陷评价 ★★
    - 控制缺陷的分类
      - 控制缺陷包括的内容
        - 设计缺陷
        - 运行缺陷
      - 按严重程度分类
        - 重大缺陷
        - 重要缺陷
        - 一般缺陷
    - 评价控制缺陷的严重程度
      - 控制不能防止或发现并纠正账户或列报发生错报的可能性的大小
      - 因一项或多项控制缺陷导致的潜在错报的金额大小
    - 内部控制缺陷整改
  - 出具审计报告 ★★
    - 形成审计意见
    - 审计报告类型
      - 无保留意见内部控制审计报告
      - 非无保留意见的内部控制审计报告
        - 内部控制存在重大缺陷时的处理
        - 审计范围受到限制时的处理
    - 强调事项、非财务报告内部控制重大缺陷
      - 强调事项
      - 非财务报告内部控制重大缺陷
        - 书面形式沟通
        - 但无需对其发表审计意见

第七编

质量控制

本编主要针对会计师事务所质量控制的相关内容作了详细介绍，涉及质量控制制度的目标以及责任主体、会计师事务所的管理(如相关职业道德要求、人力资源等)以及项目质量控制(如客户关系和具体业务的接受与保持、业务执行和监控等)。

第21章 会计师事务所业务质量控制

考情解密

历年考情概况

本章属于重点章节。从近几年考试情况来看，每年必有一道简答题。考题一般都会涉及质量控制制度的目标、对业务质量承担的领导责任、相关职业道德要求、客户关系和具体业务的接受与保持、人力资源、业务执行和监控等本章的主要内容。预计今年考核分值在6分左右。

近年考点直击

考点	主要考查题型	考频指数	考查角度
质量控制制度的目标和对业务质量承担的领导责任	选择题、简答题	★★	(1)会计师事务所质量控制制度的目标和要素；(2)对业务质量承担的领导责任
相关职业道德要求	选择题、简答题	★★	(1)获取遵守独立性政策和程序的书面确认函的周期与对象；(2)针对上市实体，定期轮换的要求(受轮换要求约束的人员)
客户关系和具体业务的接受与保持	选择题、简答题	★★	(1)考虑客户的诚信；(2)考虑是否具备执行业务的必要素质、专业胜任能力等
人力资源	选择题、简答题	★★	(1)招聘；(2)业绩评价、工薪和晋升；(3)项目组的委派
业务执行	选择题、简答题	★★★	(1)意见分歧的处理；(2)项目质量控制复核对象的确定；(3)项目质量控制复核的具体要求；(4)业务工作底稿归档、保密、保存期限及所有权归属
监控	选择题、简答题	★★	(1)实施检查；(2)监控结果的处理等

学习方法与应试技巧

针对本章内容的学习，主要以记忆为主，特别是对一些有明确要求或规定(如年限、次数等)的内容进要加强记忆。根据本章考点集中，考试频率高的特点，在复习本章时务必要多做历年考题，结合考题复习考点，能够更清晰更明确的掌握知识点；同时结合"姐妹"考点审计工作底稿、职业道德一并学习，效果会更好。同时需要结合《中国注册会计师审计准则问题解答第9号——项目质量控制复核》进行补充学习。

本章2020年考试主要变化

本章主要是对"项目质量控制复核的范围"的相关表述进行了调整，其他内容无实质性变动。

考点详解及精选例题

考点一 质量控制制度的目标和要素

一、质量控制制度的目标

主要在以下两个方面提出合理保证：

(1)(过程)会计师事务所及其人员遵守职业准则和法律法规的规定；

(2)(结果)会计师事务所和项目合伙人出具适合具体情况的报告。

项目合伙人是指会计师事务所中负责某项业务及其执行，并代表会计师事务所在出具的报告上**签字**的合伙人。

二、质量控制制度的要素

包括：对业务质量承担的领导责任、相关职业道德要求、客户关系和具体业务的接受与保持、人力资源、业务执行、监控。

【例题1·单选题】下列有关质量控制制度的目标和要素的说法中，不正确的是(　)。

A. 会计师事务所质量控制制度仅对注册会计师执行审计业务提出要求

B. 会计师事务所质量控制制度合理保证会计师事务所及其人员遵守职业准则和适用的法律法规的规定

C. 会计师事务所应当明确质量控制制度的最终责任

D. 会计师事务所质量控制制度不仅规范会计师事务所接受客户关系，同时规范保持具体业务

解析▶ 会计师事务所质量控制制度是对财务报表审计业务、审阅业务、其他鉴证业务和相关服务业务的质量控制制度提出的要求，不仅仅是审计业务。 **答案**▶ A

考点二 对业务质量承担的领导责任★★

一、对主任会计师的总体要求

主任会计师对会计师事务所的质量控制制度**承担最终责任**。

会计师事务所应当制定政策和程序，培育**以质量为导向**的内部文化。在制度上保证质量控制制度的地位和执行力，建立强有力的高层基调。

二、行动示范和信息传达

采取的途径通常有培训、研讨会、谈话、发表文章等，通过行动示范和信息传达，可以起到强化质量文化的效果。

三、树立质量至上的意识

会计师事务所的经营策略应当保证质量这一前提条件。例如：建立以质量为导向的业绩评价、工薪及晋升(包括激励制度)的政策和程序。

四、委派质量控制制度运作人员

(1)为保证质量控制制度的具体运作效果，帮助主任会计师正确履行其职责，主任会计师必须**委派适当的人员**并授予其必要的权限，以保证其能够实施质量控制政策和程序。(**权威性**)

(2)为了使质量控制制度运作的人员能够识别和了解质量控制问题，质量控制制度运作的人员应当具有足够、适当的经验和能力以履行其责任。(**专业性**)

考点三 相关职业道德要求★★

一、总体要求

会计师事务所及其人员(包括雇佣的**专家**

等)执行任何类型的业务，都应当遵守相关职业道德要求。执行鉴证业务，还应当遵守独立性要求。

二、具体要求

(1)会计师事务所应当“**每年至少一次**”向**所有**“需要按照相关职业道德要求保持独立性的人员”获取其遵守独立性政策和程序的**书面“确认函”**。

(2)对所有“**上市实体**”财务报表审计，应定期(至多**5年**)轮换一次项目合伙人、项目质量控制复核人员，以及受轮换要求约束的其他人员。

(3)获知违反独立性要求的情况时，会计师事务所采取政策和程序：

①会计师事务所人员将注意到的、违反独立性要求的情况立即告知会计师事务所；

②会计师事务所将识别出的违反这些政策和程序的情况，立即传达给需要与会计师事务所共同处理这些情况的项目合伙人和会计师事务所的其他适当人员，如认为必要，还应当立即告知会计师事务所雇用的专家和关联会计师事务所的人员，以便他们采取适当的行动；

③项目合伙人、会计师事务所和网络内部的其他相关人员以及受独立性约束的其他人员，在必要时立即向会计师事务所报告他们为解决有关问题所采取的行动，以使会计师事务所能够决定是否应当采取进一步的行动。

路线：员工报告(事项)→事务所传达(信息)→项目合伙人反馈(改善措施)→事务所沟通(发现事项和改善措施)→治理层

【知识点拨】上市实体不仅包括上市公司，还包括公开发行债券的企业，范围比上市公司大。

【例题2·单选题】根据质量控制准则，以下与独立性相关的书面确认函的说法中，正确的是(　)。

A. 当有其他会计师事务所参与执行部分业务时，会计师事务所也可以考虑向其获取有关独立性的书面确认函

B. 如果不是首次接受委托，并非必须获取有关独立性的书面确认函

C. 会计师事务所应当每年至少一次向受所有工作人员获取其遵守独立性政策和程序的书面确认函

D. 书面确认函不可以是电子形式

解析▶无论是否首次接受委托，会计师事务所应当每年至少一次向受独立性约束的人员获取其遵守独立性政策和程序的书面确认函，以避免影响独立性的因素有所变化，选项BC错误；书面确认函可以是纸质的，也可以是电子形式的，选项D错误。**答案**▶A

考点四　客户关系和具体业务的接受与保持★★

会计师事务所应当制定有关客户关系和具体业务接受与保持的政策和程序，以合理保证只有在下列情况下，才能接受或保持客户关系和具体业务：

(1)能够胜任该项业务，并具有执行该项业务必要的素质、时间和资源；

(2)能够遵守相关职业道德要求；

(3)已考虑客户的诚信，没有信息表明客户缺乏诚信。

考点五　人力资源★★

项目组的委派的总原则：保证整体胜任能力。

(1)项目合伙人的委派要求：每项业务委派**至少一名**项目合伙人。

(2)项目组其他成员的委派要求：会计师事务所应当委派具有必要素质、胜任能力和时间的员工。

【知识点拨】(1)对于复杂或规模大、风险高的项目，会计师事务所应当在人员安排上保证这些项目有足够的人员；

（2）对于高风险的审计项目，会计师事务所可以规定委派具有丰富经验的审计人员担任第二项目合伙人或质量控制复核负责人加强风险控制。

考点六　业务执行★★★

一、指导、监督与复核

项目合伙人负责组织对业务执行实施指导（事前）、监督（事中）与复核（事后）。

确定复核人员的原则：复核人员应当拥有适当的经验、专业胜任能力和责任感。由项目组内经验较多的人员复核经验较少的人员执行的工作。

二、咨询

项目组应当考虑就重大的技术、职业道德及其他事项，向会计师事务所内部或在适当情况下向会计师事务所外部具备适当知识、资历和经验的其他专业人士咨询，并适当记录和执行咨询形成的结论。

三、意见分歧

只有意见分歧问题得到解决，项目合伙人才能出具报告。

【例题3·单选题】在执行审计业务的过程中，当项目组内部人员出现意见分歧时，下列处理中不恰当的是（　）。

A. 会计师事务所应当制定政策和程序，以处理和解决意见分歧

B. 将项目组内部意见分歧的解决及形成的结论记录于审计工作底稿

C. 项目组内部意见分歧无法达成一致意见时，可向相关监管机构进行咨询

D. 如果意见分歧没有解决，应当在审计报告中说明对审计意见的影响

解析　会计师事务所应当制定政策和程序，在意见分歧出现后及时处理和解决意见分歧，只有意见分歧问题得到解决后，项目合伙人才能出具报告。　**答案**　D

四、项目质量控制复核

项目质量控制复核，是指会计师事务所挑选不参与该业务的人员（人员），在出具报告前（时间），对项目组做出的重大判断和在准备报告时形成的结论做出客观评价的过程。

1. 复核对象

（1）对所有上市实体财务报表审计业务必须实施项目质量控制复核；

（2）明确标准，据此评价所有其他的历史财务信息审计和审阅、其他鉴证和相关服务业务，以确定是否应当实施项目质量控制复核；

（3）对所有符合标准的业务实施项目质量控制复核。

注意：会计师事务所可以自行建立判断标准，确定对那些涉及公众利益的范围较大，或已识别出存在重大异常情况或较高风险的特定业务，实施项目质量控制复核。如：银行、证券公司、保险公司等。

2. 复核人员

（1）项目质量控制复核人员的资格标准

①履行职责需要的技术资格，包括必要的经验和权限；

②在不损害其客观性的前提下，能够提供业务咨询的程度。

（2）项目质量控制复核人员的客观性

①如果可行，不由项目合伙人挑选；

②在复核期间不以其他方式参与该业务；

③不代替项目组进行决策；

④不存在可能损害复核人员客观性的其他情形（链接“审计业务对独立性的要求”一章中的冷却期）。

在执行审计过程中，项目合伙人可以向项目质量控制复核人员咨询。当咨询所涉及问题的性质和范围十分重大时，客观性可能受到损害。

（3）项目质量控制复核人员的权威性

项目质量控制复核人员需要具备履行职责所需的充分、适当的技术专长、经验和权限。项目质量控制复核人员履行职责，不应受到项目合伙人职级的影响。

项目质量控制复核人员需要具备质疑项目合伙人所需的适当资历(经验、能力)，以便能够切实履行复核职责。

3. 复核时间

在“**出具报告前**”**完成复核**，但**非在“出具报告前”才实施**(应当在业务过程中适当阶段进行)。

4. 复核范围

复核的范围取决于业务的复杂程度、客户是否为上市实体和出具不恰当报告等风险。

针对上市实体财务报表审计，要求实施的项目质量控制复核包括：

(1)项目组就具体业务对独立性作出的评价；

(2)项目组是否已就涉及意见分歧的事项，或者其他疑难问题或争议事项进行适当咨询，以及咨询得出的结论；

(3)选取的用于复核的业务工作底稿，是否反映针对重大判断执行的工作，以及是否支持得出的结论。

5. 复核责任

不代替项目组**决策**，项目质量控制复核并**不减轻**项目合伙人的责任。

6. 结果处理

如果项目合伙人不接受项目质量控制复核人员的建议，并且重大事项未得到满意解决，项目合伙人不应当出具报告。

7. 项目质量控制复核的记录

(1)项目质量控制复核在审计报告日之前已完成；

(2)会计师事务所项目质量控制复核政策要求的程序均已实施；

(3)没有发现任何尚未解决的事项，使其认为审计项目组做出的重大判断和得出的结论不适当。

【例题4·单选题】下列关于项目质量控制复核的说法中，正确的是(　)。

A. 项目组应挑选不参与该业务的人员在出具报告前对项目组做出的重大判断和在准备报告时形成的结论做出客观评价

B. 项目质量控制复核人员应当在业务过程中的适当阶段及时实施复核，以使重大事项在报告日前得到满意解决

C. 项目质量控制复核可以减轻项目合伙人的责任

D. 为保持客观和独立，项目质量控制复核人员不可以向项目合伙人提供咨询

解析▶ 选项A，项目质量控制复核应由会计师事务所安排不参与该业务的人员执行；选项C，项目质量控制复核并不减轻项目合伙人的责任；选项D，在执行审计过程中，项目合伙人可以向项目质量控制复核人员咨询，这并不妨碍项目质量控制复核人员履行职责，但需注意咨询所涉及问题的性质和范围。 **答案**▶ B

五、业务工作底稿

1. 业务工作底稿的归档要求——及时

(1)鉴证业务的工作底稿归档期限为**业务报告日后60天内**。

(2)针对客户的同一财务信息执行不同委托业务，出具多个报告的，应**分别归档**。

2. 保密

除特定情况外，会计师事务所应当对业务工作底稿包含的信息予以保密。

3. 业务工作底稿的保存期限

对于鉴证业务，包括历史财务信息审计和审阅业务、其他鉴证业务，会计师事务所应当自业务报告日起，对业务工作底稿**至少保存10年**。如果法律法规有更高的要求，还应保存更长的时间。

4. 业务工作底稿的所有权——会计师事务所

业务工作底稿的**所有权**属于**会计师事务所**。

考点七　监控★★

扫我解疑难

(1)总体要求：会计师事务所应当制定监控政策和程序，以合理保证质量控制制度中

的政策和程序是相关、适当的，并正在有效运行。

【知识点拨】检查时“可以”不事先告知相关项目组。

(2)监控人员：会计师事务所可以委派主任会计师、副主任会计师或具有足够、适当经验和权限的其他人员履行监控责任。

(3)实施检查：会计师事务所应当“周期性”地选取已完成的业务进行检查，周期最长不得超过“3年”。在每个周期内，应对每个项目合伙人的业务至少选取一项进行检查。

【知识点拨】参与业务执行或项目质量控制复核的人员不应承担该项业务的检查工作。

真题精练

一、多项选择题

1. (2018年)下列各项，会计师事务所在执行客户接受与保持程序时应当获取的相关信息有(　)。
   A. 没有信息表明客户缺乏诚信
   B. 具有执行业务必要的素质和专业胜任能力
   C. 具有执行业务必要的时间和资源
   D. 能够遵守相关职业道德要求
2. (2016年)下列各项工作中，上市实体的项目质量控制复核人应当执行的有(　)。
   A. 与项目合伙人讨论重大事项
   B. 复核财务报表和拟出具的审计报告
   C. 考虑项目组就具体审计业务对会计师事务所独立性作出的评价
   D. 复核与重大错报风险相关的所有审计工作底稿
3. (2014年)下列注册会计师的专家中，应当遵守会计师事务所根据质量控制准则制定的政策和程序的有(　)。
   A. 会计师事务所的合伙人和员工
   B. 网络事务所的合伙人
   C. 网络事务所的临时员工
   D. 外部专家

二、简答题

1. (2019年)ABC会计师事务所的质量控制制度部分内容摘录如下：
   (1)质量控制部负责对事务所的质量控制制度进行监控，监控的内容为质量控制制度运行的有效性。
   (2)经理级以上级别人员须每年签署其遵守会计师事务所独立性政策和程序的书面确认函，其他人员签署该书面确认函的具体要求由其所在部门的主管合伙人决定。
   (3)上市实体审计业务的项目质量控制复核人员由质量控制部委派，其他业务的项目质量控制复核人员由项目合伙人推荐，向质量控制部备案。
   (4)审计过程中项目合伙人与项目质量控制复核人员出现意见分歧时，应咨询事务所专业技术委员会，如分歧仍不能解决，经首席合伙人和质量控制主管合伙人批准方可出具审计报告。
   (5)审计工作底稿应当自财务报表日起至少保存十年。
   要求：针对上述第(1)至(5)项，逐项指出ABC会计师事务所的质量控制制度的内容是否恰当。如不恰当，简要说明理由。
2. (2018年)ABC会计师事务所的质量控制制度部分内容摘录如下：
   (1)项目合伙人对会计师事务所分派的审计业务的总体质量负责，项目质量控制复核人对项目组按照事务所复核政策和程序实施的复核负责。
   (2)审计业务的项目合伙人在保证审计质量的前提下，可以向其负责的审计客户推销非鉴证服务，并按该非鉴证服务收入的5%提取奖金。
   (3)对违反事务所质量控制制度的合伙人和员工，根据其违规的严重程度采用口头警告或书面警告方式予以惩戒。

(4)上市实体财务报表审计及非上市实体的高风险业务应当实施项目质量控制复核，高风险业务的标准由事务所统一制定。

(5)历史财务信息审计和审阅业务的工作底稿应自业务报告日起至少保存10年，除此之外的其他业务工作底稿应自业务报告日起至少保存8年。

要求：针对上列第(1)至(5)项，逐项指出ABC会计师事务所业务质量控制制度是否符合会计师事务所质量控制准则的规定。如不符合，简要说明理由。

3. (2017年)ABC会计师事务所的质量控制制度部分内容摘录如下：

(1)项目合伙人对会计师事务所分派的业务的总体质量负责。项目质量控制复核可以减轻但不能替代项目合伙人的责任。

(2)执行业务时，应当由项目组内经验较多的人员复核经验较少的人员执行的工作。

(3)除内部专家外，项目组成员应当在执行业务过程中严格遵守会计师事务所的质量控制政策和程序。

(4)质量控制部对新晋升的合伙人每年选取一项已完成的业务进行检查，连续检查三年；对晋升三年以上的合伙人每五年选取一项已完成的业务进行检查。

(5)业务工作底稿可以采用纸质、电子或其他介质，如将纸质工作底稿的电子扫描件存入业务档案，应当将纸质工作底稿一并归档。

要求：针对上述第(1)至(5)项，逐项指出ABC会计师事务所的质量控制制度的内容是否恰当。如不恰当，简要说明理由。

4. (2017年)ABC会计师事务所的质量控制制度部分内容摘录如下：

(1)质量控制部负责会计师事务所质量控制制度的设计和监控，其部门主管合伙人对质量控制承担最终责任。

(2)所有公众利益实体的财务报表审计业务和评价为高风险的业务均均需实施项目质量控制复核。

(3)每六年为一个周期，对每个项目合伙人已完成的业务至少选取两项进行检查。

(4)在所披露的信息不损害执行业务的有效性和会计师事务所及其人员的独立性的前提下，经项目合伙人批准，项目组可以向客户提供业务工作底稿的部分内容。

(5)项目合伙人对会计师事务所分派的业务的总体质量负责。如项目合伙人和项目质量控制控制复核人存在意见分歧，以项目合伙人的意见为准。

要求：针对上述第(1)至(5)项，逐项指出ABC会计师事务所的质量控制制度的内容是否恰当，如不恰当，简要说明理由。

5. (2016年)(本小题6分，可以选用中文或英文解答，如使用英文解答，须全部使用英文，答题正确的，增加5分，最高得分为11分。)ABC会计师事务所的质量控制制度部分内容摘录如下：

(1)合伙人考核的主要指标依次为业务收入指标的完成情况、参与事务所管理的程序、职业道德遵循情况及业务质量评价结果。

(2)事务所所有员工必须每年签署其遵守相关职业道德要求的书面确认函。对参与业务的事务所外部专家或其他会计师事务所的注册会计师，由项目组自行决定是否向其获取有关独立性的书面确认函。

(3)在执行业务的过程中遇到难以解决的重大问题时，由项目合伙人和项目质量控制复核人共同决定是否需要调整工作程序以及如何调整，由项目合伙人执行调整的业务计划。

(4)事务所质量控制部门每三年进行一次业务检查，每项检查选取每位合伙人已完成的一个项目。

(5)所有项目组应当在每年4月30日之前将上一年度的业务约定书交给事务所行政

管理部门集中保存。

(6)事务所应当自业务报告日起，对鉴证业务工作底稿至少保存 12 年。

要求：针对上述第(1)至(6)项，逐项指出 ABC 会计师事务所的质量控制制度的内容是否恰当，如不恰当，简要说明理由。

6. (2015 年)(本小题 6 分，可以选用中文或英文解答，如使用英文解答，须全部使用英文，答题正确的，增加 5 分，最高得分为 11 分。)ABC 会计师事务所通过招投标程序，首次接受委托审计甲银行 2014 年度财务报表，委派 A 注册会计师担任审计项目合伙人，B 注册会计师担任项目质量控制复核合伙人。相关事项如下：

(1)中标后，经甲银行同意，A 注册会计师立即与前任注册会计师进行了沟通，内容包括：①前任注册会计师认为甲银行更换会计师事务所的原因；②其是否发现甲银行管理层存在诚信问题；③其与甲银行管理层在重大会计和审计等问题上是否存在意见分歧；④其向甲银行治理层通报的管理层舞弊、违反法律法规行为以及值得关注的内部控制缺陷。

(2)B 注册会计师在信息技术审计方面经验丰富，A 注册会计师安排其负责与甲银行信息系统审计相关的工作。

(3)审计项目组部分成员首次参与银行审计项目。A 注册会计师向这些成员提供了其他银行审计项目的工作底稿作参考。

(4)A 注册会计师就特别风险的评估、集团审计策略以及重要性的确定向 B 注册会计师进行了咨询。

(5)A 注册会计师就一项重大会计问题咨询了 ABC 会计师事务所技术部的 C 注册会计师。之后，甲银行管理层进一步提供了与该问题相关的资料。A 注册会计师认为这些资料不改变原咨询结论，未再与 C 注册会计师讨论。

(6)A 注册会计师负责招聘了 5 位实习生参与甲银行审计项目，并通知 ABC 会计师事务所人事部办理了实习生登记手续。

要求：针对上述第(1)至第(6)项，逐项指出 A 注册会计师的做法是否恰当。如不恰当，简要说明理由。

真题精练答案及解析

一、多项选择题

1. ABCD 【解析】在接受新客户的业务前，或决定是否保持现有业务或考虑接受现有客户的新业务时，会计师事务所应当执行有关客户接受与保持的程序，以获取如下信息：(1)考虑客户的诚信，没有信息表明客户缺乏诚信；(2)具有执行业务必要的素质、专业胜任能力、时间和资源；(3)能够遵守相关职业道德要求。

2. ABC 【解析】选项 D，并不是复核所有与重大错报风险相关的审计工作底稿。

3. ABC 【解析】外部专家不受会计师事务所按照质量控制准则制定的质量控制政策和程序的约束。

二、简答题

1. 【答案】

(1)不恰当。质量控制制度监控的内容还应当包括质量控制制度设计的适当性。

(2)不恰当。会计师事务所应当每年至少一次向所有需要按照相关职业道德要求保持独立性的人员获取其遵守独立性政策和程序的书面确认函。

(3)不恰当。为保持项目质量控制复核人员的客观性，在可行的情况下，不由项目合伙人挑选。

(4)不恰当。只有意见分歧得到解决，项目合伙人才能出具报告。

(5)不恰当。会计师事务所的审计工作底稿应当自审计报告日起至少保存十年。

2.【答案】

(1)不符合。项目合伙人应当对项目组按照会计师事务所复核政策和程序实施的复核负责。

(2)不符合。关键审计合伙人的薪酬或业绩评价不得与其向审计客户推销的非鉴证服务直接挂钩。

(3)不符合。并非仅以口头警告或书面警告方式予以惩戒。

(4)符合。

(5)不符合。对鉴证业务，包括历史财务信息审计和审阅业务、其他鉴证业务，会计师事务所应当按照规定，自业务报告日起，对业务工作底稿至少保存 10 年。如果法律法规有更高的要求，还应保存更长的时间。

3.【答案】

(1)不恰当。项目质量控制复核并不能减轻项目合伙人的责任，更不能替代项目合伙人的责任。

(2)恰当。

(3)不恰当。内部专家可能是会计师事务所的合伙人或员工，因此要遵守所在会计师事务所的质量控制政策和程序。

(4)不恰当。会计师事务所应当应至少每三年对每个项目合伙人至少选取一项已完成的业务进行检查。

(5)恰当。

4.【答案】

(1)不恰当。会计师事务所主任会计师/首席合伙人对质量控制制度承担最终责任。

(2)恰当。

(3)不恰当。周期最长不得超过 3 年。在每个周期内，应对每个项目合伙人的业务至少选取一项进行检查。

(4)恰当。

(5)不恰当。会计师事务所应当制定政策和程序，以处理和解决意见分歧。

5.【答案】

(1)不恰当。事务所应建立以质量为导向的业绩评价政策/应将业务质量放在第一位。

(2)恰当。

(3)不恰当。应由项目合伙人决定是否需要调整工作程序及如何调整/项目质量控制复核人不应参与决策，否则影响其客观性。

(4)恰当。

(5)不恰当。业务约定书应当纳入业务工作底稿。

(6)恰当。

【Answer】

(1) Inappropriate. The performance evaluation policy should be established in priority/The quality of business should come first.

(2) Appropriate.

(3) Inappropriate. It is up to the partner of the project to decide whether to adjust the working procedure and how to adjust it/ The project reviewer on the quality control should not participate in the decision making, otherwise it will affect the objectivity of the project.

(4) Appropriate.

(5) Inappropriate. The engagement letter should be included in the business draft.

(6) Appropriate.

6.【答案】

(1)恰当。

(2)不恰当。A 注册会计师不应要求项目质量控制复核合伙人参与审计业务，否则影响其客观性。

(3)不恰当。A 注册会计师未经授权将其他银行审计工作底稿发给甲公司审计项目组成员，违反了保密规定。

(4)不恰当。A 注册会计师不应向项目质量控制复核合伙人进行性质和范围十分重大的咨询，否则影响其客观性。

(5)不恰当。A 注册会计师在咨询过程中应当充分提供相关事实。

(6)不恰当。审计项目组实习生的招聘应由事务所人事部门负责。

【Answer】

(1) Appropriate.

(2) Inappropriate. CPA A should not request the partner that is responsible for project quality control review to participate in the audit engagement. Otherwise, the objectivity is affected.

(3) Inappropriate. CPA A violated confi-dentiality by sending audit working papers of other bank to audit team member of Company X without authorization.

(4) Inappropriate. CPA A should not make consulting inquiry in a qualitative, widely-ranged and material way to partner that is responsible for project quality control review. Otherwise, the objectivity is affected.

(5) Inappropriate. CPA A should provide related fact adequately during the process of inquiry.

(6) Inappropriate. The employment of interns of audit team should be responsible by the HR Department of the CPA firm.

同步训练 限时80分钟

一、单项选择题

1. 甲注册会计师作为C公司年度财务报表审计的项目经理，应当在整个审计过程中对项目组成员违反职业道德要求的迹象保持警惕。在发现项目组成员乙违反了职业道德要求后，甲注册会计师首先应采取的最恰当的行动是(　)。

A. 将乙调离项目小组，并对乙所做的工作进行复核

B. 确定乙的行为是否已对审计质量造成实质性的损害

C. 解除业务约定，并向C公司管理层说明具体原因

D. 与会计师事务所相关人员商讨，以便采取适当的措施

2. 下列有关复核审计工作底稿的表述中，错误的是(　)。

A. 对审计工作底稿的复核可分为两个层次，包括项目组内部复核和项目合伙人的复核

B. 在执行审计过程中，项目合伙人可以向项目质量控制复核人员咨询

C. 项目质量控制复核人员履行职责，不应受到项目合伙人职级的影响

D. 项目质量控制复核并不能减轻项目合伙人的责任，更不能替代项目合伙人的责任

3. 下列关于项目质量控制复核对象的说法中，正确的是(　)。

A. 要对所有上市实体财务报表审计、审阅业务实施项目质量控制复核

B. 要对所有公众利益实体财务报表审计业务实施项目质量控制复核

C. 会计师事务所应对除上市实体财务报表审计之外的其他业务明确标准，并对符合标准的业务实施项目质量控制复核

D. 除公众利益实体的财务报表审计外，其他实体的审计业务均不需要进行复核

4. 下列关于项目质量控制复核和意见分歧的说法中，错误的是(　)。

A. 项目质量控制复核人员在复核期间不以其他方式参与该业务

B. 会计师事务所挑选不参与该业务的人员，在出具报告前，对项目组作出的重大判断和准备报告时形成的结论作出客观评价的过程

C. 项目质量控制复核可以减轻项目合伙人的责任

D. 只有在按照会计师事务所处理意见分歧的程序解决重大事项后，项目合伙人才可以出具报告

5. 关于项目质量控制复核，下列说法中错误

的是(   )。

A. 在没有完成项目质量控制复核前，不得出具报告

B. 当一名复核人员在一定时间内承担过多的项目质量控制复核任务时，可能对实现项目质量控制复核目标产生不利影响

C. 在执行审计过程中，为保证项目质量控制复核人员的客观性，项目合伙人不可以向项目质量控制复核人员咨询

D. 针对公众利益实体，关键审计合伙人在任期结束后的两年内，不得成为项目质量控制复核人员

6. 会计师事务所相关人员的下列做法中正确的是(   )。

A. 项目合伙人和项目质量控制复核人共同对项目总体质量负责

B. 在执行审计过程中，项目合伙人可以向项目质量控制复核人咨询

C. 关键审计合伙人在连任五年后离任，之后继续负责对项目组进行咨询

D. 对于同一客户的连续审计业务应尽量委派同一富有经验的人员担任项目合伙人

7. 下列关于2019年度财务报表审计业务归档日期的说法中，错误的是(   )。

A. 注册会计师于2020年2月28日完成了审计工作，并于2020年3月10日实际编写完成了对被审计单位2019年度财务报表的审计报告，所形成的审计工作底稿于2020年4月25日归档

B. 注册会计师于2020年2月28日完成了对被审计单位2019年度财务报表的审计工作，并于3月6日出具了否定意见审计报告。3月9日，会计师事务所根据新的重大情况撤销了审计报告并不再实施进一步审计，相关的审计工作底稿已于2020年5月1日归档

C. 按照时间预算的规划，审计项目组应于2020年3月1日至10日实施对被审计单位2019年度财务报表的审计工作。3月6日，因发现被审计单位存在重大舞弊事项后会计师事务所决定终止该项审计业务，此时，将已形成的审计工作底稿全部作废

D. 注册会计师于2020年2月1日完成被审计单位2019年度财务报表审计业务，2020年2月2日将相关工作底稿整理归档

8. 下列各项中，拥有注册会计师在审计过程中形成的审计工作底稿的所有权的是(   )。

A. 被审计单位

B. 承接业务的会计师事务所

C. 执行项目的注册会计师

D. 预期使用者

9. 下列有关会计师事务所监控过程的表述中，不正确的是(   )。

A. 会计师事务所实施监控的内容包括质量控制制度设计的适当性和运行的有效性

B. 持续地考虑和评价事务所的质量控制制度包括定期对每位合伙人至少选取三项已完成的业务对其工作底稿进行检查

C. 持续监控的范围涉及每一质量控制要素，包括评估事务所负责质量控制手册的人员已确实履行职责

D. 事务所监控过程分为持续监控和定期检查已完成的工作底稿两部分

二、多项选择题

1. 下列属于会计师事务所质量控制制度要素的有(   )。

A. 对业务质量承担的领导责任

B. 人力资源

C. 监控

D. 业务工作底稿

2. 会计师事务所安排进行独立的项目质量控制复核，对项目组做出的重大判断和在准备报告时形成的结论做出客观评价，以下有关说法中不正确的有(   )。

A. 该项复核可以视审计的需要决定是否实施，并非必须要执行

B. 在选择人员时，应当选择直接参与该审计业务的人员来实施项目质量控制复核

C. 为了保证出具审计意见的及时性，项目

质量控制复核工作在出具审计报告之后的一个星期之内完成

D. 为了保持项目质量控制复核人员的客观性，项目质量控制复核人员不应该代替项目组进行决策

3. 会计师事务所建立相应机制，以确保在项目的适当阶段及时实施项目质量控制复核，以实现项目质量控制复核的预期目标。下列各项中，可以建立的机制有(　)。

A. 对审计工作所需项目质量控制复核的性质、时间安排和范围有清晰的认识

B. 项目合伙人认识到要对项目质量控制复核人员在整个业务过程中的必要参与予以适当提醒

C. 建立包含项目质量控制复核的目的和价值的审计质量政策

D. 培育重视和乐于接受项目质量控制复核的文化

4. 下列关于接受新客户或现有客户的新业务的说法中，正确的有(　)。

A. 在接受新客户的业务前，需要考虑客户的诚信，确定没有信息表明客户缺乏诚信

B. 如果识别出潜在的利益冲突，会计师事务所确定接受业务是否适当

C. 在考虑接受现有客户的新业务时，由于以前承接过业务，因此可以不评价是否能够遵守相关职业道德要求

D. 当识别出问题而又决定接受或保持客户关系或具体业务时，会计师事务所应当记录问题如何得到解决

5. 会计师事务所能够接受或保持客户关系和具体业务应满足的条件包括(　)。

A. 能够胜任该项业务，并具有执行该项业务必要的素质、时间和资源

B. 能够遵守相关职业道德要求

C. 已考虑客户的诚信，没有信息表明客户缺乏诚信

D. 之前不存在与客户的冲突或冲突已经解决

6. 下列关于ABC会计师事务所对项目合伙人的挑选及委派的做法中，正确的有(　)。

A. 对每项鉴证业务，委派两名项目合伙人

B. 项目合伙人应具有履行职责所要求的适当的胜任能力、必要素质和权限

C. 会计师事务所应清楚地界定项目合伙人的职责，但无需告知项目合伙人其职责

D. 将项目合伙人的身份和作用告知客户管理层和治理层的关键成员

7. 关于项目质量控制复核人员客观性的保持，以下政策可行的有(　)。

A. 如果可行，不由项目合伙人挑选

B. 在复核期间不以其他方式参与该业务

C. 不代替项目组进行决策

D. 确保不存在可能损害复核人员客观性的其他情形

8. 以下有关业务工作底稿的说法，正确的有(　)。

A. 鉴证业务的工作底稿应当自归档之日起至少保存10年

B. 业务工作底稿的所有权属于会计师事务所

C. 针对客户的同一财务信息执行不同的委托业务，出具两个或多个不同的报告，会计师事务所应当在规定的归档期限内分别将业务工作底稿归整为最终业务档案

D. 会计师事务所要安全保管业务工作底稿并对业务工作底稿保密

9. 下列有关会计师事务所质量控制中监控的表述中，正确的有(　)。

A. 在每个周期内，应对每个项目合伙人的业务至少选取一项进行检查

B. 参与业务执行或项目质量控制复核的人员不应承担该项业务的检查工作

C. 会计师事务所应当周期性地选取已完成的业务进行检查，周期最长不得超过3年

D. 在确定检查的范围时，会计师事务所可以考虑用外部独立检查的范围或结论替代自身的内部监控

10. 下列关于会计师事务所对业务实施检查的说法中，正确的有(　)。

A. 参与业务执行或项目质量控制复核的人员不应承担该项业务的检查工作

B. 选取单项业务进行检查只是监控过程的组成部分，会计师事务所还可以采取其他适当形式和方法实施监控

C. 小型会计师事务所可以利用具有适当资格的外部人员或其他会计师事务所执行业务检查及其他监控程序

D. 在确定检查的范围时，会计师事务所可以考虑利用外部独立检查的范围或结论来替代自身的内部监控

三、简答题

1. 2019 年 1 月 1 日，DEF 事务所与 XYZ 事务所合并成立 ABC 事务所，相关事项如下：

(1) ABC 会计师事务所以“强强联手，服务最优”为主题在多家媒体刊登广告，宣传两家会计师事务所的合并事宜。

(2) ABC 会计师事务所提出了扩大鉴证业务市场份额的目标，要求合伙人及经理级别以上员工在确保业务质量的前提下，每年完成一定金额的新鉴证业务收入指标，并纳入业绩评价范围。

(3) ABC 会计师事务所规定，所有上市公司财务报表审计项目应当实施项目质量控制复核，其他项目根据相关标准判断是否需要实施项目质量控制复核。

(4) ABC 会计师事务所规定，对鉴证业务的工作底稿从业务报告日起至少保存十年，如果组成部分业务报告日与集团业务报告日不同，从各自的业务报告日起至少保存十年。

(5) 原 DEF、XYZ 两家会计师事务所的质量控制制度存在差异。ABC 会计师事务所拟逐步进行整合，确保两年后建立统一的质量控制制度。

(6) ABC 会计师事务所设立了不当行为举报热线，并制定了有关调查和处理举报事项的政策和程序，对所有举报事项的调查和处理过程均需执行监督，该项工作由具有适当经验和权限的业务部门的 A 合伙人兼任。

要求：针对上述第(1)至(6)项，逐项指出注册会计师的做法是否恰当，如不恰当，简要说明理由。

2. ABC 会计师事务所是一家新成立的会计师事务所，其质量控制制度部分内容摘录如下：

(1) 经主任会计师指派，副主任会计师可以分管会计师事务所质量控制工作，并对会计师事务所质量控制制度承担最终责任。

(2) 执行项目质量控制复核的范围为上市公司审计项目中被评估为高风险的审计项目。

(3) 如果项目组成员与项目质量控制复核人员发生意见分歧，应当通过向技术部进行书面咨询，或与会计师事务所负责风险控制的合伙人进行讨论等方式予以解决。在分歧尚未解决前，不得出具审计报告。

(4) 以三年为周期，选取每一位合伙人已完成的一个项目进行检查。如果合伙人在连续两次的检查中被评为优秀，以后可每隔五年检查一次。

(5) 会计师事务所建立专门的系统用于记录对客户关系和具体业务的接受与保持的评估。该系统中记录的信息无需纳入业务工作底稿。

(6) 项目组应当自鉴证业务报告日起六十日内将业务工作底稿归档。归档后，项目组需要删除或增加业务工作底稿，须经主任会计师批准。

要求：针对上述第(1)至(6)项，逐项指出 ABC 会计师事务所业务质量控制制度是否恰当。如不恰当，简要说明理由。

3. ABC 会计师事务所的有关业务质量控制制度，摘录如下：

(1) 合伙人考核和晋升制度规定，连续三年业务收入额排名前三位的高级经理晋级

为合伙人，连续三年业务收入额排名后三位的合伙人降级为高级经理。

(2)内部业务检查制度规定，以每三年为一个周期，选取已完成业务进行检查，如果事务所当年接受相关部门的外部检查，则当年暂停对所有业务的内部检查。

(3)项目质量控制复核制度规定，除上市公司审计业务外，其他需要实施质量控制复核的审计业务由审计项目组负责人执行项目质量控制复核。

(4)工作底稿保管制度规定，推行业务档案电子化，将纸质工作底稿经电子扫描后，存为业务电子档案，同时销毁纸质工作底稿。

(5)独立性政策规定，每年需要保持独立性的人员提供关于独立性要求的培训，并要求高级经理以上(含高级经理)的人员每年签署遵守独立性要求的书面确认函。

(6)分所管理制度规定，分所可以根据自身的实际情况，自行制定业务质量控制制度。

要求：针对上述第(1)至(6)项，逐项指出ABC会计师事务所业务质量控制制度是否符合会计师事务所质量控制准则的规定，并简要说明理由。

4. 甲公司拟申请首次公开发行股票并上市，ABC会计师事务所负责审计甲公司2016年度至2018年度的比较财务报表，委派A注册会计师担任项目合伙人，B注册会计师担任项目质量控制复核合伙人。相关事项如下：

(1)审计业务约定书约定，审计费用为200万元，甲公司应当在ABC会计师事务所出具审计报告后10日内支付70%审计费用，成功上市后10日内支付其余30%审计费用。

(2)根据ABC会计师事务所质量控制制度的规定，B注册会计师对该项审计业务的总体质量负责。B注册会计师在审计报告日前通过实施下列程序完成了项目质量控制复核：①与项目合伙人讨论重大事项；②复核财务报表和拟出具的审计报告；③评价在编制审计报告时得出的结论，并考虑拟出具审计报告的恰当性。

(3)B注册会计师在审计工作底稿中就其执行的项目质量控制复核作出以下记录：①会计师事务所项目质量控制复核政策要求的程序均已实施；②没有发现任何尚未解决的事项，使其认为审计项目组做出的重大判断和得出的结论不适当；③项目质量控制复核在审计报告日之前已完成。

(4)A注册会计师由于事务繁忙，委托B注册会计师代为复核甲公司下属重要子公司乙公司的审计工作底稿。

(5)A注册会计师拟利用会计师事务所聘请的外部信息技术专家，对甲公司的信息系统进行测试。该信息技术专家不是项目组成员，不受ABC会计师事务所质量控制政策和程序的约束。

(6)A注册会计师就一项疑难会计问题同时咨询会计师事务所的技术部门和外部专家，得到的咨询意见存在分歧。A注册会计师决定采纳外部专家的意见，审计工作底稿中仅记录向外部专家咨询的情况。

要求：针对上述第(1)至(6)项，逐项指出ABC会计师事务所或其注册会计师的做法是否恰当。如不恰当，简要说明理由。

5. ABC会计师事务所的质量控制制度部分内容摘录如下：

(1)对上市实体财务报表审计业务必须实施项目质量控制复核，由项目合伙人和项目质量控制复核人共同对项目总体质量负责。

(2)对非上市实体财务报表审计业务实施项目质量控制复核应执行下列工作：

①复核财务报表和拟出具的审计报告；

②评价在编制审计报告时得出的结论，并考虑拟出具审计报告的适当性。

(3)如项目组内部就重大问题存在意见分歧，应向会计师事务所技术部门进行咨询。如在审计报告日前分歧仍未解决，由项目质量控制复核人确定最终解决方案。

(4)上市实体财务报表审计项目组成员每年签署其遵守事务所独立性政策和程序的书面确认函，其他人员每两年必须签署独立性书面确认函。

(5)以两年为周期，选取每位合伙人已完成的一个项目进行检查。对分所合伙人的检查可以由总所执行，也可经总所授权由分所自行安排相关人员执行。

(6)审计工作底稿的归档期为审计报告日后六十日内。如未能完成审计业务，审计工作底稿无需归档。

要求：针对上述第(1)至(6)项，逐项指出其是否符合质量控制准则和审计准则的规定。如不符合，指出不符合事项，并简要说明理由。

同步训练答案及解析

一、单项选择题

1. D 【解析】选项ABC在一定条件下均有可能成为会计师事务所的选择，但项目合伙人的第一反应应当是向会计师事务所汇报，与会计师事务所相关人员商讨。

2. A 【解析】对审计工作底稿的复核可分为项目组内部复核和项目质量控制复核两个层次。

3. C 【解析】选项A，要对所有上市实体财务报表审计业务实施项目质量控制复核，不包括审阅业务；选项B，公众利益实体的范围比上市实体要大，除上市实体之外的其他公众利益实体的审计业务，需要按照事务所的标准判断是否实施项目质量控制复核；选项D，除公众利益实体之外其他实体的审计业务需要按照标准判断是否实施项目质量控制复核。

4. C 【解析】项目质量复核不可以减轻项目合伙人的责任。

5. C 【解析】在执行审计过程中，项目合伙人可以向项目质量控制复核人员咨询，这并不妨碍项目质量控制复核人员履行职责。

6. B 【解析】选项A，项目合伙人应当对被分派的审计业务的总体质量负责；选项C，关键审计合伙人离任后的两年内不得再参与该项目，咨询属于参与了该业务；选项D，为保持独立性，应定期(上市实体财务报表审计至多任期5年)轮换项目合伙人、项目质量控制复核人员，以及受轮换要求约束的其他人员。

7. C 【解析】如果注册会计师未能完成审计业务，审计工作底稿的归档期限为审计业务中止后的60天内，而不能将其作废，故选项C不正确。

8. B 【解析】业务工作底稿的所有权属于会计师事务所。

9. B 【解析】选项B应定期对每位合伙人至少选取一项已完成业务的工作底稿进行检查。

二、多项选择题

1. ABC 【解析】除了上述三项外，还包括业务执行、相关职业道德要求、客户关系和具体业务的接受与保持。

2. ABC 【解析】对于上市公司的财务报表审计都要实施项目质量控制复核，选项A不正确；在选择人员时，应当选择不直接参与该审计业务的人员来实施项目质量控制复核，选项B不正确；应当在出具审计报告之前完成项目质量控制复核，选项C不正确；选项D考核的是项目质量控制复核人员的客观性。

3. ABCD 【解析】参考《中国注册会计师审计准则问题解答第9号—项目质量控制复核》。

4. ABD 【解析】事务所必须合理保证能够

遵守相关职业道德要求才能够接受或保持客户关系和具体业务。

5. ABC 【解析】会计师事务所应当制定有关客户关系和具体业务接受与保持的政策和程序，以合理保证只有在下列情况下，才能接受或保持客户关系和具体业务：①能够胜任该项业务，并具有执行该项业务必要的素质、时间和资源；②能够遵守相关职业道德要求；③已考虑客户的诚信，没有信息表明客户缺乏诚信。

6. ABD 【解析】质量控制准则规定对每个业务至少委派一名项目合伙人，选项A正确；选项BD属于准则规定；选项C，会计师事务所应告知项目合伙人其自身的职责，便于其开展工作。

7. ABCD 【解析】会计师事务所需要制定政策和程序，以保持项目质量控制复核人员的客观性。因此，这些政策和程序要求项目质量控制复核人员符合下列规定：(1)如果可行，不由项目合伙人挑选；(2)在复核期间不以其他方式参与该业务；(3)不代替项目组进行决策；(4)不存在可能损害复核人员客观性的其他情形。因此选项ABCD均正确。

8. BCD 【解析】选项A，鉴证业务工作底稿应当自鉴证业务报告日起(或鉴证业务中止日起)至少保存10年。

9. ABC 【解析】在确定检查的范围时，会计师事务所可以考虑外部独立检查的范围或结论，但这些检查并不能替代自身的内部监控。

10. ABC 【解析】在确定检查的范围时，会计师事务所可以考虑外部独立检查的范围或结论，但这些检查并不能替代自身的内部监控。

三、简答题

1. 【答案】

事项序号	是否恰当(是/否)	理由
(1)	否	“强强联手，服务最优”夸大宣传了事务所提供的服务/无根据地比较其他注册会计师的工作/违反职业道德守则中有关专业服务营销的要求
(2)	是	—
(3)	否	会计师事务所应对上市实体财务报表审计实施项目质量控制复核/上市实体比上市公司的范围大
(4)	否	如果组成部分业务报告日早于集团业务报告日，应当自集团业务报告日起对组成部分业务工作底稿至少保存十年
(5)	否	两年内ABC会计师事务所没有使用统一的质量控制制度不符合质量控制准则的规定。/会计师事务所应当制定统一的质量控制制度
(6)	否	投诉或指控所涉项目可能是A合伙人负责的项目，由其执行监督不具有客观性

2. 【答案】

(1)不恰当。会计师事务所主任会计师对质量控制制度承担最终责任。

(2)不恰当。所有上市公司审计项目均应执行质量控制复核。

(3)恰当。

(4)不恰当。业务检查的周期不得超过3年，每3年至少应检查每位合伙人已完成的一个项目。

(5)不恰当。应将有关客户关系和审计业务的接受与保持的评估结论形成审计工作底稿。

(6)不恰当。归档后，可以增加和修改，但不能删除或废弃审计工作底稿。

3. 【答案】

(1)不符合。会计师事务所制定的业绩评

价、工薪及晋升程序应当强调，提高业务质量及遵守职业道德规范是晋升更高职位的主要途径，而不应当以业务收入额作为标准和途径。

(2)不符合。会计师事务所应当周期性地选取已完成的业务进行检查，周期最长不得超过三年。在确定检查范围时，会计师事务所可以考虑外部独立检查的范围或结论，但这些检查不能替代自身的内部监控。

(3)不符合。审计项目组负责人不能作为复核人员执行本项目的质量控制复核工作。

(4)不符合。如果原纸质记录经电子扫描后存入业务档案，会计师事务所应当保留已扫描的原纸质记录。

(5)不符合。会计师事务所应当每年至少一次向所有受独立性要求约束的人员获取其遵守独立性政策和程序的书面确认函，而不是仅要求高级经理以上(含高级经理)的人员每年签署遵守独立性要求的书面确认函。

(6)不符合。事务所应当制定统一的质量控制制度。会计师事务所在制定质量控制政策和程序时，应当考虑自身规模和业务特征等因素。并且相关的质量控制制度是事务所整体(含分所)都要遵守的。

4. 【答案】

(1)不恰当。付款安排表明30%审计费用实质是或有收费。

(2)不恰当。该项业务的质量应当由项目合伙人(A注册会计师)负责。B注册会计师执行项目质量控制复核时还应当：复核选取的与项目组作出的重大判断和得出的结论相关的审计工作底稿。

(3)恰当。

(4)不恰当。项目质量控制复核人员应当保持客观性，在复核期间不以其他方式参与该业务。

(5)恰当。

(6)不恰当。审计项目组应当完整详细地记录咨询情况，包括向技术部门咨询的情况。审计项目组与技术部门之间存在意见分歧，应当予以解决。

5. 【答案】

事项	是否符合(是/否)	不符合事项描述	理由
(1)	否	由项目合伙人和项目质量控制复核人共同对项目总体质量负责	项目合伙人应当对被分派的审计业务的总体质量负责
(2)	否	项目质量控制复核的内容不符合规定	还应包括：与项目合伙人讨论重大事项；复核选取的与项目组作出的重大判断和得出的结论相关的工作底稿
(3)	否	由项目质量控制复核人确定最终解决方案	不能代替项目组进行决策，否则影响客观性
(4)	否	其他人员每两年签署一次独立性书面确认函	应当每年至少一次向所有需要按照相关职业道德要求保持独立性的人员获取其遵守独立性政策和程序的书面确认函
(5)	是	—	—
(6)	否	如果未能完成审计业务，审计工作底稿无需归档	如果未能完成审计业务，审计工作底稿应为审计业务中止后的六十日内

本章知识串联

会计师事务所业务质量控制

- 质量控制的目标和对业务质量承担的领导责任 ★★
  - 会计师事务所主任会计师对质量控制制度承担最终责任
- 相关职业道德要求 ★★
  - “每年至少一次”向所有“受独立性要求约束的人员”获取其遵守独立性政策和程序的书面确认函
  - 对“上市实体”财务报表审计，应至多5年轮换一次项目合伙人
- 客户关系和具体业务的接受与保持 ★★
  - 能够胜任该项业务，并具有执行该项业务必要的素质、时间和资源
  - 能够遵守相关职业道德守则要求
  - 已考虑客户的诚信，没有信息表明客户缺乏诚信
- 人力资源 ★★
  - 项目合伙人的委派要求
    - 每项业务至少委派一名项目合伙人
  - 项目组其他成员的委派要求
    - 应当委派具有专业素质、专业胜任能力和时间的员工
  - 项目组委派的总原则“保持整体胜任能力”
- 业务执行 ★★★
  - 指导、监督与复核
    - 项目合伙人负责组织对业务执行实施指导（事前）、监督（事中）与复核（事后）
  - 咨询
    - 考虑就重大的技术、职业道德及其他事项进行适当咨询
  - 意见分歧
    - 只有项目组内部意见分歧得到解决，项目合伙人才能出具报告
  - 项目质量控制复核
    - 挑选“不参与”该业务的人员实施该复核
    - 在“出具报告”前完成复核
    - 该复核不减轻项目合伙人的责任
    - 项目合伙人可以向项目质量控制复核人员咨询，但当咨询所涉及问题的性质和范围十分重大时，项目质量控制复核人员的客观性可能受损
    - 项目质量控制复核人员的权威性（不应受项目合伙人职级的影响）
- 监控 ★★
  - 总体要求
    - 会计师事务所应当制定监控政策和程序，以合理保证质量控制制度中的政策和程序是相关、适当的，并正在有效运行
  - 监控人员
    - 会计师事务所可以委派主任会计师、副主任会计师或具有足够、适当经验和权限的其他人员履行监控责任
  - 实施检查
    - 会计师事务所应当“周期性”地选取已完成的业务进行检查，周期最长不得超过“3”年
    - 在每个周期内，应对每个项目合伙人的业务至少选取一项进行检查

第八编

职业道德

本编介绍的是注册会计师职业道德守则的内容，主要依据《中国注册会计师职业道德守则》编写。《中国注册会计师职业道德守则》是用来规范中国注册会计师协会会员职业道德行为，提高职业道德水准，维护社会公众利益的准则。

从教材难度分析，本编属于法律、法规文件规定，很多内容都需要理解甚至背诵，硬性规定较多。在学习过程中一定要依据教材，同时结合中注协发布的《中国注册会计师职业道德守则问题解答》的相关内容进行学习，并试着将死板的文字变为生动的案例来理解，会收到很好的效果！

在历年的简答题考试中，考查注册会计师职业道德时有两种一般考试模式：

模式一：资料：CPA在审计业务中遇到下列与职业道德有关的事项：(1)……(6)

要求：针对上述第(1)至(6)项，分别指出CPA是否违反了职业道德守则，并简要说明理由。

模式二：资料：描述从承接业务到审计结束的整个过程。

要求：分析是否存在对职业道德基本原则产生不利影响的情形，并说明理由。如存在不利影响，请指出防范措施。

第22章 职业道德基本原则和概念框架

考情解密

历年考情概况

本章属于重点章节。从近几年考试情况来看，均与“审计业务对独立性的要求”相结合，甚至与事务所质量控制结合，以简答题形式进行考核。学习时，重点理解对职业道德产生不利影响的五个因素及其防范措施，应非常熟练并适当记忆对客户变更委托、提供第二次意见、审计收费、接受礼品和款待等情形中，应如何采取防范措施等内容。本章与“审计业务对独立性的要求”合并计算分值，预计今年考核分值在6分左右。

近年考点直击

考点	主要考查题型	考频指数	考查角度
基本原则	选择题、简答题	★	(1)独立性；(2)保密
概念框架	简答题	★	因自身利益、自我评价、过度推介、密切关系、外在压力产生的不利影响
具体运用	简答题	★★	(1)客户变更委托；(2)利益冲突；(3)收费；(4)礼品和款待；(5)保管客户资产

学习方法与应试技巧

针对本章内容，需要结合第二十三章以及中注协发布的《中国注册会计师职业道德守则问题解答》相关内容进行学习。认真研究最近几年真题的考核方向和知识点，将教材与问题解答做好衔接，最后认真练习本书后面的练习题，从容应对考试。

本章2020年考试主要变化

本章内容无变动。

考点详解及精选例题

考点一 职业道德基本原则★

一、诚信

诚信原则要求注册会计师应当在所有的职业关系和商业关系中保持正直和诚实，秉公处事、实事求是。

二、独立性

(1)独立性原则通常是对注册会计师而不是对非执业会员提出的要求。

(2)执行鉴证业务时，注册会计师**必须保持独立性**。

(3)注册会计师执行审计和审阅业务以及

其他鉴证业务时，应当从**实质上和形式上**保持独立性，不得因任何利害关系影响其客观性。

①实质上的独立性：是一种内心状态，使得注册会计师在提出结论时不受损害职业判断的因素影响，诚信行事，遵循客观和公正原则，保持职业怀疑的态度。

②形式上的独立性：是一种外在表现，使得一个理性且掌握充分信息的第三方，在权衡所有相关事实和情况后，认为会计师事务所或审计项目组成员没有损害诚信原则、客观和公正原则或职业怀疑态度。

(4)会计师事务所在承办审计和审阅业务以及其他鉴证业务时，应当从整体层面和具体业务层面采取措施，以保持会计师事务所和项目组的独立性。

三、客观和公正

客观：不添加个人的偏见。

公正：公平、正直、不偏袒。

四、专业胜任能力和应有的关注

如果会员在缺乏足够的知识、技能和经验的情况下提供专业服务，就构成了一种欺诈。在审计过程中，会员应当保持职业怀疑态度，运用专业知识、技能和经验，获取和评价审计证据。

五、保密

1. 基本要求

保密原则要求会员应当对因职业关系和商业关系而获知的信息予以保密，不得有下列行为：

(1)未经客户授权或法律法规允许，向会计师事务所以外的第三方披露其所获知的涉密信息；

(2)利用所获知的涉密信息为自己或第三方谋取利益。

2. 具体要求

(1)会员应当警惕无意泄密的可能性，特别是向主要近亲属和其他近亲属以及关系密切的商业伙伴无意泄密的可能性。

近亲属是指配偶、父母、子女、兄弟姐妹、祖父母、外祖父母、孙子女、外孙子女。

【知识点拨】 通常情况下，近亲属分为主要近亲属和其他近亲属。其中：

主要近亲属是指**配偶、父母或子女**；

其他近亲属是指兄弟姐妹、祖父母、外祖父母、孙子女、外孙子女。

(2)在终止与客户或工作单位的关系之后，会员仍然应当对在职业关系和商业关系中获知的涉密信息保密。

(3)如果变更工作单位或获得新客户，会员可以利用以前的经验，但不应利用或披露以前职业活动中获知的涉密信息。

3. 允许披露客户涉密信息的情形

(1)法律法规允许披露，并且取得客户或工作单位的授权；

(2)根据法律法规的要求，为法律诉讼、仲裁准备文件或提供证据，以及向有关监管机构报告发现的违法行为；

(3)法律法规允许的情况下，在法律诉讼、仲裁中维护自己的合法权益；

(4)接受注册会计师协会或监管机构的执业质量检查，答复其询问和调查；

(5)法律法规、执业准则和职业道德规范规定的其他情形。

六、良好的职业行为

会员在向公众传递信息以及推介自己和工作时，应当客观、真实、得体，不得损害职业形象：

(1)**夸大宣传**提供的服务、拥有的资质或获得的经验；

(2)**贬低或无根据地比较**其他注册会计师的工作。

【例题1·单选题】 下列有关职业道德基本原则的表述中，不正确的是(　)。

A. 诚信原则要求会员应当在所有的职业关系和商业关系中保持正直和诚实，秉公处事、实事求是

B. 在执行任何业务时，注册会计师都必须保持独立性

C. 客观和公正原则要求会员应当公正处事、实事求是，不得由于偏见、利益冲突或他人的不当影响而损害自己的职业判断

D. 在终止与客户或工作单位的关系之后，会员仍然应当对在职业关系和商业关系中获知的信息保密

解析▶ 在执行鉴证业务时，注册会计师必须保持独立性，但非鉴证业务对独立性没有强制性要求。

答案▶ B

考点二 职业道德概念框架★

扫我解疑难

职业道德概念框架为注册会计师提供解决职业道德问题的思路和方法，见表22-1：

表22-1 应对“对职业道德产生不利影响”的工作思路

思路	工作内容
步骤一	识别是否存在对职业道德产生不利影响的因素
步骤二	评价已识别不利影响的严重程度
步骤三	采取防范措施以消除不利影响或将其降至可接受的低水平
步骤四	如果不能消除不利影响或不能将其降低至可接受的水平，则拒绝接受委托或解除业务约定

考点三 注册会计师对职业道德概念框架的具体运用

扫我解疑难

一、对职业道德基本原则产生不利影响的五类因素★★

对职业道德产生不利影响的因素及具体业务层面的防范措施，见表22-2：

表22-2 对职业道德产生不利影响的因素及具体业务层面的防范措施

因素	具体情形
自身利益导致的不利影响	①鉴证业务项目组成员在鉴证客户中拥有直接经济利益； ②会计师事务所的收入过分依赖某一客户； ③鉴证业务项目组成员与鉴证客户存在重要且密切的商业关系； ④会计师事务所担心可能失去某一重要客户； ⑤鉴证业务项目组成员正在与鉴证客户协商受雇于该客户； ⑥会计师事务所与客户就鉴证业务达成或有收费的协议； ⑦注册会计师在评价所在会计师事务所以往提供的专业服务时，发现了重大错误
自我评价导致的不利影响	①会计师事务所在对客户提供财务系统的设计或操作服务后，又对该系统的运行有效性出具鉴证报告； ②会计师事务所为客户编制原始数据，这些数据构成鉴证业务的对象； ③鉴证业务项目组成员担任或最近曾经担任客户的董事或高级管理人员； ④鉴证业务项目组成员目前或最近曾受雇于客户，并且所处职位能够对鉴证对象施加重大影响； ⑤会计师事务所为鉴证客户提供直接影响鉴证对象信息的其他服务

续表

因素	具体情形
过度推介导致的不利影响	①会计师事务所推介审计客户的股份； ②在审计客户与第三方发生诉讼或纠纷时，注册会计师担任该客户的辩护人
密切关系导致的不利影响	①项目组成员的近亲属担任客户的董事或高级管理人员； ②项目组成员的近亲属是客户的员工，其所处职位能够对业务对象施加重大影响； ③客户的董事、高级管理人员或所处职位能够对业务对象施加重大影响的员工，最近曾担任会计师事务所的项目合伙人； ④注册会计师接受客户的礼品或款待； ⑤会计师事务所的合伙人或高级员工与鉴证客户存在长期业务关系
外在压力导致的不利影响	①会计师事务所受到客户解除业务关系的威胁； ②审计客户表示，如果会计师事务所不同意对某项交易的会计处理，则不再委托其承办拟议中的非鉴证业务； ③客户威胁将起诉会计师事务所； ④会计师事务所受到降低收费的影响而不恰当缩小工作范围； ⑤由于客户员工对所讨论的事项更具专长，注册会计师面临服从其判断的压力； ⑥会计师事务所合伙人告知注册会计师，除非同意审计客户的不恰当的会计处理，否则将影响晋升

『链接』针对“注册会计师在评价所在会计师事务所以往提供专业服务的结果时，发现了重大错误，这种情形归类为因自身利益导致的不利影响”的理解，请参考《中国注册会计师职业道德守则问题解答》的内容。

二、具体业务层面的防范措施

（1）对已执行的非鉴证业务，由未参与该业务的注册会计师进行复核，或在必要时提供建议；

（2）对已执行的鉴证业务，由鉴证业务项目组以外的注册会计师进行复核，或在必要时提供建议；

（3）向客户审计委员会、监管机构或注册会计师协会咨询；

（4）与客户治理层讨论有关的职业道德问题；

（5）向客户治理层说明提供服务的性质和收费的范围；

（6）由其他会计师事务所执行或重新执行部分业务；

（7）轮换鉴证业务项目组合伙人和高级员工。

三、专业服务委托★★

1. 接受客户关系

注册会计师应当考虑客户的主要股东、关键管理人员和治理层是否诚信，以及客户是否涉足非法活动（如洗钱）或存在可疑的财务报告问题等。

如果**不能**将客户存在的问题产生的不利影响**降低**至可接受的水平，注册会计师应当**拒绝接受客户关系**。

2. 承接业务

注册会计师应当遵循专业胜任能力和应有的关注原则，仅向客户提供能够胜任的专业服务。

如果项目组不具备或不能获得执行业务所必需的胜任能力，将对专业胜任能力和应有的关注原则产生不利影响。

3. 客户变更委托

客户变更委托产生的不利影响以及防范措施，见表22-3：

表 22-3 客户变更委托

不利影响	防范措施
(1)以投标方式接替前任注册会计师的工作。 如果注册会计师在了解所有相关情况前就承接业务，可能对专业胜任能力和应有的关注原则产生不利影响	(1)当应邀投标时，在投标书中说明，在承接业务前需要与前任注册会计师沟通，以了解是否存在不应接受委托的理由； (2)要求前任注册会计师提供已知悉的相关事实或情况，即前任注册会计师认为，后任注册会计师在作出承接业务的决定前，需要了解的事实或情况； (3)从其他渠道获取必要的信息
(2)在前任注册会计师工作的基础上工作。 如果缺乏完整的信息，可能对专业胜任能力和应有的关注原则产生不利影响	(1)将拟承担的工作告知前任注册会计师，提请其提供相关信息，以便恰当地完成该项工作； (2)如果不能与前任注册会计师沟通，注册会计师应当采取适当措施，通过询问第三方或调查客户的高级管理人员、治理层的背景等方式，获取有关对职业道德基本原则产生不利影响的信息。 『提示』前任注册会计师应当遵循保密原则。前任注册会计师是否可以或必须与后任注册会计师讨论客户的相关事务，取决于业务的性质、是否征得客户书面同意，以及法律法规或职业道德规范的有关要求

四、利益冲突★★

注册会计师应当根据可能产生利益冲突的具体情形，采取对应的防范措施。

『补充』利益冲突的分类(见图 22-1)

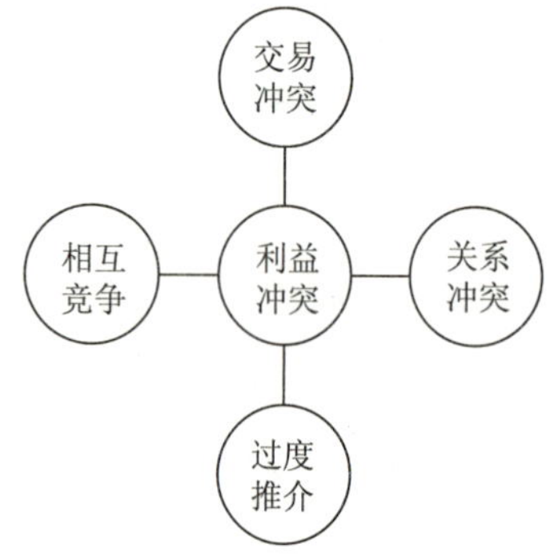

图 22-1 利益冲突的分类

(1)交易冲突：会计师事务所受邀为直接或间接参与同一交易的两个或两个以上客户提供服务。例如：会计师事务所某项目组为某项交易买方提供咨询服务，而在交易中被购买目标实体是会计师事务所的审计客户。

(2)关系冲突：会计师事务所受邀为两个或两个以上客户提供服务，相关客户可能在与相关服务有关的事项中有利益冲突，或者某网络事务所在与其任一客户的事项中有潜在利益冲突。例如：会计师事务所与客户的主要竞争者存在合资或类似关系。

(3)过度推介冲突：会计师事务所过度推介客户的某种立场或意见，而这种立场或意见与该所的另一个客户对立或不符合另一客户的利益，或者会计师事务所向不同客户过度推介不同立场或意见。

(4)相互竞争：会计师事务所中的两个团队为两个一直互为竞争对手或在具体情形中(如一项交易)互为竞争对手的客户提供服务。

★如果两个客户仅因处于同一行业而成为竞争对手，那么会计师事务所同时为两者提供服务，不会产生利益冲突。

★如果两个或两个以上客户在一项交易中互为竞争对手(如他们追求同一目标)，则属于互相竞争的情形。

1. 承接业务前的防范措施

(1)如果会计师事务所的商业利益或业务活动可能与客户存在利益冲突，注册会计师应当告知客户，并在征得其同意的情况下执行业务；

(2)如果为存在利益冲突的两个以上客户服务，注册会计师应当**告知所有已知相关方**，并在**征得他们同意**的情况下执行业务；

(3)如果为某一特定行业或领域中的两个以上客户提供服务，注册会计师应当告知客户，并在征得他们同意的情况下执行业务。

如果客户**不同意**注册会计师为存在利益冲突的其他客户提供服务，注册会计师应当**终止**为其中一方或多方提供服务。

2. 承接业务后的防范措施

(1)分派不同的项目组为相关客户提供服务；

(2)实施必要的保密程序，防止未经授权接触信息；

(3)向项目组成员提供有关安全和保密问题的指引；

(4)要求会计师事务所的合伙人和员工签订保密协议；

(5)由未参与执行相关业务的高级员工定期复核防范措施的执行情况。

如果利益冲突对职业道德基本原则产生不利影响，并且采取防范措施无法消除不利影响或将其降低至可接受的水平，注册会计师应当拒绝承接某一特定业务，或者解除一个或多个存在冲突的业务约定。

【例题2·单选题】注册会计师应当采取适当措施，识别可能产生利益冲突的情形，下列有关注册会计师对利益冲突的处理中，不正确的是(　)。

A. 如果会计师事务所的商业利益或业务活动可能与客户存在利益冲突，注册会计师应当告知客户，并在征得其同意的情况下执行业务

B. 如果为某一特定行业或领域中的两个以上客户提供服务，注册会计师应当告知所有客户，并在征得他们同意的情况下执行业务

C. 如果为存在利益冲突的两个以上客户服务，注册会计师应当告知所有已知相关方，并在征得他们同意的情况下执行业务

D. 如果利益冲突对职业道德基本原则产生不利影响，并且采取防范措施无法消除不利影响或将其降低至可接受的水平，注册会计师应出具非无保留意见的审计报告

解析▶ 选项D，此时注册会计师应当拒绝承接某一特定业务，或者解除一个或多个存在冲突的业务约定，而不是出具非无保留意见的审计报告。 **答案**▶ D

五、应客户的要求提供第二次意见★★

应客户的要求提供第二次意见，可能对专业胜任能力和应有的关注原则产生不利影响。

防范措施：

(1)征得客户同意与前任注册会计师沟通；

(2)在与客户沟通中说明注册会计师发表专业意见的局限性；

(3)向前任注册会计师提供第二次意见的副本。

如果客户不允许与前任注册会计师沟通，注册会计师应当在考虑所有情况后决定是否适宜提供第二次意见。

【知识点拨】对“应客户的要求提供第二次意见”的简单理解：即被审计单位的特定交易或事项已经其他会计师事务所审计，因不满意前任注册会计师的审计意见而要求后任注册会计师重新对其发表第二次意见。

【例题3·多选题】应客户的要求提供第二次意见时，注册会计师应当评价不利影响的严重程度，并在必要时采取防范措施消除或将其降低至可接受的水平，下列各项防范措施中，正确的有(　)。

A. 征得客户同意与前任注册会计师沟通

B. 出具非无保留意见的审计报告，在说明段中说明不利影响

C. 在与客户沟通中说明注册会计师发表专业意见的局限性

D. 向前任注册会计师提供第二次意见的副本

解析▶ 选项B错误，本题是在应客户的要求提供第二次意见时针对可能对职业道德基本原则产生不利影响的情形所采取的防范措施，没有到出具审计意见阶段。 **答案**▶ ACD

六、收费★★

收费对职业道德基本原则产生的不利影响，以及防范措施，见表22-4：

表 22-4 收费对职业道德基本原则产生的不利影响及防范措施

不利影响	防范措施
收费报价明显低于前任注册会计师或其他会计师事务所的相应报价	(1)会计师事务所应当确保在提供专业服务时，遵守执业准则和相关职业道德规范的要求，使工作质量不受损害； (2)客户了解专业服务的范围和收费基础
或有收费(除法律法规允许外，注册会计师不得以或有收费方式提供鉴证服务，收费与否或收费多少不得以鉴证工作结果或实现特定目的为条件)	(1)预先就收费的基础与客户达成书面协议； (2)向预期的报告使用者披露注册会计师所执行的工作及收费的基础； (3)实施质量控制政策和程序； (4)由独立第三方复核注册会计师已执行的工作
收取或支付介绍费或佣金	没有防范措施，注册会计师不得收取或支付介绍费或佣金

七、专业服务营销★★

注册会计师在营销专业服务时，不得有下列行为：

(1)夸大宣传提供的服务、拥有的资质或获得的经验；

(2)贬低或无根据地比较其他注册会计师的工作；

(3)暗示有能力影响有关主管部门、监管机构或类似机构；

(4)作出其他欺骗性的或可能导致误解的声明。

【知识点拨】 注册会计师**不得**采用**强迫、欺诈、利诱或骚扰等方式招揽业务**。注册会计师**不得对其能力进行广告宣传**以招揽业务，但可以利用媒体刊登设立、合并、分立、解散、迁址、名称变更和招聘员工等信息。

八、礼品和款待★★

注册会计师**不得**向客户索取、收受委托合同约定以外的酬金或其他财物，或者利用执行业务之便，牟取其他不正当的利益。

防范措施：

(1)注册会计师评价接受款待产生不利影响的严重程度，并在必要时采取防范措施以消除不利影响或将其降至可接受水平；

(2)如果款待超出业务活动中的正常往来，则应当拒绝接受。

九、保管客户资产

保管客户资产可能会对良好职业行为、客观和公正原则产生不利影响。除非法律法规允许或要求，注册会计师**不得**提供保管客户资金或其他资产的服务。

注册会计师如果保管客户资金或其他资产，应符合下列要求：

(1)将客户资金或其他资产与其个人或会计师事务所的资产分开；

(2)仅按照预定用途使用客户资金或其他资产；

(3)随时准备向相关人员报告资产状况及产生的收入、红利或利得；

(4)遵守所有与保管资产和履行报告义务相关的法律法规。

真题精练

多项选择题

(2017年)下列各项中，属于注册会计师应当遵守的职业道德基本原则的有(　)。

A. 诚信　　B. 保密

C. 客观和公正　　D. 专业胜任能力和应有的关注

真题精练答案及解析

多项选择题

ABCD 【解析】与职业道德有关的基本原则包括诚信、独立性、客观和公正、专业胜任能力和应有的关注、保密、良好职业行为。

同步训练 限时40分钟

一、单项选择题

1. 下列有关职业道德规范的表述中，不正确的是( )。
   A. 注册会计师不得对其能力进行广告宣传以招揽业务，但可以利用媒体刊登设立、合并、分立、解散、迁址、名称变更和招聘员工等信息
   B. 如果客户资金或其他资产来源于非法活动(如洗钱)，注册会计师可以提供保管资产服务，但需要与其个人或会计师事务所的资产分开
   C. 注册会计师应当拒绝接受超出业务活动中正常往来的款待
   D. 注册会计师不得向客户索取、收受委托合同约定以外的酬金或其他财物
2. ABC会计师事务所在对甲公司审计过程中，项目组成员存在以下情况，其中不对独立性产生不利影响的是( )。
   A. 项目组成员A的父亲在项目组成员A不知情的情况下购买了甲公司少量的股票
   B. 项目组成员B的父亲是甲公司的工程师，其主打产品由其设计，公司根据销售数量给予一定的奖励
   C. 项目合伙人C的妻子原在甲公司从事会计工作，但非会计主管，且五年前已经离职
   D. 甲公司是F1赛事中国站的赞助商，将剩余的5张贵宾票赠送给项目经理C，项目经理C将票发放给了项目组成员
3. 在承接下列业务时，B会计师事务所(注册会计师)考虑恰当的是( )。
   A. 甲公司因融资需要审计财务报表，在接受委托前，B注册会计师必须了解甲公司股东及管理层的诚信状况
   B. 乙公司上年度财务报表由A注册会计师审计，本年度审计采取招标的方式，B注册会计师在投标前，必须与A注册会计师沟通
   C. 丙公司已连续两年拖欠审计费用，B注册会计师要求丙公司书面承诺在本期报告之后与本期审计费用一并支付
   D. 丁公司与丙公司存在竞争关系，在承接业务前B注册会计师已向丁公司说明情况并承诺遵守保密原则
4. 下列可能因自身利益导致不利影响的情形是( )。
   A. 鉴证业务项目组成员担任或最近曾经担任客户的董事或高级管理人员
   B. 在鉴证客户与第三方发生诉讼或纠纷时，注册会计师担任该客户的辩护人
   C. 鉴证业务项目组成员与鉴证客户存在重要密切的商业关系
   D. 项目组成员的近亲属是客户的员工，其所处职位能够对业务对象施加重大影响
5. 如果注册会计师接受与客户相关的介绍费或佣金，一般不会受到不利影响的因素是( )。
   A. 客观性　　B. 保密
   C. 专业胜任能力　　D. 应有的关注

二、多项选择题

1. 下列各项中，属于注册会计师应当遵守的职业道德基本原则的有( )。

A. 诚信
B. 保密
C. 客观和公正
D. 专业胜任能力和应有的关注

2. 下列有关职业道德基本原则的表述中，不正确的有（　）。
A. 诚信原则通常是对注册会计师而非非执业会员提出的要求
B. 诚信原则要求会员应当在所有的职业关系和商业关系中保持正直和诚实，秉公处事、实事求是
C. 独立原则只对注册会计师执行鉴证业务有要求，而不适用于非鉴证业务
D. 在执行鉴证业务时，注册会计师都必须保持独立性，但另有约定除外

3. 注册会计师在营销专业服务时，以下行为违反职业道德基本原则的有（　）。
A. 夸大宣传提供的服务、拥有的资质
B. 无根据地比较其他注册会计师的工作
C. 利用媒体刊登名称变更的信息
D. 暗示有能力影响有关主管部门或类似机构

4. 下列情况中，影响会计师事务所独立性的有（　）。
A. 会计师事务所的办公用房系从某被审计单位优惠租用的
B. 会计师事务所为协助审计客户履行税务报告义务提供评估服务（评估结果不对财务报表产生直接影响）
C. 会计师事务所的一名注册会计师是审计客户的独立董事
D. 会计师事务所为某上市公司提供财务报表审计服务的同时，还为其编制财务报表

5. 以下属于会计师事务所层面的防范措施的是（　）。
A. 轮换鉴证业务项目组合伙人和高级员工
B. 建立惩戒机制，保障相关政策和程序得到遵守
C. 指定高级管理人员负责监督质量控制系统是否有效运行
D. 制定有关政策和程序，防止项目组以外的人员对业务结果施加不当影响

6. 下列情况中，注册会计师没有违反保密原则的有（　）。
A. 根据业务准则的要求，为了履行注册会计师的职责而披露客户涉密信息
B. 根据法庭所签发传票的要求而披露客户涉密信息
C. 在中国注册会计师协会授权的同业复核过程中披露客户涉密信息
D. 在新客户的业务中利用以前职业活动中获知的涉密信息

7. 会计师事务所在确定收费时应当考虑的主要因素包括（　）。
A. 专业服务所需的知识和技能
B. 所需专业人员的水平和经验
C. 各级别专业人员提供服务所需的时间
D. 提供专业服务所需承担的责任

8. 下列关于注册会计师对职业道德概念框架的具体运用的描述中，正确的有（　）。
A. 如果款待超出业务活动中的正常往来，注册会计师应当拒绝接受
B. 任何情况下，注册会计师均应拒绝承担保管客户资金或其他资产的责任
C. 注册会计师不应通过广告或其他不恰当的营销方式拓展业务
D. 如果注册会计师为获得某一客户支付介绍费，将对客观性、专业胜任能力和应有的关注产生自身利益不利影响

9. 在接替其他注册会计师提供专业服务时，注册会计师应采取措施以消除不利影响或将其降至可接受的低水平，这些措施恰当的有（　）。
A. 在接替其他注册会计师提供专业服务时，了解是否存在任何不应接受委托的专业或其他理由
B. 应客户要求在前任注册会计师工作的基础上提供进一步的服务时，注册会计师应

将拟承担的工作告知前任注册会计师，并直接要求前任注册会计师提供相关信息

C. 注册会计师可以从第三方调查来获取任何可能存在不利影响的信息

D. 在投标书中明确表明承接业务前与前任注册会计师沟通的要求

10. 应客户的委托保管相关资产，注册会计师发现保管资金来源于非法活动，注册会计师可能会(　)。

A. 拒绝接受委托

B. 将客户资金与会计师事务所的资产分开并报告相关的收入与利得

C. 向会计师事务所的法律顾问征询意见

D. 考虑向相关机构举报其非法活动

三、简答题

ABC会计师事务所拟承接以下客户2018年度财务报表审计工作。假定存在以下情形：

(1)A公司2018年度的财务报表由XYZ会计师事务所审计并出具了报告。近日因XYZ会计师事务所的注册会计师受到相关部门的处罚，A公司拟另行委托ABC会计师事务所审计其2018年的财务报表并出具审计报告。A公司只同意ABC会计师事务所与承接2017报表审计的K会计师事务所沟通。

(2)B公司以招标的方式选聘2018年度财务报表审计的注册会计师。在应邀投标时，ABC会计师事务所在其投标书中说明，如果中标，即可与B公司签订审计业务约定书，无须另行通知。

(3)C公司为参与企业购并委托审计，在业务约定书中约定为按审计后资产的千分之五收取审计费用。

(4)D公司委托ABC会计师事务所审计其2018年财务报表，现因急需为取得银行贷款要求ABC会计师事务所加快进度加班完成，承诺一旦如期完成，将安排项目合伙人去欧洲旅游。

(5)E机构为一家公益组织，2018年初ABC会计师事务所接受委托为其管理的公益基金的收支设计内部控制，现接受委托审计其2018年度财务报表，为此，双方另行签订了业务约定书。

(6)在承接F公司2018年度财务报表审计工作时，了解到拟安排本次审计项目经理的妻子在F公司担任人事部经理，事务所安排了同一部门的注册会计师担任本审计项目的经理。

要求：针对事项(1)至(6)，逐项指出是否违反中国注册会计师职业道德守则，并简要说明理由。

同步训练答案及解析

一、单项选择题

1. B 【解析】选项B不正确，如果客户资金或其他资产来源于非法活动(如洗钱)，注册会计师不得提供保管资产服务，并应当向法律顾问征询进一步的意见。

2. C 【解析】选项A，项目组成员A的父亲持有股票，属于其主要近亲属在某一实体拥有直接经济利益，无论多少都会对自身利益产生不利影响；选项B，项目组成员B的父亲的利益与财务报表中的收入相关，存在直接经济利益；选项C，项目合伙人C的妻子，五年前已经离职审计客户，审计一般不会涉及其一编制的财务报表，非会计主管，现在不能对该实体产生重大影响，则可认为独立性不会受到影响；选项D，如果客户向注册会计师(或其近亲属)赠送礼品或给予款待，注册会计师不得向客户索取、收受委托合同约定以外的酬金或其他财物，或者利用执行业务之便，谋取其他不正当的利益。

3. A 【解析】接受客户关系考虑诚信原则，承接业务考虑专业胜任能力和应有

的关注的原则，选项A正确；当应邀投标时，应在投标书中说明，在承接业务前(而非投标前)需要与前任注册会计师沟通，以了解是否存在不应接受委托的理由，选项B不正确；如果审计客户长期未支付应付的审计费用，尤其是相当部分的审计费用在出具下一年度审计报告前仍未支付，可能因自身利益产生不利影响，选项C不正确；如果为存在利益冲突的两个以上客户服务，注册会计师应当告知所有已知相关方，并在征得他们同意的情况下执行业务，选项D仅告知了丁公司，没有告知丙公司，所以不正确。

4. C 【解析】选项A，是因自我评价导致不利影响的情形；选项B，是因过度推介或自我评价导致不利影响的情形；选项D，是因密切关系导致不利影响的情形。

5. B 【解析】如果注册会计师为获得某一客户支付介绍费，将对客观性、专业胜任能力和应有的关注产生自身利益的不利影响。

二、多项选择题

1. ABCD 【解析】与职业道德有关的基本原则包括诚信、独立性、客观和公正、专业胜任能力和应有的关注、保密、良好职业行为。

2. ACD 【解析】诚信原则、客观性都是针对所有服务的要求。在执行其他非鉴证业务时，一般没有独立性的要求，但另有约定除外。

3. ABD 【解析】注册会计师可以利用媒体刊登设立、合并、分立、解散、迁址、名称变更和招聘员工等信息。

4. ACD 【解析】选项A，会计师事务所与被审计单位有直接经济利益，因此影响独立性；选项B，如果审计客户要求会计师事务所提供评估服务，以帮助其履行纳税申报义务或满足税务筹划目的，并且评估的结果不对财务报表产生直接影响，则通常不对独立性产生不利影响。

5. BCD 【解析】选项A均属于具体业务层面的防范措施。

6. ABC 【解析】选项D，违反保密原则，如果变更工作单位或获得新客户，注册会计师可以利用以前的经验，但是不应利用或披露以前职业活动中获知的涉密信息。

7. ABCD 【解析】会计师事务所在确定收费时应当主要考虑：专业服务所需的知识和技能、所需专业人员的水平和经验、各级别专业人员提供服务所需的时间和提供专业服务所需承担的责任。

8. ACD 【解析】选项B，除非法律法规允许或要求，注册会计师应当拒绝承担保管客户资金或其他资产的责任。

9. ACD 【解析】选项B，注册会计师在与前任注册会计师沟通前，应当征得客户的书面同意。

10. ACD 【解析】举报非法活动是一个公民应当履行的义务。

三、简答题

【答案】

(1)违反。在为客户提供第二次意见时，注册会计师应当征得客户同意与前任注册会计师沟通；如果客户不允许与前任注册会计师沟通，注册会计师应当在考虑所有情况后决定是否适宜提供第二次意见。

(2)违反。在应邀投标时，ABC会计师事务所在其投标书中说明，在承接业务前需要与前任注册会计师沟通，以了解是否存在不应接受委托的理由。

(3)违反。按审计后资产的千分之五收取审计费用属于或有收费，或有收费会对职业道德产生不利影响。

(4)违反。安排项目合伙人到欧洲旅游，超出了业务活动中的正常往来，将对良好职业行为、客观和公正原则产生不利影响，注册会计师应当拒绝接受。

(5)违反。在财务报表审计中对内部控制

评价是一项重要的程序，如果既设计内部控制又对内部控制进行评价，会产生因自我评价对独立性的不利影响。

(6)不违反。注册会计师的妻子任人事部经理，人事部经理不属于能够对客户会计记录或被审计单位财务报表的编制施加重大影响的职位，因此不对独立性产生不利影响。

本章知识串联

职业道德基本原则和概念框架

- 基本原则★
  - 诚信、独立性、客观和公正——独立性是审计的灵魂
  - 专业胜任能力和应有的关注
  - 保密
    - 未经客户允许，不得向第三方披露所获知的涉密信息
    - 不得利用所获知的涉密信息为自己或第三方谋取利益
  - 良好的职业行为
- 概念框架★
  - 自身利益
  - 自我评价
  - 过度推介
  - 密切关系
  - 外在压力
- 具体运用★★
  - 对遵循职业道德基本原则产生不利影响的因素——掌握对职业道德基本原则产生不利影响的各种情形
    - 两个层面的应对措施：
      1. 事务所层面的防范措施
      2. 具体业务层面的防范措施
  - 专业服务委托
    - 接受客户关系——主要考虑客户的诚信等
    - 承接业务——主要考虑自己的专业胜任能力
    - 客户变更委托——应邀投标时，投标书中说明在承接业务前需要与前任CPA沟通
  - 利益冲突
    - CPA与客户存在直接竞争关系
    - CPA与客户的主要竞争者存在合资或类似关系
      - （以上两项）CPA应当告知客户，并在征得其同意的情况下执行业务
    - CPA的客户之间存在利益冲突——CPA应当告知所有已知相关方并在征得他们同意的情况下执行业务，采取分派不同的项目组为不同客户提供服务，并实施必要的保密程序
  - 应客户的要求提供第二次意见——防范措施
    - 征得客户同意与前任CPA沟通
    - 在与客户沟通中说明CPA发表专业意见的局限性
    - 向前任CPA提供第二次意见的副本
  - 收费
    - 不得以或有收费方式提供鉴证服务
    - 不得收取或支付介绍费或佣金
  - 专业服务营销
    - 向公众传递信息时，注册会计师应当维护职业声誉，做到客观、真实、得体
      - 不得采用强迫、欺诈、利诱或骚扰等方式招揽业务
      - 不得对其能力进行广告宣传以招揽业务
  - 礼品和款待
    - 不得向客户索取、收受委托合同约定以外的酬金或其他财物
    - 不得接受超出正常业务活动往来的款待
  - 保管客户资产
    - 不得提供保管客户资金或其他资产的服务
      - 除非法律法规允许或要求
        - 但应当符合下列要求：
          1. 将客户资产与CPA的资产分开；
          2. 按照预定用途使用客户资金或其他资产；
          3. 向相关人员报告资产状况及产生的收入或利得；
          4. 遵守所有与保管资产和履行报告义务相关的法律法规
  - 对客观和公正原则的要求——简单了解
- 非执业会员对职业道德概念框架的运用★——简单了解

第23章 审计业务对独立性的要求

考情解密

历年考情概况

本章属于重点章节。从近几年考试情况来看，属于每年必考内容，且大多以简答题的形式进行考核。本章与“职业道德基本原则和概念框架”合并计算分值，预计今年考核分值在6分左右。

近年考点直击

考点	主要考查题型	考频指数	考查角度
基本概念和要求	选择题、简答题	★	(1)网络事务所；(2)公众利益实体；(3)业务期间
经济利益	简答题	★★★	(1)经济利益的种类；(2)在审计客户中不被允许拥有的经济利益；(3)主要近亲属受雇于审计客户而产生的经济利益；(4)会计师事务所的退休金计划；(5)对审计项目组成员其他近亲属的要求等
贷款和担保以及商业关系、家庭和私人关系	简答题	★★★	(1)贷款和担保-自身利益的不利影响；(2)商业关系-自身利益、外在压力的不利影响；(3)家庭和私人关系-自身利益、密切关系、外在压力的不利影响
与审计客户发生人员交流	简答题	★★★	(1)前任成员加入属于公众利益实体的审计客户(原在事务所工作，现任职于客户)；(2)最近曾任审计客户的董事、高级管理人员或特定员工-自身利益、自我评价、密切关系的不利影响；(3)兼任审计客户的董事或高级管理人员(现在事务所工作，同时又任职于客户)-自身利益、自我评价的不利影响；(4)临时借调员工-自我评价的不利影响
与审计客户长期存在业务关系	简答题	★★	(1)关键审计合伙人任职时间(止五停二)；(2)关键审计合伙人在审计客户成为公众利益实体后的任职时间(满三缓二)
为审计客户提供非鉴证服务	简答题	★★★	(1)承担审计客户的管理层职责-自我评价、自身利益、密切关系的不利影响；(2)编制会计记录和财务报表-自我评价的不利影响；(3)评估服务-自我评价的不利影响；(4)招聘服务-自身利益、密切关系、外在压力的不利影响；(5)税务服务-自我评价、过度推介的不利影响等
收费	简答题	★★	(1)逾期收费-自身利益的不利影响；(2)或有收费-自身利益的不利影响

学习方法与应试技巧

在复习时如果时间不够，就不要对守则每一条进行细究。利用基本原则，能判断其对独立性的不利影响即可。考试时的理由应简练且切中要点，对部分防范措施要适当记忆。

本章2020年考试主要变化

本章内容无变动。

考点详解及精选例题

考点一　经济利益对独立性的影响★★★

1. 因经济利益对独立性产生不利影响，导致“没有防范措施”的情形，见表23-1：

表23-1　在审计客户中不被允许拥有的经济利益

项目	内容
会计师事务所、审计项目组成员(含其主要近亲属)	在“审计客户”中拥有直接经济利益或重大间接经济利益
	在对审计客户施加控制的实体中拥有直接经济利益或重大间接经济利益
	与审计客户同时在某一实体拥有经济利益，经济利益“重大”，并且审计客户能够对该实体施加重大影响
项目合伙人所在分部的其他合伙人(含其主要近亲属)	在“审计客户”中拥有直接经济利益或重大间接经济利益
为审计客户提供非审计服务的其他合伙人(含其主要近亲属)	在“审计客户”中拥有直接经济利益或重大间接经济利益

2. 因经济利益对独立性产生不利影响的防范措施

当经济利益对独立性产生不利影响时，注册会计师应采取一定的防范措施，见表23-2：

表23-2　因经济利益对独立性产生不利影响的其他情况及防范措施

不利影响的情况	防范措施
审计项目组某一成员的其他近亲属，在审计客户中拥有直接经济利益或重大间接经济利益，将产生自身利益不利影响	(1)其他近亲属尽快处置全部经济利益，或处置全部直接经济利益并处置足够数量的间接经济利益，以使剩余经济利益不再重大； (2)由审计项目组以外的注册会计师“复核”该成员已执行的工作； (3)将该成员“调离”审计项目组
通过会计师事务所的退休金计划在审计客户中拥有直接经济利益或重大间接经济利益，将产生自身利益不利影响	在必要时采取防范措施消除不利影响或将其降低至可接受水平

不利影响的情况	防范措施
执行审计业务的项目合伙人所在分部的其他合伙人，或者向审计客户提供非审计服务的合伙人或管理人员的主要近亲属，在审计客户中拥有的经济利益是该主要近亲属“作为审计客户的雇员所享受的权利”	在必要时可以采取防范措施消除不利影响或将其降至可接受水平。 如果该主要近亲属拥有或取得了处置该经济利益的权利，或者在股票期权中，有权行使期权，则应当尽快处置或放弃该经济利益
会计师事务所、审计项目组成员或其主要近亲属，与“审计客户的利益相关者”(审计客户的董事、高级管理人员或具有控制权的所有者)同时在某一实体拥有经济利益，可能产生自身利益、密切关系、外在压力不利影响	(1)将拥有经济利益的审计项目组成员“调离”审计项目组； (2)由项目组之外的其他注册会计师“复核”该审计项目组成员执行的工作

【例题1·单选题】假设分别存在下列事项，其中一定会影响独立性的是(　)。

A. 审计项目组成员A的哥哥持有被审计单位100股股票，现市值为1000元人民币，接受委托前已经全部处置

B. 审计项目组成员B将要成为被审计单位的职员，会计师事务所将其调离审计小组

C. 审计项目组成员C持有被审计单位100股股票，现市值为1000元人民币

D. 审计项目组成员D三年前是被审计单位出纳，现由其审计固定资产项目

解析▶ 选项C，因注册会计师持有被审计单位的股票，属于直接经济利益，这种情况下，没有防范措施可以消除对独立性的不利影响。 **答案**▶ C

【知识点拨】直接经济利益，是指下列经济利益：(1)个人或实体直接拥有并控制的经济利益(包括授权他人管理的经济利益)；(2)个人或实体通过投资工具拥有的经济利益，并且有能力控制这些投资工具，或影响其投资决策。间接经济利益，是指个人或实体通过投资工具拥有的经济利益，但不能对这些工具施加控制，或没有能力影响投资决策。

3. 贷款和担保

因取得贷款或获得贷款担保对独立性产生不利影响的情况及防范措施，见表23-3：

表23-3　贷款和担保

对独立性产生不利影响的情况	防范措施
“会计师事务所”，从银行或类似金融机构等审计客户取得贷款	按照正常的贷款程序、条款和条件，不会对独立性产生不利影响。 如果**该贷款重大**，可通过由网络中未参与执行审计业务并且未接受该贷款的会计师事务所“复核”已执行的工作
“审计项目组成员或其主要近亲属”从银行或类似金融机构等审计客户取得贷款或担保	按照正常的程序、条款和条件，不会对独立性产生不利影响
从“不属于”银行或类似金融机构的审计客户取得贷款或担保	将因自身利益产生非常严重的不利影响，导致“没有防范措施”能够将其降低至可接受的水平
“向审计客户”提供贷款或为其提供担保	将因自身利益产生非常严重的不利影响，导致“没有防范措施”能够将其降低至可接受的水平
在银行或类似金融机构等审计客户“开立存款或交易账户”	如果账户按照正常的商业条件开立，则不会对独立性产生不利影响

【知识点拨】从银行或类似金融机构按照正常的贷款程序和条件取得贷款或担保可以，但从非银行或类似金融机构不可以，给客户提供供贷款或担保也不行。

【例题2·多选题】下列不影响ABC会计师事务所或注册会计师执行鉴证业务独立性的有（　）。

A. ABC会计师事务所按照正常的贷款程序、条件和要求从鉴证客户某银行取得1000万元贷款，ABC会计师事务所年收入约500万元

B. 鉴证小组成员从鉴证客户某银行取得房屋抵押贷款10万元，贷款是按正常的贷款程序、条件和要求进行的

C. ABC会计师事务所按照正常的贷款程序、条件和要求从鉴证客户某银行取得50万元贷款（对该银行不重大），ABC会计师事务所年收入约1000万元

D. 鉴证小组成员的哥哥从银行取得房屋贷款30万元，该款项按正常的贷款程序、条件和要求进行的，鉴证小组成员的哥哥年收入约4万元

解析 选项A是会计师事务所重大的贷款，即便是贷款程序、条件正常，也会影响到会计师事务所的独立性；选项C对于事务所和鉴证客户而言并不重大，所以不影响独立性；选项BD由于是个人按正常程序、条件进行的贷款，所以不影响独立性。

答案 BCD

4. 商业关系

因商业关系对独立性产生不利影响的情况及防范措施，见表23-4：

表23-4　商业关系

对独立性产生不利影响的情况	防范措施
会计师事务所、审计项目组成员或其主要近亲属，与审计客户或其高级管理人员之间，由于商务关系或共同的经济利益而存在密切的商业关系，可能因自身利益或外在压力产生严重的不利影响	会计师事务所不得介入此类商业关系；如果存在此类商业关系，应当予以终止。 如果此类商业关系涉及审计项目组成员，应当将该成员“调离”审计项目组
会计师事务所、审计项目组成员或其主要近亲属，在某“股东人数有限的实体”中拥有经济利益，而审计客户或其董事、高级管理人员也在该实体拥有经济利益	同时满足下列条件时，该商业关系不会对独立性产生不利影响： ①这种商业关系对于会计师事务所、审计项目组成员或其主要近亲属以及审计客户均不重要； ②该经济利益对一个或几个投资者并不重大； ③该经济利益不能使一个或几个投资者控制该实体
会计师事务所、审计项目组成员或其主要近亲属，从审计客户购买商品或服务	如果按照正常的商业程序公平交易，则不会对独立性产生不利影响。 如果交易性质特殊或金额较大，可能因自身利益产生不利影响。 ①取消交易或降低交易规模； ②将该成员“调离”审计项目组

『链接』关于商业关系的理解，参考《中国注册会计师职业道德守则问题解答》第六点的内容。

考点二　家庭和私人关系对独立性的影响★★★

因家庭和私人关系对独立性产生不利影响的情况及防范措施，见表 23-5：

表 23-5　家庭和私人关系对独立性的影响

对独立性产生不利影响的情况	防范措施
审计项目组成员的"主要近亲属"，是审计客户的"董事、高级管理人员或特定员工"，或者在业务期间或财务报表涵盖的期间曾担任上述职务	只有把该成员调离审计项目组，才能将对独立性的不利影响降低至可接受的水平
审计项目组成员的"主要近亲属"，在审计客户中"所处职位能够对客户的财务状况、经营成果和现金流量施加重大影响"	①将该成员"调离"审计项目组； ②"合理安排"该成员的职责，使该成员的工作不涉及其主要近亲属的职责范围
审计项目组成员的"其他近亲属"，是审计客户的"董事、高级管理人员或特定员工"	会计师事务所应当评价不利影响的严重程度，并在必要时采取防范措施消除不利影响或将其降低至可接受的水平(防范措施同上)
审计项目组成员与审计客户的重要职位的人员(董事、高级管理人员或特定员工)存在"密切关系"	①将该成员"调离"审计项目组； ②"合理安排"该成员的职责，使其工作不涉及与之存在密切关系的员工的职责范围

考点三　与审计客户发生人员交流★★★

1. 前任成员加入审计客户(原在事务所工作，现任职于客户)

审计项目组前任成员或会计师事务所前任合伙人加入审计客户对独立性产生不利影响的情况及防范措施，见表 23-6：

表 23-6　前任成员加入审计客户对独立性产生不利影响

对独立性产生不利影响的情况	防范措施
审计项目组前任成员或会计师事务所前任合伙人加入审计客户，担任董事、高级管理人员或特定员工，且与会计师事务所仍"保持重要交往"	将产生非常严重的不利影响，导致"没有防范措施"能够将其降低至可接受的水平
审计项目组前任成员或会计师事务所前任合伙人加入审计客户，担任董事、高级管理人员或特定员工，但与会计师事务所已"没有重要交往"	①修改审计计划； ②向审计项目组委派经验更丰富的人员； ③由项目组之外的其他注册会计师"复核"前任审计项目组成员已执行的工作
审计项目组某一成员参与审计业务，当知道自己在未来某一时间将要或有可能加入审计客户	①将该成员"调离"审计项目组； ②由审计项目组以外的注册会计师"复核"该成员在审计项目组中作出的重大判断

2. 前任成员加入“属于公众利益实体”的审计客户

“关键审计合伙人”或“前任高级合伙人”加入“属于公众利益实体”的审计客户对独立性产生的不利影响及防范措施，见表23-7：

表 23-7 前任成员加入“属于公众利益实体”的审计客户对独立性产生不利影响

对独立性产生不利影响的情况	防范措施
“关键审计合伙人”加入属于公众利益实体的审计客户，担任董事、高级管理人员或特定员工	除非该合伙人不再担任关键审计合伙人后，该公众利益实体发布了已审计的涵盖期间不少于12个月的财务报表，且该合伙人不是该财务报表的审计项目组成员，否则独立性将视为受到损害（即在下一个年报审计报告日后入职不影响）
“前任高级合伙人”加入属于公众利益实体的审计客户，担任董事、高级管理人员或特定员工	除非该高级合伙人离职已超过12个月，否则独立性将被视为受到损害

3. 最近曾任审计客户的董事、高级管理人员或员工（原在客户就职，现任职于事务所）

审计项目组成员在不同时间段曾担任审计客户的董事、高级管理人员或特定员工对独立性产生的不利影响及防范措施，见表23-8：

表 23-8 最近曾任审计客户的董事、高级管理人员或特定员工

对独立性产生不利影响的情况	防范措施
在被审计财务报表涵盖的期间“内”，审计项目组成员曾担任审计客户的董事、高级管理人员或特定员工	将产生非常严重的不利影响，导致“没有防范措施”能够将其降低至可接受的水平。会计师事务所不得将此类人员分派到审计项目组
在被审计财务报表涵盖的期间“之前”，审计项目组成员曾担任审计客户的董事、高级管理人员或特定员工	可能因自身利益、自我评价或密切关系产生不利影响。不利影响存在与否及其严重程度主要取决于下列因素： ①该人员在客户中曾担任的职务； ②该人员离开客户的时间长短； ③该人员在审计项目组中的角色

4. 兼任审计客户的董事或高级管理人员（现在在事务所工作，同时又任职于客户）

会计师事务所的合伙人或员工兼任审计客户的董事、高级管理人员或公司秘书，对独立性产生的不利影响及防范措施，见表23-9：

表 23-9 兼任审计客户的董事或高级管理人员

对独立性产生不利影响的情况	防范措施
会计师事务所的合伙人或员工，兼任审计客户的“董事或高级管理人员”——（不可以做）	将因自我评价和自身利益产生非常严重的不利影响，导致“没有防范措施”能够将其降低至可接受的水平。会计师事务所的合伙人或员工不得兼任审计客户的董事或高级管理人员
会计师事务所的合伙人或员工，兼任审计客户的“公司秘书”——（不可以做）	将因自我评价和过度推介产生非常严重的不利影响，导致“没有防范措施”能够将其降低至可接受的水平。会计师事务所的合伙人或员工不得兼任审计客户的公司秘书

续表

对独立性产生不利影响的情况	防范措施
会计师事务所的合伙人或员工，提供日常性和行政事务性的服务以支持公司秘书职能，或提供与公司秘书行政事项有关的建议——(可以做)	只要所有相关决策均由客户管理层作出，通常不会损害独立性

考点四 高级职员与审计客户的长期关联

扫我解疑难

关键审计合伙人是指项目合伙人、实施项目质量控制复核的负责人，以及审计项目组中负责对财务报表审计所涉及的重大事项作出关键决策或判断的其他审计合伙人，其他审计合伙人还包括负责审计重要子公司或分支机构的项目合伙人。

(1)关键审计合伙人在一般公众利益实体的审计客户的任职时间，见表23-10。(止5停2延1)

如果审计客户属于公众利益实体，执行其审计业务的关键审计合伙人任职时间**不得超过"五年"**。在**"两年的冷却期"**内，该关键审计合伙人**不得再次**成为该客户的审计项目组成员或关键审计合伙人。

在极其特殊的情况下，会计师事务所可能因无法预见和控制的情形而不能按时轮换关键审计合伙人，则在法律法规允许的情况下，该关键审计合伙人在审计项目组的时限可以延长一年。

(2)关键审计合伙人在审计客户成为公众利益实体后的任职时间，见表23-11。(满3缓2)

①在审计客户成为公众利益实体之前，如果关键审计合伙人已为该客户服务的时间**"不超过三年"**，则该合伙人还可以为该客户继续提供服务的年限为"五年减去已经服务的年限"。

②如果关键审计合伙人为该客户服务了"**四年或更长**的时间"，在该客户成为公众利益实体之后，该合伙人还可以继续服务**"两年"**。

③如果审计客户是"**首次公开发行证券**的公司"，关键审计合伙人在该公司上市后连续提供审计服务的期限，**不得超过"两个完整会计年度"**。

表23-10 适用于一般公众利益实体的审计客户

已为公众利益实体的审计客户	轮换前最长服务年期	"暂停"服务期间
一般情况	5年	2年
特殊情况	6年	2年

表23-11 适用于客户成为公众利益实体后的轮换时间表

在审计客户成为公众利益实体前的服务年期(X年)	成为公众利益实体后继续提供服务的年限	"暂停"服务期间
X≤3年	(5-X)年	2年
X≥4年	2年	2年
如客户是首次公开发行证券	2年	2年

【知识点拨】(1)如果某人在审计项目组担任的职务均属于关键审计合伙人，在确定其任职时间时，担任这些职务的年限需要**合并计算**。

(2)两年的冷却期应为**连续的两个完整年度**，只有**完成了冷却期**后再次提供服务时，服务年限**才可以重新计算**。

【例题3·单选题】ABC会计师事务所于2017年首次接受委托审计甲公司2017年度财务报表，并委派A注册会计师作为关键审计合伙人，之后确认了长期合作关系。在2018年相关财务报表审计工作完成后甲公司成为公众利益实体，则A作为关键审计合伙人在此之后还可以继续服务的年限是( )。

A. 一年　　B. 两年

C. 三年　　D. 四年

解析▶ 在审计客户成为公众利益实体之前，如果关键审计合伙人已为该客户服务的时间不超过三年，则该合伙人还可以为该客户继续提供服务的年限为五年减去已经服务的年限。

答案▶ C

考点五　为审计客户提供非鉴证服务★★★

扫我解疑难

1. 财务报表编制

会计师事务所向审计客户提供编制会计记录或财务报表等服务对独立性产生不利影响的情况，见表23-12：

表23-12　为审计客户提供财务报表编制服务

	事项或对象	承担审计客户的活动或防范措施
对独立性“不产生”不利影响	沟通审计相关的事项	①对会计准则或财务报表披露要求的运用； ②与财务报表相关的内部控制的有效性，以及资产、负债计量方法的适当性； ③会计调整分录的建议
	提供特定技术支持	①解决账户调节问题； ②分析和积累监管机构要求提供的信息； ③将按照某种会计准则编制的财务报表，转换为按照另一种会计准则编制的财务报表
“可采取措施”消除对独立性产生的不利影响	非公众利益实体	由“非审计项目组成员(或非审计项目组的高管复核)”向非公众利益实体的审计客户提供“日常性和机械性的工作”。 日常性和机械性的工作通常是指： ①根据来源于客户的数据提供工资服务；②在客户确定或批准账户分类的基础上记录交易；③将已记录的交易过入总分类账；④将客户批准的分录过入试算平衡表；⑤根据试算平衡表中的信息编制财务报表(了解)
	公众利益实体	由“非审计项目组成员”向公众利益实体的审计客户“不重要”的“分支机构”提供“日常性和机械性的工作”。 “不重要”是指(了解)： ①接受服务的分支机构或关联实体从总体上对被审计财务报表不具有重要性； ②服务所涉及的事项从总体上对该分支机构或关联实体的财务报表不具有重要性

2. 评估服务

会计师事务所向审计客户提供评估服务对独立性产生的影响，见表23-13：

表 23-13 评估服务

分类	内容
对独立性"不产生"不利影响	如果审计客户要求会计师事务所提供评估服务，以帮助其履行纳税申报义务或满足税务筹划目的，并且评估的结果不对财务报表产生直接影响(即财务报表仅受有关税务会计分录的影响)，则通常不对独立性产生不利影响
对独立性"产生"不利影响	在审计客户"不属于"公众利益实体的情况下，如果评估服务对被审计财务报表具有重大影响，并且评估结果涉及高度的主观性，则"没有防范措施"能够将因自我评价产生的不利影响降低至可接受的水平

3. 税务服务

会计师事务所向审计客户提供税务服务对独立性产生的不利影响，见表 23-14：

表 23-14 税务服务

税务服务的种类	对独立性的不利影响
编制纳税申报表	如果"管理层对纳税申报表承担责任"，通常不对独立性产生不利影响
计算当期所得税或递延所得税负债(或资产)	在审计客户属于"公众利益实体"的情况下，除非出现紧急情况，并征得相关监管机构的同意，会计师事务所不得计算当期所得税或递延所得税负债(或资产)，以用于编制对被审计财务报表具有重大影响的会计分录
税务筹划和其他税务咨询服务	在提供税务筹划建议和其他税务咨询服务时，如果该服务具有法律依据，或得到税务机关的明确认可，通常不对独立性产生不利影响
帮助解决税务纠纷	在提供税务服务时，如果会计师事务所人员在公开审理或仲裁的税务纠纷中"担任审计客户的辩护人"，并且所涉金额对被审计财务报表"重大"，将因过度推介产生非常严重的不利影响，导致"没有防范措施"能够消除不利影响或将其降低至可接受水平

『链接』关于税务服务的具体解释，请参考《中国注册会计师职业道德守则问题解答》第九点的内容。

【例题 4·多选题】下列不会对独立性产生不利影响的情形有(　)。

A. 与审计客户管理层就对会计准则的运用进行沟通

B. 提供特定技术支持，且不承担管理层职责

C. 将审计客户(非公众利益实体)批准的分录过入试算平衡表

D. 为审计客户提供内部审计服务

解析 选项 A，属于在审计过程中需要沟通的审计相关事项，不对独立性产生不利影响；选项 B，审计客户要求会计师事务所提供特定技术支持，如果会计师事务所不承担审计客户的管理层职责，通常不会对独立性产生不利影响；选项 C，属于向非公众利益实体提供日常性和机械性的工作，不对独立性产生影响；选项 D，为审计客户提供内部审计服务，会对独立性产生不利影响。

答案 ABC

4. 内部审计

会计师事务所向审计客户提供内部审计服务对独立性产生的影响，见表 23-15：

表 23-15 内部审计

分类	内容
对独立性“不产生”不利影响	为避免承担管理层职责，只有在同时满足下列条件时，会计师事务所才能为审计客户提供内部审计服务： ①审计客户承担设计、执行和维护内部控制的责任，并指定合适的、具有胜任能力的员工(最好是高级管理人员)，始终负责内部审计活动； ②客户治理层或管理层复核、评估并批准内部审计服务的工作范围、风险和频率； ③客户管理层评价内部审计服务的适当性，以及执行内部审计发现的事项； ④客户管理层评价并确定应当实施内部审计服务提出的建议，并对实施过程进行管理； ⑤客户管理层向治理层报告 CPA 在内部审计服务中发现的重大问题和提出的建议
对独立性“产生”不利影响	会计师事务所人员在为审计客户提供内部审计服务时“承担管理层职责”，将产生非常严重的不利影响，导致“没有防范措施”能够将其降低至可接受的水平
在外部审计中利用自身提供内部审计服务的结果	可能因自我评价产生对独立性的不利影响。采取的防范措施包括由审计项目组以外的专业人员提供该内部审计服务等
不得向“公众利益实体”的审计客户提供内部审计服务	①与财务报告相关的内部控制； ②财务会计系统； ③对被审计财务报表具有重大影响的金额或披露

5. 诉讼支持与法律服务

会计师事务所向审计客户提供诉讼支持与法律服务对独立性产生的不利影响，见表 23-16：

表 23-16 诉讼支持与提供法律服务

对独立性产生不利影响的情形	防范措施
在审计客户解决纠纷或法律诉讼时，如果会计师事务所人员担任“辩护人”，并且所涉金额对被审计财务报表“有重大影响”	将因过度推介、自我评价产生非常严重的不利影响，导致“没有防范措施”能够将其降低至可接受的水平。 会计师事务所不得为审计客户提供此类服务
在审计客户解决纠纷或法律诉讼时，如果会计师事务所人员担任“辩护人”，并且所涉金额对被审计财务报表“无重大影响”	可由审计项目组以外的专业人员提供该服务，或由未参与提供法律服务的专业人员向审计项目组提出建议，并复核会计处理
会计师事务所的合伙人或员工担任审计客户“首席法律顾问”	将因自我评价、过度推介产生非常严重的不利影响，导致“没有防范措施”能够消除不利影响或将其降低至可接受的水平。 会计师事务所人员不得为审计客户提供担任首席法律顾问的服务

6. 公司理财服务

会计师事务所向审计客户提供公司理财服务对独立性产生的不利影响，见表 23-17：

表 23-17 公司理财服务

对独立性产生不利影响的情形	防范措施
提供公司理财服务的结果直接影响财务报表的金额，将因自我评价产生不利影响	①由审计项目组以外的专业人士提供该服务； ②由未参与公司理财服务的专业人士向审计项目组提出有关服务的建议，并复核会计处理

续表

对独立性产生不利影响的情形	防范措施
如果财务建议的有效性取决于某一特定会计处理，并且同时存在下列情形： ①根据适用的会计准则，审计项目组对有关的会计处理的适当性存有疑问； ②公司理财建议的结果将对财务报表产生重大影响	将因自我评价产生非常严重的不利影响，没有防范措施能够将不利影响降低至可接受的水平。会计师事务所不得提供此类财务服务

考点六　收费★★

收费对独立性产生不利影响的情形及防范措施，见表23-18：

表23-18　收费对独立性产生不利影响的情形

	对独立性产生不利影响的情形	防范措施
收费结构	从某一审计客户收取的全部费用占某一合伙人从所有客户收取的费用的总额比重很大，或占会计师事务所某一分部收取的费用总额的比重很大，将因自身利益、外在压力产生不利影响	①降低对该审计客户的收费的依赖程度； ②由项目组之外其他的注册会计师复核所执行的工作或在必要时提出建议； ③定期实施独立的质量控制复核
	"连续2年"从属于"公众利益实体"的某一审计客户及其关联实体收取全部费用比重超过15%	会计师事务所应当向审计客户治理层披露这一事实，并讨论选择下列何种防范措施，以将不利影响降低至可接受的水平： ①在对第二年度财务报表发表审计意见之前，由其他会计师事务所对该业务再次实施项目质量控制复核（发表审计意见前复核）； ②在对第二年度财务报表发表审计意见之后、对第三年度财务报表发表审计意见之前，由其他会计师事务所对第二年度的审计工作再次实施项目质量控制复核（发表审计意见后复核）
逾期收费	如果审计客户长期未支付应付的审计费用，尤其是相当部分的审计费用在出具下一年度审计报告前仍未支付，可能因自身利益产生不利影响	①要求审计客户在"审计报告出具前"付清上一年度的审计费用； ②确定逾期收费是否可能被视同向客户贷款，并且根据逾期收费的重要程度确定是否继续执行审计业务
或有收费	会计师事务所在提供"审计服务"时，以直接或间接形式取得或有收费	将因自身利益产生非常严重的不利影响，导致"没有防范措施"能够将其降低至可接受的水平
	会计师事务所向审计客户提供"非鉴证服务"，如果非鉴证服务以直接或间接形式取得或有收费	可能因自身利益产生不利影响，会计师事务所应当评价不利影响的严重程度，并在必要时采取防范措施消除不利影响或将其降低至可接受的水平

『链接』关于审计收费的相关解释，请参考《中国注册会计师职业道德守则问题解答》第十三点的内容。

真题精练

简答题

1. (2019年)上市公司甲公司是ABC会计师事务所的常年审计客户，与上市公司乙公司为同一母公司的重要子公司，乙公司不是该会计师事务所的审计客户。XYZ公司和ABC会计师事务所处于同一网络。甲公司审计项目组在2018年度财务报表审计中遇到下列事项：

(1)项目合伙人A注册会计师的父亲于2018年5月买入乙公司股票20000股，该股权对A注册会计师的父亲而言不属于重大经济利益。

(2)B注册会计师曾作为审计经理签署了甲公司2013年度至2017年度审计报告，之后调离甲公司审计项目组，加入事务所质量控制部，负责复核所有上市公司审计客户的财务报表。

(3)审计项目组成员D的妻子于2018年5月在网贷平台上购买了互联网金融产品10万元。根据其与网贷平台及资金使用方签署的三方协议，该资金用于补充甲公司某不重要子公司的短期流动资金。

(4)2018年9月，甲公司在海外设立子公司，聘请XYZ公司提供设立申请服务，以及业务流程和财务流程文档的编制服务。

(5)2018年10月，XYZ公司的合伙人E应邀参加了甲公司为其经销商举办的研讨会，介绍了数据保护相关的监督要求及XYZ公司的相关服务。

要求：

针对上述第(1)至(5)项，逐项指出是否可能存在违反中国注册会计师职业道德守则有关独立性规定的情况，并简要说明理由。将答案直接填入答题区相应的表格内。

事项序号	是否违反(违反/不违反)	理由
(1)		
(2)		
(3)		
(4)		
(5)		

2. (2018年)上市公司甲银行是ABC会计师事务所的常年审计客户。XYZ公司和ABC会计师事务所处于同一网络。审计项目组在甲银行2017年度财务报表审计中遇到下列事项：

(1)项目合伙人A注册会计师将其股票账户长期借给好友使用。2017年7月，好友通过该股票账户买入甲银行股票2000股，2017年9月卖出，亏损1000元。

(2)审计项目组成员B的父亲曾任甲银行负责信贷的副行长，于2017年5月退休。B于2017年7月1日加入甲银行审计项目组。

(3)甲银行计划于2018年5月处置一组金额重大的不良贷款，聘请XYZ公司对该组不良贷款2017年末的价值进行了评估，参考XYZ公司建议的价值区间计提了减值准备并确定了处置底价。

(4)2017年6月，为满足新金融工具相关会计准则的要求，甲银行聘请XYZ公司对信息系统中有关金融资产分类、估值和减值模型的设置提出修改建议并编写系统功能说明书。对信息系统的修改由第三方供应商负责实施。

(5)甲银行和 XYZ 公司的合作协议约定，在甲银行牵头的债务重组项目中，XYZ 公司向甲银行推介潜在重组方，甲银行优先推荐 XYZ 公司为重组项目提供税务咨询服务。

(6)2017 年 12 月，ABC 会计师事务所按正常的贷款程序、条款和条件从甲银行获得短期贷款 500 万元，用于支付员工年终奖金。该笔贷款对 ABC 会计师事务所不重大。

要求：针对上述第(1)至(6)项，逐项指出是否可能存在违反中国注册会计师职业道德守则有关独立性规定的情况，并简要说明理由。

3. (2017 年) ABC 会计师事务所委派 A 注册会计师担任非上市银行甲银行 2016 年度财务报表审计项目合伙人。ABC 会计师事务所和 XYZ 公司处于同一网络。审计项目组在审计中遇到下列事项：

(1) A 注册会计师 2009 年度至 2011 年度担任甲银行审计项目经理，并签署了审计报告，2013 年度和 2014 年度担任甲银行审计项目合伙人，2012 年度和 2015 年度未参与审计，也未以任何方式影响审计结果。

(2)甲银行是上市公司乙公司的重要子公司。A 注册会计师的妻子于 2016 年 9 月 7 日购买乙公司股票 1000 股，次日卖出。乙公司不是 ABC 会计师事务所的审计客户。

(3) ABC 会计师事务所的合伙人 B 于 2015 年 1 月 1 日退休后，根据政策继续享受两年分红。B 自 2016 年 7 月 1 日起担任甲银行独立董事。

(4)2016 年 7 月，审计项目组成员 C 按照正常的程序、条款和条件从甲银行取得购房贷款 500 万元。该贷款对 C 而言重大。

(5) XYZ 公司接受甲银行委托，对其内审部完成的某项内审工作进行复核，并负责向治理层汇报内审工作结果。该项内审工作与财务会计系统、财务报表以及相关的内部控制均无关。

(6)丙公司是甲银行的子公司。2016 年 8 月，XYZ 公司和丙公司共同举办了企业外汇风险管理研讨会。在会上，双方联合推介了丙公司开发的外汇管理软件和风险管理咨询服务。

要求：针对上述第(1)至(6)项，逐项指出是否存在违反中国注册会计师职业道德守则的有关独立性规定的情况，并简要说明理由。

4. (2016 年) ABC 会计师事务所委派 A 注册会计师担任上市公司甲公司 2015 年度财务报表审计项目合伙人，ABC 会计师事务所和 XYZ 公司处于同一网络，审计项目组在审计中遇到下列事项：

(1)甲公司于 2014 年 8 月首次公开发行股票并上市，A 注册会计师自 2010 年度起担任甲公司财务报表审计项目合伙人。

(2)2015 年 10 月，审计项目组就某重大会计问题咨询了事务所技术部的 B 注册会计师，B 注册会计师的妻子于 2015 年 6 月购买了甲公司的股票，于 2015 年 12 月卖出。

(3)审计项目组成员 C 曾任甲公司重要子公司的出纳，2014 年 10 月加入 ABC 会计师事务所，2015 年 9 月加入甲公司审计项目组参与审计固定资产项目。

(4) A 注册会计师受邀参加了甲公司年度股东大会，全体参与人员均获得甲公司生产的移动硬盘作为礼品。

(5)甲公司聘请 XYZ 公司担任某合同纠纷的诉讼代理人，诉讼结果将对甲公司财务报表产生重大影响。

(6)甲公司购买的成本核算软件由 XYZ 公司和一家软件公司共同开发和推广，该软件公司不是 ABC 会计师事务所的审计客户或其关联实体。

要求：针对上述第(1)至(6)项，逐项指出是否存在违反中国注册会计师职业道德守则有关独立性规定的情况，并简要说明理由。

5. (2015年)上市公司甲公司是ABC会计师事务所的常年审计客户。乙公司是非公众利益实体，于2014年6月被甲公司收购，成为甲公司重要的全资子公司。XYZ公司和ABC会计师事务所处于同一网络。审计项目组在甲公司2014年度财务报表审计中遇到下列事项：

(1)A注册会计师自2012年度起担任甲公司财务报表审计项目合伙人，其妻子在甲公司2013年年度报告公告后购买了甲公司股票3000股，在2014年度审计工作开始前卖出了这些股票。

(2)B注册会计师自2009年度起担任乙公司财务报表审计项目合伙人，在乙公司被甲公司收购后，继续担任乙公司2014年度财务报表审计项目合伙人，并成为甲公司的关键审计合伙人。

(3)在收购过程中，甲公司聘请XYZ公司对乙公司的各项资产和负债进行了评估，并根据评估结果确定了购买日乙公司可辨认净资产的公允价值。

(4)C注册会计师曾是ABC会计师事务所的管理合伙人，于2014年1月退休后担任甲公司董事。

(5)丙公司是甲公司新收购的海外子公司，为甲公司不重要的子公司。丙公司聘请XYZ公司将其按照国际财务报告准则编制的财务报表转化为按照中国企业会计准则编制的财务报表。

(6)甲公司的子公司丁公司提供信息系统咨询服务，与XYZ公司组成联合服务团队，向目标客户推广营业税改增值税相关咨询和信息系统咨询一揽子服务。

要求：针对上述第(1)至第(6)项，逐项指出是否可能存在违反中国注册会计师职业道德守则有关独立性规定的情况，并简要说明理由。将答案直接填入答题区相应的表格内。

6. (2014年)上市公司甲公司系ABC会计师事务所的常年审计客户，从事房地产开发业务。XYZ公司是ABC会计师事务所的网络事务所。在对甲公司2013年度财务报表执行审计的过程中存在下列事项：

(1)2013年10月，甲公司收购了乙公司25%的股权，乙公司成为甲公司的重要联营公司。审计项目组经理A注册会计师在收购生效日前一周得知其妻子持有乙公司发行的价值1万元的企业债，承诺将在收购生效日后一个月内出售该债券。

(2)2013年12月，审计项目组成员B注册会计师通过银行按揭，按照市场价格500万元购买了甲公司出售的公寓房一套。

(3)甲公司聘请ABC会计师事务所为其提供税务服务，服务内容为协助整理税务相关资料。ABC会计师事务所委派审计项目组以外的人员提供该服务，不承担管理层职责。

(4)甲公司拟进军新的产业，聘请XYZ公司作为财务顾问，为其寻找、识别收购对象。双方约定服务费为10万元，该项收费对ABC会计师事务所不重大。

(5)甲公司内审部负责对所有子公司的内部控制进行评价。由于缺乏人手，甲公司聘请XYZ公司对其中3家子公司与财务报告相关的内部控制实施测试，并将结果汇报给甲公司内审部。该3家子公司对甲公司不重大。

(6)甲公司的子公司丁公司从事咨询业务。2013年2月，丁公司与XYZ公司合资成立了一家咨询公司。

要求：针对上述第(1)至(6)项，逐项指出是否可能存在违反中国注册会计师职业道德守则有关独立性规定的情况，并简要说明理由。

7. (2014年)上市公司甲公司从事保险业务。2013年5月，ABC事务所拟承接甲公司2013年度审计业务，在执行客户和业务接受评估过程中发现下列事项：

(1)A注册会计师曾任ABC事务所合伙人，自2011年12月退休后，担任会计师事务所的技术顾问及甲公司独立董事。

(2)ABC会计师事务所自2010年起每年按通行商业条款购买甲公司的员工医疗补充保险产品。

(3)B注册会计师是ABC事务所金融保险业务部的合伙人，其妻子是甲公司某分公司的人事部经理。

(4)C注册会计师是ABC事务所金融业务部主管合伙人，其父亲通过二级市场买入并持有甲公司股票2000股。

(5)ABC会计师事务所的美国网络事务所与甲公司美国分公司正就2013年度有关精算系统的内审服务进行洽谈。

(6)2012年1月起，ABC事务所智利网络事务所的D合伙人担任甲公司的智利子公司的公司秘书，提供公司秘书事务。

要求：针对上述第(1)至(6)项，假定ABC事务所接受甲公司审计委托，逐项指出是否存在可能对ABC事务所的独立性产生不利影响的情况，并简要说明理由。如存在产生不利影响的情况，简要说明可以采取的防范措施。

真题精练答案及解析

简答题

1.【答案】

事项序号	是否违反 (违反/不违反)	理由
(1)	不违反	乙公司是甲公司的姐妹实体，但因其不是ABC会计师事务所的审计客户，所以项目合伙人的主要近亲属在乙公司中拥有经济利益不会对独立性产生不利影响
(2)	违反	关键审计合伙人在两年的冷却期内不得为该客户的审计业务实施质量控制复核，否则将因密切关系和自身利益产生不利影响
(3)	违反	审计项目组成员的主要近亲属不得在审计客户中拥有重大间接经济利益，否则将因自身利益产生非常严重的不利影响
(4)	违反	ABC会计师事务所的网络所为审计客户的关联实体提供业务流程及财务流程文档的编制服务，涉及承担管理层职责，将因自我评价产生不利影响
(5)	违反	注册会计师通过广告或其他营销方式招揽业务，可能对独立性产生不利影响

2.【答案】

事项序号	是否违反 (违反/不违反)	理由
(1)	违反	项目合伙人A没有在形式上保持独立性，在审计客户中拥有直接经济利益，将因自身利益产生非常严重的不利影响，导致没有防范措施能够将其降低至可接受的水平
(2)	违反	审计项目组成员B的父亲曾担任审计客户的高级管理人员，会因自身利益、密切关系或外在压力产生不利影响
(3)	违反	XYZ公司作为ABC会计师事务所的网络所提供的评估服务的结果对被审计财务报表有重大影响，会因自我评价产生非常严重的不利影响，会计师事务所不得向审计客户提供这种评估服务
(4)	违反	XYZ公司提供的信息技术系统服务构成财务报告内部控制的重要组成部分，会因自我评价对独立性产生不利影响

事项序号	是否违反（违反/不违反）	理由
（5）	违反	XYZ 公司与审计客户存在不被允许的商业关系，会因自身利益或外在压力对独立性产生严重的不利影响
（6）	不违反	ABC 会计师事务所按正常的贷款程序、条款和条件从甲银行取得贷款，且该贷款对 ABC 会计师事务所不重大，不会对独立性产生不利影响

3.【答案】

(1)违反。银行属于公众利益实体，A 注册会计师作为关键审计合伙人任职时间不得超过五年。冷却期应为连续两个完整年度，2012 年和 2015 年不能累计计算冷却期，所以 2016 年是连续担任关键审计合伙人的第六年。

(2)违反。子公司审计项目组成员的主要近亲属在审计客户中拥有控制权并且审计客户对其重要的实体中拥有经济利益，将因自身利益产生不利影响。甲银行是乙公司的重要子公司，甲银行对乙公司重大，项目组成员及其主要近亲属不得在乙公司持有直接经济利益。

(3)违反。审计项目组前任合伙人担任审计客户的重要职位且与事务所保持重要联系，将因密切关系、自身利益或外在压力产生非常严重的不利影响。从事务所分红属于与事务所保持重要联系。

(4)不违反。审计项目成员从银行或类似金融机构等审计客户取得贷款，或由审计客户提供贷款担保，如果按照正常的程序、条款和条件取得贷款或担保，则不会对独立性产生不利影响。

(5)违反。ABC 会计师事务所的网络所负责向治理层汇报内审工作结果，承担了管理层职责，将因自我评价对独立性产生不利影响。

(6)违反。会计师事务所的网络所推广客户的产品或服务，会计师事务所不得介入此类商业关系。

4.【答案】

(1)不违反。被审计单位首次公开发行证券成为公众利益实体，关键审计合伙人可以继续提供服务 2 年，可以服务的年限为 2014 年、2015 年，所以还可以承接 2015 年的审计业务。

(2)违反。B 注册会计师对项目组进行会计咨询，其妻子在审计报表期间对该股票有控制权，将因自身利益对独立性产生非常严重的不利影响。

(3)不违反。C 注册会计师非甲公司的董事、高级管理人员及对财务报表产生特定影响的员工，并且加入事务所承担的是固定资产的审计，与之前的工作没有交集，不会涉及到自我评价的情形，所以不会对独立性产生影响。

(4)违反。项目组成员接受审计客户甲公司的礼品，因自身利益和密切关系对独立性产生非常严重的不利影响。

(5)违反。ABC 会计师事务所和 XYZ 公司处于同一网络，XYZ 公司为甲公司提供对财务报表产生重大影响的诉讼服务，将因自我评价或过度推介产生不利影响。

(6)违反。ABC 会计师事务所和 XYZ 公司处于同一网络，XYZ 公司参与开发和推广的成本核算软件对甲公司会计记录和财务报表产生重大影响，将因自我评价产生不利影响。

5.【答案】

事项序号	是否违反（违反/不违反）	理由
(1)	违反	因针对甲公司的审计业务具有连续性，2013 年度审计报告出具后至 2014 年度审计工作开始前期间仍属于业务期间，A 注册会计师的妻子在该期间持有甲公司的股票，因自身利益对独立性产生严重不利影响
(2)	不违反	B 注册会计师在成为公众利益实体的关键审计合伙人后还可以继续服务两年
(3)	违反	评估结果对甲公司合并财务报表影响重大，因自我评价对独立性产生严重不利影响
(4)	违反	C 注册会计师作为高级合伙人在离职后十二个月内加入甲公司担任董事，因外在压力对独立性产生严重不利影响
(5)	违反	该服务不属于日常性和机械性的工作，将因自我评价对独立性产生严重不利影响
(6)	违反	XYZ 公司和丁公司以双方的名义捆绑提供服务，因自身利益/外在压力对独立性产生严重不利影响/上述关系属于守则禁止的商业关系

6.【答案】

事项序号	是否可能违反（是/否）	理由
(1)	是	收购日后乙公司成为甲公司的关联实体，A 注册会计师及其主要近亲属不得在乙公司拥有直接经济利益，/应在收购生效日前处置该直接经济利益，/得知持有该直接经济利益后立即处置该利益，否则将因自身利益对独立性产生严重不利影响
(2)	是	该交易金额对 B 注册会计师而言较大，可能因自身利益对独立性产生不利影响
(3)	否	由审计项目组以外的人员提供该税务服务，且未承担管理层职责，一般不会对独立性产生不利影响
(4)	是	XYZ 公司为甲公司寻找、识别收购对象，可能承担管理层职责，将因自我评价/过度推介对独立性产生不利影响
(5)	是	该项服务属于内审服务，因其涉及与财务报告相关的内部控制，将因自我评价对独立性产生严重不利影响
(6)	是	属于职业道德守则禁止的商业关系，将因自身利益/外在压力对独立性产生严重不利影响

7.【答案】

事项序号	是否可能产生不利影响（是/否）	理由	防范措施
(1)	是	前任合伙人加入甲公司担任独立董事，并作为技术顾问继续参与 ABC 会计师事务所的专业活动/与事务所保持重要交往或联系，将因密切关系/外在压力对独立性产生严重不利影响	在 ABC 会计师事务所接受审计委托之前 A 注册会计师辞去独立董事职务/不再担任技术顾问
(2)	否	ABC 会计师事务所按通行商业条款/一般商业条款/正常商业程序购买甲公司的保险产品，一般不会对独立性产生不利影响	不适用

第 23 章　审计业务对独立性的要求

续表

事项序号	是否可能产生不利影响(是/否)	理由	防范措施
(3)	否	B注册会计师的妻子不属于甲公司高级管理人员/能够对甲公司会计记录或财务报表的编制产生重大影响的员工/特定员工，因此该家庭关系不会对独立性产生不利影响	不适用
(4)	是	C注册会计师作为同一分部的合伙人/审计项目组成员，其主要近亲属不得持有甲公司的股票，否则将因自身利益对独立性产生严重不利影响	C注册会计师的父亲在ABC会计师事务所接受审计委托之前卖出股票
(5)	是	因甲公司是公众利益实体，该内审服务涉及财务会计系统，将因自我评价对独立性产生严重不利影响	ABC会计师事务所不提供有关精算系统的2013年度内审服务
(6)	是	担任公司秘书将因自我评价/过度推介对独立性产生严重不利影响	D合伙人在ABC会计师事务所接受审计委托之前终止担任公司秘书

同步训练 限时50分钟

一、单项选择题

1. 下列关于关键审计合伙人的说法，不正确的是(　)。

A. 负责对长期资产是否有重大减值作出结论的审计合伙人为关键审计合伙人

B. 如果审计客户属于公众利益实体，执行其审计业务的关键审计合伙人的任职时间不得超过5年

C. 负责审计重要子公司的项目合伙人也可能是关键审计合伙人

D. 关键审计合伙人在其任期结束之后的两年内不得再次成为该客户的审计项目组成员，但是可以向项目组提供咨询服务

2. 下列情况中，不会影响会计师事务所独立性的是(　)。

A. 会计师事务所为审计客户提供财务报表审计服务的同时，还为其编制财务报表

B. 会计师事务所的办公用房系从审计客户优惠租用的

C. 会计师事务所为帮助审计客户履行纳税申报义务提供评估服务，评估结果不对财务报表产生直接影响

D. 项目组成员通过会计师事务所的退休金计划，在审计客户中拥有重大间接经济利益

3. ABC会计师事务所接受委托审计甲公司2019年度财务报表，并委派A作为审计项目组成员，A在乙公司拥有经济利益，另悉甲公司也在乙公司拥有经济利益，如果经济利益并不重大，且甲公司不能对乙公司施加重大影响，则(　)。

A. 将因自身利益产生不利影响

B. A不得拥有该经济利益，应尽快处置

C. 不会损害独立性

D. 应将A调离审计项目组

4. ABC会计师事务所向审计客户甲公司提供贷款，下列有关说法中正确的是(　)。

A. 只要按照正常的程序、条款和条件取得，则不会对独立性产生不利影响

B. 如果金额重大，可以通过采取防范措施

将因自身利益产生的不利影响降低至可接受的水平

C. 因自身利益产生非常严重的不利影响，导致没有防范措施能够将其降低至可接受的水平

D. 可以承接审计业务并由网络中未参与执行审计业务并且未接受该贷款的会计师事务所复核已执行的工作

5. 注册会计师于2018年9月25日承接了A公司2018年的财务报表审计工作，审计工作于2018年10月8日开始，于2019年3月21日完成。A公司管理层于2019年3月21日签署了财务报表。在2019年2月15日，会计师事务所与A公司签署了2019年财务报表审计业务约定书，在2019年6月2日，由于客户原因解除了业务委托关系。则注册会计师应当保持独立性的期间为（　）。

A. 2018年1月1日至2019年3月21日

B. 2018年9月25日至2019年3月21日

C. 2018年1月1日至2019年6月2日

D. 2018年10月8日至2019年6月2日

6. ABC会计师事务所接受委托审计甲上市公司2018年度财务报表，其高级合伙人A在2018年度兼任了甲公司的执行董事，下列说法中正确的是（　）。

A. 不将甲纳入鉴证小组

B. 可以将甲纳入鉴证小组，并委派一个比甲更具专业胜任能力的员工来复核甲的工作

C. 对审计业务进行质量控制复核

D. 解除业务约定

二、多项选择题

1. 如果一个联合体之间存在如下关系，则构成网络的有（　）。

A. 使用共同的名称和标志

B. 共享统一的质量控制政策和程序

C. 共享同一经营战略

D. 使用共同的审计方法

2. XYZ会计师事务所收到很多公司的委托邀请，事务所可以接受审计委托的有（　）。

A. A公司由于人手紧张，从XYZ会计师事务所临时借调一名注册会计师负责工资发放

B. B上市公司的财务总监十个月前是XYZ会计师事务所的高级合伙人

C. XYZ会计师事务所员工王某兼任C公司文员，主要负责整理会议记录

D. D公司上期财务报表审计业务费用一直拖欠未付，且D公司承诺在本年度财务报表审计报告出具之前支付

3. 下列关于连续两年从属于公众利益实体的某一审计客户收取的全部费用比重的说法中，恰当的有（　）。

A. 会计师事务所在计算收费占比时，应以向审计客户收取的审计费用为分子，以向所有客户收取的审计费用为分母

B. 如果比重超过15%，会计师事务所应当向审计客户治理层披露这一事实

C. 如果比例明显超过15%，会计师事务所应当拒绝继续接受委托

D. 如果比重超过15%，会计师事务所可以选择发表审计意见前复核或发表审计意见后复核的方式，以将不利影响降低至可接受的水平

4. 下列有关网络事务所的说法中正确的有（　）。

A. 如果一个联合体旨在通过合作，在各实体之间共享收益或分担成本，应被视为网络

B. 如果某一旨在合作的联合体中的会计师事务所在文具或宣传材料上提及本所是某一会计师事务所联合体的成员，则应被视为网络

C. 如果一个联合体旨在通过合作，在各实体之间共享统一的质量控制政策和程序，应被视为网络

D. 如果某一会计师事务所属于某一旨在相互合作的联合体，该联合体中的各个实体使用同一品牌来签署审计或审阅业务报

告之外的其他鉴证业务报告，则该联合体不视为网络

5. 下列会计师事务所可以承接2018年财务报表审计业务的有（　）。

A. A会计师事务所的前员工（未参与过甲公司审计），现任甲公司的财务部经理且未保持重要联系

B. B会计师事务所的前所长于2018年3月辞职后加入了K公司，后K公司由于债务危机被乙公司收购，现任乙公司风险管理部经理。该前任所长未继续参与会计师事务所的经营和获取福利或报酬

C. 丙上市公司2017年的财务报表审计由C会计师事务所审计，C事务所高级合伙人于2018年4月辞职离开C会计师事务所，担任丙公司副总裁，且保持重要联系

D. D会计师事务所拟委派到丁公司进行审计的某项目组成员兼任丁公司的总经理

6. ABC会计师事务所接受委托，审计丙公司2018年度财务报表，下列情况不违反独立性原则的有（　）。

A. 鉴证小组成员甲注册会计师的表妹拥有丙公司的100股普通股，每股市值1元

B. ABC会计师事务所高级管理人员三年前（非鉴证小组成员）曾经是丙公司的法律顾问

C. 鉴证小组成员乙注册会计师的父亲是丙公司的独立董事

D. 鉴证小组成员丁的大学校友（非同班同学，而且不常联络）是丙公司生产车间某生产小组组长

7. 下列各项中，将对独立性产生非常严重的不利影响而导致没有防范措施能够将其降低至可接受的水平的有（　）。

A. 会计师事务所的员工兼任审计客户的董事

B. 审计项目组成员在审计客户中拥有直接经济利益

C. 审计项目组成员通过会计师事务所的退休金计划在审计客户中拥有直接经济利益

D. 会计师事务所按照正常的商业条件在审计客户（银行）开立交易账户

8. 以下关于独立性的说法中正确的有（　）。

A. 如果审计客户长期未支付应付的审计费用，尤其是相当部分的审计费用在出具下一年度审计报告前仍未支付，可能因自身利益产生不利影响

B. 对于逾期收费，注册会计师可以采取由未参与执行审计业务的注册会计师提供建议或复核已执行的工作等方法进行防范对独立性产生的不利影响

C. 会计师事务所在提供审计服务时，如果以直接或间接形式取得或有收费，将因自身利益产生不利影响，注册会计师应当采取防范措施将不利影响将至可接受的水平

D. 对于公众利益实体的审计客户，会计师事务所不得提供对可能录用的候选人的证明文件进行核查的服务

9. 会员在下列情况中披露客户的涉密信息，可能不违反保密原则的有（　）。

A. 对其预期的客户的信息进行披露

B. 向有关监管机构报告发现的违法行为

C. 在终止客户关系两年之后披露相关信息

D. 在法律诉讼程序中为维护自身的职业利益而披露客户相关信息

三、简答题

1. 甲银行是A股上市公司，系ABC会计师事务所的常年审计客户。XYZ咨询公司是ABC会计师事务所的网络事务所。在对甲银行2018年度财务报表执行审计的过程中存在下列事项：

（1）A注册会计师担任甲银行2018年度财务报表审计项目合伙人。其于2018年10月按正常商业条件在甲银行开立账户，并购买10000元甲银行公开发行的三个月期非保本浮动收益型人民币理财产品。该理财产品主要投资于各类债券基金。

（2）B注册会计师曾担任甲银行2017年度财务报表审计项目经理，并签署该年度审计报告。B注册会计师于2018年4月30

日辞职，于2018年末加入甲银行下属某分行担任财务负责人。

(3)乙保险公司与甲银行均为丙公司的重要子公司。乙保险公司于2018年2月聘请XYZ咨询公司为其提供与财务会计系统相关的内部审计服务，并由乙保险公司承担管理层职责。乙保险公司及丙公司不是ABC会计师事务所的审计客户。

(4)XYZ咨询公司的合伙人C的父亲持有甲银行少量股票。截至2018年12月31日，这些股票市值为6000元。合伙人C自2017年起为甲银行下属某分行提供企业所得税申报服务，但在服务过程中不承担管理层职责。

(5)甲银行持有上市公司丁公司3%的股份，对丁公司不具有重大影响。该投资对甲银行也不重大。甲银行2018年度审计项目经理D注册会计师于2018年11月购买500股丁公司股票。截至2018年12月31日，这些股票市值为3000元。

(6)甲银行于2018年初收购戊银行，为将两个银行的财务信息系统进行整合，聘请XYZ咨询公司重新设计财务信息系统。

要求：针对上述第(1)至(6)项，逐项指出是否存在违反中国注册会计师职业道德守则的情况，并简要说明理由。

2. 上市公司甲公司系ABC会计师事务所的常年审计客户。2018年4月1日，ABC会计师事务所与甲公司续签了2018年度财务报表审计业务约定书。XYZ会计师事务所和ABC会计师事务所使用同一品牌，共享重要专业资源。ABC会计师事务所遇到下列与职业道德有关的事项：

(1)ABC会计师事务所委派A注册会计师担任甲公司2018年度财务报表审计项目合伙人。A注册会计师曾担任甲公司2012年度至2016年度财务报表审计项目合伙人，但未担任甲公司2017年度财务报表审计项目合伙人。

(2)2018年9月15日，甲公司收购了乙公司80%的股权，乙公司成为其控股子公司。A注册会计师自2017年1月1日起担任乙公司的独立董事，任期5年。

(3)B注册会计师系ABC会计师事务所的合伙人，与A注册会计师同处一个业务部门。2018年3月1日，B注册会计师购买了甲公司股票5000股，每股10元，由于尚未出售该股票，ABC会计师事务所未委派B注册会计师担任甲公司审计项目组成员。

(4)丙公司系甲公司的母公司，甲公司审计项目组成员C的妻子在丙公司担任财务总监。

(5)甲公司审计项目组成员D曾在甲公司人力资源部负责员工培训工作，于2018年2月10日离开甲公司，加入ABC会计师事务所。

(6)2018年2月25日，XYZ会计师事务所接受甲公司委托，提供内部控制设计服务。

要求：针对上述(1)至(6)项，逐项指出ABC会计师事务所及其人员是否违反中国注册会计师职业道德守则，并简要说明理由。

同步训练答案及解析

一、单项选择题

1. D 【解析】在两年的冷却期内，该关键审计合伙人不得以任何方式参与该客户的审计业务，包括提供咨询。

2. C 【解析】选项A，将因自我评价产生不利影响；选项BD，将因自身利益产生不利影响。

3. C 【解析】会计师事务所、审计项目组成员或其主要近亲属在某一实体拥有经济利益，并且审计客户也在该实体拥有经济利益，可能因自身利益产生不利影响。如果经济利益并不重大，并且审计客户不能对该实体施加重大影响，则不被视为损害独立性。

4. C 【解析】会计师事务所、审计项目组成员或其主要近亲属向审计客户提供贷款或为其提供担保，将因自身利益产生非常严重的不利影响，导致没有防范措施能够将其降低至可接受的水平。

5. C 【解析】业务期间为自审计项目组开始执行审计业务之日起，至出具审计报告之日止。如果审计业务具有连续性，业务期间结束日应以其中一方通知解除业务关系或出具最终审计报告两者时间孰晚为准。本题的业务期间为2018年10月8日至2019年6月2日。注册会计师应当在业务期间和财务报表涵盖期间独立于审计客户，财务报表涵盖期间为2018年1月1日至2018年12月31日，因此保持独立性的期间为2018年1月1日至2019年6月2日。

6. D 【解析】此事项对独立性产生的不利影响非常重大，以致没有防范措施能够将其降至可接受水平。

二、多项选择题

1. ABC 【解析】如果共享的资源仅限于共同的审计方法，则共享的资源被视为不重要，该联合体不构成网络。

2. ACD 【解析】高级合伙人离职没有超过十二个月，事务所没有防范措施可以将不利影响降至可接受的低水平，不能接受委托。

3. BD 【解析】选项A，会计师事务所在计算收费占比时，应以向审计客户收取的全部费用为分子，以向所有客户收取的全部费用为分母；选项C，在比例明显超过15%的情况下，如果采用发表审计意见后复核无法将不利影响降低至可接受的水平，会计师事务所应当采用发表审计意见前复核。

4. AC 【解析】选项B，如果某一旨在合作的联合体中的会计师事务所在文具或宣传材料上提及本所是某一会计师事务所联合体的成员，其本身并不足以说明这些事务所构成网络，是否应当视为网络取决于该联合体中的事务所是否满足职业道德守则中有关形成网络的条件；选项D，如果某一会计师事务所属于某一旨在相互合作的联合体，该联合体中的各个实体使用同一品牌来签署审计或审阅业务报告之外的其他鉴证业务报告，则该联合体应当视为网络。参考《中国注册会计师职业道德守则问题解答》第二点。

5. AB 【解析】选项C，由于C事务所的高级合伙人离职未满12月，不能承接该业务；选项D，如果会计师事务所的合伙人或员工兼任审计客户的董事或高级管理人员，将因自我评价和自身利益产生非常严重的不利影响，导致没有防范措施能够将其降低至可接受的水平。

6. ABD 【解析】如果审计项目组成员的主要近亲属是审计客户的董事、高级管理人员或特定员工，或者在业务期间或财务报表涵盖的期间曾担任上述职务，只有把该成员调离审计项目组，才能将对独立性的不利影响降低至可接受的水平。

7. AB 【解析】选项C，可以通过采取防范措施消除不利影响或将其降低至可接受的水平；选项D，不会对独立性产生不利影响。

8. ABD 【解析】选项C，对于审计服务，在或有收费方式下，将因自身利益产生非常严重的不利影响，导致没有防范措施能够将其降至可接受的水平，会计师事务所不得采用或有收费的方式。

9. BD 【解析】选项A，会员应当对其预期的客户或雇佣单位的信息予以保密；选项C，在终止与客户或雇佣单位的关系之后，会员仍然应当对在执业关系和商业关系中获知的信息保密。

三、简答题

1.【答案】

(1)不违反。A 注册会计师按正常商业条件在甲银行开立账户并购买甲银行的产品，且交易金额不大。该理财产品投资的各类债券基金也属于不重大的间接经济利益。因此，上述事项不会对独立性产生不利影响。

(2)违反。作为甲银行 2017 年度审计报告签字注册会计师，其离职加入甲银行下属分行担任财务负责人的时间，早于甲银行发布 2018 年已审财务报表之日，尚在“冷却期”内，因此将因密切关系或外在压力对独立性产生严重不利影响。

(3)不违反。乙保险公司是甲银行的关联实体(即“姐妹实体”)，但因其不是 ABC 会计师事务所的审计客户，且 XYZ 咨询公司为其提供内部审计服务结果不会构成 ABC 会计师事务所对甲银行实施审计程序的对象，因此不会因自我评价产生不利影响。鉴于由乙保险公司承担管理层职责，因此该服务也不存在其他对独立性的不利影响。

(4)违反。为甲银行的关联实体提供非审计服务的合伙人 C 及其主要近亲属不得在甲银行中拥有任何直接经济利益，否则将因自身利益对独主性产生严重不利影响。

(5)不违反。虽然 D 注册会计师与甲银行均拥有丁公司的股票，但因其持有的经济利益并不重大，且甲银行不能对丁公司施加重大影响，上述投资不被视为损害独立性。

(6)违反。重新设计后的财务信息系统所生成的信息对会计记录或被审计财务报表影响重大，因此，XYZ 咨询公司不能为甲银行重新设计财务信息系统，否则将因自我评价对独立性产生严重不利影响。

2.【答案】

(1)违反。A 注册会计师连续五年担任甲公司审计项目合伙人，虽然被轮换，但其轮换期间未满两年。

(2)违反。A 注册会计师在财务报表涵盖期间担任审计客户关联公司的独立董事。

(3)违反。B 注册会计师为 ABC 会计师事务所的合伙人，与 A 注册会计师同处一个业务部门，在 A 注册会计师的审计客户中拥有直接经济利益。

(4)违反。项目组成员 C 的妻子作为其主要近亲属在审计客户关联公司中担任高级管理人员。

(5)不违反。项目组成员 D 在财务报表涵盖期间曾在审计客户工作，但负责员工培训工作，不对甲公司财务状况、经营成果和现金流量产生重大影响。

(6)违反。XYZ 会计师事务所与 ABC 会计师事务所构成网络，且提供内部控制设计服务涉及行使管理职能，故 ABC 会计师事务所不应承接甲公司 2018 年度财务报表审计业务。

本章知识串联

审计业务对独立性的要求

- 基本概念和要求 ★
  - 独立性的概念框架（独立性包括实质上的独立性和形式上的独立性）
  - 基本概念：网络事务所、公众利益实体、关联实体、业务期间等
- 经济利益 ★★★
  - 在审计客户中不被允许拥有的经济利益（4种情形）
  - 主要近亲属受雇于审计客户而产生的经济利益
  - 其他近亲属在审计客户中拥有利益
  - 通过会计师事务所的退休金计划在审计客户中拥有经济利益
  - 通过继承、馈赠或因合并而在审计客户中获得经济利益
  - 受托管理他人财产在审计客户中获得利益
  - 在非审计客户中拥有直接经济利益
  - 1.准确区分直接经济利益和重大间接经济利益 2.掌握经济利益对独立性产生不利影响的各种情形
- 贷款和担保、商业关系、家庭和私人关系 ★★★
  - 贷款和担保
    - 按照正常的商业条件开立存款或交易账户，则不会对独立性产生不利影响
    - 按正常的程序、条款和条件从银行或类似金融机构等审计客户取得贷款或担保，不影响独立性
    - 不得从不属于银行或类似金融机构等审计客户取得贷款或由其提供担保
    - 不得向审计客户提供贷款或为其提供担保
  - 商业关系
    - 按照正常的商业程序公平交易，不影响独立性
    - 与审计客户或利益相关者一同在某股东人数有限的实体中拥有利益，如果利益重大则影响独立性
  - 家庭和私人关系
    - CPA的主要近亲属处在审计客户的重要职位或能对财务报表施加重大影响，对独立性产生不利影响
    - CPA与审计客户的重要职位的人员（董事、高管或特定员工）存在密切关系，对独立性产生不利影响
    - → 将该成员调离审计项目组
- 与审计客户长期存在业务关系 ★★
  - 执行公众利益实体审计业务的关键审计合伙人任职时间
    - 任职时间不得超过五年
    - 在任期结束后的两年内，不得
      - (1) 参与该客户的审计业务
      - (2) 为该客户的审计业务实施质量控制复核
      - (3) 就有关技术或特定问题向项目组或该客户提供咨询
      - (4) 以其他方式直接影响业务结果
  - 在审计客户成为公众利益实体后的关键审计合伙人任职时间
    - 在成为公众利益实体之前，已服务时间X≤3年，则还可以服务(5-X)年
    - 在成为公众利益实体之前，已服务时间X≥4年，则还可以服务2年
    - 首次公开发行证券后，还可以连续提供2个完整会计年度的服务
- 与审计客户发生人员交流 ★★★
  - 原在事务所工作，现任职于客户
  - 原在客户工作，现任职于事务所
    - 在财务报表涵盖的期间，曾担任审计客户的董事、高管或特定员工，则没有防范措施
    - 在财务报表涵盖期间之前，曾担任审计客户的董事、高管或特定员工，应评价对独立性影响的程度并采取防范措施
  - 现在事务所工作，同时又任职于客户
  - 现在事务所工作，即将任职于客户
    - 拟加入审计客户时，项目组成员应向事务所报告
    - 事务所接到报告后应采取措施
      - 将该成员调离审计项目组
      - 由审计项目组以外的注册会计师复核其工作
- 为审计客户提供非鉴证服务 ★★★
- 收费 ★★
  - 收费比重
    - 连续两年从属于公众利益实体的某一审计客户收取全部费用占所有客户的15%以上
    - 在对第二年度财务报表发表审计意见之前，由其他会计师事务所实施项目质量控制复核
    - 在对第二年度财务报表发表审计意见之后、对第三年度财务报表发表审计意见之前，由其他会计师事务所对第二年度的审计工作再次实施项目质量控制复核
    - 如果两年后每年收费比例继续超过15%，应当每年向治理层披露这一事实，并讨论选择采取何种防范措施
    - 收费比例 = 向该客户提供所有服务收取的全部费用 / 向所有客户提供所有服务收取的全部费用
  - 逾期收费
    - 要求审计客户在审计报告出具前付清上一年度的审计费用
  - 或有收费
    - 提供审计服务时，不得以直接或间接形式取得或有收费
    - 向审计客户提供非鉴证服务时，应考虑其对审计独立性的影响
    - 向非审计客户提供非鉴证服务时，可以考虑或有收费

易错易混知识点辨析

智慧启航

没有加倍的勤奋，就既没有才能，也没有天才。

——门捷列夫

2020 年易错易混知识点辨析

一、财务报表层次重大错报风险 VS 认定层次重大错报风险

(1)财务报表层次是从财务报表整体来说的，不能归为某个具体的认定，而认定层次是针对某个具体的项目来说的，比如存货等。财务报表层次重大错报风险与财务报表整体存在广泛联系，它可能影响多项认定。此类风险通常与控制环境有关，如管理层缺乏诚信、治理层形同虚设而不能对管理层进行有效监督等；但也可能与其他因素有关，如经济萧条、企业所处行业处于衰退期。此类风险难以被界定于某类交易、账户余额和披露的具体认定，相反，此类风险增大了一个或多个不同认定发生重大错报的可能性。此类风险对注册会计师考虑由舞弊引起的风险特别相关。

(2)在财务报表重大错报风险的评估过程中，注册会计师应当确定，识别的重大错报风险是与特定的某类交易、账户余额和披露的认定相关，还是与财务报表整体广泛相关，进而影响多项认定。如果是后者，则属于财务报表层次的重大错报风险。如果是前者，则属于认定层次重大错报风险。举例：比如控制环境薄弱这个影响的就是报表层次，因为很难与具体的报表项目一一对应，还有比如高层舞弊等；比如赊销审批控制，对应的是认定层次，它影响的是应收账款的计价和分摊认定。

实战演练

【例题·单选题】下列各项中，属于认定层次重大错报风险的是(　)。

A. 被审计单位治理层和管理层不重视内部控制

B. 被审计单位管理层凌驾于内部控制之上

C. 被审计单位大额应收账款可收回性具有高度不确定性

D. 被审计单位所处行业陷入严重衰退

解析▶ 选项 ABD 均属于财务报表层次重大错报风险。

答案▶ C

二、对回函可靠性不产生影响的条款 VS 对回函可靠性产生影响的限制条款

免责或其他限制条款举例及对函证可靠性的影响

不产生影响	1.“提供的本信息仅出于礼貌，我方没有义务必须提供，我方不因此承担任何明示或暗示的责任、义务和担保”； 2.“本回复仅用于审计目的，被询证方、其员工或代理人无任何责任，也不能免除注册会计师做其他询问或执行其他工作的责任”； 3. 其他限制条款如果与所测试的认定无关，也不会导致回函失去可靠性
产生影响	1.“本信息是从电子数据库中取得，可能不包括被询证方所拥有的全部信息”； 2.“本信息既不保证准确也不保证是最新的，其他方可能会持有不同意见”； 3.“接收人不能依赖函证中的信息”

(1)如果这些条款只是涉及到双方的责任，一般不影响回函的可靠性；如果些条款限制了回函信息作为可靠审计证据的程度，则会影响回函的可靠性；

(2)含有“责任”二字的免责条款通常对回函可靠性不产生影响，含有“信息”二字的免责条款通常对回函可靠性产生影响。

实战演练

【例题·多选题】回函中存在免责或其他限制条款是影响外部函证可靠性的因素之一，下

列条款中影响可靠性的有(　)。

A. 提供的本信息仅出于礼貌，我方没有义务必须提供，我方不因此承担任何明示或暗示的责任、义务和担保

B. 本信息是从电子数据库中取得，可能不包括被询证方所拥有的全部信息

C. 本回复仅用于审计目的，被询证方、其员工或代理人无任何责任，也不能免除注册会计师做其他询问或执行其他工作的责任

D. 接收人不能依赖函证中的信息

解析 选项 AC 并不影响所确认信息的可靠性。

答案 BD

三、总体偏差率上限 VS 样本偏差率

在控制测试中，样本偏差率 = 总体偏差率。比如说，在控制测试中，控制项目总体规模是 1000，抽取的样本量是 100，通过对样本进行测试，发现 10 项运行错误，得出样本偏差率是 10/100 = 10%，从而可以推断出总体运行错误的个数为 10%×1000 = 100，则总体偏差率 = 100/1000 = 10%，即与样本偏差率是相等的。无论统计抽样还是非统计抽样方法，样本偏差率都是注册会计师对总体偏差率的最佳估计，但注册会计师必须考虑抽样风险。在统计抽样中，由于可以量化抽样风险，所以在考虑了抽样风险允许限度之后得到的就是总体偏差率上限。而非统计抽样由于不能量化抽样风险，所以不存在总体偏差率上限这个概念，只有总体偏差率，它和样本偏差率是相等的。

实战演练

【例题 1 · 单选题】 注册会计师决定在控制测试中使用非统计抽样，则下列做法中不正确的是(　)。

A. 在选样样本时，使用随意选样

B. 对发现的偏差进行定量分析

C. 将样本的偏差率作为总体偏差率的最佳估计

D. 直接将样本偏差率与可容忍偏差率比较

解析 与统计抽样相同，在非统计抽样中也应当对选取的样本项目实施审计程序，并对发现的偏差进行定性分析。

答案 B

【例题 2 · 单选题】 在控制测试中使用统计抽样对总体进行评价时，下列情形中，注册会计师可以接受总体的是(　)。

A. 计算的总体偏差率上限低于可容忍偏差率

B. 样本偏差率大大低于可容忍偏差率

C. 计算的总体错报上限低于可容忍错报

D. 调整后的总体错报远远小于可容忍错报

解析 选项 A，由于统计抽样能够量化抽样风险，所以只要总体偏差率上限低于可容忍偏差率，不必要求“远远”低于，总体就可以接受，选项 B，属于控制测试中非统计抽样下注册会计师对总体可以接受的结论；选项 C，属于细节测试中的统计抽样下，注册会计师对总体可以接受的结论；选项 D，属于细节测试中的非统计抽样下注册会计师对总体可以接受的结论。

答案 A

四、信息系统的一般控制 VS 信息系统的应用控制

一般控制是宏观上的说法，保护程序安全、数据安全等，都是比较常见和抽象的控制；应用控制是具体的控制。

一般控制是指与多个应用系统有关的政策和程序，有助于保证信息系统持续恰当的运行，支持应用控制作用的有效发挥，通常包括数据中心和网络运行控制，系统软件的购置、修改以及维护控制，接触或访问权限控制等内容。应用控制是指主要在业务流程层面运行的人工或自动化程序，与用于生成、记录、处理、报告交易或其他财务数据的程序有关，通常包括检查数据计算的准确性，审核账户和试算平衡表，设置对输入数据和数字序号的自动检查等相关内容。

实战演练

【例题 · 单选题】 下列各项中，不属于信息技

术内部控制审计中应用控制的内容是(　)。

A. 程序和数据的访问

B. 输出控制

C. 输入控制

D. 处理控制

解析▶ 信息技术应用控制包括输入、处理和输出等环节。

答案▶ A

五、了解内部控制 VS 控制测试 VS 实质性程序

扫我解疑难

了解内部控制、控制测试和实质性程序的比较

	了解内部控制	控制测试	实质性程序
对象	内部控制	内部控制	会计数据
目的	评价内部控制的设计合理性以及是否得到执行	评价内部控制的执行效果	评价会计数据的公允性
策略影响	是否进行控制测试(综合性方案还是实质性方案)	确定实质性程序的性质、时间安排和范围(包括实施细节测试还是实质性分析程序)	确定重大错报是否需要调整
选择性	必须	可选择	必须
程序	询问、观察、检查、穿行测试	询问、观察、检查、重新执行	询问、观察、检查、监盘、函证、实质性分析程序、重新计算等
抽样方法	不适合	属性抽样	变量抽样(货币单元抽样，运用属性抽样原理)
利用以前的证据	可利用，每次进行穿行测试	如非特别风险，且内控无变化，可利用，但每隔两年应测试一次	一般不利用，除非有证据表明与前期数据无变化

实战演练

某单位针对销售收入和销售费用的业绩评价控制如下：

(1)财务经理每月审核实际销售收入(按产品细分)和销售费用(按费用项目细分)，并与预算数和上年同期数比较，对于差异金额超过5%的项目进行分析并编制分析报告；

(2)销售经理审阅该报告并采取适当跟进措施。

了解内部控制：注册会计师抽查了最近3个月的分析报告，看到上述管理人员在报告上签字确认，证明该控制已经得到执行。

控制测试：注册会计师在与销售经理的讨论中，发现他对分析报告中明显异常的数据并不了解其原因，也无法做出合理解释，从而显示该控制并未得到有效的运行。

六、与审计相关的内部控制 VS 与财务报告相关的内部控制

扫我解疑难

与财务报告相关的内部控制简称财务报告内部控制，是由被审计单位的董事会、监事会、经理层及全体员工实施的旨在合理保证财务报告及相关信息真实、完整而设计和运行的内部控制，以及用于保护资产安全的内部控制中与财务报告可靠性目标相关的控制。被审计单位财务报告内部控制以外的其他控制，为非财务报告内部控制，财务报告内部控制与非财务报告内部控制统称内部控制。

《企业内部控制基本规范》中指明内部控制是由企业董事会、监事会、经理层和全体员工实施的、旨在实现控制目标的过程。内部控制的目标是合理保证企业经营管理合法合规、资产安全、财务报告及相关信息真实完整，

提高经营效率和效果，促进企业实现发展战略。

判断一项控制单独或连同其他控制是否与审计相关属于注册会计师的专业判断，判断时需要考虑以下因素：①重要性；②相关风险的重要程度；③被审计单位的规模；④被审计单位业务的性质；⑤被审计单位经营的多样性和复杂性；⑥适用的法律法规；⑦内部控制的情况和适用的要素；⑧作为内部控制组成部分的系统(包括使用服务机构)的性质和复杂性；⑨一项特定控制(单独或连同其他控制)是否以及如何防止或发现并纠正重大错报。

有一种例外情况，如果与经营效率及效果和合规性目标相关的控制与注册会计师实施审计程序时评价或使用的数据相关，则这些控制也可能与审计相关，但这些控制可能与财务报告内部控制无直接关系，如预算控制等。

以上企业内部控制、财务报告内部控制、与审计相关的内部控制的关系见下图。

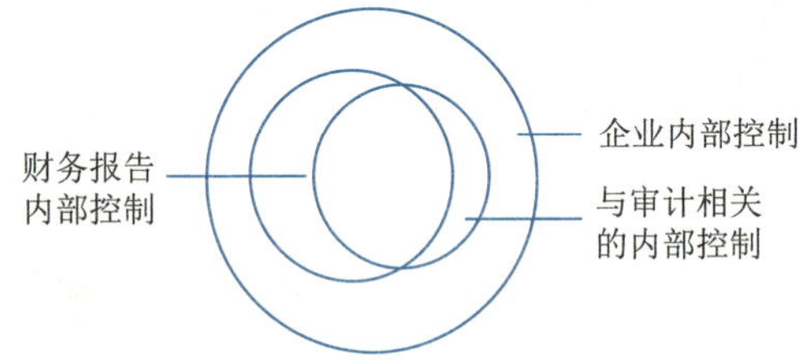

实战演练

【例题·单选题】 下列与审计相关的内部控制的说法中，错误的是(　)。

A. 与审计相关的内部控制一定与财务报告相关

B. 被审计单位通常有一些与内部控制目标相关但与审计无关的控制，注册会计师无须对其加以考虑

C. 被审计单位的目标和控制，与财务报告、经营及合规有关，但这些目标和控制并非都与注册会计师的风险评估相关

D. 如果与经营和合规目标相关的控制与注册会计师实施审计程序时评价或使用的数据相关，则这些控制也可能与审计相关

解析 选项A，与审计相关的内部控制并非均与财务报告相关；选项B，例如，被审计单位可能依靠某一复杂的自动化控制提高经营活动的效率和效果(如航空公司用于维护航班时间表的自动化控制系统)，但这些控制通常与审计无关。 **答案** A

七、穿行测试VS重新执行

穿行测试是追踪交易在财务报告信息系统中的处理过程；重新执行是指注册会计师以人工方式或使用计算机辅助审计技术，重新独立执行作为被审计单位内部控制组成部分的程序或控制，两者的主要区别如下：

(1)穿行测试主要是用于了解内部控制，而重新执行主要用于控制测试；

(2)重新执行是一项具体的审计程序，而穿行测试是多种审计程序的综合运用。

实战演练

【例题·单选题】 下列审计程序，通常仅适用于控制测试的是(　)。

A. 重新计算

B. 检查

C. 穿行测试

D. 重新执行

解析 选项A，仅适用于细节测试；选项B，在风险评估、控制测试和细节测试中都可使用；选项C，仅适用于风险评估中的了解内部控制。 **答案** D

八、函证银行存款 VS 函证应收账款

项目	具体要求
函证银行存款、借款及与金融机构往来的其他重要信息（必要性程序）	(1)在对银行存款、借款及与金融机构往来的其他重要信息实施函证时，注册会计师应当了解被审计单位"实际存在的银行存款余额、借款余额"以及"抵押、质押及担保情况"； (2)对零余额账户、在本期内注销的账户实施函证，以防止被审计单位隐瞒银行存款或借款；除非有充分证据表明"某一银行存款、借款及与金融机构往来的其他重要信息对财务报表不重要"且"与之相关的重大错报风险很低"，注册会计师应当对银行存款等项目实施函证，如果不对这些项目实施函证，应当在审计工作底稿中说明理由
函证应收账款（必要性程序）	除非存在下列两种情形之一，注册会计师应当对应收账款实施函证： (1)根据审计重要性原则，有充分证据表明应收账款对财务报表不重要； (2)注册会计师认为函证很可能无效。 如果不对应收账款函证，注册会计师应当在工作底稿中说明理由

实战演练

【例题·单选题】下列关于函证的说法中，正确的是(　)。

A. 注册会计师应当对除零余额账户以外的银行存款账户实施函证

B. 如果有充分证据表明某一银行存款对财务报表不重要，注册会计师可以不对其进行函证

C. 如果有充分证据表明某一银行存款的重大错报风险很低，注册会计师可以不对其进行函证

D. 如果有充分证据表明某项应收账款对财务报表不重要，注册会计师可以不对该应收账款实施函证

解析　零余额银行存款账户也需要函证，选项A错误；"某一银行存款、借款及与金融机构往来的其他重要信息对财务报表不重要"及"与之相关的重大错报风险很低"是注册会计师不对银行存款实施函证的两个需要同时满足的条件，所以选项BC错误。　**答案**　D

九、在存货盘点现场实施存货监盘不可行 VS 因不可预见的情况导致无法在存货盘点现场实施监盘

两种情况产生的原因不同，解决方法不同：

项目	原因	解决方法
在存货盘点现场实施存货监盘不可行	由于存货本身的性质和存放地点所导致的不能监盘。例如，存货存放在对注册会计师的安全有威胁的地点，比如存放在有较强电磁辐射的地区，再如存货是带有对人体有害的射线的物品	不能通过另择日期、多付出成本、时间来解决。只能通过监盘以外的替代程序来获取有关存货的存在和状况的充分、适当的审计证据
因不可预见的情况导致无法在存货盘点现场实施监盘	由于不可预见的情况而导致无法在预定日期实施存货监盘，比如由于不可抗力（地震等自然灾害）导致注册会计师无法亲临现场，再如由于恶劣天气导致注册会计师无法实施监盘（木材被积雪覆盖）	可以通过另择日期实施监盘并对间隔期内发生的交易实施审计程序来解决

实战演练

【例题·多选题】注册会计师对下列存货监盘特殊情况的处理中，不恰当的有(　)。

A. 由于突降大雪，导致注册会计师无法按照预定时间抵达存货盘点现场，注册会计师决定另择日期进行监盘

B. 木材被积雪覆盖，导致注册会计师无法观察存货，注册会计师决定检查盘点日后出售盘点日之前取得存货的文件记录，以获取有关存货的存在和状况的充分适当的审计证据

C. 存货存放在对注册会计师的安全有威胁的地方，注册会计师决定实施替代程序

D. 被审计单位的存货存放在偏远山区的专用仓库，注册会计师决定向该仓库函证以替代对这部分存货的监盘

解析 选项B属于因不可预见的情况导致无法在存货盘点现场实施监盘，注册会计师可以另择日期进行监盘，不能直接实施替代程序；选项D，注册会计师不能因为审计中的困难、时间或成本等事项本身而省略不可替代的审计程序。　**答案** BD

十、舞弊的动机或压力 VS 舞弊的机会 VS 舞弊的态度或借口

扫我解疑难

动机或压力一般是指管理层或相关人员面临的一些指标性的要求或者是管理层的薪酬与企业的经营绩效挂钩时的一种状态。机会是可以让这种压力和动机变成现实的机会。比如说企业的内控失效，那么管理层舞弊就相对容易，也给其带来了造假的机会。借口是管理层造假之后，所采取的防止别人发现的措施。比如说故意限制注册会计师的审查范围，找各种借口推脱责任等等。所以，动机或压力、机会、借口三个舞弊发生的因素是存在着发生的先后顺序的。首先会有"动机或压力"，然后才会寻求"机会"，最后才会找出掩盖的"借口"。如果遇到鉴别舞弊风险因素的题目，可以将选项进行比较，分析其是属于前、中、后哪个方面，以此来判断选项是属于三个因素中的哪个。

实战演练

【例题1·单选题】下列情形中，为被审计单位的相关人员提供了舞弊的机会的是(　)。

A. 高层管理人员的报酬与财务业绩或公司股票的市场表现挂钩

B. 公司正在申请融资

C. 公司管理层能够凌驾于内部控制之上

D. 认为单位对自身的待遇不公

解析 选项AB属于舞弊的动机或压力，选项D属于舞弊的态度或借口。　**答案** C

【例题2·单选题】下列属于舞弊的动机或压力的是(　)。

A. 被审计单位管理层凌驾于内部控制之上

B. 被审计单位高级管理层缺乏士气

C. 被审计单位预期会发生裁员

D. 被审计单位对高级管理人员支出的监督不足

解析 选项AD属于舞弊的机会；选项B属于态度或借口。　**答案** C

十一、注册会计师在接受委托前与前任注册会计师的沟通 VS 注册会计师在接受委托后与前任注册会计师的沟通

扫我解疑难

项目	接受委托前的沟通	接受委托后的沟通
必要性	必要程序。在接受委托前，后任注册会计师"**必须**"与前任注册会计师进行沟通	非必要程序。后任注册会计师根据审计工作需要自行决定
目的	了解被审计单位更换会计师事务所的原因以及是否存在不应接受委托的情况，确定是否接受委托	利用前任注册会计师的工作
沟通前提	征得被审计单位的同意	

续表

项目	接受委托前的沟通	接受委托后的沟通
沟通形式	主要采用询问的方式	主要包括查阅前任注册会计师的工作底稿及询问有关事项等
沟通内容	①是否发现被审计单位管理层存在**诚信方面的问题**； ②前任注册会计师与管理层在重大会计、审计等**问题上存在的意见分歧**； ③前任注册会计师曾与被审计单位治理层（如监事会、审计委员会或其他类似机构）沟通过的**关于管理层舞弊、违反法规行为以及内部控制的重大缺陷等问题**； ④前任注册会计师认为导致被审计单位**变更会计师事务所的原因**	查阅的内容包括有关审计计划、控制测试、审计结论的工作底稿，以及其他具有延续性的对本期审计产生重大影响的会计、审计事项的工作底稿
沟通要求	如果受到被审计单位的限制或存在法律诉讼的顾虑，决定不向后任注册会计师做出充分答复，前任注册会计师应当向后任注册会计师表明其答复是有限的，并说明原因。 ①如果得到的答复是有限的，后任注册会计师应当判断是否存在由被审计单位或潜在法律诉讼引起的答复限制，并考虑这一情况对自己接受业务委托的影响； ②如果未得到答复，后任注册会计师应设法以其他方式与前任注册会计师再次进行沟通。如果仍得不到答复，后任可以致函前任，说明如果在适当的时间内得不到答复，将假设不存在专业方面的原因使其拒绝接受委托，并表明拟接受此项业务委托	前任注册会计师应当自主决定是否允许后任注册会计师获取工作底稿部分内容，或摘录部分工作底稿。 如果前任注册会计师决定向后任注册会计师提供工作底稿，可考虑进一步从被审计单位（前审计客户）处获取一份确认函，应当自主决定可供后任注册会计师查阅、复印或摘录的工作底稿内容。 在允许查阅工作底稿之前，前任注册会计师应当向后任注册会计师获取确认函，就工作底稿的使用目的、范围和责任等与其达成一致意见。 后任注册会计师应当对自身实施的审计程序和得出的审计结论负责。后任注册会计师不应在审计报告中表明依赖了前任注册会计师的审计报告或工作

实战演练

【例题·单选题】下列关于前后任注册会计师沟通的说法中，错误的是（　）。

A. 接受委托前，前后任注册会计师沟通的目的是了解被审计单位更换会计师事务所的原因以及是否存在不应接受委托的情况，以确定是否接受委托

B. 无论沟通采用书面形式还是口头形式，后任注册会计师都应当将沟通的情况记录于审计工作底稿，以便完整反映审计工作的轨迹

C. 接受委托前，前任注册会计师负有主动沟通的义务，接受委托后，后任注册会计师负有主动沟通的义务

D. 接受委托后，即使征得了被审计单位的同意，前任注册会计师所在的会计师事务所仍可自主决定是否允许后任注册会计师获取工作底稿的部分内容，或摘录部分工作底稿

解析 选项C，在前后任注册会计师的沟通过程中，无论是在接受委托前还是在接受委托后，后任注册会计师均负有主动沟通的义务。

答案 C

十二、对重要组成部分的工作类型 VS 对不重要组成部分的工作类型

组成部分的性质		工作类型	
重要组成部分	具有财务重大性	使用组成部分重要性对组成部分财务信息实施审计	财务信息审计
	可能存在导致集团财务报表发生重大错报的特别风险	使用组成部分重要性对组成部分财务信息实施审计	财务信息审计
		针对与可能导致集团财务报表发生重大错报的特别风险相关的一个或多个账户余额、一类或多类交易或披露事项实施审计	特定项目审计
		针对可能导致集团财务报表发生重大错报的特别风险实施特定的审计程序	特定审计程序
不重要组成部分		在集团层面实施分析程序	集团层面的分析程序

在下列两种情形下，选择某些不重要的组成部分执行相关工作：
(1)集团项目组在执行完所有相关工作后，认为执行的工作不能获取形成集团审计意见所需的充分、适当的审计证据；
(2)集团只包括不重要的组成部分，如果仅测试集团层面控制，并对组成部分财务信息实施分析程序，集团项目组通常不太可能获取形成集团审计意见所需的充分、适当的审计证据

对于选择的不重要组成部分(集团项目组应当在一段时间之后更换所选择的组成部分)	使用组成部分重要性对组成部分财务信息实施审计	财务信息审计
	对一个或多个账户余额、一类或多类交易或披露事项实施审计	特定项目审计
	使用组成部分重要性对组成部分财务信息实施审阅	财务信息审阅
	实施特定程序	特定审计程序

实战演练

【例题·单选题】在审计集团财务报表时，下列工作类型中，不适用于重要组成部分的是(　)。

A. 特定项目审计

B. 财务信息审阅

C. 财务信息审计

D. 实施特定审计程序

答案 B

十三、点估计与错报的关系 VS 区间估计与错报的关系

(1)点估计与错报的关系：比如某项经济诉讼，注册会计师通过函证相关的律师得出的结论是最佳赔偿金额为10万元，注册会计师做出的点估计也是10万元，而管理层做出的点估计是1万元，则说明审计证据支持了注册会计师的点估计，而没有支持管理层做出的点估计，在这种情况下，说明管理层做出的点估计是不恰当的，所以应当作为错报。

(2)区间估计与错报的关系：比如有一项诉讼，需要确认预计负债，被审计单位估计为40万元，但是注册会计师认为获取的审计证据支持区间估计，比如律师认为可能是45~60万元，那么被审计单位做出的点估计就不在45~60万元的范围之内，得不到证据的支持，可以认为属于一项错报。而这种错报在金额上怎么确定呢？由于注册会计师认为获取的审计证据支持区间估计，不能对其进行准确的计量，只能认为这项错报是不会比5万元小的，即错报的金额大于等于5万元。

实战演练

【例题1·多选题】甲公司报表中列示的坏账准备为250万元，注册会计师作出的区间估计为[270，300]，且注册会计师认为使用其区间估计能够获取充分、适当的审计证据，下列有关说法中不恰当的有(　)。

A. 管理层的点估计存在错报

B. 错报大于或等于20万元

C. 错报小于或等于50万元

D. 管理层的点估计存在的错报为事实错报

解析 在审计证据支持注册会计师作出的区间估计时，则管理层的点估计处于注册会计师区间估计之外且得不到证据的支持，构成错报，选项A正确；在这种情况下，错报不小于管理层的点估计与注册会计师区间估计之间的最小差异，所以选项B正确，选项C不正确；会计估计的错报可能是事实错报，也可能是判断错报或推断错报，因此选项D不正确。

答案 CD

【例题2·多选题】下列关于会计估计的情形中，一定构成错报的有(　)。

A. 管理层对导致特别风险的会计估计的估计不确定性的披露不充分

B. 当审计证据支持注册会计师的点估计时，该点估计与管理层的点估计之间的差异

C. 会计估计的结果与上期财务报表中已确认金额之间的差异

D. 当审计证据支持注册会计师的区间估计时，管理层的点估计在注册会计师的区间估计外

解析 会计估计的结果与上期财务报表中已确认金额之间的差异，并不必然表明上期财务报表存在错报。

答案 ABD

十四、识别出管理层以前未识别出或未披露的关联方关系或重大关联方交易的应对措施VS识别出超出正常经营过程的重大关联方交易的应对措施

(1)识别出管理层以前未识别出或未披露的关联方关系或重大关联方交易的应对措施：

①立即将相关信息向项目组其他成员通报；

②在适用的财务报告编制基础对关联方作出规定的情况下，要求管理层识别与新识别出的关联方之间发生的所有交易，并询问与关联方关系及其交易相关的控制为何未能识别或披露该关联方关系或交易；

③对新识别出的关联方或重大关联方交易实施恰当的实质性程序；

④重新考虑可能存在管理层以前未识别出或未向注册会计师披露的其他关联方或重大关联方交易的风险，如有必要，实施追加的审计程序；

⑤如果管理层不披露关联方关系或交易看似是有意的，因而显示可能存在由于舞弊导致的重大错报风险，评价这一情况对审计的影响。

(2)识别出超出正常经营过程的重大关联方交易的应对措施：

①检查相关合同或协议(如有)；

②获取交易已经恰当授权和批准的审计证据。

『提示』管理层以前未识别出或未披露的关联方关系或重大关联方交易，不代表一定是超出正常经营过程的，它的侧重点在于“新发现”，所以注册会计师的应对措施侧重考虑这个新发现对注册会计师方方面面工作的影响；超出正常经营过程的重大关联方交易，它的关键在于“超出正常经营过程”，所以注册会计师的应对措施侧重考虑有没有充分、适当的证据证明它的存在是合理的，即获取相关合同或相关授权批准的审计证据。

实战演练

【例题·多选题】对于识别出的超出正常经营过程的重大关联方交易，下列各项中，注册会计师应当采取的措施有(　)。

A. 检查交易的记账凭证，包括发票、出库单等

B. 检查相关合同或协议

C. 获取交易已经恰当授权和批准的审计证据

D. 重新考虑可能存在管理层以前未识别出的其他关联方或重大关联方交易的风险

解析▶ 选项 A 属于常规程序，不能应对题干中提及的特别风险；选项 D 属于识别出管理层以前未识别出或未披露的关联方关系或重大关联方交易时的应对措施。 **答案**▶ BC

十五、财务报表日后调整事项 VS 财务报表日后非调整事项

(1)调整事项

资产负债表日后调整事项，是指对资产负债表日已经存在的情况提供了新的或进一步证据的事项。如果资产负债表日及所属会计期间已经存在某种情况，但当时并不知道其存在或者不能知道确切结果，资产负债表日后发生的事项能够证实该情况的存在或者确切结果，则该事项属于资产负债表日后事项中的调整事项。如果资产负债表日后事项对资产负债表日的情况提供了进一步的证据，证据表明的情况与原来的估计和判断不完全一致，则需要对原来的会计处理进行调整。

(2)非调整事项

非调整事项的发生不影响资产负债表日企业的财务报表数字，只说明资产负债表日后发生了某些情况。对于财务报告使用者来说，非调整事项说明的情况有的重要，有的不重要；其中重要的非调整事项虽然与资产负债表日的财务报表数字无关，但可能影响资产负债表日以后的财务状况和经营成果，故准则要求适当披露。

(3)调整事项与非调整事项的区别

如何确定资产负债表日后发生的某一事项是调整事项还是非调整事项，是运用资产负债表日后事项准则的关键。某一事项究竟是调整事项还是非调整事项，取决于该事项表明的情况在资产负债表日或资产负债表日以前是否已经存在。若该情况在资产负债表日或之前已经存在，则属于调整事项；反之，则属于非调整事项。

实战演练

【例题·单选题】下列事项中，属于财务报表日后调整事项的是(　)。

A. 财务报表日后发生重大诉讼、仲裁、承诺

B. 财务报表日后资产价格、税收政策、外汇汇率发生重大变化

C. 财务报表日后因自然灾害导致资产发生重大损失

D. 财务报表日后期间，因质量问题收到报告年度销售的一批退回的货物

解析▶ 选项 A、B、C 均属于被审计单位在财务报表日后发生的，需要在财务报表中披露而非调整的事项。 **答案**▶ D

十六、审计报告日 VS 财务报表报出日 VS 财务报表批准日

在《中国注册会计师执业准则应用指南》中，对三个日期进行了如下解释：

(1)审计报告日

审计报告日不应早于注册会计师获取充分、适当的审计证据(包括证明构成整套财务报表的所有报表已编制完成，并且法律法规规定的被审计单位董事会、管理层或类似机构已经认可其对财务报表负责的证据)，并在此基础上对财务报表形成审计意见的日期。因此，审计报告日不应早于财务报表批准日。由于事务所方面的原因，审计报告提交给被审计单位的日期与审计报告日可能并不相同，而是滞后一段时间。

(2)财务报表报出日

由于已审计财务报表不能在未附审计报告的情况下报出，因此已审计财务报表的报出日不应早于审计报告日，且不应早于审计报告提交给被审计单位的日期。对公共部门实体而言，财务报表报出日可能是将已审计财务报表连同审计报告提交给主管部门或以其他方式公布的日期。

(3)财务报表批准日

在某些国家或地区，法律法规指定个人或机

构（如管理层或治理层）负责就构成整套财务报表的所有报表（含披露）已编制完成得出结论，并规定了必要的批准程序。在其他一些国家或地区，法律法规并未对批准程序作出规定，因此被审计单位根据其管理和治理结构，按其自身的程序来编制和完成财务报表。在某些国家或地区，财务报表需要由股东最终批准。在这些国家或地区，股东的最终批准并非注册会计师认为已获取充分、适当的审计证据的必要条件。就审计准则而言，财务报表批准日是一个比较早的日期，即被审计单位的董事会、管理层或类似机构确定构成整套财务报表的所有报表（含披露）已经编制完成，并声称对此负责的日期。

实战演练

【例题1·单选题】下列有关审计报告的日期的说法中，不正确的是（　）。

A. 审计报告的日期是审计报告的要素之一

B. 管理层签署已审计财务报表的日期通常与注册会计师签署审计报告的日期为同一天，或晚于注册会计师签署审计报告的日期

C. 在确定审计报告日时，注册会计师应当确信构成整套财务报表的所有报表已编制完成

D. 注册会计师对审计报告日后发生的事项和交易的责任，按照期后事项的原则进行处理

解析 管理层签署已审计财务报表的日期只能早于或等于注册会计师签署审计报告的日期，而不能晚于。

答案 B

【例题2·单选题】关于书面声明的日期，下列说法正确的是（　）。

A. 应当在审计报告日后

B. 审计业务开始后的任意日期

C. 尽量接近财务报告报出日，但不得在其后

D. 尽量接近审计报告日，但不得在其后

解析 书面声明的日期应当尽量接近对财务报表出具审计报告的日期，但不得在审计报告日后。

答案 D

十七、第一时段期后事项 VS 第二时段期后事项 VS 第三时段期后事项

期后事项时段	起止日期举例	责任定位	责任的具体体现
第一时段（发生事项）	2018年12月31日~2019年3月5日（注1）	主动识别（负有主动识别的义务）	应当设计专门的审计程序来识别这些期后事项，并根据这些事项的性质判断其对财务报表的影响，进而确定是进行调整还是披露
第二时段（知悉事实）	2019年3月5日~2019年3月15日（注2）	被动识别（考虑知悉事实对财务报表的影响）	在审计报告日后至财务报表报出日前，如果知悉了某事实，且若在审计报告日知悉可能导致修改审计报告，注册会计师应当： （1）与管理层和治理层讨论该事项； （2）确定财务报表是否需要修改； （3）如果需要修改，询问管理层将如何在财务报表中处理该事项
第三时段（知悉事实）	2019年3月15日后	没有义务识别（没有义务针对财务报表实施任何审计程序）	如果注册会计师在财务报表报出后知悉了某事实，且若在审计报告日知悉可能导致修改审计报告，注册会计师应当： （1）与管理层和治理层讨论该事项； （2）确定财务报表是否需要修改； （3）如果需要修改，询问管理层将如何在财务报表中处理该事项

注1：假设注册会计师负责审计被审计单位2018年财务报表，2019年3月5日为审计报告日。

注2：2019年3月15日为财务报表报出日。

实战演练

【例题1·单选题】下列关于第二时段期后事项的说法中，错误的是(　)。

A. 审计报告日后至财务报表报出日前发生的事实属于第二时段期后事项

B. 注册会计师无法承担主动识别第二时段期后事项的审计责任

C. 如果管理层修改财务报表，除特殊情况外，注册会计师应当将用以识别期后事项的上述审计程序延伸至新的审计报告日，并针对修改后的财务报表出具新的审计报告

D. 如果在第二时段知悉了某事实，且若在审计报告日知悉可能导致修改审计报告，注册会计师应当与管理层和治理层讨论该事项

解析▶审计报告日至财务报表报出日前“发现”的事实属于第二时段期后事项。答案▶A

【例题2·单选题】下列关于第三时段期后事项的说法中，不正确的是(　)。

A. 财务报表报出日后知悉的事实属于第三时段期后事项

B. 注册会计师没有义务针对财务报表实施任何审计程序

C. 注册会计师对第二时段期后事项负有被动识别责任，对于第三时段期后事项没有义务识别

D. 只要在第三时段发现了期后事项，均需要注册会计师采取行动

解析▶需要注册会计师在知悉后采取行动的第三时段期后事项是有严格限制的：(1)这类期后事项应当是在审计报告日已经存在的事实。(2)该事实如果被注册会计师在审计报告日前获知，可能影响审计报告。只有同时满足这两个条件，注册会计师才需要采取行动。

答案▶D

十八、发表保留意见VS发表否定意见VS发表无法表示意见

(1)首先，保留意见与否定意见、保留意见与无法表示意见的区别点都是“错报的影响是否具有广泛性”。即具有广泛性影响的事项导致的非无保留意见类型非否定意见即无法表示意见。再者，否定意见与无法表示意见的区别点在于“能否获取充分适当的审计证据”。前者能够获取充分适当的审计证据来明确该事项会导致重大且广泛的错报，而后者不能够获取充分适当的审计证据来确定该事项或情况是否还有未发现的错报且其影响是广泛的。

(2)在实务中，审计意见类型不是机械地将错报和重要性水平进行比较，还需要考虑错报的性质。有时虽然错报高于重要性水平很多，也可能只是保留意见，主要看错报是否会影响报表使用者的决策及影响程度，而且需要注册会计师的职业判断。但考试时一般采用如下规则：错报低于重要性水平时，发表无保留意见；错报高于重要性水平时，发表保留意见或否定意见；根据以往审计考试的总结，为了使答案没有争议，一般一项错报如果使利润由盈利变亏损或由亏损变盈利，则为否定意见。

实战演练

【例题1·单选题】注册会计师实施替代程序无法获取有关存货的存在和状况的充分适当的审计证据，但项目组认为未发现的错报对财务报表可能产生的影响重大，但不具有广泛性，那么注册会计师应发表的审计意见是(　)。

A. 保留意见

B. 否定意见

C. 无法表示意见

D. 无保留意见

解析▶实施替代程序无法获取有关存货的存在和状况的充分适当的审计证据，但认为未发现的错报对财务报表可能产生的影响重大，但不具有广泛性，应发表保留意见审计报告；如果认为未发现的错报对财务报表可能产生的影响重大，而且具有广泛性，应发表无法表示意见审计报告。答案▶A

【例题 2·单选题】注册会计师确定的被审计单位的财务报表层次的重要性水平为 100 万元。审计过程中，注册会计师发现被审计单位少计销售费用 200 万元。被审计单位利润总额 450 万元。不考虑其他情况，注册会计师应当发表的审计意见是(　)。

A. 带强调事项段的无保留意见

B. 带强调事项段的保留意见

C. 保留意见

D. 否定意见

解析 错报超过重要性水平，影响不具有广泛性，应当出具保留意见。**答案** C

十九、关键审计事项段 VS 强调事项段

扫我解疑难

(1)强调事项段用于提及已在财务报表中恰当列报或披露且根据注册会计师的职业判断认为对财务报表使用者理解财务报表至关重要的项。关键审计事项是注册会计师根据职业判断认为对本期财务报表审计最为重要的事项，选自注册会计师与治理层沟通过的事项。从强调事项段和关键审计事项的定义看，他们的侧重点有所不同，前者侧重于财务报表使用者理解财务报表至关重要，后者侧重于注册会计师认为对本期财务报表审计最为重要。

(2)具体规定

对于非上市实体财务报表的审计，《中国注册会计师审计准则第 1504 号—在审计报告中沟通关键审计事项》不要求注册会计师在审计报告中沟通关键审计事项，因此，有必要继续保留有关强调事项段的规定。

需要注意的是：

①如果注册会计师确定某事项为关键审计事项，同时该事项对财务报表使用者理解财务报表至关重要，即亦符合强调事项段的标准，在这种情况下，注册会计师应当在审计报告的“关键审计事项”部分描述该事项，不得对该事项使用强调事项段；

②如果注册会计师确定某事项为关键审计事项，同时还确定存在其他的对财务报表使用者理解财务报表至关重要的事项，在这种情况下，注册会计师需要在审计报告“关键审计事项”部分和“强调事项”部分分别进行描述。

(3)两者同时出现时的前后顺序

《中国注册会计师审计准则第 1503 号—在审计报告中增加强调事项段和其他事项段》应用指南中要求“当审计报告中包含关键审计事项部分时，基于注册会计师对强调事项段中信息的相对重要程度的判断，强调事项段可以紧接在关键审计事项部分之前或之后。即这两个段落的前后排序是不一定的，要视其重要程度来排序。

『提示』关于在审计报告单设的关键审计事项、与持续经营相关的重大不确定性、强调事项、其他事项、其他信息”这些部分的排序，审计准则及审计教材当中没有非常明确的排序规定，但我们可以通过注册会计师审计准则应用指南当中的审计报告参考格式来适当把握其中的思路。比如《中国注册会计师审计准则第 1324 号—持续经营》应用指南的参考格式 1 当中既有与持续经营相关的重大不确定性部分，也有关键审计事项部分，其排序是“与持续经营相关的重大不确定性”在前，“关键审计事项”在后。其他事项是审计报告责任之外的事项的提醒，一般位于其他三个部分之后。例如《中国注册会计师审计准则第 1503 号—在审计报告中增加强调事项段和其他事项段》应用指南的参考格式 1 当中的排序。

实战演练

【例题·单选题】下列情形中，可能作为关键审计事项在审计报告中沟通的是(　)。

A. 公开披露某事项可能妨碍相关机构对某项违法行为或疑似违法行为的调查

B. 导致非无保留意见的事项

C. 被审计单位运用持续经营假设适当但存在重大不确定性，且财务报表对此已作出充分披露

D. 被认为具有高度估计不确定性的会计估计

解析 选项A是法律法规禁止公开披露的事项；选项B应当在形成审计意见的基础部分说明；选项C应当在审计报告中增加“与持续经营相关的重大不确定性”的部分。具有高度估计不确定性的会计估计属于与财务报表中涉及重大管理层判断领域相关的重大审计判断，可能会作为关键审计事项在审计报告中进行沟通。

答案 D

二十、强调事项段VS其他事项段

最本质的区别是强调事项段是指审计报告中含有的一个段落，该段落提及已在财务报表中恰当列报或披露的事项，而其他事项段是提及未在财务报表中列报或披露的事项。

具体而言，涉及增加或可能增加强调事项段的情形有：

(1)管理层对会计估计在财务报表中予以确认或不予确认的决策。注册会计师可能认为有必要在审计报告中增加强调事项段，以提醒财务报表使用者关注重大不确定性的存在。

(2)如果在具体情况下运用持续经营假设是不适当的，但管理层被要求或自愿选择编制财务报表，则可以采用替代基础(如清算基础)编制财务报表。注册会计师可以对财务报表进行审计，前提是注册会计师确定替代基础在具体情况下是可接受的编制基础。如果财务报表对此作出了充分披露，注册会计师可以发表无保留意见，但也可能认为在审计报告中增加强调事项段是适当或必要的，以提醒财务报表使用者注意替代基础及其使用理由。

(3)针对第二时段期后事项，管理层修改财务报表后，注册会计师出具新的或经修改的审计报告，在强调事项段或其他事项段中说明注册会计师对期后事项实施的审计程序仅限于财务报表相关附注所述的修改。

(4)针对第三时段期后事项，如果管理层修改了财务报表，注册会计师应当在新的或经修改的审计报告中增加强调事项段或其他事项段，提醒财务报表使用者关注财务报表附注中有关修改原财务报表的详细原因和注册会计师提供的原审计报告。

(5)某些审计准则对特定情况下在审计报告中增加强调事项段提出具体要求。这些情形包括：①法律法规规定的财务报告编制基础不可接受，但其是由法律或法规作出的规定；②提醒财务报表使用者注意财务报表按照特殊目的的编制基础编制；③注册会计师在审计报告日后知悉了某些事实(即期后事项)，并且出具了新的审计报告或修改了审计报告。

(6)异常诉讼或监管行动的未来结果存在不确定性。

(7)提前应用(在允许的情况下)对财务报表有广泛影响的新会计准则。

(8)存在已经或持续对被审计单位财务状况产生重大影响的特大灾难。

(9)针对对应数据，如果存在错报的上期财务报表尚未更正，并且没有重新出具审计报告，但对应数据已在本期财务报表中得到适当重述或恰当披露。此时，注册会计师可以在审计报告中增加强调事项段，以描述这一情况，并提及详细描述该事项的相关披露在财务报表中的位置。

(10)针对比较财务报表，由于对比较财务报表出具的审计报告涵盖所列报的每期财务报表，注册会计师可以对一期或多期财务报表发表保留意见、否定意见或无法表示意见，或者在审计报告中增加强调事项段，而对其他期间的财务报表发表不同的审计意见。

涉及增加或可能增加其他事项段的情形有：

(1)针对违反法律法规行为，如果管理层或治理层没有采取注册会计师认为适合具体情况的补救措施，即使违反法律法规行为对财务报表不重要，如果法律法规允许，注册会计师也可能考虑是否有必要解除业务约定。在决定是否有必要解除业务约定时，注册会计师可以考虑征询法律意见。如果不能解除业务约定，注册会计师可以考虑替代方案，包括在审计报告的其他事项段中描述违反法律法规行为。

(2)针对第二时段期后事项，管理层修改财务报表后，注册会计师出具新的或经修改的审计报告，在强调事项段或其他事项段中说明注册会计师对期后事项实施的审计程序仅限于财务报表相关附注所述的修改。

(3)针对第三时段期后事项，如果管理层修改了财务报表，注册会计师应当在新的或经修改的审计报告中增加强调事项段或其他事项段，提醒财务报表使用者关注财务报表附注中有关修改原财务报表的详细原因和注册会计师提供的原审计报告。

(4)在某些情况下，如果法律法规要求注册会计师继续执行审计业务，则注册会计师可能无法解除审计业务约定，在这些情况下，注册会计师可能认为需要在审计报告中增加其他事项段。

(5)与使用者理解审计工作相关的情形。

(6)与使用者理解注册会计师的责任或审计报告相关的情形。

(7)对两套以上财务报表出具审计报告的情形。

(8)限制审计报告分发和使用的情形。

(9)针对对应数据，如果上期财务报表已由前任注册会计师审计，注册会计师在审计报告中可以提及前任注册会计师对对应数据出具的审计报告。当注册会计师决定提及时，应当在审计报告的其他事项段中说明：上期财务报表已由前任注册会计师审计；前任注册会计师发表的意见的类型(如果是非无保留意见，还应当说明发表非无保留意见的理由)；前任注册会计师出具的审计报告的日期。

(10)针对对应数据，如果上期财务报表未经审计，注册会计师应当在审计报告的其他事项段中说明对应数据未经审计。

(11)针对比较财务报表，当因本期审计而对上期财务报表发表审计意见时，如果对上期财务报表发表的意见与以前发表的意见不同，注册会计师应当按照《中国注册会计师审计准则第1503号—在审计报告中增加强调事项段和其他事项段》的规定，在其他事项段中披露导致不同意见的实质性原因。

(12)针对比较财务报表，如果上期财务报表已由前任注册会计师审计，除非前任注册会计师对上期财务报表出具的审计报告与财务报表一同对外提供，注册会计师除对本期财务报表发表意见外，还应当在其他事项段中说明：上期财务报表已由前任注册会计师审计；前任注册会计师发表的意见的类型(如果是非无保留意见，还应当说明发表非无保留意见的理由)；前任注册会计师出具的审计报告的日期。

(13)针对比较财务报表，如果认为存在影响上期财务报表的重大错报，而前任注册会计师以前出具了无保留意见的审计报告，前任注册会计师可能无法或不愿对上期财务报表重新出具审计报告。注册会计师可以在审计报告中增加其他事项段，指出前任注册会计师对更正前的上期财务报表出具了报告。

实战演练

【例题·单选题】下列事项中，不属于注册会计师考虑在审计报告中添加其他事项段予以说明的情形的是(　)。

A. 在极其特殊的情况下，即使由于管理层对审计范围施加的限制导致无法获取充分、适当的审计证据可能产生的影响具有广泛性，注册会计师也不能解除业务约定

B. 提前应用(在允许的情况下)对财务报表有广泛影响的新会计准则

C. 被审计单位按照我国的企业会计准则编制一套财务报表，同时按照国际财务报告准则编制另一套财务报表，并委托注册会计师同时对两套财务报表出具审计报告

D. 限制审计报告分发和使用的情形

解析▶提前应用(在允许的情况下)对财务报表有广泛影响的新会计准则属于在报告中添加强调事项段予以说明的情形。 **答案**▶B

二十一、对应数据 VS 比较财务报表

扫我解疑难

以 X 上市公司 2016 年度的年报为例，其中财务报表部分列示的资产负债表、利润表、现金流量表、股东权益变动表和附注。在资产负债表中，列示的金额不仅有 2016 年度期末的金额，还有 2015 年度期末的金额（两类数据并列，通常是 2016 年期末的数据在前），那么 2015 年期末的金额针对 2016 年度的财务报表来说就是对应数据。其实，列举的这个例子就是期初余额，期初余额是最常见的一种对应数据。而比较财务报表是一个独立的财务报表，最典型的例子就是 IPO 上市前需要注册会计师同时审计被审计单位近三年财务报表。比如 X 公司打算在 2017 年年初上市，则 2015 年、2014 年这两年的财务报表就是 2016 年度财务报表的比较财务报表。

实战演练

【例题·单选题】下列关于比较信息的说法中不正确的是(　)。

A. 比较信息的列示是为了满足报表使用者确定在一段时期内被审计单位财务状况和经营成果的变化趋势

B. 对应数据是本期财务报表的重要组成部分

C. 为确保财务信息的可比性和一致性，对应数据列报的详细程度与本期数据一致

D. 对应数据本身并不构成完整的财务报表，应当和本期相关的金额和披露联系起来阅读

解析 对应数据列报的详细程度主要取决于其与本期数据的相关程度，所以选项 C 不正确。

答案 C

二十二、内部控制审计 VS 财务报表审计

扫我解疑难

区别点	内部控制审计	财务报表审计
	重在审计“过程”	重在审计“结果”
对内部控制进行了解和测试的目的	为了对内部控制的有效性发表审计意见	为了识别、评估和应对重大错报风险，据此确定实质性程序的性质、时间安排和范围，并获取与财务报表是否在所有重大方面按照适用的财务报告编制基础编制相关的审计证据，以支持对财务报表发表的审计意见
测试内部控制运行有效性的范围	应当针对所有重要账户和列报的每一个相关认定获取控制设计和运行有效性的审计证据，以便对内部控制整体的有效性发表审计意见	针对评估的认定层次重大错报风险，注册会计师可能选择采用实质性方案或综合性方案。如果采用实质性方案，注册会计师可以不测试内部控制的运行有效性；如果采用综合性方案，注册会计师综合运用控制测试和实质性程序，因而需要测试内部控制的运行有效性。根据《中国注册会计师审计准则第 1231 号—针对评估的重大错报风险采取的应对措施》的相关规定，控制测试并不是必要的应对措施。注册会计师可能对部分认定，甚至全部认定都不测试内部控制的运行有效性

续表

区别点	内部控制审计	财务报表审计
	重在审计“过程”	重在审计“结果”
内部控制测试的期间	仅需要对内部控制在基准日前足够长的时间(可能短于整个审计期间)内的运行有效性获取审计证据；应当在每一年度审计中测试内部控制(对自动化应用控制在满足特定条件情况下所采用的与基准相比较策略除外)	针对评估的认定层次重大错报风险，如果注册会计师选择综合性方案，需要获取内部控制在整个拟信赖期间运行有效的审计证据；可以采用《中国注册会计师审计准则第 1231 号—针对评估的重大错报风险采取的应对措施》第十四条中提及的“每三年至少对控制测试一次”的方法
对控制缺陷的评价和沟通要求	对于重大缺陷和重要缺陷，注册会计师应当以书面形式与管理层和治理层沟通，书面沟通应在注册会计师出具内部控制审计报告前进行；如果注册会计师认为审计委员会和内部审计机构对内部控制的监督无效，应当就此以书面形式直接与董事会沟通。此外，注册会计师应当以书面形式与管理层沟通其在审计过程中识别的所有其他内部控制缺陷(包括注意到的非财务报告内部控制缺陷)，并在沟通完成后告知治理层	①注册会计师应当以书面形式及时向治理层通报值得关注的内部控制缺陷。 ②注册会计师还应当及时向相应层级的管理层通报： a. 已向或拟向治理层通报的值得关注的内部控制缺陷，除非在具体情况下不适合直接向管理层通报。此项应采用书面方式通报。 b. 在审计过程中识别出的、其他方未向管理层通报而注册会计师根据职业判断认为足够重要从而值得管理层关注的内部控制其他缺陷。此项对沟通形式没有强制要求，可以采用书面或口头形式
审计报告意见类型及内容	审计意见类型：无保留意见、否定意见、无法表示意见； 单独部分：强调事项、非财务报告内部控制重大缺陷	审计意见类型：无保留意见、保留意见、否定意见、无法表示意见； 单独部分：关键审计事项、强调事项、其他事项、其他信息、与持续经营相关的重大不确定性

实战演练

【例题 1 · 多选题】 下列各项中，属于内部控制审计与财务报表审计共有的审计意见类型的有(　)。

A. 无保留意见

B. 无法表示意见

C. 保留意见

D. 否定意见

解析 内部控制审计报告不存在保留意见的意见类型。　**答案** ABD

【例题 2 · 单选题】 下列各项沟通内容中，可以采用口头形式沟通的是(　)。

A. 在财务报表审计中注册会计师与治理层沟通值得关注的内部控制缺陷

B. 在财务报表审计中注册会计师与管理层通报其他方未向管理层通报而注册会计师认为值得管理层关注的内部控制缺陷

C. 在内部控制审计中注册会计师与管理层和治理层沟通内部控制重大缺陷和重要缺陷

D. 在内部控制审计中注册会计师与管理层沟通注意到的非财务报告内部控制缺陷

解析 此项对沟通形式没有强制要求，可以采用书面或口头形式。　**答案** B

二十三、项目组内部复核 VS 项目质量控制复核

(1)复核的主体不同：项目组复核是项目组内

部进行的复核，包括项目负责人实施的复核，项目质量控制复核则是会计师事务所挑选不参与该业务的人员，独立地对特定业务实施的复核。后者的独立性和客观性通常高于前者。

(2)复核的对象不同：对每项业务都应当实施项目组内部复核，而会计师事务所只对特定业务实施项目质量控制复核。

(3)复核的要求不同：对每项业务实施项目组内部复核的内容比较宽泛，会计师事务所对特定业务实施项目质量控制复核的重点，是客观评价项目组作出的重大判断和在准备报告时形成的结论。

实战演练

【例题·单选题】会计师事务所应当建立完善的审计工作底稿分级复核制度，以下说法中错误的是(　)。

A. 项目组内部复核分为项目经理的现场复核和项目合伙人复核两个层次

B. 项目合伙人的复核既是对审计项目经理复核的再监督，也是对重要审计事项的把关

C. 项目质量控制复核是指在出具报告前，由项目合伙人对项目组作出的重大判断和在准备报告时形成的结论做出客观评价的过程

D. 项目经理的复核在审计现场完成，以便及时发现和解决问题，争取审计工作的主动复核

解析▶项目质量控制复核的复核人员不参与该审计项目的有经验的专业人士，不能由项目合伙人担任。　**答案**▶C

二十四、直接经济利益 VS 间接经济利益

直接经济利益和间接经济利益判断的标准是对经济利益是否可以控制。如果可以控制，则为直接经济利益，比如持有被审计单位的股票，持有人可以直接决定是买还是卖；如果不可以直接控制，比如持有基金，基金公司投资于哪一公司，这并不是基金持有人可以决定的，因此为间接经济利益。

举例说明：

(1)注册会计师的父亲(主要近亲属)拥有被审计单位股票，对于注册会计师的父亲来说，是直接经济利益，只不过该经济利益将视同注册会计师自己持有，影响重大。

(2)注册会计师的兄弟(其他近亲属)拥有被审计单位的股票，对于注册会计师的兄弟来说，也是直接经济利益，只不过该经济利益的影响并不重大，可以采取防范措施将不利影响降低至可接受的水平。

实战演练

【例题·多选题】下列情形中，对注册会计师独立性产生严重不利影响的有(　)。

A. 注册会计师本人拥有被审计单位 100 股股票

B. 注册会计师的哥哥拥有被审计单位 100 股股票

C. 注册会计师的妻子拥有被审计单位 100 股股票

D. 注册会计师的父亲拥有被审计单位 100 股股票

解析▶选项 B 属于间接经济利益，但不够重大，所以不会对注册会计师独立性产生严重不利影响。　**答案**▶ACD

考前预测试题

智慧启航

没有人事先了解自己到底有多大的力量，直到他试过以后才知道。

——歌德

2020年考前预测试题

预测试题(一)

一、单项选择题(本题型共25小题，每小题1分，共25分。每小题只有一个正确答案，请从每小题的备选答案中选出一个你认为正确的答案。)

1. 下列有关书面声明的说法中，不正确的是(　)。

   A. 在审计报告提及的所有期间内，现任管理层均尚未就任，这一事实可以在一定程度上减轻现任管理层对财务报表的责任

   B. 书面声明应当以声明书的形式致送注册会计师

   C. 书面声明的日期应尽量接近对财务报表出具审计报告的日期，但不可以在审计报告日后

   D. 书面声明应涵盖审计报告针对的所有财务报表和期间

2. 下列有关合理保证和有限保证的说法中，不正确的是(　)。

   A. 审计属于合理保证的鉴证业务

   B. 合理保证的鉴证业务所需证据数量较有限保证的鉴证业务多

   C. 合理保证的鉴证业务其检查风险与有限保证的鉴证业务相比要高

   D. 审阅属于有限保证的鉴证业务

3. 下列关于审计证据的说法中，正确的是(　)。

   A. 会计记录主要包括原始凭证、记账凭证、总分类账和明细分类账等，不包括未在记账凭证中反映的对财务报表的其他调整

   B. 会计记录中含有的信息本身并不足以提供充分的审计证据，注册会计师还应当获取其他的信息来佐证会计记录中所记录信息的合理性

   C. 注册会计师可以只根据会计记录中包含的信息发表审计意见

   D. 审计证据能佐证会计记录中所记录信息的合理性，所以从性质上来看，大多是绝对的

4. 下列关于职业怀疑要求的说法中，不正确的是(　)。

   A. 职业怀疑要求摒弃“存在即合理”的逻辑思维，秉持一种质疑的理念

   B. 职业怀疑要求对表明可能存在舞弊的情况保持警觉

   C. 职业怀疑要求假定管理层是不诚信的

   D. 职业怀疑要求审慎评价审计证据

5. 下列关于存货监盘的说法中，正确的

关于“扫我做试题”，你需要知道——

亲爱的读者，下载并安装“中华会计网校”APP，扫描对应二维码，即可同步在线做题，交卷后还可查看得分、正确率及答案解析。

是(　)。

A. 注册会计师在存货监盘过程中对存货进行盘点，以获取有关存货存在和状况的审计证据

B. 存货监盘可以提供有关存货所有权的充分适当的审计证据

C. 注册会计师需要在存货监盘过程中对存货状况进行检查

D. 存货监盘的相关程序只能用作实质性程序

6. 下列有关财务报表审计的说法中，不正确的是(　)。

A. 在财务报表审计中，审计对象的载体是财务报表

B. 审计业务的三方关系人是注册会计师、被审计单位管理层、财务报表预期使用者

C. 审计的基础是独立性和客观性

D. 财务报表审计以积极方式提出结论

7. 下列关于审计抽样的说法中，不正确的是(　)。

A. 风险评估程序通常不涉及审计抽样

B. 系统选样和随意选样既可以在统计抽样中使用，也可以在非统计抽样中使用

C. 如果未对总体进行分层，注册会计师通常不使用均值法

D. 当控制的运行留下轨迹时，注册会计师可以考虑使用审计抽样实施控制测试

8. 下列关于实质性程序的说法中，错误的是(　)。

A. 注册会计师应当考虑是否将外部函证程序用作实质性程序

B. 无论评估的重大错报风险结果如何，注册会计师都应当针对所有重大类别的交易、账户余额和披露，设计和实施实质性程序

C. 如果数据之间具有稳定的预期关系，注册会计师可以单独使用实质性分析程序获取充分、适当的审计证据

D. 在确定实质性程序的范围时，注册会计师应当考虑评估的认定层次重大错报风险和实施控制测试的结果

9. 注册会计师在了解被审计单位及其环境时所实施的下列审计程序，不恰当的是(　)。

A. 询问管理层和被审计单位内部其他相关人员

B. 分析程序

C. 观察和检查

D. 函证

10. 以下关于注册会计师对持续经营假设的责任的说法中，不正确的是(　)。

A. 注册会计师应当就管理层在编制和列报财务报表时运用持续经营假设的适当性获取充分、适当的审计证据，并就持续经营能力是否存在重大不确定性得出结论

B. 如果被审计单位编制财务报表时采用的财务报告编制基础没有明确要求管理层对持续经营能力作出专门评估，注册会计师无需就管理层在编制和列报财务报表时运用持续经营假设的适当性获取充分、适当的审计证据，也无需就持续经营能力是否存在重大不确定性得出结论

C. 如果存在可能导致被审计单位不再持续经营的未来事项或情况，审计的固有限制对注册会计师发现重大错报能力的潜在影响会加大

D. 注册会计师未在审计报告中提及持续经营的不确定性，不能被视为对被审计单位持续经营能力的保证

11. 下列关于控制测试的说法中，不正确的是(　)。

A. 控制测试适用的审计程序有询问、观察、检查和重新执行

B. 控制测试的目的是评价控制是否有效运行

C. 如果通过实质性程序未发现某项认定存在错报，说明与该认定有关的控制运

行是有效的

D. 即使拟信赖针对特别风险的控制，注册会计师也应针对当年的控制进行控制测试

12. 下列有关内部控制审计与财务报表审计的表述中，不正确的是(　)。

A. 注册会计师在整合审计中，应获取充分、适当的审计证据，来分别支持在内部控制审计中对内部控制有效性发表的意见以及在财务报表审计中对控制风险的评估结果

B. 注册会计师在审计财务报表时需获得的信息在很大程度上依赖注册会计师对内部控制有效性得出的结论

C. 实施财务报表审计时，注册会计师可以利用内部控制审计的结果修改实质性程序的性质、时间安排和范围，但不可以利用该结果支持分析程序中所使用信息的完整性和准确性

D. 注册会计师需要重点考虑财务报表审计中发现的财务报表错报对评价内控有效性的影响

13. 为检查应付账款是否计入了正确的会计期间，是否存在未入账的应付账款，注册会计师实施的下列审计程序中，不能有效实现上述目标的是(　)。

A. 函证应付账款

B. 检查资产负债表日后应付账款明细账贷方发生额的相应凭证，关注其购货发票的日期，确认其入账时间是否合理

C. 针对资产负债表日后付款项目，检查银行对账单及有关付款凭证(如银行汇款通知、供应商收据等)，询问被审计单位内部或外部的知情人员，查找有无未及时入账的应付账款

D. 结合存货监盘程序，检查被审计单位在资产负债表日前后的存货入库资料(验收报告或入库单)，检查是否有大额货到单未到的情况，确认相关负债是否计入了正确的会计期间

14. 下列选项描述的情况与认定的对应关系中，错误的是(　)。

A. 企业有关外币交易的增减变动可能因未采用正确的折算汇率而导致计价错误，影响货币资金的计价和分摊认定

B. 期末存在金额重大且异常的银付企未付、企收银未收事项，影响截止认定

C. 将一年内到期的长期负债列为非流动负债，影响非流动负债的列报认定

D. 未对期末存货计提存货跌价准备，影响存货的完整性认定

15. 下列关于前后任注册会计师沟通的说法中，不正确的是(　)。

A. 沟通可以采用口头和书面等方式进行

B. 前后任注册会计师应当对沟通过程中获知的信息保密

C. 在前后任注册会计师的沟通过程中，前任注册会计师负有主动沟通的义务

D. 后任注册会计师应当将沟通的情况记录于审计工作底稿，以便完整反映审计工作的轨迹

16. 注册会计师运用货币单元抽样对被审计单位主营业务收入执行审计程序时，下列说法中不正确的是(　)。

A. 在利用货币单元抽样选取样本时，账面余额为零的项目没有被选取的机会

B. 在货币单元抽样中，错报的金额越大，被选取的概率也就越大

C. 货币单元抽样一般比传统变量抽样更易于使用

D. 确定样本规模无须考虑被审计金额的总体变异性

17. 下列有关期后事项审计的说法中，错误的是(　)。

A. 在财务报表报出后，如果被审计单位管理层修改了财务报表，且注册会计师提供了新的审计报告或修改了原审计报告，注册会计师应当在新的或经修改的审计报告中增加强调事项段或其他事项

段予以说明

B. 财务报表日后因自然灾害导致资产发生重大损失，注册会计师应当考虑被审计单位是否在财务报表附注中予以充分披露

C. 在设计用以识别期后事项的审计程序时，注册会计师应当考虑风险评估的结果，但无需考虑对之前已实施审计程序并已得出满意结论的事项执行追加的审计程序

D. 注册会计师应当设计和实施审计程序，以确定所有在财务报表日至审计报告日之间发生的事项均已得到识别

18. 针对下列所描述的各种情形，将导致注册会计师发表无法表示意见的是(   )。

A. 管理层按照持续经营基础编制不适当，但已在财务报表中作出充分披露

B. 注册会计师对管理层的诚信产生重大疑虑，以至于认为其作出的书面声明不可靠

C. 被审计单位财务报表中存在重大错报，管理层拒绝调整，该错报如果更正，将导致被审计单位由盈利 10 万元变为亏损 50 万元

D. 当列报比较财务报表时，上期财务报表未经审计

19. 下列关于采购与付款交易控制测试的说法中，不正确的是(   )。

A. 注册会计师应当通过控制测试获取支持将被审计单位的控制风险评价为中或低的证据

B. 注册会计师在实施控制测试时，应抽取订购单、验收单和采购发票，检查所载信息是否核对一致，发票上是否加盖了“相符”印戳

C. 每月末，应付账款主管应编制应付账款账龄分析报告

D. 检查验收单是否经事先编号并已登记入账主要实现计价和分摊目标

20. 下列关于明显微小错报的说法中，不正确的是(   )。

A. 注册会计师需要在制定审计策略和审计计划时，确定一个明显微小错报的临界值

B. 如果预期被审计单位错报数量较少，则可能采用较高的临界值

C. 明显微小的错报需要累积，并考虑对财务报表审计意见的影响

D. 如果不确定一个或多个错报是否明显微小，就不能认为这些错报是明显微小的

21. 以下关于审计报告的表述中，正确的是(   )。

A. 形成非无保留意见的基础段通常在审计意见段之后

B. 审计报告应包括附件，即已审财务报表

C. 如果注册会计师除根据审计准则的规定有责任对财务报表出具审计报告外，还有其他报告责任，则注册会计师应在审计报告中增加其他事项段予以说明

D. 注册会计师出具保留意见的审计报告时，可在审计意见段之前增加强调事项段

22. 注册会计师开展初步业务活动无法确保在计划审计工作时达到的目的是(   )。

A. 具备执行业务所需的独立性和能力

B. 不存在因管理层诚信问题而可能影响注册会计师保持该项业务意愿的事项

C. 与被审计单位之间不存在对业务约定条款的误解

D. 对风险评估程序的合理运用

23. 下列关于会计分录测试的说法中，不正确的是(   )。

A. 注册会计师在测试会计分录和其他调整时，首先需要确定待测试会计分录和其他调整的总体，然后针对该总体实施完整性测试

B. 注册会计师可以采用计算机辅助审计技术来提高会计分录测试的效率和效果

C. 注册会计师仅需要对重大错报风险较高的被审计单位设计和实施会计分录测试

D. 注册会计师在选取并测试会计分录和其他调整时应增加不可预见性

24. 下列有关注册会计师在利用专家工作的表述中，错误的是(　)。

A. 专家既可能是会计师事务所内部专家(如会计师事务所临时员工)，也可能是会计师事务所外部专家

B. 外部专家需要遵守适用于注册会计师相关职业道德要求中的保密条款

C. 外部专家应当遵守会计师事务所根据质量控制准则规定的政策和程序

D. 在审计报告中提及外部专家的工作并不减轻注册会计师对审计意见承担的责任

25. 下列情形中，注册会计师认为可能为管理层提供舞弊机会的是(　)。

A. 管理层拥有被审计单位21%的股份

B. 管理层认为付出没有得到应有的回报

C. 被审计单位采用分销渠道销售产品

D. 管理层曾在电视访谈节目中对未来业绩作出过过于乐观的估计

二、多项选择题(本题型共10小题，每小题2分，共20分。每小题均有多个正确答案，请从每小题的备选答案中选出你认为正确的答案。每小题所有答案选择正确的得分，不答、错答、漏答均不得分。)

1. 在进行控制测试时，注册会计师正在考虑对以前审计获取的审计证据，下列的说法正确的有(　)。

A. 如果控制在本期发生变化，注册会计师应当考虑以前审计获取的有关控制运行有效性的审计证据是否与本期审计相关

B. 如果拟信赖的控制自上次测试后已发生变化，注册会计师应当在本期审计中测试这些控制的运行有效性

C. 如果拟信赖的控制自上次测试后未发生变化，且不属于旨在减轻特别风险的控制，注册会计师应当至少每两年对控制测试一次

D. 对于旨在减轻特别风险的控制，不论该控制在本期是否发生变化，注册会计师都不应依赖以前审计获取的证据

2. 注册会计师在确定重要性时，选定基准，同时要为选定的基准确定百分比。在确定百分比时，除了考虑被审计单位是否为上市公司或公众利益实体外，其他因素也会影响注册会计师对百分比的选择，这些因素包括但不限于(　)。

A. 财务报表是否分发给广大范围的使用者

B. 财务报表使用者是否对基准数据特别敏感(如特殊目的财务报表的使用者)

C. 要求注册会计师充分考虑被审计单位的性质、所处的生命周期阶段以及所处行业和经济环境等因素

D. 被审计单位是否由集团内部关联方提供融资或是否有大额对外融资(如债券或银行贷款)

3. 被审计单位通常采用的收入确认舞弊手段包括(　)。

A. 为了达到粉饰财务报表的目的而虚增收入或提前确认收入

B. 为了达到报告期内降低税负或转移利润等目的而少计收入或延后确认收入

C. 为了增加销售收入而放宽赊销政策

D. 为了增加收入回款速度而提出现金折扣政策

4. 下列各事项均发生在资产负债表日后，注册会计师应提请管理层在报告年度财务报表附注中进行披露的有(　)。

A. 在财务报告批准报出之前，被审计单位董事会提出现金股利分配方案

B. 外汇汇率发生较大变动

C. 在财务报告尚未报出前，发生了报告年度销售的商品大额退回

D. 在财务报告报出后，被审计单位发生火灾，损失重大

5. 下列有关政府审计与注册会计师审计的表述中正确的有(　)。

A. 政府审计和注册会计师审计都需要取得审计证据，各有关单位都有责任配合，两者具有同样的强制力

B. 政府审计机关对违反国家规定的财政收支、财务收支行为可在职权范围内作出审计决定或者向有关主管机关提出处理、处罚意见

C. 政府审计是对政府的财政收支或者国有金融机构和企事业组织财务收支进行审计，确定其是否真实、合法和具有效益

D. 注册会计师审计的依据是《中华人民共和国审计法》和财政部批准发布的注册会计师审计准则

6. 下列与会计估计审计相关的说法中，正确的有(　)。

A. 当管理层根据其对环境变化的主观判断而改变某项会计估计时，注册会计师可能认为会计估计被管理层随意改变而产生错报

B. 会计估计不会导致事实错报

C. 在运用区间估计评价被审计单位管理层点估计时，应当缩小区间估计直至该区间估计范围内的所有结果均被视为合理的

D. 管理层对会计估计作出的判断不合理导致判断错报

7. 下列有关与治理层沟通的相关说法中，正确的有(　)。

A. 在审计报告中沟通关键审计事项时，注册会计师可能认为有必要就确定为关键审计事项的事项进行书面沟通

B. 审计过程中的及时沟通有助于注册会计师与治理层进行充分的双向对话

C. 对于审计中发现的重大问题，注册会计师应当以书面形式与治理层沟通

D. 如果被审计单位是上市实体，注册会计师还应当与治理层沟通“就审计项目组成员、会计师事务所其他相关人员以及会计师事务所和网络事务所按照相关职业道德要求保持了独立性作出声明”

8. 审计抽样应当具备的基本特征有(　)。

A. 选样方法能够计量并控制审计风险在可接受的水平

B. 所有抽样单元都有被选取的机会

C. 运用概率论评价样本结果，包括计量抽样风险

D. 对具有审计相关性的总体中低于百分之百的项目实施审计程序

9. 下列关于强调事项段和其他事项段的说法中，正确的有(　)。

A. 强调事项段中提及的事项是已在财务报表中恰当列报和披露的事项

B. 在审计报告中包含强调事项段不影响审计意见

C. 如果拟在审计报告中增加强调事项段或其他事项段，注册会计师应当就该事项和拟使用的措辞与治理层沟通

D. 如果被审计单位财务报表按照特殊目的编制基础编制，注册会计师应在审计报告中增加其他事项段以提醒财务报表使用者注意

10. A注册会计师在对甲公司2018年度财务报表审计时，遇到有关比较信息的问题，下列表述中错误的有(　)。

A. A注册会计师针对比较信息实施的审计程序的范围和针对本期数据实施的审计程序的范围相同

B. 当存在上期财务报表未经审计的情形时，A注册会计师应当在审计报告的其他事项段中提及

C. 如果导致上期出具非无保留意见的事项仍未解决，仅对比较信息产生重大影响，而对本期数据没有重大影响，则A注册会计师可以对本期财务报表整体发表无保留意见的审计报告

D. 如果上期财务报表已经前任注册会计师审计，A注册会计师应当按照准则的规定对本期期初余额实施审计程序，必须在审计报告中提及前任注册会计师

三、简答题（本题型共6小题36分。其中一道小题可以选用中文或英文解答，请仔细阅读答题要求。如使用英文解答，须全部使用英文，答题正确的，增加5分。本题型最高得分为41分。）

1.（本小题6分。）A注册会计师负责审计甲公司2018年度财务报表。为提高审计效率、节省审计成本，A注册会计师提倡在审计中广泛使用审计抽样，并提出以下观点：

(1)注册会计师应当确保总体的适当性和完整性，总体应该包括某类交易或账户余额的所有项目。

(2)注册会计师应当重点关注抽样风险，如果选择的总体不适合于测试目标，将产生较大的抽样风险，注册会计师应当采取相应的措施来降低这种风险。

(3)在控制测试中，抽样总体的某一特征在各项目之间的差异程度越高，样本规模越大。

(4)选取样本基本方法中的简单随机选样、系统选样和随意选样，均可用于非统计抽样。

(5)在控制测试中，样本偏差率是注册会计师对总体偏差率的最佳估计，注册会计师无须另外推断总体偏差率。

(6)在非统计抽样中，根据样本中发现的错报金额推断总体错报金额的方法有多种，如果错报金额与抽样单元金额相关时，应考虑使用差异法。

要求：针对上述第(1)至(6)项，逐项指出A注册会计师的观点是否恰当。如不恰当，简要说明理由。

2.（本小题6分。）ABC会计师事务所负责审计甲集团公司2018年度财务报表，甲集团有X公司、Y公司两个子公司和一个联营企业Z公司。集团项目组的审计工作底稿中部分内容摘录如下：

(1)X公司为不重要组成部分，其管理层仅向集团项目组提供了整套财务报表和审计报告，拒绝提供其他信息。集团项目组认为即使能够接触到集团管理层拥有的与该组成部分相关的信息，也不能获取充分、适当的审计证据。

(2)集团项目组负责制定集团和重要组成部分的重要性，不重要组成部分的重要性由组成部分注册会计师制定。

(3)如果组成部分注册会计师对重要组成部分财务信息执行审计，集团项目组应当参与组成部分注册会计师实施的风险评估程序。

(4)Z公司为不重要组成部分，集团项目组拟执行集团层面的分析程序，并了解组成部分注册会计师。

(5)Y公司为重要组成部分，因持续经营能力存在重大不确定性，组成部分注册会计出具了带以“与持续经营相关的重大不确定性”为标题的单独段落的无保留意见审计报告，集团项目组拟在无保留意见审计报告中增加其他事项段，提及Y公司已由组成部分注册会计师审计，组成部分注册会计师发表的意见类型和审计报告的日期。

要求：针对上述第(1)至(5)项，逐项指出集团项目组的做法是否恰当，如不恰当，简要说明理由。

3.（本小题6分。）A注册会计师负责审计甲公司2018年度财务报表，并于2019年2月8日出具了审计报告。与审计工作底稿相关的部分事项如下：

(1)A注册会计师在对应收账款进行函证时，采用审计抽样技术中的系统选样法选取样本，并将抽样的起点作为识别特征记录于审计工作底稿。

(2)2019年2月5日，A注册会计师完成审计工作，并于3月20日将审计工作底稿归整为最终审计档案。

(3)在将审计工作底稿归整为最终审计档案时，A注册会计师将未更正错报汇总表草稿附在终稿之后一起保存。

(4)2019年4月1日，A注册会计师发现对固定资产项目的审计虽获取了充分、适当的审计证据，但审计工作底稿中没有记录必要的审计结论，因此修改审计工作底稿，补充审计结论。

(5)2019年4月15日，注册会计师协会对会计师事务所进行执业质量检查时，发现营业外收入项目工作底稿索引文件有误，因此A注册会计师将索引的文件删除，增加了正确的文件。

要求：针对上述第(1)至(5)项，逐项指出A注册会计师的做法是否恰当。如不恰当，简要说明理由。

4. (本小题6分。)在对甲公司2018年度财务报表进行审计时，A注册会计师负责执行存货监盘程序。在执行监盘程序的过程中，发生下列事项：

(1)甲公司存货盘点时间为2018年12月29日至2018年12月31日，A注册会计师确定的存货监盘时间为2019年1月1日至2019年1月3日。

(2)A注册会计师在实施了观察程序后，认为甲公司内部控制设计良好且得到了实施，则决定不执行抽盘。

(3)甲公司有一批重要的存货，已经作为银行借款的质押物，A注册会计师通过电话向银行有关人员询问了其存在性。

(4)在检查存货盘点结果时，A注册会计师从存货实物中选取项目追查至存货盘点记录，目的在于测试是否存在漏盘的存货。

(5)甲公司存货盘点记录中记载X材料10000件，账簿记录15000件，注册会计师实施追加的审计程序，发现导致该差异的原因是存在已经签订购货合同的材料5000件。注册会计师表示认可了这种情况，未提请管理层作任何调整。

要求：请指出上述存货监盘工作是否恰当，如不恰当，简要说明理由。

5. (本小题6分，可以选用中文或英文解答，如使用英文解答，须全部使用英文，答题正确的，增加5分，最高得分为11分。)甲上市公司2018年度财务报表正在由ABC会计师事务所进行审计，假定在审计过程中存在以下事项：

(1)审计业务约定书中约定，审计费用为100万元，甲公司于2019年2月20日支付50万元，剩余50万元以对该公司发表的审计意见类型决定是否支付。

(2)审计项目组成员A注册会计师的妻子持有甲公司100股股票，市值2610元。

(3)甲公司由于人员紧张，在2018年将与财务系统相关内部审计服务工作外包给ABC会计师事务所，事务所委派审计项目组外B注册会计师负责该项目。

(4)在审计过程中，会计师事务所就会计调整分录的建议与甲公司管理层进行沟通。

(5)ABC会计师事务所的审计项目组成员C注册会计师从北京某商业银行获取120万元房贷，甲公司为其提供担保。

要求：针对上述第(1)至(5)项，请逐项判断是否存在违反职业道德守则的规定的事项，并简要说明理由。

6. (本小题6分。)上市公司甲公司是ABC会计师事务所的常年审计客户，A注册会计师担任2018年度的项目合伙人，B注册会计师担任项目质量控制复核人，质量控制相关事项如下：

(1)为保持项目质量控制复核人员的客观性，在执行审计的过程中，A注册会计师不可以向B注册会计师咨询。

(2)在审计计划阶段，B注册会计师复核了项目组对会计师事务所独立性作出的评价、项目组在制定审计策略和审计计划时作出的重大判断及发现的重大事项。

(3)A注册会计师与B注册会计师之间的意见分歧在出具报告前已达成一致意见，因此仅记录了最终意见，未将意见分歧的结论记录在审计工作底稿中。

(4)ABC会计师事务所在对已完成的业务进行周期性检查的过程中选取到A注册会计师负责的甲公司2018年度财务报表审计

业务，由B注册会计师承担该项业务的检查工作。

(5)会计师事务所要求所有已完成的鉴证业务的工作底稿均应当在业务报告日后60日内完成归档。如果注册会计师未能完成业务，则无需归档。

(6)为配合行业信息化建设，A注册会计师将所有纸质的审计工作底稿经电子扫描后存入业务档案，并将已扫描的原纸质记录销毁。

要求：针对上述第(1)至(6)项，逐项指出注册会计师或会计师事务所的做法是否恰当。如不恰当，简要说明理由。

四、综合题(本题共19分。)

甲公司是ABC会计师事务所常年审计客户，其2018年度财务报表继续由ABC会计师事务所审计，并委派A注册会计师为项目合伙人。

资料一：

甲公司设计了如下控制：

(1)建立并不断更新维护客户信用动态档案，由销售部门对客户付款情况进行持续跟踪和监控，提出划分、调整客户信用等级的方案。

(2)为了提高销售效率，销售采用销售人员全程服务方式，即发展客户、合同谈判、签订合同由同一个销售人员负责。

(3)年末，对于超过信用期未还款的客户，由应收账款总账记账员负责催收货款。

资料二：

在制定具体审计计划时，需了解甲公司内部控制，以评估重大错报风险，进而应对评估结果设计进一步审计程序。相关情况如下：

(1)初步了解2018年度甲公司及其环境未发生重大变化，拟信赖以往审计中对管理层、治理层诚信形成的判断。

(2)通过了解甲公司对日常交易采用高度自动化处理，账务处理过程仅以电子形式存在，注册会计师认为仅通过实质性程序不能获取充分、适当审计证据，因此考虑所依赖的相关控制的有效性，并对其进行了解、评估和测试。

(3)A注册会计师假定甲公司在收入确认方面存在舞弊风险，拟将销售交易及其认定的重大错报风险评估为高水平，不再了解和评估相关控制设计的合理性并确定其是否已得到执行，直接实施细节测试。

(4)因甲公司存货存放于外省市，监盘成本较高，拟不进行存货监盘，直接实施替代审计程序。

(5)为应对甲公司与期后事项、或有事项的完整性认定相关的重大错报风险，A注册会计师拟将专门针对期后事项、或有事项的审计程序的时间由原定的临近审计工作结束日提前到外勤审计工作开始日。

资料三：

A注册会计师在审计工作底稿中记录了审计程序的执行情况，部分内容摘录如下：

(1)甲公司的应付账款存在低估风险，A注册会计师运用了货币单元抽样方法对应付账款实施了细节测试。

(2)A注册会计师发现甲公司应收乙公司票据发生于2017年度，并于当年向银行贴现，2018年度到期后乙公司未能如期偿还，并作应收账款处理，甲公司将该笔应收账款账龄定为1年以内。

(3)A注册会计师针对甲公司的罐装化工原料a气体，通过检查账簿记录的方式实施监盘，验证其存在和完整性。

要求：

(1)针对资料一第(1)至(3)项，逐项指出甲公司设计的内部控制是否恰当。如不恰当，简要说明理由。

(2)针对资料二第(1)至(5)项，逐项指出A注册会计师的做法是否恰当。如不恰当，简要说明理由。

(3)针对资料三第(1)至(3)项，逐项指出控制的设计是否恰当。如不恰当，简要说明理由。

预测试题(一)参考答案及详细解析

一、单项选择题

1. A 【解析】在审计报告中提及的所有期间内，现任管理层均尚未就任。他们可能由此声称无法就上述期间提供部分或全部书面声明。然而，这一事实并不能减轻现任管理层对财务报表整体的责任。相应地，注册会计师仍然需要向现任管理层获取涵盖整个相关期间的书面声明。
2. C 【解析】合理保证的鉴证业务其检查风险较低，而有限保证的鉴证业务其检查风险较高。
3. B 【解析】未在记账凭证中反映的对财务报表的其他调整，以及支持成本分配、计算、调节和披露的手工计算表，电子数据表，都属于会计记录的范畴，选项 A 错误；财务报表依据的会计记录中包含的信息和其他信息共同构成了审计证据，如果没有前者，审计工作将无法进行，如果没有后者，可能无法识别重大错报风险，两者缺一不可，选项 C 错误；审计证据很少是绝对的，从性质上来看反而是说服性的，并能佐证会计记录中所记录信息的合理性，选项 D 错误。
4. C 【解析】选项 C，职业怀疑要求客观评价管理层，而非直接假定管理层是不诚信的。
5. C 【解析】选项 A，定期盘点存货、合理确定存货的数量和状况是被审计单位管理层的责任；选项 B，存货监盘本身并不足以供注册会计师确定存货的所有权，注册会计师可能需要执行其他实质性审计程序以应对所有权认定的相关风险；选项 D，存货监盘的相关程序可以用作控制测试，也可以用作实质性程序。
6. C 【解析】审计的基础是独立性和专业性，通常由具备专业胜任能力和独立性的注册会计师来执行，注册会计师应当独立于被审计单位和预期使用者。
7. B 【解析】系统选样在统计抽样和非统计抽样中均可用，但随意选样不能在统计抽样中使用，只能在非统计抽样中使用。
8. C 【解析】如果重大错报风险较低且数据之间具有稳定的预期关系，注册会计师可以单独使用实质性分析程序获取充分、适当的审计证据。
9. D 【解析】选项 D 属于实质性程序，不用于了解被审计单位及其环境。
10. B 【解析】即使被审计单位编制财务报表时采用的财务报告编制基础没有明确要求管理层对持续经营能力作出专门评估，注册会计师仍然应当就管理层在编制和列报财务报表时运用持续经营假设的适当性获取充分、适当的审计证据，并就持续经营能力是否存在重大不确定性得出结论。
11. C 【解析】如果通过实质性程序未发现某项认定存在错报，这本身并不能说明与该认定有关的控制是有效运行的。
12. C 【解析】实施财务报表审计时，注册会计师不仅可以利用内部控制审计的结果来修改实质性程序的性质、时间安排和范围，而且还可以利用该结果来支持分析程序中所使用的信息的完整性和准确性。
13. A 【解析】一般情况下，并非必须函证应付账款，这是因为函证不能保证查出未记录的应付账款，函证主要验证的是存在认定。
14. D 【解析】未对期末存货计提存货跌价准备，影响的是存货的计价和分摊认定。
15. C 【解析】如果前任注册会计师与被审计单位解除了业务约定，就不再对之后的财务报表审计承担任何责任和风险，通常也不会关注后任注册会计师的审计计划和审计程序。只有后任注册会计师主动与前任注册会计师进行沟通，才有可能在更大程度上发现财务报表中潜在的重大错报，以降低审计风险。所以，在前后任注册会计师的沟通过程中，后任注册会计师负有主动沟通的义务。

16. B 【解析】在货币单元抽样中，项目被选取的概率与其金额大小成比例，不是与错报金额成比例，选项 B 不正确。

17. D 【解析】注册会计师应当设计和实施审计程序，获取充分、适当的审计证据，以确定所有在财务报表日至审计报告日之间发生的、需要在财务报表中调整或披露的事项均已得到识别。

18. B 【解析】选项 AC，将导致注册会计师发表否定意见的审计报告；选项 D，注册会计师应当在审计报告中增加其他事项段说明比较财务报表未经审计。

19. D 【解析】验收单均经事先编号并已登记入账主要实现完整性目标。

20. C 【解析】明显微小的错报不需要累积，因为注册会计师认为这些错报的汇总数不会对财务报表产生重大影响。

21. A 【解析】已审财务报表并不是审计报告的附件，而是和审计报告一起对外报出，所以选项 B 不正确；选项 C，此时应在“按照相关法律法规的要求报告的事项”段中进行说明；选项 D，强调事项段在审计意见段之后。

22. D 【解析】初步业务活动的主要目的是：第一，具备执行业务所需的独立性和能力；第二，不存在因管理层诚信问题而可能影响注册会计师保持该项业务意愿的事项；第三，与被审计单位之间不存在对业务约定条款的误解。

23. C 【解析】选项 C，在所有财务报表审计业务中，注册会计师都需要专门针对管理层凌驾于控制之上的风险设计和实施会计分录测试。

24. C 【解析】外部专家不是项目组成员，不受会计师事务所质量控制政策和程序的约束。

25. C 【解析】选项 AD，属于动机或压力因素；选项 B，属于借口因素。

二、多项选择题

1. ABD 【解析】如果拟信赖的控制自上次测试后未发生变化，且不属于旨在减轻特别风险的控制，注册会计师应当运用职业判断确定是否在本期审计中测试其运行有效性，以及本次测试与上次测试的时间间隔，但每三年至少对控制测试一次。因此选项 C 不正确。

2. ABD 【解析】选项 C 属于在确定基准时需要考虑的因素。

3. AB 【解析】选项 CD 是企业在收入管理中正常的政策手段，并不是被审计单位通常采用的收入确认舞弊手段。

4. AB 【解析】选项 AB，属于对被审计单位财务情况影响的期后非调整事项，应当披露；选项 C，属于影响财务报表金额的期后调整事项，应当调整报告年度财务报表；选项 D，被审计单位既不需要调整报告年度财务报表，也无需在报告年度财务报表中进行披露。

5. BC 【解析】选项 A，两者的强制力是不同的，政府审计具有更大的强制力，各有关单位和个人应当支持、协助审计机关工作，如实向审计机关反映情况，提供有关证明材料；而注册会计师审计受市场行为的局限，在获取审计证据时，很大程度上有赖于企业及相关单位配合和协助，对企业及相关单位没有行政强制力。选项 D，注册会计师审计的依据是《中华人民共和国注册会计师法》(而不是审计法)和财政部批准发布的注册会计师审计准则。

6. ACD 【解析】在涉及会计估计的情形中，舞弊或错误可能导致事实错报、判断错报或推断错报。

7. ABD 【解析】选项 C，对于审计中发现的重大问题，如果根据职业判断认为采用口头形式沟通不适当，注册会计师应当以书面形式与治理层沟通。

8. BD 【解析】审计抽样应当具备三个基本特征：(1)对具有审计相关性的总体中低于百分之百的项目实施审计程序；(2)所有抽样单元都有被选取的机会；(3)可以根据样本项目的测试结果推断出有关抽样总体的结论。其中不包括选项 A 的内容，选项 C 是统计抽样的特征。

9. ABC 【解析】选项 D，注册会计师应在审计报告中增加强调事项段。

10. ACD 【解析】注册会计师针对比较信息实施的审计程序的范围小于针对本期数据实施的审计程序的范围，通常限于评价比较信息是否正确列报和适当分类，选项 A 错误；如果导致上期出具非无保留意见的事项仍未解决，仅对比较信息产生重大影响，而对本期数据没有重大影响，则注册会计师应当对本期财务报表整体发表非无保留意见，在说明段中说明未解决事项对比较信息的重大影响，选项 C 错误；如果上期财务报表已经前任注册会计师审计，后任注册会计师应当按照准则的规定对本期期初余额实施审计程序，在审计报告中可以提及前任注册会计师，不是“必须”提及，选项 D 错误。

三、简答题

1. 【答案】

(1)不恰当。总体可以包括构成某类交易或账户余额的所有项目，也可以只包括某类交易或账户余额中的部分项目。

(2)不恰当。选择的总体不适合于测试目标，将产生非抽样风险，而不是抽样风险。

(3)不恰当。在控制测试中，注册会计师在确定样本规模时一般不考虑总体变异性。

(4)恰当。

(5)恰当。

(6)不恰当。比率法在错报金额与抽样单元金额相关时最为适用，是大多数审计抽样中注册会计师首选的总体推断方法。差异法通常更适用于错报金额与抽样单元本身相关而不是与其金额相关的情况。

2. 【答案】

(1)不恰当。对于不重要组成部分，如果集团项目组拥有其整套财务报表和审计报告，并且能够接触到集团管理层拥有的与该组成部分相关的信息，则集团项目组可能获取充分、适当的审计证据。

(2)不恰当。一般不对不重要的组成部分制定重要性，因为对于不重要的组成部分，集团项目组应当在集团层面实施分析程序，即使需要制定，也应由集团项目组负责制定。

(3)恰当。

(4)不恰当。只有当基于集团审计目的，计划要求由组成部分注册会计师执行组成部分财务信息的相关工作时，集团项目组才需要了解组成部分注册会计师。

(5)不恰当。注册会计师对集团财务报表出具的审计报告不应提及组成部分注册会计师，除非法律法规另有规定。

3. 【答案】

(1)不恰当。应当将样本的来源、抽样的起点及抽样间隔作为识别特征记录于审计工作底稿。

(2)恰当。

(3)不恰当。审计工作底稿通常不包括已被取代的审计工作底稿草稿。

(4)恰当。

(5)不恰当。注册会计师不能在规定的保存期届满前删除或废弃任何性质的审计工作底稿。

4. 【答案】

(1)不恰当。存货的监盘时间不正确。存货监盘的时间应当与甲公司的存货盘点时间相协调，注册会计师将监盘时间确定在 2019 年 1 月 1 日至 2019 年 1 月 3 日与甲公司的盘点时间不相符。

(2)不恰当。存货监盘程序包括观察和检查，检查程序是必须要执行的。如果认为甲公司的内部控制设计良好且得到有效的实施，存货盘点组织良好，可以相应的缩小实施抽盘的范围，但是不能不执行抽盘。

(3)不恰当。如果存货已经质押，且为重要的存货，注册会计师不应当仅仅通过电话予以核实确认。应当向债权人(银行)函证与被质押的存货有关的内容，取得书面证据，必要时到银行实施监盘程序。

(4)恰当。

(5)不恰当。注册会计师将存货盘点记录与账簿记录进行核对，发现重大差异的，实施追加审计程序这一做法正确，但对账簿记录中登记有误的，应该建议甲公司进行调整。

5. 【答案】

(1)违反。剩余50万元以对该公司发表的审计意见类型决定是否支付，属于或有收费方式，违反了职业道德守则的规定。

(2)违反。审计项目组成员的主要近亲属不得在审计客户中拥有直接经济利益。

(3)违反。在审计客户属于公众利益实体的情况下，会计师事务所不应提供与财务报表相关的内部控制、与财务会计系统或对被审计单位财务报表具有重大影响的金额或披露相关的内部审计服务。

(4)不违反。

(5)违反。审计项目组成员从非银行或类似机构等审计客户取得贷款，或由审计客户为其提供担保，将因自身利益产生非常严重的不利影响，导致没有任何防范措施可以消除这种不利影响或将其降至可接受水平。

【Answer】

(1) Violate. The remaining amount (￥500,000) is a contingent fee, which depends on the type of opinion on auditor's report. It violates the code of professional ethics.

(2) Violate. the close relatives of audit team members should not have direct financial interest in the client.

(3) Violate. If an audit client is a public company, the accounting firm should not be involved in internal controls over financial reporting or in internal audit services relating to financial accounting system or significant amounts/disclosures of financial statements.

(4) Not violate.

(5) Violate. If an audit team member has a loan from or provides guarantee for a client who is not a bank or a similar financial institution, a significant adverse impact will arise from self-interest, causing no precautionary measures could eliminate the impact or reduce it to an acceptable level.

6. 【答案】

(1)不恰当。项目合伙人可以向项目质量控制复核人员咨询。

(2)恰当。

(3)不恰当。意见分歧的解决及所形成结论的执行情况应当得以记录。

(4)不恰当。项目质量控制复核人员不应承担该项业务的检查工作。

(5)不恰当。如果未能完成审计业务，审计工作底稿的归档期限为审计业务中止日后的60天内。

(6)不恰当。会计师事务所应当保留已扫描的原纸质记录。

四、综合题

【答案】

(1)

事项(1)不恰当。应由独立于销售部门的信用管理部门对客户付款情况进行持续跟踪和监控，提出划分、调整客户信用等级的方案。

事项(2)不恰当。未能实现有效的职责分离，容易发生舞弊。

事项(3)不恰当。应由销售部门负责货款催收。

(2)

事项(1)不恰当。注册会计师不能仅根据甲公司及其环境未发生重大变化而直接信赖管理层、治理层的诚信，还应该考虑被审计单位相关的战略、目标等影响以及本年度的具体情况来考虑管理层、治理层的诚信问题。

事项(2)恰当。

事项(3)不恰当。对内部控制的了解是必须的。

事项(4)不恰当。除非监盘程序不可行，否则注册会计师应对存货实施监盘程序/注册会计师不能由于时间、成本等原因，减少必要的审计程序。

事项(5)不恰当。审计程序时间修改不当。针对期后事项、或有事项的审计程序实施时间越晚，越能发现这两类事项的迹象，越有助于证实这两类事项的完整性认定。

(3)

事项(1)不恰当。货币单元抽样不适用于测试总体的低估。

事项(2)不恰当。该笔应收账款的账龄应该为1-2年。

事项(3)不恰当。对于罐装的气体，注册会计师应当采用：使用容器进行监盘或通过预先编号的清单列表加以确定；选择样品进行化验与分析，或利用专家的工作。

预测试题(二)

一、单项选择题(本题型共25小题,每小题1分,共25分。每小题只有一个正确答案,请从每小题的备选答案中选出一个你认为正确的答案。)

1. 下列情形中,可能作为关键审计事项在审计报告中沟通的是( )。

A. 公开披露某事项可能妨碍相关机构对某项违法行为或疑似违法行为的调查

B. 导致非无保留意见的事项

C. 被审计单位运用持续经营假设适当但存在重大不确定性,且财务报表对此已作出充分披露

D. 被认为具有高度估计不确定性的会计估计

2. 关于信息技术一般控制、应用控制与公司层面控制三者之间的关系,下列说法中不正确的是( )。

A. 公司层面信息技术会影响一般控制和应用控制的部署和落实

B. 注册会计师在执行信息技术一般控制和应用控制审计之前,会首先执行配套的公司层面信息技术控制审计

C. 应用控制是有助于达到信息处理目标的控制

D. 信息技术一般控制是否有效不会影响应用控制的有效性是否能够信任

3. 在下列程序的执行过程中,注册会计师一定会使用分析程序的是( )。

A. 风险评估程序

B. 实质性程序

C. 控制测试

D. 针对特别风险实施的审计程序

4. 下列有关舞弊风险的说法中,不正确的是( )。

A. 假定收入确认存在舞弊风险,则意味着注册会计师应将与收入确认相关的所有认定都假定存在舞弊风险

B. 舞弊导致的重大错报风险属于特别风险

C. 存在舞弊风险迹象并不必然表明发生了舞弊,但了解舞弊风险迹象,有助于注册会计师对审计过程中发现的异常情况产生警觉,从而更有针对性地采取应对措施

D. 如果管理层有隐瞒收入而降低税负的动机,则注册会计师需要更加关注与收入完整性认定相关的舞弊风险

5. 注册会计师首次接受委托对被审计单位财务报表进行审计时,下列做法中正确的是( )。

A. 应当实施必要的审计程序,获取充分、适当的审计证据,对本期财务报表中的对应数据发表审计意见

B. 可以不与前任注册会计师沟通

C. 如果期初余额存在明显微小的错报,无需对此提出审计调整或披露建议

D. 如果前任注册会计师对上期财务报表发表了无保留意见,即使上期运用的会计政策不恰当,也无需提请被审计单位调整上期财务报表

6. 下列关于利用专家工作的说法中,不正确的是( )。

A. 如果专家工作所涉及的事项对审计意见并不重要,注册会计师可能并不需要考虑利用被审计单位外部的专家或采取其他措施

B. 专家也需要遵守保密条款

C. 无论如何,注册会计师均不应在审计报告中提及专家的工作,以免被误认为注册会计师试图把责任分摊给专家

D. 注册会计师在了解被审计单位及其环境的过程中也可能需要利用专家的工作

7. 下列关于重大错报风险的说法中,不正确的是( )。

A. 评估的重大错报风险与可接受的检查风险成反向变动关系

B. 注册会计师应当确定识别的重大错报风

险是与财务报表整体相关，进而影响多项认定，还是与特定的各类交易、账户余额和披露的认定相关

C. 注册会计师应当在了解被审计单位及其环境的整个过程中识别风险

D. 审计风险模型中的重大错报风险是注册会计师评估的财务报表层次的重大错报风险

8. 下列不属于针对财务报表层次重大错报风险的总体应对措施的是(　)。

A. 选择综合性方案实施进一步审计程序

B. 提供更多的督导

C. 分派更有经验或具有特殊技能的审计人员

D. 对拟实施审计程序的性质、时间安排和范围作出总体修改

9. 在细节测试中运用非统计抽样方法，确定样本规模时采用公式估计样本规模，注册会计师确定的总体账面金额为 3 750 000 元，预计总体错报为 35 000 元，可容忍错报为 125 000 元，保证系数为 3.0，则注册会计师确定的样本规模是(　)。

A. 65　　B. 90

C. 128　　D. 322

10. 在对甲公司营业收入的发生认定进行审计时，注册会计师获取的下列审计证据中，可靠性最强的是(　)。

A. 甲公司与购货方签订的合同

B. 注册会计师向购货方函证的回函

C. 甲公司产品销售的出库凭证

D. 甲公司管理层提供的书面声明

11. 注册会计师在考虑是否在期中实施实质性程序时，下列说法不恰当的是(　)。

A. 控制环境和其他相关的控制越薄弱，注册会计师越不宜在期中实施实质性程序

B. 如果实施实质性程序所需信息在期中之后的获取并不存在明显困难，则注册会计师一般在期中之后实施实质性程序

C. 如果针对某项认定实施实质性程序的目标仅包括获取该认定的期中审计证据(从而与期末比较)，注册会计师应在期中实施实质性程序

D. 注册会计师评估的某项认定的重大错报风险越高，注册会计师越应当考虑将实质性程序集中于期中实施

12. 下列有关货币资金审计的说法中错误的是(　)。

A. 注册会计师监盘库存现金的目的主要是证实其完整性

B. 注册会计师对结账日前后一段时期内现金收支凭证进行审计，主要的目的是为了确定现金收支的正确截止

C. 参加库存现金监盘的人员应包括出纳、会计主管人员和注册会计师

D. 注册会计师在审计中，应该关注是否存在质押、冻结等对变现有限制或存在境外的款项，如果存在，要考虑是否已做必要的调整和披露

13. 在对控制环境进行风险评估程序时，注册会计师的以下做法中不正确的是(　)。

A. 如果认为被审计单位的控制环境薄弱，则很难认定某一流程的控制是有效的

B. 在审计业务的承接阶段，注册会计师就应对控制环境进行初步了解和评价

C. 对控制环境进行风险评估，通常有助于注册会计师识别与财务报表层次有关的重大错报风险

D. 在对控制环境执行风险评估程序时，一般不使用穿行测试

14. 下列关于监控质量控制制度的说法中，恰当的是(　)。

A. 在每个检查周期内，应对每个项目合伙人的业务至少选取一项进行检查

B. 会计师事务所的规模不影响周期性检查的组织方式

C. 在选取单项业务进行检查时，应事先告知相关项目组

D. 在向相关项目合伙人及其他人员传达已发现的缺陷时，通常应指明涉及的具体业务

15. 下列有关实际执行的重要性的表述中，正确的是(　)。

A. 运用实际执行的重要性的目的是将未更正和未发现错报的汇总数，超过财务报表整体的重要性或特定类别的交易、账户余额或披露的重要性水平(如适用)的可能性降至适当的低水平

B. 针对财务报表整体的重要性只需确定一个实际执行的重要性，而针对交易、账户余额或披露的重要性水平应确定一个或多个实际执行的重要性水平

C. 实际执行的重要性可能高于财务报表整体的重要性

D. 当注册会计师首次承接审计项目时通常选择较高的百分比，一般按财务报表整体重要性的75%确定实际执行的重要性

16. 在对询证函的以下处理方法中，不恰当的是(　)。

A. 将询证函以被审计单位的名义发出，可交由被审计单位填写，然后由注册会计师审核并亲自寄发

B. 应收账款询证函仅为复核账目之用，并非催款结算

C. 注册会计师认为对方会认真对待询证函的，应采用消极式函证的方式

D. 注册会计师先根据10封询证函的传真件回函得出相应的审计结论，但要求被询证者将原件盖章后寄至会计师事务所

17. 下列有关审计业务的说法中，不正确的是(　)。

A. 被审计单位管理层为三方关系人之一

B. 执行财务报表审计业务比财务报表审阅业务所需证据数量多

C. 如果某项业务的预期使用者仅包括责任方，则该项业务可以作为审计业务承接

D. 财务报表审计并不减轻被审计单位管理层或治理层的责任

18. 下列书面文件中，注册会计师认为可以作为书面声明的是(　)。

A. 董事会会议纪要

B. 财务报表副本

C. 列示管理层自身责任并经管理层确认的信函

D. 内部法律顾问出具的法律意见书

19. 在签订审计业务约定书时，下列事项不需要包含在业务约定书中的是(　)。

A. 说明审计工作范围

B. 存货监盘、现金盘点程序执行的具体时间

C. 首次接受委托，与前任注册会计师沟通

D. 审计收费的计算基础

20. 下列关于总体审计策略和具体审计计划的说法中，不正确的是(　)。

A. 注册会计师应当在总体审计策略中清楚地说明审计资源的规划和调配，包括确定执行审计业务所必需的审计资源的性质、时间安排和范围

B. 总体审计策略用以确定审计范围、时间安排和方向，并指导具体审计计划的制定

C. 具体审计计划应当包括风险评估程序、计划实施的进一步审计程序和计划的其他审计程序

D. 计划审计工作是审计业务的一个孤立阶段，一经确定不得更改

21. 下列关于集团项目组与组成部分注册会计师沟通的说法中，不正确的是(　)。

A. 集团项目组清晰、及时地通报工作要求，是集团项目组和组成部分注册会计师之间形成有效的双向沟通的基础

B. 集团项目组在完成大部分审计工作后应当向组成部分注册会计师通报工作要求

C. 集团项目组向组成部分注册会计师通

报的内容应当明确组成部分注册会计师应执行的工作和集团项目组对其工作的利用

D. 集团项目组向组成部分注册会计师通报的内容应当明确组成部分注册会计师与集团项目组沟通的形式和内容

22. 当评估的重大错报风险水平增加时，注册会计师可能采取的措施是(　)。

A. 缩小实质性程序的范围

B. 将计划实施实质性程序的时间从期中移至期末

C. 调高可接受的检查风险

D. 扩大控制测试的范围

23. 下列有关会计估计性质的说法中，不正确的是(　)。

A. 作出会计估计的难易程度取决于估计对象的性质

B. 被审计单位管理层应当对其作出的包括在财务报表中的会计估计负责

C. 具有高估估计不确定性的会计估计导致的重大错报风险是特别风险

D. 会计估计的结果与财务报表中原来已确认或披露的金额存在差异，并不必然表明财务报表存在错报

24. 下列有关项目质量控制复核的说法中，不正确的是(　)。

A. 只有在按照会计师事务所处理意见分歧的程序解决重大事项后，项目合伙人才可以出具报告

B. 项目质量控制复核可以减轻项目合伙人的责任

C. 项目质量控制复核，应由会计师事务所挑选不参与该业务的人员完成

D. 项目质量控制复核是对项目组做出的重大判断和在准备报告时形成的结论做出客观评价的过程

25. 下列有关审计证据的表述中，不正确的是(　)。

A. 审计工作中通常不涉及鉴定文件记录的真伪，但是应当考虑用作审计证据的信息的可靠性

B. 分析程序一般不可以用于获取与内部控制相关的审计证据

C. 在某些情况下，存货监盘是证实存货存在性认定的不可替代的审计程序，注册会计师在审计中不可以以检查成本高或难以实施为由而不执行该程序

D. 审计证据的适当性是对审计证据数量的衡量，主要与注册会计师确定的样本量有关

二、多项选择题(本题型共10小题，每小题2分，共20分。每小题均有多个正确答案，请从每小题的备选答案中选出你认为正确的答案。每小题所有答案选择正确的得分，不答、错答、漏答均不得分。)

1. 下列关于注册会计师在执行审计的过程中，说法正确的有(　)。

A. 针对特别风险，注册会计师可以仅实施细节测试或将细节测试和实质性分析程序结合使用

B. 注册会计师认为在去年审计过程中已对被审计单位及其环境进行了充分了解，今年无须再对被审计单位进行了解

C. 拟信赖控制的时间长度越长，控制测试的范围越大

D. 在审计结束时需要应用分析程序对财务报表进行总体复核

2. 下列关于管理层凌驾于控制之上的风险的说法中，正确的有(　)。

A. 管理层凌驾于控制之上的风险属于特别风险

B. 所有被审计单位都存在管理层凌驾于控制之上的风险，但风险水平因被审计单位而异

C. 针对非公众利益实体，注册会计师无需专门针对管理层凌驾于控制之上的风险设计和实施会计分录测试

D. 针对管理层凌驾于控制之上的风险，注册会计师应当复核会计估计是否存在偏向，并评价这种偏向的环境是否表明存在

由于舞弊导致的重大错报风险

3. 关于利用内部审计人员的工作，下列说法中正确的有(　)。

A. 注册会计师会在获取审计证据的过程中利用内部审计部门、岗位或人员的工作

B. 利用内部审计工作不能减轻注册会计师的责任

C. 当存在对内部审计人员客观性的重大不利影响时，注册会计师不得利用内部审计人员提供直接协助

D. 如果在审计中涉及做出重大判断，注册会计师不得利用内部审计人员提供直接协助

4. 下列有关注册会计师针对甲公司出具的审计报告意见类型，不正确的有(　)。

A. 如果认为甲公司在编制财务报表时运用的持续经营假设是适当的，但是可能导致对持续经营能力产生重大疑虑的事项或情况存在重大不确定性，此时如果财务报表已做出充分披露，注册会计师应出具标准的无保留意见审计报告

B. 如果甲公司管理层认为编制财务报表时运用持续经营假设不再适当，选择了其他基础编制财务报表，注册会计师实施了补充程序后认为其他编制基础适当，且财务报表已做出充分披露，此时应出具保留意见的审计报告

C. 如果认为甲公司同时存在多项可能导致对持续经营能力产生重大疑虑的事项或情况存在重大不确定性，注册会计师难以判断财务报表的编制基础是否适合继续采用持续经营假设，但财务报表已做出充分披露，注册会计师应视为审计范围受到重大限制，可能会出具无法表示意见的审计报告

D. 如果判断甲公司将不能持续经营，但甲公司的财务报表仍然按照持续经营假设编制，此时注册会计师应出具否定意见的审计报告

5. 注册会计师应当了解被审计单位及其环境，以充分识别和评估财务报表重大错报风险，设计和实施进一步审计程序，以下列示的几个方面，注册会计师应当了解的有(　)。

A. 被审计单位业绩的衡量和评价

B. 被审计单位的内部控制

C. 被审计单位的性质

D. 被审计单位的目标、战略以及相关经营风险

6. 在内部控制审计中，当被审计单位内部控制存在重大缺陷时，下列做法中，正确的有(　)。

A. 注册会计师应当对内部控制发表保留意见

B. 如果重大缺陷尚未包含在企业内部控制评价报告中，注册会计师应当在内部控制审计报告中说明重大缺陷已经识别、但没有包含在企业内部控制评价报告中

C. 如果企业内部控制评价报告中包含了重大缺陷，但注册会计师认为这些重大缺陷未在所有重大方面得到公允反映，注册会计师应当在内部控制审计报告中说明这一结论，并公允表达有关重大缺陷的必要信息

D. 如果对内部控制的有效性发表否定意见，注册会计师应当确定该意见对财务报表审计意见的影响，并在内部控制审计报告中予以说明

7. 下列程序中，既可以用于控制测试，也可以用于细节测试的程序有(　)。

A. 检查

B. 询问

C. 穿行测试

D. 重新执行

8. 注册会计师在计划审计工作前需要开展初步业务活动，下列活动中属于初步业务活动的有(　)。

A. 评价遵守职业道德规范的情况

B. 详细了解被审计单位及其环境

C. 就审计业务约定条款达成一致意见

D. 针对保持客户关系和具体审计业务实施相应的质量控制程序

9. 回函中存在免责或其他限制条款是影响外部函证可靠性的因素之一，下列条款不影响函证可靠性的有(　)。

A. 提供的本信息仅出于礼貌，我方没有义务必须提供，我方不因此承担任何明示或暗示的责任、义务和担保

B. 本信息是从电子数据库中取得，可能不包括被询证方所拥有的全部信息

C. 本回复仅用于审计目的，被询证方、其员工或代理人无任何责任，也不能免除注册会计师做其他询问或执行其他工作的责任

D. 本信息既不能保证准确也不保证是最新的，其他方可能会持有不同意见

10. 在信息技术环境下，传统的人工控制越来越多地被自动控制所替代，概括地讲，自动控制能为企业带来的好处有(　)。

A. 能够有效处理大流量交易及数据，因为自动信息系统可以提供与业务规则一致的系统处理方法

B. 自动信息系统可以提高管理层对企业业务活动及相关政策的监督水平

C. 自动控制容易被绕过

D. 自动信息系统可以提高信息的及时性、准确性，并使信息变得更易获取

三、简答题(本题型共6小题36分。其中一道小题可以选用中文或英文解答，请仔细阅读答题要求。如使用英文解答，须全部使用英文，答题正确的，增加5分。本题型最高得分为41分。)

1. (本小题6分。)甲公司是ABC会计师事务所的常年财务报表审计客户，在2018年又承接了其内部控制审计业务。A注册会计师为此次审计的项目合伙人。在执行的审计业务过程中，A注册会计师有如下观点：

(1)在内部控制审计中，注册会计师确定企业的内部控制评价报告对要素的列报不完整或者不恰当，应当在内部控制审计报告中增加强调事项段。

(2)A注册会计师在因审计范围受到限制而出具无法表示意见的内部控制审计报告时，应在审计报告中指明所执行的程序和内部控制审计的特征。

(3)A注册会计师根据被审计单位以前年度审计中发现的内部控制缺陷所采取的改进措施及改进结果，借鉴以前年度的审计经验，相应的调整了本年度的内部控制审计计划。

(4)甲公司销售部门于2019年1月初擅自扩大销售信用额度，预计可能造成的坏账损失占甲公司2019年全年销售收入的40%，董事会责成销售部门立即整改。鉴于上述事项发生在2018年12月31日之后，甲公司认为，该事项不影响会计师事务所对本公司2018年度内部控制有效性出具审计意见，A注册会计师针对该情况未提出异议。

(5)在审计的过程中，A注册会计师发现了一项内部控制缺陷，虽然不会导致财务报表重大错报，但谨慎考虑，也将其纳入了测试范围。

要求：针对上述第(1)至(5)项，逐项指出注册会计师的观点是否恰当，如不恰当，简要说明理由。

2. (本小题6分。)ABC会计师事务所承接了甲公司2018年度财务报表审计业务，并委派A注册会计师担任项目合伙人，于2019年3月20日完成了审计工作。审计过程中存在如下事项：

(1)从甲公司获取的销售合同复印件中，有两份是相同的，一份是经甲公司盖章确认的，一份是未经甲公司盖章确认的，助理人员将未盖章确认的合同销毁。

(2)某张工作底稿记录了A注册会计师初入审计现场时初步思考的问题，为了体现A注册会计师的完整审计思路，助理人员在整理底稿时，将该张工作底稿与对相关

内容形成审计结论的底稿放置在一起归入审计档案。

(3)在审计持续经营时，发现甲公司持续经营假设运用恰当，但导致对持续经营能力产生重大疑虑的事项仍存在重大不确定性，注册会计师将这一情况记录于审计工作底稿中，并拟在审计报告的关键审计事项部分进行描述。

(4)在对银行存款进行函证时，将询证函由被审计单位盖章后，A 注册会计师直接发出。

(5)2019 年 5 月 20 日，项目组将相关审计工作底稿归整为审计档案。

(6)2019 年 5 月 22 日，项目组成员 D 回忆起某张工作底稿可能有误，于是将审计档案借出，确认该底稿错误后将其撤出销毁，并加入了一张新的工作底稿。

要求：针对上述第(1)至(6)项，逐项指出项目组相关人员对相关事项的处理是否恰当。若不恰当，简要说明理由。

3. (本小题 6 分。) ABC 会计师事务所承接了 D 集团公司(拥有甲、乙、丙、丁等多个组成部分) 2018 年度财务报表审计工作，并委派 A 注册会计师任集团项目合伙人。在执行审计业务过程中，有如下事项：

(1)经过与各组成部分注册会计师沟通，由集团项目组了解集团公司及其环境，由组成部分注册会计师了解组成部分及其环境。

(2)在责任设定时，如果因组成部分注册会计师的工作失误导致集团项目组据此出具了错误的结论，A 注册会计师认为责任应当由组成部分注册会计师承担。

(3)在对重要组成部分实施审计、对集团层面控制和合并过程执行的工作以及在集团层面对不重要的组成部分实施分析程序后，集团项目组仍然认为无法获取充分适当的审计证据，考虑对集团财务报表发表保留意见。

(4)为了使得预期使用者充分了解集团财务报表的审计过程，A 注册会计师在审计报告的引言段中列示了对重要组成部分财务报表实施审计的组成部分注册会计师的名单。

(5)通过对某组成部分注册会计师的了解，集团项目组认为该组成部分注册会计师不符合与集团审计相关的独立性要求，于是决定通过参与该组成部分的工作来消除对独立性的影响。

要求：针对上述第(1)至(5)项，逐项判断 A 注册会计师及集团项目组的观点和做法是否恰当。如不恰当，简要说明理由。

4. (本小题 6 分。) ABC 会计师事务所接受甲公司委托审计其 2018 年度财务报表，并委派 A 注册会计师担任项目合伙人。函证程序是注册会计师审计过程中针对应收账款、银行存款的存在认定最为有效的审计程序，在实施函证之前，A 注册会计师提出了以下观点：

(1)任何情况下都应当对应收账款进行函证。

(2)由于认为银行一般情况下会公正处理该询证函，因此为方便收取，可以让银行将其询证函直接寄到甲公司，再由甲公司相关人员转交给 ABC 会计师事务所。

(3)在确定银行存款的函证范围时，选择期末余额较大、交易频繁的银行账户寄发询证函，那些期末余额很小、交易不频繁的银行账户可以不实施函证。

(4)在函证方式的选择上，对可能发生重大错报或舞弊的账户采用积极式函证，对发生重大错报风险较低的账户采用消极式函证。

(5)在银行存款的询证函中不仅要列明银行存款的金额，还包括银行借款、委托存款等内容。

(6)如果在收到的询证函中附加了“本信息既不保证准确也不保证是最新的，其他方可能会持有不同意见”的表述，表明其只是被询证者的免责条款，不影响询证函的可靠性。

要求：针对上述第(1)至(6)项，逐项判断A注册会计师的观点是否恰当。如不恰当，简要说明理由。

5.（本小题6分，可以选用中文或英文解答，如使用英文解答，须全部使用英文，答题正确的，增加5分，最高得分为11分。）

ABC会计师事务所的A注册会计师负责审计甲公司2018年度财务报表，与存货监盘相关的部分观点如下：

(1)存货监盘可就存货的存在认定获取审计证据，对存货的完整性认定、权利和义务认定无任何效果。

(2)存货监盘涉及多项程序，注册会计师可以根据风险评估结果、审计方案和实施的特定程序确定这些程序是用于控制测试还是实质性程序。

(3)为了确保监盘程序的有效性，由审计人员亲自盘点存货并记录盘点结果。

(4)注册会计师应从存货盘点记录选取项目追查至存货实物，以验证存货盘点记录的完整性。

(5)注册会计师应当根据被审计单位参加存货盘点人员分工、分组情况、存货监盘工作量的大小和人员素质情况，确定参加存货监盘的人员组成以及各组成人员的职责和具体的分工情况，并加强督导。

要求：针对上述第(1)至(5)项，逐项判断注册会计师的观点是否恰当。如不恰当，简要说明理由。

6.（本小题6分。）XYZ咨询公司和ABC会计师事务所处于同一网络。上市公司甲公司系ABC会计师事务所的常年审计客户。在对甲公司2018年度财务报表审计中，ABC会计师事务所遇到下列与职业道德相关的事项：

(1)甲公司是上市公司乙公司的重要子公司。乙公司不是ABC会计师事务所的审计客户。审计项目组成员B的妻子因在乙公司担任企业管理部经理而获得乙公司股票期权。

(2)XYZ咨询公司的合伙人C的妻子持有甲公司少量股票。截至2018年12月31日，这些股票市值为10000元。

(3)甲公司的子公司丙公司也从事咨询业务。2018年2月，丙公司与XYZ公司合资成立了一家新的咨询公司。

(4)丁公司是非公众利益实体，于2018年6月被甲公司收购，成为甲公司重要的全资子公司。在收购过程中，甲公司聘请XYZ公司对丁公司的各项资产和负债进行了评估，并根据评估结果确定了购买日丁公司可辨认净资产的公允价值。

(5)A注册会计师曾任ABC会计师事务所合伙人，2018年12月离职后担任甲公司独立董事，同时兼任ABC会计师事务所技术顾问。

(6)审计项目组成员D授权理财顾问管理其股票账户。在D不知情的情况下，理财顾问通过该账户代其购买了少量甲公司股票。截至2018年12月31日，这些股票市值合计为1000元。

要求：针对上述第(1)至(6)项，逐项指出ABC会计师事务所及甲公司审计项目组成员是否违反中国注册会计师职业道德守则，并简要说明理由。

四、综合题（本题共19分。）

甲公司是ABC会计师事务所的常年审计客户，主要从事日用消费品的生产和销售。A注册会计师负责审计甲公司2018年度财务报表。

资料一：

A注册会计师在审计工作底稿中记录了所了解的甲公司情况及其环境，部分内容摘录如下：

(1)2018年度，甲公司主要原材料价格有所上涨。为稳定采购价格，甲公司适当增加部分新供应商，供应商数量由2017年末的40家增加到2018年末的45家。经审核批准后，所有新增供应商的信息被输入采购系统的供应商信息主文档。以前年度审计中对与供应商数据维护相关的控制测试未发现控制缺陷。

(2)2018年3月，甲公司向乙公司采购合同总价为1000万元的原材料，原材料已入库。双方因原材料质量问题产生争议，甲公司未记录该笔采购交易。2018年11月，乙公司根据合同约定提出仲裁申请，要求甲公司全额支付货款并赔偿利息。截至2018年12月31日，该案件仍在听证过程中。

(3)2017年12月31日，甲公司采购的金额为800万元的原材料已入库，但因未收到供应商发票，未确认应付账款。A注册会计师在审计甲公司2017年度财务报表时，提出了相应的审计调整建议，甲公司予以采纳。

(4)由于原材料和人工成本的上涨，甲公司产品的生产成本较去年同期平均上涨10%。甲公司在2018年3月全线提高产品销售价格。为保持市场占有率，甲公司在2018年度加大了促销活动力度。甲公司董事会批准的2018年度销售费用预算比2017年度实际销售费用增长15%。

(5)甲公司内部审计部门2018年对甲公司各主要业务流程的控制执行了检查。内部审计报告指出，销售部门员工预支款长期挂账，未按公司规定定期结算，余额合计30万元。

(6)甲公司自2018年1月1日起推行新的付款预算管理制度，规定各部门必须在每月20日之前提交下月付款预算，超出预算的付款申请必须由部门经理、财务总监和总经理批准。

资料二：

A注册会计师在审计工作底稿中记录了所获取的甲公司的财务数据，部分内容摘录如下：

项目	未审数	已审数
	2018年	2017年
存货		
-原材料	8400	7700
应付账款		
-发票已收	5000	4500
-发票未收	200	800
预提费用		
-促销活动费	6300	3900
销售费用	15000	12000

资料三：

A注册会计师在确定重要性和实际执行的重要性时，作出下列判断：

(1)判断某事项是否重大，不但需要考虑财务报表使用者整体共同的财务信息需求，而且需要考虑个别财务报表使用者对财务信息的需求。

(2)特定交易类别、账户余额和披露的重要性水平是在决定对特定交易类别、账户余额和披露实施审计程序时确定的。

(3)财务报表整体的重要性将决定风险评估程序的性质、时间安排和范围，因此一经确定不可调整。

(4)经初步了解，甲公司目前处于微利的状态，因此注册会计师决定采用业务的税前利润为基准确定重要性。

(5)经初步了解，甲公司的经营规模较上年度没有发生重大变化，注册会计师使用了替代基准确定了2018年的重要性水平为350万元，2017年确定的重要性水平为300万元。

(6)经过在2017年财务报表审计过程中对甲公司的了解，其内部控制运行有效，因此在确定2018年财务报表审计的实际执行的重要性时，注册会计师可以考虑选择较高的百分比。

资料四：

A注册会计师在对销售与收款循环审计的

过程中，遇到下列事项：

(1)针对收入确认的舞弊风险，甲公司制定了详尽周密的内部控制制度，且在2017年对与收入确认相关的内部控制进行控制测试时，控制运行良好，A注册会计师经了解，该项内部控制在本期内未发生变化，注册会计师拟信赖以前审计获取的审计证据。

(2)A注册会计师在识别和评估与收入相关的重大错报风险时，假定收入确认存在舞弊风险。

(3)A注册会计师对销售费用实施实质性分析程序，确定已记录金额与预期值之间可接受的差异额为80万元，实际差异为200万元。A注册会计师就超出可接受差异额的120万元询问了管理层，并对其答复获取了充分、适当的审计证据。

资料五：

A注册会计师在审计工作底稿中记录了重大事项的处理情况，部分内容摘录如下：

(1)A注册会计师在审计过程中无法就关联方关系及交易获取充分、适当的审计证据，并因此出具了保留意见审计报告。A注册会计师将该事项作为重大事项记录在审计工作底稿中。

(2)A注册会计师以在执行审计工作时重点关注过的事项为起点选出最为重要的事项，从而构成关键审计事项。

(3)甲公司管理层在2018年度计提了大额商誉减值准备并在财务报表附注中披露了测试过程，但未披露预计未来现金流量的关键假设和依据。甲公司上述做法并不影响报表金额，A注册会计师同意上述做法。

要求：

(1)针对资料一第(1)至(6)项，结合资料二，假定不考虑其他条件，逐项指出资料一所列事项是否可能表明存在重大错报风险。如果认为存在重大错报风险，简要说明理由，并说明该风险主要与哪些财务报表项目(仅限于存货、应付账款、预付款项、其他应收款、预提费用、营业成本和销售费用)的哪些认定相关。将答案直接填入答题区的相应表格内。

事项序号	是否可能表明存在重大错报风险(是/否)	理由	财务报表项目名称及认定
(1)			
(2)			
(3)			
(4)			
(5)			
(6)			

(2)针对资料三的第(1)至(6)项，假定不考虑其他条件，逐项指出A注册会计师的判断是否恰当。如不恰当，简要说明理由。将答案直接填入答题区的相应表格内。

事项序号	是否恰当(是/否)	理由
(1)		
(2)		
(3)		

第4部分 考前预测试题

续表

事项序号	是否恰当（是/否）	理由
(4)		
(5)		
(6)		

(3)针对资料四的第(1)至(3)项，假定不考虑其他条件，逐项指出A注册会计师的做法是否恰当。如不恰当，简要说明理由。将答案直接填入答题区的相应表格内。

事项序号	是否恰当（是/否）	理由
(1)		
(2)		
(3)		

(4)针对资料五的第(1)至(3)项，假定不考虑其他条件，逐项指出A注册会计师的做法是否恰当。如不恰当，简要说明理由。将答案直接填入答题区的相应表格内。

事项序号	是否恰当（是/否）	理由
(1)		
(2)		
(3)		

预测试题(二)参考答案及详细解析

一、单项选择题

1. D 【解析】选项A是法律法规禁止公开披露的事项；选项B应当在形成审计意见的基础部分说明；选项C应当在审计报告中增加以“与持续经营相关的重大不确定性”为标题的单独部分。

2. D 【解析】信息技术一般控制是基础，信息技术一般控制的有效与否会直接关系到信息技术应用控制的有效性是否能够信任。

3. A 【解析】选项B，当使用分析程序比细节测试能更有效地将认定层次的检查风险降至可接受的水平时，分析程序可以用作实质性程序；选项C，分析程序在控制测试中不会使用；选项D，针对舞弊等特别风险，应主要依赖细节测试。

4. A 【解析】选项A，假定收入确认存在舞弊风险，并不意味着注册会计师应当将与收入确认相关的所有认定都假定为存在舞弊风险。

5. C 【解析】选项A，注册会计师对财务报表进行审计，是对被审计单位所审期间财务报表发表审计意见，一般无须专门对对应数据发表审计意见；选项B，在首次接受委托前，后任注册会计师应当与前任注册会计师进行必要的沟通；选项 D，如果被审计单位上期适用的会计政策不恰当或与本期不一致，注册会计师在实施期初余额审计时应提请被审计单位进行调整或予以披露。

6. C 【解析】选项 C，如果专家工作结果致使注册会计师出具非无保留意见的审计报告，注册会计师应当考虑在审计报告中提及或描述专家的工作，包括专家的身份和专家的参与程度等。在这种情况下，注册会计师应当征得专家的同意。如果专家不同意而注册会计师认为有必要提及，注册会计师应当征询法律意见。

7. D 【解析】审计风险模型中的重大错报风险是注册会计师评估的认定层次的重大错报风险。

8. A 【解析】注册会计师针对评估的财务报表层次重大错报风险应确定的总体应对措施包括：向项目组强调保持职业怀疑的必要性；分派更有经验或具有特殊技能的审计人员，或利用专家工作；提供更多的督导；在选择进一步审计程序时融入更多的不可预见的因素；对拟实施审计程序的性质、时间安排和范围作出总体修改。选项 A 是针对认定层次重大错报风险采取的措施。

9. B 【解析】根据公式：样本规模 = 总体账面金额/可容忍错报×保证系数 = 3750000/125000×3 = 90(个)。

10. B 【解析】选项 ACD 属于来源于被审计单位内部的证据，而选项 B 来源于被审计单位外部的证据。通常外部证据比内部证据更可靠，所以选项 B 正确。

11. D 【解析】注册会计师评估的某项认定的重大错报风险越高，注册会计师越应当考虑将实质性程序集中于期末(或接近期末)实施。

12. A 【解析】监盘库存现金的主要目的是证实其存在。

13. D 【解析】选项 D，穿行测试一般可用于对业务流程及相关控制的了解，适用于风险评估程序。

14. A 【解析】选项 B，确定周期性检查的组织方式应考虑的因素中包括会计师事务所的规模；选项 C，在选取单项业务进行检查时，可以不事先告知相关项目组；选项 D，向相关项目合伙人以外的人员传达已发现的缺陷，通常不指明涉及的具体业务，除非指明具体业务对这些人员适当履行职责是必要的。

15. A 【解析】选项 B，针对财务报表整体的重要性也会对应有一个或多个实际执行的重要性，比如针对资产负债表和利润表分别确定实际执行的重要性水平；选项 C，实际执行的重要性一定低于财务报表整体的重要性；选项 D，当注册会计师首次承接审计项目时，通常应选择较低的百分比，一般按财务报表整体重要性的 50%确定实际执行的重要性。

16. C 【解析】采用消极式函证，需要同时满足四个条件，选项 C 仅仅满足一个条件而采用消极式函证，因此不正确。

17. C 【解析】审计业务的三方关系人分别为注册会计师、被审计单位管理层(责任方)、财务报表预期使用者。如果某项业务不存在除责任方之外的其他预期使用者，那么，该业务不构成一项审计业务。

18. C 【解析】书面声明应当以声明书的形式致送注册会计师，只有选项 C 符合要求。

19. B 【解析】审计业务约定书不需要约定具体执行过程中的具体审计程序的相关事项。

20. D 【解析】计划审计工作并非审计业务的一个孤立阶段，而是一个持续的、不断修正的过程，贯穿于整个审计业务的始终。

21. B 【解析】集团项目组应当及时向组成部分注册会计师通报工作要求。

22. B 【解析】当评估的重大错报风险水平增加时，可接受的检查风险降低，实质性程序的范围越大，选项 AC 不正确；可接受的检查风险降低，针对该认定所需的审计证据的相关性和可靠性要求也就越高，注册会计师越应当考虑将实质性程序集中在期末(或接近期末)实施，选项 B 正确；评估的重大错报风险水平增加的情况下，注册会计师往往不拟信赖相关的内部控制，因此很可能不再进行控制测试，而不是扩大控制测试的范围，选项 D 不正确。

23. C 【解析】具有高估估计不确定性的会计估计导致的重大错报风险并非一定是特别风险，注册会计师应当评价与会计估计相关的估计不确定性的程度，并根据职业判断确定识别出的具有高度估计不确定性的会计估计是否会导致特别风险。

24. B 【解析】项目质量复核不可以减轻项目合伙人的责任。

25. D 【解析】选项 D，审计证据的充分性是对审计证据数量的衡量，主要与注册会计师确定的样本量有关，审计证据的适当性是对审计证据质量的衡量。

二、多项选择题

1. ACD 【解析】根据审计准则的规定，每次审计中必须对被审计单位及其环境进行了解。

2. ABD 【解析】选项 C，在所有财务报表审计业务中，注册会计师都需要专门针对管理层凌驾于控制之上的风险设计和实施会计分录测试。

3. ABCD

4. AB 【解析】选项 A，此时注册会计师应发表无保留意见，并在审计报告中增加以“与持续经营相关的重大不确定性”为标题的单独部分；选项 B，应出具带强调事项段的无保留意见审计报告。

5. ABCD 【解析】除上述四项外，准则还规定了其他两个方面：行业状况、法律环境和监管环境以及其他外部因素和被审计单位对会计政策的选择和运用。

6. BCD 【解析】选项 A，如果认为内部控制存在一项或多项重大缺陷，审计范围没有受到限制，注册会计师应当对内部控制发表否定意见。

7. AB 【解析】在细节测试中，不使用重新执行与穿行测试。

8. ACD 【解析】详细了解被审计单位及其环境是在审计开始后、实施风险评估程序时进行的，不属于计划审计工作前需要开展的初步业务活动的内容。

9. AC 【解析】选项 BD 中列示的条款内容可能使得注册会计师对回函中所包含信息的完整性、准确性或注册会计师能够信赖所含信息的程度产生怀疑，影响回函的可靠性。

10. ABD 【解析】选项 C，正确的表述应该是自动控制比较不容易被绕过。

三、简答题

1. 【答案】

(1)恰当。

(2)不恰当。注册会计师不应在无法表示意见的内部控制审计报告中指明所执行的程序，也不应描述内部控制审计的特征，以避免对无法表示意见的误解。

(3)恰当。

(4)不恰当。如果注册会计师知悉在基准日并不存在、但在期后期间发生的事项，且这类期后事项对内部控制有重大影响，注册会计师应当在内部控制审计报告中增加强调事项段，描述该事项及其影响，或提醒内部控制审计报告使用者关注企业内部控制评价报告中披露的该事项及其影响。

(5)不恰当。注册会计师应当更多地关注内部控制审计的高风险领域，而没有必要测试那些即使有缺陷、也不可能导致财务报表重大错报的控制。

2. 【答案】

第(1)项恰当。

第(2)项不恰当。审计工作底稿通常不包

括初步思考的记录，初步思考记录无需归入审计档案。

第(3)项不恰当。可能导致对被审计单位持续经营能力产生重大疑虑的事项或情况存在重大不确定性，就其性质而言属于关键审计事项，但是该事项不得在审计报告的关键审计事项部分进行描述，而是在“与持续经营相关的重大不确定性”段落中单独描述。

第(4)项恰当。

第(5)项不恰当。项目组应在审计报告日后 60 天内完成审计工作底稿的归档工作，即应当于 2019 年 5 月 19 日前完成审计工作底稿的归档工作。

第(6)项不恰当。归档后不应删除或废弃任何性质的审计工作底稿。

3. 【答案】

(1)不恰当。集团项目组不仅应当了解集团及其环境，而且应当充分了解集团组成部分及其环境。

(2)不恰当。集团项目组对整个集团财务报表审计工作及审计意见负全部责任，这一责任不因利用组成部分注册会计师的工作而减轻。

(3)不恰当。在所述情况下，集团项目组应当选择某些不重要的组成部分对其财务信息亲自执行或由代表集团项目组的组成部分注册会计师执行一项或多项工作，以获取充分适当的审计证据。

(4)不恰当。除非法律法规另有规定外，不应在针对集团财务报表出具的审计报告中提及组成部分注册会计师。

(5)不恰当。如果组成部分注册会计师不符合与集团审计相关的独立性要求，集团项目组应当就组成部分财务信息亲自获取充分、适当的审计证据，而不应要求组成部分注册会计师对组成部分财务信息执行相关工作。

4. 【答案】

(1)不恰当。当有充分证据表明应收账款对被审计单位财务报表而言不重要，或者函证很可能无效时，可以不对应收账款进行函证。

(2)不恰当。函证应由注册会计师直接控制询证函的发送和回收，因此询证函应直接寄至 ABC 会计师事务所。

(3)不恰当。注册会计师应当对银行存款(包括零余额账户和在本期内注销的账户)实施函证程序，除非有充分证据表明某一银行存款对财务报表不重要且与之相关的重大错报风险很低。

(4)不恰当。函证银行存款应统一采用积极式函证方式，而应收账款可以视具体情况选择采用积极式或消极式函证方式，或者将两者结合，且消极式函证方式需同时满足四个条件。

(5)恰当。

(6)不恰当。该条款对回函可靠性产生影响，注册会计师可能需要执行额外或替代审计程序。

5. 【答案】

(1)不恰当。注册会计师监盘存货的目的在于获取有关存货数量和状况的审计证据。因此，存货监盘针对的主要是存货的存在认定，对存货的完整性认定及计价和分摊认定，也能提供部分审计证据。此外，注册会计师还可能在存货监盘中获取有关存货所有权的部分审计证据。

(2)恰当。

(3)不恰当。盘点存货是被审计单位的责任，注册会计师应当在被审计单位盘点基础上执行监盘。

(4)不恰当。从存货盘点记录选取项目追查至存货实物，验证的是存货盘点记录的准确性。

(5)恰当。

【Answer】

(1) Inappropriate. CPA observes the physical inventory counts in order to acquire audit evidence about quantity and condition of

inventory. Therefore, the observation of physical inventory counts aims at confirming the existence, the completeness and valuation of inventory. Moreover, it helps to provide some audit evidence. In addition, CPA could acquire audit evidence about the ownership of inventory during the observation of physical inventory counts.

(2) Appropriate.

(3) Inappropriate. Inventory count is the responsibility of auditee. Implementation of supervision of inventory count is the responsibility of CPA. CPA should implement spot check basing on auditee's count.

(4) Inappropriate. Select items from inventory count record and vouch to inventory, which tests the accuracy of inventory count record.

(5) Appropriate.

6.【答案】

(1)违反。项目组成员主要近亲属不得在乙公司拥有直接经济利益，否则因自身利益对独立性产生严重的不利影响。

(2)违反。网络所 XYZ 咨询公司的合伙人 C 及其主要近亲属不得在甲公司中拥有任何直接经济利益，否则将因自身利益对独立性产生严重不利影响。

(3)违反。这种情形属于职业道德守则禁止的商业关系，将因自身利益/外在压力对独立性产生严重不利影响。

(4)违反。评估结果对甲公司合并财务报表影响重大，因自我评价对独立性产生严重不利影响。

(5)违反。前任合伙人加入甲公司担任独立董事，并作为技术顾问继续参与 ABC 会计师事务所的专业活动/与事务所保持重要交往或联系，将因密切关系、外在压力对独立性产生严重不利影响。

(6)违反。审计项目组成员 D 授权给理财顾问管理的经济利益(股票投资)属于 D 所拥有的直接经济利益，审计项目组成员不得在其审计客户拥有直接经济利益，否则因自身利益对独立性产生严重不利影响。

四、综合题

【答案】(1)

事项序号	是否可能表明存在重大错报风险(是/否)	理由	财务报表项目名称及认定
(1)	否	—	—
(2)	是	管理层应根据仲裁进展情况作出会计估计，在财务报表中确认或披露该事项。可能存在未恰当确认或披露的重大错报风险	应付账款(权利和义务、完整性) 存货(权利和义务、完整性)
(3)	是	2018 年末应付账款发票未收余额明显低于 2017 年末已审数，不合理/上年审计出现低估应付账款的重大错报，本年度可能出现类似重大错报	存货(完整性) 应付账款(完整性)
(4)	是	销售费用实际增长 25%，明显超过预算增长率 15%，且金额重大，可能存在多计销售费用的重大错报风险	销售费用(发生)
(5)	否	—	—
(6)	否	—	—

(2)

事项序号	是否恰当（是/否）	理由
(1)	否	由于不同财务报表使用者对财务信息的需求可能差异很大，因此不考虑错报对个别财务报表使用者可能产生的影响
(2)	否	在审计开始时，就需要确定特定交易类别、账户余额和披露的重要性水平，而不是在执行具体审计程序时确定
(3)	否	在整个业务过程中，随着审计工作的进展，注册会计师应当根据所获得的新信息更新重要性
(4)	否	如果企业处于微利状态时，采用经常性业务的税前利润为基准确定重要性可能影响审计的效率和效果，可以考虑采用过去3~5年经常性业务的平均税前利润或营业收入、总资产等财务指标作为基准
(5)	否	被审计单位的经营规模较上年度没有重大变化，通常使用替代性基准确定的重要性不宜超过上年度的重要性
(6)	是	—

(3)

事项序号	是否恰当（是/否）	理由
(1)	否	鉴于特别风险的特殊性，对于旨在减轻特别风险的控制，不论该控制在本期是否发生变化，注册会计师都不应依赖以前审计获取的证据
(2)	是	—
(3)	否	应当针对200万元的差异进行调查

(4)

事项序号	是否恰当（是/否）	理由
(1)	是	—
(2)	否	选择关键审计事项的起点应当是“与治理层沟通的事项”
(3)	否	披露不充分属于错报，注册会计师应当提请甲公司管理层完善对该大额商誉减值的披露

致亲爱的读者

“梦想成真”系列辅导丛书自出版以来，以严谨细致的专业内容和清晰简洁的编撰风格受到了广大读者的一致好评，但因水平和时间有限，书中难免会存在一些疏漏和错误。读者如有发现本书不足，可扫描“扫我来纠错”二维码上传纠错信息，审核后每处错误奖励10元购课代金券。（多人反馈同一错误，只奖励首位反馈者。请关注“中华会计网校”微信公众号接收奖励通知。）

在此，诚恳地希望各位学员不吝批评指正，帮助我们不断提高完善。

邮箱：mxcc@cdeledu.com

微博：@正保文化

扫我来纠错

中华会计网校
微信公众号